C로 배우는

쉬운 자료구조

4판

지은이 **이지영** J.Ann.LEE@skuniv.ac.kr

현재 서경대학교 소프트웨어학과 조교수로 재직 중입니다. 빅데이터&AI 프로젝트 컨설턴트와 프로젝트관리기술사로 활동하고 있으며 인공지능교육원에서 교육 콘텐츠를 개발하고 있습니다. 대표 저서로는 『자바로 배우는 쉬운 자료구조』(2009년 우수학술도서 선정), 『데이터 과학 기반의 파이썬 빅데이터 분석』 등이 있습니다. 주요 연구 분야는 소프트웨어 공학, 머신러닝/딥러닝 알고리즘, 딥러닝 기반 자연어 처리이며 자료구조, 빅데이터 마이닝, 데이터 크롤링 및 분석 등을 강의하고 있습니다.

C로 배우는 쉬운 자료구조 4판

초판발행 2021년 6월 30일
5쇄발행 2025년 7월 30일

지은이 이지영 / **펴낸이** 전태호
펴낸곳 한빛아카데미㈜ / **주소** 서울시 서대문구 연희로2길 62 한빛아카데미㈜ 2층
전화 02-336-7112 / **팩스** 02-336-7199
등록 2013년 1월 14일 제2017-000063호 / **ISBN** 979-11-5664-541-2 93000

총괄 박현진 / **책임편집** 유경희 / **기획·편집** 김미정 / **교정** 김성남 / **진행** 정지윤
디자인 표지 박정우 내지 박정화 / **전산편집** 김미경 / **제작** 박성우, 김정우
영업 김호철, 김태진, 김성삼, 이정훈, 임현기, 이성훈, 김주성, 심지연

이 책에 대한 의견이나 오탈자 및 잘못된 내용에 대한 수정 정보는 아래 이메일로 알려주십시오.
잘못된 책은 구입하신 서점에서 교환해 드립니다. 책값은 뒤표지에 표시되어 있습니다.

홈페이지 www.hanbit.co.kr / 이메일 question@hanbit.co.kr

Data Structures

이지영 지음

C로 배우는 쉬운 자료구조

4판

한빛아카데미
Hanbit Academy, Inc.

4차 산업혁명 시대를 이끄는 문제 해결 능력

우리는 스마트한 지능정보기술 혁명의 4차 산업혁명 시대를 살고 있습니다. 하루가 다르게 새로운 서비스가 등장하고 '인공지능', '빅데이터', '스마트 서비스'를 주제로 한 뉴스가 가득합니다. 이러한 4차 산업혁명 시대를 올바르게 이끄는 것이 컴퓨터 전공자들의 역할입니다. 이 책에서 다루는 자료구조와 알고리즘은 컴퓨터 전공자들이 프로그램을 이용해 문제를 해결하는 능력을 기르는 데 기초가 됩니다.

컴퓨터 전공자는 컴퓨터 기반의 문제 해결 능력, 즉 컴퓨터 프로그래밍을 배웁니다. 초보 프로그래머는 자신이 만든 프로그램의 결괏값만 맞으면 완성된 것이라고 여깁니다. 하지만 '완성'을 넘어 '성공'적인 프로그램은 결괏값은 물론 프로그램이 제대로 구성되었는지, 데이터를 처리하는 데 올바른 기법을 사용하고 있는지, 데이터를 효율적으로 구성하고 사용하는지 등을 평가 받습니다. '완성을 만드는 개발자'가 아니라 이 시대가 요구하는 '성공을 만드는 능력자'가 되려면 컴퓨터 내부의 자료 표현 방법, 자료를 효율적으로 구성하는 방법, 알고리즘을 제대로 이해하고 응용하는 방법을 알아야 합니다. 이러한 여러 방법을 배우는 과목이 바로 자료구조입니다.

이 책에서는 자료구조와 알고리즘을 이론으로만 다루지 않고 독자들이 더 쉽게 이해할 수 있도록 다양한 그림을 활용해 설명합니다. 그리고 알고리즘을 구체화하여 C 프로그램으로 구현하면서 이론과 실습을 병행할 수 있기 때문에 자료구조와 알고리즘을 공부할 때 효과적입니다. 특히, 이번에 개정된 4판에서는 자료구조가 어떻게 활용되는지 학습할 수 있도록 코딩 테스트 스타일의 응용예제를 수록하였습니다. 부디 이 책이 컴퓨터 자료에 대한 다양한 구조화 방법을 이해하고 주어진 문제를 해결하는 최적의 방법을 선택 및 활용하는 데 도움이 되길 바랍니다.

어느새 4판을 출간하게 되었습니다. 이번 4판에서는 새로운 편집으로 외형을 단장하고 내용적으로도 많은 부분이 달라졌습니다. 4판에서 달라진 부분은 다음과 같습니다.

❶ 프로그래밍 심화 학습을 위해 분할 컴파일 방식으로 실습 예제 재구성

자료구조는 일반적으로 프로그래밍 기본을 학습한 후에 심화 과정으로 배우는데 '프로그래밍고급' 교과목으로 수업을 하는 대학도 있습니다. 이러한 현실을 반영해 자료구조 구현을 통해 프로그래밍 수준을 향상시킬 수 있도록 분할 컴파일 방식으로 실습 예제를 재구성하였습니다. 자료형 및 함수 원형을 선언하는 헤더 파일, 함수를 정의하는 소스 파일, 그리고 함수를 호출하여 실행하는 main() 함수가 있는 ex0_0.c 파일로 분리하여 프로그래밍 심화 학습에 도움이 되도록 하였습니다.

❷ 자료구조를 활용한 문제 해결 능력 향상을 위해 코딩 테스트 스타일의 응용예제 추가

이론과 실습 예제로 배운 자료구조가 어떻게 활용되는지 학습할 수 있도록 코딩 테스트 스타일의 응용예제를 장마다 추가하였습니다. 다양한 문제를 자료구조 관점에서 분석하고 해결 방법을 설계할 수 있도록 하였습니다.

❸ 최신 기출 문제로 연습문제 업데이트

2020년에 개편된 정보처리기사를 비롯해 전자계산기조직응용기사, 전산직 공무원, 정보관리기술사 등의 최신 기출 문제를 활용하여 연습문제를 업데이트하였습니다. 연습문제를 통해 본문에서 학습한 내용을 확인하고, 주요 시험의 자료구조 문제를 준비할 수 있도록 하였습니다.

❹ 예제의 실습 편이성 향상

예제 프로그램을 비주얼 스튜디오 2019 기반으로 버전업하고, 프로젝트 파일로 제공함으로써 예제 실습의 편이성을 향상시켰습니다. 또한 다른 버전의 컴파일러 환경에서 실습하는 독자를 위해 표준 C 소스 파일도 함께 제공합니다.

자료구조를 학생들의 눈높이에 맞춰 강의할 수 있도록 도와주고, 때로는 엉뚱한 질문으로 웃게해 준 내 소중한 학생들, 이 책이 나오도록 애써 준 한빛아카데미㈜, 책을 집필하는 동안 격려해주고 도움을 주신 모든 분에게 고마운 마음을 전합니다. 항상 힘이 되어 주시는 부모님과 가족들에게 감사합니다. 지칠 때마다 에너지를 충전해 주는 사랑하는 조카 상원이와 상범이에게도 고맙다고 말하고 싶습니다. 이 책을 읽고 공부할 독자 여러분, 모두 건강하고 행복하길 진심으로 바랍니다. 감사합니다.

저자 이지영

| 강의 보조 자료 | 한빛아카데미 홈페이지에서 '교수회원'으로 가입하신 분은 인증 후 교수용 강의 보조 자료를 제공받을 수 있습니다. 한빛아카데미 홈페이지 상단의 〈교수전용공간〉 메뉴를 클릭하세요.
http://www.hanbit.co.kr/academy

| 학습 보조 자료 | 본문의 예제 파일은 다음 주소에서 내려받을 수 있습니다. 비주얼 스튜디오 2019의 프로젝트 파일과 표준 C 소스 파일 두 가지 형태로 제공합니다.
http://www.hanbit.co.kr/src/4541

| 연습문제 해답 | 본 도서는 대학 강의용 교재로 개발되었으므로 연습문제 해답은 제공하지 않습니다.

| 본문 구성 |

❶ **자료의 표현, 프로그래밍 기법(1~2장)** 자료구조와 알고리즘을 이해하기 위한 기본 지식을 학습합니다. 컴퓨터에서 자료를 표현하는 방법과 알고리즘을 이해하고, 프로그램을 작성할 때 필요한 프로그래밍 기법을 익힙니다.

❷ **순차 자료구조, 연결 자료구조(3~4장)** 자료의 논리적인 순서와 저장되는 물리적 순서를 일치시키는 순차 자료구조의 표현 방법을 알아봅니다. 물리적인 순서를 고려하지 않고 논리적인 순서대로 연결하여 자료를 구성하는 연결 자료구조의 표현 방법도 알아봅니다. 더불어 순차 자료구조와 연결 자료구조의 차이점을 살펴봅니다.

❸ **스택, 큐, 트리, 그래프(5~8장)** 순서가 있는 자료를 선형으로 구조화한 스택과 큐, 1:n의 계층형으로 구조화한 트리, m:n 관계를 구조화한 그래프에 대해 알아보고 그 특징과 연산 방법까지 살펴봅니다. 스택, 큐, 트리, 그래프를 배열을 이용한 순차 자료구조 표현 방법과 포인터를 이용한 연결 자료구조 표현 방법으로 구현하는 방법도 알아봅니다.

❹ **정렬과 검색(9~10장)** 자료를 응용하는 방법으로 정렬과 검색을 알아봅니다. 선택·버블·퀵·삽입·셸·병합·기수·히프·트리 정렬의 알고리즘을 살펴보고 프로그램으로 구현하는 방법까지 살펴봅니다. 순차·이진 검색, 이진 트리 검색과 해싱 등의 방법도 알아봅니다.

| 구성 요소 |

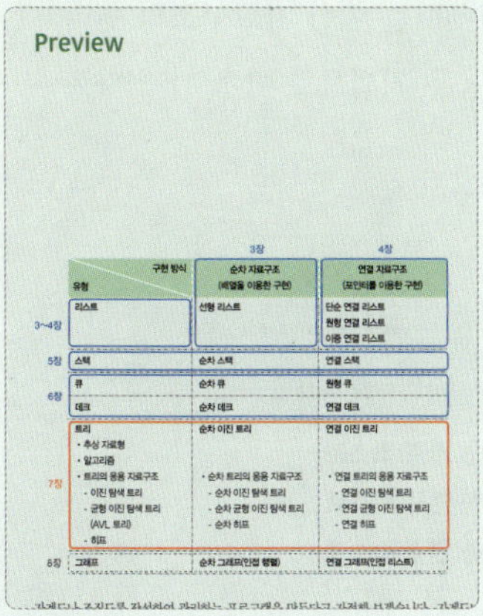

프리뷰

각 장의 내용을 본격적으로 접하기 전에 해당 장의 이론이 고안된 동기나 필요성 등을 예를 통해 간단히 소개하고 3장부터 8장까지는 로드맵을 통해 각 장에서 배울 내용을 보여 줍니다.

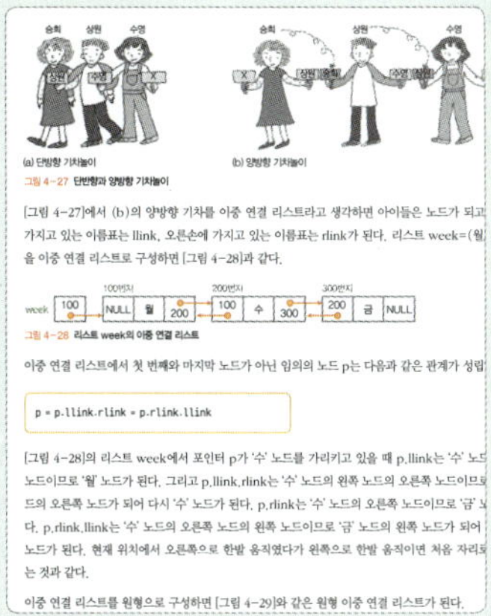

삽화와 도해

주요 개념을 삽화를 곁들여 소개하고 그 원리를 단계별 도해로 보여 줍니다. 개념 사이의 관계를 명확히 보여 주고, 핵심 개념을 일목요연하게 정리해 줍니다.

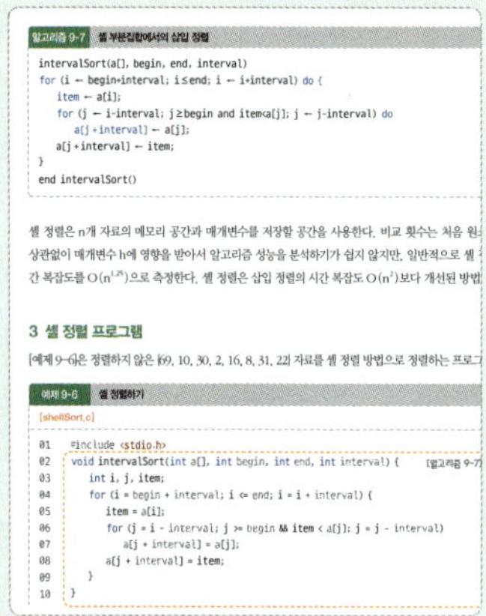

ADT, 알고리즘, 예제

추상 자료형과 핵심 연산에 대한 알고리즘을 정리해 줍니다. 그리고 이를 구체화한 C 프로그램을 실행 결과와 함께 보여 줍니다.

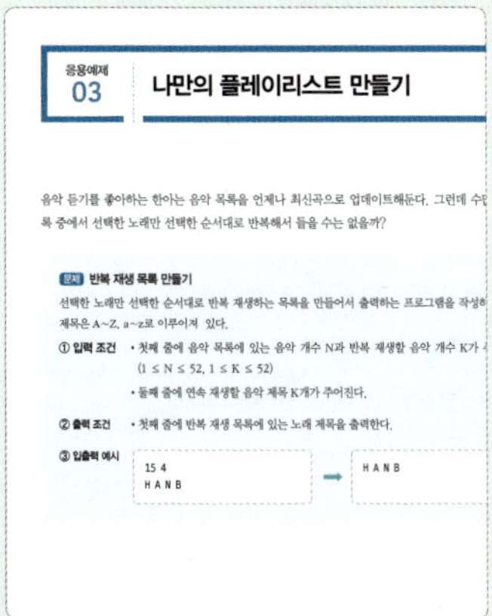

응용예제

자료구조를 어떻게 활용할 수 있는지 학습할 수 있는 코딩 테스트 스타일의 문제입니다. 자료구조 관점에서 문제를 분석하고 해결 방법을 설계하도록 알려 줍니다.

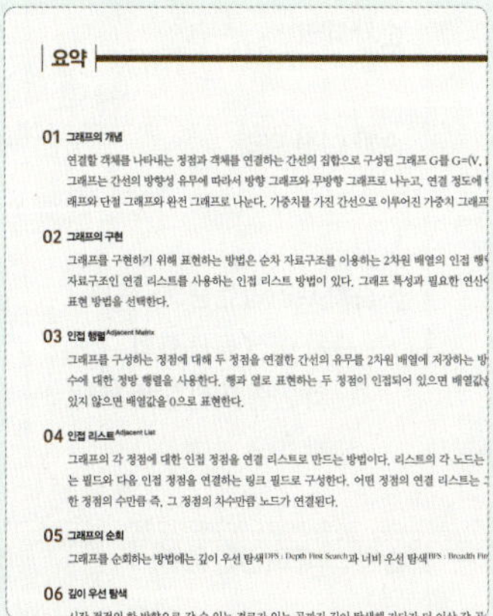

요약

본문의 핵심 내용을 요약해서 정리합니다. 본문에서 익힌 세분화된 지식을 다시 조립하여 전체적으로 완성해 볼 수 있습니다.

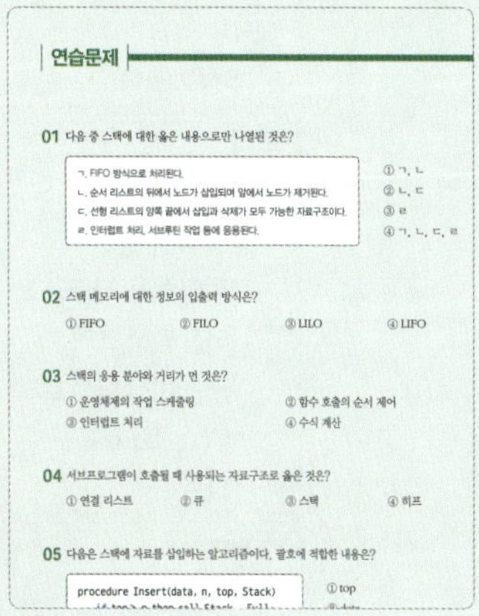

연습문제

본문에서 익힌 내용을 문제 형식으로 정리합니다. 개념 확인 문제부터 응용력을 기를 수 있는 프로그래밍 문제까지 다양한 유형의 문제를 경험할 수 있습니다.

학습 로드맵

이 책은 핵심 자료구조의 유형, 구현 방법, 응용 기법을 다룹니다. 2장에서는 자료구조를 C 언어로 구현하기 위해 필요한 C 프로그래밍 기법을 간단히 복습하고, 3~8장에서는 핵심 자료구조의 원리와 구현 방법을 알아봅니다. 마지막으로 9~10장에서는 자료에 대한 응용 기법으로 아홉 가지 자료 정렬 방법과 다섯 가지 자료 검색 방법을 살펴봅니다.

		3장	4장
	구현 방식 / 유형	순차 자료구조 (배열을 이용한 구현)	연결 자료구조 (포인터를 이용한 구현)
3~4장	리스트 • 추상 자료형 • 알고리즘 • 리스트의 응용	선형 리스트	단순 연결 리스트 원형 연결 리스트 이중 연결 리스트
5장	스택 • 추상 자료형 • 알고리즘 • 스택의 응용	순차 스택	연결 스택
6장	큐 • 추상 자료형 • 알고리즘 • 큐의 응용	순차 큐 원형 큐	연결 큐
6장	데크 • 추상 자료형	순차 데크	연결 데크
7장	트리 • 추상 자료형 • 알고리즘 • 트리의 응용 자료구조 - 이진 탐색 트리 - 균형 이진 탐색 트리 (AVL 트리) - 히프	순차 이진 트리 • 순차 트리의 응용 자료구조 - 순차 이진 탐색 트리 - 순차 균형 이진 탐색 트리 - 순차 히프	연결 이진 트리 • 연결 트리의 응용 자료구조 - 연결 이진 탐색 트리 - 연결 균형 이진 탐색 트리 - 연결 히프
8장	그래프 • 추상 자료형 • 알고리즘 • 그래프의 응용 자료구조 - 신장 트리 - 최단 경로 그래프 (다익스트라 / 플로이드)	순차 그래프(인접 행렬) • 순차 그래프의 응용 자료구조 - 순차 신장 트리 - 순차 최단 경로 그래프	연결 그래프(인접 리스트) • 연결 그래프의 응용 자료구조 - 연결 신장 트리 - 연결 최단 경로 그래프

Chapter 01 자료구조 소개

01 **자료구조의 이해** • 23

02 **자료의 표현** • 27

03 **자료의 추상화** • 41

04 **알고리즘의 이해** • 44

05 **알고리즘의 표현 방법** • 45

1 알고리즘 표현 방법의 종류 • 45

2 순서도를 이용한 도식화 • 46

3 가상코드를 이용한 추상화 • 46

06 **알고리즘의 성능 분석** • 52

1 알고리즘 성능 분석 기준 • 52

2 알고리즘 성능 분석 방법 • 52

3 알고리즘 성능 분석 표기법 • 54

요약 • 57

연습문제 • 59

Chapter 02 자료구조 구현을 위한 C 프로그래밍 기법

01 **배열** • 69

1 배열의 개념 • 69

2 1차원 배열 • 69

3 다차원 배열 • 76

02 **포인터** • 81

1 포인터 개념 • 81

2 포인터 선언 • 82

3 포인터 연산 • 83

4 포인터 초기화 • 86

5 포인터와 문자열 • 87

6 포인터 배열 • 89

7 포인터의 포인터(이중 포인터) • 91

03 구조체 • 96

1 구조체 개념 • 96

2 구조체 선언 • 96

3 구조체 변수의 초기화 • 98

4 데이터 항목의 참조 • 99

5 구조체 연산 • 102

04 재귀호출 • 104

1 재귀호출의 개념 • 104

2 재귀호출의 예 1 : 팩토리얼 함수 • 105

3 재귀호출의 예 2 : 하노이 탑 • 108

요약 • 113

연습문제 • 114

Chapter 03 순차 자료구조와 선형 리스트

01 순차 자료구조와 선형 리스트의 이해 • 121

02 선형 리스트의 연산과 알고리즘 • 131

1 선형 리스트에서 원소 삽입과 알고리즘 • 131

2 선형 리스트에서 원소 삭제와 알고리즘 • 133

3 선형 리스트 프로그램 • 134

03 선형 리스트의 응용 및 구현 • 137

1 행렬의 선형 리스트 표현 • 137

2 다항식의 선형 리스트 표현 • 142

응용예제 • 148

요약 • 152

연습문제 • 153

Chapter 04 연결 자료구조와 연결 리스트

01 연결 자료구조와 연결 리스트의 이해 • 159

1 연결 자료구조의 개념 • 159

2 연결 리스트의 이해 • 160

02 단순 연결 리스트 • 164

1 단순 연결 리스트의 개념 • 164

2 단순 연결 리스트에서의 삽입 연산 • 164

3 단순 연결 리스트에서의 삭제 연산 • 167

4 단순 연결 리스트의 알고리즘과 프로그램 • 169

03 원형 연결 리스트 • 188

1 원형 연결 리스트의 개념 • 188

2 원형 연결 리스트의 알고리즘 • 188

3 원형 연결 리스트의 프로그램 • 196

04 이중 연결 리스트 • 200

1 이중 연결 리스트의 개념 • 200

2 이중 연결 리스트의 알고리즘 • 202

3 이중 연결 리스트의 프로그램 • 209

05 연결 리스트의 응용 및 구현 • 213

1 단순 연결 리스트를 이용한 다항식 표현 • 213

2 다항식 연결 자료구조의 항 삽입 알고리즘 • 214

3 다항식끼리의 덧셈 연산과 알고리즘 • 216

4 연결 리스트를 이용한 다항식 프로그램 • 222

응용예제 • 226

요약 • 230

연습문제 • 231

Chapter 05 스택

01 스택의 이해 • 241

02 스택의 구현 • 246

1 순차 자료구조를 이용한 스택의 구현 • 246

2 연결 자료구조를 이용한 스택의 구현 • 250

03 스택의 응용 • 255

1 스택을 이용한 역순 문자열 • 255

2 시스템 스택 • 255

3 스택을 이용한 수식의 괄호 검사 • 258

4 스택을 이용한 수식의 후위 표기법 변환 • 263

5 스택을 이용한 후위 표기법 수식의 연산 • 266

응용예제 • 270

요약 • 275

연습문제 • 276

Chapter 06 큐

01 큐의 이해 • 287

02 큐의 구현 • 291

1 순차 자료구조를 이용한 큐의 구현 • 291

2 원형 큐의 구현 • 297

3 연결 자료구조를 이용한 큐의 구현 • 304

03 데크 • 313

04 큐의 응용 • 321

1 운영체제의 작업 큐 • 321

2 시뮬레이션에서의 큐잉 시스템 • 322

응용예제 • 323

요약 • 327

연습문제 • 328

Chapter 07 트리

01 트리의 이해 • 335

02 이진 트리 • 337

03 이진 트리의 구현 • 342

04 이진 트리의 순회 • 345

1 이진 트리 순회의 개념 • 345
2 전위 순회 • 345
3 중위 순회 • 347
4 후위 순회 • 350
5 이진 트리 순회의 구현 • 352
6 스레드 이진 트리 • 360

05 이진 탐색 트리 • 365

1 이진 탐색 트리의 개념 • 365
2 이진 탐색 트리의 탐색 연산 • 366
3 이진 탐색 트리의 삽입 연산 • 367
4 이진 탐색 트리의 삭제 연산 • 369
5 이진 탐색 트리의 구현 • 374

06 균형 이진 탐색 트리 • 382

1 균형 이진 탐색 트리의 개념 • 382
2 AVL 트리의 개념과 유형 • 382
3 AVL 트리의 회전 연산 • 385
4 AVL 트리의 구현 • 391

07 히프의 개념과 연산 및 구현 • 396

1 히프의 개념 • 396
2 히프의 추상 자료형 • 397
3 히프의 삽입 연산 • 398
4 히프의 삭제 연산 • 400
5 히프의 구현 • 403

응용예제 • 409
요약 • 413
연습문제 • 415

Chapter 08 그래프

01 그래프의 구조 • 427

1 그래프의 개념 • 427

2 그래프의 종류 • 428

3 그래프 관련 용어 • 430

4 그래프의 추상 자료형 • 431

02 그래프의 구현 • 433

1 순차 자료구조를 이용한 그래프의 구현 : 인접 행렬 • 433

2 연결 자료구조를 이용한 그래프의 구현 : 인접 리스트 • 439

03 그래프의 순회 • 450

1 그래프 순회의 개념과 종류 • 450

2 깊이 우선 탐색 • 450

3 너비 우선 탐색 • 462

04 신장 트리와 최소 비용 신장 트리 • 472

1 신장 트리 • 472

2 최소 비용 신장 트리 • 473

3 최단 경로 • 483

응용예제 • 497

요약 • 501

연습문제 • 503

Chapter 09 정렬

01 정렬의 이해 • 513
02 선택 정렬 • 515
03 버블 정렬 • 520
04 퀵 정렬 • 527
05 삽입 정렬 • 536
06 셸 정렬 • 542
07 병합 정렬 • 546
08 기수 정렬 • 551
09 히프 정렬 • 556
10 트리 정렬 • 561
응용예제 • 564
요약 • 568
연습문제 • 570

Chapter 10 검색

01 검색의 이해 • 579

02 순차 검색 • 580

1 순차 검색 • 580

2 색인 순차 검색 • 585

03 이진 검색 • 590

04 이진 트리 검색 • 593

05 해싱 • 599

1 해싱의 개념 • 599

2 해싱 관련 용어 • 600

3 해시 함수 • 602

4 해싱에서 오버플로를 처리하는 방법 • 604

응용예제 • 608

요약 • 612

연습문제 • 613

찾아보기 • 619

ADT 3-1 희소행렬의 추상 자료형 **139**
ADT 3-2 다항식의 추상 자료형 **142**
ADT 5-1 스택의 추상 자료형 **244**
ADT 6-1 큐의 추상 자료형 **289**
ADT 6-2 데크의 추상 자료형 **313**
ADT 7-1 이진 트리의 추상 자료형 **339**
ADT 7-2 히프의 추상 자료형 **397**
ADT 8-1 그래프의 추상 자료형 **432**

알고리즘 1-1 피보나치 수열 **53**
알고리즘 3-1 선형 리스트의 원소 삽입 **132**
알고리즘 3-2 선형 리스트의 원소 삭제 **134**
알고리즘 3-3 희소행렬의 전치 연산 **139**
알고리즘 3-4 순차 리스트를 이용한 다항식의 덧셈 연산 **144**
알고리즘 4-1 단순 연결 리스트의 첫 번째 노드 삽입 **169**
알고리즘 4-2 단순 연결 리스트의 중간 노드 삽입 **170**
알고리즘 4-3 단순 연결 리스트의 마지막 노드 삽입 **172**
알고리즘 4-4 단순 연결 리스트의 노드 삭제 **177**
알고리즘 4-5 단순 연결 리스트의 노드 탐색 **179**
알고리즘 4-6 원형 연결 리스트의 첫 번째 노드 삽입 **189**
알고리즘 4-7 원형 연결 리스트의 중간 노드 삽입 **192**
알고리즘 4-8 원형 연결 리스트의 노드 삭제 **194**
알고리즘 4-9 이중 연결 리스트의 노드 삽입 **204**
알고리즘 4-10 이중 연결 리스트의 노드 삭제 **208**
알고리즘 4-11 다항식 끝에 항 추가 **214**
알고리즘 4-12 단순 연결 리스트를 이용한 다항식 덧셈 연산 **219**
알고리즘 5-1 스택의 원소 삽입 **245**
알고리즘 5-2 스택의 원소 삭제 **245**
알고리즘 5-3 수식의 괄호 쌍 검사 **259**
알고리즘 5-4 후위 표기법으로 변환 **264**
알고리즘 5-5 후위 표기법으로 수식 연산 **266**
알고리즘 6-1 공백 순차 큐 생성 **291**
알고리즘 6-2 순차 큐의 공백 상태 검사 **292**
알고리즘 6-3 순차 큐의 포화 상태 검사 **292**
알고리즘 6-4 순차 큐의 원소 삽입 **292**
알고리즘 6-5 순차 큐의 원소 삭제 **293**

알고리즘 6-6 순차 큐의 원소 검색 **293**
알고리즘 6-7 공백 원형 큐 생성 **298**
알고리즘 6-8 원형 큐의 공백 상태 검사 **298**
알고리즘 6-9 원형 큐의 포화 상태 검사 **298**
알고리즘 6-10 원형 큐의 원소 삽입 **299**
알고리즘 6-11 원형 큐의 원소 삭제 **299**
알고리즘 6-12 공백 연결 큐 생성 **304**
알고리즘 6-13 연결 큐의 공백 상태 검사 **305**
알고리즘 6-14 연결 큐의 원소 삽입 **305**
알고리즘 6-15 연결 큐의 원소 삭제 **306**
알고리즘 6-16 연결 큐의 원소 검색 **307**
알고리즘 7-1 이진 트리의 전위 순회 **346**
알고리즘 7-2 이진 트리의 중위 순회 **348**
알고리즘 7-3 이진 트리의 후위 순회 **350**
알고리즘 7-4 이진 탐색 트리의 노드 탐색 **366**
알고리즘 7-5 이진 탐색 트리의 노드 삽입 **367**
알고리즘 7-6 이진 탐색 트리의 노드 삭제 **374**
알고리즘 7-7 AVL 트리의 LL 회전 **386**
알고리즘 7-8 AVL 트리의 RR 회전 **386**
알고리즘 7-9 AVL 트리의 LR 회전 **387**
알고리즘 7-10 AVL 트리의 RL 회전 **388**
알고리즘 7-11 최대 히프의 노드 삽입 **400**
알고리즘 7-12 최대 히프의 노드 삭제 **402**
알고리즘 8-1 그래프의 깊이 우선 탐색 **451**
알고리즘 8-2 그래프의 너비 우선 탐색 **463**
알고리즘 8-3 다익스트라 최단 경로 **485**
알고리즘 8-4 플로이드 최단 경로 **492**
알고리즘 9-1 선택 정렬 **517**
알고리즘 9-2 버블 정렬 **523**
알고리즘 9-3 퀵 정렬 **531**
알고리즘 9-4 파티션 분할 **531**
알고리즘 9-5 삽입 정렬 **538**
알고리즘 9-6 셸 정렬 **544**
알고리즘 9-7 셸 부분집합에서의 삽입 정렬 **544**
알고리즘 9-8 병합 정렬 **547**
알고리즘 9-9 부분집합의 병합 **548**
알고리즘 9-10 기수 정렬 **553**

알고리즘 9-11 히프 정렬 **559**
알고리즘 9-12 히프 재구성 **560**
알고리즘 9-13 트리 정렬 **562**
알고리즘 10-1 정렬되지 않은 자료의 순차 검색 **581**
알고리즘 10-2 정렬된 자료의 순차 검색 **583**
알고리즘 10-3 정렬된 자료의 색인 순차 검색 **585**
알고리즘 10-4 인덱스 테이블 **586**
알고리즘 10-5 이진 검색 **591**

예제 2-1 자료형에 대한 메모리 할당 크기 확인하기 **70**
예제 2-2 학년별 취득 학점 입출력하기 **72**
예제 2-3 입력한 숫자를 구구단으로 출력하기 **73**
예제 2-4 문자 배열에 문자열을 저장하고 출력하기 **75**
예제 2-5 입력한 문자열의 길이 계산하기 **76**
예제 2-6 3차원 배열 입출력하기 **79**
예제 2-7 3차원 배열을 이용해 문자 배열 입출력하기 **80**
예제 2-8 포인터 연산자를 이용해 변수 액세스하기 **84**
예제 2-9 포인터를 이용해 문자열 처리하기 **87**
예제 2-10 포인터 배열을 이용해 문자열 저장하기 **90**
예제 2-11 포인터 배열과 포인터의 포인터 사용하기 **91**
예제 2-12 점 연산자를 이용해 데이터 항목 참조하기 **100**
예제 2-13 화살표 연산자를 이용해 데이터 항목 참조하기 **101**
예제 2-14 재귀호출을 이용해 팩토리얼 값 구하기 **107**
예제 2-15 재귀호출을 이용해 하노이 탑 퍼즐 풀기 **112**
예제 3-1 원소의 논리적 · 물리적 순서 확인하기 **124**
예제 3-2 2차원 배열의 논리적 · 물리적 순서 확인하기 **126**
예제 3-3 3차원 배열의 논리적 · 물리적 순서 확인하기 **129**
예제 3-4 선형 리스트에 원소 삽입하고 삭제하기 **134**
예제 3-5 희소행렬의 전치 연산하기 **140**
예제 3-6 순차 리스트를 이용해 다항식 덧셈하기 **145**
예제 4-1 단순 연결 리스트에 노드 삽입하기 **174**
예제 4-2 단순 연결 리스트에 노드 삭제하고 탐색하기 **180**
예제 4-3 원형 연결 리스트에서 노드 삽입 · 삭제 · 탐색하기 **196**
예제 4-4 이중 연결 리스트에서 노드 삽입 · 삭제 · 탐색하기 **209**
예제 4-5 연결 리스트를 이용해 다항식 덧셈하기 **222**
예제 5-1 순차 자료구조를 이용해 순차 스택 구현하기 **247**
예제 5-2 연결 자료구조를 이용해 연결 스택 구현하기 **251**

예제 5-3 스택을 이용해 수식의 괄호 쌍 검사하기 261
예제 5-4 수식을 후위 표기법으로 연산하기 268
예제 6-1 순차 자료구조를 이용해 순차 큐 구현하기 294
예제 6-2 순차 자료구조를 이용해 원형 큐 구현하기 301
예제 6-3 연결 자료구조를 이용해 연결 큐 구현하기 309
예제 6-4 이중 연결 리스트를 이용해 데크 구현하기 316
예제 7-1 이진 트리 순회하기 352
예제 7-2 이진 트리의 후위 순회를 이용해 폴더 용량 계산하기 357
예제 7-3 스레드 이진 트리 구현하기 361
예제 7-4 이진 탐색 트리 구현하기 375
예제 7-5 AVL 트리 구현하기 391
예제 7-6 순차 자료구조 방식으로 최대 히프 구현하기 403
예제 8-1 그래프를 인접 행렬로 표현하기 434
예제 8-2 인접 리스트로 그래프 구현하기 441
예제 8-3 그래프를 깊이 우선 탐색하기 459
예제 8-4 그래프를 너비 우선 탐색하기 469
예제 8-5 다익스트라 최단 경로 구하기 488
예제 8-6 플로이드 최단 경로 구하기 494
예제 9-1 선택 정렬하기 518
예제 9-2 버블 정렬하기 525
예제 9-3 퀵 정렬하기 1 532
예제 9-4 퀵 정렬하기 2 535
예제 9-5 삽입 정렬하기 540
예제 9-6 셸 정렬하기 544
예제 9-7 병합 정렬하기 548
예제 9-8 기수 정렬하기 554
예제 9-9 트리 정렬하기 562
예제 10-1 정렬되지 않은 자료를 순차 검색하기 582
예제 10-2 정렬된 자료를 순차 검색하기 584
예제 10-3 자료 색인 순차 검색하기 586
예제 10-4 정렬된 자료를 이진 검색하기 591
예제 10-5 이진 검색을 이용해 영어 사전 구현하기 593

자료구조 소개

01 자료구조의 이해
02 자료의 표현
03 자료의 추상화
04 알고리즘의 이해
05 알고리즘의 표현 방법
06 알고리즘의 성능 분석
요약
연습문제

Chapter
01

학습목표

- 자료구조의 의미와 중요성을 알아본다.
- 자료구조에서 다루는 내용을 알아본다.
- 컴퓨터 내부의 2진수 코드 체계를 알아본다.
- 자료 형태에 따른 자료 표현 형식을 알아본다.
- 자료를 추상화하고 구체화하는 개념을 이해한다.
- 알고리즘의 개념을 이해하고 알고리즘의 표현 방법을 알아본다.
- 알고리즘의 성능 분석 방법을 알아본다.

Chapter

01

Preview

자료구조는 컴퓨터에서 사용할 자료를 더 효율적으로 저장하고 처리할 수 있도록 자료의 특성과 사용 용도에 맞게 분류하고 정리한 것, 즉 구조화한 것입니다. 공부하려고 책상에 앉았는데 필요한 것을 찾느라 시간만 보내고 있다면 우선 책상을 정리해 보세요. 내 스타일에 맞춰 정리 정돈된(구조화된) 책상이라면 공부 효율도 더 올라가겠죠?

Section **01**

자료구조의 이해

1 자료구조의 개념

우리는 인터넷, TV, 책 등 매일 엄청난 양의 자료 속에서 살아가고 있다. 사회가 정보화되고 다양화될수록 사용할 수 있는 자료는 더욱 풍부해지고 다양해진다. 정보의 홍수라 부를 만큼 자료가 방대해지면서 자료를 얼마나 많이 가지고 있느냐보다는 얼마나 효율적으로 잘 사용하느냐가 중요해졌다.

예를 들어, 문구점에서 필기구를 진열하는 방법을 떠올려 보자. 여러 종류의 필기구를 아무렇게나 진열할 수도 있지만, 종류나 색상에 따라 분류하여 진열할 수도 있다. 원하는 필기구를 찾을 때 어떤 방법이 더 효율적일까? 단순히 생각해 봐도 종류나 색상에 맞춰 분류해 둔 것을 더 쉽게 찾을 수 있다. 컴퓨터 속 자료도 마찬가지이다. 자료를 효율적으로 표현하고 저장하고 처리할 수 있도록 정리하는 것이 자료구조이다.

(a) 자료구조를 적용하기 전 (b) 자료구조를 적용한 후

그림 1-1 생활 속에서 자료구조를 적용한 예

그렇다면 컴퓨터에서는 자료구조가 어떻게 사용되고 있을까? 컴퓨터는 자료를 효과적으로 표현하고 효율적으로 저장 및 처리할 수 있도록 논리적인 구조로 설계하고 분석하여 프로그램에 사용한다. 컴퓨터는 자료를 처리하는 장치이므로, 자료구조는 컴퓨터 관련 분야에서 기본적이고도 필수적인 개념이다.

'모든 일은 컴퓨터가 하는데 우리가 왜 자료구조를 공부해야 하는가?'라는 의문을 가질 수 있다. 이런 의문을 풀기 위해 컴퓨터를 이용한 문제 해결 과정을 살펴보자.

컴퓨터가 자료를 효율적으로 처리하려면 [그림 1-2]와 같이 문제 도출과 문제 변환 단계에서 문제를 자료구조 측면에서 분석하고 구성해야 한다. 사용자(프로그래머)는 문제 도출 단계에서 문제를 더 효율적이고 효과적으로 해결하기 위해 문제를 정의한다. 문제 변환 단계에서는 처리 방식을 결정하여 알고리즘을 작성하고 처리 대상을 결정한 뒤 그에 대한 자료를 정의해야 한다. 이러한 과정에서 자료구조에 대한 개념을 이해하고 이를 활용하는 능력이 필요하다.

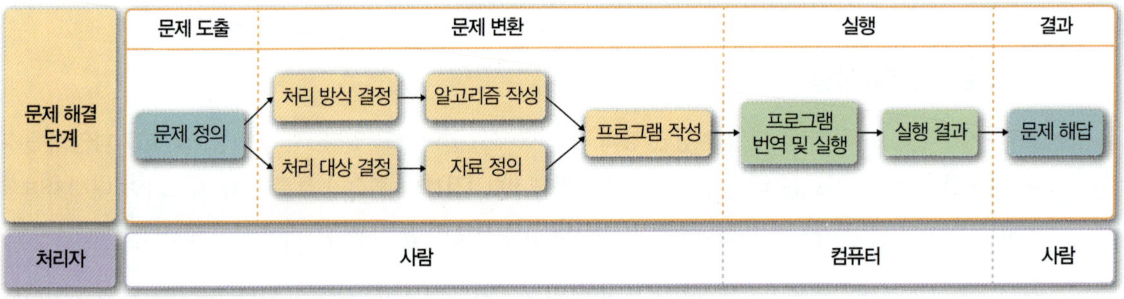

그림 1-2 문제 해결 과정

자료구조에서 다루는 내용은 [그림 1-3]과 같다. 이론적인 측면에서는 그래프 이론, 집합 이론, 조합적 분석의 이산 수학과 확률 이론을 기본으로 알고리즘을 분석하여 검색·정렬 방법 등을 결정하고, 공간 복잡도와 시간 복잡도를 기준으로 효율 분석을 통해 최적의 상태를 결정한다. 실제적 측면에서는 이렇게 결정한 내용에 따라 자료를 문자열, 리스트, 트리, 그래프, 파일 등의 구조로 표현하고 알고리즘을 구현하여, 프로그래밍과 파일 작성 및 메모리 관리와 운영체제 등에 사용한다.

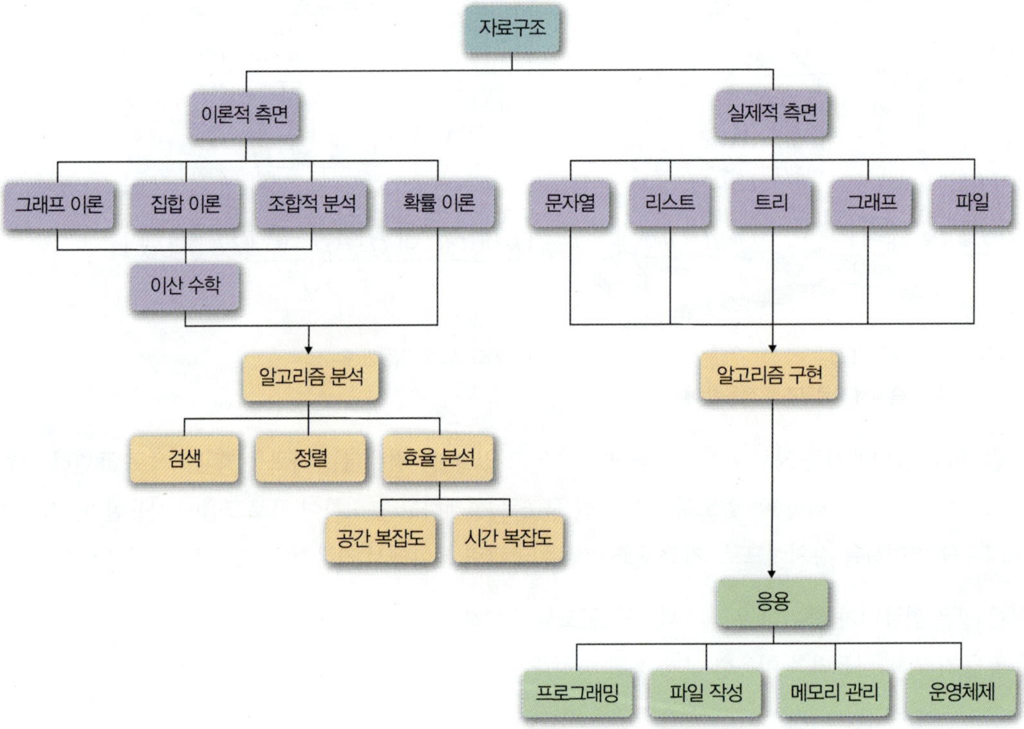

그림 1-3 자료구조의 내용

성공적인 시스템을 개발하는 고급 개발자가 되려면 자료의 특성을 이해하고 분석하여 최적의 알고리즘을 개발하는 능력이 필요하다. 이러한 능력을 키우려면 자료구조를 학습해야 한다.

2 자료구조의 분류

자료구조를 자료 형태에 따라 분류하면 프로그래밍 언어에서 제공하는 정수·실수·문자·문자열 등과 같은 데이터형에 해당하는 단순 구조, 논리적 순서에서 현재와 다음 자료 사이의 관계가 1:1인 선형 구조, 1:다 또는 다:다 관계인 비선형 구조 그리고 파일 구조로 나눌 수 있다. 표현할 자료의 특성과 주된 사용 방법, 수행하는 연산의 특성, 구현에 필요한 저장 공간 용량과 실행 소요 시간 등을 고려하여 가장 효율적인 자료구조를 선택해야 한다.

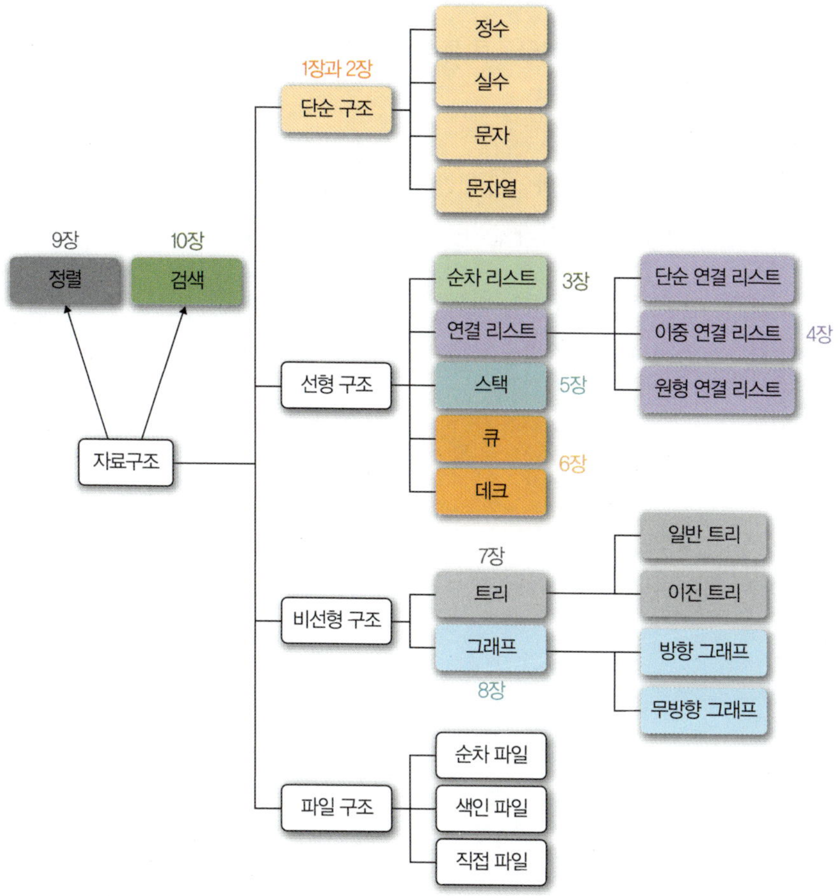

그림 1-4 자료구조의 형태에 따른 분류와 이 책에서 다루는 세부 주제

■ **단순 구조**

자료값을 사용하기 위한 기본 형태로서 프로그래밍 언어에서 제공하는 정수, 실수, 문자, 문자열 등의 데이터형Data Type에 해당한다.

■ **선형 구조**

자료 사이의 관계가 1:1 관계인 순차 리스트Sequential List, 연결 리스트Linked List, 스택Stack, 큐Queue, 데크Deque 등이 있다. 순차 리스트는 자료의 논리적인 순서와 기억 장소에 저장되는 물리적 순서가 일치하는 구조이며, 연결 리스트는 물리적인 순서와 상관없이 포인터를 사용하여 논리적인 순서대로 연결하는 구조이다. 스택, 큐, 데크는 자료의 삽입이나 삭제 위치에 대한 제한 조건이 있는 리스트이다.

■ **비선형 구조**

비선형 구조는 계층 구조나 망 구조를 갖는 자료구조로 트리Tree와 그래프Graph가 있다.

■ **파일 구조**

서로 관련 있는 필드로 구성된 레코드 집합인 파일에 대한 자료구조로 보조 기억 장치에 데이터가 실제로 기록되는 형태이다. 파일의 구성 방식에 따라 순차 파일, 색인 파일, 직접 파일 등이 있다.

이 책에서는 단순 구조(1~2장), 선형 구조(3~6장), 비선형 구조(7~8장) 형태의 자료구조를 설명하고, 자료구조 기반의 정렬(9장)과 검색(10장) 기법을 다룬다.

Section 02

자료의 표현

1 컴퓨터에서의 자료 표현

컴퓨터는 자료를 표현하기 위해 1과 0(ON과 OFF, 참True과 거짓False)의 조합으로 구성된 2진수 코드를 사용한다. 숫자, 문자, 그림, 소리 등 자료 형식이 아무리 다양해도 컴퓨터 내부에서는 오직 1과 0을 조합한 2진수 코드 형태로 표현되어 처리되고 저장된다. 2진수 한 자리인 1 또는 0을 표현하는 단위를 비트Bit라고 한다. 비트는 디지털 시스템에서 자료를 표현하는 최소 단위이다. 4비트 그룹을 니블Nibble, 8비트 그룹을 바이트Byte라고 한다. n비트로 2^n개의 상태를 표현할 수 있다.

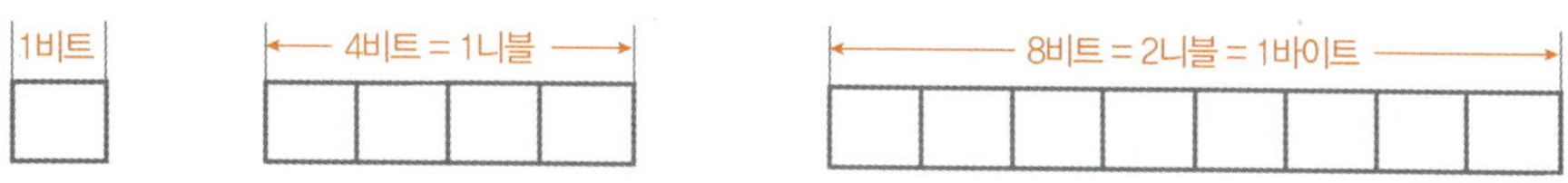

그림 1-5 컴퓨터의 자료 표현 : 비트, 니블, 바이트

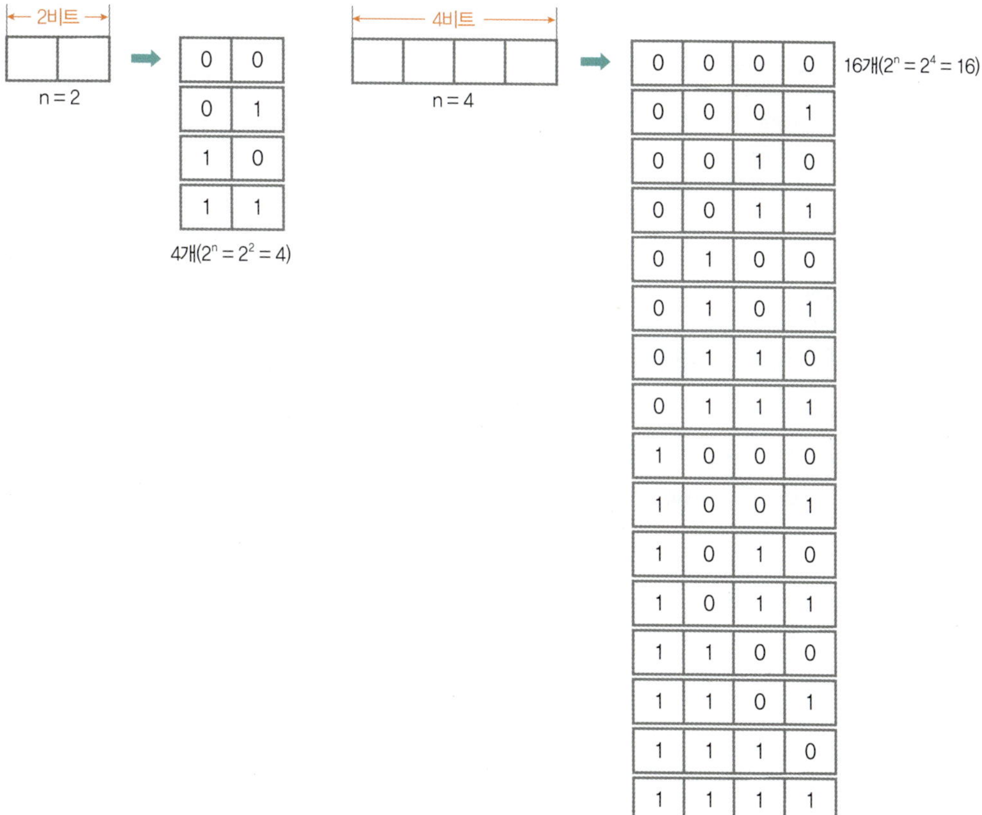

(a) n=2인 경우 : 2^2개의 상태 표현 (b) n=4인 경우 : 2^4개의 상태 표현

그림 1-6 자료 표현 예 : n개의 비트로 2^n개의 상태 표현

컴퓨터 내부에서 표현할 수 있는 자료에는 [그림 1-7]과 같이 수치 자료, 문자 자료, 논리 자료, 포인터 자료, 문자열 자료 등이 있다. 이 모든 자료는 1과 0의 조합인 2진수로 표현된다.

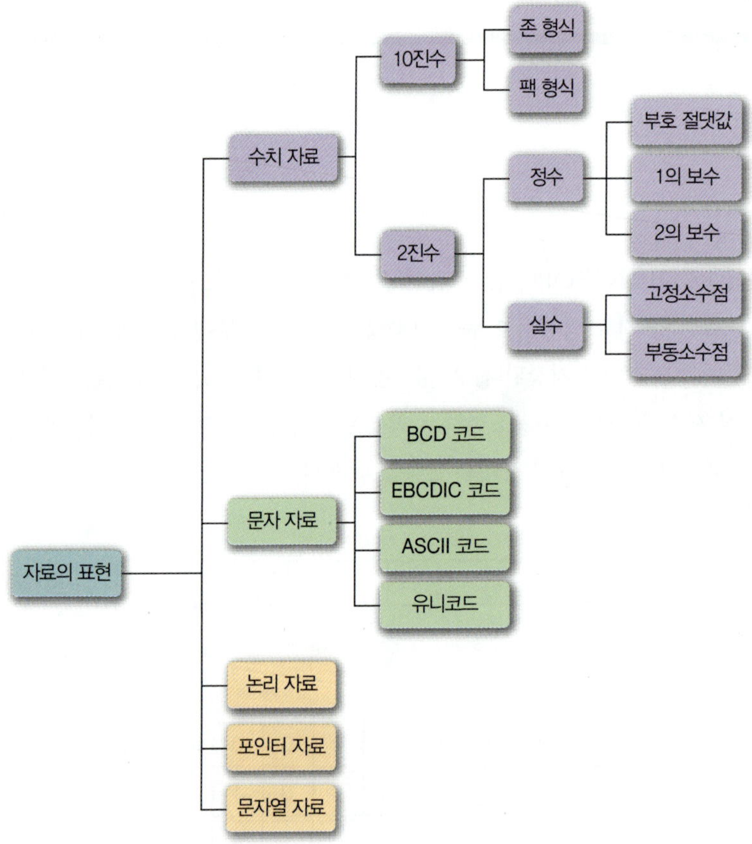

그림 1-7 컴퓨터 내부에서 자료를 표현하는 방법

2 수치 자료의 표현

컴퓨터가 자료를 표현할 때 쓰는 2진수와 우리가 실생활에서 쓰는 10진수는 형태가 다르기 때문에 2진수로 쓰여진 자료값을 보면 이해하거나 쓰기 어렵다고 느낄 수 있다. 그래서 2진수 형태이지만 10진수로 쉽게 해석할 수 있도록 만든 존Zone 형식과 팩Pack 형식이 있다. 존 형식과 팩 형식을 살펴보고 정수 수치 자료를 2진수로 표현하는 방법과 실수 수치 자료를 2진수로 표현하는 방법을 나누어 살펴보자.

10진수의 표현 1 : 존 형식 표현

10진수 한 자리를 존Zone 형식으로 표현하기 위해 1바이트(8비트)를 한 단위로 사용한다. 존 형식을 표현하기 위한 한 단위의 8비트는 상위 4비트 존 영역과 하위 4비트 수치 영역으로 구성된다.

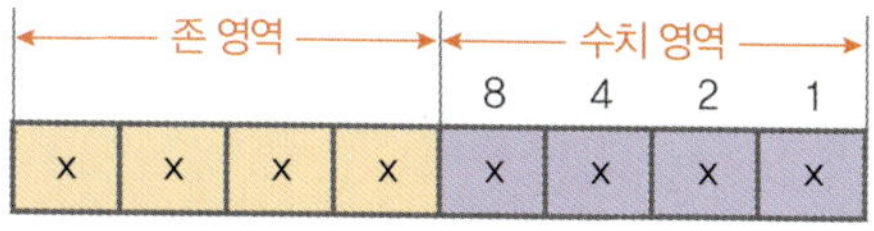

그림 1-8 존 형식의 구조

존 영역에는 항상 1111을 표시한다. 수치 영역에는 표현할 10진수 한 자릿값에 대한 2진수 값을 표시한다. 10진수 값을 2진수로 변환하기 위해 4비트의 수치 영역은 각 비트 자리마다 2진수의 자릿값을 갖는다. 최상위 비트는 $2^3=8$, 그 다음 비트는 $2^2=4$, 그 다음 비트는 $2^1=2$, 마지막 최하위 비트는 $2^0=1$의 자릿값을 갖는다. 4비트의 2진수(0000~1111)로 10진수 0~15를 표현할 수 있는데, 10에서 15까지의 두 자리 10진수는 16진수에서 사용하는 A에서 F까지의 문자를 사용하여 한 자리로 간략히 표현하기도 한다.

표 1-1 4비트의 2진수에 대한 10진수 표현

4비트의 2진수				10진수 변환	10진수
0	0	0	0	$0\times2^3+0\times2^2+0\times2^1+0\times2^0$	0
0	0	0	1	$0\times2^3+0\times2^2+0\times2^1+1\times2^0$	1
0	0	1	0	$0\times2^3+0\times2^2+1\times2^1+0\times2^0$	2
0	0	1	1	$0\times2^3+0\times2^2+1\times2^1+1\times2^0$	3
0	1	0	0	$0\times2^3+1\times2^2+0\times2^1+0\times2^0$	4
0	1	0	1	$0\times2^3+1\times2^2+0\times2^1+1\times2^0$	5
0	1	1	0	$0\times2^3+1\times2^2+1\times2^1+0\times2^0$	6
0	1	1	1	$0\times2^3+1\times2^2+1\times2^1+1\times2^0$	7
1	0	0	0	$1\times2^3+0\times2^2+0\times2^1+0\times2^0$	8
1	0	0	1	$1\times2^3+0\times2^2+0\times2^1+1\times2^0$	9
1	0	1	0	$1\times2^3+0\times2^2+1\times2^1+0\times2^0$	10=A
1	0	1	1	$1\times2^3+0\times2^2+1\times2^1+1\times2^0$	11=B
1	1	0	0	$1\times2^3+1\times2^2+0\times2^1+0\times2^0$	12=C
1	1	0	1	$1\times2^3+1\times2^2+0\times2^1+1\times2^0$	13=D
1	1	1	0	$1\times2^3+1\times2^2+1\times2^1+0\times2^0$	14=E
1	1	1	1	$1\times2^3+1\times2^2+1\times2^1+1\times2^0$	15=F

자릿수가 긴 10진수를 표현할 때는 [그림 1-8]과 같은 한 단위 존 형식을 표현하고자 하는 10진수의 자릿수만큼 연결하여 [그림 1-9]의 (a)와 같이 사용한다. 부호는 최하위 바이트의 존 영역([그림 1-9]의 'S' 영역)에 표시한다. 예를 들어 10진수 +213과 −213을 존 형식으로 나타내면 [그림 1-9]의 (b)와 같다.

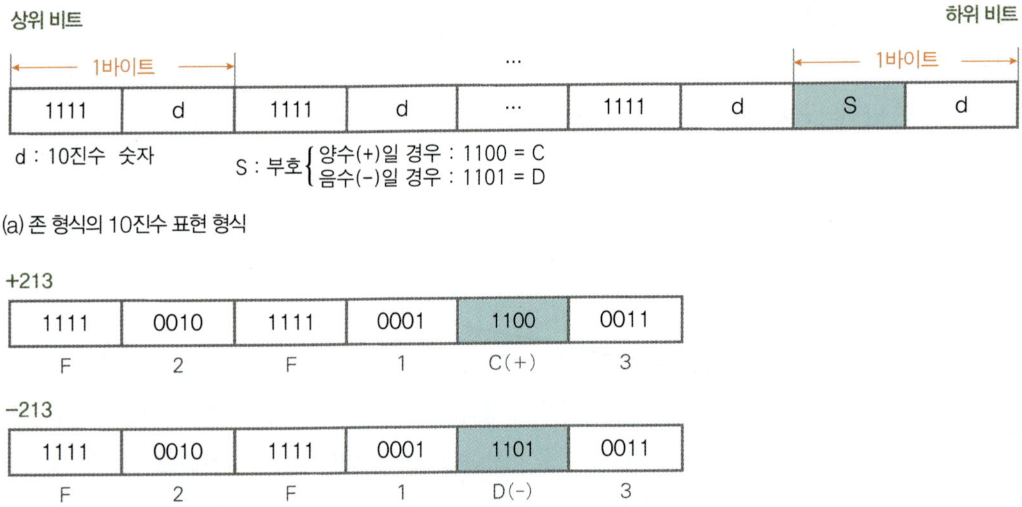

(a) 존 형식의 10진수 표현 형식

(b) 존 형식의 10진수 표현 예

그림 1-9 존 형식의 10진수 표현 형식과 예

10진수의 표현 2 : 팩 형식 표현

숫자만 사용하는 10진수 연산에서 존 형식을 사용하면 부호를 표시하는 최하위 바이트의 존 영역을 제외한 나머지 존 영역은 항상 '1111'을 저장해야 하므로 기억 공간이 낭비되고 처리가 지연된다. 이러한 문제를 해결하기 위해 팩Pack 형식에서는 [그림 1-10]의 (a)와 같이 1바이트에 10진수 두 자리를 표현한다. 부호는 최하위 바이트의 하위 4비트([그림 1-10]의 'S' 영역)에 표시한다. 예를 들어 10진수 +213과 −213을 팩 형식으로 나타내면 [그림 1-10]의 (b)와 같다.

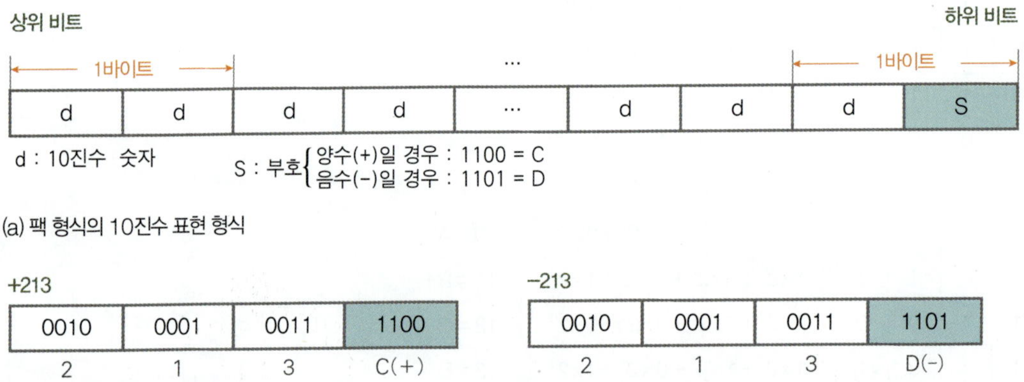

(a) 팩 형식의 10진수 표현 형식

(b) 팩 형식의 10진수 표현 예

그림 1-10 팩 형식의 10진수 표현 형식과 예

SELF TEST_ −39를 3바이트의 ① 존 형식과 ② 팩 형식으로 나타내시오.

2진수의 정수 표현

2진수는 일정한 길이의 n비트로 표현한다. 최상위 비트MSB : Most Significant Bit인 첫 번째 1비트는 부호를 표시하기 위해 사용하고, 나머지 (n−1)개 비트는 2진수 값을 표현하기 위해 사용한다. 실생활에서 사용하는 정수는 음수와 양수를 표현하기 위해 −와 + 같은 부호를 사용하지만, 컴퓨터는 자료를 표현할 때 2진수만 사용하기 때문에 음수와 양수를 표현하기 위해 부호가 아닌 2진수 형태를 사용한다. 2진수를 정수로 표현하는 방법은 부호를 어떻게 표현하느냐에 따라 부호와 절댓값 형식, 1의 보수 형식, 2의 보수 형식으로 나뉜다.

부호와 절댓값 형식은 부호를 최상위 비트에 표시하고 나머지 비트에는 2진수의 절댓값을 표시한다. 부호가 양수(+)면 최상위 비트가 0이 되고, 음수(−)면 최상위 비트가 1이 된다. 1바이트를 사용하여 2진수를 표현하면 첫 번째 1비트에는 부호가 표시되고, 나머지 7비트에는 2진수의 절댓값이 표현된다.

예를 들어, +21과 −21을 1바이트의 부호와 절댓값 형식으로 표현하면 [그림 1−11]과 같다.

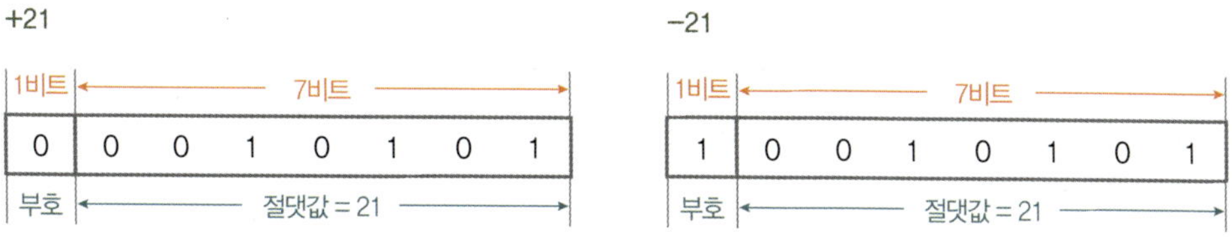

그림 1−11 **+21과 −21의 부호와 절댓값 표현 예**

1의 보수 형식에서 양수(+)는 부호와 절댓값 형식과 같은 방법으로 표현하고, 음수(−)는 2진수를 1의 보수1's Complement로 변환하여 표현한다. 어떤 값 $-x$(음수 x)를 n비트의 1의 보수로 표현하는 방법은 $(2^n-1) - |x|$이다. 예를 들어 −21을 8비트의 1의 보수 형식으로 표현하면 [그림 1−12]의 (a)와 같다. 이 변환 과정을 정리하면, [그림 1−12]의 (b)와 같이 전체 n비트를 1로 설정한 값에서 x의 절댓값을 뺀 값이 1의 보수가 된다. 더 간단히 정리하면, [그림 1−12]의 (c)와 같이 n비트인 x를 절댓값으로 표현한 값에서 0은 1로, 1은 0으로 바꾸면 1의 보수가 된다.

(a)

$$
\begin{aligned}
&(2^8-1)-|-21| = (2^8-1)-21\\
&= (1\ 0000\ 0000 - 0000\ 0001) - 0001\ 0101\\
&= (1111\ 1111) - 0001\ 0101\\
&= 1110\ 1010
\end{aligned}
$$

(b)

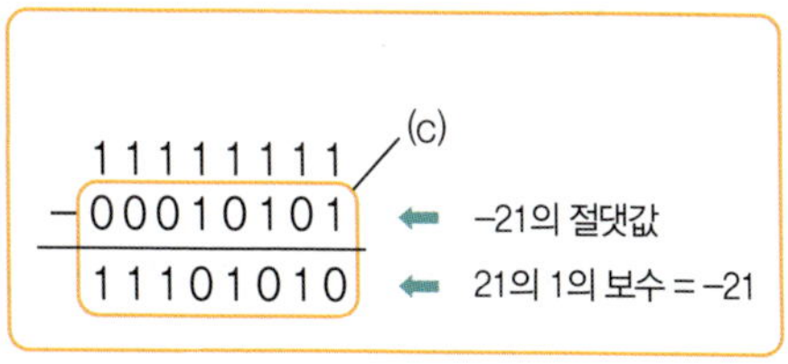

그림 1−12 **1의 보수 형식 표현 과정**

+21과 −21을 8비트의 1의 보수 형식으로 표현하면 [그림 1−13]과 같다.

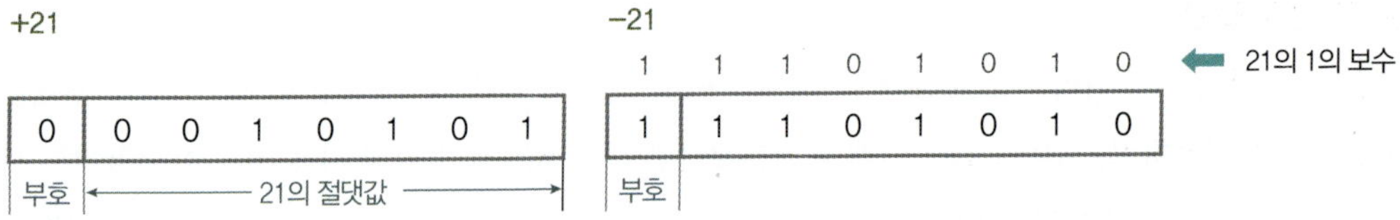

그림 1-13 +21과 −21의 1의 보수 형식 표현 예

2의 보수 형식에서 양수(+)는 부호와 절댓값 형식과 같은 방법으로 표현하고, 음수(−)는 2진수를 2의 보수2's Complement로 변환하여 표현한다. 어떤 값 $-x$(음수 x)를 n비트의 2의 보수로 표현하는 방법은 $2^n - |x|$이다. 예를 들어 −21을 8비트의 2의 보수 형식으로 표현하면 [그림 1-14]의 (a)와 같다. 이 과정도 간단히 정리하면, [그림 1-14]의 (b)와 같이 먼저 1의 보수를 구하고 거기에 1을 더하면 2의 보수가 된다.

(a)

$$
\begin{aligned}
&2^8 - |-21| = 2^8 - 21 \\
&= 1\ 0000\ 0000 - 0001\ 0101 \\
&= 1110\ 1011
\end{aligned}
$$

(b)

```
  11111111
- 00010101   ← −21의 절댓값
  11101010   ← 21의 1의 보수
+        1
  11101011   ← 21의 2의 보수 = −21
```

그림 1-14 2의 보수 형식 표현 과정

+21과 −21을 8비트의 2의 보수 형식으로 표현하면 [그림 1-15]와 같다.

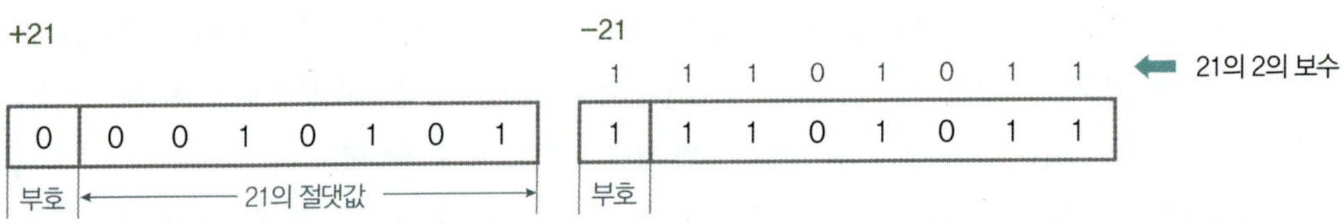

그림 1-15 +21과 −21의 2의 보수 형식 표현 예

> **SELF TEST_** −39를 3바이트의 ① 부호와 절댓값 형식, ② 1의 보수 형식, ③ 2의 보수 형식으로 나타내시오.

2진수를 표현하는 세 가지 방법(부호와 절댓값 형식, 1의 보수 형식, 2의 보수 형식)에서 양수(+)를 표현하는 방법은 [표 1-2]처럼 모두 같다. 음수(−)를 표현하는 형식은 (n−1)비트의 절댓값으로 표현하고 최상위 비트에 음수 부호를 나타내는 1을 표시하느냐(부호와 절댓값 형식), n비트의 1의 보수로 표현하느냐(1의 보수 형식), n비트의 2의 보수로 표현하느냐(2의 보수 형식)의 차이가 있다.

표 1-2 8비트 2진수를 표현하는 세 가지 방법과 해석

8비트 2진수	구분	표현 형식에 따른 2진수의 해석		
		부호와 절댓값 형식	1의 보수 형식	2의 보수 형식
01111111	양수	+127	+127	+127
01111110		+126	+126	+126
:		:	:	:
00000010		+2	+2	+2
00000001		+1	+1	+1
00000000		+0	+0	0
10000000	음수	−0	−127	−128
10000001		−1	−126	−127
10000010		−2	−125	−126
:		:	:	:
1111110		−126	−1	−2
1111111		−127	−0	−1
8비트 표현 범위		−127 ~ +127	−127 ~ +127	−128 ~ +127

표 1-3 2진수를 표현하는 세 가지 방법 비교

표현 방법	특징
부호와 절댓값 형식	• MSB값을 바꿔 음수를 간단히 표현할 수 있다. • 가산기와 감산기가 모두 필요하므로 하드웨어 구성 비용이 많이 든다. • +0(00000000)과 −0(10000000)이 존재하므로 논리적으로 맞지 않다. • n비트로 $-(2^{n-1}-1) \sim +(2^{n-1}-1)$의 범위를 표현할 수 있다.
1의 보수 형식	• (A−B) 뺄셈을 (A+(B의 1의 보수))로 변환하여 계산할 수 있으므로 가산기 회로로 감산을 수행할 수 있다. • +0(00000000)과 −0(11111111)이 존재하므로 논리적으로 맞지 않다. • n비트로 $-(2^{n-1}-1) \sim +(2^{n-1}-1)$의 범위를 표현할 수 있다.
2의 보수 형식	• (A−B) 뺄셈을 (A+(B의 2의 보수))로 변환하여 계산할 수 있으므로 가산기 회로로 감산을 수행할 수 있다. • 덧셈 연산에서 발생하는 오버플로 처리가 1의 보수 형식보다 간단하다. • 컴퓨터 시스템에서 실제로 사용하는 형식이다. • n비트로 $-2^{n-1} \sim +(2^{n-1}-1)$의 범위를 표현할 수 있다.

2진수의 실수 표현

실수는 정수부와 소수부 사이에 소수점이 있는 숫자이다. 컴퓨터는 2진수만으로 실수를 표현해야 하므로 소수점을 직접 표현하지 못하고 정수부와 실수부의 위치를 정의하여 실수를 표현한다.

2진수 실수를 표현하는 방법에는 소수점 위치가 항상 같은 자리로 고정되는 고정소수점 표현 방식과 소수점 위치가 고정되지 않고 변하는 부동소수점 표현 방식이 있다.

- **고정소수점 표현 방식**

고정소수점 표현 방식에서는 소수점이 항상 최상위 비트의 왼쪽 밖에 고정되어 있거나 최하위 비트의 오른쪽 밖에 고정되어 있다고 취급한다. 소수점이 항상 최상위 비트의 왼쪽 밖에 고정되어 있다고 취급하는 경우에 00010101은 0.00010101을 의미하고, 소수점이 항상 최하위 비트의 오른쪽 밖에 고정되어 있다고 취급하는 경우에 00010101은 00010101.0을 의미한다. 이런 경우는 결국 정수 표현과 같다.

- **부동소수점 표현 방식**

부동소수점 표현 방식에서는 [그림 1-16]과 같은 과학적 표기 방식의 실수를 사용하며, 고정소수점 표현 방식에 비해 아주 작은 값이나 아주 큰 값을 표현할 수 있다.

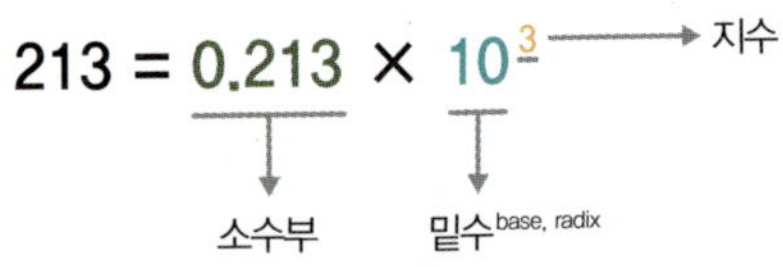

그림 1-16 실수의 과학적 표기

현재 컴퓨터에서는 실수를 표현할 때 IEEE 754 표준 표기 방식에 따른 부동소수점 표현 형식을 사용한다. 부동소수점 표현 형식으로 실수를 표현하려면 부호, 지수, 가수의 세 영역을 사용한다. 부동소수점의 표현 범위에 따라 4바이트(32비트)의 단정도Single Precision 부동소수점 표현과 8바이트(64비트)의 배정도Double Precision 부동소수점 표현으로 나뉜다.

부동소수점 표현 형식에서는 부호, 지수, 가수의 세 영역에 대하여 [그림 1-17]과 같이 비트를 할당한다. 부호 비트에는 양수(+)는 0을, 음수(−)는 1을 표시한다. [그림 1-17]에서 (a)는 4바이트의 단정도 부동소수점 표현 방식이고, (b)는 8바이트의 배정도 부동소수점 표현 방식이다.

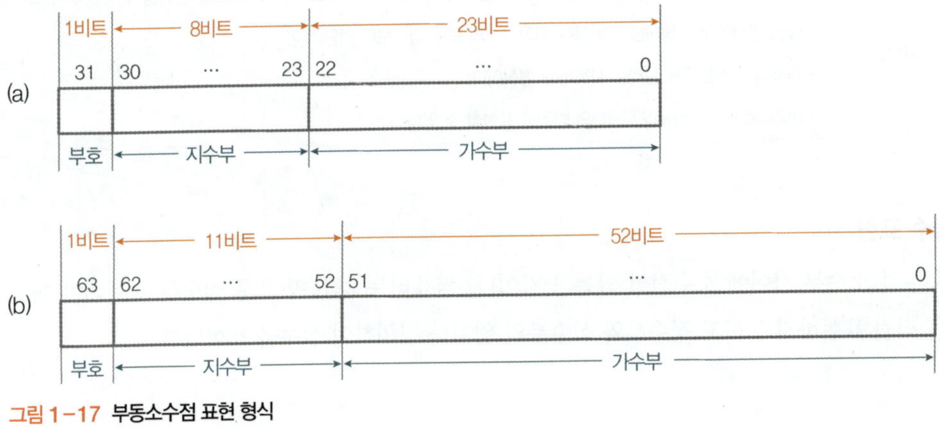

그림 1-17 부동소수점 표현 형식

예를 들어 100010.101을 IEEE 754 표준에 따라 부동소수점으로 표현하면 다음 단계를 따른다.

❶ **정규화** : 정수부가 1이 되도록 소수점을 이동하여 과학적 표기로 변환한다.

$$1.00010101 \times 2^5$$

❷ **부호** : 양수는 0, 음수는 1을 저장한다.

❸ **가수부** : 정규화하면 정수부는 항상 1이 되므로, 정수부를 생략하고 소수부(00010101)만 저장한다.

❹ **지수부** : 정규화해서 구한 지수와 바이어스를 더한 값을 저장한다. 바이어스는 지수의 부호를 표현하기 위해 사용하는 값으로 단정도 부동소수점 표현 방식에서는 127을 사용하여 지수 $5+127=132=10000100_{(2)}$, 배정도 부동소수점 표현 방식에서는 1023을 사용하여 지수 $5+1023=1028=10000000100_{(2)}$을 저장한다. [그림 1-18]에서 (a)는 단정도 부동소수점 표현 방식이고, (b)는 배정도 부동소수점 표현 방식이다.

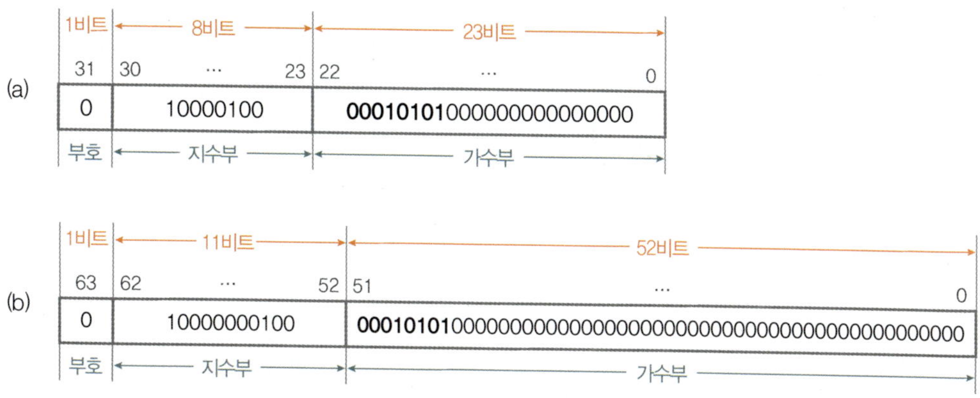

그림 1-18 **부동소수점 표현 예 : 100010.101**

3 문자 자료의 표현

컴퓨터 내부에서는 문자 자료도 1과 0의 2진수 조합으로 표현한다. 문자에 대한 2진 코드를 정의해 놓은 문자 코드가 있는데, 주로 사용하는 BCD 코드, EBCDIC 코드, ASCII 코드, 유니코드를 알아보자.

BCD 코드

BCD^Binary-Coded Decimal^ 코드는 6비트를 사용하며, 상위 2비트의 존 비트와 하위 4비트의 숫자 비트로 구성된다.

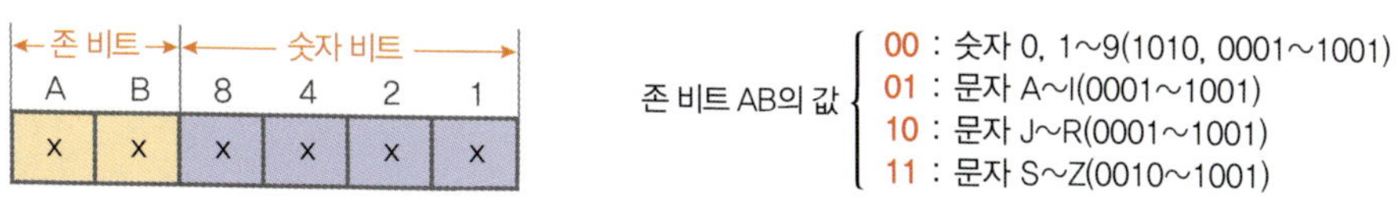

그림 1-19 **BCD 코드의 구성**

BCD 코드는 [표 1-4]와 같이 존 비트와 숫자 비트를 조합한 코드이다. 0부터 9까지의 10진수 숫자는 물론 영어 대문자와 특수문자까지 표현할 수 있다.

존 비트 01과 숫자 비트 0001을 연결한 01 0001이 A에 대한 BCD 코드

표 1-4 BCD 코드 표

존 비트	숫자 비트	표현 문자	존 비트	숫자 비트	표현 문자	존 비트	숫자 비트	표현 문자	존 비트	숫자 비트	표현 문자
00	0001	1	01	0001	A	10	0001	J			
00	0010	2	01	0010	B	10	0010	K	11	0010	S
00	0011	3	01	0011	C	10	0011	L	11	0011	T
00	0100	4	01	0100	D	10	0100	M	11	0100	U
00	0101	5	01	0101	E	10	0101	N	11	0101	V
00	0110	6	01	0110	F	10	0110	O	11	0110	W
00	0111	7	01	0111	G	10	0111	P	11	0111	X
00	1000	8	01	1000	H	10	1000	Q	11	1000	Y
00	1001	9	01	1001	I	10	1001	R	11	1001	Z
00	1010	0									

EBCDIC 코드

EBCDIC 코드Extended Binary-Coded Decimal Interchange Code는 IBM에서 개발한 코드로 8비트를 사용하며, 상위 4비트의 존 비트와 하위 4비트의 숫자 비트로 구성된다. 존 비트와 숫자 비트를 조합하여 0부터 9까지의 10진수 숫자, 영어 대문자와 소문자, 특수문자를 나타낼 수 있다.

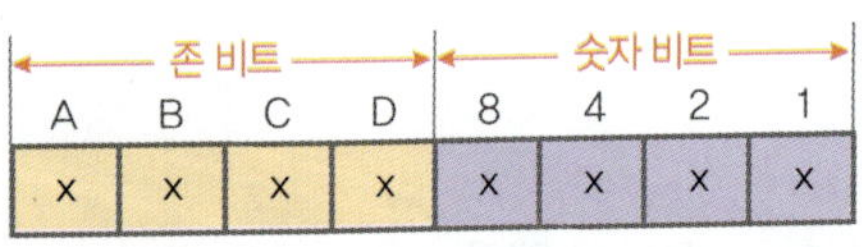

존 비트 AB의 값
- 00 : 여분
- 01 : 특수문자
- 10 : 영어 소문자
- 11 : 영어 대문자

존 비트 CD의 값
- 00 : 문자 A~I(0001~1001)
- 01 : 문자 J~R(0001~1001)
- 10 : 문자 S~Z(0010~1001)
- 11 : 숫자 0~9(0000~1001)

그림 1-20 EBCDIC 코드의 구성

[표 1-5]의 EBCDIC 코드 표에서 열은 상위 4비트의 존 비트를 나타내고, 행은 하위 4비트의 숫자 비트를 나타낸다. 열과 행의 비트를 연결하면 8비트의 EBCDIC 코드를 구할 수 있다.

A가 있는 자리의 열(존 비트) '1100'과 행(숫자 비트) '0001'을 연결한 '11000001'이 A에 대한 EBCDIC 코드

표 1-5 EBCDIC 코드 표

하위 \ 상위	0000	0001	0010	0011	0100	0101	0110	0111	1000	1001	1010	1011	1100	1101	1110	1111
0000	NUL	DLE	DS		SP	&	–						{	}	₩(\)	0
0001	SOH	DC1	SOS				/		a	j	~		A	J		1
0010	STX	DC2	FS	SYN					b	k	s		B	K	S	2
0011	ETX	TM							c	l	t		C	L	T	3
0100	PF	RES	BYP	PN					d	m	u		D	M	U	4
0101	HT	NL	LF	RS					e	n	v		E	N	V	5
0110	LC	BS	ETB	UC					f	o	w		F	O	W	6
0111	DEL	IL	ESC	EOT					g	p	x		G	P	X	7
1000	GE	CAN							h	q	y		H	Q	Y	8
1001	RLF	EM							i	r	z		I	R	Z	9
1010	SMM	CC	SM		¢	!		:								
1011	VT	CU1	CU2	CU3	.	$	,	#								
1100	FF	IFS		DC4	<	*	%	@								
1101	CR	IGS	ENQ	NAK	(	)	_	'								
1110	SO	IRS	ACK		+	;	>	=								
1111	SI	IUS	BEL	SUB	|	¬	?	"								

- ACK ACKnowledge
- BEL BELl
- BS BackSpace
- BYP BYPass
- CAN CANcel
- CC Cursor Control
- CR Carriage Return
- CU1 Customer Use 1
- CU3 Customer Use 3
- IRS Interchange Record Separator
- IUS Interchange Unit Separator
- LC Lower Case
- LF Line Feed
- NAK Negative AcKnowledge
- NL New Line
- NUL NULl
- PF Punch oFf
- SOS Start Of Significance
- DC1 Device Control 1
- DC2 Device Control 2
- DC4 Device Control 4
- DEL DELete
- DLE Data Link Escape
- CU2 Customer Use 2
- DS Digital Select
- EM End of Medium
- ENQ ENQuire
- SP SPace
- STX Start of TeXt
- SUB SUBstitute
- SYN SYNchronous
- TM Tape Mark
- UC Upper Case
- VT Vertical Tab
- ¢ Cent Sign
- ¬ Logical NOT
- EOT End Of Transmission
- ESC ESCape
- ETB End of Transmission Block
- ETX End of TeXt
- FF From Feed
- FS Field Separator
- HT Horizontal Tab
- IFS Interchange File Separator
- PN Punch oN
- RES REStore
- RS Reader Stop
- SI Shift In
- SM Set Mode
- SMM Start of Manual Message
- SO Shift Out
- SOH Start Of Heading
- IGS Interchange Group Separator
- IL IdLe

ASCII 코드

ASCII 코드American Standard Code for Information Interchange는 7비트를 사용하며 상위 3비트의 존 비트와 하위 4비트의 숫자 비트로 구성된다. 존 비트와 숫자 비트를 조합한 코드로 0부터 9까지의 10진수 숫자, 영어 대문자와 소문자, 특수문자를 나타낼 수 있다.

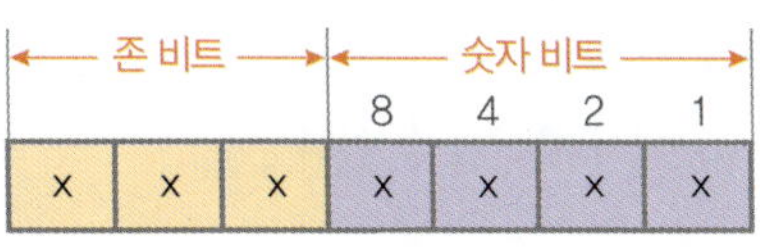

그림 1-21 ASCII 코드의 구성

[표 1-6]의 ASCII 코드 표에서 열은 상위 3비트의 존 비트를 나타내고, 행은 하위 4비트의 숫자 비트를 나타내므로 열과 행의 비트를 연결하면 7비트의 ASCII 코드를 구할 수 있다. ASCII 코드를 데이터 통신용으로 사용할 때는 최상위 비트에 패리티 비트를 추가하여 8비트 형식으로 사용하기도 한다.

A가 있는 자리의 열(존 비트) '100'과 행(숫자 비트) '0001'을 연결한 '1000001'이 A에 대한 ASCII 코드

표 1-6 ASCII 코드 표

하위 \ 상위	000	001	010	011	100	101	110	111
0000	NUL	DLE	SP	0	@	P	`	p
0001	SOH	DC1	!	1	A	Q	a	q
0010	STX	DC2	″	2	B	R	b	r
0011	ETX	DC3	#	3	C	S	c	s
0100	EOT	DC4	$	4	D	T	d	t
0101	END	NAK	%	5	E	U	e	u
0110	ACK	SYN	&	6	F	V	f	v
0111	BEL	ETB	′	7	G	W	g	w
1000	BS	CAN	(	8	H	X	h	x
1001	HT	EM	)	9	I	Y	i	y
1010	LF	SUB	*	:	J	Z	j	z
1011	VT	ESC	+	;	K	[	k	{
1100	FF	FS	,	〈	L	₩(\)	l	|
1101	CR	GS	–	=	M	]	m	}
1110	SO	RS	·	〉	N	∧	n	~
1111	SI	US	/	?	O	_	o	DEL

- GS Group Separator
- RS Record Separator
- US Unit Separator

유니코드

EBCDIC 코드나 ASCII 코드는 최대 8비트로 숫자, 몇 가지 특수문자, 알파벳을 정의하였다. 문자 코드 표에 정의되어 있지 않은 문자를 표현하는 건 불가능하다. 이러한 문제를 해결하기 위해 세계 여러 나라의 언어를 통일된 방법으로 표현할 수 있도록 정의한 국제 표준 코드(ISO/IEC 10646)가 유니코드이다. 유니코드는 2바이트를 조합하여 하나의 글자를 표현하기 때문에 1바이트 코드로 표현할 수 없었던 다양한 언어를 표현할 수 있다. 언어마다 정의되어 있는 유니코드 표는 http://www.unicode.org/에서 확인할 수 있다.

초기 IBM 컴퓨터 시스템에서는 BCD 코드를 사용하다가 더 많은 문자 코드를 표현할 수 있는 EBCDIC 코드로 대체되었다. 그러다 미국 표준 코드인 ASCII 코드가 일반화되었고, 현재는 표현의 한계를 극복한 유니코드가 일반화되고 있다. 현재 BCD 코드는 세븐 세그먼트를 이용해 숫자를 10진 코드로 출력

하는 전자회로와 마이크로프로세서 등에서 사용되며, ASCII 코드는 C 프로그램에서 문자 코드로 사용되고 있다. 유니코드는 XML, Java, CORBA 3.0, WML 등 인터넷 기반 프로그램과 제품에 사용되고 있다.

4 논리 자료의 표현

논리 자료는 논리값을 표현하기 위한 자료 형식이다. 논리값이란 참True과 거짓False 중 하나를 표시한 값을 말한다. 1비트로 표현할 수도 있지만 일반적으로 컴퓨터 내부에서는 1바이트나 1워드Word를 논리값을 표현하는 단위로 사용한다.

1바이트를 사용하여 논리 자료를 표현하는 방법에는 다음 세 가지가 있다.

❶ 참은 최하위 비트를 1로 표시하여 00000001로 표현하고, 거짓은 00000000으로 표현한다.

❷ 참은 전체 비트를 1로 표시하여 11111111로 표현하고, 거짓은 00000000으로 표현한다.

❸ 참은 하나 이상의 비트를 1로 표시하고, 거짓은 00000000으로 표현한다.

5 포인터 자료의 표현

포인터Pointer 자료는 메모리 주소를 표현하기 위한 자료 형식이다. 자료를 저장하고 있는 변수나 특정 위치의 메모리 주소를 저장하며, 주소 연산을 할 때 사용한다. 포인터 자료를 사용하면 복잡한 자료구조 연산을 메모리에서의 주소 연산만으로 처리할 수 있다. 포인터 자료의 표현은 2장 2절에서 설명한다.

6 문자열 자료의 표현

문자열String 자료는 한 글자만 표현할 수 있는 문자 자료와 달리 여러 글자로 이루어진 문자 그룹을 하나의 자료로 취급하여 메모리에 연속적으로 저장하는 자료 형식이다. 문자열 하나는 부분 문자열을 여러 개 포함할 수 있다.

부분 문자열을 포함하는 문자열 자료를 메모리에 저장하는 방법에는 다음 세 가지가 있다.

❶ 부분 문자열 사이에 구분자를 사용하여 저장한다.

❷ 가장 긴 문자열의 길이에 맞춰 고정 길이로 저장한다.

❸ 부분 문자열을 연속하여 저장하고 각 부분 문자열에 대한 포인터를 사용한다.

[그림 1-22]와 같이 {COMPUTER, DATA STRUCTURE, STRING}과 같은 부분 문자열 세 개로 구성된 문자열 자료구조를 메모리에 저장하는 방법을 살펴보자. ❶번 방법을 이용한 (a)는 표현하기는 간단하지만 필요한 부분 문자열을 찾아야 할 때 문자를 비교하여 구분자를 식별해야 하므로 연산하거나 처리하는 데 시간이 많이 든다. ❷번 방법을 이용한 (b)는 부분 문자열 중 가장 긴 문자열의 길이를 고

정 길이로 이용한다. 부분 문자열마다 저장되는 고정 길이가 같기 때문에 부분 문자열을 찾기는 쉽지만 부분 문자열의 길이 차이가 큰 경우에는 사용하지 않는 공간이 늘어난다. ❸번 방법을 이용한 (c)는 부분 문자열에 대한 주소와 문자열의 마지막 주소를 포인터에 저장하여 포인터 주소 연산으로 부분 문자열을 찾는다.

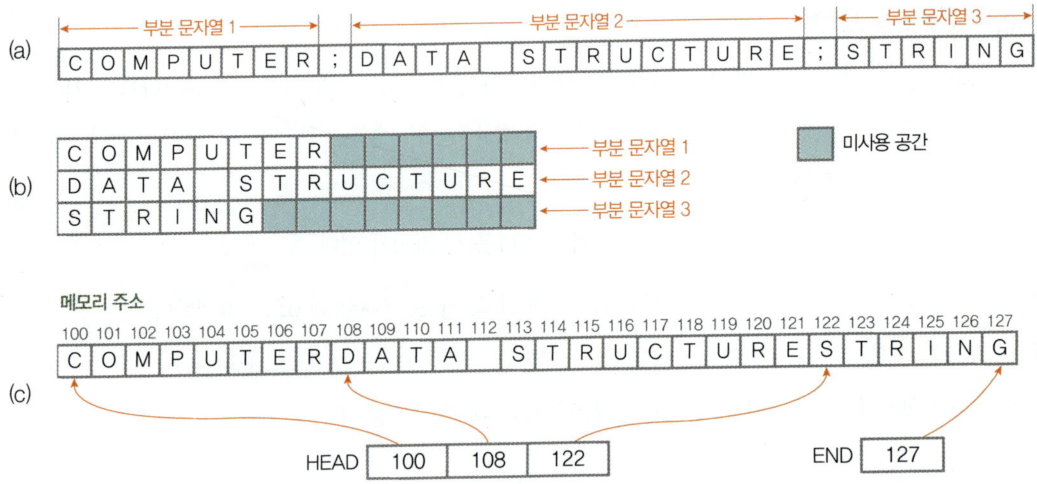

그림 1-22 문자열 자료의 표현 예 : {COMPUTER, DATA STRUCTURE, STRING} 저장

문자열을 표현하는 세 가지 방법의 메모리 이용률과 부분 문자열 탐색 시간을 비교하면 [표 1-7]과 같다.

표 1-7 문자열 표현 방법 비교

비교 항목 / 방법	메모리 이용률	부분 문자열 탐색 시간
구분자를 사용하는 방법	문자열 길이 + 구분자 길이 → 효율적	문자 비교 연산 시간 + 구분자 식별 시간 → 비효율적
고정 길이로 저장하는 방법	가장 긴 부분 문자열 길이 × 부분 문자열의 개수 → 비효율적	문자 비교 연산 시간 → 효율적
포인터를 사용하는 방법	문자열 길이 + 포인터 저장 공간 → 효율적	문자 비교 연산 시간 + 포인터 주소 연산 시간 → 효율적

Section 03

자료의 추상화

인간은 스스로 해결하기 어렵고 복잡한 문제를 풀기 위해 컴퓨터를 만들었다. 컴퓨터는 이러한 문제를 처리할 때, 인간의 뇌 기능 중 하나인 추상화Abstraction를 이용한다.

우리가 친구를 기억하는 방식을 생각해 보자. 길을 가다가 같은 과 친구인 상원이를 보고 손을 흔들었다면, 우리 뇌는 상원이를 기억(인식)해 낸 것이다. 상원이를 기억하기 위해 상원이에 대한 모든 정보를 구체적이고 세세하게 저장하기는 어렵다. 그 대신 상원이를 다른 사람과 구별할 수 있는 상원이만의 특징을 찾아서 기억한다([그림 1-23]). 이렇게 자세하고 복잡한 것 대신 필수적이고 중요한 특징만 골라서 단순화시키는 작업이 추상화 작업이다.

그림 1-23 뇌의 추상화 기능

컴퓨터에서 문제를 해결할 때도 크고 복잡한 문제에 추상화 작업을 적용하여 문제를 단순화시키면, 문제를 해결하는 방법을 쉽게 찾을 수 있다. 이러한 자료 추상화Data Abstraction 작업은 이미 알고 있는 잘 정의된 기본 개념을 이용하여 표현한다. 자료 추상화에 이용하는 기본 개념에는 자료Data, 연산Operation, 자료형Data Type이 있다.

- **자료** : 프로그램의 처리 대상이 되는 모든 것을 의미한다. 어떤 값Value 자체를 의미하기도 한다.
- **연산** : 어떤 일을 처리하는 과정으로 연산자를 이용하여 수행된다. 예를 들어, 덧셈 연산은 + 연산자로 수행된다.

- **자료형** : 처리할 자료의 집합과 자료에 대해 수행할 수 있는 연산자의 집합이다. 자료형을 정의할 때는 자료형에 속하는 값과 이를 처리하기 위해 사용할 수 있는 연산자를 정의한다. 예를 들어, 정수 자료형의 자료는 정수의 집합 {..., −1, 0, 1, ...}이 되고 연산자는 {+, −, ×, ÷, mod}가 된다.

자료형에는 프로그래밍 언어에서 정의하여 제공하는 시스템 정의 자료형과 사용자가 정의하여 쓰는 사용자 정의 자료형이 있다. 사용자 정의 자료형은 사용자가 필요에 따라 시스템 정의 자료형이나 기존에 정의해 놓은 다른 사용자 정의 자료형을 이용하여 정의한 것이다. 자료형을 정의하려면 구체적으로 구현하기 전에 자료형에 대한 자료의 특성, 연산자, 연산자가 무엇을 수행하는지 등을 논리적으로 정의해야 한다. 이렇게 추상화하여 정의한 자료형을 추상 자료형[ADT: Abstract Data Type]이라고 한다. 추상 자료형은 구체적인 구현을 포함하지 않기 때문에 문제 해결 방법인 알고리즘 개발이 훨씬 단순해진다. 그리고 원하는 프로그래밍 언어를 사용하여 프로그램으로 구체화하여 실행한다.

그림 1-24 **추상화의 구체화 예**

추상화는 이해를 위해 '무엇인지[What]를 논리적으로 정의하는 것'이고, 구체화는 사용을 위해 '어떻게 할지[How]를 실제적으로 표현하는 것'이다.

우리나라 속담에 '귀에 걸면 귀걸이, 코에 걸면 코걸이'라는 말이 있다. 같은 사물이라도 어떻게 쓰느냐에 따라 용도가 달라진다는 뜻이다. 추상화와 구체화를 개념으로 접근해 보면, '고리'는 추상화된 기본 틀이고, 이 기본 틀을 용도에 맞게 귀걸이나 코걸이로 실제 사용하는 것이 구체화에 해당한다.

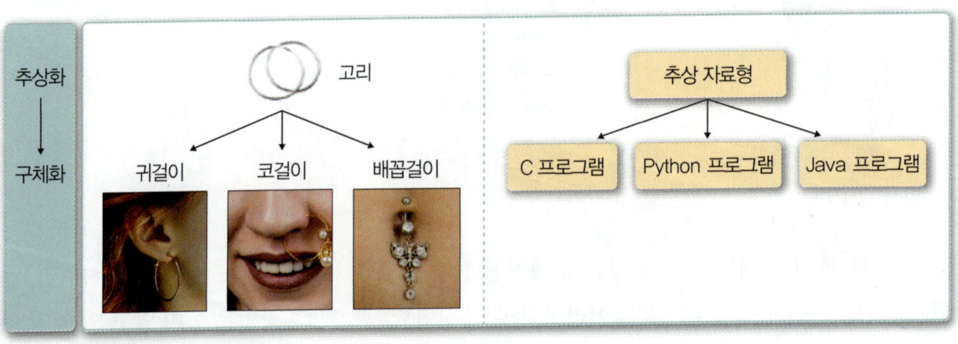

그림 1-25 **추상화와 구체화의 예**

자료와 연산에서 추상화와 구체화의 관계는 [표 1-8]과 같다.

표 1-8 자료와 연산의 추상화와 구체화

구분	자료	연산
추상화	추상 자료형	알고리즘 정의
구체화	자료형	프로그램 구현

NOTE_ 컴퓨팅 사고

21세기에 들어오면서 누구나 갖추어야 할 기본 역량으로 읽기, 쓰기, 셈하기에 컴퓨팅 사고[CT : Computational Thinking]를 추가로 이야기한다(출처: Wing M. Jeannette. (2006). Computational Thinking. "Communications of the ACM". 49(3). 33-35.).

컴퓨팅 사고는 컴퓨터가 사고하는 방식이 아니라 인간이 문제를 해결하는[computational] 방식이다. 그리고 인간의 고차원적인 문제 해결 방식을 컴퓨터가 따라 하기 위해 개발된 것이 인공지능[AI]이다.

컴퓨팅 사고 능력을 개발하는 가장 효과적인 방법으로 프로그램 코딩이 거론되면서 전 세계에 코딩 교육의 붐이 일었고 우리나라는 2019년부터 초등학교에서 코딩 교육이 의무화되었다.

미국의 컴퓨터과학 교사협회에서는 컴퓨팅 사고를 추상화와 자동화로 분류하여 설명한다. 추상화는 복잡하게 얽혀 있는 문제를 구조화하고 작은 문제로 분해하여 해결 가능한 간결한 상태로 만드는 것이고, 자동화는 추상화된 문제(자료 표현 및 알고리즘)를 컴퓨터 언어로 바꾸어 실행하는 것이다.

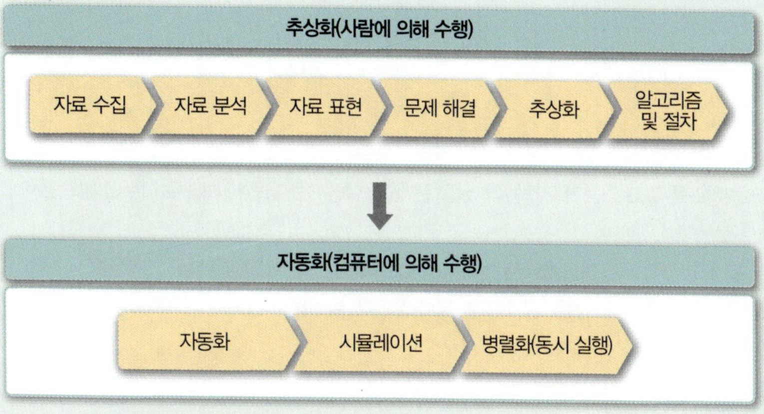

그림 1-26 컴퓨팅 사고를 이루는 추상화와 자동화

[그림 1-26]의 컴퓨터를 이용한 문제 해결 과정과 비교하면 문제 도출과 문제 변환 단계는 컴퓨팅 사고의 추상화에 해당하고 실행 단계는 자동화에 해당한다. 컴퓨팅 사고라는 용어는 비교적 최근에 유명해졌지만 사실, 컴퓨터/소프트웨어 전공자라면 늘 해 왔던 자연스러운 사고 방식이다.

Section **04**

알고리즘의 이해

알고리즘Algorithm은 주어진 문제를 해결하는 방법을 추상화하여 일련의 단계적 절차를 논리적으로 기술해 놓은 명세서이다. '알고리즘'이라는 단어를 떠올리면 막연히 복잡하고 어렵다고 생각하기 쉽지만 생각만큼 어려운 건 아니다. 딸기 시럽을 얹은 치즈케이크를 만드는 레시피를 보면서 알고리즘의 개념을 이해해 보자.

요리 재료

케이크 시트(20cm×20cm) 1개, 크림치즈 무스(크림치즈 200g, 달걀 2알, 설탕 3큰술, 레몬즙 1큰술, 바닐라 에센스 1큰술), 딸기 시럽(딸기 500g, 설탕 1½컵, 레몬즙 1작은술), 딸기 1개, 플레인 요구르트 2큰술

요리법

❶ 케이크 틀에 유산지를 깔고 케이크 시트를 놓는다.

❷ 달걀 2알을 잘 푼다. 볼에 크림치즈를 넣고 거품기로 젓는다. 달걀 푼 물과 설탕 3큰술을 세 차례로 나누어 넣으면서 크림 상태가 되도록 거품기로 젓는다.

❸ ❷에 레몬즙과 바닐라 에센스를 넣고 살짝 저은 다음 ❶에 붓는다. 180℃로 예열된 오븐에 전체를 넣고 20분 정도 굽는다.

❹ 딸기를 얇게 자르고 냄비에 넣은 다음 설탕 1½컵을 넣고 약한 불로 끓인다. 눌어붙지 않도록 계속해서 젓고 거품이 생기면 걷어 낸다. 되직해지면 레몬즙을 넣고 차갑게 식힌다.

❺ 치즈케이크 한 조각을 접시에 담고 ❹를 뿌린 다음 플레인 요구르트와 딸기를 얹는다.

그림 1-27 딸기 시럽을 얹은 치즈케이크 만들기

위 레시피에서 [요리 재료]는 컴퓨터에서 '자료'가 되고, 요리 재료를 다루는 방법은 '자료에 대한 연산'이 되며, 재료를 다루고 케이크를 만드는 과정을 기술한 [요리법]은 '알고리즘'이 된다.

효율적이고 정확하게 문제를 해결하려면 자료를 정의하고, 그 자료를 처리하기에 적절한 알고리즘을 작성해야 한다. 문제 해결에 효과적인 알고리즘이 되려면 다음 조건을 만족해야 한다.

❶ **입력**Input : 알고리즘을 수행하는 데 필요한 자료가 외부에서 입력되어야 한다.

❷ **출력**Output : 알고리즘을 수행하고 나면 결과를 하나 이상 출력해야 한다.

❸ **명확성**Definiteness : 수행할 작업의 내용과 순서를 나타내는 알고리즘의 명령어는 명확하게 명세되어야 한다.

❹ **유한성**Finiteness : 알고리즘을 모두 수행하고 나면 반드시 종료되어야 한다.

❺ **효과성**Effectiveness : 알고리즘의 모든 명령어는 기본적이며 실행할 수 있어야 한다.

Section 05

알고리즘의 표현 방법

1 알고리즘 표현 방법의 종류

알고리즘을 표현할 때는 다음과 같은 방법을 쓸 수 있다.

■ **자연어를 이용한 서술적 표현**

알고리즘을 사람이 쓰는 자연어(언어)로 표현하는 방법이다. 자연어는 서술적일 뿐만 아니라 쓰는 사람에 따라 일관성이나 명확성을 유지하기 어렵다. 따라서 누구라도 쉽게 이해하고 쓸 수 있어야 하는 알고리즘을 표현하는 데는 한계가 있다.

■ **순서도를 이용한 도식화**

알고리즘을 순서도Flow Chart를 작성하는 규칙에 따라 도식화하는 방법이다. 순서도를 이용하면 명령의 흐름을 쉽게 파악할 수 있지만 복잡한 알고리즘을 표현하는 데는 한계가 있다.

■ **프로그래밍 언어를 이용한 구체화**

알고리즘을 프로그래밍 언어를 사용하여 표현하는 방법이다. 이 방법을 사용하면 알고리즘 자체가 구체화되므로 추가로 구체화 작업을 할 필요가 없다. 하지만 특정한 프로그래밍 언어로 작성하기 때문에 해당 언어를 모르면 이해하기 어렵다. 다른 프로그래밍 언어로 프로그램을 개발하는 경우에는 알고리즘을 번역하고 다른 프로그래밍 언어로 변환해야 하므로 비효율적이다.

■ **가상코드를 이용한 추상화**

알고리즘을 프로그래밍 언어로 표현했을 때 생기는 단점을 보완한 방법이다. 특정 프로그래밍 언어는 아니지만 프로그래밍 언어의 형태를 갖춘 가상코드Pseudo-code를 사용하여 알고리즘을 표현한다. 가상코드는 프로그래밍 언어가 아니므로 직접 실행할 수는 없지만, 형태가 일반적인 프로그래밍 언어와 유사하기 때문에 원하는 특정 프로그래밍 언어로 변환(구체화 작업)하기가 쉽다.

순서도를 이용한 도식화와 가상코드를 이용한 추상화를 알아보자.

2 순서도를 이용한 도식화

순서도는 특정 기호를 사용하여 알고리즘의 실행 단계를 표현한다. 예를 들어 1부터 5까지 더한 값을 출력하는 알고리즘을 순서도로 표현하면 [그림 1-28]과 같다.

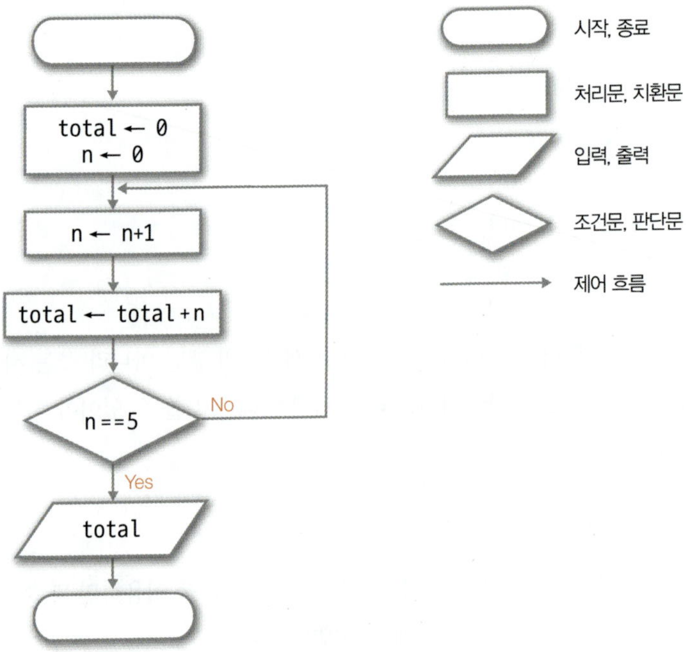

그림 1-28 순서도의 예

3 가상코드를 이용한 추상화

가상코드는 의사코드 또는 알고리즘 기술 언어(ADL: Algorithm Description Language)로도 부른다. 먼저 가상코드의 기본 요소와 지정문 형식을 알아보자.

가상코드의 기본 요소는 기호, 자료형, 연산자이다. 기호는 문자나 숫자를 조합한 것으로 첫 글자는 반드시 영문자여야 한다. 기호는 변수, 자료형 이름, 프로그램 이름, 레코드의 필드 이름, 문장의 레이블 이름 등을 나타낼 때 사용한다. 문장의 레이블 다음에는 콜론(:)을 입력해 수행할 문장과 구분한다. 자료형은 정수형과 실수형의 수치 자료형, 문자형, 논리형, 포인터, 문자열 등의 모든 자료형을 사용할 수 있다. 연산자에는 산술 연산자, 관계 연산자, 논리 연산자가 있다.

가상코드에서 변수에 값을 지정하는 지정문 형식은 [그림 1-29]의 (a)와 같다. 이는 지정 연산자(←)의 오른쪽에 있는 값(또는 식의 계산 결괏값이나 변수값)을 지정 연산자(←)의 왼쪽에 있는 영역(변수)에 저장하라는 의미이다. 명령문은 세미콜론(;)을 사용하여 끝을 표시하고, 한 행에 여러 개의 명령문을 쓸 수 있다. 지정문에는 산술식, 부울식, 문자식 등 모든 연산식을 사용할 수 있다.

```
변수 ← 값;
```

(a) 지정문 형식

```
a ← 5;
a ← 3+2;
a ← b;
```

(b) 지정문 예

그림 1-29 지정문 형식과 예

TIP_ 지정 연산자는 할당 연산자라고도 하며, 등호(=)를 사용하기도 한다. 그런데 이 책에서 지정 연산자 기호로 왼쪽 화살표(←)를 사용하는 이유는 오래된 가상코드에서 사용하는 기호이기도 하고, 프로그래밍에서 쉽게 보지 못하는 기호이기 때문에 낯선 기호에 당황하지 않고 친숙해질 수 있도록 하기 위해서다. 최근 통계 분석 툴이자 데이터 분석 언어로 인기가 높아진 R은 지정 연산자 기호로 왼쪽 화살표를 사용한다.

조건문

조건문은 조건에 따라 실행할 명령문이 결정되는 선택적 제어 구조이다. 조건문에는 if 문과 case 문이 있다.

■ if 문

if 문은 조건식의 결과에 따라 실행할 명령문이 선택된다. 여러 명령문을 중괄호({})로 묶으면 명령문 하나로 취급한다. if 문의 형식과 제어 흐름은 [그림 1-30]과 같다. (a) if-then-else 형은 조건식이 참이면 then 다음에 있는 명령문 1이 수행되고, 조건식이 거짓이면 else 다음에 있는 명령문 2가 수행된다. (b) if-then 형은 조건식이 참이면 then 다음에 있는 명령문 1이 수행되고, 조건식이 거짓이면 명령문 1을 수행하지 않는다.

```
if (조건식) then 명령문 1;
else 명령문 2;
```

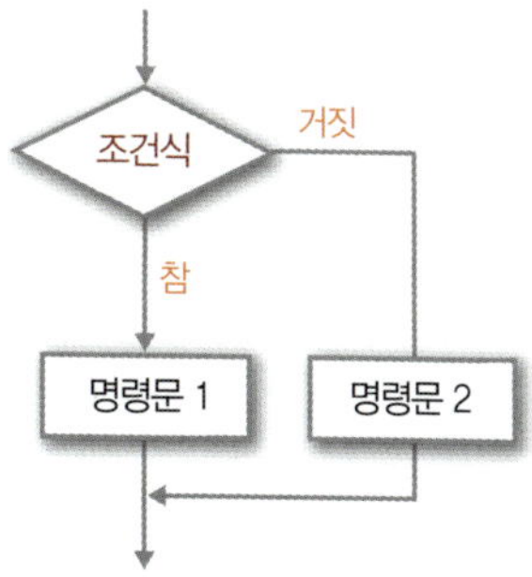

(a) if-then-else 형

```
if (조건식) then 명령문 1;
```

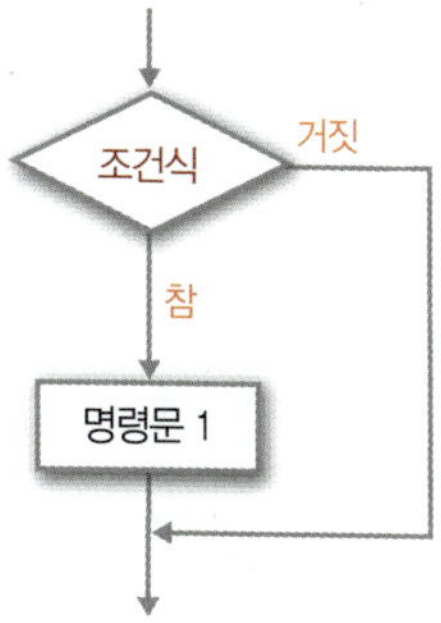

(b) if-then 형

그림 1-30 기본 if 문의 형식과 제어 흐름

if 문은 [그림 1-31]과 같이 중첩하여 다단계 조건식으로 나타낼 수 있다.

```
if (조건식 1) then 명령문 1;
else if (조건식 2) then 명령문 2;
else 명령문 3;
```

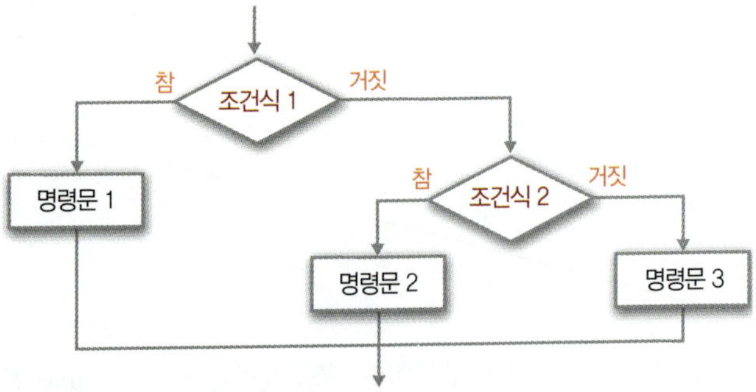

그림 1-31 중첩 if 문의 형식과 제어 흐름

[그림 1-32]는 평균이 90 이상이면 A, 90 미만 80 이상이면 B, 80 미만 70 이상이면 C, 70 미만이면 F 등급을 주는 조건문을 if 문으로 작성한 가상코드와 제어 흐름을 표현한 순서도이다.

```
if Average >= 90 then grade ← 'A';
else if Average >= 80 then grade ← 'B';
else if Average >= 70 then grade ← 'C';
else grade ← 'F';
```

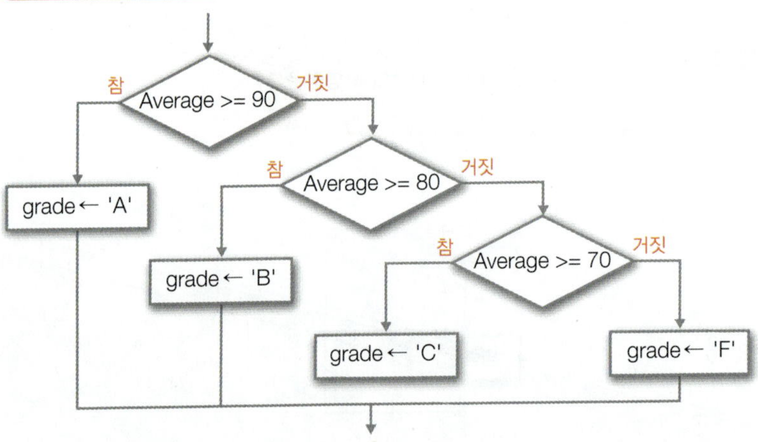

그림 1-32 중첩 if 문의 예

■ **case 문**

case 문은 여러 조건식 중에서 해당하는 조건식을 찾아 정해진 명령을 수행하는 조건문이다. case 문 하나는 중첩 if 문과 의미가 같다. case 문의 형식과 제어 흐름은 [그림 1-33]과 같다.

```
case {
    조건식 1 : 명령문 1;
    조건식 2 : 명령문 2;
    ...
    조건식 n : 명령문 n;
    else     : 명령문 n+1;
}
```

그림 1-33 case 문의 형식과 제어 흐름

[그림 1-34]는 평균이 90 이상이면 A, 90 미만 80 이상이면 B, 80 미만 70 이상이면 C, 70 미만이면 F 등급을 주는 조건문을 case 문으로 작성한 가상코드와 제어 흐름을 표현한 순서도이다.

```
case {
    Average >= 90 : grade ← 'A';
    Average >= 80 : grade ← 'B';
    Average >= 70 : grade ← 'C';
    else :          grade ← 'F';
}
```

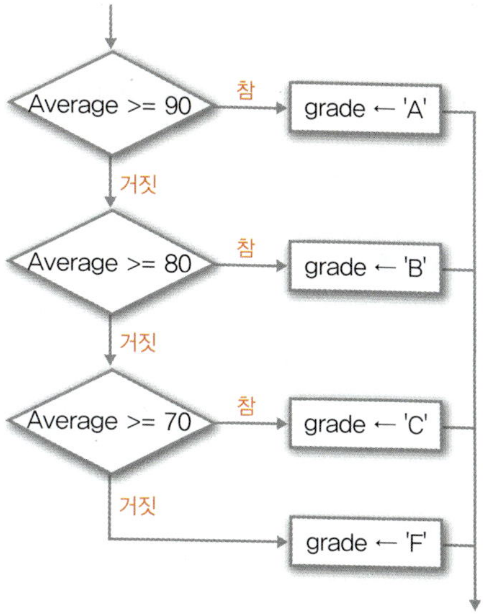

그림 1-34 case 문의 예

반복문

반복문의 제어 구조는 일정한 명령을 반복하여 수행하는 루프Loop 형태이다. 반복문에는 for 문, while-do 문, do-while 문이 있다.

■ **for 문**

for 문은 가장 많이 사용하는 반복문으로 형식과 제어 흐름이 [그림 1-35]와 같다. 여기서 '초깃값'은 반복문을 시작하는 시작값이고, 한 번 수행할 때마다 '증감값'에 따라 증가 또는 감소하면서 '조건식'을 검사하여 참이면 '명령문'을 반복 수행한다. 명령문은 하나일 수도 있고 여러 개를 중괄호({})로 묶어서 만든 명령문의 그룹일 수도 있다.

```
for (초깃값; 조건식; 증감값) do 명령문;
```

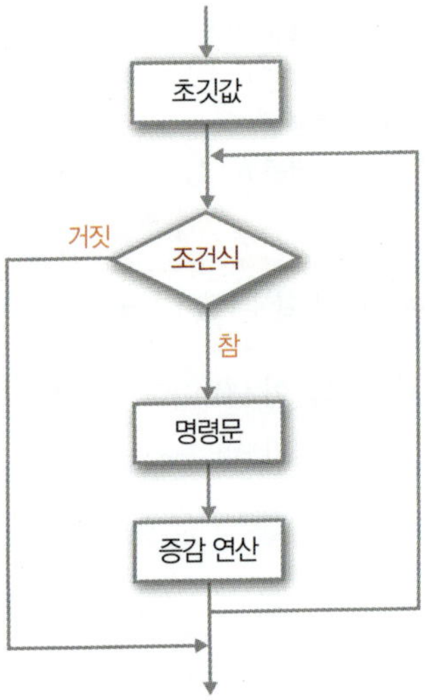

그림 1-35 for 문의 형식과 제어 흐름

■ **while-do 문**

while-do 문의 형식과 제어 흐름은 [그림 1-36]과 같다. 조건식을 검사하여 조건식이 참인 동안 명령문을 반복하여 수행한다.

```
while (조건식) do 명령문;
```

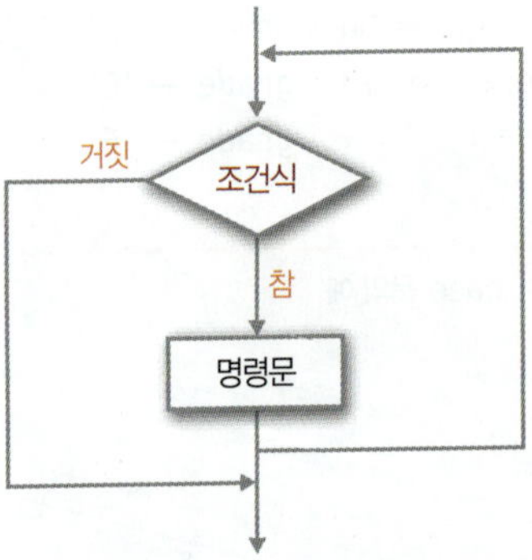

그림 1-36 while-do 문의 형식과 제어 흐름

■ do-while 문

do-while 문의 형식과 제어 흐름은 [그림 1-37]과 같다. do-while 문은 while-do 문과 달리 조건식이 참이 아니더라도 명령문이 한 번은 수행된다.

```
do 명령문;
while (조건식);
```

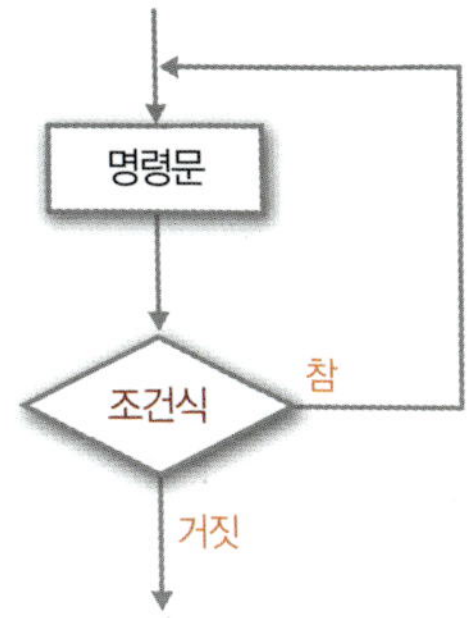

그림 1-37 do-while 문의 형식과 제어 흐름

함수문

어떤 문제를 처리하는 프로그램을 만들 때 프로그램을 한 개로 구성하는 것보다 처리할 작업별로 모듈화하여 작은 단위 프로그램을 여러 개 구성하는 것이 좋을 수도 있다. 전체 프로그램 중 같은 작업은 하나의 단위 프로그램에서 독립적으로 수행되게 하면 프로그램 크기가 줄어들고 수정과 관리가 쉬울 뿐만 아니라 다른 프로그램에서도 단위 프로그램을 재사용할 수 있다. 이러한 단위 프로그램을 함수Function라고 부른다. 함수는 함수를 호출했을 때 독립적으로 실행되며 매개변수를 사용하여 다른 함수나 프로그램을 서로 연결한다.

return 문은 함수의 실행 결괏값을 함수를 호출한 위치로 반환한다. end 문은 함수 실행을 마친다. 간단한 함수 호출과 실행 및 결괏값 반환에 대한 제어 흐름은 [그림 1-38]의 (b)와 같다.

```
함수 이름(매개변수)
    명령문;
    ...
    return 결괏값;
end
```

(a) 함수의 형식

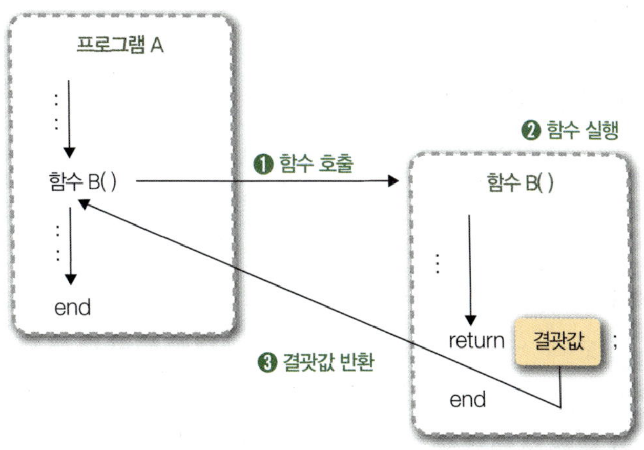

(b) 함수의 호출과 실행 및 결괏값 반환의 예

그림 1-38 함수의 형식과 예

Section 06

알고리즘의 성능 분석

어떤 문제가 생기면 문제를 해결할 수 있는 모든 방법을 찾은 후 최적의 방법을 선택하여 사용한다. 컴퓨터도 마찬가지이다. 문제가 생기면 문제를 해결할 수 있는 방법 즉, 알고리즘이 있을 수 있다. 여러 알고리즘 중 가장 효율적이고 사용 환경에 최적인 알고리즘을 결정해야 하는데, 결정하려면 각 알고리즘을 분석하고 비교한 후 평가해야 한다.

1 알고리즘 성능 분석 기준

알고리즘 성능을 분석하는 판단 기준에는 정확성, 명확성, 수행량, 메모리 사용량, 최적성 등이 있다. 알고리즘에서 정확성은 올바른 자료가 입력되었을 때 유한한 시간 내에 올바른 결과를 출력할 수 있느냐를 말한다. 명확성은 알고리즘이 얼마나 이해하기 쉽고 명확하게 작성되었느냐를 말한다. 알고리즘이 명확할수록 이해하거나 변경하기 쉽고 정확성을 판단하기도 수월해진다. 수행량을 판단하려면 기본적으로 포함되는 일반적인 연산은 제외하고 알고리즘의 특성을 나타내는 중요 연산을 모두 분석해야 한다. 프로그램은 사용하는 명령어, 변수, 입출력 자료와 정보를 저장하기 위해 메모리를 사용하는데, 알고리즘에 쓰이는 메모리 사용량도 판단 기준이 될 수 있다. 그러나 무엇보다 중요한 것은 최적성이다. 알고리즘을 적용할 시스템의 사용 환경과 중요 요구사항이 다르기 때문에 '가장 좋은' 알고리즘이란 조건에 맞는 '최적의' 알고리즘이라고 할 수 있다.

2 알고리즘 성능 분석 방법

알고리즘 성능 분석은 일반적으로 실행에 필요한 공간 측면에서 분석하는 공간 복잡도와 실행에 소요되는 시간 측면에서 분석하는 시간 복잡도를 추정하여 수행한다.

공간 복잡도

공간 복잡도Space Complexity는 알고리즘을 프로그램으로 실행하여 완료하는 데까지 필요한 총 저장 공간을 의미한다. 공간 복잡도는 필요한 고정 공간과 가변 공간을 합하여 구한다. 고정 공간은 프로그램 크기나 입출력 횟수와는 상관없이 고정적으로 필요한 저장 공간으로 프로그램 저장 공간과 변수 및 상수를 저장하는 공간이다. 가변 공간은 실행 과정에서 사용하는 자료와 변수를 저장하는 공간과 함수를 실행하는 데 관련 있는 정보를 저장하는 공간이다.

시간 복잡도

시간 복잡도Time Complexity는 알고리즘을 프로그램으로 실행하여 완료하는 데까지 소요되는 시간이다. 시간 복잡도는 프로그램의 컴파일 시간과 실행 시간을 더해 구한다.

컴파일 시간은 프로그램 특성과 큰 관련이 없으므로 고정된 같은 시간으로 가정한다. 일단 컴파일이 되면 프로그램을 수정하지 않는 한 추가로 컴파일 작업을 하지 않으므로 시간 복잡도에서는 컴파일 시간을 의미 있는 시간으로 취급하지 않는다. 실행 시간은 같은 프로그램이라도 실행되는 컴퓨터의 성능에 따라 달라질 수 있기 때문에 실제 실행 시간을 측정하기보다는 명령문의 실행 빈도수를 계산하여 추정한다.

시간 복잡도는 각 알고리즘을 서로 비교하기 위한 것이므로 정확한 실행 시간을 측정하기보다는 실행 빈도수를 구하여 사용한다. 지정문, 조건문, 반복문 안에 있는 제어문과 return 문은 시간 차이가 거의 없으므로 하나의 단위 시간을 갖는 기본 명령문으로 취급하여 실행 빈도수를 계산한다. 이 과정에서 입력 크기 n에 대한 실행 빈도 함수를 구할 수가 있다.

피보나치 수열의 알고리즘을 예로 들어 시간 복잡도를 구해 보자. 피보나치 수열은 바로 이전에 있는 두 항을 더해 새로운 항을 만드는 수열이다. 첫 번째 항을 f_0이라고 하고, 그 다음 항을 f_1이라고 하면, $f_0=0$, $f_1=1$이 되고 일반항 f_n은 $f_{n-1}+f_{n-2}$가 된다(단, $n \geq 2$).

알고리즘 1-1 피보나치 수열

```
fibonacci(n)
   if (n<0) then
      stop;
   if (n≤1) then
      return n;
   f1 ← 0;
   f2 ← 1;
   for (i ← 2; i≤n; i ← i + 1) do {
      fn ← f1 + f2;
      f1 ← f2;
      f2 ← fn;
   }
   return fn;
end
```

위 알고리즘의 각 명령문에 대한 실행 빈도수를 구해 보자. 먼저, [표 1-9]의 (a)는 $n<0$, $n=0$, $n=1$인 경우로 for 문이 수행되지 않기 때문에 실행 빈도수는 큰 의미가 없다. 반면 (b)는 $n>1$인 경우, 즉 피보나치 수열을 사용하는 일반적인 경우에는 for 문이 n에 따라 반복하여 수행된다. 중괄호나 end 문은 실행 명령문이 아니므로 실행 시간을 0으로 계산하고, for 문은 하나의 실행 단위로 계산한다. (b)에서 총 실행 빈도수를 계산하면, $1+0+1+0+1+1+n+(n-1)+(n-1)+(n-1)+0+1+0=4n+2$이다.

여기에서 4n+2는 매개변수 n에 대한 실행 빈도 함수가 된다. 이 알고리즘의 실행 빈도수, 즉 실행 시간은 n에 따라 정해지는데 n=10이면 4×10+2=42가 되고, n=1000이면 4×1000+2=4002가 된다.

표 1-9 피보나치 수열 알고리즘의 실행 빈도수

(a) n<0, n=0, n=1인 경우

행 번호	n<0	n=0	n=1
01	1	1	1
02	1	0	0
03	0	1	1
04	0	1	1
05~13	0	0	0

(b) n>1인 경우

행 번호	n>1	행 번호	n>1
01	1	08	n-1
02	0	09	n-1
03	1	10	n-1
04	0	11	0
05	1	12	1
06	1	13	0
07	n		

3 알고리즘 성능 분석 표기법

알고리즘 성능을 비교하기 위해 메모리 사용 공간을 분석한 공간 복잡도와 실행 시간을 분석한 시간 복잡도를 구하는데, 일반적으로 알고리즘의 주요 성능 차이는 실행 시간 차이에서 발생한다. 따라서 알고리즘을 비교하기 위한 성능 분석 표기는 시간 복잡도 표기를 의미한다. 시간 복잡도는 실행 빈도 함수에서 입력 크기 n에 대한 실행 시간의 증가율만 분석하는 점근적 분석Asymptotic Analysis이므로, 실행 빈도 함수의 상수항과 계수는 무시하고 n의 증가에 따라 증가율이 가장 큰 하나의 항에 대해서 차수 표기법Order Notation으로 시간 복잡도를 표기한다. 시간 복잡도 표기법에는 빅-오 표기법, 빅-오메가 표기법, 빅-세타 표기법이 있다.

빅-오 표기법

빅-오 표기법Big-Oh Notatio은 O(f(n))과 같이 표기하며, "Big Oh of f(n)"으로 읽는다. 실행 빈도 함수에서 구한 시간 복잡도가 n^2이라면 $O(n^2)$으로 표기하고 "Big Oh of n^2"으로 읽는다. 빅-오 표기법에 대한 수학적 정의는 다음과 같다.

> 함수 f(n)과 g(n)이 주어졌을 때, 모든 $n \ge n_0$에 대하여 $|f(n)| \le c\ |g(n)|$을 만족하는 상수 c와 n_0이 존재하면, f(n) = O(g(n))이다.

빅-오 표기법은 함수의 상한을 나타내기 위한 표기법이다. 다시 말해 최악의 경우에도 g(n)의 수행 시간 안에는 알고리즘 수행이 완료된다는 것을 보장한다. 빅-오 표기법으로 표현하는 방법은 먼저 실행 빈도수를 구하여 실행 시간 함수를 찾고, 이 함수값에 가장 큰 영향을 주는 n에 대한 항을 한 개 선택하여 계수는 생략하고 O의 오른쪽 괄호 안에 표시한다. [알고리즘 1-1]의 피보나치 수열에서 실행 시간 함수는 4n+2이고, 가장 영향이 큰 항은 4n인데 여기에서 계수 4를 생략하여 O(n)으로 표기한다.

SELF TEST_ 다음 알고리즘의 시간 복잡도를 구하시오.

```
A(n)
   for (m←1,i←1; i<n; i←i+1) do {
      while (m < n) do {
         x ← x * i;
         m ← m + 1;
      }
   }
   for (j←0; j<n; j←j+1) do
      x ← x + j;
   return x;
end
```

빅-오메가 표기법

빅-오메가 표기법Big-Omega Notation은 $\Omega(f(n))$과 같이 표기하며, "Big Omega of f(n)"으로 읽는다. 실행 빈도 함수에서 구한 시간 복잡도가 n^2이라면 $\Omega(n^2)$으로 표기하고 "Big Omega of n^2"으로 읽는다. 빅-오메가 표기법에 대한 수학적 정의는 다음과 같다.

> 함수 f(n)과 g(n)이 주어졌을 때, 모든 $n \ge n_0$에 대하여 $|f(n)| \ge c\ |g(n)|$을 만족하는 상수 c와 n_0이 존재하면, $f(n) = \Omega(g(n))$이다.

빅-오메가 표기법은 함수의 하한을 나타내기 위한 표기법이다. 어떤 알고리즘의 시간 복잡도가 $\Omega(g(n))$으로 분석되었다면, 이 알고리즘 수행에는 적어도 g(n)의 수행 시간이 필요함을 의미한다.

빅-세타 표기법

빅-세타 표기법Big-Theta Notation은 $\theta(f(n))$과 같이 표기하며, "Big Theta of f(n)"으로 읽는다. 실행 빈도 함수에서 구한 시간 복잡도가 n^2이라면 $\theta(n^2)$으로 표기하고 "Big Theta of n^2"으로 읽는다. 빅-세타 표기법에 대한 수학적 정의는 다음과 같다.

> 함수 f(n)과 g(n)이 주어졌을 때, 모든 $n \ge n_0$에 대하여 $c_1\ |g(n)| \le f(n) \le c_2\ |g(n)|$을 만족하는 상수 c_1, c_2와 n_0이 존재하면, $f(n) = \theta(g(n))$이다.

빅-세타 표기법은 상한과 하한이 같은 정확한 차수를 표현하기 위한 표기법이다. 즉, $f(n)= \theta(g(n))$이 되려면 $f(n)= O(g(n))$이면서 $f(n)= \Omega(g(n))$이어야 한다.

시간 복잡도를 정확히 계산할 수 있다면 빅-세타 표기법을 사용한다. 시간 복잡도를 정확히 분석하기 어렵다면 상한을 구하여 빅-오 표기법으로 사용하거나, 하한을 구하여 빅-오메가 표기법을 사용한다. 일반적으로 최악의 경우를 고려한 해결책을 찾기 때문에 빅-오 표기법을 주로 사용한다.

알고리즘에 따라 logn, n, nlogn, n^2, n^3, 2^n 등의 실행 시간 함수가 있다. [그림 1-39]와 같이 n값이 커질수록 실행 시간 함수값의 크기는 $logn<n<nlogn<n^2<n^3<2^n$ 순서로 커진다. 실행 빈도수가 상수값이라면 O(1)로 표기하며 가장 빠른 실행 시간 함수가 된다.

logn <	n <	nlogn <	n^2 <	n^3 <	2^n
0	1	0	1	1	2
1	2	2	4	8	4
2	4	8	16	64	16
3	8	24	64	512	256
4	16	64	256	4096	65536
5	32	160	1024	32768	4294967296

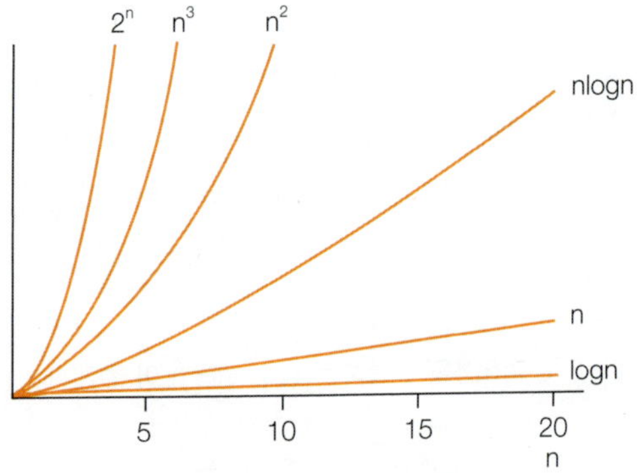

그림 1-39 실행 시간 함수에서 n값의 변화에 따른 실행 빈도수 비교

[표 1-10]은 연산 10억 개를 1초에 수행할 수 있는 컴퓨터에서 시간 복잡도가 n, nlogn, n^2, n^3, 2^n인 알고리즘을 수행했을 때 실제로 수행되는 시간을 비교한 것이다.

표 1-10 시간 복잡도에 따른 알고리즘 수행 시간 비교 예

입력 크기 n	알고리즘 수행 시간				
	n	nlogn	n^2	n^3	2^n
10	10^{-8}초	3×10^{-8}초	10^{-7}초	10^{-6}초	10^{-6}초
30	3×10^{-8}초	2×10^{-7}초	9×10^{-7}초	3×10^{-5}초	1초
50	5×10^{-8}초	3×10^{-7}초	3×10^{-6}초	10^{-4}초	13일
100	10^{-7}초	7×10^{-7}초	10^{-5}초	10^{-3}초	4×10^{13}년
1,000	10^{-6}초	10^{-5}초	10^{-3}초	1초	3×10^{283}년
10,000	10^{-5}초	10^{-4}초	10^{-1}초	17분	
100,000	10^{-4}초	2×10^{-3}초	10초	12일	
1,000,000	10^{-3}초	2×10^{-2}초	17분	32년	

요약

01 자료구조의 분류

자료를 형태에 따라 분류하면 프로그래밍 언어에서 제공하는 정수·실수·문자·문자열 등과 같은 데이터형에 해당하는 단순 구조가 있고, 논리적 순서에 현재와 다음 자료 사이의 관계가 1:1인 선형 구조, 1:다 또는 다:다인 비선형 구조 그리고 파일 구조가 있다.

02 자료구조의 선택 기준

표현할 자료의 특성과 양, 주된 사용 방법, 수행하는 연산의 특성, 구현에 필요한 저장 공간 용량과 실행 소요 시간 등을 고려하여 가장 효율적인 자료구조를 선택해야 한다.

03 컴퓨터에서의 자료 표현

컴퓨터에서는 자료를 표현하기 위해 1과 0(ON과 OFF, 참True과 거짓False)을 조합한 2진수 코드를 사용한다. 숫자, 문자, 그림, 소리 등 자료 형식이 아무리 다양해도 컴퓨터 내부에서는 오직 1과 0으로 조합한 2진수 코드 형태로 표현되고 처리되며 저장된다.

04 수치 자료의 표현

- 10진수를 표현하는 방법에는 존Zone 형식과 팩Pack 형식이 있다.
- 2진수 정수를 표현하는 방법에는 부호와 절댓값 형식, 1의 보수 형식, 2의 보수 형식이 있다. 세 가지 모두 양수(+)를 표현하는 방식은 같지만, 음수(−)를 표현하는 방식에서 차이가 난다.
- 2진수 실수를 표현하는 방법에는 고정소수점 표현 방식과 부동소수점 표현 방식이 있다. 부동소수점 표현 방식은 고정소수점 표현 방식보다 표현할 수 있는 값의 범위가 넓고, 아주 작은 값이나 큰 값을 표현할 수 있다.

05 문자 자료의 표현

컴퓨터 내부에서는 문자 자료 역시 1과 0을 조합한 2진수로 표현한다. 문자에 대한 2진 코드를 정의해 놓은 문자 코드가 있는데, 주로 사용하는 코드에는 BCD 코드, EBCDIC 코드, ASCII 코드, 유니코드가 있다.

06 논리 자료의 표현

논리 자료는 0과 1의 논리값을 표현하기 위한 자료 형식이다.

07 포인터 자료의 표현

포인터 자료는 메모리 주소를 표현하기 위한 자료 형식으로, 메모리 주소를 저장하고 주소 연산에 사용한다.

08 문자열 자료의 표현

문자열 자료는 여러 문자로 이루어진 문자 그룹을 하나의 자료로 취급하여 메모리에 연속적으로 저장하는 자료 형식이다. 문자열에 포함된 부분 문자열을 표현하는 방법에는 구분자를 사용하는 방법, 고정 길이를 정하여 사용하는 방법, 포인터를 사용하는 방법이 있다.

09 자료 추상화

추상화는 이해를 위해 무엇인지What를 논리적으로 정의하는 것이고, 구체화는 사용을 위해 어떻게 할지How를 실제적으로 표현하는 것이다.

10 알고리즘의 개념

알고리즘Algorithm은 주어진 문제를 해결하기 위한 방법을 추상화하여 일련의 단계적 절차를 논리적으로 기술해 놓은 명세서이다. 알고리즘은 입력, 출력, 명확성, 유한성, 효과성에 대한 조건을 만족해야 한다.

11 알고리즘의 성능 분석 방법

알고리즘의 성능 분석은 실행하는 데 필요한 공간을 분석한 공간 복잡도와 실행하는 데 소요되는 시간을 분석한 시간 복잡도를 추정하여 일반적인 평가를 한다. 공간 복잡도는 알고리즘을 프로그램으로 실행하여 완료하는 데 필요한 총 저장 공간으로, 고정 공간량과 가변 공간량을 더해 구할 수 있다. 시간 복잡도는 알고리즘을 프로그램으로 실행하여 완료하는 데까지 소요되는 시간으로, 프로그램의 컴파일 시간과 실행 시간을 더해 표현한다. 시간 복잡도를 나타낼 때는 빅-오Big Oh 표기법을 사용한다.

12 알고리즘의 성능 분석 표기법

시간 복잡도를 정확히 계산할 수 있다면 빅-세타 표기법, 시간 복잡도를 정확히 분석하기 어렵다면 상한을 구하여 빅-오 표기법으로 사용하거나 하한을 구하여 빅-오메가 표기법을 사용한다. 일반적으로 최악의 경우를 고려한 해결책을 찾기 때문에 빅-오 표기법을 주로 사용한다.

연습문제

01 비선형 구조와 선형 구조를 바르게 짝지은 것은?

가. 스택 나. 큐 다. 트리 라. 연결 리스트 마. 그래프

① 비선형 자료구조 : 가, 나, 마 / 선형 자료구조 : 다, 라
② 비선형 자료구조 : 다, 마 / 선형 자료구조 : 가, 나, 라
③ 비선형 자료구조 : 가, 나, 다 / 선형 자료구조 : 라, 마
④ 비선형 자료구조 : 다 / 선형 자료구조 : 가, 나, 라, 마

02 서로 다른 정보가 19개 있을 경우, 이 중에서 하나를 선택하려면 최소 몇 비트가 필요한가?

① 19비트 ② 18비트
③ 5비트 ④ 4비트

03 0~(64^{10}−1)에 해당하는 정수를 2진 코드로 표현하기 위해 필요한 최소 비트 수는?

① 16비트 ② 60비트
③ 63비트 ④ 64비트

04 다음은 팩 형식의 10진수를 16진수로 나타낸 것이다. A와 B를 덧셈 연산한 결과는?

A	00	04	09	5C
B	00	03	84	0D

①

00	07	93	5C

②

00	07	93	5D

③

00	00	FF	FC

④

00	00	25	5C

05 다음 팩 형식으로 표현 가능한 값은?

d	d	d	s

① 23 ② 23.1
③ −234 ④ 1234

06 10진수 −456을 팩 형식으로 표현한 것은?

①

45	6D

②

−4	56

③

45	6F

④

F4	56

07 1의 보수 표현 방식에 의해 8비트로 표현된 9+(−24)를 연산 수행한 결과는?

① 0100 1111　　② 1111 0000

③ 1000 1111　　④ 0111 0000

08 8비트 메모리 워드에서 비트 패턴 $(1110\ 1101)_2$은 '(가) 부호와 절댓값 형식, (나) 1의 보수 형식, (다) 2의 보수 형식'으로 해석될 수 있다. 각각에 대응되는 10진수를 순서대로 나타낸 것은?

① (가) −109, (나) −19, (다) −18　　② (가) −109, (나) −18, (다) −19

③ (가) 237, (나) −19, (다) −18　　④ (가) 237, (나) −18, (다) −19

09 2의 보수를 사용해 음수를 표현할 때 바르게 설명한 것은?

① 0은 두 가지로 표현된다.

② 보수를 구하기가 쉽다.

③ 보수를 이용한 연산 과정 중 end around carry 과정이 있다.

④ 음수의 최대 절대치가 양수의 최대 절대치보다 1만큼 크다.

10 정수 n비트를 사용해 1의 보수로 표현했을 때 그 값의 범위는?

① $-(2^{n-1}-1) \sim 2^{n-1}-1$　　② $-2^{n}-1 \sim 2^{n-1}-1$

③ $-2^{n} \sim 2^{n-1}$　　④ $-2^{n-1} \sim 2^{n-1}-1$

11 같은 크기의 비트 수를 사용해 정수를 표현할 때, 표현 범위가 가장 넓은 것은?

① 2의 보수 방법　　② 부호와 절댓값 방법

③ 팩 형식　　④ 존 형식

12 2의 보수 표현 방법에서 8비트의 기억 공간에 정수를 표현할 때 표현 범위는?

① $-2^{7} \sim +2^{7}$　　② $-2^{8} \sim +2^{8}$　　③ $-2^{7} \sim +2^{7}-1$　　④ $-2^{8} \sim +2^{8}-1$

13 2의 보수 표현이 1의 보수 표현보다 더 널리 사용되는 주요한 이유는?

① 음수 표현이 가능하다. ② 10진수 변환이 더 용이하다.
③ 보수 변환이 더 편리하다. ④ 표현할 수 있는 수의 개수가 하나 더 많다.

14 다음은 8비트에 부호 있는 2의 보수 표현법으로 작성한 2진수이다. 이에 해당하는 10진 정수는?

```
10111100
```

① −60 ② −68 ③ 94 ④ 188

15 다음 중 오버플로가 생기는 경우는? (단, 최상위 비트는 부호 비트임)

① $\begin{array}{r} 010010 \\ +)\ 000111 \\ \hline \end{array}$ ② $\begin{array}{r} 010010 \\ +)\ 001111 \\ \hline \end{array}$

③ $\begin{array}{r} 110010 \\ +)\ 111001 \\ \hline \end{array}$ ④ $\begin{array}{r} 010010 \\ +)\ 001011 \\ \hline \end{array}$

16 실수 0.01101_2을 32비트 부동소수점으로 표현하려고 한다. 지수부에 들어갈 알맞은 표현은? (단, 바이어스된 지수^Biased Exponent^는 01111111_2로 나타내며 IEEE754 표준을 따른다.)

① 01111100_2 ② 01111101_2
③ 01111110_2 ④ 10000000_2

17 IEEE 754의 부동소수점 표현 방식에서 단정도 형식에 관한 설명으로 틀린 것은?

① 지수부는 8비트이다. ② 바이어스는 127이다.
③ 가수는 23비트이다. ④ 표현 영역은 $10^{-308} \sim 10^{308}$이다.

18 정규화된 부동소수점 방식으로 표현된 두 수를 덧셈하는 과정이다. 그 순서가 바르게 나열된 것은? (단, A : 정규화, B : 지수의 비교, C : 가수의 정렬, D : 가수의 덧셈)

① B−C−D−A ② C−B−D−A
③ A−C−B−D ④ A−B−C−D

19 BCD 코드를 사용하는 이유로 옳은 것은?

① 산술 연산이 쉽다. ② 10진수 입출력이 쉽다.
③ 한글을 표현할 수 있다. ④ 10진수 실수를 표현한다.

20 4비트로 데이터를 표시할 때 2진화 16진수는 BCD에 비해 몇 개를 더 표시할 수 있는가?

① 0 ② 2 ③ 4 ④ 6

21 데이터에 관한 설명 중 옳은 것은?

① EBCDIC 코드는 데이터 통신용으로 널리 쓰이며, 특히 소형 컴퓨터용으로 쓰인다.
② ASCII 코드는 IBM에서 개발한 것으로 대형 컴퓨터용으로 쓰인다.
③ 데이터의 가장 작은 단위를 비트Bit라 하며, Bit는 Binary Digit의 약자이다.
④ 부동소수점 방식은 작은 비트Bit를 차지하지만 정밀도가 낮다.

22 알고리즘이 갖춰야 할 조건으로 옳지 않은 것은?

① 적어도 하나 이상의 출력 결과를 생성해야 한다.
② 각 명령어는 모호하지 않고 명확해야 한다.
③ 어떤 경우에도 유한 번의 수행 단계 후에는 반드시 종료해야 한다.
④ 직접 수행 가능한 컴퓨터 프로그래밍 언어로만 작성되어야 한다.

23 어떤 문제를 해결하기 위한 알고리즘 A, B, C, D의 시간 복잡도를 구했더니 다음과 같았다. 알고리즘 성능이 좋은 것부터 순서대로 고른 것은?

A : $O(n^2)$　　B : $O(1)$　　C : $O(nlogn)$　　D : $O(2^n)$

① A, B, C, D ② B, C, D, A
③ B, C, A, D ④ D, A, C, B

24 알고리즘 시간 복잡도 O(1)이 의미하는 것은?

① 컴퓨터 처리가 불가능하다.
② 알고리즘 입력 데이터 수가 한 개이다.
③ 알고리즘 수행 시간이 입력 데이터 수와 관계없이 일정하다.
④ 알고리즘 길이가 입력 데이터보다 작다.

25 점근적 표기법에 관한 사칙연산으로 옳지 않은 것은?

① $O(n)+O(n)=O(n)$ ② $O(n^2)+O(nlogn)=O(n^2)$
③ $O(n^2)+O(n)=O(n^2)$ ④ $O(logn) \cdot O(n^2)=O(n^2)$

26 다음은 1부터 200까지에 있는 완전수를 출력하고 출력한 완전수의 개수를 최종적으로 출력하는 알고리즘 순서도이다. 순서도의 빈 칸 ①~⑤에 들어갈 답 항을 선택하라. 단, /는 나누기 연산자로 나누어진 값에서 소수점 이하는 자동으로 절삭하며, MOD는 나머지 값을 구하는 연산자이다. 알고리즘에 사용된 변수는 다음과 같다.

- SU : 1에서 200까지 자연수
- K, J : 제어 변수
- REM : 나머지 값
- SUM : 약수 합계
- CNT : 완전수 개수로 완전수는 자신의 약수 중 자신을 제외한 약수를 더하면 자신이 나오는 수를 의미한다. 예를 들어 6의 약수 1, 2, 3, 6에서 1+2+3=6이 된다. 이때 6을 완전수라고 한다.

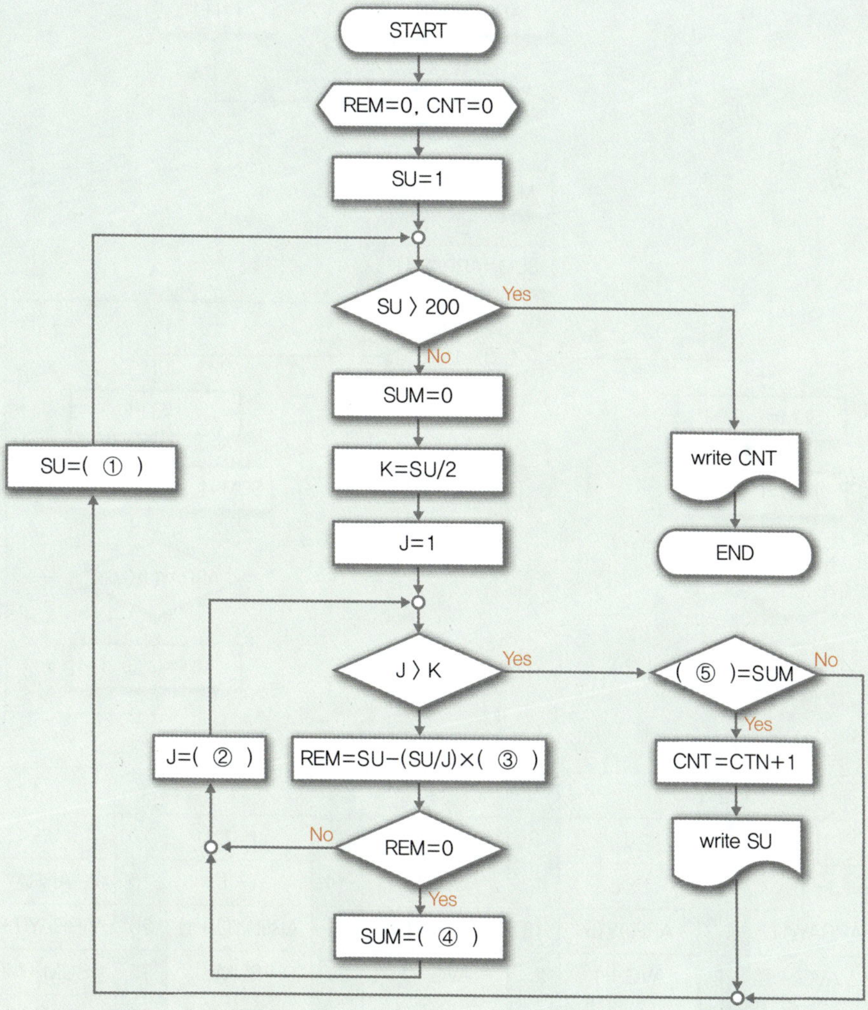

1	J−1	2	J	3	SUM/2	4	K	5	SU−2
6	SU+1	7	K−1	8	K/2	9	CNT	10	SU/K
11	SUM+J	12	SUM+K	13	SU/2	14	J+1	15	SU

27 다음은 ARRAY(10) 배열에 양의 정수 열 개를 입력 받고, 입력 받은 값 중 최솟값을 제외한 나머지 정수 아홉 개의 평균을 구해 출력하는 알고리즘의 순서도이다. 순서도 빈 칸 ①~⑤에 들어갈 답 항을 선택하라. 알고리즘에 사용된 변수는 다음과 같다.

- i, J : 인덱스 변수
- SUM : 합계
- MIN : 최솟값
- AVG : 평균

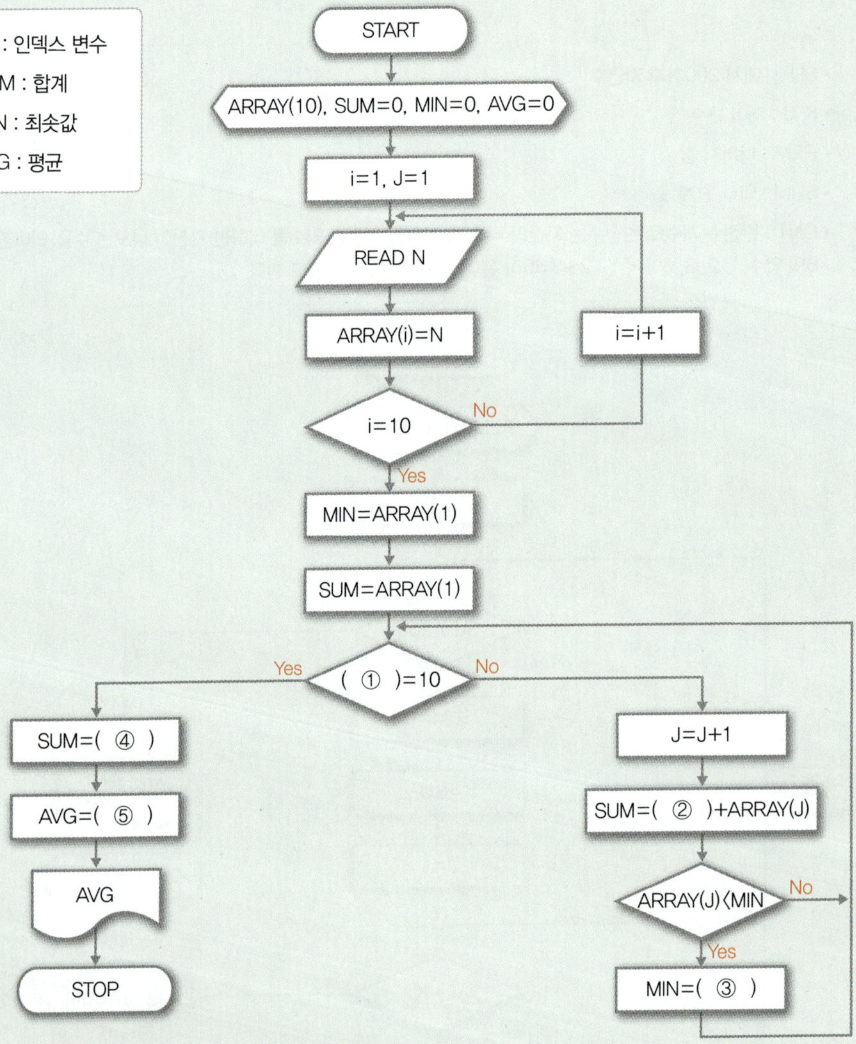

1	0	2	1	3	2	4	3	5	4
6	i	7	J	8	i+1	9	i−1	10	J+1
11	J−1	12	i x J	13	i+J	14	i−J	15	ARRAY
16	ARRAY(1)	17	ARRAY(i)	18	ARRAY(J)	19	ARRAY(J+1)	20	ARRAY(i+1)
21	AVG	22	AVG+1	23	AVG−1	24	SUM	25	SUM+MIN
26	SUM−MIN	27	SUM x MIN	28	MIN	29	MIN−1	30	MIN+1
31	SUM/10	32	AVG/10	33	SUM/9	34	AVG/9	35	SUM/AVG
36	+	37	−	38	〈	39	〉	40	=

28 배열 A에 n개 원소가 있다고 가정할 때 다음 의사코드에 대한 설명으로 가장 옳지 않은 것은?

```
Function(A[ ], n)
{
 for last ← n downto 2                      // last를 n에서 2까지 1씩 감소
   for i ← 1 to last-1
      if (A[i]>A[i+1]) then A[i]↔A[i+1];    // A[i]와 A[i+1]을 교환
}
```

① 제일 큰 원소를 끝자리로 옮기는 작업을 반복한다.
② 선택 정렬을 설명하는 의사코드이다.
③ $O(n^2)$의 수행 시간을 가진다.
④ 두 번째 for 문의 역할은 가장 큰 원소를 맨 오른쪽으로 보내는 것이다.

29 다음 코드의 시간 복잡도를 바르게 나타낸 것은?

```
for (i = 1; i < n; i++)
   for (j = 1; j <= n; j = j + 1)
      for (k = 1; k <= n; k++)
         x = x + k + 1;
```

① $\Theta(n^2)$ ② $\Theta(n^2 logn)$
③ $\Theta(n^3)$ ④ $\Theta(n^3 logn)$

30 다음 알고리즘의 시간 복잡도를 빅-오(O) 표기법으로 바르게 표현한 것은?

```
Procedure calculate(int n) {
   int i, k, m, x = 0;
   for (i = 0; i < (n - 5); i++)
      for (k = 0; k < 100; k++)
         for (m = 0; m < 1000; m++)
            x++;
}
```

① $O(logn)$ ② $O(n)$
③ $O(n^2)$ ④ $O(n^3)$

31 6비트로 서로 다른 상태값을 표현할 때 값을 최대 몇 개까지 표현할 수 있을까?

32 10진수 516과 −516을 존 형식과 팩 형식으로 각각 표현하시오.

33 8비트 부호와 절댓값 형식으로 +62와 −62를 표현하시오.

34 8비트 1의 보수 형식으로 +62와 −62를 표현하시오.

35 컴퓨터 전공자로서 자료구조를 왜 배워야 한다고 생각하는가?

36 전공 교과목과 자료구조의 관계를 설명하시오.

37 추상화와 구체화 개념을 설명하고 예를 드시오.

38 알고리즘의 정의와 특징에 대해 기술하시오.

39 다음 알고리즘을 순서도로 표현하시오.

```
for (i←1; i<=n; i←i+1) do {
   for (j←1; j<=n; j←j+1) do
      A ← A + B;
}
```

40 알고리즘의 성능 분석 방법인 시간 복잡도와 공간 복잡도에 대해 설명하시오.

41 문제 **39**번 알고리즘의 시간 복잡도를 빅-오 표기법으로 표현하시오.

42 실행 빈도 함수가 $2\log n + 3n^3 + 9999n^2 + 15$일 때, 시간 복잡도를 빅-오 표기법으로 표현하시오.

자료구조 구현을 위한 C 프로그래밍 기법

01 배열
02 포인터
03 구조체
04 재귀호출
요약
연습문제

Chapter 02

학습목표

- 자료구조를 C 프로그램으로 구현하기 위해 필요한 프로그래밍 기법을 알아본다.
- 배열 자료형을 이해하고 배열의 구현 방법을 알아본다.
- 포인터의 의미를 이해하고 구현 방법을 알아본다.
- 구조체 자료형을 이해하고 구현 방법을 알아본다.
- 재귀호출의 의미를 이해하고 구현 방법을 알아본다.

Chapter

02

Preview

사용하지 않는 지식은 살아있는 지식이 아닙니다. 절대 음감의 천상의 목소리를 가졌더라도 노래하지 않으면 아무 소용 없듯, 자료구조를 알아도 프로그램 개발에 사용하지 않으면 아무 의미가 없겠죠? 우리가 자료구조를 구현할 때 사용할 프로그래밍 언어는 C입니다. 자료구조를 본격적으로 배우기 전에 C 프로그래밍 책을 다시 꺼내서 복습하세요. 노래하기 전에 발성 연습하는 마음으로.

"아! 애! 이! 오! 우~ 배열! 포인터! 구조체! 재귀호출!"

Section 01

배열

1 배열의 개념

배열Array은 자료형이 같은 자료를 나열하여 메모리에 연속으로 저장하여 만든 자료 그룹이다. 요일을 나타내는 월요일, 화요일, 수요일, 목요일, 금요일, 토요일, 일요일을 각각 변수로 선언하면 변수를 일곱 개 만들어 개별적으로 사용해야 한다. 하지만 하나로 묶어 배열로 만들면 배열을 한 번만 선언해 만들 수 있고, 각 요일이 배열의 요소가 되어 다루기가 편리해진다. 배열 요소를 간단히 구별하기 위해 번호를 사용하는데, 이를 인덱스Index라고 한다. C 언어에서 인덱스는 항상 0부터 시작한다. 특정 배열 요소를 사용할 경우에는 '배열 이름[배열 요소의 인덱스]'로 지정하고 변수처럼 사용하면 된다. 모든 자료형은 배열로 구성할 수 있고, 구성 형태에 따라 1차원 배열뿐만 아니라 2차원이나 3차원 등 다차원 배열로도 구성할 수 있다.

2 1차원 배열

1차원 배열의 선언

1차원 배열을 선언하는 형식은 [그림 2-1]과 같고 배열 선언 예는 [표 2-1]과 같다.

```
자료형  배열이름  [배열요소의 개수];
  ❶       ❷            ❸
```

❶ 배열의 자료형을 선언한다. 배열 요소는 모두 자료형이 같아야 하고, 배열 요소의 자료형이 배열의 자료형이 된다.

❷ 변수 이름과 같은 규칙으로 정한다.

❸ 대괄호([ ])를 사용해 배열 요소의 개수를 표시하는데, 배열 요소 개수가 배열 크기이다. 배열을 선언하면 메모리에 배열에 대한 공간이 할당되고 그 크기는 '자료형에 대한 메모리 할당 크기×배열 요소의 개수'이다.

그림 2-1 1차원 배열의 선언 형식

NOTE_ 변수 이름 규칙

- 영문자, 숫자, 밑줄을 사용한다.
- 첫 글자는 숫자를 사용할 수 없다.
- 알파벳 대문자와 소문자를 구분한다.
- 키워드나 예약어는 사용할 수 없다.

표 2-1 여러 자료형의 배열 선언 예와 의미

배열 선언 예	의미	배열 요소	메모리 할당 크기
char c[100];	char형 배열 요소 100개로 구성된 배열 c	c[0]~c[99]	1byte x 100
int i[100];	int형 배열 요소 100개로 구성된 배열 i	i[0]~i[99]	4byte x 100
short s[100];	short형 배열 요소 100개로 구성된 배열 s	s[0]~s[99]	2byte x 100
long l[100];	long형 배열 요소 100개로 구성된 배열 l	l[0]~l[99]	4byte x 100

자료형에 대한 메모리 할당 크기는 컴퓨터에 따라(CPU 성능에 따라) 다를 수 있으므로 다음 예제를 통해 각 자료형에 대한 메모리 할당 크기를 확인한다.

예제 2-1 자료형에 대한 메모리 할당 크기 확인하기

```
#include <stdio.h>

void main() {
    char c, c_array[100];
    int i, i_array[100];
    short s, s_array[100];
    float f, f_array[100];
    long l, l_array[100];

    printf("\n char c 크기 = %d \t: char c_array 크기 = %4d", sizeof(c), sizeof(c_array));
    printf("\n int i 크기 = %d \t: int i_array 크기 = %4d", sizeof(i), sizeof(i_array));
    printf("\n short s 크기 = %d \t: short s_array 크기 = %4d", sizeof(s), sizeof(s_array));
    printf("\n float f 크기 = %d \t: float f_array 크기 = %4d", sizeof(f), sizeof(f_array));
    printf("\n long l 크기 = %d \t: long l_array 크기 = %4d", siaeof(l), sizeof(l_array));

    getchar();  // 실행 창이 닫히지 않게 하기 위해 편의상 추가한 입력 대기 명령
}
```

TIP_ getchar( ) 컴파일하여 생성된 실행 파일(.exe)을 더블클릭해 실행하면 main( ) 함수가 실행되고, main( ) 함수가 끝나면 실행 창이 닫힌다. 그런데 실행 시간이 짧아 결과를 확인할 새도 없이 창이 닫힌다. 실행 결과를 확인할 수 있도록 main( ) 함수가 끝나기 직전에 입력 함수인 getchar( )을 추가하여 입력 대기 상태로 만들 수 있다. getchar( ) 대신에 system("pause")를 사용할 수도 있지만 #include <windows.h>를 추가해야 하고 전처리기에 의해 헤더 파일이 복사되어 추가되므로 소스 파일이 커진다는 것을 알아두어야 한다.

```
char c 크기 = 1   : char c_array 크기 =  100
int i 크기 = 4    : int i_array 크기 =  400
short s 크기 = 2  : short s_array 크기 =  200
float f 크기 = 4  : float f_array 크기 =  400
long l 크기 = 4   : long l_array 크기 =  400
```

40명의 중간고사 점수를 배열에 저장해 보자. [그림 2-2]의 위와 같이 배열을 선언하면, 배열이 아래와 같은 구조로 메모리에 생성된다.

```
int mid_score[40];
```

	mid_score[0]	mid_score[1]	mid_score[2]	mid_score[3]	…	mid_score[38]	mid_score[39]
mid_score	4byte	4byte	4byte	4byte	…	4byte	4byte

그림 2-2 **배열 선언과 메모리 할당 구조 예 : 40명의 중간고사 점수**

1차원 배열의 초기화

1차원 배열을 [그림 2-3]과 같이 선언하면서 초깃값을 지정하여 초기화할 수 있다.

```
자료형 배열이름[배열크기] = { 초깃값 리스트 };
```

그림 2-3 **1차원 배열의 초기화**

초깃값 리스트에는 초깃값을 쉼표로 구분하여 나열하고, 초깃값들은 각 배열 요소에 순서대로 지정된다. 1차원 배열은 다양한 방법으로 초기화할 수 있다. 먼저 [그림 2-4]의 (a)와 같이 초기화하면 배열 A의 각 배열 요소는 A[0]=1, A[1]=2, A[2]=3, A[3]=4, A[4]=5가 되고 (b)와 같이 메모리가 할당된다.

```
int A[5] = {1, 2, 3, 4, 5};
```

또는

```
int A[ ] = {1, 2, 3, 4, 5};
```

배열의 모든 원소에 초깃값을 주면
배열 크기 생략 가능

또는

```
int A[5];
A[0] = 1;
A[1] = 2;
A[2] = 3;
A[3] = 4;
A[4] = 5;
```

(a) 1차원 배열의 초기화

	A[0]	A[1]	A[2]	A[3]	A[4]
A	1	2	3	4	5

(b) 메모리 할당 구조

그림 2-4 **1차원 배열의 초기화 예 1**

[그림 2-5]의 (a)와 같이 배열 크기보다 초깃값 개수를 적게 지정하면, 배열 요소에 초깃값이 순서대로 할당되고 나머지 배열 요소는 주어진 초깃값이 없으므로 기본값 0이 할당된다. 반대로 (b)와 같이 배열 크기보다 초깃값 개수를 더 많이 지정하면 배열 크기만큼의 초깃값만 배열 요소에 할당되고 나머지 초

깃값은 메모리에는 할당되지만 배열 영역의 밖에 저장되기 때문에 사용할 수 없는 값이 된다.

(a) 초깃값의 개수 < 배열 크기

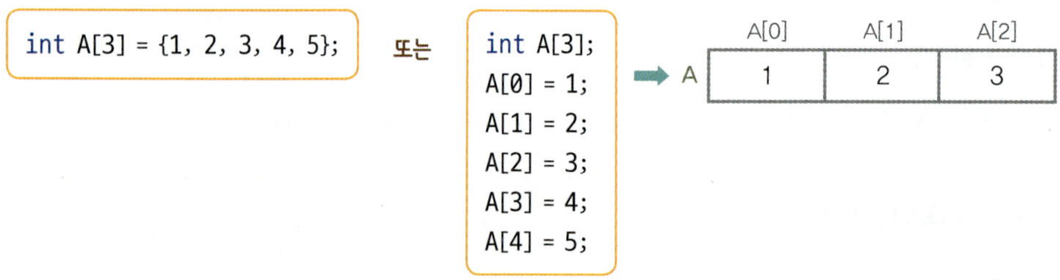

(b) 초깃값의 개수 > 배열 크기

그림 2-5 **1차원 배열의 초기화 예 2**

[예제 2-2]는 학년별 취득 학점을 1차원 배열에 저장하고 배열 내용을 출력하는 프로그램이다.

예제 2-2 학년별 취득 학점 입출력하기

```c
#include <stdio.h>

void main(){
    int i;
    // 1차원 배열 초기화
    int score[3] = { 91, 86, 97 };
    char grade[3] = { 'A','B','A' };

    printf("\n *** 학년별 취득 학점 *** \n\n");

    for (i = 0; i<3; i++) {
        printf("%3d학년 : 총점 = %d, 등급 = %c\n", i + 1, score[i], grade[i]);
    }

    getchar();
}
```

```
*** 학년별 취득 학점 ***

  1학년 : 총점 = 91, 등급 = A
  2학년 : 총점 = 86, 등급 = B
  3학년 : 총점 = 97, 등급 = A
```

[예제 2-3]은 사용자에게 입력 받은 구구단을 1차원 배열에 저장하고, 배열로 저장된 내용을 출력하여 보여 주는 프로그램이다.

예제 2-3 입력한 숫자를 구구단으로 출력하기

```c
#include <stdio.h>

void main() {
    int i = 0, n;
    int multiply[9];

    printf("\n1~9의 정수를 입력하세요 : ");

    while (1) {
        scanf("%d", &n);
        if (n < 0 || n>9)
            printf("\n 1~9의 정수를 입력하세요 : ");
        else
            break;
    }

    printf("\n");
    for (i = 0; i < 9; i++) {
        multiply[i] = n * (i + 1);
        printf(" %d * %d = %d \n", n, (i + 1), multiply[i]);
    }

    getchar(); getchar();
}
```

```
1~9의 정수를 입력하세요 : 7

7 * 1 = 7
7 * 2 = 14
7 * 3 = 21
7 * 4 = 28
7 * 5 = 35
7 * 6 = 42
7 * 7 = 49
7 * 8 = 56
7 * 9 = 63
```

NOTE_ scanf( ) 오류

컴파일러 버전에 따라 scanf( ) 오류가 발생할 수 있다. 이 경우 프로젝트 속성 페이지에서 전처리기 정의에 _CRT_SECURE_NO_WARNINGS;를 추가하고 다시 실행하면 된다(① 해당 프로젝트 이름에서 마우스 오른쪽 버튼 클릭, ② [속성] 선택 [프로젝트]-['프로젝트이름' 속성] 메뉴 선택, ③ [C/C++]-[전처리기] 선택, ④ _CRT_SECURE_NO_WARNINGS; 입력, ⑤ [확인] 클릭).

또는 #define _CRT_SECURE_NO_WARNINGS가 첫 번째 처리되는 명령어가 되도록 소스 파일 맨 위에 추가하는 방법이 있다.

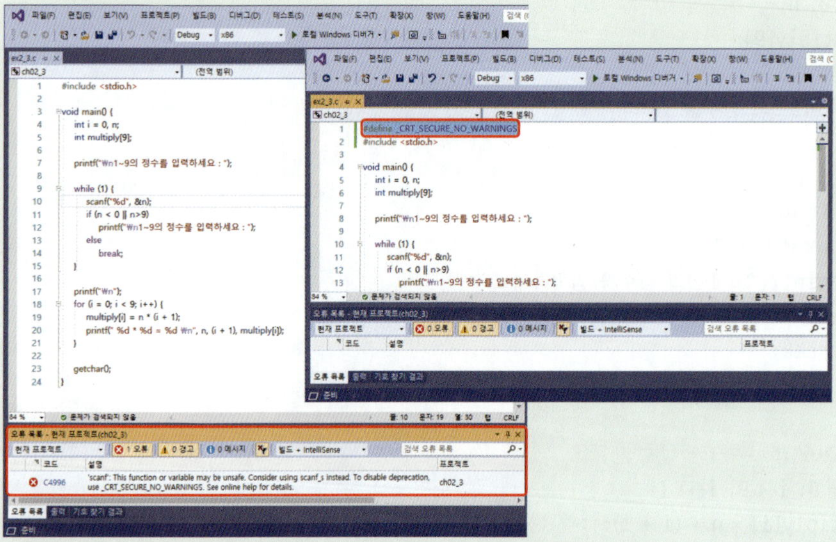

그림 2-6 scanf( ) 오류 해결 : #define _CRT_SECURE_NO_WARNINGS

문자 배열

문자열이란 문자를 나열한 것을 의미한다. 문자 하나는 작은따옴표(‘’) 안에 ‘A’와 같이 표시하고, 문자열은 큰따옴표(“”) 안에 “ABC”와 같이 표시한다. 문자열을 저장하려면 문자열을 구성하는 문자를 연속해서 저장해야 하므로 배열을 사용한다. 이때 배열의 자료형은 문자 자료형(char)이 된다. 문자 배열의 초기화는 문자열을 그대로 지정하거나 초깃값 문자 리스트를 사용한다.

[그림 2-7]은 문자 배열을 문자열 “String”으로 초기화하는 예이다. (a)의 s1은 문자열을 사용하여 초기화하고, (b)의 s2는 초깃값 문자 리스트를 사용하여 초기화한다.

```
char s1[10] = "String";
```

	s1[0]	s1[1]	s1[2]	s1[3]	s1[4]	s1[5]	s1[6]	s1[7]	s1[8]	s1[9]
s1	S	t	r	i	n	g	\0			

(a) 문자열을 사용한 초기화

```
char s2[10] = { 'S', 't', 'r', 'i', 'n', 'g' };
```

	s2[0]	s2[1]	s2[2]	s2[3]	s2[4]	s2[5]	s2[6]	s2[7]	s2[8]	s2[9]
s2	S	t	r	i	n	g				

(b) 초깃값 문자 리스트를 사용한 초기화

그림 2-7 문자 배열의 선언과 메모리 할당 구조

[그림 2-7]의 (a)와 (b)를 비교해 보면 배열 s1에 저장된 문자열의 크기는 7이고, 배열 s2에 저장된 문자열의 크기는 6이다. 문자열이 저장될 때는 문자열의 끝을 나타내는 '\0'('₩0', NULL, 널 문자)이 마지막에 추가되기 때문에 문자열을 저장할 메모리 크기는 실제 문자열 크기보다 1바이트가 더 커야 한다. s1을 초깃값 문자 리스트를 사용하여 초기화하면 [그림 2-8]과 같이 나타낼 수 있다.

```
char s1[] = "String";
```

➡

```
char s1[] = { 'S', 't', 'r', 'i', 'n', 'g', '\0' };
```

그림 2-8 문자열을 사용한 초기화 → 문자 리스트를 사용한 초기화

[예제 2-4]는 문자 배열에 문자열을 저장하고 출력하는 프로그램이다.

예제 2-4 문자 배열에 문자열을 저장하고 출력하기

```c
#include <stdio.h>

void main() {
    char str[20] = "Data Structure!";
    int i;
    printf("\n문자 배열 str[] : ");
    for (i = 0; str[i]; i++) {
        printf("%c", str[i]);
    }
    getchar();
}
```

```
문자 배열 str[] : Data Structure!
```

[예제 2-5]는 사용자에게 문자열을 입력 받아 배열로 저장하고 출력하여 문자열 길이를 계산하는 프로그램이다.

예제 2-5 입력한 문자열의 길이 계산하기

```c
#include <stdio.h>

void main() {
    int i, length = 0;
    char str[50];
    printf("\n문자열을 입력하세요 : ");
    gets(str);
    printf("\n입력된 문자열은 \n \"");
    for (i = 0; str[i]; i++) {
        printf("%c", str[i]);
        length += 1;
    }
    printf("\" \n입니다.");
    printf("\n\n입력된 문자열의 길이 = %d \n", length);

    getchar();
}
```

```
문자열을 입력하세요 : Korea!

입력된 문자열은
"Korea!"
입니다.

입력된 문자열의 길이 = 6
```

3 다차원 배열

배열은 배열 요소들을 2차원, 3차원으로 구성하여 2차원 배열, 3차원 배열로 나타낼 수 있다. 즉, 2차원 배열은 배열의 배열이고, 3차원 배열은 배열의 배열의 배열이다. 2차원 이상의 배열을 다차원 배열이라고 한다.

다차원 배열의 선언

2차원 배열은 배열의 배열이므로 선언 방법은 1차원 배열과 같은 형식이다. 단, 늘어난 차수만큼 대괄호([ ])를 추가하고 그 안에 배열 크기를 지정한다. 2차원 배열은 차수가 2이므로 배열 크기를 지정하는 항목이 [그림 2-9]와 같이 두 개 필요하다.

```
자료형 배열이름 [배열크기] [배열크기]
                  행 개수     열 개수
                    ↓           ↓        } 논리적 구조에서의 표현
                  행 번호     열 번호
```

그림 2-9 2차원 배열의 선언 형식

[그림 2-10]은 2차원 배열 int i[2][3]을 선언한 예이다.

(a) 배열 선언 (b) 논리적 구조 (c) 물리적 구조

그림 2-10 2차원 배열의 선언과 논리적/물리적 구조 예

3차원 배열을 선언하려면 2차원 배열 선언 형식에서 차수만큼 대괄호([ ])를 추가하고, 그 안에 배열 크기를 지정한다. 3차원 배열은 차수가 3이므로 배열의 배열의 배열을 의미한다. 따라서 배열 크기를 지정하는 항목이 [그림 2-11]과 같이 세 개이다.

```
자료형 배열이름 [배열크기] [배열크기] [배열크기]
                 면 개수     행 개수     열 개수   ——→ 논리적 구조에서의 표현
```

그림 2-11 3차원 배열의 선언 형식

[그림 2-12]는 3차원 배열 int i[2][3][4]를 선언한 예이다. i는 면 두 개와 행 세 개와 열 네 개로 구성된 3차원 배열이다.

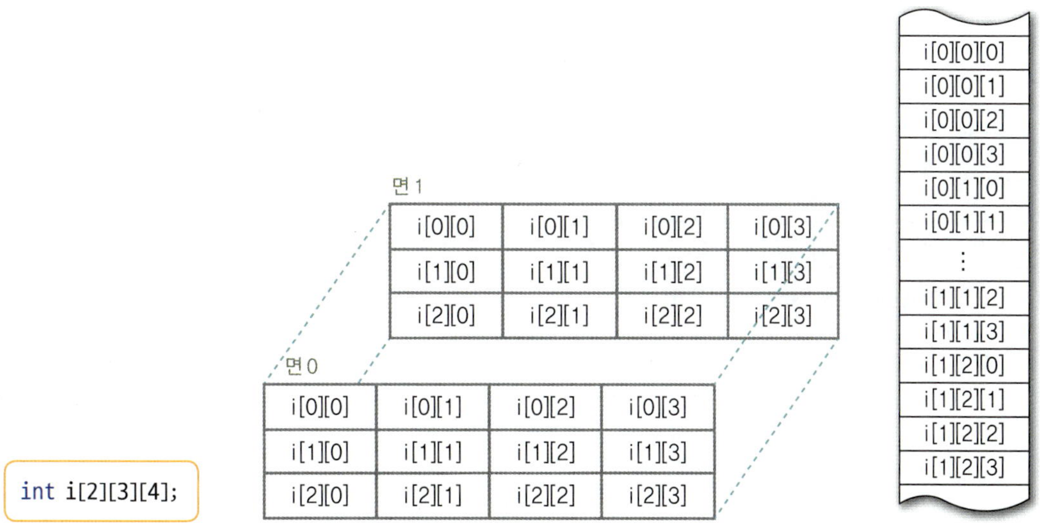

(a) 선언 형식 (b) 논리적 구조 (c) 물리적 구조

그림 2-12 3차원 배열의 선언과 논리적/물리적 구조 예

다차원 배열의 초기화

다차원 배열도 1차원 배열과 마찬가지로 초깃값을 가질 수 있다. 초깃값을 지정하는 형태는 다차원 배열이 배열의 배열이라는 것을 생각하여 초깃값을 구분하여 지정하거나 1차원 배열처럼 초깃값 리스트를 지정하여 순서대로 배열 요소의 초깃값으로 설정한다.

```
int i[2][3] = {{1, 2, 3}, {4, 5, 6}};   또는   int i[2][3] = {1, 2, 3, 4, 5, 6};
```

	[0]	[1]	[2]
[0]	1	2	3
[1]	4	5	6

그림 2-13 2차원 배열의 초기화와 논리적 구조

1차원 배열과 마찬가지로 다음과 같이 배열 크기를 생략하고 초깃값을 지정할 수 있는데, 첫 번째 배열 크기만 생략할 수 있다.

```
int i[][3] = {{1, 2, 3}, {4, 5, 6}};   또는   int i[][3] = {1, 2, 3, 4, 5, 6};
```

그림 2-14 행 크기를 생략한 2차원 배열의 초기화

3차원 배열을 초기화하는 방법도 2차원 배열과 동일하다.

```
int i[2][3][4] =  {{1, 2, 3, 4 }, {5, 6, 7, 8}, {9, 10, 11, 12},
                   {13, 14, 15, 16}, {17, 18, 19, 20}, {21, 22, 23, 24}};
```

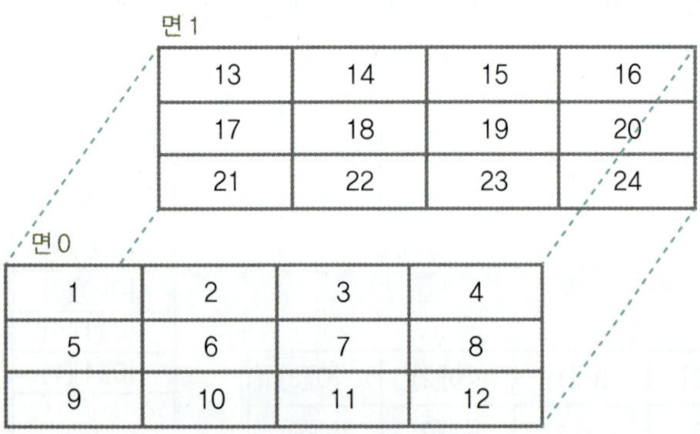

그림 2-15 3차원 배열의 초기화와 논리적 구조

[예제 2-6]은 3차원 배열에 값을 저장하고 배열 내용을 출력하는 프로그램이다.

예제 2-6 **3차원 배열 입출력하기**

```c
#include <stdio.h>

void main() {
    int array[2][3][4];
    int i, j, k, value = 1;
    for (i = 0; i<2; i++) {
        for (j = 0; j<3; j++) {
            for (k = 0; k<4; k++) {
                array[i][j][k] = value;
                printf("\n array[%d][%d][%d] = %d", i, j, k, array[i][j][k]);
                value++;
            }
        }
    }
    getchar();
}
```

```
array [0] [0] [0] = 1
array [0] [0] [1] = 2
array [0] [0] [2] = 3
array [0] [0] [3] = 4
array [0] [1] [0] = 5
array [0] [1] [1] = 6
array [0] [1] [2] = 7
array [0] [1] [3] = 8
array [0] [2] [0] = 9
array [0] [2] [1] = 10
array [0] [2] [2] = 11
array [0] [2] [3] = 12
array [1] [0] [0] = 13
array [1] [0] [1] = 14
array [1] [0] [2] = 15
array [1] [0] [3] = 16
array [1] [1] [0] = 17
array [1] [1] [1] = 18
array [1] [1] [2] = 19
array [1] [1] [3] = 20
array [1] [2] [0] = 21
array [1] [2] [1] = 22
array [1] [2] [2] = 23
array [1] [2] [3] = 24
```

문자 다차원 배열

문자 배열 역시 1차원의 문자 배열을 묶어서 다차원 배열로 구성할 수 있다. [그림 2-16]과 같이 선언하면 문자를 스무 개까지 저장할 수 있는 1차원 문자 배열 세 개를 묶어서 구성한 2차원 문자 배열이 된다.

```c
char c[3][20];
```

그림 2-16 **2차원 문자 배열의 선언 예**

2차원 문자 배열에 문자열을 저장하려면 [그림 2-17]의 (a)와 같이 배열을 선언할 때 초기화를 이용하여 문자열을 저장하거나 (b)와 같이 문자열 복사 함수인 strcpy()를 사용하여 문자열을 저장할 수 있다.

(a)

```
char c[3][20]={ "Hong Gil Dong",
                "Computer Department",
                "Seoul Korea"};
```

(b)

```
strcpy(c[0], "Hong Gil Dong");
strcpy(c[1], "Computer Department");
strcpy(c[2], "Seoul Korea");
```

(c)

	[0]	[1]	[2]	[3]	[4]	[5]	[6]	[7]	[8]	[9]	[10]	[11]	[12]	[13]	[14]	[15]	[16]	[17]	[18]	[19]
[0]	H	o	n	g		G	i	l		D	o	n	g	\0						
[1]	C	o	m	p	u	t	e	r		D	e	p	a	r	t	m	e	n	t	\0
[2]	S	e	o	u	l		K	o	r	e	a	\0								

그림 2-17 2차원 문자 배열의 문자열 저장과 논리적 구조

[예제 2-7]은 사용자에게 학생 두 명의 이름, 학과, 학번을 입력 받아 3차원 문자 배열에 저장하고, 배열 내용을 출력하여 보여 주는 프로그램이다.

예제 2-7 3차원 배열을 이용해 문자 배열 입출력하기

```
#include <stdio.h>

void main() {
   int i, j, k;
   char student[2][3][20];
   for (i = 0; i<2; i++) {
      printf("\n 학생 %d의 이름 : ", i + 1);
      gets(student[i][0]);
      printf(" 학생 %d의 학과 : ", i + 1);
      gets(student[i][1]);
      printf(" 학생 %d의 학번 : ", i + 1);
      gets(student[i][2]);
   }

   for (i = 0; i<2; i++) {
      printf("\n\n 학생 %d", i + 1);
      for (j = 0; j<3; j++) {
         printf("\n\t");
         for (k = 0; student[i][j][k] != '\0'; k++) {
            printf("%c", student[i][j][k]);
         }
      }
   }
   getchar();
}
```

```
학생 1의 이름 : Hong Gil Dong
학생 1의 학과 : Computer Electronic
학생 1의 학번 : 202100101

학생 2의 이름 : Hong Gil Soon
학생 2의 학과 : Computer Science
학생 2의 학번 : 202100201


학생 1
    Hong Gil Dong
    Computer Electronic
    202100101

학생 2
    Hong Gil Soon
    Computer Science
    202100201
```

Section 02

포인터

1 포인터 개념

사용하는 모든 변수는 메모리의 특정 위치에 저장되는데 그 위치를 나타내는 메모리 주소를 포인터라고 한다. 포인터 변수는 메모리의 주소값을 저장하는 특별한 변수이다. 포인터 변수 P가 어떤 변수 A의 주소를 저장하고 있다는 것은, 포인터 변수 P가 변수 A의 위치(메모리 주소)를 가리키고 있다(포인트하고 있다)는 의미이다. 포인터 변수를 간단히 '포인터'라고도 한다.

[그림 2-18]과 같이 편지 봉투에 받는 사람의 집 주소를 쓰면, 그 주소로 편지가 전달되어 집주인이 편지를 받게 된다. 편지 봉투를 포인터라고 생각하면 편지 봉투에 쓰는 '받는 사람 주소'는 포인터에 저장된 변수의 메모리 주소가 되고, 주소에 해당하는 집주인이 편지를 받는 것은 포인터를 통한 액세스 처리로 생각할 수 있다.

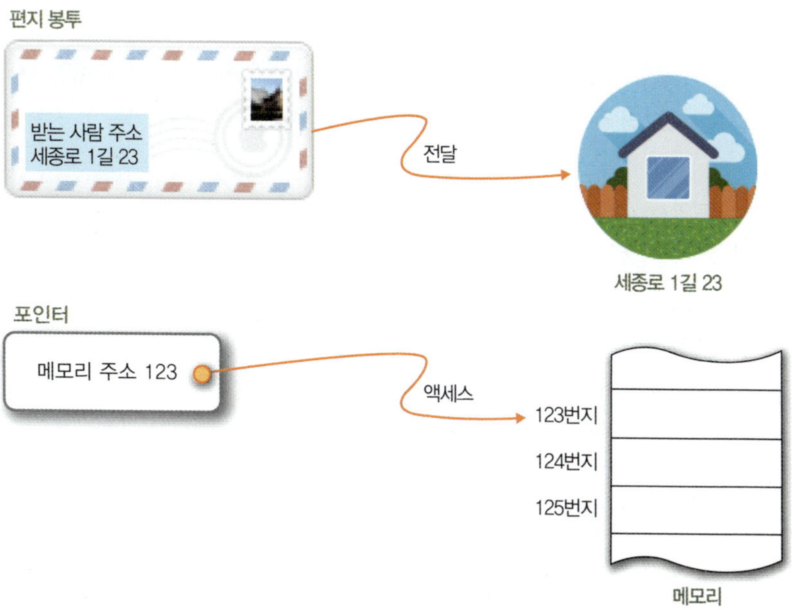

그림 2-18 포인터의 액세스 처리

[그림 2-19]와 같이 포인터를 사용해 다른 변수를 액세스할 수 있다. int i;에서 int형 변수 i를 선언했을 때 할당된 메모리 번지를 150번지라고 하면, int *ptr = &i;에 의해서 변수 i의 주소 150을 포인터 ptr에 저장하므로 포인터 ptr은 변수 i를 가리키게 된다. 그러면 변수 i와 포인터 ptr이 논리적으로 서로 연결되어 ptr을 사용하여 변수 i를 액세스할 수 있게 된다.

```c
int i;
int *ptr = &i;
```

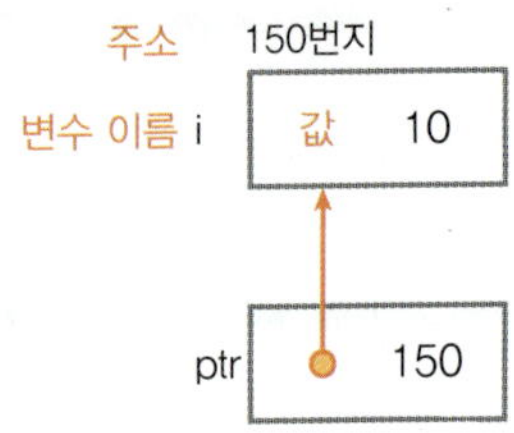

그림 2-19 포인터의 사용 예

포인터는 자료형에 상관없이 메모리 주소 한 개를 저장하는 변수이며 일반적인 컴퓨터 시스템에서는 4바이트를 사용한다. 포인터를 사용하면 메모리를 직접 액세스할 수 있다.

TIP_ 메모리 주소의 개수는 사용하는 시스템의 운영체제와 메모리 크기 등에 따라 달라진다. 그리고 표현해야 하는 메모리 주소의 개수(메모리 주소의 범위)에 따라 메모리 주소 한 개를 표현하는 데 필요한 바이트 수가 달라진다(1장의 [그림 1-6] 참고). 시스템에 따라서는 포인터 크기가 2바이트일 수도 있다.

2 포인터 선언

포인터는 다음과 같은 형식으로 선언한다.

```
자료형      *포인터이름;
  ❶            ❷
```

❶ 포인터 자체의 자료형이 아니라 포인터에 저장할 주소에 있는 일반 변수의 자료형이다.
❷ 일반 변수 이름과 구별되도록 앞에 *를 붙여 포인터임을 나타낸다.

그림 2-20 포인터의 선언 형식

[그림 2-21]은 포인터를 다양한 자료형으로 선언한 예이다. 여기서 포인터의 자료형에 상관없이 ❶ ~ ❸ 모두 포인터 ptr 자체의 크기는 메모리 주소 한 개의 크기인 4바이트이다.

```c
char *ptr;
short *ptr;
int *ptr;
```

❶ 1바이트의 char형 변수의 주소를 저장할 포인터를 선언한 예이다. ptr에 저장된 메모리 주소로부터 1바이트의 char 데이터를 액세스한다.
❷ 2바이트의 short형 변수의 주소를 저장할 포인터를 선언한 예이다. ptr에 저장된 메모리 주소로부터 2바이트의 short 데이터를 액세스한다.
❸ 4바이트의 int형 변수의 주소를 저장할 포인터를 선언한 예이다. ptr에 저장된 메모리 주소로부터 4바이트의 int 데이터를 액세스한다.

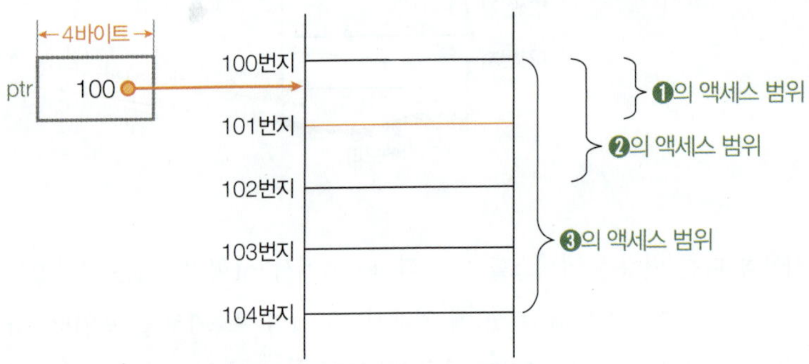

그림 2-21 포인터에서 선언한 자료형에 따른 메모리 액세스 범위

3 포인터 연산

C 언어에서 사용하는 포인터 관련 연산자에는 주소 연산자 &와 참조 연산자 *가 있다.

주소 연산자(&)

주소 연산자 &는 변수의 주소를 얻는 데 사용한다. 즉, 변수 앞에 주소 연산자를 사용하면 그 변수의 주소를 사용할 수 있다. 이때 주소 연산자를 사용할 변수와 포인터는 같은 자료형으로 선언되어 있어야 한다.

```
포인터 = &변수;
```

그림 2-22 **주소 연산자 사용 형식**

예를 들어, [그림 2-23]에서 (a)와 같이 변수를 선언하여 (b)와 같이 메모리가 할당되었다고 해 보자. 이 상태에서 (c)의 ptr=&i;를 실행하면, (d)와 같이 포인터 ptr에 변수 i의 주소가 저장되어 포인터 ptr은 변수 i를 액세스할 수 있는 상태가 된다.

(a)

```
int i = 10;
int *ptr;
```

(c)

```
ptr = &i;
```

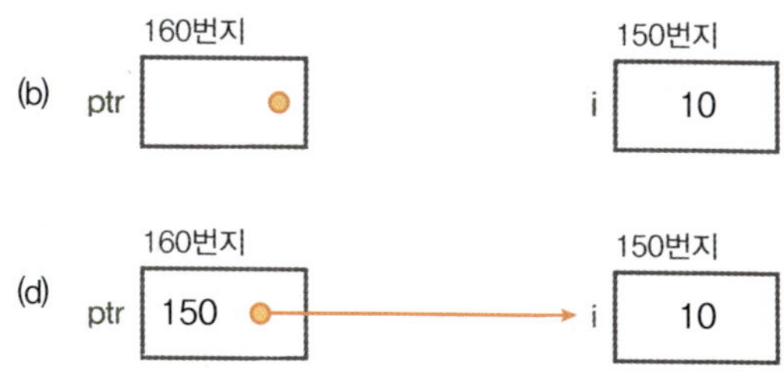

그림 2-23 **포인터 선언과 사용 예**

참조 연산자(*)

다른 변수의 주소가 저장된 포인터에 참조 연산자 *를 사용하면 저장된 주소 영역(참조 영역) 또는 저장된 주소 영역의 값(참조값)을 액세스할 수 있다. [그림 2-24]의 ❶과 같이 지정 연산자의 좌변에 있는 포인터에 참조 연산자를 사용하면, 포인터가 가리키고 있는 주소 영역을 액세스하여 값을 저장할 수 있다. ❷와 같이 지정 연산자의 우변에 있는 포인터에 참조 연산자를 사용하면, 포인터가 가리키는 주소 영역에 있는 값을 액세스하여 변수에 저장할 수 있다.

```
❶ *포인터 = 값;
❷ 변수 = *포인터;
```

그림 2-24 **참조 연산자 사용 형식**

[그림 2-25]는 포인터 연산자를 사용한 예이다.

```
int i, j;
int *ptr;
ptr = &i;

*ptr = 10;

j = *ptr;
```

❶ 주소 연산자를 사용하여 변수 i의 주소를 포인터 ptr에 할당한다. 포인터 ptr은 변수 i를 가리킨다.

❷ 참조 연산자를 사용하여 포인터 ptr이 가리키는 영역에 값 10을 지정한다. 따라서 변수 i에 10이 저장된다.

❸ 다시 참조 연산자를 사용하여 ptr이 가리키는 영역의 값을 변수 j에 지정한다. 따라서 ptr이 가리키는 변수 i의 값인 10을 변수 j에 저장한다.

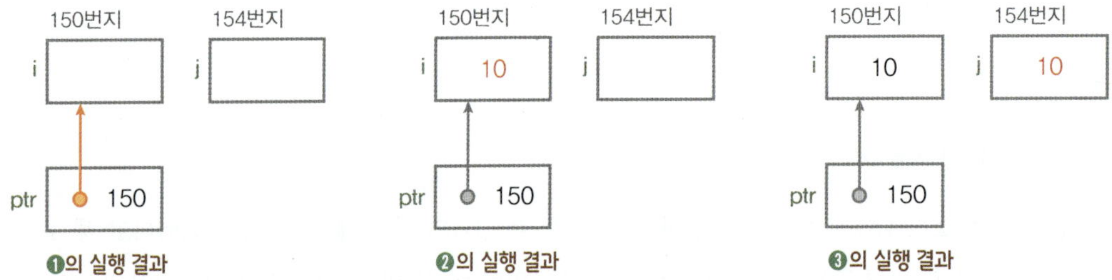

그림 2-25 포인터 연산자를 사용한 예

[예제 2-8]은 포인터 연산자를 이용해 변수에 액세스하는 프로그램이다.

예제 2-8 포인터 연산자를 이용해 변수 액세스하기

```
#include <stdio.h>

void main() {
    int i = 10, j = 20;
    int *ptr;
    printf("\n i의 값 = %d \n j의 값 = %d", i, j);
    printf("\n i의 메모리 주소(&i) = %u", &i);
    printf("\n j의 메모리 주소(&j) = %u", &j);

    ptr = &i;
    printf("\n\n << ptr=&i 실행 >>");
    printf("\n ptr의 메모리 주소(&ptr) = %u", &ptr);
    printf("\n ptr의 값(ptr) = %u", ptr);
    printf("\n ptr의 참조값(*ptr) = %d", *ptr);

    ptr = &j;
    printf("\n\n << ptr=&j 실행 >>");
    printf("\n ptr의 메모리 주소(&ptr) = %u", &ptr);
    printf("\n ptr의 값(ptr) = %u", ptr);
    printf("\n ptr의 참조값(*ptr) = %d", *ptr);

    i = *ptr;
    printf("\n\n << i=*ptr 실행 >>");
    printf("\n i의 값 = %d", i);
```

```
i의 값 = 10
j의 값 = 20
i의 메모리 주소(&i) = 1245052
j의 메모리 주소(&j) = 1245048

<< ptr=&i 실행 >>
ptr의 메모리 주소(&ptr) = 1245044
ptr의 값(ptr) = 1245052
ptr의 참조값(*ptr) = 10

<< ptr=&j 실행 >>
ptr의 메모리 주소(&ptr) = 1245044
ptr의 값(ptr) = 1245048
ptr의 참조값(*ptr) = 20

<< i=*ptr 실행 >>
i의 값 = 20
```

```
25
26      getchar();
27  }
```

10행 : 변수 i의 주소가 포인터 ptr에 저장된다. ptr값은 변수 i의 주소인 1245052가 되고, ptr의 참조값(*ptr)은 1245052 영역의 값인 10이 된다.

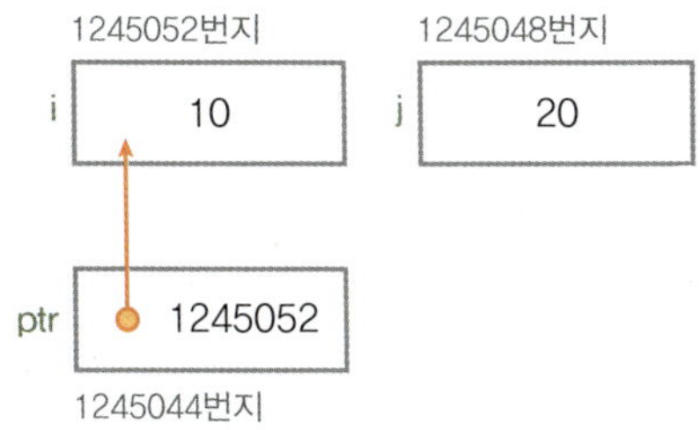

16행 : 변수 j의 주소가 포인터 ptr에 저장된다. ptr값은 변수 j의 주소인 1245048이 되고, ptr의 참조값(*ptr)은 1245048 영역의 값인 20이 된다.

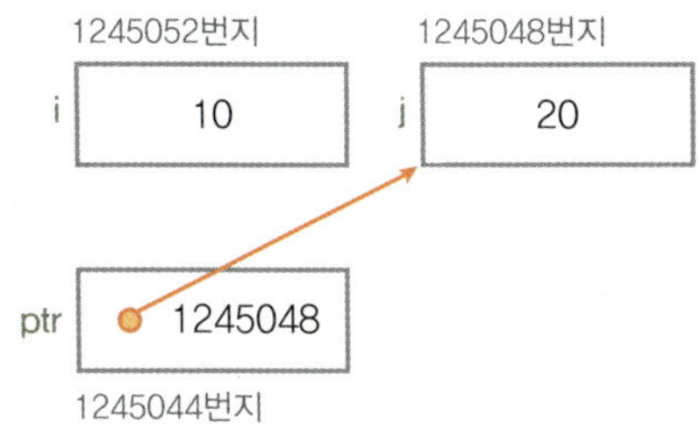

22행 : 포인터 ptr의 참조값(*ptr)은 16행에서 설정한 변수 j의 값이므로 20이다. 따라서 변수 i에는 변수 j의 값인 20이 지정된다.

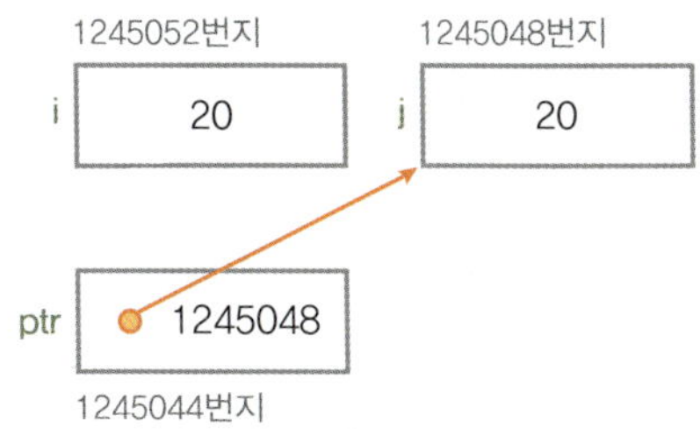

[예제 2-8]이 수행되면 [그림 2-26]과 같은 상태가 된다. 메모리 1245044번지(&ptr)에는 포인터 ptr이 생성되고, ptr에는 변수 j의 주소(&j)인 1245048이 저장되며, 포인터 ptr의 참조값(*ptr)은 1245048번지에 저장된 변수 j의 값인 20이 된다.

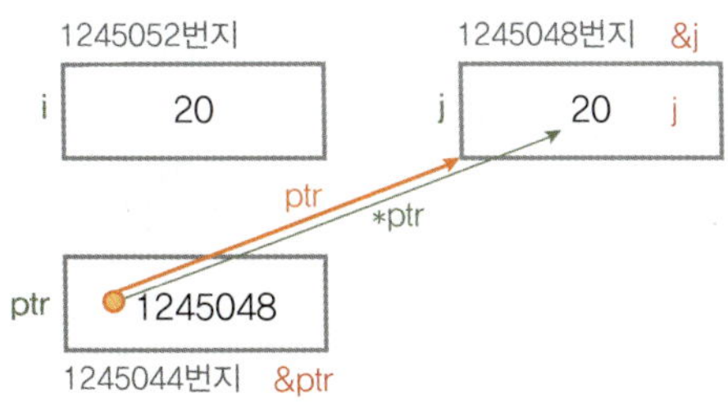

그림 2-26 [예제 2-8]을 실행한 결과

4 포인터 초기화

포인터를 초기화하는 방법은 일반 변수를 초기화하는 방법과 같다. 단, 초깃값이 일반 데이터값이 아니라 메모리 주소라는 사실을 주의해야 한다. 포인터를 다음과 같이 초기화한 것은 잘못된 것이다.

```
int *ptr = 5;
```

물론 메모리 주소 중에 5번지가 있을 수는 있다. 하지만 메모리 주소는 컴파일을 하면서 시스템이 정하는 작업이라 사용자가 임의로 직접 지정할 수는 없다. 7을 좋아한다고 해서 내 집 주소를 7로77, 우편번호 77777로 정할 수 없는 것과 같다. 포인터에 주소를 지정하려면 다음과 같이 주소를 간접적으로 지정해야 한다.

❶ 주소 연산자를 사용하여 변수 주소를 지정한다.

```
int i;
int *ptr = &i;
```

❷ 동적 메모리를 할당하고 그 시작 주소를 포인터값으로 지정한다.

```
char *ptr = (char *)malloc(100);
```

동적 메모리를 할당하는 malloc() 함수를 사용하여 문자형(char) 공간 100개를 할당하고, 그 시작 주소를 포인터 ptr에 지정한다.

❸ 문자형 포인터에 문자열의 시작 주소를 지정한다.

```
char *ptr = "korea";
```

문자열 자료형은 일반 자료형과 다르게 문자열 지정만으로 그 시작 주소를 전달할 수 있다. "korea" 문자열이 포인터 ptr에 저장되는 것이 아니라 "korea" 문자열이 저장된 위치의 시작 주소가 포인터 ptr에 저장된다.

❹ 배열 이름을 이용하여 배열 시작 주소를 지정한다.

```
char A[100];
char *ptr = A;
```

배열 이름은 문자열과 마찬가지로 그 시작 주소를 전달할 수 있다. 포인터 변수 ptr은 문자형(char) 요소를 100개 가진 배열 A의 시작 주소를 저장한다.

❺ 배열의 첫 번째 요소의 주소를 이용하여 배열 시작 주소를 지정한다.

```
char A[100];
char *ptr = &A[0];
```

배열의 시작은 배열의 첫 번째 요소, 즉 0번 인덱스의 배열 요소를 말한다. 그러므로 0번 배열 요소의 주소를 사용하여 배열의 시작 주소를 포인터에 전달할 수 있다. 인덱스로 표시하는 배열의 각 요소는 그 자체로는 주소를 전달할 수 없기 때문에 주소 연산자 &를 사용해야 한다.

5 포인터와 문자열

포인터를 이용하면 배열에 저장된 문자열에 대한 연산을 쉽게 처리할 수 있다. [예제 2-9]는 포인터를 이용해 문자열을 처리하는 프로그램이다.

예제 2-9 포인터를 이용해 문자열 처리하기

```c
#include <stdio.h>

void main() {
    int i;
    char string1[20] = "Dreams come true!", string2[20], *ptr1, *ptr2;

    ptr1 = string1;
    printf("\n string1의 주소 = %u \t ptr1 = %u", string1, ptr1);
    printf("\n string1 = %s \n ptr1 = %s", string1, ptr1);
    printf("\n\n %s", ptr1 + 7);
    ptr2 = &string1[7];
    printf("\n %s \n\n ", ptr2);

    for (i = 16; i >= 0; i--) {
        putchar(*(ptr1 + i));
    }
    for (i = 0; i<20; i++) {
        string2[i] = *(ptr1 + i);
    }
    printf("\n\n string1 = %s", string1);
    printf("\n string2 = %s", string2);

    *ptr1 = 'P';
    *(ptr1 + 1) = 'e';
    *(ptr1 + 2) = 'a';
    *(ptr1 + 3) = 'c';
    *(ptr1 + 4) = 'e';
    printf("\n\n string1 = %s\n", string1);

    getchar();
}
```

```
string1의 주소 = 1374236       ptr1 = 1374236
string1 = Dreams come true!
ptr1 = Dreams come true!

come true!
come true!

!eurt emoc smaerD

string1 = Dreams come true!
string2 = Dreams come true!

string1 = Peaces come true!
```

07행 : 포인터에 배열의 시작 주소를 지정하려면 배열 이름을 포인터에 전달하거나 ptr1 = &string1[0]; 형태로 첫 번째 배열 요소의 주소를 포인터에 전달한다.

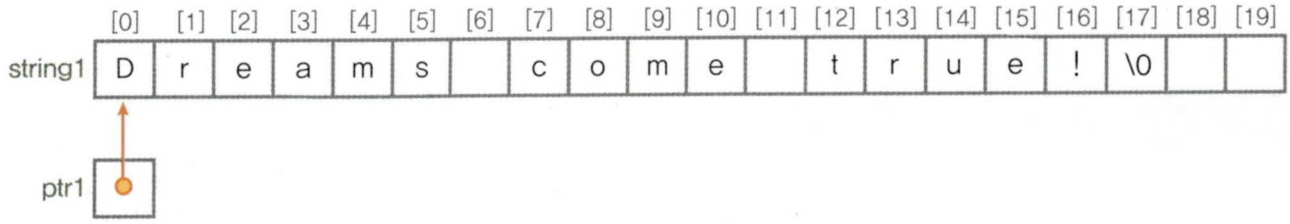

08행 : 배열 string1의 주소와 포인터 ptr1의 값을 출력하여 포인터 ptr1이 문자 배열 string1을 가리키고 있음을 확인한다.

09행 : ptr1은 배열 string1의 시작 주소, 즉 &string1[0]을 가리키고 있으므로 ptr1+7은 다음 그림에서 보여 주듯이 &string1[0]+7이 되어 &string1[7]이 된다. 따라서 *(ptr1+7)은 string1[7]의 값이므로 문자 'c'가 된다. printf("\n\n %s", ptr1+7);을 수행하면 'c'부터 문자열 끝까지 출력하게 되어 "come true!"가 화면에 출력된다.

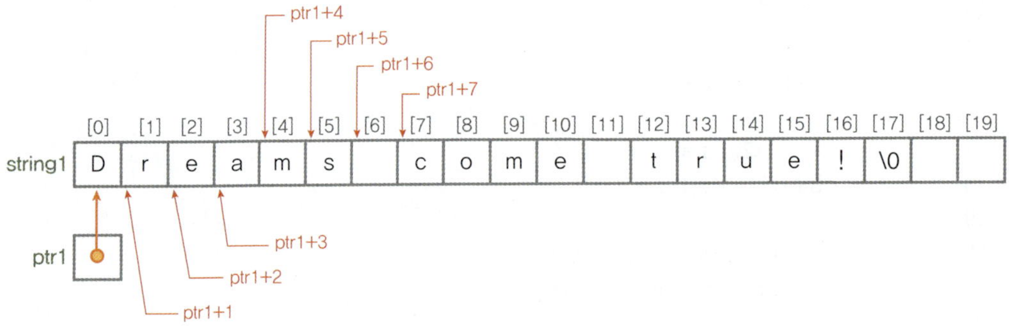

11행 : 다음 그림과 같이 포인터 ptr2가 배열 요소 string1[7]을 가리키게 한다.

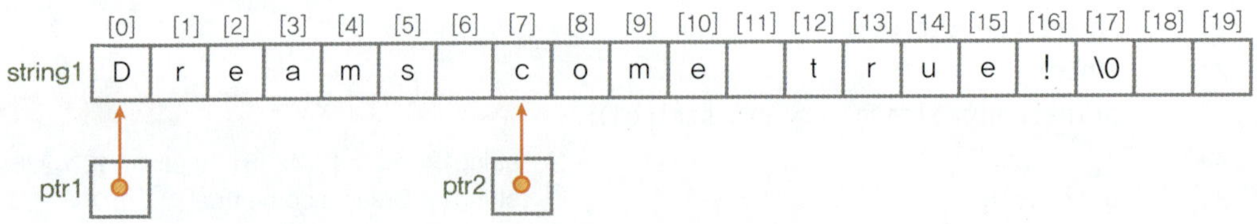

12행 : ptr2가 가리키는 문자부터 문자열의 끝까지 출력하므로 09행에서 출력한 것과 같은 내용이 화면에 출력된다.

14~16행 : 변수 i의 초깃값이 16이므로 *(ptr1+i)는 *(ptr1+16)이 되어 문자 배열 string1의 16번째 배열 요소(string1[16])를 가리킨다. i값을 하나씩 감소시키면서 for 반복문을 수행해서 ptr1이 가리키는 문자를 하나씩 출력하게 되므로 string1에 저장된 문자열의 마지막 문자(string1[16])부터 첫 번째 문자(string1[0])까지 문자열을 거꾸로 출력한다.

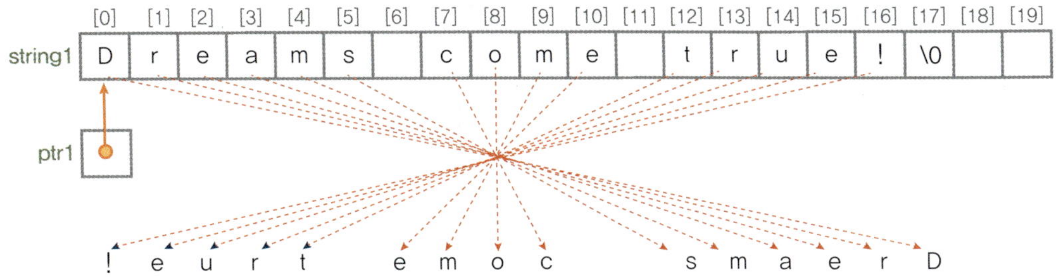

17~19행 : string1에 대한 포인터 ptr1을 사용하여 string1에 저장되어 있는 문자열을 한 문자씩 string2로 복사한다.

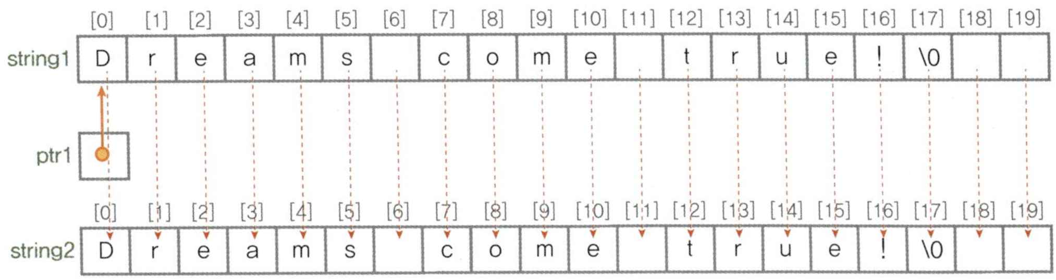

23~27행 : 포인터의 참조 연산자를 사용하여 ptr1의 참조값, 즉 string1의 배열 요소값을 새로 지정하여 문자열 내용을 변경한다.

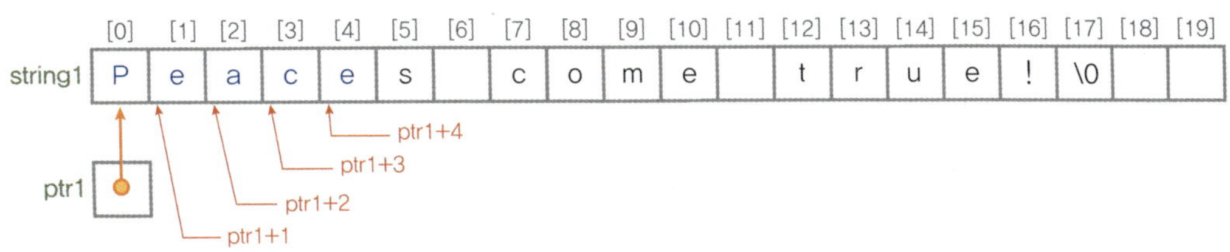

6 포인터 배열

포인터 배열은 여러 개의 포인터를 하나의 배열로 구성한 것으로, 배열과 포인터의 특징을 모두 활용할 수 있다. 포인터 배열을 선언하는 형식은 다음과 같다.

```
자료형 *포인터배열이름 [배열크기];
```

그림 2-27 포인터 배열 선언 형식

포인터 배열에서 각 배열 요소는 포인터가 된다. 2차원 문자 배열을 1차원 포인터 배열로 표현할 수 있는데, 이때 2차원 배열의 행의 개수는 포인터 배열의 크기가 되고, 포인터 배열의 각 배열 요소는 각 문자열에 대한 시작 주소를 가진 포인터가 된다. [그림 2-28]에서 (a)의 2차원 배열과 (b)의 1차원 포인터 배열을 비교해 보자.

```
char string[3][10] = { "Dreams", "come", "true!" };
```

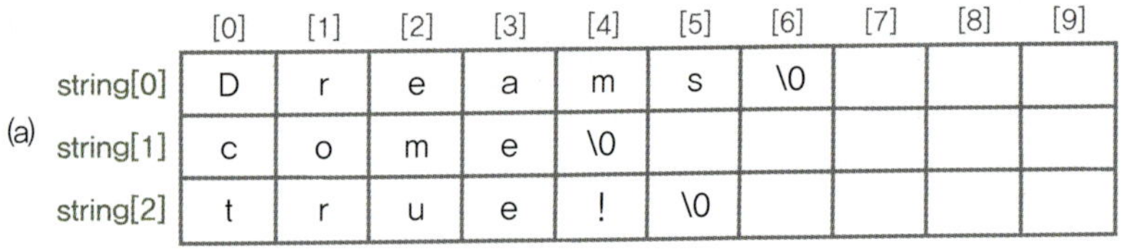

```
char *ptr[3] = { { "Dreams" },{ "come" },{ "true!" } };
```

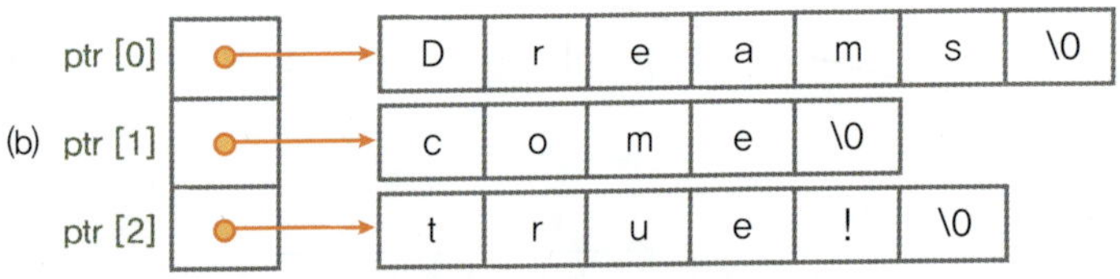

그림 2-28 2차원 배열과 1차원 포인터 배열의 비교

[그림 2-28]의 (a)를 보면 배열은 선언될 때 지정한 크기의 배열 공간이 메모리에 할당된다. 한 번 할당된 배열은 크기를 줄이거나 늘리기 어렵기 때문에 처음 선언한 배열 크기보다 실제 사용 공간이 작으면 메모리가 낭비되고, 실제 필요한 공간이 할당 크기보다 크면 배열을 새로 만들어야 하는 문제가 발생할 수 있다.

이에 비해 [그림 2-28]의 (b)처럼 포인터 배열을 사용하여 문자열을 저장하면 저장하는 문자열의 길이에 따라 메모리가 할당된다. 그러므로 저장할 문자열의 길이를 정확히 예측할 수 없거나 문자열의 길이가 자주 변하는 경우에도 메모리를 좀 더 효율적으로 사용할 수 있다.

[예제 2-10]은 포인터 배열을 이용해 문자열을 저장하는 프로그램이다.

예제 2-10 포인터 배열을 이용해 문자열 저장하기

```c
#include <stdio.h>

void main() {
   int i;
   char *ptrArray[4] = { { "Korea" },{ "Seoul" },{ "Mapo" },{ "152번지 2 / 3" } };
   for (i = 0; i<4; i++)
      printf("\n %s", ptrArray[i]);

   ptrArray[2] = "Jongno";
   printf("\n\n");
   for (i = 0; i<4; i++)
      printf("\n %s", ptrArray[i]);

   getchar();
}
```

```
Korea
Seoul
Mapo
152번지 2 / 3

Korea
Seoul
Jongno
152번지 2 / 3
```

7 포인터의 포인터(이중 포인터)

포인터의 포인터(이중 포인터)는 포인터를 가리키고 있는 포인터, 즉 일반 변수의 주소가 아니라 포인터의 주소를 가지고 있는 포인터를 의미한다. 포인터의 포인터를 선언하는 형식은 [그림 2-29]의 (a)와 같다. 예를 들어, (b)와 같이 선언하면, ptr은 char형 포인터를 가리키는 포인터가 된다.

자료형 **포인터이름;

(a) 선언 형식

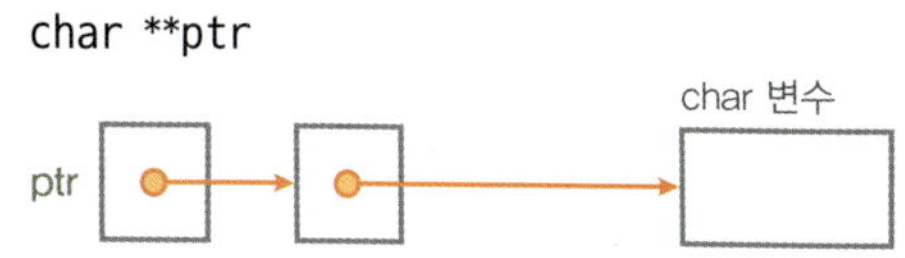

(b) 사용 예

그림 2-29 포인터의 포인터 선언 형식과 예

[예제 2-11]은 포인터 배열과 포인터의 포인터를 사용하는 프로그램이다.

예제 2-11 포인터 배열과 포인터의 포인터 사용하기

```
#include <stdio.h>

void main() {
    char *ptrArray[2];
    char **ptrptr;
    int i;

    ptrArray[0] = "Korea";
    ptrArray[1] = "Seoul";

    ptrptr = ptrArray;
    printf("\n ptrArray[0]의 주소 (&ptrArray[0]) = %u", &ptrArray[0]);
    printf("\n ptrArray[0]의 값 (ptrArray[0]) = %u", ptrArray[0]);
    printf("\n ptrArray[0]의 참조값 (*ptrArray[0]) = %c", *ptrArray[0]);
    printf("\n ptrArray[0]의 참조 문자열 (*ptrArray[0]) = %s \n", *ptrArray);

    printf("\n ptrArray[1]의 주소 (&ptrArray[1]) = %u", &ptrArray[1]);
    printf("\n ptrArray[1]의 값 (ptrArray[1]) = %u", ptrArray[1]);
    printf("\n ptrArray[1]의 참조값 (*ptrArray[1]) = %c", *ptrArray[1]);
    printf("\n ptrArray[1]의 참조 문자열 (*ptrArray[1])= %s \n", *(ptrArray + 1));

    printf("\n ptrptr의 주소 (&ptrptr) = %u", &ptrptr);
    printf("\n ptrptr의 값 (ptrptr) = %u", ptrptr);
    printf("\n ptrptr의 1차 참조값 ( *ptrptr) = %u", *ptrptr);
    printf("\n ptrptr의 2차 참조값 (**ptrptr) = %c", **ptrptr);
    printf("\n ptrptr의 2차 참조 문자열 (**ptrptr) = %s", *ptrptr);

```

```c
    printf("\n\n *ptrArray[0] : ");
    for (i = 0; i<5; i++)
        printf("%c", *(ptrArray[0] + i));
    printf("\n **ptrptr : ");
    for (i = 0; i<5; i++)
        printf("%c", *(*ptrptr + i));

    printf("\n\n *ptrArray[1] : ");
    for (i = 0; i<5; i++)
        printf("%c", *(ptrArray[1] + i));
    printf("\n **(ptrptr+1) : ");
    for (i = 0; i<5; i++)
        printf("%c", *(*(ptrptr + 1) + i));

    getchar();
}
```

```
ptrArray[0]의 주소 (&ptrArray[0]) = 1245048
ptrArray[0]의 값 (ptrArray[0]) = 4338436
ptrArray[0]의 참조값 (*ptrArray[0]) = K
ptrArray[0]의 참조 문자열 (*ptrArray[0]) = Korea

ptrArray[1]의 주소 (&ptrArray[1]) = 1245052
ptrArray[1]의 값 (ptrArray[1]) = 4338428
ptrArray[1]의 참조값 (*ptrArray[1]) = S
ptrArray[1]의 참조 문자열 (*ptrArray[1])= Seoul

ptrptr의 주소 (&ptrptr) = 1245044
ptrptr의 값 (ptrptr) = 1245048
ptrptr의 1차 참조값 ( *ptrptr) = 4338436
ptrptr의 2차 참조값 (**ptrptr) = K
ptrptr의 2차 참조 문자열 (**ptrptr) = Kore

*ptrArray[0] : Korea
**ptrptr : Korea

*ptrArray[1] : Seoul
**(ptrptr+1) : Seoul
```

11행 : 1차원 포인터 배열 ptrArray를 포인터의 포인터 ptrptr에 지정하여 ptrptr이 ptrArray를 가리키도록 한다. 포인터의 포인터에 지정하는 주소는 일반 변수의 주소가 아니라 포인터의 주소여야 한다.

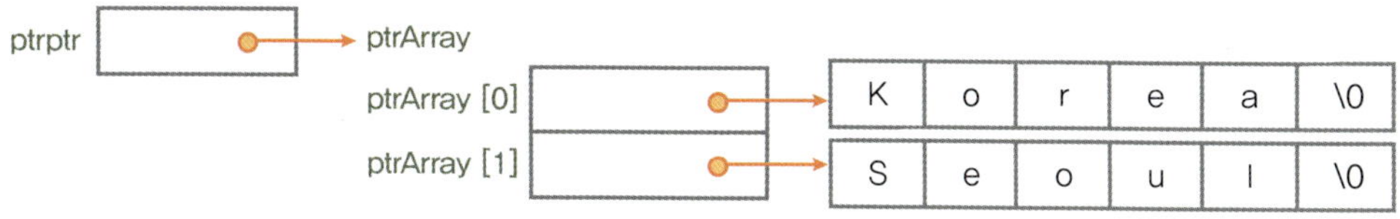

12~15행 : 1차원 포인터 배열 요소 ptrArray[0]의 주소와 값, 참조값 및 참조 문자열을 확인한다. ptrArray[0]이 저장된 위치 &ptrArray[0]은 1245048번지이고, ptrArray[0]에 저장되어 있는 값은 4338436번지이므로 ptrArray[0]의 참조값 *ptrArray[0]은 4338436번지에 저장되어 있는 문자열 "Korea"가 된다.

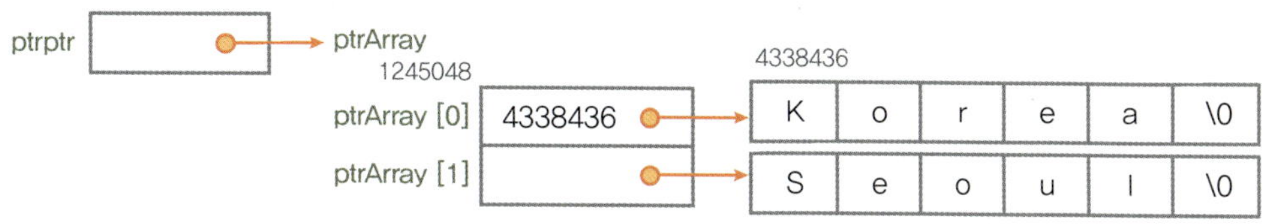

17~20행 : ptrArray[1]의 주소와 값, 참조값 및 참조 문자열을 확인한다. ptrArray[1]이 저장되어 있는 위치 &ptrArray[1]은 1245052번지이고, ptrArray[1]에 저장되어 있는 값은 4338428번지이므로 ptrArray[1]의 참조값 *ptrArray[1]은 4338428번지에 저장되어 있는 문자열 "Seoul"이 된다.

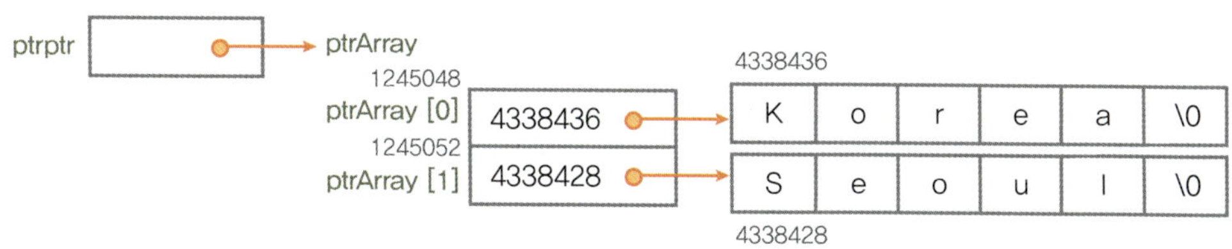

22~26행 : 포인터의 포인터 ptrptr과 포인터 배열 ptrArray의 관계를 확인한다. 포인터의 포인터 ptrptr의 위치 &ptrptr은 1245044번지이고, 11행에서 ptrptr에 ptrArray의 주소를 지정하였으므로 ptrptr값은 1245048번지가 된다. ptrptr의 1차 참조값, 즉 *ptrptr은 1245048번지에 있는 값이므로 4338436번지가 된다. ptrptr의 2차 참조값, 즉 **ptrptr은 4338436번지에 저장되어 있는 문자열 "Korea"가 된다.

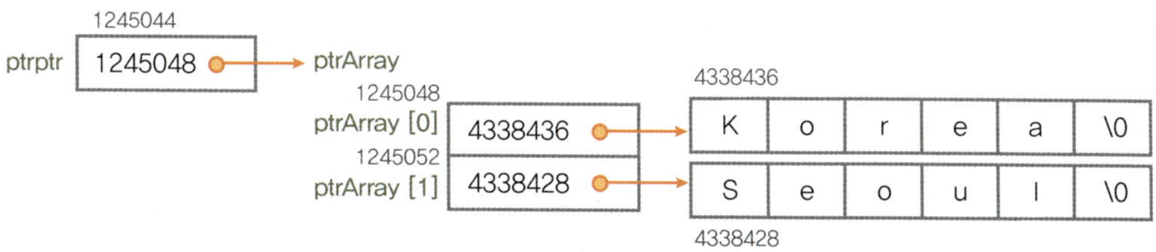

28~33행 : ❶은 문자열 "Korea"를 액세스하기 위해서 포인터 배열 변수를 사용하는 방법이다. ❷는 포인터의 포인터를 사용하는 방법이다.

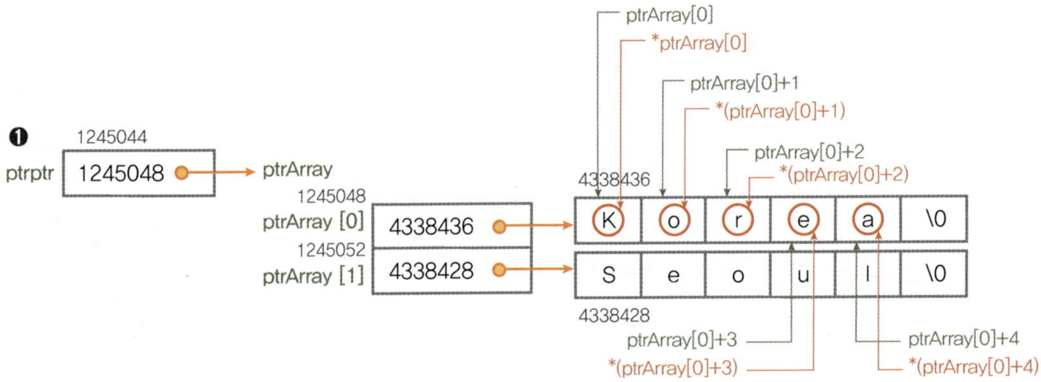

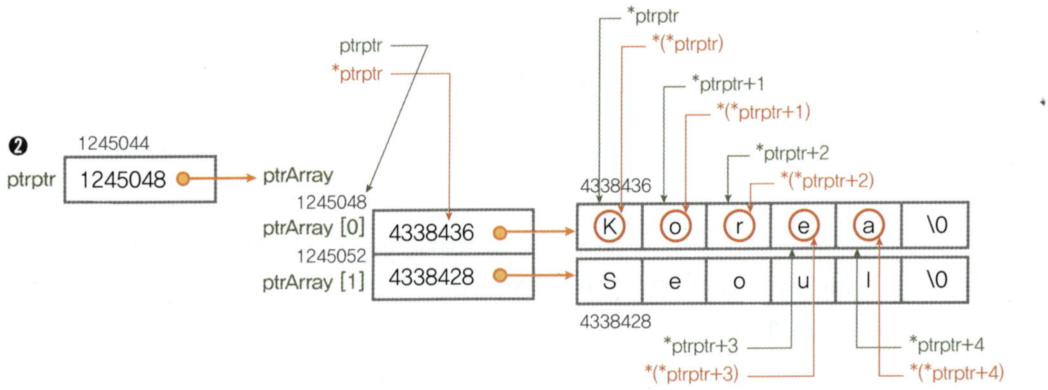

35~40행 : ❶은 두 번째 문자열 "Seoul"을 액세스하기 위해 포인터 배열 변수를 사용하는 방법이다. ❷는 포인터의 포인터를 사용하는 방법이다.

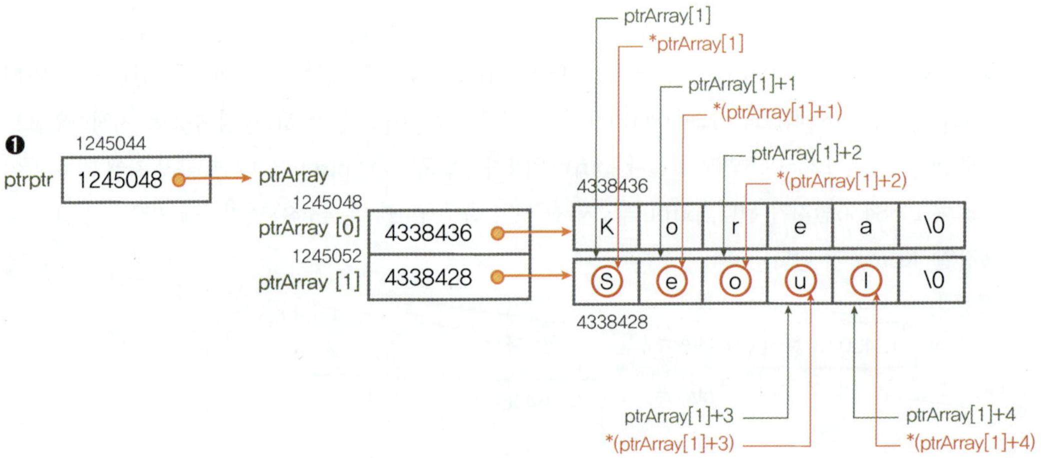

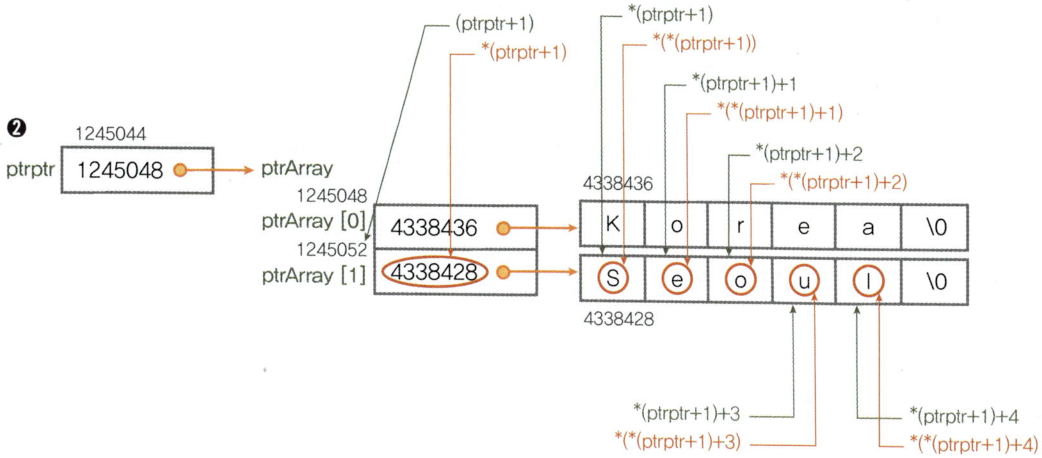

❷가 복잡해 보이지만 포인터의 개념을 정확히 이해하고 있다면 어렵지 않다. *(ptrptr+1)을 x로 치환하면 다음과 같다. 포인터의 포인터도 기본적으로는 포인터일 뿐이다.

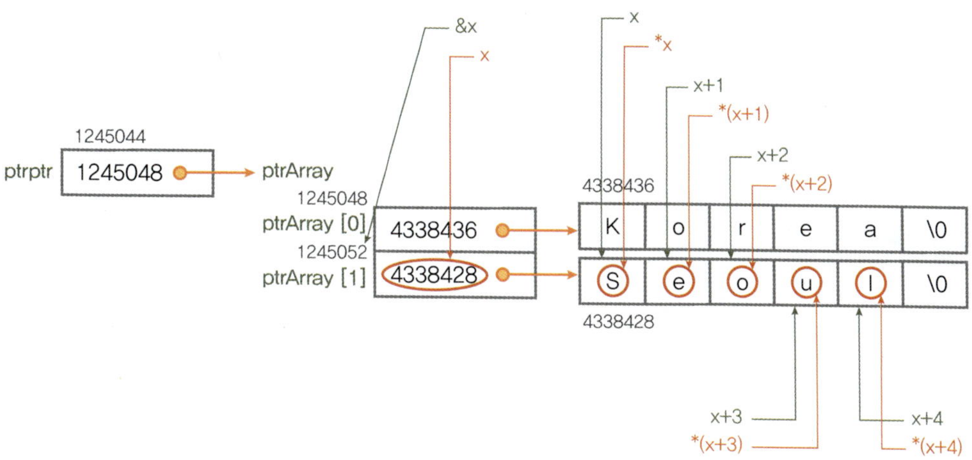

Section **03**

구조체

1 구조체 개념

구조체도 배열처럼 여러 데이터를 그룹으로 묶어 하나의 자료형으로 정의하고 사용하는 자료형이다. 배열은 자료형이 같을 때만 그룹으로 묶을 수 있지만, 구조체는 서로 다른 자료형도 그룹으로 묶을 수 있어 복잡한 자료 형태를 정의할 때 유용하게 쓸 수 있다.

자료를 체계적으로 관리하려면 일정한 단위 형식으로 구성해야 하는데, 이러한 단위 형식을 레코드[Record]라고 한다. 레코드를 구성하는 하위 항목을 필드[Field]라고 하고, 레코드가 여러 개 모이면 파일[File]이 된다. 여러 형태의 필드를 묶어 하나의 구성 단위 역할을 하는 레코드는 구조체를 사용하여 정의할 수 있다.

파일

김선달	2014년 입사	3500
이몽룡	2015년 입사	3000
홍길동	2015년 입사	3200
향단이	2016년 입사	2900

레코드 (← 이몽룡 행)

필드 (↑ 향단이 칸)

그림 2-30 필드, 레코드, 파일의 개념

2 구조체 선언

구조체는 여러 자료형의 변수들을 그룹으로 묶어서 하나의 자료형으로 선언하여 사용한다. 구조체는 구조체형 이름, 자료형, 데이터 항목으로 구성된다. 구조체형 이름은 구조체로 정의하는 새로운 자료형의 이름이며, 데이터 항목은 구조체를 구성하는 내부 변수들의 이름이다. 구조체의 데이터 항목은 배열의 배열 요소와 비슷한데, 배열 요소는 자료형이 한 가지이므로 배열 요소를 따로 선언하지 않지만 구조체의 데이터 항목은 자료형이 서로 다를 수 있으므로 항목별로 자료형과 항목 이름(변수 이름)을 선언해야 한다.

구조체를 선언하는 방법과 사용하는 형식은 [그림 2-31]과 같다. 구조체형 선언은 사용할 구조체의 모양만 정의한 것이다. 따라서 실제로 구조체를 사용하려면 (b)와 같이 데이터를 저장할 수 있는 구조체 변수를 선언해야 한다. 일단 선언된 구조체 변수는 일반 변수처럼 취급하고 사용한다.

```
struct  구조체형이름 {
    자료형 항목1;
    자료형 항목2;
    ...
    자료형 항목n;
};
```

(a) 선언 형식

```
struct 구조체이름  구조체변수이름;
```

(b) 사용 형식

그림 2-31 **구조체형의 선언과 사용 형식**

구조체를 사용하는 단계를 정리하면 다음과 같다.

❶ **구조체형 선언 :** 내부 구조를 정의한다.

❷ **구조체 변수 선언 :** 구조체형에 따른 변수를 선언한다.

❸ **구조체 변수의 사용 :** 내부 항목에 데이터를 저장하고 사용한다.

직원 관리 프로그램에서 사용할 수 있는 구조체를 만들어 보자. [그림 2-32]에서 선언한 구조체형 이름은 employee이고, 데이터 항목은 총 세 개이다. name에는 직원 이름, year에는 입사 연도, pay에는 현재 연봉을 저장한다. 이 구조체를 실제로 사용할 수 있도록 [그림 2-33]과 같이 구조체 변수를 선언한다.

```
struct employee {
    char name[10];
    int year;
    int pay;
};
```

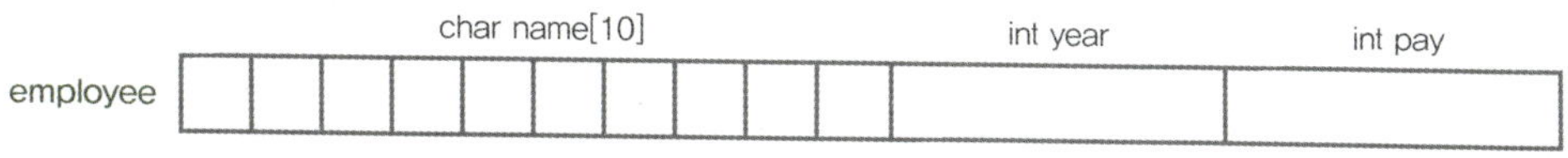

그림 2-32 **구조체형 employee 선언 예**

```
struct employee Lee, Kim, Park;
```

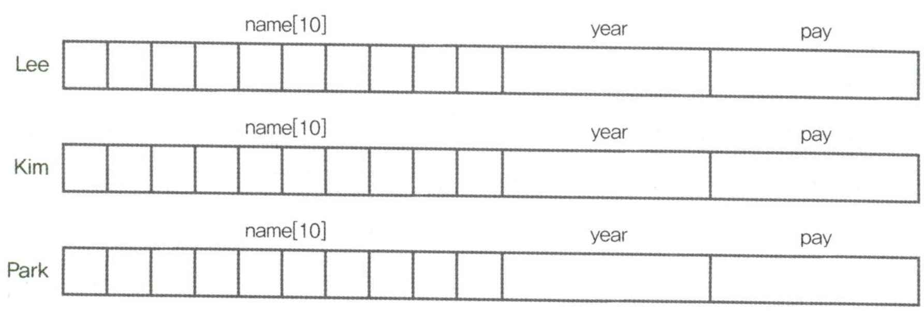

그림 2-33 **구조체형 employee에 대한 구조체 변수 선언 예**

구조체형과 구조체 변수는 [표 2-2]와 같이 세 가지 형태로 선언할 수 있다.

표 2-2 구조체 변수의 선언 방법

방법	예

구조체형을 선언한 후에 구조체 변수 선언	`struct employee {`
	`    char name[10];`
	`    int year;`
	`    int pay;`
	`};`
	`struct employee Lee;`

구조체형과 구조체 변수를 연결하여 선언	`struct employee {`
	`    char name[10];`
	`    int year;`
	`    int pay;`
	`} Lee;`

구조체형 이름을 생략하고 구조체 변수 이름만 선언	`struct {`
	`    char name[10];`
	`    int year;`
	`    int pay;`
	`} Lee;`

SELF TEST_ 2바이트의 메모리 주소를 사용하는 시스템에서, 다음의 구조체 변수 s가 메모리에 할당되었을 때, 내부 구조와 할당되는 메모리 크기는?

```
struct std {
    char sNum[10];
    char name[10];
    int year;
    struct  std* next;
};
struct std s;
```

3 구조체 변수의 초기화

일반 변수를 초기화하는 것과 마찬가지로 구조체 변수를 초기화하려면 구조체 변수를 선언하면서 변수의 초깃값을 지정한다. 일반 변수는 값을 하나만 가지므로 초깃값도 하나지만, 구조체는 내부 항목이 여러 개일 수 있으므로 내부 항목의 자료형과 개수를 순서에 맞추어 초깃값 리스트로 지정하고 중괄호({ })를 사용한다. 초깃값 리스트에 담긴 각 값은 [그림 2-34]와 같이 순서대로 구조체 변수의 내부 데이터 항목에 대입된다.

```c
struct employee { // 구조체형 선언
    char name[10];
    int year;
    int pay;
};
struct employee Lee = { "Ann", 2022, 5200 }; // 구조체 변수의 초기화
```

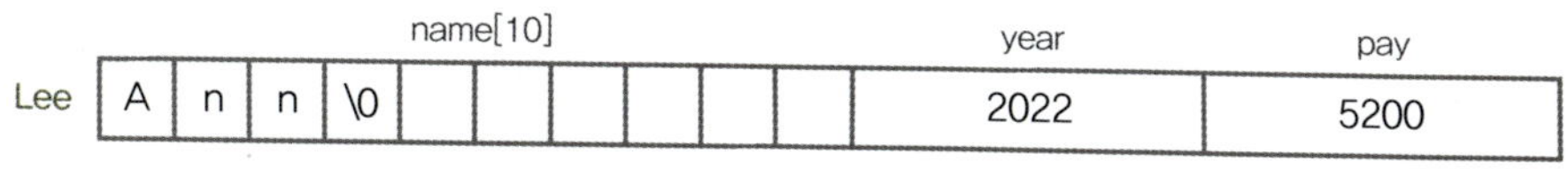

그림 2-34 **구조체 변수를 초기화한 예**

4 데이터 항목의 참조

구조체 변수에 있는 각 데이터 항목을 참조하려면 구조체 연산자를 사용해야 한다.

표 2-3 **구조체 연산자**

종류	설명
점 연산자(.)	구조체 변수의 데이터 항목을 지정한다.
화살표 연산자(->)	구조체형 포인터에서 포인터가 가리키는 구조체 변수의 데이터 항목을 지정한다.

점 연산자(.)

점 연산자는 구조체 변수에 있는 데이터 항목을 개별적으로 지정할 때 사용한다.

```c
❶ struct employee Lee;
❷ Lee.name = "Ann";
❸ Lee.year = 2022;
❹ Lee.pay = 5200;
```

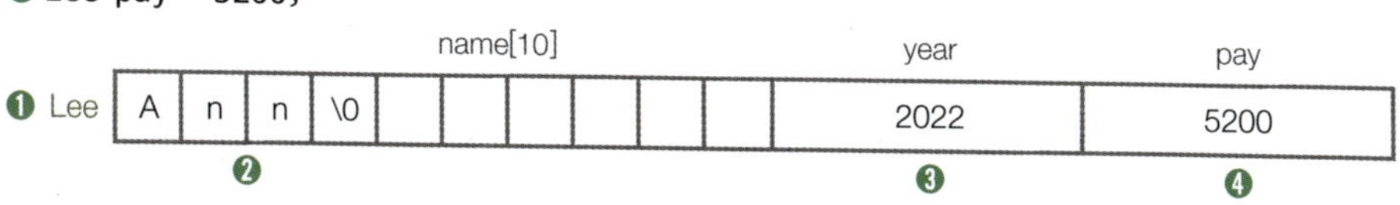

그림 2-35 **점 연산자를 이용한 데이터 항목값 지정**

[예제 2-12]는 점 연산자를 이용해 데이터 항목을 참조하는 프로그램이다.

예제 2-12 점 연산자를 이용해 데이터 항목 참조하기

```c
#include <stdio.h>
#include <string.h>

struct employee {
   char name[10];
   int year;
   int pay;
};

void main() {
   int i;
   struct employee Lee[4] = {
      { "이진호", 2022, 5200 },
      { "이한영", 2023, 4300 },
      { "이상원", 2023, 4500 },
      { "이상범", 2024, 3900 }
   };

   for (i = 0; i<4; i++) {
      printf("\n 이름 : %s", Lee[i].name);
      printf("\n 입사 : %d", Lee[i].year);
      printf("\n 연봉 : %d \n", Lee[i].pay);
   }
   getchar();
}
```

```
이름 : 이진호
입사 : 2022
연봉 : 5200

이름 : 이한영
입사 : 2023
연봉 : 4300

이름 : 이상원
입사 : 2023
연봉 : 4500

이름 : 이상범
입사 : 2024
연봉 : 3900
```

화살표 연산자(->)

포인터는 모든 자료형에 사용할 수 있으므로 구조체형에도 포인터를 사용할 수 있다. 구조체형 포인터에서 포인터가 가리키는 구조체 변수의 데이터 항목을 지정하려면 화살표 연산자를 사용한다.

```c
❶ struct employee Kim;
❷ struct employee *Sptr = &Kim;
❸ Sptr->name = "susan";
❹ Sptr->year = 2022;
❺ Sptr->pay = 5300;
```

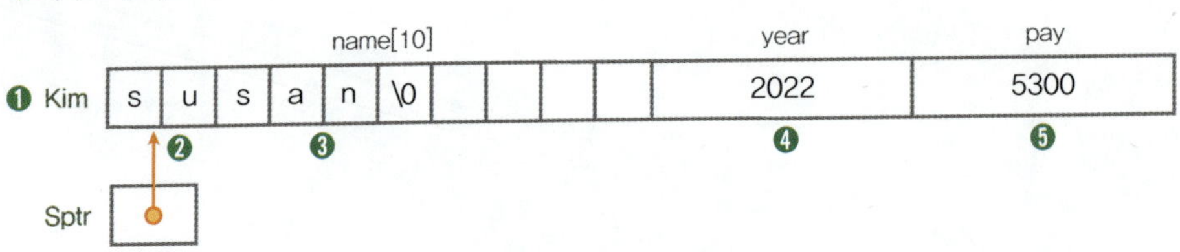

그림 2-36 화살표 연산자를 이용한 데이터 항목값 지정

❷에서 포인터 Sptr은 변수 Kim의 주소(&Kim)를 저장한다. 변수 Kim에 액세스하는 포인터이므로 변수 Kim과 자료형이 같아야 한다. 그러므로 포인터 Sptr의 자료형을 변수 Kim과 같은 자료형인 struct employee로 선언한 것이다.

화살표 연산자는 [그림 2-37]의 (b)와 같이 포인터의 참조 연산자(*)를 사용하여 표현할 수도 있다. 단, 점 연산자(.)가 참조 연산자(*)보다 연산 우선순위가 높으므로 다음과 같이 괄호를 넣지 않으면 오류가 발생한다.

```
Sptr->name = "susan";
Sptr->year = 2022;
Sptr->pay = 5300;
```

(a) 구조체 포인터의 화살표 연산자 사용

➡

```
(*Sptr).name = "susan";
(*Sptr).year = 2022;
(*Sptr).pay = 5300;
```

(b) 구조체 포인터의 참조 연산자 사용

그림 2-37 **구조체 포인터를 이용한 데이터 항목 지정 방법**

[예제 2-13]은 구조체형 포인터와 화살표 연산자를 이용해 데이터 항목을 참조하는 프로그램이다.

예제 2-13 화살표 연산자를 이용해 데이터 항목 참조하기

```
#define _CRT_SECURE_NO_WARNINGS
#include <stdio.h>
#include <string.h>

struct employee {
    char name[10];
    int year;
    int pay;
};

void main() {
    struct employee Lee;
    struct employee *Sptr = &Lee;
    strcpy(Sptr->name, "이순신");
    Sptr->year = 2023;
    Sptr->pay = 6900;

    printf("\n 이름 : %s", Sptr->name);
    printf("\n 입사 : %d", Sptr->year);
    printf("\n 연봉 : %d", Sptr->pay);

    getchar();
}
```

```
이름 : 이순신
입사 : 2023
연봉 : 6900
```

5 구조체 연산

구조체 연산은 일반 변수의 연산과는 차이가 난다. ❶과 같이 선언된 일반 변수는 'x>y'와 같은 비교 연산을 할 수 있지만, ❷와 같이 선언된 구조체 변수는 'Lee>Kim'과 같은 비교 연산을 할 수 없다.

```
❶ int x, y;
❷ struct employee Lee, Kim;
```

다음과 같이 구조체 변수의 항목을 비교할 수는 있다.

```
Lee.pay > Kim.pay;
```

구조체에서는 데이터 항목 참조 연산, 구조체 변수 복사, 구조체 변수의 주소 구하기 연산 등을 사용할 수 있다.

데이터 항목 참조 연산

점 연산자와 화살표 연산자를 이용해 [그림 2-38]과 같이 구조체의 데이터 항목을 개별적으로 참조할 수 있다.

```
struct employee Lee;
struct employee *Sptr;
Sptr = &Lee;
Lee.year = 2023;
Sptr->pay = 4000;
Sptr->name = "Ann";
```

그림 2-38 데이터 항목 참조 연산 예

구조체 변수 복사 연산

같은 구조체에 있는 구조체 변수라면 변수들끼리 내용을 한 번에 복사하는 연산을 할 수 있다. 따라서 [그림 2-39]에서 (a)와 같은 구조체가 있다면 (b)와 같이 사용할 수 있다.

```
struct employee Lee, Kim, team[5];
```

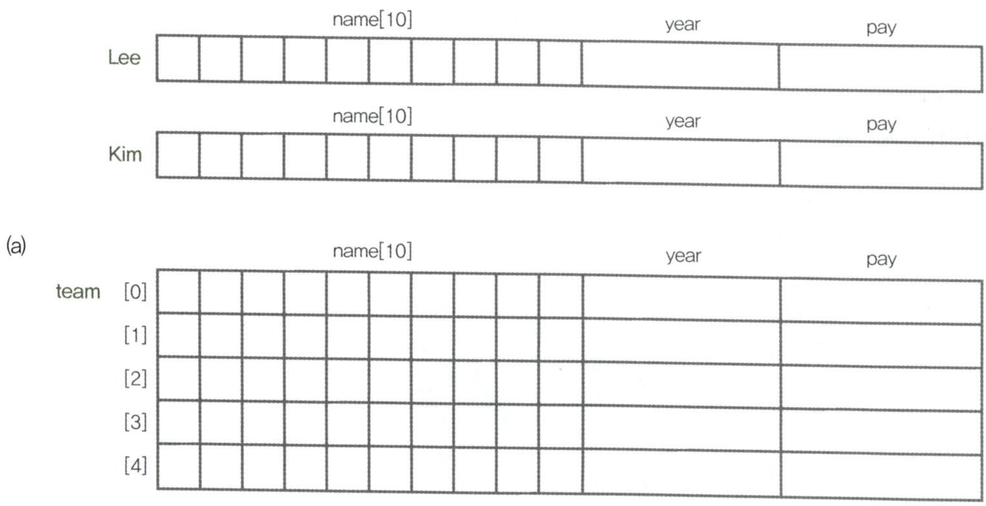

(b)

```
Lee = Kim;
Lee = team[2];
team[2] = team[3];
```

그림 2-39 구조체 변수 복사 연산 예

구조체 변수의 주소 구하기 연산

포인터의 주소 연산자를 사용하여 구조체 변수의 주소를 구하거나 구조체 변수가 배열인 경우에는 배열의 특성에 따라 구조체 배열 변수의 이름에서 주소를 구할 수 있다. 따라서 [그림 2-40]의 예와 같이 구조체 변수의 주소를 구하여 구조체 포인터에 할당할 수 있다.

```
struct employee Lee, team[5];
struct employee *Sptr1, *Sptr2;

Sptr1 = &Lee;
Sptr2 = team;
```

그림 2-40 구조체 변수의 주소 구하기 연산 예

Section 04 재귀호출

1 재귀호출의 개념

재귀호출은 함수가 자기 자신을 호출하여 순환하여 수행되는 것으로 순환 호출 또는 recursion이라고 한다. 함수에서 실행해야 하는 작업의 특성에 따라 재귀호출 방식을 사용하여 함수를 만들면 프로그램의 크기를 줄이고 간단하게 작성할 수 있다.

그림 2-41 재귀호출의 개념 예

어떤 경우에 재귀호출이 필요할까? 프로그램을 실행하다 어떤 작업이 필요하면 그 작업을 담당하고 있는 함수를 호출하여 처리하게 한다. 재귀호출은 함수 입장에서 보면, 내가 나를 호출하는 것이므로 내 현재 작업을 처리하기 위해 같은 유형의 하위 작업이 필요하다는 의미가 된다. 여기에서 하위 작업이란 현재 수행하고 있는 작업의 하위 단계, 즉 좀 더 작은 단위의 작업을 의미한다. 해결해야 하는 문제에 따라 전체를 한 번에 해결하기보다 같은 유형의 하위 작업으로 분할하여 작은 문제부터 해결하는 방법이 효율적일 수 있는데, 이런 경우에 재귀호출을 사용한다. 한 번에 해결할 수 없는 현재 작업을 한 단계 작게 분할한 하위 작업에 대해 재귀호출하는 과정을 반복하다 보면, 한 번에 해결할 수 있을 정도로 분할된 작업 단위가 충분히 작아지는 단계를 만나게 되는데, 이 단계를 베이스케이스base case라고 한다. 베이스케이스에서 구한 답을 재귀호출자에 반환하는 과정이 재귀호출의 역순으로 반복되어 결국 처음의 문제에 대한 답을 구하게 되는 것이 재귀호출을 이용한 문제 해결의 원리이다.

마트료시카라는 러시아 인형을 떠올려 보자. 인형을 열면 그 안에는 다른 인형이 들어 있다. 처음에는 인형 하나로 보이지만 열어 보면 모양은 같지만 크기가 조금씩 다른 인형이 포개져 있다. 이런 원리의 마트료시카 인형을 만든다면, 전체를 한 번에 만들기보다 큰 인형, 작은 인형, 더 작은 인형으로 분할해서 작은 것부터 단계적으로 하나씩 만들어 완성해야 한다.

❶번 인형을 완성하려면, 그 안에 들어갈 ❷번 인형이 필요하다. (하위 작업 재귀호출)
　❷번 인형을 완성하려면, 그 안에 들어갈 ❸번 인형이 필요하다. (하위 작업 재귀호출)
　　❸번 인형을 완성하려면, 그 안에 들어갈 ❹번 인형이 필요하다. (하위 작업 재귀호출)
　　　❹번 인형을 완성하려면, 그 안에 들어갈 ❺번 인형이 필요하다. (하위 작업 재귀호출)
　　　　가장 작은 ❺번 인형을 만든다. (베이스케이스)
　　　완성된 ❺번 인형을 넣어서 ❹번 인형을 완성한다. (하위 작업 결과를 재귀호출자에 반환)
　　완성된 ❹번 인형을 넣어서 ❸번 인형을 완성한다. (하위 작업 결과를 재귀호출자에 반환)
　완성된 ❸번 인형을 넣어서 ❷번 인형을 완성한다. (하위 작업 결과를 재귀호출자에 반환)
완성된 ❷번 인형을 넣어서 ❶번 인형을 완성한다. 끝. (하위 작업 결과를 재귀호출자에 반환)

그림 2-42 재귀호출 개념을 이해하기 위한 마트료시카 인형

2 재귀호출의 예 1 : 팩토리얼 함수

대표적인 재귀호출 함수는 팩토리얼Factorial이다. n에 대한 팩토리얼 함수는 1부터 n까지 모든 자연수를 곱하는 연산이다. n! = n × (n−1)!을 구하려면 (n−1)!값을 알아야 한다. 그래서 (n−1)! = (n−1) × (n−2)!을 구해야 하는데, 그러려면 (n−2)! 값이 필요하므로 (n−2)! = (n−2) × (n−3)!을 구해

야 하고, 그러려면 다시 (n−3)! 값이 필요하다. 이와 같이 현재 필요한 팩토리얼을 구하려면 하위값에 대한 팩토리얼을 구하는 작업을 1!(베이스케이스)까지 반복해야 한다.

```
n! = n × (n-1)!
(n-1)! = (n-1) × (n-2)!
(n-2)! = (n-2) × (n-3)!
…
2! = 2 × 1!
1! = 1  (베이스케이스)
```

그림 2-43 n! 연산

이제 필요했던 최하위값 1!을 알았으므로 그 값을 이용하여 바로 상위값을 구하고, 구한 값을 이용하여 다시 그 상위값 구하기를 반복하여 결과적으로 n!값을 구한다. 이 경우 [그림 2-44]와 같이 재귀호출을 사용하여 함수를 작성할 수 있다.

```
long int fact(int n) {
  if (n <= 1)
    return (1);
  else
    return (n * fact(n - 1));
}
```

(a) 재귀호출을 이용한 팩토리얼 함수

```
long int fact(int n) {
  int i, f = 1;
  if (n <= 1)
    return (1);
  else {
    for (i = n; i > 0; i--)
      f = f * i;
    return f;
  }
}
```

(b) 반복문을 이용한 팩토리얼 함수

그림 2-44 팩토리얼 함수

[그림 2-44]의 (a)는 fact(n) 함수 안에 자기 자신을 호출하는 fact(n−1) 함수가 있는 재귀호출 함수이다. n=4일 때 함수 실행을 생각해 보자. 이 경우 [그림 2-45]와 같이 재귀호출과 반환을 세 번 수행하여 4!=24를 구하였다.

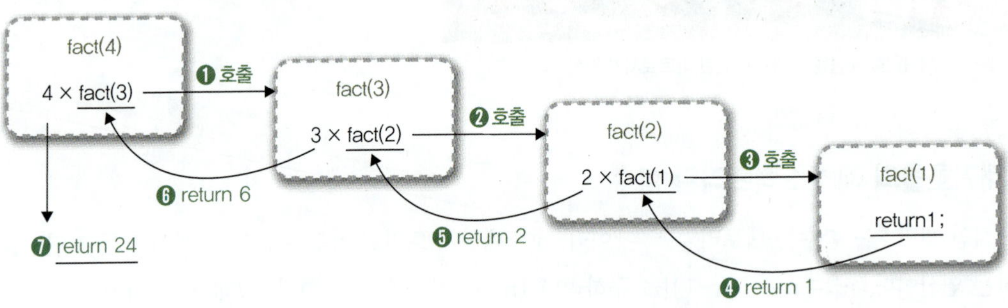

그림 2-45 n=4일 때 재귀호출과 반환

[예제 2-14]는 재귀호출을 이용해 팩토리얼 값을 구하는 프로그램이다.

예제 2-14 재귀호출을 이용해 팩토리얼 값 구하기

```c
#define _CRT_SECURE_NO_WARNINGS
#include <stdio.h>

long int fact(int);

void main() {
    int n, result;
    printf("\n 정수를 입력하세요 : ");
    scanf("%d", &n);
    result = fact(n);
    printf("\n\n %d의 팩토리얼 값은 %ld입니다.\n", n, result);
    getchar(); getchar();
}

long int fact(int n) {
    int value;
    if (n <= 1) {
        printf("\n fact(1) 함수 호출!");
        printf("\n fact(1) 값 1 반환!!");
        return 1;
    }
    else {
        printf("\n fact(%d) 함수 호출!", n);
        value = (n * fact(n - 1));
        printf("\n fact(%d) 값 %ld 반환!!", n, value);
        return value;
    }
}
```

```
정수를 입력하세요 : 4

fact(4) 함수 호출!
fact(3) 함수 호출!
fact(2) 함수 호출!
fact(1) 함수 호출!
fact(1) 값 1 반환!
fact(2) 값 2 반환!
fact(3) 값 6 반환!
fact(4) 값 24 반환!

4의 팩토리얼 값은 24입니다.
```

재귀호출 함수를 잘못 사용하면 오히려 프로그램 속도가 느려질 수 있다. 베이스케이스가 없을 경우 사용하면 무한 반복하는 등 복잡한 문제가 발생할 수 있으므로 주의해야 한다.

3 재귀호출의 예 2 : 하노이 탑

팩토리얼 함수는 단순한 반복 구조라 재귀호출 방식을 사용하지 않고 반복문으로 구현할 수 있다. 하지만 복잡한 재귀 구조 문제는 재귀호출을 사용해야 해결할 수 있다. 대표적인 예가 하노이 탑Tower of Hanoi 퍼즐이다. 하노이 탑 퍼즐에는 세 개의 기둥과 기둥에 꽂을 수 있는 크기가 다양한 원반이 n개 있다. (a)의 A처럼 모든 원반이 크기 순서대로 쌓여 있는 상태에서 게임을 시작하므로 A가 시작봉start이 된다. (b)의 C처럼 모든 원반이 크기 순서대로 쌓이면 게임이 끝나므로 C가 목적봉target이 된다. 한 번에 하나의 원반만 옮길 수 있고, 큰 원반을 작은 원반 위로 옮길 수 없다. 따라서 중간 작업 단계를 거쳐야 하므로 중간 단계인 B를 중간 작업봉work이라 하자. hanoi(3, 'A', 'B', 'C')는 원반 세 개를 시작봉 A에서 작업봉 B로 이동시키면서 목적봉 C로 이동하는 함수가 된다.

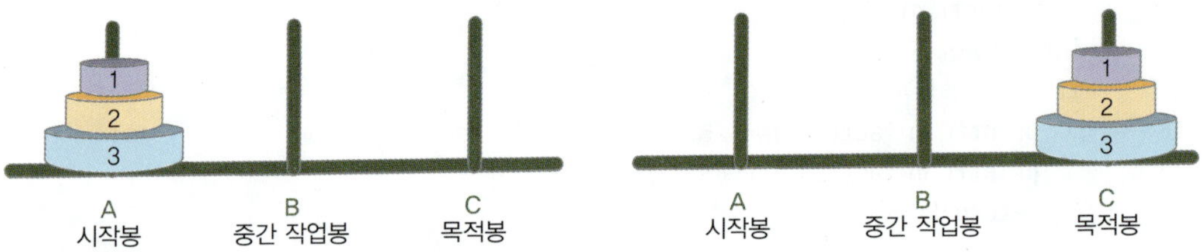

(a) 하노이 탑 퍼즐 시작 상태 (b) 하노이 탑 퍼즐 종료 상태

그림 2-46 하노이 탑 퍼즐의 시작 상태와 종료 상태(원반 개수 n = 3)

원반이 세 개 있는 하노이 탑 작업 과정, 즉 hanoi(3, 'A', 'B', 'C')의 작업 과정을 살펴보자.

0 초기 상태

```
hanoi(3, 'A', 'B', 'C')
➜ 원반 개수 3개,
  시작봉 : A
  중간 작업봉 : B
  목적봉 : C
```

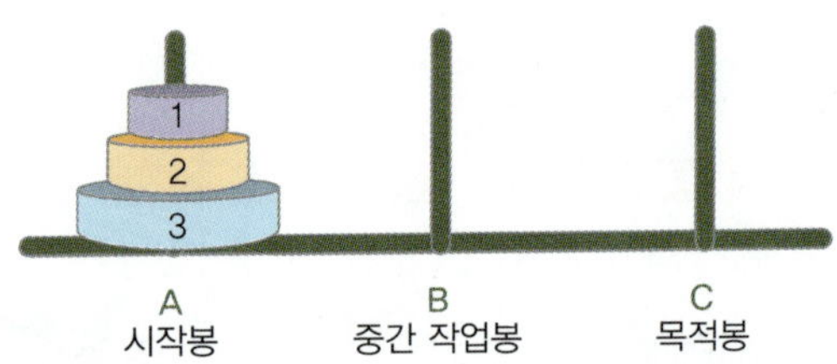

1 시작봉 A에서 맨 위에 있는 원반 1을 C로 옮긴다.

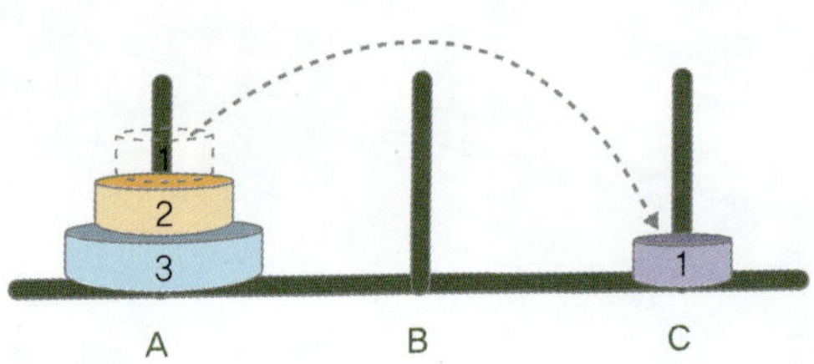

❷ A에서 맨 위에 있는 원반 2를 B로 옮긴다.

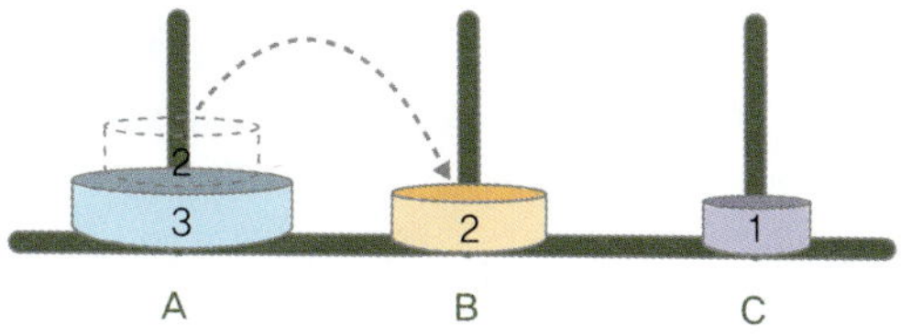

❸ C에 있는 원반 1을 B로 옮긴다.

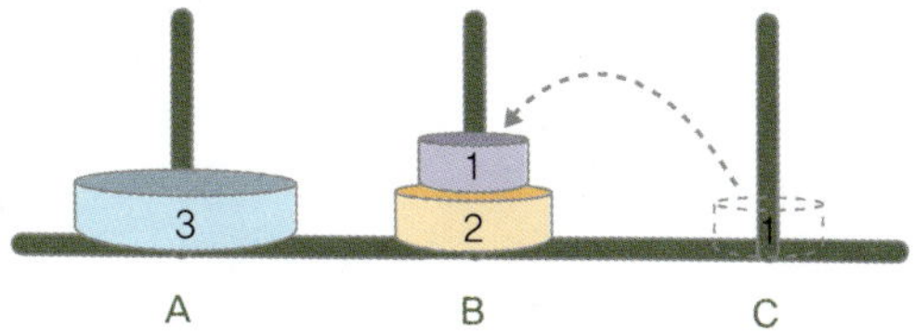

❶~❸ A에 있던 원반 두 개를 C를 이용하여 B로 옮기는 작업(시작봉 : A, 중간 작업봉 : C, 목적봉 : B)

→ `hanoi(2, 'A', 'C', 'B')`

❹ 시작봉 A에 있는 마지막 원반 3을 목적봉 C로 옮긴다.

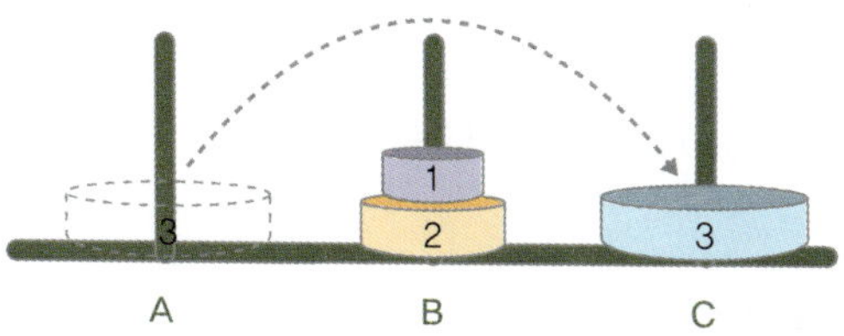

❹ A에 있던 원반 한 개를 C로 옮기는 작업(시작봉 : A, 목적봉 : C)

→ `hanoi(1, 'A', 'B', 'C')` : 원반 개수가 한 개이므로 베이스케이스

❺ B에 있는 원반 1을 A로 옮긴다.

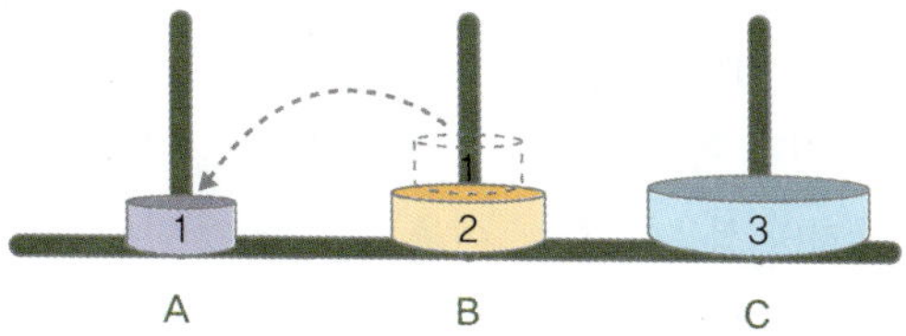

6 B에 있는 원반 2를 C로 옮긴다.

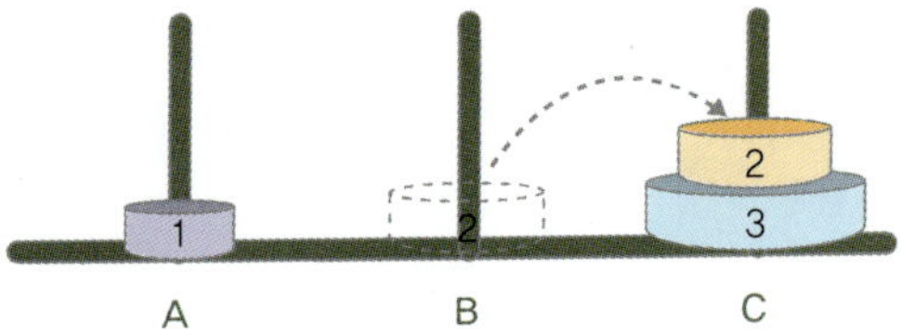

7 A에 있는 원반 1을 C로 옮긴다.

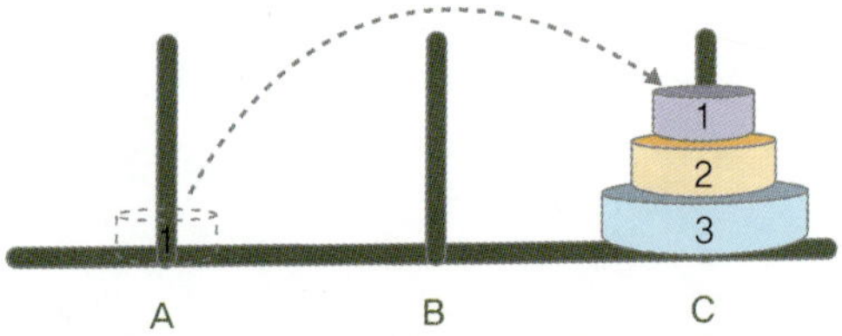

> **5** ~ **7** B에 있던 원반 두 개를 A를 이용하여 C로 옮기는 작업(시작봉 : B, 중간 작업봉 : A, 목적봉 : C)
>
> → `hanoi(2, 'B', 'A', 'C')`

이러한 작업 과정을 원반 개수가 n인 경우, 즉 hanoi(n, start, work, target)에 대하여 [그림 2-47]과 같이 세 단계의 작업으로 일반화시킬 수 있다.

1단계(1 ~ 3) : 시작봉[start]에 있는 원반 1~원반 n-1을, 목적봉[target]을 이용하여 중간 작업봉[work]으로 옮긴다.

→ `hanoi(n-1, start, target, work)`

2단계(4) : 시작봉[start]에 있는 마지막 원반 n을 목적봉[target]으로 옮긴다.

→ `hanoi(1, start, work, target)`

3단계(5 ~ 7) : 중간 작업봉[work]에 있는 원반 1~원반 n-1을, 시작봉[start]을 이용하여 목적봉[target]으로 옮긴다.

→ `hanoi(n-1, work, start, target)`

그림 2-47 **하노이 탑 작업 과정의 일반화**

1단계와 3단계에서 원반 1~원반 n-1을 옮겨야 한다. n=100이면 원반을 99개 옮겨야 하는데 하노이 탑 퍼즐은 작업 과정에서 봉에 쌓이는 원반이 항상 크기순이어야 하므로 단순 반복 작업으로는 해결할 수 없다. 원반이 100개라면 일반화된 세 단계를 적용하기가 어려워 보인다. 원반 개수를 n개에서 n-1개로 분할하면, 다시 n-2개로 더 작게 분할하면 세 단계의 적용이 좀 더 쉬울 것 같다. 원반이 두 개라면 1단계와 3단계에서 n-1개 즉, 원반 한 개만 옮기면 되므로 간단해진다. 이와 같이 전체 원반에 세 단계를 적용하려면 복잡하지만, 원반 개수를 점차 줄인 하위 작업으로 분할하면서 처리하는 재귀호출 hanoi(n-1, start, target, work)와 hanoi(n-1, work, start, target)을 사용해 간단하게 구현할 수 있다. 원반이 한 개라면 고민할 필요 없이 시작봉[start]에서 목적봉[target]으로 바로 이동하면 해결되므로, 원반 개수가 1일 때, 즉 hanoi(1, start, work, target)이 베이스케이스가 된다.

[그림 2-48]은 원반이 세 개일 때 재귀호출을 이용해 해결하는 과정이다.

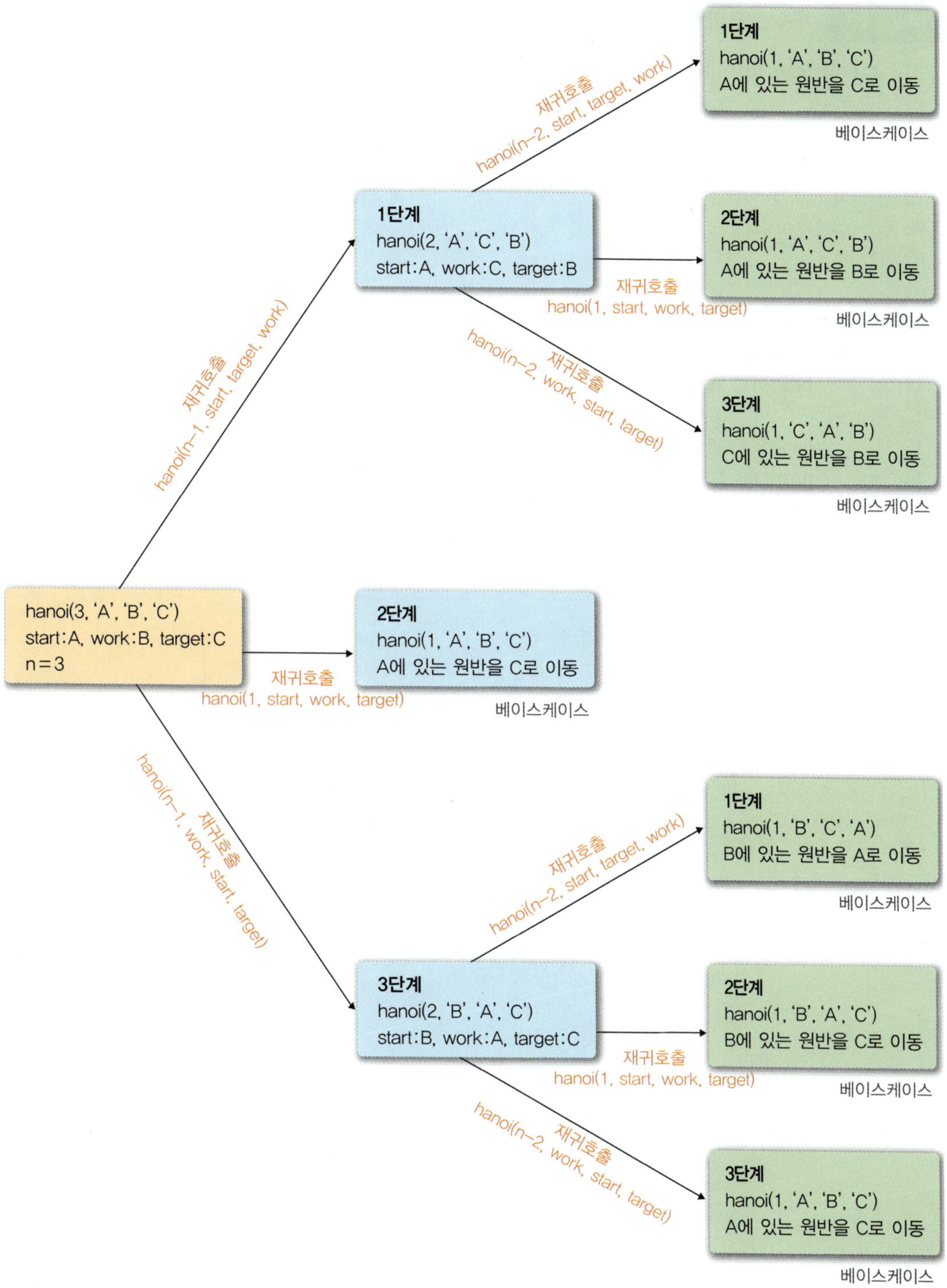

그림 2-48 원반이 세 개일 때 하노이 탑 과정을 재귀호출을 이용해 해결하는 과정

[예제 2-15]는 재귀호출을 이용해 하노이 탑을 구현한 프로그램이다.

예제 2-15 재귀호출을 이용해 하노이 탑 퍼즐 풀기

```c
#include <stdio.h>

void hanoi(int n, int start, int work, int target);
void main() {
   hanoi(3, 'A', 'B', 'C');
   getchar();
}

void hanoi(int n, int start, int work, int target) {
   if (n == 1)
      printf(" %c에서 원반 %d를(을) %c로 옮김 \n", start, n, target);
   else {
      hanoi(n - 1, start, target, work);
      printf(" %c에서 원반 %d를(을) %c로 옮김 \n", start, n, target);
      hanoi(n - 1, work, start, target);
   }
}
```

```
A에서 원반 1를(을) C로 옮김
A에서 원반 2를(을) B로 옮김
C에서 원반 1를(을) B로 옮김
A에서 원반 3를(을) C로 옮김
B에서 원반 1를(을) A로 옮김
B에서 원반 2를(을) C로 옮김
A에서 원반 1를(을) C로 옮김
```

요약

01 배열

- 배열Array은 같은 자료형을 가진 자료를 나열하여 메모리에 연속으로 저장하여 만든 자료들의 그룹이다.
- 배열 이름 뒤에 대괄호([ ])를 사용하여 배열 요소의 개수를 표시하는데, 배열 요소 개수는 배열 크기가 된다. 배열을 선언하면 메모리에 배열에 대한 공간이 할당되는데, 할당 크기는 (자료형에 대한 메모리 할당 크기×배열 요소의 개수)가 된다.
- 다차원 배열은 차수만큼 대괄호([ ])를 더 추가하고 그 안에 배열 크기를 지정한다.

02 포인터

- 포인터는 주소값을 저장하는 특별한 변수이다. 포인터에 어떤 변수의 주소를 저장한다는 것은 포인터가 그 변수를 가리키고 있다는 의미이다. 포인터는 이름 앞에 '*'를 넣어 포인터 변수임을 표시한다.
- 포인터의 연산자는 주소 연산자(&)를 사용하여 변수의 주소를 지정할 수 있고, 참조 연산자(*)를 사용하여 포인터가 가리키는 변수의 값을 사용할 수 있다.

03 포인터에 주소를 지정하는 방법

- 주소 연산자를 사용하여 변수의 주소 지정
- 동적 메모리를 할당하고 그 시작 주소를 포인터값으로 지정
- 문자형 포인터에 문자열의 시작 주소 지정
- 배열 이름으로 배열의 시작 주소 사용
- 주소 연산자를 사용하여 첫 번째 배열 요소의 시작 주소 사용

04 구조체

- 배열은 같은 자료형만 그룹으로 묶을 수 있지만, 구조체는 서로 다른 자료형을 그룹으로 묶어서 새로운 자료형을 정의한다. 구조체는 구조체 이름, 자료형, 데이터 항목으로 구성된다. 구조체 선언은 사용할 구조체의 모양을 정의한 것일 뿐, 실제로 구조체를 사용하려면 구조체 변수를 다시 선언해야 한다.
- 구조체의 점 연산자(.)는 구조체 변수의 데이터 항목을 지정하는 연산자이고, 화살표 연산자(->)는 구조체형 포인터에서 포인터가 가리키는 데이터 항목을 지정한다.

05 재귀호출

재귀호출은 자기 자신을 호출하여 순환 수행되는 것으로 순환 호출이라고도 한다. 프로그램 크기를 줄이고 간단하게 작성할 수 있지만, 잘못 사용하면 오히려 프로그램 속도가 느려지거나 무한 반복하는 등 상당히 복잡한 문제가 발생할 수 있으므로 주의해야 한다.

연습문제

01 int array[2][4]의 원소 개수와 배열의 전체 용량은? (단, 시스템에 정의된 int 자료형의 크기는 4바이트이다.)

① 6개, 24바이트 ② 6개, 32바이트

③ 8개, 24바이트 ④ 8개, 32바이트

02 다음 변수 선언이 있는 상태에서 수행할 명령어 중에서 틀린 명령어는?

```
int i, j = 10;
int *p1;
char *p2;
```

① p1 = &i; ② p2 = &j;

③ *p1 = j; ④ i = *p1;

03 다음 중 포인터에 주소를 지정하는 방법으로 틀린 것은?

① 주소 연산자를 사용해 변수 주소를 지정하는 방법

② 문자형 포인터에 문자열의 시작 주소를 지정하는 방법

③ 동적 메모리를 할당하고 그 시작 주소를 포인터값으로 지정하는 방법

④ 변수 이름을 변수의 시작 주소로 사용하는 방법

04 if 문장에서 포인터 pt1과 pt2에 대한 설명으로 옳지 않은 것은?

① if (&pt1==&pt2)의 경우에 서로 다른 포인터가 동일한 주소에 있을 수 있다.

② if (pt1==pt2)는 같은 대상을 가리키는지 검증한다.

③ if (*pt1==*pt2)의 경우에 가리키는 대상이 다르더라도 변수값은 같을 수 있다.

④ if (pt1==pt2)는 가리키는 대상의 주소가 동일한 것인지 검증한다.

05 다음은 C 언어로 작성된 1차원 배열의 예제 프로그램이다. ㉠에 들어갈 수 있는 문장과 프로그램을 출력한 결과를 바르게 짝지은 것은?

```
int main() {
   int i, j, A[100];
   for (i=0; i<100; i++)
      A[i] = i;
   j = i-1;
   printf("%d",  ㉠   );
}
```

	㉠	출력
①	A[j]	100
②	&A[0]+j	99
③	*(A+j)	99
④	*A+j	100

06 다음 프로그램의 실행 결과로 옳은 것은?

```
#include <stdio.h>
int main(void)
{
    int aray[] = {100, 200, 300, 400, 500};
    int *ptr;
    ptr = aray;
    printf("%d\n", *(ptr+3) + 100);
}
```

① 200
② 300
③ 400
④ 500

07 구조체 변수에 대한 명령 중 바른 것은?

```
struct employee Lee, Hong, Kim[3];
struct employee *sp;
```

① sp = Kim;
② sp = Lee;
③ Lee = Kim;
④ Kim[0] = Kim[3];
⑤ sp = Kim[1];

08 재귀호출 방법이 적당하지 않은 것은?

① 팩토리얼
② 피보나치 수열
③ 구조체 변수 복사
④ 1부터 n까지 누적 합계 구하기

09 재귀호출 프로그램에 해당하는 것은?

① 한 루틴이 반복될 때
② 한 루틴이 자기를 다시 호출할 때
③ 다른 루틴을 호출할 때
④ 한 루틴에서 다른 루틴으로 갈 때

10 다음 함수를 이용해 f1(4)를 수행한 결괏값은?

```
int f1(int n) {
    if (n <= 0)
        return 0;
    else if (n <= 2)
        return n;
    else
        return f1(n - 3) + f1(n - 2) + f1(n - 1);
}
```

① 3　　② 4　　③ 5　　④ 6

11 다음 함수를 이용해 recursive(4)를 수행한 결괏값은?

```
int recursive(int n) {
    if (n < 1) return 2;
    else return(22 * recursive(n - 1) + 1);
}
```

① 149　　② 265　　③ 373　　④ 597

12 함수 호출 xxx(5)에서 반환되는 결괏값은?

```
public static int xxx(int n) {
    if (n == 0)
        return 4;
    return 1 + xxx(n - 1);
}
```

① 0　　② 4
③ 5　　④ 9

13 순환 함수 f( )에 대한 첫 번째 호출이 f(7)일 때, f(7)을 포함하여 함수 f( )가 호출되는 총 횟수는?

```
int f(int n) {
    if (n == 0 || n == 1)
        return n;
    return f(n - 1) + f(n - 2);
}
```

① 25　　② 35
③ 41　　④ 51

14 C 언어를 사용해 100행 50열로 이루어진 행렬을 2차원 배열 A[100][50]에 저장하려고 한다. 10행 5열에 정수값 15를 저장하는 방법으로 옳지 않은 것은?

① A[9][4] = 15　　② *(A[0] + 454) = 15
③ *(&A[9][0] + 4) = 15　　④ *(&A[0][0] + 904) = 15

15 다음 '하노이 탑' 프로그램을 수행한 결과에서 8행에 출력되는 문장으로 옳은 것은?

```
#include <stdio.h>

void hanoi_tower(int n, char from, char tmp, char to) {
   if (n == 1)
      printf("원판 1을 %c에서 %c로 옮긴다. \n", from, to);
   else {
      hanoi_tower(n - 1, from, to, tmp);
      printf("원판 %d을 %c에서 %c로 옮긴다. \n", n, from, to);
      hanoi_tower(n - 1, tmp, from, to);
   }
}

void main() {
   hanoi_tower(4, 'A', 'B', 'C');
}
```

① 원판 1을 C에서 B로 옮긴다.　　② 원판 4을 A에서 C로 옮긴다.
③ 원판 3을 A에서 B로 옮긴다.　　④ 원판 2을 B에서 C로 옮긴다.

16 배열과 변수를 비교하여 설명하시오.

17 학생 열 명의 국어, 영어, 수학 성적을 처리하여 다음과 같이 출력하는 프로그램을 작성하시오. (단, 배열을 사용해 학생들의 학번, 국어, 영어, 수학, 총점, 평균을 저장하시오.)

```
[출력 형식]

 학번   국어   영어   수학   총점   평균
*************************************************************
  1      80     70     90    240     80
```

18 정수형 1차원 배열을 {19, 2, 25, 92, 36, 45}로 초기화하고 다음을 수행하는 프로그램을 작성하시오.

① 배열에 저장된 원소들을 화면에 출력한다.

② 배열 원소 중에서 최솟값과 최댓값을 구해 출력한다.

③ 배열 원소들의 평균을 구해 출력한다.

④ 배열 원소들의 분산을 구해 출력한다.

19 다차원 배열을 이용해 키보드로부터 문자열을 다섯 개 입력 받아 화면에 출력하는 프로그램을 작성하시오.

20 문자열을 두 개 입력 받고 문자열이 같은지 다른지 출력하는 프로그램을 작성하시오.

21 포인터를 사용해 실수값 두 개를 교환하여 저장하고 출력하는 함수를 작성하시오.

22 문자열을 입력 받아 대문자는 소문자로, 소문자는 대문자로 변환하여 출력하는 프로그램을 작성하시오. (단, 포인터를 사용해야 한다.)

23 입력 받은 문자열을 역순으로 출력하는 reverse 함수를 작성하시오.

24 다음과 같은 주소록 프로그램을 작성하시오. (단, 구조체를 사용해야 하고 주소록 프로그램의 기능은 '① 목록 보기, ② 추가하기, ③ 탐색하기, ④ 삭제하기'이다.)

이름	전화번호	주소	생일

25 정수값을 입력 받은 후, 1부터 입력 받은 값까지의 합을 구하는 프로그램을 재귀호출을 이용해 작성하시오.

26 재귀호출을 이용해 피보나치 수열을 구하는 프로그램을 작성하시오.

27 [예제 2-3]에서 getchar(); 명령어의 역할을 설명하시오. (힌트 : scanf()와 입력 버퍼 비우기)

순차 자료구조와 선형 리스트

01 순차 자료구조와 선형 리스트의 이해
02 선형 리스트의 연산과 알고리즘
03 선형 리스트의 응용 및 구현
응용예제
요약
연습문제

Chapter

03

학습목표

- 순차 자료구조의 개념과 특징을 알아본다.
- 선형 리스트의 개념과 연산을 알아본다.
- C 언어를 이용해 선형 리스트의 순차 자료구조를 구현한다.
- 선형 리스트의 응용과 순차 자료구조 구현 방법을 알아본다.

Chapter

03

Preview

	구현 방식 / 유형	3장 순차 자료구조 (배열을 이용한 구현)	4장 연결 자료구조 (포인터를 이용한 구현)
3~4장	리스트 • 추상 자료형 • 알고리즘 • 리스트의 응용	선형 리스트	단순 연결 리스트 원형 연결 리스트 이중 연결 리스트
5장	스택	순차 스택	연결 스택
6장	큐	순차 큐, 원형 큐	연결 큐
	데크	순차 데크	연결 데크
7장	트리	순차 이진 트리	연결 이진 트리
8장	그래프	순차 그래프(인접 행렬)	연결 그래프(인접 리스트)

문서를 정리하는 가장 단순한 방법은 무엇일까요? 문서를 순서대로 묶고, 페이지마다 번호를 붙여 놓으면 간단하고 쉽게 정리할 수 있습니다. 이런 방식으로 자료를 순서대로 구조화하는 기본적인 자료구조 유형이 리스트입니다. 그리고 리스트 자료구조에 들어 있는 자료(원소)를 메모리에 순차적으로 저장하도록 구현하는 방식을 순차 자료구조라고 합니다. 순차 자료구조 구현 방식은 프로그래밍의 배열을 이용한 구현 방식입니다.

Section 01

순차 자료구조와 선형 리스트의 이해

1 순차 자료구조의 개념

자료는 구조화하는 방법에 따라 리스트, 스택, 큐, 데크, 트리, 그래프 등으로 나뉜다. 이러한 자료구조 유형을 프로그램으로 구현하는 방식에는 순차 자료구조와 연결 자료구조(4장)가 있다. 순차 자료구조는 구현할 자료들을 논리적인 순서대로 메모리에 연속하여 저장하는 구현 방식이다. 따라서 순차 자료구조는 논리적인 순서와 물리적인 순서가 항상 일치해야 한다. C 프로그래밍에서 순차 자료구조의 구현 방식을 제공하는 프로그램 기법은 배열이다. 앞으로 순차 자료구조 방식으로 구현한다는 것은 배열을 이용하여 구현한다는 의미로 이해하면 된다.

표 3-1 순차 자료구조와 연결 자료구조의 비교

구분	순차 자료구조	연결 자료구조
메모리 저장 방식	메모리의 저장 시작 위치부터 빈자리 없이 자료를 순서대로 연속하여 저장한다. 논리적인 순서와 물리적인 순서가 일치하는 구현 방식이다.	메모리에 저장된 물리적 위치나 물리적 순서와 상관없이, 링크에 의해 논리적인 순서를 표현하는 구현 방식이다.
연산 특징	삽입·삭제 연산을 해도 빈자리 없이 자료가 순서대로 연속하여 저장된다. 변경된 논리적인 순서와 저장된 물리적인 순서가 일치한다.	삽입·삭제 연산을 하여 논리적인 순서가 변경되어도, 링크 정보만 변경되고 물리적 순서는 변경되지 않는다.
프로그램 기법	배열을 이용한 구현	포인터를 이용한 구현

2 선형 리스트의 표현

자료의 특징(추상 자료형)과 주로 사용할 연산(알고리즘)에 따라 최적의 형태로 자료를 구조화해야 하는데, 자료를 구조화하는 가장 기본적인 방법은 나열하는 것이다. [표 3-2]와 같이 동창 이름, 좋아하는 음식, 오늘 할 일 등을 하나씩 나열할 수 있는데, 이렇게 나열한 목록을 리스트[List]라고 한다.

표 3-2 리스트 예

동창 이름	좋아하는 음식	오늘 할 일
상원	김치찌개	운동
상범	닭볶음탕	자료구조 스터디
수영	된장찌개	과제 제출
현정	잡채	동아리 공연 연습
…	…	…

이때 원소들을 순서대로 나열한 리스트를 선형 리스트Linear List 또는 순서 리스트Ordered List라고 한다.

표 3-3 **선형 리스트 예**

동창 이름	
1	상원
2	상범
3	수영
4	현정
···	

좋아하는 음식	
1	김치찌개
2	닭볶음탕
3	된장찌개
4	잡채
···	···

오늘 할 일	
1	운동
2	자료구조 스터디
3	과제 제출
4	동아리 공연 연습
···	···

리스트를 표현하는 형식은 [그림 3-1]의 (a)와 같다. 원소가 순서대로 나열된 선형 리스트는 ❶에 나열된 순서가 원소들의 순서가 된다. [표 3-3]에 있는 동창 이름 선형 리스트를 리스트의 일반화 표현 형식으로 나타내면 (b)와 같다.

```
리스트 이름 = (원소 1, 원소 2, …, 원소 n)
                         ❶
```

(a) 리스트 표현 형식

```
동창 = (상원, 상범, 수영, 현정)
```

(b) 리스트 표현 예

그림 3-1 **리스트 표현 형식과 예**

원소가 하나도 없는 리스트는 공백 리스트라고 하고, [그림 3-2]와 같이 빈 괄호로 표현한다.

```
공백 리스트 이름 = ( )
```

그림 3-2 **공백 리스트 형식**

선형 리스트는 메모리에 저장하는 구현 방식에 따라 순차 방식으로 구현하는 선형 순차 리스트Linear Sequential List와 연결 방식으로 구현하는 선형 연결 리스트Linear Linked List로 나뉜다. 일반적으로 선형 순차 리스트를 선형 리스트라고 하고, 선형 연결 리스트를 연결 리스트라고 한다. 3장에서는 순차 자료구조 방식으로 구현하는 선형 리스트를 살펴본다.

선형 리스트(선형 순차 리스트)는 원소들이 나열된 논리적인 순서와 메모리에 저장되는 물리적인 순서가 일치하는 순차 자료구조 방식으로 구현한다. 순차 자료구조는 원소를 논리적인 순서대로 메모리에 연속하여 저장한다. [표 3-3]에 있는 동창 이름 선형 리스트가 메모리에 저장되는 순서는 [그림 3-3]과 같이 논리 순서와 일치한다.

순차 자료구조는 원소들이 순서대로 연속하여 저장되기 때문에 시작 위치와 원소 크기를 알면 특정 원소의 위치를 쉽게 알 수 있다. 시작 위치가 α이고, 원소 크기가 ℓ인 선형 리스트에서 두 번째 원소의 위치는 [그림 3-4]와 같이 $\alpha+\ell$이고, 세 번째 원소의 위치는 $\alpha+2\ell$이다. 따라서 i번째 원소의 위치는 $\alpha+(i-1)\times\ell$이 된다.

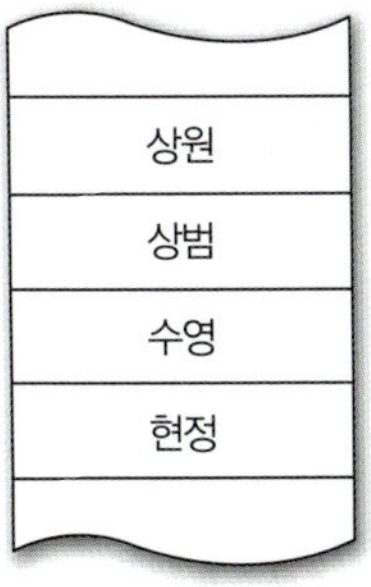

그림 3-3 선형 리스트의 메모리 저장 구조 예

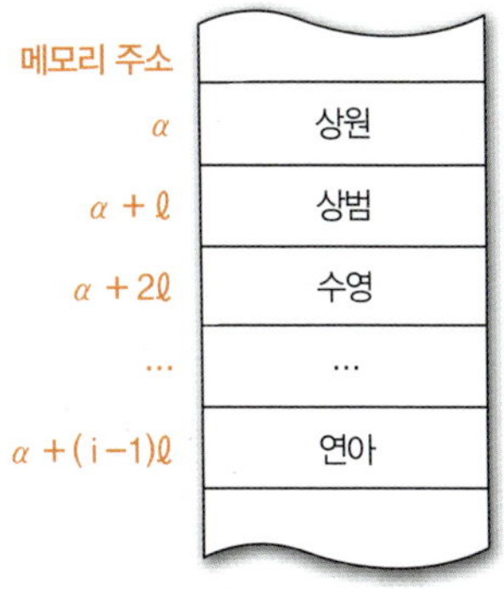

그림 3-4 선형 리스트에서 원소의 위치

3 선형 리스트의 배열 표현

선형 리스트는 배열을 사용해 순차 자료구조 방식을 구현한다. 배열은 〈인덱스, 원소〉 쌍으로 구성되어 메모리에 연속적으로 할당되는데, 이때 인덱스는 배열 원소의 순서를 나타낸다. 배열은 순서를 가진 배열 원소들을 메모리에 연속하여 순차적으로 구성하므로, 프로그래밍 언어에서 제공하는 배열을 사용하면 순차 자료구조 방식의 선형 리스트를 쉽게 구현할 수 있다.

1차원 배열을 이용한 선형 리스트 표현

1차원 배열은 인덱스를 하나만 사용하는 배열이다. 원소 순서를 한 개의 값으로 구별할 수 있는 간단한 선형 리스트는 1차원 배열을 사용하여 표현할 수 있다. [표 3-4]와 같이 분기별 노트북 판매량에 대한 리스트를 생각해 보자. 1/4~4/4 분기 판매량을 순서대로 관리해야 하므로, 분기 순서대로 값을 나열하는 선형 리스트로 표현할 수 있다.

표 3-4 분기별 노트북 판매량 리스트

분기	1/4 분기	2/4 분기	3/4 분기	4/4 분기
판매량	157	209	251	312

[표 3-4]를 1차원 배열을 사용하여 선형 리스트로 표현하면 [그림 3-5]와 같다. 1차원 배열 sale은 int 자료형으로 선언되었으므로 각 원소의 길이는 4바이트이다. C 프로그래밍에서 배열의 인덱스는 0부터 시작하므로 배열 sale에서 각 원소의 위치는 시작 주소가 α일 때 α+(원소의 배열 인덱스×4바이트)가 된다.

```
int sale[4] = { 157, 209, 251, 312 };
```

(a) 분기별 판매량 선형 리스트의 1차원 배열 선언

	[0]	[1]	[2]	[3]
sale	157	209	251	312

(b) 분기별 판매량 선형 리스트의 논리적 구조

(c) 분기별 판매량 선형 리스트의 물리적 구조

그림 3-5 **분기별 판매량 선형 리스트 예**

TIP_배열에서 첫 번째 원소의 인덱스는 0이고, 두 번째 원소의 인덱스는 1이고, i번째 원소의 인덱스는 (i−1)이다. 따라서 원소 크기가 ℓ일 때, i번째 원소의 주소는 'α+(원소의 배열 인덱스×ℓ) = α+((i−1)×ℓ)'이 된다.

[예제 3-1]은 분기별 판매량 선형 리스트를 1차원 배열로 구현하고, 논리적 순서와 물리적 순서가 일치하는 순차 구조인지 확인하는 프로그램이다.

예제 3-1 원소의 논리적·물리적 순서 확인하기

```
01  #include <stdio.h>
02
03  int main(void) {
04      int i, sale[4] = {157, 209, 251, 312};
05
06      for (i = 0; i<4; i++) {
07          printf("\n address : %u sale[%d]= %d", &sale[i], i, sale[i]);
08      }
09
10      getchar(); return 0;
11  }
```

```
address : 5241668 sale[0]= 157
address : 5241672 sale[1]= 209
address : 5241676 sale[2]= 251
address : 5241680 sale[3]= 312
```

07행 : 배열 원소의 메모리 주소(&sale[i])를 %u 형식으로 출력하고, 원소값(sale[i])을 %d 형식으로 출력한다. 실행 결과를 보면 배열 sale의 시작 주소가 5241668이다. 이 때 sale[2]의 위치를 계산해 보면 다음과 같다. 계산한 값과 실행 결과로 나온 주소가 일치하므로, 논리적인 순서대로 메모리에 연속하여 저장된 걸 확인할 수 있다.

```
시작 주소 + (인덱스 × 4바이트)
= 5241668 + (2 × 4바이트)
= 5241676
```

2차원 배열을 이용한 선형 리스트 표현

[표 3-5]와 같이 2021~2022년 분기별 노트북 판매량에 대한 리스트를 생각해 보자.

표 3-5 2021~2022년 분기별 노트북 판매량 리스트

연도 \ 분기	1/4분기	2/4분기	3/4분기	4/4분기
2021년	63	84	140	130
2022년	157	209	251	312

[표 3-5]는 분기와 연도를 모두 표현해야 하므로 순서가 두 종류 필요하다. 이 때는 [그림 3-6]과 같이 행 인덱스와 열 인덱스가 있는 2차원 배열을 사용한다.

```
int sale[2][4] = { { 63, 84, 140, 130 },
                   { 157, 209, 251, 312 } };
```

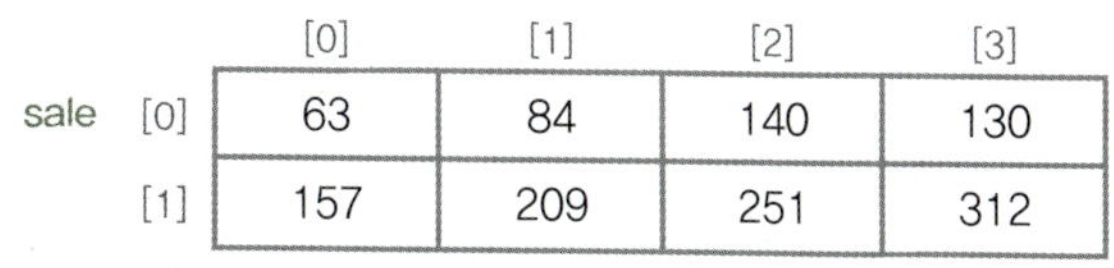

그림 3-6 2021~2022년 분기별 판매량 선형 리스트의 예

2차원 배열 구조를 논리적으로 표현할 때는 행과 열의 구조로 나타내지만, 실제로 메모리에는 1차원 구조로 저장된다. 2차원인 논리적 순서가 1차원인 물리적 순서로 변환되는 방법에는 인덱스를 기준으로 하는 행 우선 순서Row Major Order 방법과 마지막 인덱스를 기준으로 하는 열 우선 순서Column Major Order 방법이 있다.

행 우선 순서 방법은 행을 기준으로 같은 행 안에 있는 열을 먼저 저장하는 방법이다. [그림 3-6]의 2차원 배열을 행 우선 순서 방법으로 메모리에 저장하면 [그림 3-7]의 (a)와 같이 sale[0][0]=63, sale[0][1]=84, sale[0][2]=140, sale[0][3]=130, sale[1][0]=157, sale[1][1]=209, sale[1][2]=251, sale[1][3]=312 순서가 된다. 열 우선 순서 방법은 열을 기준으로 하여 같은 열 안에 있는 행을 먼저 저장하는 방법으로 (b)와 같이 sale[0][0]=63, sale[1][0]=157, sale[0][1]=84, sale[1][1]=209, sale[0][2]=140, sale[1][2]=251, sale[0][3]=130, sale[1][3]=312 순서가 된다.

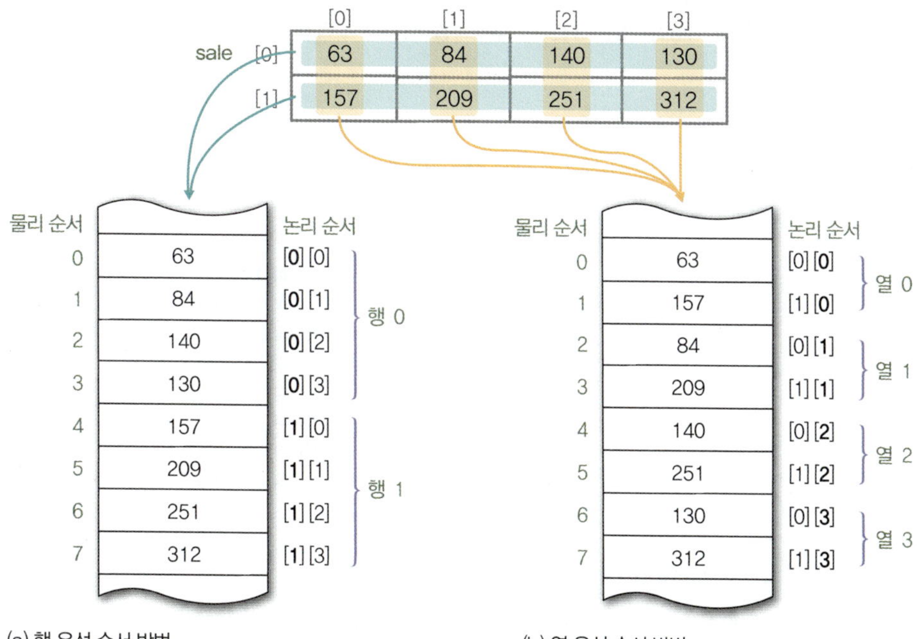

그림 3-7 2차원 논리 순서를 1차원 물리 순서로 변환

행 우선 순서 방법이냐 열 우선 순서 방법이냐에 따라 물리적 저장 순서가 달라지므로 배열의 원소 위치를 계산하는 방법도 달라져야 한다. 행의 개수가 n_i이고 열의 개수가 n_j인 2차원 배열 $A[n_i][n_j]$의 시작 주소가 α고, 원소 길이가 ℓ이라면, i행 j열 원소, 즉 A[i][j]의 위치는 행 우선 순서 방법에서는 $\alpha+(i \times n_j + j) \times \ell$이 되고, 열 우선 순서 방법에서는 $\alpha+(j \times n_i + i) \times \ell$이 된다.

논리 순서를 물리 순서로 변환하는 방법은 프로그래밍 언어의 컴파일러에 따라 결정되는데, C 컴파일러는 행 우선 순서 방법을 사용한다.

SELF TEST_ C 프로그램에서 다음과 같이 배열 a를 선언하였다. 배열 a가 할당된 시작 주소를 10000이라고 가정했을 때, ① a[2][8] 주소와 ② a[2][8]이 몇 번째 원소인지 구하시오.

```
int a[4][10];
```

[예제 3-2]는 2021~2022년 분기별 판매량 선형 리스트를 2차원 배열로 구현하고, 논리적 순서와 물리적 순서가 일치하는 순차 구조인지 확인하는 프로그램이다.

예제 3-2 2차원 배열의 논리적 · 물리적 순서 확인하기

```
01 #include <stdio.h>
02 
03 int main(void) {
04     int i, n = 0, *ptr;
05     int sale[2][4] = {{63, 84, 140, 130},
06                       {157, 209, 251, 312}}; // 2차원 배열의 초기화
07 
08     ptr = &sale[0][0];
09     for (i = 0; i<8; i++) {
10         printf("\n address : %u sale %d = %d", ptr, i, *ptr);
11         ptr++;
12     }
13     getchar(); return 0;
14 }
```

```
address: 1374812 sale 0 = 63
address: 1374816 sale 1 = 84
address: 1374820 sale 2 = 140
address: 1374824 sale 3 = 130
address: 1374828 sale 4 = 157
address: 1374832 sale 5 = 209
address: 1374836 sale 6 = 251
address: 1374840 sale 7 = 312
```

08행은 배열 sale의 시작 주소인 &sale[0][0]을 포인터 ptr에 지정한다.

09~12행은 배열 sale의 첫 번째 원소부터 마지막 원소까지 메모리에 저장된 순서대로 출력한다.

10행 : 포인터 ptr에 저장된 배열 원소의 주소를 %u 형식으로 출력하고, 포인터 ptr이 가리키는 참조값 (*ptr), 즉 배열 원소의 값을 %d 형식으로 출력한다.

11행 : 현재 포인터 ptr에 저장된 주소를 다음 자리, 즉 현재 위치에서 4바이트인 int만큼 이동하여 배열의 다음 원소 주소로 변경한다.

[예제 3-2]의 배열 sale에서 sale[1][2]의 위치를 행 우선 순서 방법으로 계산해 보면 시작 주소 α = 1374812, n_i=2, n_j=4, i=1, j=2, ℓ=4이므로 다음과 같이 계산할 수 있다. 값이 실행 결과와 일치하므로 C 컴파일러가 행 우선 순서 방법을 사용한다는 것을 확인할 수 있다.

$$\begin{aligned}&\alpha+(i\times n_j+j)\times \ell\\&=1374812+(1\times4+2)\times4\\&=1374812+24\\&=1374836\end{aligned}$$

3차원 배열을 이용한 선형 리스트 표현

[표 3-6]은 1팀과 2팀에 대한 2021~2022년 분기별 노트북 판매량에 대한 리스트이다.

표 3-6 1팀과 2팀의 분기별 노트북 판매량 리스트

팀	연도 \ 분기	1/4분기	2/4분기	3/4분기	4/4분기
1팀	2021년	63	84	140	130
	2022년	157	209	251	312
2팀	2021년	59	80	130	135
	2022년	149	187	239	310

[표 3-6]의 리스트는 팀 순서도 나타내야 하므로 세 종류의 순서를 표현해야 한다. 이럴 때는 면 인덱스, 행 인덱스, 열 인덱스가 있는 3차원 배열을 사용한다.

```
int sale[2][2][4] = { { { 63, 84, 140, 130 },
                        { 157, 209, 251, 312 } },
                      { { 59, 80, 130, 135 },
                        { 149, 187, 239, 310 } }
};
```

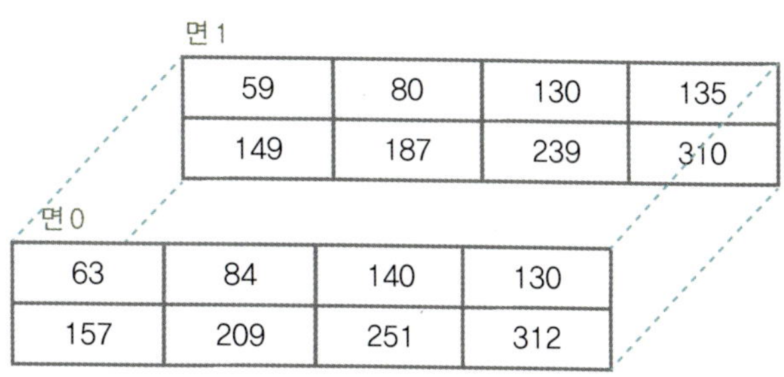

그림 3-8 선형 리스트의 3차원 배열 예

3차원 배열의 구조는 논리적인 구조일 뿐이고, 메모리에 저장되는 물리 구조는 2차원 배열처럼 1차원의 선형 구조가 된다. 3차원 논리 구조를 1차원의 물리 구조로 변환하는 방법 역시 첫 번째 인덱스인 면을 기준으로 하는 면 우선 순서 방법과 마지막 인덱스인 열을 기준으로 하는 열 우선 순서 방법이 있다.

3차원 논리 구조에 대한 면 우선 순서 방법은 면을 1차 기준으로 하여 같은 면 안에 있는 행을 먼저 저장하는데, 이때 다시 행을 2차 기준으로 하여 같은 행 안에 있는 열을 저장한다. [그림 3-8]의 3차원 배열 sale을 면 우선 순서로 저장하면 먼저 면 0을 저장해야 하므로 [그림 3-9]의 (a)와 같이 sale[0][0][0]=63, sale[0][0][1]=84, sale[0][0][2]=140, sale[0][0][3]=130, sale[0][1][0]=157, sale[0][1][1]=209, sale[0][1][2]=251, sale[0][1][3]=312 순서가 된다. 그리고 면 1을 저장하므로 다음 순서는 sale[1][0][0]=59, sale[1][0][1]=80, sale[1][0][2]=130, sale[1][0][3]=135, sale[1][1][0]=149, sale[1][1][1]=187, sale[1][1][2]=239, sale[1][1][3]=310이 된다.

다음으로 열 우선 순서 방법은 열을 1차 기준으로 하여 같은 열 안에 있는 행을 먼저 저장하는데, 이때 행을 2차 기준으로 하여 같은 행에 대한 면을 저장한다. 3차원 배열 sale을 열 우선 순서 방법으로 저장하면 [그림 3-9]의 (b)와 같이 sale[0][0][0]=63, sale[1][0][0]=59, sale[0][1][0]=157, sale[1][1][0]=149, sale[0][0][1]=84, sale[1][0][1]=80, sale[0][1][1]=209, sale[1][1][1]=187, sale[0][0][2]=140, sale[1][0][2]=130, sale[0][1][2]=251, sale[1][1][2]=239, sale[0][0][3]=130, sale[1][0][3]=135, sale[0][1][3]=312, sale[1][1][3] =310 순서가 된다.

물리 순서		논리 순서	
0	63	[0] [0] [0]	면 0
1	84	[0] [0] [1]	
2	140	[0] [0] [2]	
3	130	[0] [0] [3]	
4	157	[0] [1] [0]	
5	209	[0] [1] [1]	
6	251	[0] [1] [2]	
7	312	[0] [1] [3]	
8	59	[1] [0] [0]	면 1
9	80	[1] [0] [1]	
10	130	[1] [0] [2]	
11	135	[1] [0] [3]	
12	149	[1] [1] [0]	
13	187	[1] [1] [1]	
14	239	[1] [1] [2]	
15	310	[1] [1] [3]	

(a) 면 우선 방법

물리 순서		논리 순서	
0	63	[0] [0] [0]	열 0
1	59	[1] [0] [0]	
2	157	[0] [1] [0]	
3	149	[1] [1] [0]	
4	84	[0] [0] [1]	열 1
5	80	[1] [0] [1]	
6	209	[0] [1] [1]	
7	187	[1] [1] [1]	
8	140	[0] [0] [2]	열 2
9	130	[1] [0] [2]	
10	251	[0] [1] [2]	
11	239	[1] [1] [2]	
12	130	[0] [0] [3]	열 3
13	135	[1] [0] [3]	
14	312	[0] [1] [3]	
15	310	[1] [1] [3]	

(b) 열 우선 방법

그림 3-9 3차원의 논리 순서에 대한 1차원의 물리 순서 변환

면의 개수가 n_i이고 행의 개수가 n_j, 열의 개수가 n_k인 3차원 배열 $A[n_i][n_j][n_k]$의 시작 주소가 α이고 원소의 길이가 ℓ일 때, i면 j행 k열 원소, 즉 A[i][j][k]의 위치는 면 우선 순서 구조에서 $\alpha+\{(i\times n_j\times n_k)+(j\times n_k)+k\}\times\ell$이 되고, 열 우선 순서 구조에서는 $\alpha+\{(k\times n_i\times n_j)+(j\times n_i)+i\}\times\ell$이 된다.

SELF TEST_ C 프로그램에서 다음과 같이 배열 b를 선언하였다. 배열 b가 할당된 시작 주소를 10000이라고 가정했을 때, ① b[1][2][8] 주소와 ② b[1][2][8]이 몇 번째 원소인지 구하시오.

```
int b[3][4][10];
```

[예제 3-3]은 1팀과 2팀의 2021~2022년 분기별 노트북 판매량 선형 리스트를 3차원 배열로 구현하고 논리적 순서와 물리적 순서가 일치하는 순차 구조인지 확인하는 프로그램이다.

예제 3-3 3차원 배열의 논리적 · 물리적 순서 확인하기

```c
#include <stdio.h>

int main(void) {
   int i, n = 0, *ptr;
   int sale[2][2][4] = {{{63, 84, 140, 130}, // 3차원 배열의 초기화
                         {157, 209, 251, 312}},
                         {{59, 80, 130, 135},
                         {149, 187, 239, 310}}};

   ptr = &sale[0][0][0];
   for (i = 0; i<16; i++) {
      printf("\n address: %u sale %2d = %3d", ptr, i, *ptr);
      ptr++;
   }
   getchar(); return 0;
}
```

```
address : 1374524 sale  0  =  63
address : 1374528 sale  1  =  84
address : 1374532 sale  2  = 140
address : 1374536 sale  3  = 130
address : 1374540 sale  4  = 157
address : 1374544 sale  5  = 209
address : 1374548 sale  6  = 251
address : 1374552 sale  7  = 312
address : 1374556 sale  8  =  59
address : 1374560 sale  9  =  80
address : 1374564 sale 10  = 130
address : 1374568 sale 11  = 135
address : 1374572 sale 12  = 149
address : 1374576 sale 13  = 187
address : 1374580 sale 14  = 239
address : 1374584 sale 15  = 310
```

10행은 배열 sale의 시작 주소인 &sale[0][0][0]을 포인터 ptr에 지정한다.

11~14행은 배열 sale의 첫 번째 원소부터 마지막 원소까지 메모리에 저장된 순서대로 출력한다.

12행 : 포인터 ptr에 저장된 배열 원소의 주소를 %u 형식으로 출력하고, 포인터 ptr이 가리키는 참조값 (*ptr)인 배열 원소의 값을 %d 형식으로 출력한다.

13행 : 현재 포인터 ptr에 저장된 주소를 다음 자리, 즉 현재 위치에서 4바이트인 int만큼 이동하여 다음 원소의 주소로 변경한다.

배열 sale에서 sale[1][1][2] 위치를 면 우선 순서 방법으로 계산하면 시작 주소 = 1374524, $n_i = 2$, $n_j = 2$, $n_k = 4$, i = 1, j = 1, k = 2이므로 다음과 같다.

$$\alpha + \{(i \times n_j \times n_k) + (j \times n_k) + k\} \times \ell$$
$$= 1374524 + \{(1 \times 2 \times 4) + (1 \times 4) + 2\} \times 4$$
$$= 1374524 + 56$$
$$= 1374580$$

순차 자료구조는 원소 순서를 따로 표시할 필요 없이 물리적 주소의 순서로 간단히 구성할 수 있고, 인덱스를 사용하여 주소를 계산할 수 있으므로 특정 원소를 쉽게 액세스할 수 있다. 그러나 원소를 삽입하거나 삭제할 경우에 물리적으로 원소들을 뒤로 밀거나 앞으로 당겨서 연속 저장 순서를 유지해야 하므로 물리적 이동 연산에 대하여 추가적인 오버헤드가 발생한다. 따라서 읽기·쓰기(업데이트)·순차 액세스 같은 연산에서는 순차 자료구조가 효율적이지만, 삽입·삭제 연산이 많이 필요한 문제에서는 순차 자료구조가 비효율적이다.

Section **02**

선형 리스트의 연산과 알고리즘

선형 리스트에 원소를 삽입하는 연산과 삭제하는 연산에 대해 알아보자. 삽입과 삭제 연산 수행 후에도 선형 리스트의 조건은 유지되어야 한다.

1 선형 리스트에서 원소 삽입과 알고리즘

놀이공원에서 롤러코스터를 타려고 줄을 서 있다고 가정해 보자. 누군가 중간에 새치기를 하면 새치기 한 사람 뒤에 있는 사람은 모두 한 자리씩 뒤로 밀리게 된다.

(a) 새치기 전 (b) 새치기 후

그림 3-10 **새치기 전과 후의 위치와 순서 변화**

선형 리스트는 순차 자료구조 방식으로 구현하므로, 삽입 후에 변경된 논리적 순서와 메모리에 연속 저장된 물리적 순서가 일치해야 한다. 따라서 메모리에 순서대로 연속 저장되어 있는 선형 리스트에 새로운 원소를 삽입하려면, 먼저 물리적으로 삽입할 자리를 만든 후에 원소를 삽입해야 한다. 원소를 삽입할 자리를 만들려면 삽입할 위치 다음에 있는 원소를 모두 한 자리씩 뒤로 옮겨야 한다.

[그림 3-11]과 같이 인덱스 2번 자리에 원소 30을 삽입하려면 2번 자리를 비워줘야 한다. 그러려면 2번 이후에 있는 원소 40, 50, 60, 70을 한 자리씩 뒤로 옮겨야 한다. 원소가 (n+1)개인 선형 리스트에서 k번 자리에 원소를 삽입하려면 빈자리를 만들기 위해 k번 원소부터 마지막 원소인 n번 원소까지 총 n−k+1개 원소를 모두 한 자리씩 뒤로 옮겨야 한다. 빈자리를 만들기 위한 이동 횟수는 n−k+1(마지막 원소의 인덱스 − 삽입할 자리의 인덱스 + 1)이 된다. [그림 3-11]에서 2번 자리에 빈자리를 만들기 위한 이동 횟수는 5−2+1로 총 4회가 된다.

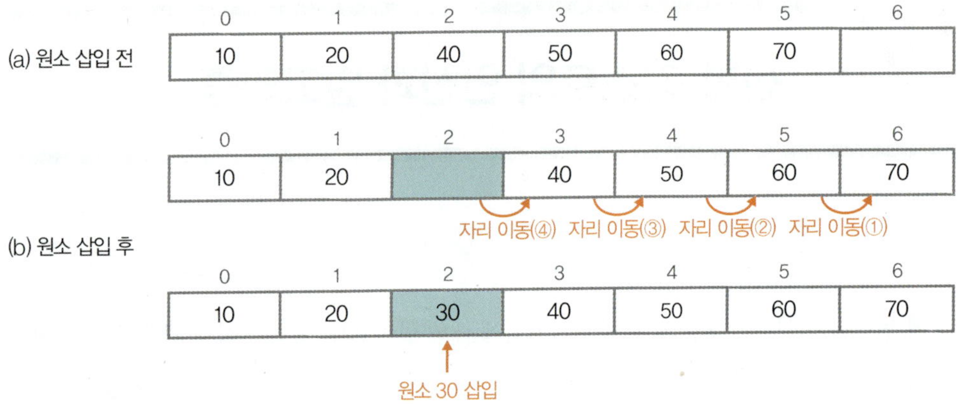

그림 3-11 **선형 리스트에서의 원소 삽입**

TIP_ **원소가 n개인 선형 리스트**에서 k번 자리에 원소를 삽입하려면 k번 원소부터 마지막 원소인 (n−1)번 원소까지 총 (n−1)−k+1개 원소를 옮겨야 한다. 따라서 이동 횟수는 (n−1)−k+1=(마지막 원소의 인덱스−삽입할 자리의 인덱스+1)이므로, 5−2+1=4가 된다.

원소가 n개인 선형 리스트 L에 원소 x를 삽입하는 연산 과정을 가상코드로 표현하면 [알고리즘 3-1]과 같다.

알고리즘 3-1 **선형 리스트의 원소 삽입**

```
insertElement(L, n, x)
 ❶ for (i ← 0; i<n; i ← i + 1) do {
 ❶-ⓐ if (L[i] <= x && x <= L[i+1]) then {
    ❶-ⓑ k ← i + 1;
        break;
     }
   }
 ❷ if (i == n) then k ← n;
 ❸ for (i ← n; i > k; i ← i - 1) do  // n-1번부터 k번까지
      L[i] ← L[i-1];                 // 뒤로 한 자리 이동
 ❹ L[k] ← x;
end insertElement()
```

❶ 선형 리스트 L에서 원소의 크기를 비교하여 삽입 원소 x의 삽입 위치 k를 찾는다.

❷ 선형 리스트 L 안에 삽입 위치가 없는 경우, 즉 삽입 원소 x가 가장 큰 원소이면(if(i == n)) 마지막 원소의 뒤인 n이 삽입 위치 k가 된다.

❸ 삽입 위치 k를 빈자리로 만들기 위해 k번 원소부터 마지막 원소까지 한 자리씩 뒤로 이동한다. 이때 k번 원소부터 자리 이동을 시작하면 덮어쓰기가 되어 원래 원소를 잃게 되므로 마지막 원소부터 자리 이동을 시작하기 위해 for 문의 초깃값을 i ← n;으로 설정한다.

❹ 자리 이동으로 만든 k번 자리에 삽입 원소 x를 저장한다.

2 선형 리스트에서 원소 삭제와 알고리즘

다시 놀이공원에서 롤러코스터를 타기 위해 줄을 서 있다고 가정하자. 운 좋게 중간에 있던 누군가가 줄에서 빠져나가면, 빠져나간 사람 뒤에 있던 사람은 모두 한 자리씩 앞으로 당겨진다.

(a) 4번이 줄에서 나가기 전 (b) 원래 4번이 줄에서 나간 후

그림 3-12 줄에서 사람이 나간 후의 위치와 순서 변화

선형 리스트에서 원소를 삭제하면 원소가 있던 자리는 빈자리가 된다. 선형 리스트는 원소를 논리 순서와 같은 순서로 메모리에 연속하여 저장해야 하는 순차 자료구조이므로 중간에 빈자리가 없어야 한다. 따라서 원소를 삭제한 위치 뒤에 있는 원소를 모두 한 자리씩 앞으로 옮겨야 한다.

[그림 3-13]과 같이 인덱스 2번 자리에 있는 원소 30을 삭제하면 빈자리가 생긴다. 빈자리로 남은 인덱스 2번 자리를 채우려면 2번 이후에 있는 원소 40, 50, 60, 70을 한 자리씩 앞으로 옮겨야 한다. 원소가 (n+1)개인 선형 리스트에서 k번 자리에 있는 원소를 삭제하면 (k+1)번 원소부터 마지막 n번 원소까지, 즉 n−(k+1)+1개 원소를 모두 한 자리씩 앞으로 옮겨야 한다. 필요한 이동 횟수는 n−(k+1)+1이 되어 n−k(마지막 원소의 인덱스−삭제한 원소의 인덱스)가 된다. [그림 3-13]에서 2번 원소를 삭제한 후에 자리를 옮기는 횟수는 6−2가 되므로 삭제 연산에 필요한 이동 횟수는 총 4회가 된다.

그림 3-13 선형 리스트에서의 원소 삭제

TIP_원소가 n개인 선형 리스트에서 k번 자리에 있는 원소를 삭제한 다음에는 (k+1)번 원소부터 마지막 원소인 (n−1)번 원소까지 총 (n−1)−(k+1)+1개 원소를 옮겨야 한다. 따라서 이동 횟수는 (n−1)−(k+1)+1=n−k−1 =(전체 원소 개수 − 삭제한 원소의 인덱스 −1)이므로, 7−2−1=4가 된다.

[알고리즘 3-2]는 원소가 n개인 선형 리스트 L에 원소 x를 삭제하는 연산 과정을 알고리즘으로 정리한 것이다.

알고리즘 3-2 선형 리스트의 원소 삭제

```
deleteElement(L, n, x)
 ❶ for (i ← 0; i<n; i ← i + 1) do {
       if (L[i] = x) then {
          k ← i;
          break;
       }
    }
 ❷ for (i ← k; i < n -1; i ← i + 1) do   // k+1부터 마지막 원소까지
       L[i] ← L[i+1];                    // 앞으로 한 자리 이동
end deleteElement()
```

❶ 선형 리스트 L에서 원소의 크기를 비교하여 삭제 원소 x의 위치 k를 찾는다.

❷ (k+1)번 원소부터 마지막 원소까지 한 자리씩 앞으로 이동한다. 이때 (k+1)번 자리의 원소를 k번 자리로 이동하면서 덮어쓰기가 되므로 삭제 위치인 k에 있던 원소는 없어진다(삭제된다).

3 선형 리스트 프로그램

[예제 3-4]는 선형 리스트에서 삽입 연산과 삭제 연산 알고리즘을 구체화하여 구현한 프로그램이다. [그림 3-11]과 [그림 3-13]에서 설명했던 삽입과 삭제를 프로그램 실행으로 다시 확인해 보자.

예제 3-4 선형 리스트에 원소 삽입하고 삭제하기

[listS.h]

```c
#pragma once
#define MAX 10

int insertElement(int L[], int n, int x);
int deleteElement(int L[], int n, int x);
```

[listS.c]

[알고리즘 3-1] 구현

```c
#include "listS.h"
int insertElement(int L[], int n, int x) {
   int i, k = 0, move = 0;  // move는 자리 이동 횟수 카운터
   // 원소의 크기를 비교하여 삽입 위치 k 찾기
   for (i = 0; i < n; i++) {
      if (L[i] <= x && x <= L[i + 1]) {
         k = i + 1;
```

```c
            break;
        }
    }
    if (i == n)             // 삽입 원소가 가장 큰 원소인 경우
        k = n;

    // 마지막 원소부터 k+1 원소까지 뒤로 자리 이동
    for (i = n; i > k; i--) {
        L[i] = L[i - 1];
        move++;
    }

    L[k] = x;               // 자리 이동하여 만든 자리 k에 삽입 원소 저장
    return move;
}
```

[알고리즘 3-2] 구현

```c
int deleteElement(int L[], int n, int x) {
    int i, k = n, move = 0;  // move는 자리 이동 횟수 카운터
    // 원소의 크기를 비교하여 삭제 위치 k 찾기
    for (i = 0; i < n; i++) {
        if (L[i] == x) {
            k = i;
            break;
        }
    }

    if (i == n) move = n;

    // k+1부터 마지막 원소까지 앞으로 자리 이동
    for (i = k; i < n - 1; i++) {
        L[i] = L[i + 1];
        move++;
    }

    return move;
}
```

[ex3_4.c]

```c
#include <stdio.h>
#include "listS.h"

int main(void) {
    int list[MAX] = { 10, 20, 40, 50, 60, 70 };
    int i, move, size = 6;  // size는 리스트에 있는 원소의 개수
    printf("\n삽입 전 선형 리스트 : ");
    for (i = 0; i < size; i++) printf("%3d ", list[i]);
    printf("\n원소의 갯수 : %d \n", size);
```

```c

    move = insertElement(list, size, 30);

    printf("\n삽입 후 선형 리스트 : ");
    for (i = 0; i <= size; i++) printf("%3d ", list[i]);
    printf("\n원소의 갯수 : %d ", ++size);
    printf("\n자리 이동 횟수 : %d \n", move);

    move = deleteElement(list, size, 30);
    if (move == size) printf("\n선형 리스트에 원소가 없어서 삭제할 수 없습니다.\n");
    else {
        printf("\n삭제 후 선형 리스트 : ");
        for (i = 0; i < size - 1; i++) printf("%3d ", list[i]);
        printf("\n원소의 갯수 : %d ", --size);
        printf("\n자리 이동 횟수 : %d \n", move);
    }

    getchar();  return 0;
}
```

```
삽입 전 선형 리스트 : 10 20 40 50 60 70
원소의 갯수 : 6

삽입 후 선형 리스트 : 10 20 30 40 50 60 70
원소의 갯수 : 7
자리 이동 횟수 : 4

삭제 후 선형 리스트 : 10 20 40 50 60 70
원소의 갯수 : 6
자리 이동 횟수 : 4
```

Section 03

선형 리스트의 응용 및 구현

해결해야 하는 문제의 자료를 분석했더니 원소가 하나씩 순서대로 나열되어 있고, 삽입·삭제 연산보다는 읽기·쓰기(업데이트)·순차 액세스 연산이 주된 연산이라면 선형 리스트를 적용하여 배열을 이용한 순차 자료구조로 구현할 수 있다. 선형 리스트를 응용한 예로 행렬과 다항식을 살펴보자.

1 행렬의 선형 리스트 표현

문제 풀이에 많이 이용되는 행렬Matrix은 행과 열로 구성된 자료구조이다. 행 개수가 m개, 열 개수가 n개이면 m×n 행렬이라 하고, 이 행렬을 구성하는 원소 개수는 (m×n)개가 된다. 행렬 중에서 m과 n이 같은 행렬을 정방행렬Square Matrix이라고 한다.

행렬의 행과 열을 서로 바꿔 구성한 행렬을 전치행렬Transposed Matrix이라 하는데, m×n 행렬의 모든 원소 (i, j)를 (j, i)로 순서를 교환하면 n×m 행렬인 전치행렬이 된다. m×n 행렬 A와 전치행렬 A'는 [그림 3-14]의 (a)와 같다. 예를 들어, 3×4 행렬 A의 전치행렬은 (b)와 같이 4×3 행렬 A'가 된다.

$$A = \begin{vmatrix} a_{11} & a_{12} & \cdots & a_{1n} \\ a_{21} & a_{22} & \cdots & a_{2n} \\ a_{m1} & a_{m2} & \cdots & a_{mn} \end{vmatrix} \qquad A' = \begin{vmatrix} a_{11} & a_{21} & \cdots & a_{m1} \\ a_{12} & a_{22} & \cdots & a_{m2} \\ a_{1n} & a_{2n} & \cdots & a_{mn} \end{vmatrix}$$

(a) 행렬 A(m×n 행렬)와 전치행렬 A'(n×m 행렬) 표현

$$A = \begin{vmatrix} 1 & 2 & 3 & 4 \\ 5 & 6 & 7 & 8 \\ 9 & 10 & 11 & 12 \end{vmatrix} \xrightarrow{\text{전치행렬로 변환}} A' = \begin{vmatrix} 1 & 5 & 9 \\ 2 & 6 & 10 \\ 3 & 7 & 11 \\ 4 & 8 & 12 \end{vmatrix}$$

(b) 3×4 행렬 A와 전치행렬 A' 예

그림 3-14 행렬과 전치행렬 표현과 예

행렬의 각 원소는 행과 열로 표현할 수 있으므로, m×n 행렬 A를 [그림 3-15]와 같이 2차원 배열 A[m][n]으로 표현할 수 있다.

$$A = \begin{vmatrix} 1 & 2 & 3 & 4 \\ 5 & 6 & 7 & 8 \\ 9 & 10 & 11 & 12 \end{vmatrix}$$

A[3][4]

	[0]	[1]	[2]	[3]
[0]	1	2	3	4
[1]	5	6	7	8
[2]	9	10	11	12

그림 3-15 행렬 A의 2차원 배열 표현 예

m×n 행렬을 그대로 2차원 배열 [m][n]으로 구현하기는 쉽지만, [그림 3-16]과 같이 원소 대부분이 0인 희소행렬Sparse Matrix은 실제로 사용하지 않는 공간이 많아 기억 공간의 활용도가 떨어진다.

$$B = \begin{vmatrix} 0 & 0 & 2 & 0 & 0 & 0 & 12 \\ 0 & 0 & 0 & 0 & 7 & 0 & 0 \\ 23 & 0 & 0 & 0 & 0 & 0 & 0 \\ 0 & 0 & 0 & 31 & 0 & 0 & 0 \\ 0 & 14 & 0 & 0 & 0 & 25 & 0 \\ 0 & 0 & 0 & 0 & 0 & 0 & 6 \\ 52 & 0 & 0 & 0 & 0 & 0 & 0 \\ 0 & 0 & 0 & 0 & 11 & 0 & 0 \end{vmatrix}$$

B[8][7]

	[0]	[1]	[2]	[3]	[4]	[5]	[6]
[0]	0	0	2	0	0	0	12
[1]	0	0	0	0	7	0	0
[2]	23	0	0	0	0	0	0
[3]	0	0	0	31	0	0	0
[4]	0	14	0	0	0	25	0
[5]	0	0	0	0	0	0	6
[6]	52	0	0	0	0	0	0
[7]	0	0	0	0	11	0	0

그림 3-16 희소행렬 B의 2차원 배열 표현 예 1

기억 공간을 좀 더 효율적으로 사용하려면 0이 아닌 값이 있는 원소만 따로 배열로 구성하는 방법을 사용할 수 있다. 희소행렬 B에서 [그림 3-17]과 같이 0이 아닌 원소들에 대한 〈행 번호, 열 번호, 값〉의 쌍을 구해 2차원 배열에 저장한다. 이때 원래의 희소행렬에 대한 정보를 저장하기 위해 〈전체 행의 개수, 전체 열의 개수, 0이 아닌 원소의 개수〉의 쌍, 즉 〈8, 7, 10〉을 첫 번째 행으로 저장한다.

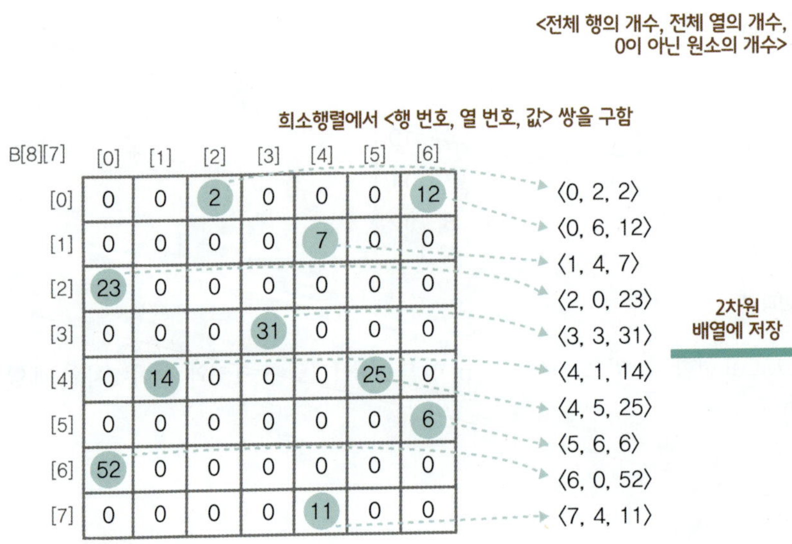

	[0]	[1]	[2]
[0]	8	7	10
[1]	0	2	2
[2]	0	6	12
[3]	1	4	7
[4]	2	0	23
[5]	3	3	31
[6]	4	1	14
[7]	4	5	25
[8]	5	6	6
[9]	6	0	52
[10]	7	4	11

그림 3-17 희소행렬 B의 2차원 배열 표현 예 2

[그림 3-16]의 2차원 배열에서는 행렬을 저장하기 위해 8×7=56개의 배열 원소에 대한 공간이 필요하지만, [그림 3-17]의 2차원 배열에서는 11×3=33개의 배열 원소에 대한 공간만 사용한다. 희소행렬의 2차원 배열에 대해 사용할 수 있는 자료와 연산은 추상 자료형으로 다음과 같이 정의할 수 있다.

ADT 3-1 희소행렬의 추상 자료형

```
ADT Sparse_Matrix
데이터 : 3원소 쌍 <행 인덱스, 열 인덱스, 원소값>의 집합
// a, b는 희소행렬, c는 행렬, u와 v는 행렬의 원소값, i와 j는 행 인덱스와 열 인덱스
연산 : a, b∈Sparse_Matrix; c∈Matrix; u, v∈value; i∈Row; j∈Column;

  // m×n의 공백 희소행렬을 만드는 연산
  smCreate(m, n) ::= return an empty sparse matrix with m×n;

  // 희소행렬 a[i, j]=v를 c[j, i]=v로 전치시킨 전치행렬 c를 구하는 연산
  smTranspose(a) ::= return c where c[j, i] = v when a[i, j] = v;

  // 차수가 같은 희소행렬 a와 b를 합한 행렬 c를 구하는 연산
  smAdd(a, b) ::= if (a.dimension = b.dimension)
                      then return c where c[i, j] = v + u where a[i, j] = v and b[i, j] = u
                  else return error;

  // 희소행렬 a의 열(n)과 희소행렬 b의 행(m) 개수가 같은 경우에 두 행렬의 곱을 구하는 연산
  smMulti(a, b) ::= if (a.n = b.m) then return c where c[i, j] = a[i, k]×b[k, j];
                    else return error;
End Sparse_Matrix
```

위의 추상 자료형에서 전치 연산 smTranspose(a)에 대한 알고리즘을 설계하면 다음과 같다.

알고리즘 3-3 희소행렬의 전치 연산

```
smTranspose(a[])
   m ← a[0, 0];        // 희소행렬 a의 행 수
   n ← a[0, 1];        // 희소행렬 a의 열 수
   v ← a[0, 2];        // 희소행렬 a에서 0이 아닌 원소 수
   b[0, 0] ← n;        // 전치행렬 b의 행 수 지정
   b[0, 1] ← m;        // 전치행렬 b의 열 수 지정
   b[0, 2] ← v;        // 전치행렬 b의 원소 수 지정
   if (v > 0) then {   // 0이 아닌 원소가 있는 경우에만 전치 연산 수행
      p ← 1;
      for (i ← 0; i < n; i ← i + 1) do {       // 희소행렬 a의 열별로 전치 반복 수행
         for (j← 1; j <= v; j ← j + 1) do {    // 0이 아닌 원소 수에 대해서만 반복 수행
            if (a[j, 1] = i) then {            // 현재의 열에 속하는 원소가 있으면 b[]에 삽입
               b[p, 0] ← a[j, 1];
               b[p, 1] ← a[j, 0];
               b[p, 2] ← a[j, 2];
               p ← p + 1;
```

```
                }
            }
        }
    }
    return b[];
end smTranspose()
```

[예제 3-5]는 희소행렬의 전치 연산에 대한 알고리즘을 구체화하여 구현한 프로그램이다.

예제 3-5 희소행렬의 전치 연산하기

[smTranspose.h]

```c
#pragma once
typedef struct {        // 행렬 원소를 저장하기 위한 구조체 term 정의
    int row;
    int col;
    int value;
} term;

void smTranspose(term a[], term b[]);
```

[smTranspose.c]

```c
#include "smTranspose.h"

void smTranspose(term a[], term b[]) {                          [알고리즘 3-1] 구현
    int m, n, v, i, j, p;
    m = a[0].row;                // 희소행렬 a의 행 수
    n = a[0].col;                // 희소행렬 a의 열 수
    v = a[0].value;              // 희소행렬 a에서 0이 아닌 원소 수
    b[0].row = n;                // 전치행렬 b의 행 수
    b[0].col = m;                // 전치행렬 b의 열 수
    b[0].value = v;              // 전치행렬 b의 원소 수
    if (v > 0) {                 // 0이 아닌 원소가 있는 경우에만 전치 연산 수행
        p = 1;
        for (i = 0; i < n; i++)       // 희소행렬 a의 열별로 전치 반복 수행
            for (j = 1; j <= v; j++)  // 0이 아닌 원소 수에 대해서만 반복 수행
                if (a[j].col == i) {  // 현재의 열에 속하는 원소가 있으면 b[]에 삽입
                    b[p].row = a[j].col;
                    b[p].col = a[j].row;
                    b[p].value = a[j].value;
                    p++;
                }
    }
}
```

[ex3_5.c]

```c
#include <stdio.h>
#include "smTranspose.h"

int main(void) {
    term a[] = { {8,7,10}, {0,2,2}, {0,6,12}, {1,4,7}, {2,0,23}, {3,3,31}, {4,1,14},
                 {4,5,25}, {5,6,6}, {6,0,52}, {7,4,11} };
    term b[sizeof(a) / sizeof(a[0])];    //배열 원소 개수 계산
    int i;

    printf("<<희소행렬 a>>");
    for (i = 0; i <= a[0].value; i++)
        printf("\n[%3d, %3d, %3d ] ", a[i].row, a[i].col, a[i].value);

    smTranspose(a, b);

    printf("\n\n<<희소행렬 b>>");
    for (i = 0; i <= b[0].value; i++)
        printf("\n[%3d, %3d, %3d ] ", b[i].row, b[i].col, b[i].value);

    getchar(); return 0;
}
```

```
<<희소행렬 a>>
[8, 7, 10 ]
[0, 2,  2 ]
[0, 6, 12 ]
[1, 4,  7 ]
[2, 0, 23 ]
[3, 3, 31 ]
[4, 1, 14 ]
[4, 5, 25 ]
[5, 6,  6 ]
[6, 0, 52 ]
[7, 4, 11 ]

<<희소행렬 b>>
[7, 8, 10 ]
[0, 2, 23 ]
[0, 6, 52 ]
[1, 4, 14 ]
[2, 0,  2 ]
[3, 3, 31 ]
[4, 1,  7 ]
[4, 7, 11 ]
[5, 4, 25 ]
[6, 0, 12 ]
[6, 5,  6 ]
```

2 다항식의 선형 리스트 표현

다항식이란 ax^e 형식의 항들의 합으로 구성된 식이다. 각 항에는 계수, 변수, 지수가 있는데, ax^e에서 a는 계수Coefficient, x는 변수Variable, e는 지수Exponent이다. 다항식은 지수가 높은 항부터 낮은 항 순서로 항을 나열하며, 가장 큰 지수가 그 다항식의 차수가 된다. 다항식 $A(x)=2x^3+3x^2+4x+5$는 항이 네 개로 구성된 다항식이며 차수는 3이 된다. 결국 다항식은 항을 나열한 것이므로 선형 리스트를 사용하여 표현할 수 있고 연산을 처리할 수 있다.

다항식의 데이터와 연산의 특징을 추상화하여 추상 자료형ADT : Abstract Data Type으로 정리하면 [ADT 3-2]와 같다.

추상 자료형 정의에 따라 $A(x)=4x^3+3x^2+2$는 p1=((3, 4), (2, 3), (0, 2))와 같이 각 항을 지수와 계수의 쌍으로 묶어 세 개의 항을 p1 선형 리스트의 원소로 정의할 수 있다. 다항식에서는 첫 번째 항이 최고차항이므로 첫 번째 항의 지수를 알면 가능한 최다항 개수까지 알 수 있다. 예를 들어, 첫 번째 항의 지수가 3이면 그 다항식은 3차 다항식이 된다. 이 다항식에 포함될 수 있는 항은 x^3, x^2, x^1, x^0(상수항)이므로 가능한 최다항 개수는 네 개이다. n차 다항식 P(x)는 다음과 같이 표현할 수 있다. 이때 a_n은 지수가 n인 항의 계수를 나타낸다.

$$P(x) = a_nx^n + a_{n-1}x^{n-1} + \cdots + a_1x^1 + a_0x^0$$

그림 3-18 n차 다항식 P(x)

지수가 n인 다항식은 최다항 개수가 (n+1)개이므로 원소가 (n+1)개인 배열을 사용하여 [그림 3-19]의 (a)와 같이 순차 자료구조로 표현할 수 있다. 배열의 인덱스는 다항식 항의 지수를 표현하고 배열 원소에는 다항식 항의 계수를 저장한다. 배열 P에서 인덱스 i는 지수가 (n−i)인 항에 대응되는 배열 원소를 의미하고, P[i]의 값은 지수가 (n−i)인 항의 계수가 된다. 예를 들어 다항식 A(x)는 [그림 3-19]의 (b)와 같다. 다항식 A(x)에서 x^1항이 없다는 것은 $0x^1$항이라는 것이므로 A[2]의 값은 0이 된다.

ADT 3-2 다항식의 추상 자료형

```
ADT Polynomial
데이터 : 지수(e_i) - 계수(a_i)의 순서쌍 <e_i, a_i>의 집합으로 표현된 다항식
p(x) = a_0x^e0 + a_-1x^e1 + … + a_ix^ei … + a_nx^en. (e_i는 음이 아닌 정수)
// p, p1, p2는 다항식, a는 계수, e는 지수
연산 : p, p1, p2 ∈ Polynomial; a ∈ Coefficient; e ∈ Exponent;

   // 공백 다항식 p(x) = 0을 만드는 연산
   zeroP() ::= return polynomial p(x) = 0;

   // 다항식 p가 0인지 검사하여 0이면 true를 반환하는 연산
   isZeroP(p) ::= if (p) then false
                  else return true;
```

```
    // 다항식 p에서 지수가 e인 항의 계수 a를 구하는 연산
    coef(p, e) ::= if (<e, a> ∈ p) then return a
                   else return 0;

    // 다항식 p에서 최대 지수를 구하는 연산
    maxExp(p) ::= return max(p.Exponent);

    // 다항식 p에 지수가 e인 항이 없는 경우에 새로운 항 <e, a>를 추가하는 연산
    addTerm(p, a, e) ::= if (e ∈ p.Exponent) then return error
                         else return p after inserting the term <e, a>;

    // 다항식 p에서 지수가 e인 항 <e, a>를 삭제하는 연산
    delTerm(p, e) ::= if (e ∈ p.Exponent) then return p after removing the term <e, a>
    else return error;

    // 다항식 p의 모든 항에 ax^e항을 곱하는 연산
    multTerm(p, a, e) ::= return (p * ax^e);

    // 다항식 p1과 p2의 합을 구하는 연산
    addPoly(p1, p2) ::= return (p1 + p2);

    // 다항식 p1과 p2의 곱을 구하는 연산
    multPoly(p1, p2) ::= return (p1 * p2);

  End Polynomial
```

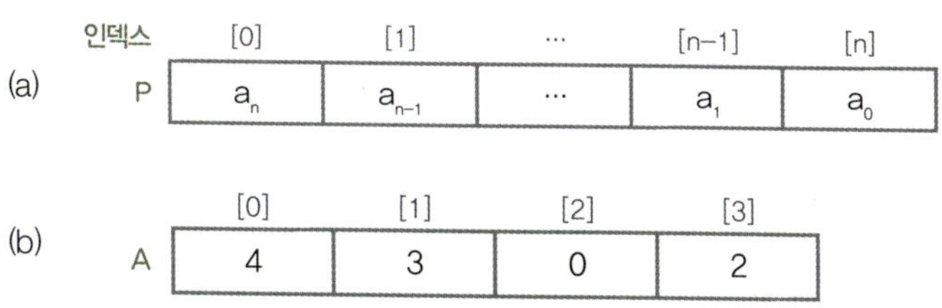

그림 3-19 n차 다항식 P(x)의 순차 자료구조 표현과 예

다항식의 각 항의 계수를 정해진 인덱스의 배열 원소에 저장하여 사용하는 방법은 지수를 따로 저장하지 않기 때문에 표현하기 쉽고 간단하다. 그러나 차수와 항의 개수 차이가 심한 희소 다항식은 메모리가 낭비된다.

예를 들어 다항식 $B(x)=3x^{1000}+x+4$는 지수는 1000이지만 항의 개수는 세 개뿐인 희소 다항식이다. 다항식 B(x)를 순차 자료구조로 저장하려면 [그림 3-20]의 (a)와 같이 배열 크기가 1001인 배열을 사용해야 한다. 배열 원소 1001개 중 실제로 사용하는 것은 세 개뿐이고, 나머지 배열 원소 공간인 998개가 낭비된다. 이러한 희소 다항식은 지수에 따라 (지수+1) 크기의 배열을 생성하는 것보다 항의 개수에 따라 배열 크기를 결정하는 것이 메모리 사용 면에서 효율적이다. 이 경우에는 인덱스를 이용해 지수를

표현할 수 없으므로 (b)와 같이 〈지수, 계수〉 쌍을 2차원 배열로 저장한다. 2차원 배열에서 행의 개수는 희소 다항식 항의 개수가 된다. 0번 열은 항의 지수를 저장하고, 1번 열은 계수를 저장한다.

	[0]	[1]	[2]	[3]	…	[997]	[998]	[999]	[1000]
B	3	0	0	0	…	0	0	1	4

(a) 1차원 배열을 이용한 순차 자료구조

	[0]	[1]	
[0]	1000	3	➡ $3x^{1000}$
[1]	1	1	➡ x
[2]	0	4	➡ 4

(b) 2차원 배열을 이용한 순차 자료구조

그림 3-20 희소 다항식의 순차 자료구조 표현 예 : $B(x) = 3x^{1000} + x + 4$

SELF TEST_ 다음 다항식을 ① 1차원 배열과 ② 2차원 배열에 저장하는 경우를 설명하시오.

$$A(x) = 12x^{101} + 8x^{99} - 5x^{98} + 72x^{2}$$

[ADT 3-2]에 정의된 다항식 연산 중에서 덧셈 연산을 살펴보자. A(x)+B(x)=C(x)는 지수가 같은 항이 있으면 계수를 더하여 결과 다항식 C(x)의 항을 만들고, 같은 지수의 항이 없으면 그 항은 그대로 C(x)의 항이 된다.

$$\begin{aligned} A(x) &= \quad\;\; 4x^3 + 3x^2 + 5x \\ B(x) &= 3x^4 + x^3 + 2x + 1 \\ C(x) &= 3x^4 + (4+1)x^3 + 3x^2 + (5+2)x + 1 \\ &= 3x^4 + 5x^3 + 3x^2 + 7x + 1 \end{aligned}$$

그림 3-21 다항식의 덧셈 addPoly( )

두 다항식을 덧셈한 연산 addPoly()에 대한 알고리즘을 다음과 같이 정의할 수 있다.

알고리즘 3-4 순차 리스트를 이용한 다항식의 덧셈 연산

```
addPoly(A, B)
// 주어진 두 다항식 A와 B를 더하여 결과 다항식 C를 반환하는 알고리즘
C ← zeroP();
while (not isZeroP(A) and not isZeroP(B)) do {
   case {
      maxExp(A) < maxExp(B) :
         C ← addTerm(C, coef(B, maxExp(B)), maxExp(B));
```

```
            B ← delTerm(B, maxExp(B));
        maxExp(A) == maxExp(B) :
            sum ← coef(A, maxExp(A)) + coef(B, maxExp(B));
            if (sum≠0) then C ← addTerm(C, sum, maxExp(A));
            A ← delTerm(A, maxExp(A));
            B ← delTerm(B, maxExp(B));
        maxExp(A) > maxExp(B) :
            C ← addTerm(C, coef(A, maxExp(A)), maxExp(A));
            A ← delTerm(A, maxExp(A));
    }
}

if (not isZeroP(A)) then A의 나머지 항들을 C에 복사
else if (not isZeroP(B)) then B의 나머지 항들을 C에 복사
return C;

end addPoly()
```

[알고리즘 3-4]는 다항식 A, B의 항을 하나씩 검사하여 지수가 같으면 계수를 더해서 만든 항을 다항식 C에 추가(addTerm())하고, 지수가 다르면 둘 중에서 지수가 큰 항을 다항식 C에 추가(addTerm()) 하는 과정을 마지막 항까지 반복하여 덧셈 결과 다항식 C를 완성한다.

[예제 3-6]은 [알고리즘 3-4]를 구체화하여 구현한 프로그램이다.

예제 3-6 순차 리스트를 이용해 다항식 덧셈하기

[addPoly.h]

```c
#pragma once
#define MAX(a,b) ((a>b)?a:b)
#define MAX_DEGREE 50

typedef struct {            // 구조체 polynomial 정의
    int degree;             // 다항식의 차수를 저장할 변수
    float coef[MAX_DEGREE]; // 다항식의 각 항의 계수를 저장할 1차원 배열
} polynomial;

polynomial addPoly(polynomial A, polynomial B);
void printPoly(polynomial P);
```

[addPoly.c]

```c
#include "addPoly.h"

polynomial addPoly(polynomial A, polynomial B) {
    polynomial C;   // 다항식 덧셈의 결과 다 항식을 저장할 polynomial 구조체 변수 선언
```

```c
    int A_index = 0, B_index = 0, C_index = 0;
    int A_degree = A.degree, B_degree = B.degree;
    C.degree = MAX(A.degree, B.degree);

    while (A_index <= A.degree && B_index <= B.degree) {
        if (A_degree > B_degree) {
            C.coef[C_index++] = A.coef[A_index++];
            A_degree--;
        }
        else if (A_degree == B_degree) {
            C.coef[C_index++] = A.coef[A_index++] + B.coef[B_index++];
            A_degree--;
            B_degree--;
        }
        else {
            C.coef[C_index++] = B.coef[B_index++];
            B_degree--;
        }
    }
    return C;    // 다항식 덧셈의 결과 다항식 C를 반환
}

void printPoly(polynomial P) {
    int i, degree;
    degree = P.degree;

    for (i = 0; i <= P.degree; i++) {
        printf("%3.0fx^%d", P.coef[i], degree--);
        if (i < P.degree) printf(" +");
    }
    printf("\n");
}
```

[ex3_6.c]

```c
#include <stdio.h>
#include "addPoly.h"

int main(void) {
    polynomial A = { 3,{ 4,3,5,0 } };       // 다항식 A의 초기화
    polynomial B = { 4,{ 3,1,0,2,1 } };     // 다항식 B의 초기화
    polynomial C;

    C = addPoly(A, B);   // 다항식 A, B에 대한 덧셈을 수행하기 위해 addPoly 함수 호출

    printf("\n A(x) ="); printPoly(A);   // 다항식 A 출력
```

```
12      printf("\n B(x) ="); printPoly(B);   // 다항식 B 출력
13      printf("\n C(x) ="); printPoly(C);   // 다항식 C 출력
14
15      getchar(); return 0;
16  }
```

```
A(x)= 4x^3 + 3x^2 + 5x^1 + 0x^0
B(x)= 3x^4 + 1x^3 + 0x^2 + 2x^1 + 1x^0
C(x)= 3x^4 + 5x^3 + 3x^2 + 7x^1 + 1x^0
```

[addPoly.c]

addPoly 함수는 다항식 A와 B를 매개변수로 받아 덧셈을 수행한 후 다항식 C를 결과로 반환한다.

9행 : 다항식 A에서 현재 처리 중인 항의 인덱스가 다항식 A의 차수 이내이고 다항식 B에서 현재 처리 중인 항의 인덱스가 다항식 B의 차수 이내인 동안, 즉 두 다항식에서 처리할 항이 남아 있는 동안 반복하여 수행한다.

10~13행 : 다항식 A에서 현재 처리 중인 항의 지수가 다항식 B에서 현재 처리 중인 항의 지수보다 큰 경우, 다항식 A의 현재 항의 계수를 다항식 C의 현재 항의 계수로 저장한다. 처리가 끝난 다항식 A와 C는 다음에 처리할 항을 준비한다.

14~18행 : 다항식 A에서 현재 처리 중인 항의 지수가 다항식 B에서 현재 처리 중인 항의 지수와 같은 경우, 두 항의 계수를 더하여 다항식 C의 현재 항의 계수로 저장한다. 처리가 끝난 다항식 A, B, C는 다음에 처리할 항을 준비한다.

19~22행 : 다항식 A에서 현재 처리 중인 항의 지수가 다항식 B에서 현재 처리 중인 항의 지수보다 작은 경우, 다항식 B의 현재 항의 계수를 다항식 C의 현재 항의 계수로 저장한다. 처리가 끝난 다항식 B와 C는 다음에 처리할 항을 준비한다.

[ex3_6.c]

5행은 차수가 3이고 계수가 {4, 3, 5, 0}, 즉 $4x^3+3x^2+5x^1+0x^0$을 구조체 변수 A에 초기화한다.

6행은 차수가 4이고 계수가 {3, 1, 0, 2, 1}, 즉 $3x^4+1x^3+0x^2+2x^1+1x^0$을 구조체 변수 B에 초기화한다.

응용예제 01 게이트볼 공은 어디에?

한아는 마네의 작품 중 《크로켓 게임》을 좋아한다. 문득 우리나라에서 크로켓 게임을 할 수 없을까 알아보다가 그와 유사한 '게이트볼'이 있다는 것을 알게 되었다. 한아는 게이트볼 훈련장을 찾았다.

게이트볼 훈련장은 N×N 크기의 정사각형으로 되어있으며 1×1 크기의 정사각형으로 나눈 내부 공간의 경계선마다 게이트(⊓)가 설치되어 있다. 다음은 4×4 크기의 훈련장이다.

▶ 마네의 크로켓 게임(1873년 작)

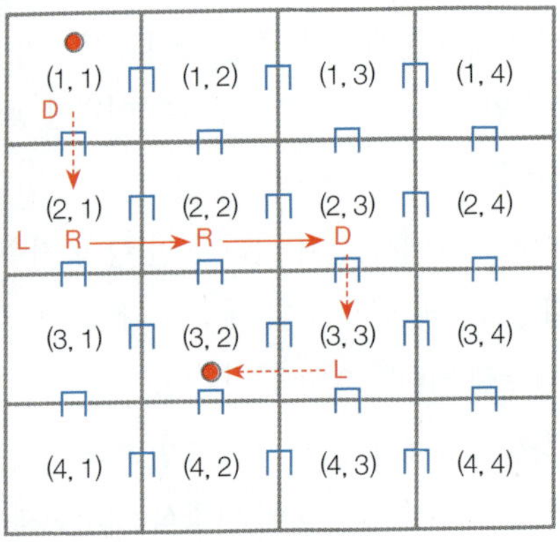

▶ 4×4 크기의 게이트볼 훈련장

(1, 1) 공간을 보면 왼쪽과 위는 경기장 밖이므로 제외하고 오른쪽과 아래에 게이트가 설치되어 있다. (1, 2) 공간을 보면 위를 제외하고 왼쪽, 오른쪽, 아래에 게이트가 설치되어 있고 (2, 3) 공간은 왼쪽, 오른쪽, 위, 아래 네 방향으로 공을 칠 수 있으므로 네 개의 게이트가 있다. 시작 위치는 항상 (1, 1)이다.

훈련장에서는 연습생의 스윙 방향을 기록한다. 시작 위치 (1, 1)에서 스윙 기록을 따라가면 공을 찾을 수 있다. 스윙 기록은 현재 위치에서 스윙한 방향 즉, L^Left^, R^Right^, U^Up^, D^Down^로 표시된다. 스윙한 방향에 게이트가 없으면 벽에 헛스윙을 한 것이므로 공은 이동 없이 제자리에 있게 된다.

예를 들어, 4×4 크기의 훈련장에서 스윙 기록이 [D L R R D L]이라면 공은 (1, 1)에서 D이므로 (2, 1)로 이동, L이므로 헛스윙, 다시 (2, 1)에서 R이므로 (2, 2)로 이동하고 R이므로 (2, 3)으로 이동, D이므로 (3, 3)으로 이동, L이므로 (3, 2)로 이동하였다. 따라서 공의 위치는 (3, 2)가 된다.

문제 공의 마지막 위치 구하기

한아가 훈련을 시작하기 위해 공을 시작 위치인 (1, 1)에 둔다. 공은 어디로 갈까? 스윙 기록을 알고 있을 때 공의 마지막 위치를 출력하는 프로그램을 작성하라.

① 입력 조건
- 첫째 줄에 훈련장 크기를 나타내는 N이 주어진다. ($1 \leq N \leq 50$)
- 둘째 줄에 스윙 기록이 주어진다. (1 ≤ 스윙 횟수 ≤ 50)

② 출력 조건
- 첫째 줄에 공의 마지막 위치를 (x,y) 형태로 출력한다.

③ 입출력 예시

```
4
DLRRDL
```

→

```
(3, 2)
```

문제 해결

① 설계

- N×N 훈련장을 순차 자료구조인 2차원 배열로 생성한다.
- 내부 공간의 좌표를 2차원 배열의 행과 열 인덱스와 연관하여 처리한다.
- 헛스윙 여부를 판단하여 헛스윙인 경우에는 자리를 이동하지 않는다.

② 순서도

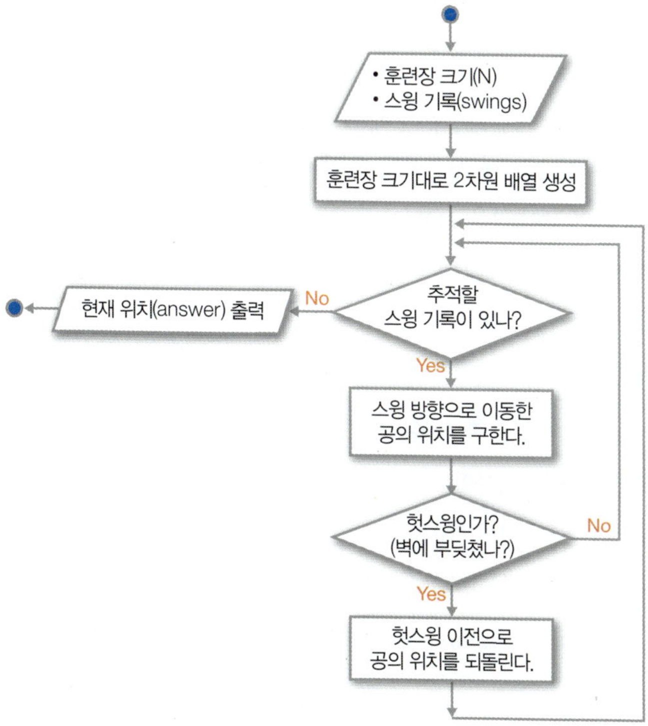

응용예제 02

TDM 축소하기

자연어 처리natural language processing 분야에서 임베딩embedding은 자연어를 컴퓨터가 이해할 수 있는 숫자인 벡터vector로 나타내는 것이다. 가장 간단한 임베딩은 문서document에 나타난 단어term의 빈도를 벡터로 사용하는 것이다. 아래와 같은 단어별 출현 빈도 행렬을 단어-문서 행렬TDM : Term-Document Matrix이라고 하는데 TDM에서 행은 단어에 대응하며 전체 행의 개수는 전체 문서에 포함되어 있는 단어의 총 개수가 된다. 열은 문서에 대응하며 열의 개수는 처리할 문서의 총 개수가 된다. 행렬의 원소값은 행에 대응하는 단어가 열에 대응하는 문서에 나타난 횟수(출현 빈도)가 된다. 아래 TDM에서 '순차'라는 단어는 문서1에 12번, 문서6에 7번 나타났고 나머지 문서에는 한 번도 나타나지 않았다.

	문서1	문서2	문서3	문서4	문서5	문서6	문서7	문서8	문서9	문서10
오늘	0	1	0	0	0	0	1	0	2	3
데이터	9	0	0	1	0	4	0	0	0	0
날씨	0	2	0	0	0	0	1	0	1	5
순차	12	0	0	0	0	7	0	0	0	0
강아지	0	1	0	0	0	0	0	0	3	0

TDM에서 행의 개수는 분석할 말뭉치 전체의 어휘 수와 같기 때문에 몇만에서 몇십 만이 되는 경우가 보통이다. 그리고 문서 하나에서 모든 단어가 골고루 다 사용되는 경우는 거의 없기 때문에 TDM의 원소값은 대부분 0이다. 분석에 사용되지 않는 0의 값이 많은 TDM을 그대로 계산하면 메모리 사용량도 많아지고 계산 시간도 길어진다. 따라서 자연어 처리 알고리즘 성능 향상을 위해 TDM을 축소해야 한다.

문제 **TDM 축소 행렬 구하기**

0이 아닌 실제 빈도 값만 추출한 TDM 축소 행렬을 출력하는 프로그램을 작성하라.

① 입력 조건
- 첫째 줄에 단어 개수 N과 단어 목록이 주어진다. ($5 \le N \le 30$)
- 둘째 줄에 문서 개수 M이 주어진다. ($10 \le M \le 50$)
- 셋째 줄부터 N+2번째 줄까지 TDM의 원소값이 한 줄에 M개씩 주어진다.

② 출력 조건
- 첫째 줄부터 TDM 축소 행렬을 출력한다.

③ **입출력 예시**

```
5 오늘 데이터 날씨 순차 강아지
10
0 1 0 0 0 0 1 0 2 3
9 0 0 1 0 4 0 0 0 0
0 2 0 0 0 0 1 0 1 5
12 0 0 0 0 7 0 0 0 0
0 1 0 0 0 0 0 0 3 0
```

→

```
오늘 문서2 1
오늘 문서7 1
오늘 문서9 2
오늘 문서10 3
데이터 문서1 9
데이터 문서4 1
데이터 문서6 4
날씨 문서2 2
날씨 문서7 1
날씨 문서9 1
날씨 문서10 5
순차 문서1 12
순차 문서6 7
강아지 문서2 1
강아지 문서9 3
```

문제 해결

① **설계**

TDM은 N×M 행렬로 대부분의 값이 0으로 채워진 희소행렬이다. TDM 축소 행렬은 희소행렬에 대한 정보 압축 행렬이 된다. 0이 아닌 값이 있는 원소를 찾아서 [행 번호, 열 번호, 값]의 형태로 정리하여 열의 크기가 3인 2차원 배열을 구성한다.

② **순서도**

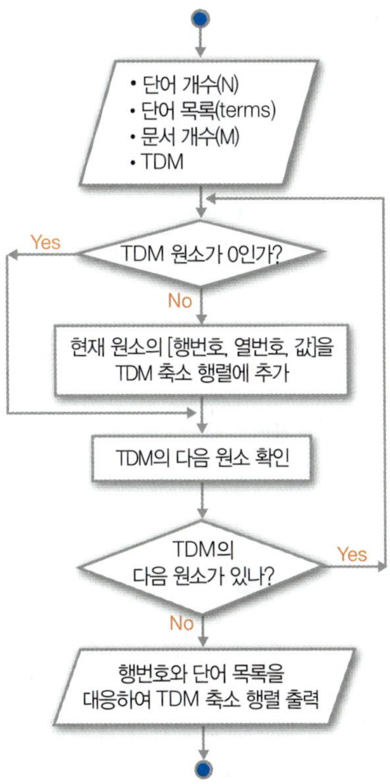

요약

01 선형 리스트 개념과 순차 자료구조의 관계

선형 리스트Linear List는 리스트에 나열한 원소들이 순서대로 나열된 리스트로 순서 리스트Ordered List라고도 한다. 메모리에 저장되는 방식에 따라 선형 순차 리스트와 선형 연결 리스트로 나뉘는데, 일반적으로 선형 순차 리스트를 선형 리스트라고 한다. 선형 리스트는 원소들이 나열된 논리적인 순서와 메모리에 저장되는 물리적인 순서가 같은 순차 자료구조이다. 순차 자료구조에서는 원소들이 순서대로 연속하여 저장된다. 시작 위치가 α이고, 원소 길이가 ℓ인 리스트에서 i번째 원소의 위치는 $\alpha+(i-1)\times\ell$이 된다.

02 선형 리스트의 연산

선형 리스트에서 삽입 또는 삭제 연산을 하면 원소들의 논리적 순서가 바뀌기 때문에 물리적 순서도 바뀌어야 한다. 말 그대로 원소 위치를 물리적으로 옮기는 작업을 해야 한다.

- 삽입 연산에 따른 원소의 이동 횟수 = 마지막 원소의 인덱스 − 삽입할 자리의 인덱스 + 1
- 삭제 연산에 따른 원소의 이동 횟수 = 마지막 원소의 인덱스 − 삭제한 자리의 인덱스

03 선형 리스트의 구현

선형 리스트는 C 프로그래밍의 배열을 사용해 구현한다. 배열은 〈인덱스, 원소〉의 쌍으로 구성되어 메모리에 연속적으로 할당되는데, 이때 인덱스는 배열 원소의 순서를 나타내며 배열 원소들이 순서대로 메모리에 연속하여 순차 저장된다.

04 희소 다항식의 선형 리스트 표현

희소 다항식은 메모리 사용 효율성을 높이기 위해 지수에 따라 (지수+1) 크기의 배열을 생성하는 방법 대신 항의 개수에 따라 배열 크기를 결정하는 방법을 사용하여 〈지수, 계수〉 쌍을 2차원 배열에 저장한다. 다항식을 표현한 2차원 배열에서 행의 개수는 희소 다항식의 항의 개수가 된다.

05 행렬의 선형 리스트 표현

희소행렬을 처리하기 위해 선형 리스트로 표현하고, 행과 열 인덱스가 있는 2차원 배열을 사용하여 구현한다.

06 다항식의 선형 리스트 표현

다항식의 표현과 연산을 처리하기 위해 선형 리스트를 사용할 수 있다. n차 다항식 $P(x) = a_nx^n + a_{n-1}x^{n-1} + \cdots + a_1x^1 + a_0x^0$을 (n+1)개 원소를 가지는 배열을 사용하여 표현할 수 있다. 배열의 인덱스는 다항식 항의 지수를 표현하는 데 이용되고, 배열 원소에는 다항식 항의 계수가 저장된다.

인덱스	[0]	[1]	…	[n−1]	[n]
P	a_n	a_{n-1}	…	a_1	a_0

연습문제

01 순차 자료구조와 관련된 것은?

① 디스크 조각 모으기　　② 재귀호출
③ 포인터　　④ 백신 프로그램

02 선형 리스트에 대한 설명으로 틀린 것은?

① 선형 리스트는 메모리에 연속된 공간을 사용한다.
② 삽입 연산에 효율적이다.
③ 배열을 사용해 구현하는 순차 자료구조이다.
④ 선형 리스트의 전체 원소를 순서대로 액세스하는 속도가 빠르다.

03 선형 리스트를 L[m][n]의 2차원 배열로 구현할 때, 선형 리스트에 저장할 수 있는 원소의 최대 개수는?

① $(m + 1) \times (n + 1)$개　　② $(m \times n)$개
③ $(m - 1) \times (n - 2)$개　　④ $(m \times n) + 1$개

04 선형 리스트를 구현한 2차원 배열 L[5][7]에서 L[3][2]의 물리적 주소는? (단, 원소 한 개의 크기는 4바이트이고, 행 우선 순서를 사용한다.)

① $0 + (3 \times 7 + 2)\ 4$　　② $0 + (3 \times 5 + 2)\ 4$
③ $L + (3 \times 7 + 2)\ 4$　　④ $L + (2 \times 5 + 3)\ 4$

05 배열 int array[10][200]을 행 우선 순서로 저장하는 경우에 원소 array[7][12]의 시작 주소는 몇 번지인가? (단, 배열 array의 시작 주소는 10840h로, int의 크기는 4바이트로 가정한다. 배열 첨자는 0부터 시작하며 숫자에 붙은 h는 16진수 표기를 의미한다.)

① 10804h　　② 11E50h　　③ 16488h
④ 108BFh　　⑤ 10A3Ch

06 원소가 100개 있는 선형 리스트에서 열 번째 원소를 삭제하는 연산을 수행하였다. 원소의 이동 횟수는?

① 90　　② 91　　③ 92　　④ 93

07 3차원 배열 A(1:5, 2:4, 1:3)를 1차원 배열 B(1:45)에 행 우선으로 저장하는 경우 A(2, 3, 3)이 저장되는 B의 인덱스는?

① 12 ② 13 ③ 14 ④ 15

08 행 우선으로 저장되는 3차원 배열 a[4][5][3]이 있을 때, 이 배열의 첫 번째 원소 a[0][0][0]의 주소를 α라고 하면, a[2][3][1]의 주소를 α+i로 표현했을 때 i의 값은?

① 6 ② 40 ③ 56 ④ 168

09 K[1: 2, 1: 3, 1: 2]로 선언된 3차원 배열을 행 우선으로 1차원 배열에 저장했을 때, 아홉 번째에 저장되는 요소는?

① K(1, 2, 2) ② K(1, 3, 2) ③ K(2, 2, 1) ④ K(2, 3, 2)

10 행 우선 배열 A[3:6][2:7][8:12]에서 A[4][5][10]은 배열 A의 몇 번째 원소인가? (단, 첫 번째 원소는 A[3][2][8]이고 마지막 원소는 A[6][7][12]이다.)

① 45 ② 46 ③ 47 ④ 48

11 행 우선으로 배열값을 저장하는 C 언어에서 3차원 배열 A[4][2][3]을 선언하였다. A[0][0][0]부터 A[3][1][2]에 정수값 1~24를 행 우선 순서에 따라 차례대로 저장할 때, A[2][1][2]에 저장되는 값은?

① 17 ② 18 ③ 19 ④ 20

12 희소행렬에 대한 설명으로 옳지 않은 것은?

① 원소값이 대부분 0으로 구성되어 있다.
② 2차원 배열로 표현하면 특정 항목의 접근이 용이하다.
③ 연결 리스트 구조로 표현하더라도 행렬의 덧셈 연산을 할 수 있다.
④ 연결 리스트 구조로 표현하면 기억 공간이 낭비된다.

13 m×n 크기의 정수값 희소행렬을 정수형 배열에 저장하려고 한다. 가장 효과적인 저장 방법을 사용할 때, 필요한 배열 크기는? (단, t는 0이 아닌 희소행렬 원소의 개수이며, 배열 크기는 배열 원소의 수를 의미한다.)

① m × n ② t ③ m+n+t ④ 3(t+1)

14 값이 0인 원소들의 비율이 90%인 1000×1000 희소행렬 표현에 관한 설명 중 옳은 것은?

① 2차원 배열로 모든 원소들을 표현하는 것이 저장 관점에서 효율적이다.

② 2차원 배열로 0이 아닌 원소들만 표현하기 위해서 저장 공간이 1000개 필요하다.

③ 0이 아닌 원소들만 연결 리스트로 표현하는 것이 배열로 표현하는 것보다 전치행렬 연산에 효율적이다.

④ 0이 아닌 원소들만 3원소 쌍(행의 인덱스, 열의 인덱스, 값)으로 배열에 저장하는 것이 저장 관점에서 효율적이다.

15 X, Y, Z는 m×n 희소행렬에서 원소값이 0이 아닌 k개의 각 원소를 표현하기 위해 〈행, 열, 값〉 3원소 쌍을 사용하는 2차원 배열이며, 변환 규칙은 (가)와 같다. 행렬 P와 Q가 (나)와 같이 X, Y로 각각 표현되었을 때, P와 Q를 곱한 행렬 R을 Z로 표현할 경우, 이에 대한 설명으로 옳지 않은 것은? (단, 행렬의 행 번호와 열 번호는 0부터 시작한다.)

(가)

- 행 우선 배열이며, 크기는 (k+1)×3이다.
- 첫 번째 행의 세 개 열에는 희소행렬의 행의 크기(m), 열의 크기(n), 0이 아닌 원소의 수(k)를 순서대로 저장한다.
- 나머지 k개의 각 행에는 0이 아닌 원소들에 대한 정보가 저장되며, 해당 행의 각 열에는 원소들의 행 번호, 열 번호, 저장된 값이 각각 저장된다.
- 원소들에 대한 정보를 저장할 때는 원소들의 행 번호와 열 번호가 차례대로 오름차순이 되도록 저장한다.

(나)

X

행＼열	0	1	2
0	3	4	3
1	0	3	4
2	1	1	7
3	2	3	1

Y

행＼열	0	1	2
0	4	2	3
1	0	1	1
2	3	0	3
3	3	1	2

① Z[0][1] = 2이다.

② Z[0][2] = 4이다.

③ Z[1][0] = 0이다.

④ Z[3][2] = 3이다.

16 다항식을 표현하기 위하여 다음의 구조체를 정의하였다. 다항식 $A(x)=\sum_{i=0}^{n} a_i x^i$에 대해 poly.degree = n, poly.coef[i] = a_{n-i}로 표현되며, 구조체 멤버 중 degree는 다항식의 최고 차수를 저장하고 배열 coef[MAX_DEGREE]는 다항식의 최고 차수 항부터 최저 차수 항까지의 계수를 차례로 저장한다. 이때, 다항식 A(x)를 저장하기 위한 구조체 변수 poly의 선언 과정에서 다항식 $100x^5+60x$를 초기화하기 위한 ㉠의 내용으로 옳은 것은?

```
#define MAX_DEGREE 6

struct polynomial {
    int degree;
    int coef[MAX_DEGREE];
} poly = ㉠;
```

① {5, {100, 1, 60}}

② {5, {100, 60, 0, 0, 0, 1}}

③ {5, {100, 0, 0, 0, 60, 0}}

④ {5, {100, 0, 60}}

17 원소가 여덟 개 있는 선형 리스트에서 3번 자리에 새로운 원소를 삽입하려면 원소를 몇 개 옮겨야 하나?

18 선형 리스트 A를 C 프로그램에서 2차원 배열 A[5][3]으로 표현했을 때 A[3][1] 원소는 몇 번째 원소인가?

19 시작 위치가 100번지이고 원소 길이가 8바이트인 선형 리스트가 행 우선 순서 방법으로 저장되어 있을 때 아홉 번째 원소의 주소는?

20 다음과 같은 2차원 배열에 대해서 답하시오.

```
int num[3][4] = {1, 2, 3, 4, 5, 6, 7, 8, 9, 10};
```

① 2차원 배열 num의 논리적 구조를 [그림 3-6]과 같이 표현하시오.

② 배열 원소 num[1][3]이 저장된 메모리 주소를 행 우선 순서 방법을 이용해 구하시오. (단, 시작 주소는 1000이고, int 크기는 4바이트로 한다.)

③ 배열 원소 num[1][3]이 저장된 메모리 주소를 열 우선 순서 방법을 이용해 구하시오. (단, 시작 주소는 1000이고, int 크기는 4바이트로 한다.)

21 두 다항식을 입력 받아 다항식의 곱을 구하는 multPoly 함수를 작성하시오.

22 다음 희소행렬의 논리적 구조를 2차원 배열을 사용해 표현하시오.

$$A = \begin{vmatrix} 0 & 0 & 0 & 9 \\ 0 & 1 & 0 & 0 \\ 0 & 0 & 0 & 0 \\ 0 & 0 & 7 & 0 \\ 0 & 0 & 0 & 0 \\ 3 & 0 & 0 & 0 \\ 0 & 0 & 0 & 0 \end{vmatrix}$$

23 다음 행렬에 대한 전치행렬을 구하시오.

$$A = \begin{vmatrix} 1 & 3 & 5 & 7 \\ 5 & 7 & 9 & 4 \\ 4 & 9 & 5 & 9 \end{vmatrix}$$

24 희소행렬의 메모리 효율성을 높이기 위해 0이 아닌 원소만 뽑아 2차원 배열로 저장하는 함수를 작성하시오.

연결 자료구조와 연결 리스트

01 연결 자료구조와 연결 리스트의 이해
02 단순 연결 리스트
03 원형 연결 리스트
04 이중 연결 리스트
05 연결 리스트의 응용 및 구현
응용예제
요약
연습문제

Chapter

04

학습목표

- 연결 자료구조를 이해한다.
- 순차 자료구조와 연결 자료구조의 차이점과 장단점을 알아본다.
- 연결 리스트의 종류와 특징을 알아본다.
- 연결 자료구조를 이용한 다항식의 덧셈 연산 방법을 알아본다.

Chapter

04

Preview

	유형 \ 구현 방식	3장 순차 자료구조 (배열을 이용한 구현)	4장 연결 자료구조 (포인터를 이용한 구현)
3~4장	리스트 • 추상 자료형 • 알고리즘 • 리스트의 응용	선형 리스트	단순 연결 리스트 원형 연결 리스트 이중 연결 리스트
5장	스택	순차 스택	연결 스택
6장	큐	순차 큐, 원형 큐	연결 큐
	데크	순차 데크	연결 데크
7장	트리	순차 이진 트리	연결 이진 트리
8장	그래프	순차 그래프(인접 행렬)	연결 그래프(인접 리스트)

수천 페이지가 넘는 문서를 순서대로 묶어서 정리할 수 있을까요? 수천 페이지를 묶어 놓으면 꺼내 보기도 불편하지만 필요한 부분만 찾아보기는 더 힘듭니다. 양이 많은 문서라면 책처럼 고정하여 묶지 말고 웹 페이지처럼 하이퍼링크를 클릭하여 확장하는 구조를 쓰는 편이 효율적입니다. 이렇게 링크를 통해 확장 가능한 문서를 하이퍼 문서라고 합니다. 3장의 순차 자료구조가 고정되어 묶여 있는 구조라면, 연결 자료구조는 링크를 통해 확장 가능한 하이퍼 구조의 자료구조 방법입니다.

연속된 물리적 위치가 아니라 하이퍼 문서처럼 링크를 이용해 다음 순서의 자료(원소)를 구현하는 방식을 연결 자료구조라고 합니다. 연결 자료구조 구현 방식은 프로그래밍의 포인터를 이용한 구현 방식입니다. 리스트를 연결 자료구조 방식으로 구현하면 연결 리스트가 됩니다.

Section 01

연결 자료구조와 연결 리스트의 이해

1 연결 자료구조의 개념

자료구조 유형을 프로그램으로 구현하는 방식에는 3장에서 설명한 순차 자료구조 외에도 연결 자료구조가 있다. 순차 자료구조 구현 방식은 논리적인 순서와 물리적인 순서가 같기 때문에 원소 위치를 찾아 액세스하기 쉽지만, 삽입이나 삭제 연산을 한 다음 연속적인 물리적 위치를 유지하기 위해 원소를 옮기는 추가 작업을 해야 하며 그만큼 시간이 든다. 원소들을 옮기는 작업 때문에 생기는 오버헤드는 원소 개수가 많고, 삽입이나 삭제 연산이 많은 경우 더 많이 발생한다. 또한 순차 자료구조는 배열을 이용하여 구현하기 때문에 배열이 갖고 있는 메모리 사용의 비효율성 문제를 그대로 안고 있다.

순차 자료구조의 연산 시간과 저장 공간에 대한 문제를 개선한 자료 표현 방법에는 연결 자료구조Linked Data Structure 또는 비순차 자료구조Nonsequential Data Structure가 있다. 연결 자료구조는 순차 자료구조와 달리 원소의 논리적인 순서와 물리적인 순서가 일치하지 않아도 된다. 연속한 물리 주소에 의해 원소 순서를 표현하는 것이 아니라 각 원소에 저장되어 있는 다음 원소의 주소(링크)에 의해 순서가 연결되는 구현 방식이라 물리적인 순서를 맞추기 위한 오버헤드가 발생하지 않는다.

순차 자료구조는 [그림 4-1]과 같이 한 장으로 만든 이불이나 한 덩어리로 된 소시지처럼 하나로 된 고정 크기 메모리 공간을 사용한다. 연결 자료구조는 천 조각을 여러 개 연결하여 만드는 퀼트 이불이나 작은 소시지를 여러 개 연결하여 만드는 줄줄이 소시지처럼 작은 공간을 여러 개 연결하여 전체를 표현하므로 크기를 유연하게 변경할 수 있고 메모리를 좀 더 효율적으로 사용할 수 있다.

(a) 이불과 퀼트 이불

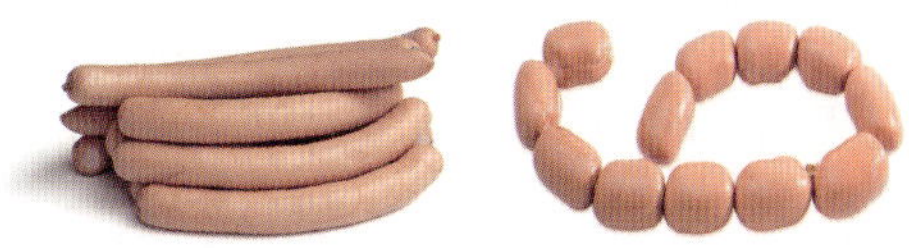

(b) 소시지와 줄줄이 소시지

그림 4-1 순차 자료구조와 연결 자료구조 예

연결 자료구조의 원소는 연결될 다음 원소에 대한 주소를 저장하므로 〈원소, 주소〉 단위로 구성되며, 이를 노드Node라고 한다. 노드는 [그림 4-2]와 같이 원소값을 저장하는 데이터 필드Data Field와 다음 노드의 주소를 저장하는 링크 필드Link Field로 구성된다. 데이터 필드는 저장할 원소의 형태에 따라 한 개 이상으로 구성할 수 있다. 링크 필드는 포인터 변수를 사용하여 주소값을 저장하며, 포인터 또는 링크 또는 참조Reference라고도 한다.

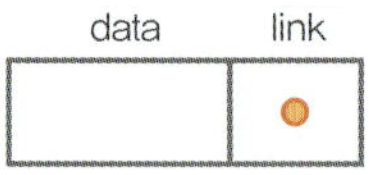

그림 4-2 노드의 논리적 구조

앞으로 연결 자료구조 방식으로 구현한다는 것은 포인터를 이용하여 구현한다는 의미로 이해하면 된다.

표 4-1 순차 자료구조와 연결 자료구조의 비교

구분	순차 자료구조	연결 자료구조
메모리 저장 방식	필요한 전체 메모리 크기를 계산하여 할당하고, 할당된 메모리의 시작 위치부터 빈자리 없이 자료를 순서대로 연속하여 저장한다.	노드 단위로 메모리가 할당되며, 저장 위치의 순서와 상관없이 노드의 링크 필드에 다음 자료의 주소를 저장한다.
연산 특징	삽입·삭제 연산 후에도 빈자리 없이 자료가 순서대로 연속 저장되어, 변경된 논리적인 순서와 저장된 물리적인 순서가 일치한다.	삽입·삭제 연산 후 논리적인 순서가 변경되어도 링크 정보만 변경되고 물리적 위치는 변경되지 않는다.
프로그램 기법	배열을 이용한 구현	포인터를 이용한 구현

연결 리스트는 노드를 연결하는 방식에 따라 단순 연결 리스트, 원형 연결 리스트, 이중 연결 리스트, 이중 원형 연결 리스트로 나눌 수 있다.

2 연결 리스트의 이해

아이들이 기차놀이를 좀 더 재미있게 하려고 몇 가지 규칙을 정했다고 하자. 각자 이름을 쓴 이름표를 만들고, 상자에 전체 이름표와 X표를 담아 섞는다. 한 명씩 상자에서 이름표를 뽑고 이름표에 적힌 사람과 연결해 인간 기차를 만든다. 인간 기차는 이름표를 든 방향으로 움직이고, X를 뽑은 사람은 기차 마지막 칸이 된다.

예를 들어 [그림 4-3]과 같이 승희와 수영이와 상원이가 이름표를 뽑아 이름표대로 다음 사람을 찾아 연결하여 인간 기차를 만든다고 하자. 그림과 같이 승희는 '상원' 이름표를 뽑아 상원이와 연결하고, 상원이는 '수영' 이름표를 뽑아 수영이와 연결한다. 수영이는 'X'를 뽑았으므로 기차 마지막 칸이 된다.

그림 4-3 기차놀이 : 이름표를 뽑아 이름표대로 기차 연결하기

기차놀이를 하는 아이들을 연결 리스트의 노드라고 생각해 보면, [그림 4-4]와 같이 승희와 상원이와 수영이는 노드의 데이터 필드가 되고, 아이들이 가지고 있는 이름표는 링크 필드가 된다.

그림 4-4 기차놀이의 노드 표현

선형 리스트 week=(월, 화, 수, 목, 금, 토, 일)을 순차 리스트와 연결 리스트로 표현한 경우를 비교해 보자. [그림 4-5]는 배열 원소를 일곱 개 사용하여 연속적인 순차 구조를 메모리에 표현하였고, [그림 4-6]은 노드 일곱 개와 시작 포인터 week를 사용하여 비연속적인 연결 구조를 메모리에 표현하였다. 연결 구조는 포인터를 담을 저장 공간이 추가로 필요한 대신, 삽입이나 삭제 연산을 하고 난 다음에 논리적 순서와 물리적 순서를 맞추기 위한 추가 작업을 하지 않는다. 그만큼 오버헤드가 발생하지 않아 삽입이나 삭제 연산을 할 때 효율적이다.

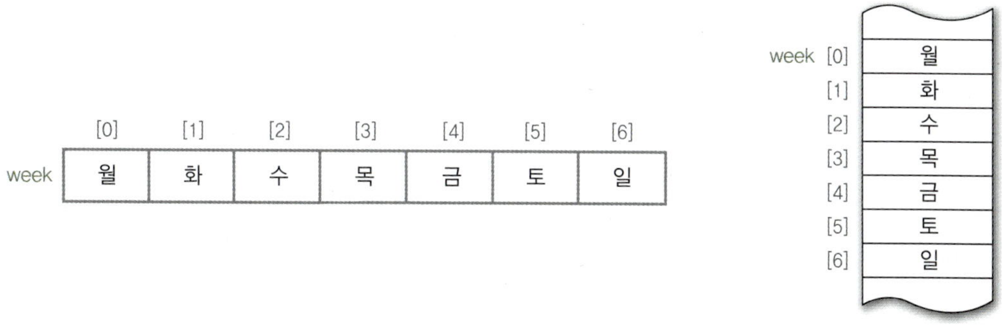

(a) 논리적 구조

(b) 물리적 구조

그림 4-5 선형 리스트 week의 순차 리스트 표현

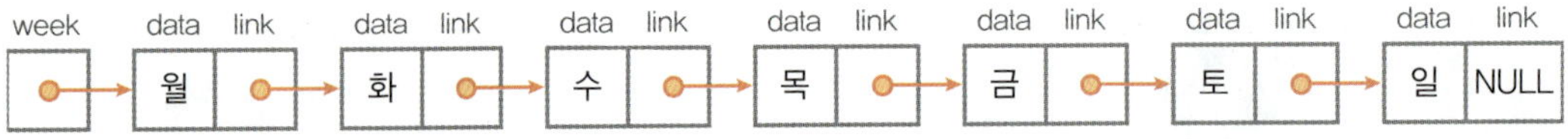

(a) 논리적 구조

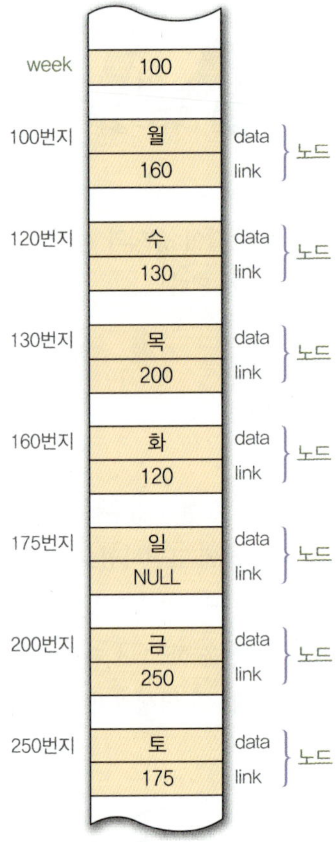

(b) 물리적 구조

그림 4-6 선형 리스트 week의 연결 리스트 표현

[그림 4-6]의 (a)에서 리스트 이름 week는 연결 리스트의 시작을 가리키는 포인터 변수이다. 포인터 변수 week는 연결 리스트의 첫 번째 노드만 가리키지만 연결된 리스트 전체를 의미하기도 한다. 연결 리스트의 마지막 노드는 다음에 연결되는 노드가 없으므로 링크 필드에 저장할 주소값이 없다. 이럴 때는 노드 끝을 표시하기 위해 링크 필드에 NULL(널)을 저장한다.

노드가 하나도 없는 공백 연결 리스트는 포인터 변수 week에 NULL을 저장하여 NULL 포인터로 표현한다.

그림 4-7 공백 연결 리스트

각 노드의 필드에 저장한 값은 포인터의 점 연산자(.)를 사용해 액세스한다. [그림 4-8]에서 시작 포인터 week가 첫 번째 노드 100번지로 연결되어 있으므로, week.data는 100번지 노드의 데이터 필드값이 되어 '월'이 되고, week.link는 100번지 노드의 링크 필드값인 160이 된다. week.link.data는 포인터 week가 가리키는 노드(100번지 노드)의 링크 필드로 연결된 노드(160번지의 노드)의 데이터 필드값이므로, '화'가 된다. week.link.link는 160번지 노드의 링크 필드값이므로 120번지가 된다.

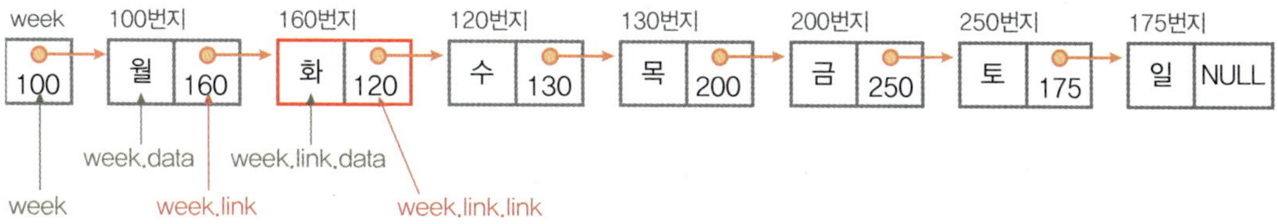

그림 4-8 **선형 리스트 week의 연결 리스트 구조**

리스트 week의 노드를 다음과 같이 구조체로 정의할 수 있다. struct Node로 정의한 노드 자료형의 링크 필드는 같은 구조의 다음 노드를 가리키는 포인터여야 하므로 자료형이 struct Node*가 된다.

```
typedef struct Node {
    char data[4];
    struct Node* link;
};
```

그림 4-9 **리스트 week 노드의 구조체**

[그림 4-10]은 (a)의 대화에 담긴 진호와 상원이의 관계를 (b)의 연결 리스트의 노드로 표현하고, (c)와 같이 점 연산자(.)를 사용하여 액세스하는 방법을 보여 준다.

(c) 진호.link.link.link.link.link.link.link.link.data

그림 4-10 **연결 리스트의 노드와 점 연산자 표현**

Section 02

단순 연결 리스트

1 단순 연결 리스트의 개념

단순 연결 리스트Singly Linked List는 노드의 링크 필드가 하나이며, 링크 필드는 다음 노드와 연결되는 구조이다. 단순 연결 리스트를 연결 리스트, 선형 연결 리스트Linear Linked List, 단순 연결 선형 리스트Singly Linked Linear List라고도 한다. 앞서 살펴본 [그림 4-3]과 같이 이름표 하나를 가지고 한쪽으로만 연결된 인간 기차가 단순 연결 리스트이다.

2 단순 연결 리스트에서의 삽입 연산

단순 연결 리스트에서 삽입 연산을 하는 방법을 알아보자. 그 전에 다음과 같이 기차놀이를 하다 철이를 끼워 줄 때 어떻게 해야 하는지 살펴보자. 여기에서는 승희와 상원이 사이에 철이를 끼우려고 한다.

0 기차놀이에 철이를 끼우기 전 상태이다.

1 앞사람에게 이름표 받아 오기 : 철이는 철이 앞사람이 될 승희가 가지고 있는 '상원' 이름표를 받아 온다.

2 앞사람에게 자기 이름표 주기 : 대신 철이 앞사람이 될 승희에게 '철이' 이름이 적힌 이름표를 준다.

3 이름표대로 연결하기 : 이름표대로 연결하여 기차를 완성하면 [승희-철이-상원-수영] 순서가 된다.

단순 연결 리스트에 노드를 삽입하는 방법은 기차놀이에 철이를 끼우는 과정과 동일하다. 단순 연결 리스트에 노드를 삽입하는 방법을 정리하면 다음과 같다.

❶ 삽입할 노드를 준비한다.

❷ 새 노드의 데이터 필드에 값을 저장한다.

❸ 새 노드의 링크값을 지정한다.

❹ 리스트의 앞 노드에 새 노드를 연결한다.

그림 4-11 단순 연결 리스트에 노드를 삽입하는 방법

예를 들어 단순 연결 리스트 week2=(월, 금, 일)에서 원소 '월'과 '금' 사이에 새 원소 '수'를 삽입하는 과정을 살펴보자. 초기 상태는 [그림 4-12]와 같다고 가정한다.

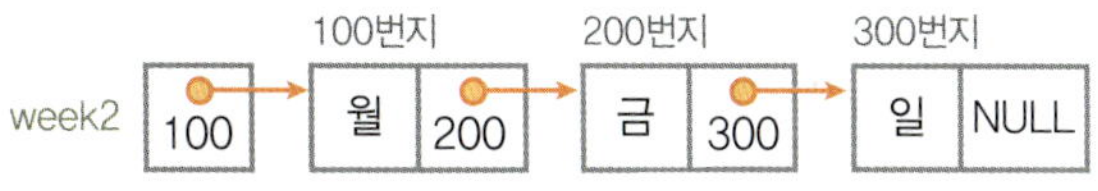

그림 4-12 단순 연결 리스트 week2에 노드를 삽입하기 전인 초기 상태

❶ **삽입할 노드 준비 :** 삽입할 새 노드로 만들 공백 노드(150번지의 노드)를 메모리에서 할당받는다. 포인터 변수 new가 새 노드를 가리키게 한다.

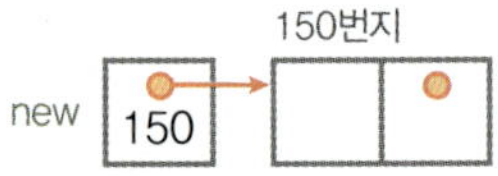

❷ **새 노드의 데이터 필드값 저장 :** new 노드의 데이터 필드에 '수'를 저장한다.

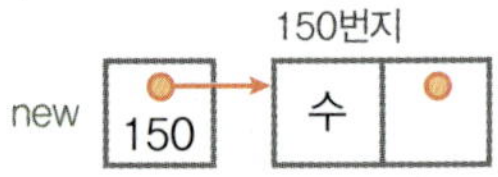

❸ **새 노드의 링크 필드값 지정 :** new 노드를 삽입할 자리에서 앞 노드, 즉 '월' 노드의 링크 필드값(200)을 new 노드의 링크 필드에 저장한다. '월' 노드의 링크 필드값(200)은 다음 노드의 주소이므로 new 노드는 '월' 노드의 다음 노드인 '금' 노드로 연결된다.

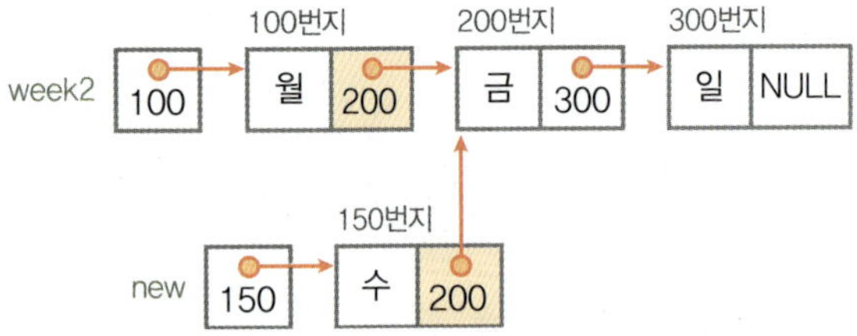

❹ **리스트의 앞 노드에 새 노드 연결 :** 삽입 자리의 앞 노드, 즉 '월' 노드의 링크 필드에 new 노드의 값(포인터 new가 가리키고 있는 새 노드의 주소 150번지)을 저장하여, '월' 노드가 new 노드로 연결되도록 한다.

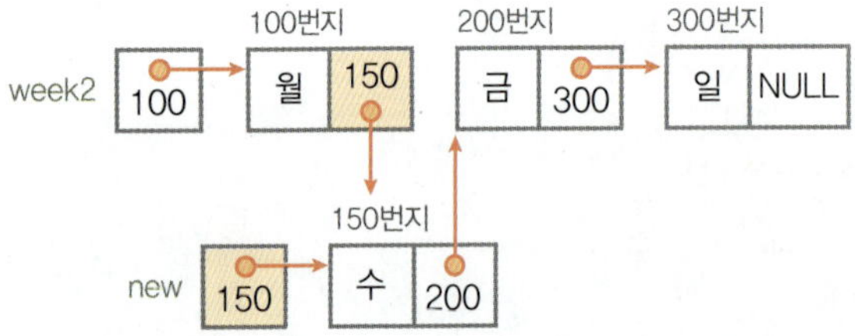

선형 순차 리스트와 달리 단순 연결 리스트에서는 삽입 연산을 할 때 물리적 순서를 유지하기 위해 원소들을 이동시키지 않아도 된다. 이처럼 연결 자료구조는 링크 필드의 포인터값에 대한 연산만으로 삽입 연산을 쉽게 수행할 수 있다.

3 단순 연결 리스트에서의 삭제 연산

다른 아이들은 계속 기차놀이를 하려고 하지만, 철이는 집에 가고 싶다며 기차놀이에서 빠지려 한다. 이때 기차 연결이 끊어지지 않도록 이름표를 정확히 인수인계해야 한다. 인수인계 과정은 다음과 같다.

0 기차놀이에서 사람(철이)이 빠지기 전 상태이다.

1 **앞사람에게 이름표 넘겨주기 :** 철이는 자기 이름표를 가지고 있는 사람, 즉 철이 앞사람인 승희에게 갖고 있던 '상원' 이름표를 넘겨준다.

2 **이름표대로 연결하기 :** 철이 앞사람인 승희가 '상원' 이름표를 넘겨받았으므로 승희는 상원이와 연결되어 기차놀이를 계속할 수 있다.

단순 연결 리스트에서 노드를 삭제하는 방법은 다음과 같다.

> ❶ 삭제할 노드의 앞 노드를 찾는다.
> ❷ 앞 노드에 삭제할 노드의 링크 필드값을 저장한다.
> ❸ 삭제한 노드의 앞 노드와 삭제한 노드의 다음 노드를 연결한다.

그림 4-13 단순 연결 리스트에서 노드를 삭제하는 방법

마찬가지로 단순 연결 리스트 week2=(월, 수, 금, 일)에서 원소 '수'를 삭제하는 과정을 살펴보자. 초기 상태는 [그림 4-14]와 같다고 가정한다.

그림 4-14 단순 연결 리스트 week2에서 '수' 노드를 삭제하기 전의 초기 상태

❶ **앞 노드를 찾음 :** 삭제할 노드의 앞 노드(선행자)를 찾는다.

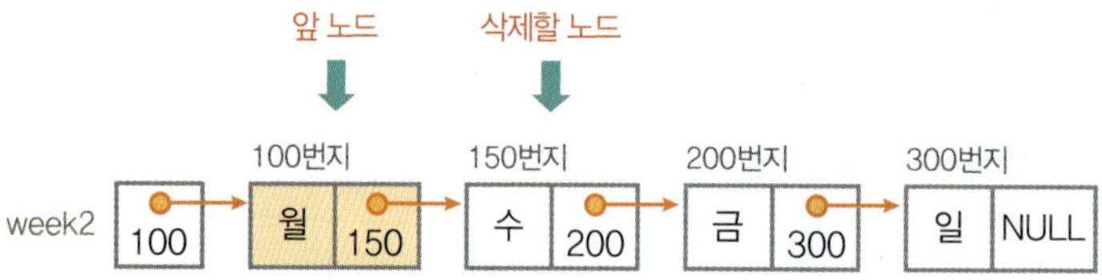

❷ **앞 노드에 삭제할 노드의 링크 필드값 저장 :** 앞 노드인 '월' 노드의 링크 필드에 삭제할 노드 즉, '수' 노드의 링크 필드값(200)을 저장한다.

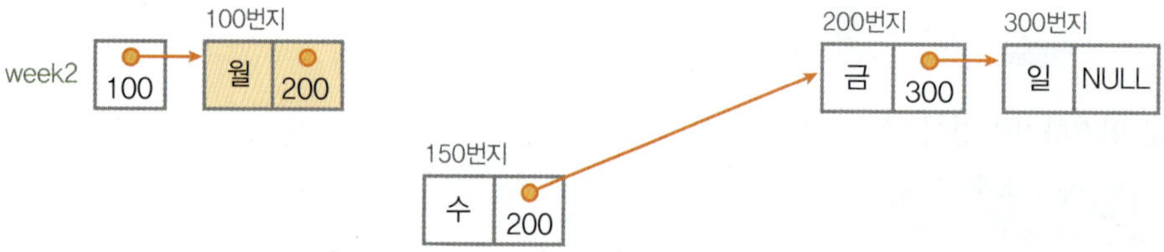

❸ **삭제한 노드의 앞뒤 노드 연결 :** 삭제한 노드의 앞 노드인 '월' 노드를 삭제한 노드의 다음 노드인 '금' 노드에 연결한다.

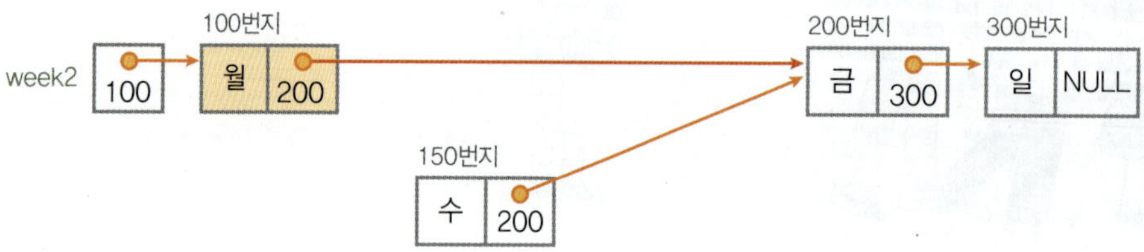

❸의 과정에서 삭제된 '수' 노드의 링크 필드가 '금' 노드로 계속 연결되어 있지만, '수' 노드 앞에 연결된 노드가 없기 때문에 '수' 노드는 리스트 week2에서 논리적으로 제외된 노드가 되었다. '수' 노드의 링크 필드에 NULL을 넣지 않아도 링크 필드가 의미 없는 값이 된 상태이다.

단순 연결 리스트의 삭제 연산에서도 원소들이 물리적으로 이동하지 않고 링크 필드의 포인터값에 대한 연산을 수행한다.

4 단순 연결 리스트의 알고리즘과 프로그램

단순 연결 리스트에서 노드를 삽입할 때, 삭제할 때, 탐색할 때 사용하는 알고리즘을 살펴보자. 연결 리스트에서 노드를 삽입하는 경우 리스트의 첫 번째 노드, 중간 노드, 마지막 노드 중 어디에 삽입하느냐에 따라 세 가지 알고리즘으로 구분하여 살펴본다.

리스트에 첫 번째 노드로 삽입하는 알고리즘

리스트 L의 첫 번째 노드에 데이터 필드값이 x인 노드를 삽입하려면 insertFirstNode()를 다음과 같이 정의할 수 있다.

알고리즘 4-1 단순 연결 리스트의 첫 번째 노드 삽입

```
insertFirstNode(L, x)
    ❶ new ← getNode();
    ❷ new.data ← x;
    ❸ new.link ← L;
    ❹ L ← new;
end insertFirstNode()
```

insertFirstNode() 함수를 이용해 단순 연결 리스트의 첫 번째 노드로 삽입하는 과정을 살펴보자.

❶ `new ← getNode();` 삽입할 노드에 대한 메모리를 할당받아서(getNode()), 포인터 new에 설정한다.

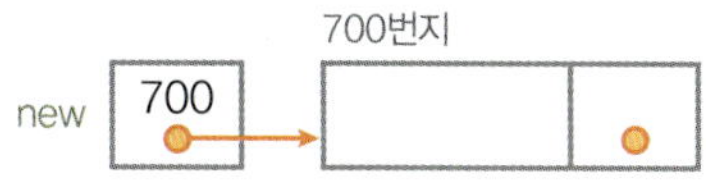

❷ `new.data ← x;` 새 노드의 데이터 필드에 x를 저장한다.

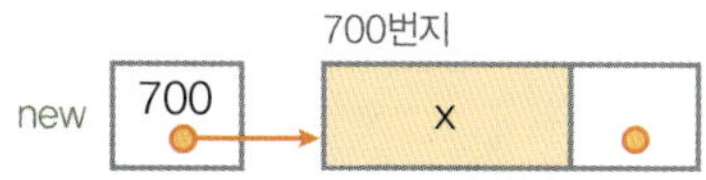

❸ `new.link ← L;` 리스트의 첫 번째 노드 주소(L, 100)를 삽입할 새 노드 new의 링크 필드에 저장하여, 삽입한 새 노드 new가 100번지에 있는 리스트의 첫 번째 노드로 연결되도록 한다.

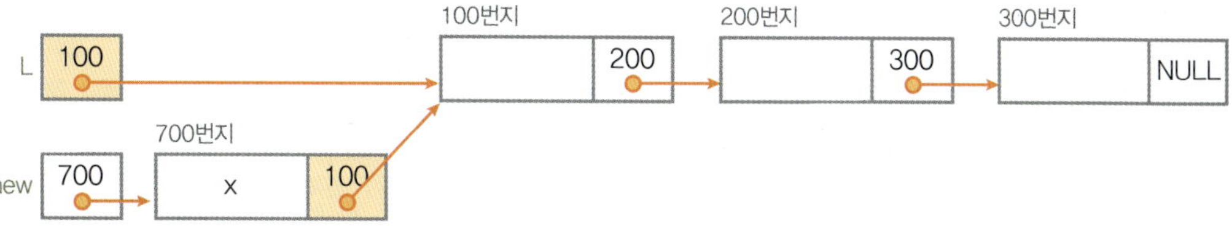

❹ L ← new; 리스트의 첫 번째 노드 주소를 저장하고 있는 포인터 L에 새 노드의 주소(new, 700)를 저장하여 포인터 L을 새 노드 리스트의 첫 번째 노드로 연결한다.

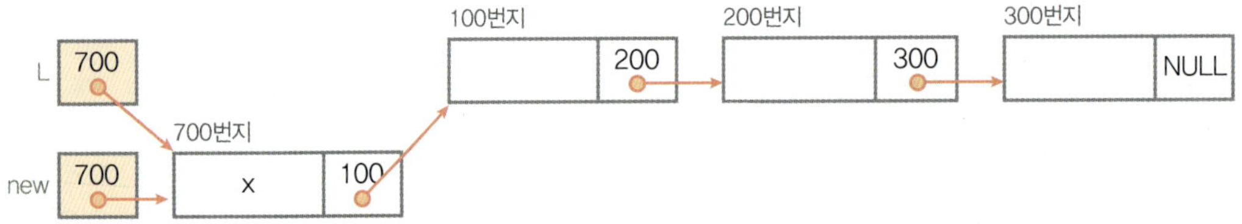

리스트 중간에 노드를 삽입하는 알고리즘

리스트 L 중간에 노드를 삽입하려면 삽입할 위치 앞에 있는 선행자 노드를 알려주는 포인터 pre가 필요하다. 다음 알고리즘은 리스트 L에서 포인터 변수 pre가 가리키고 있는 노드 다음에 있는 데이터 필드 값이 x인 새 노드를 삽입하는 알고리즘이다.

알고리즘 4-2 단순 연결 리스트의 중간 노드 삽입

```
insertMiddleNode(L, pre, x)
    ❶ new ← getNode();
    ❷ new.data ← x;
      if (L = NULL) then {
  ❸      ❸-ⓐ L ← new;
          ❸-ⓑ new.link ← NULL;
      }
      else {
  ❹      ❹-ⓐ new.link ← pre.link;
          ❹-ⓑ pre.link ← new;
}
end insertMiddleNode()
```

insertMiddleNode() 함수를 이용해 단순 연결 리스트 중간에 노드를 삽입하는 과정을 단순 연결 리스트가 공백인 경우와 공백이 아닌 경우로 나누어 살펴보자.

❶ new ← getNode(); 삽입할 노드에 대한 메모리를 할당받아서(getNode()) 포인터 new에 설정한다.

❷ new.data ← x; 새 노드의 데이터 필드에 x를 저장하여 삽입할 노드를 준비한다.

❸ **공백 리스트인 경우** 단순 연결 리스트 L이 다음과 같이 공백인 경우이다.

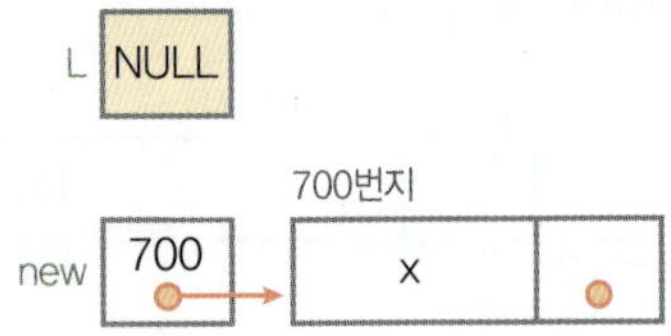

❸-ⓐ `L ← new;` 리스트 포인터 L에 새 노드 new의 주소(700)를 저장하여 new가 리스트의 첫 번째 노드가 되도록 한다.

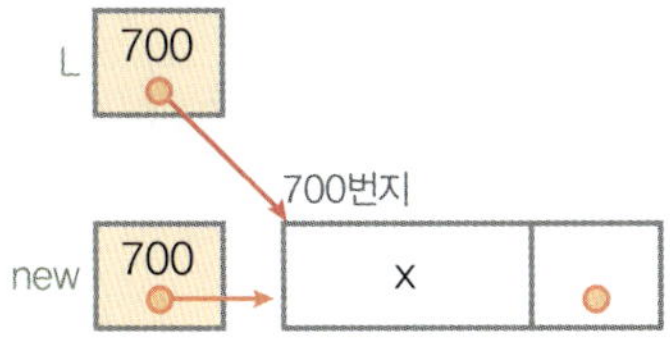

❸-ⓑ `new.link ← NULL;` 공백 리스트 L에 새 노드를 삽입하였으므로 new는 리스트의 마지막 노드가 된다. 따라서 새 노드 new의 링크 필드에 NULL을 저장하여 마지막 노드임을 표시한다.

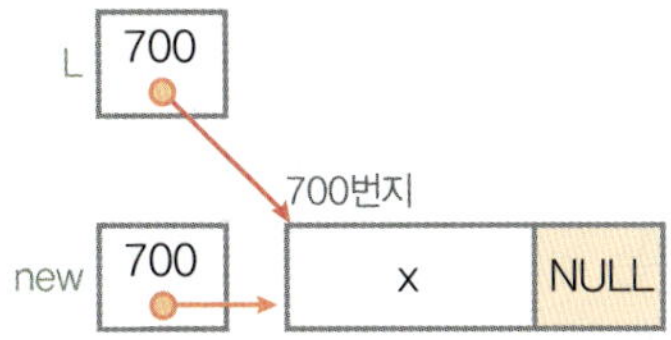

❹ **공백 리스트가 아닌 경우** 단순 연결 리스트 L이 다음과 같이 공백이 아닌 경우이다.

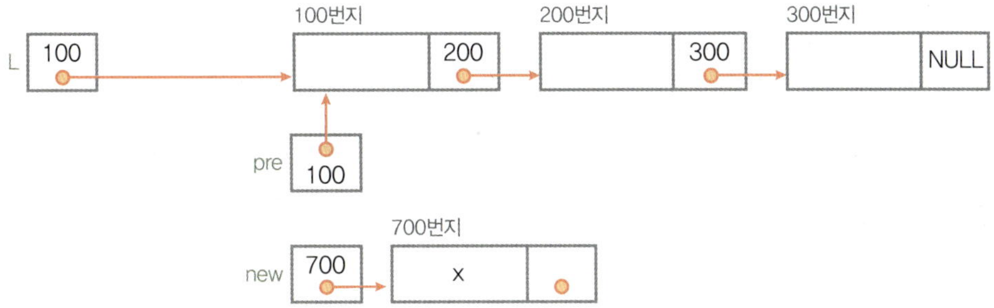

❹-ⓐ `new.link ← pre.link;` 새 노드 new를 포인터 pre가 가리키는 노드의 다음 노드로 연결해야 하므로, 노드 pre의 링크 필드값(pre.link, 200)을 노드 new의 링크 필드에 저장하여 새 노드 new가 노드 pre의 다음 노드(200번지 노드)로 연결되도록 한다.

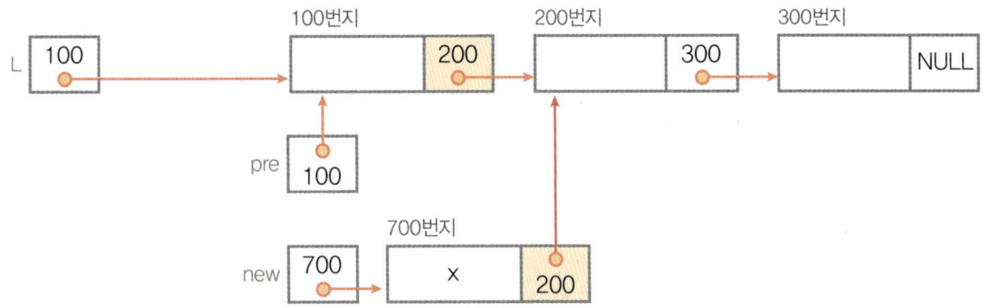

❹-ⓑ pre.link ← new; 포인터 new의 값(700)을 노드 pre의 링크 필드에 저장하여 노드 pre가 새 노드 new로 연결되도록 한다.

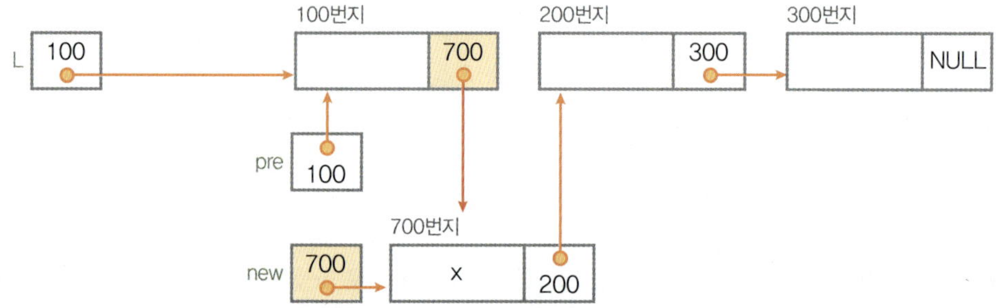

리스트 마지막에 노드로 삽입하는 알고리즘

새 노드 new를 마지막 노드로 삽입하려면 먼저 리스트의 마지막 노드 즉, 링크 필드가 NULL인 노드를 찾아야 한다. 마지막 노드를 찾기 위해서 리스트의 노드들을 순회하는 임시 포인터 temp를 사용한다. 다음 알고리즘은 새 노드 new를 마지막 노드로 삽입하는 알고리즘이다.

알고리즘 4-3 단순 연결 리스트의 마지막 노드 삽입

```
insertLastNode(L, x)
        ❶ new ← getNode();
        ❷ new.data ← x;
        ❸ new.link ← NULL;
      ┌ if (L == NULL) then {
    ❹ │      ❹-ⓐ L ← new;
      │           return;
      └ }
  ┌ ❺-ⓐ temp ← L;
❺ │       while (temp.link ≠ NULL) do
  │          ❺-ⓑ temp ← temp.link;
  └ ❺-ⓒ temp.link ← new;
end insertLastNode()
```

insertLastNode() 함수를 이용해 단순 연결 리스트의 마지막에 노드를 삽입하는 과정을 단순 연결 리스트가 공백인 경우와 공백이 아닌 경우로 나누어 살펴보자.

❶ new ← getNode(); 삽입할 노드에 대한 메모리를 할당받아서(getNode()) 포인터 new에 설정한다.

❷ new.data ← x; 새 노드의 데이터 필드에 x를 저장한다.

❸ new.link ← NULL; 삽입할 새 노드는 리스트의 마지막 노드가 되므로, 새 노드의 링크 필드를 NULL로 설정하여 삽입할 노드를 준비한다.

❹ **공백 리스트인 경우** 단순 연결 리스트 L이 다음과 같이 공백인 경우이다.

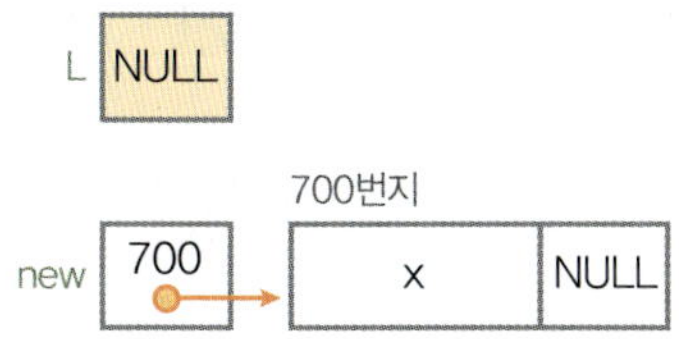

❹-ⓐ `L ← new;` 리스트 포인터 L에 새 노드 new의 주소(700)를 저장한다. new는 리스트 L의 첫 번째 노드이자 마지막 노드가 된다.

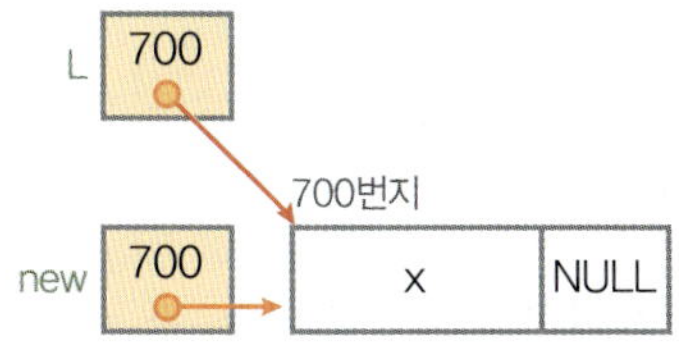

❺ **공백 리스트가 아닌 경우** 단순 연결 리스트 L이 다음과 같이 공백이 아닌 경우이다.

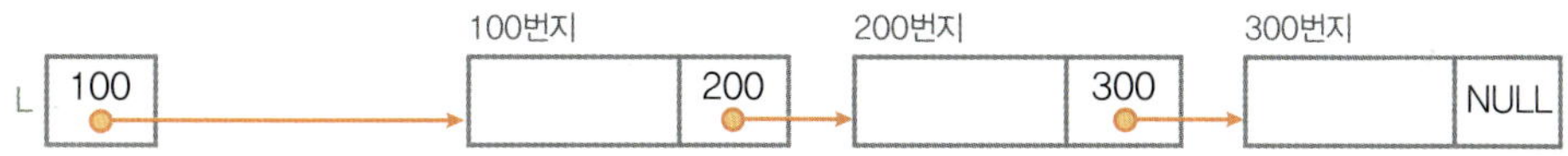

❺-ⓐ `temp ← L;` 마지막 노드로 삽입하려면 먼저 현재 리스트 L의 마지막 노드를 찾아야 한다. 노드의 링크 필드를 따라서 노드들을 순회할 임시 포인터 temp를 리스트의 첫 번째 노드에 설정한다.

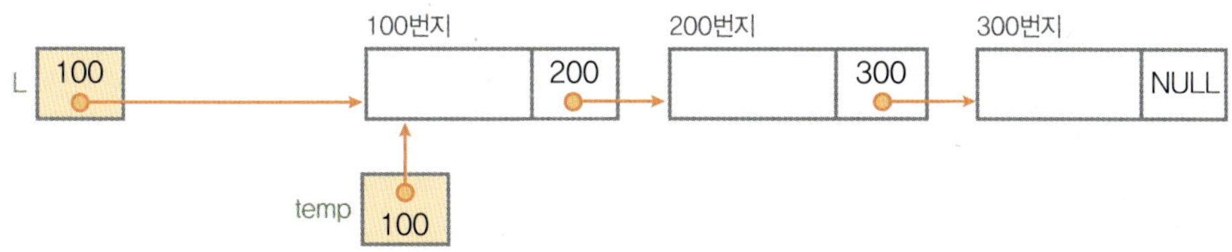

❺-ⓑ `temp ← temp.link;` 순회 포인터 temp가 가리키는 노드의 링크 필드가 NULL이 아닌 동안(while (temp.link ≠ NULL)) 링크 필드를 따라 이동한다. 링크 필드가 NULL인 노드 즉, 마지막 노드를 찾으면 while 문을 끝내고 ❺-ⓒ를 수행한다.

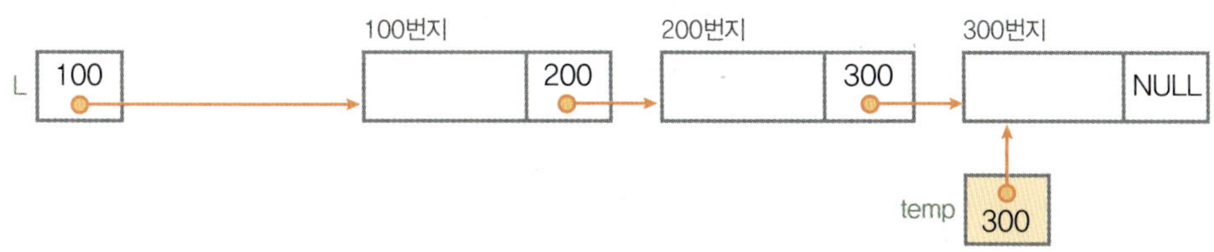

❺-ⓒ `temp.link ← new;` 순회 포인터 temp가 가리키는 노드, 즉 리스트의 마지막 노드의 링크 필드에 삽입할 새 노드 new의 주소(700)를 저장하여 리스트의 마지막 노드가 새 노드 new로 연결되게 한다.

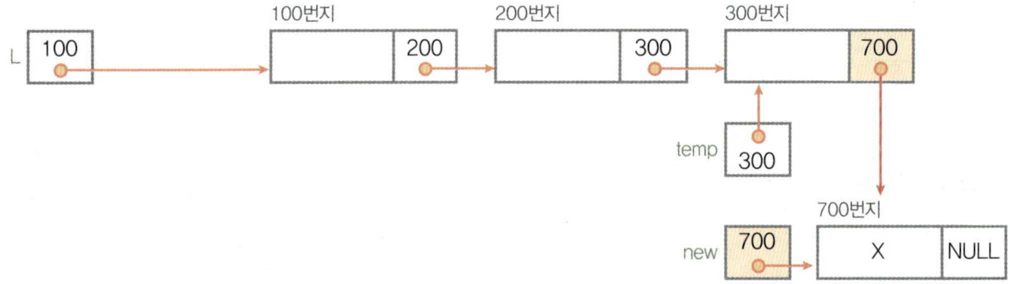

단순 연결 리스트 프로그램 1

[예제 4-1]은 단순 연결 리스트에서 삽입 연산을 하는 알고리즘을 구체화하여 구현한 프로그램이다.

예제 4-1 단순 연결 리스트에 노드 삽입하기

[InsertLinkedList.h]

```
#pragma once
// 단순 연결 리스트의 노드 구조를 구조체로 정의
typedef struct ListNode {
    char data[4];
    struct ListNode* link;
} listNode;

// 리스트 시작을 나타내는 head 노드를 구조체로 정의
typedef struct {
    listNode* head;
} linkedList_h;

linkedList_h* createLinkedList_h(void);
void freeLinkedList_h(linkedList_h* L);
void printList(linkedList_h * L);
void insertFirstNode(linkedList_h * L, char* x);
void insertMiddleNode(linkedList_h * L, listNode * pre, char* x);
void insertLastNode(linkedList_h * L, char* x);
```

[InsertLinkedList.c]

```
#define _CRT_SECURE_NO_WARNINGS
#include <string.h>
#include "InsertLinkedList.h"
// 공백 연결 리스트를 생성하는 연산
linkedList_h* createLinkedList_h(void) {
    linkedList_h* L;
```

```c
    L = (linkedList_h*)malloc(sizeof(linkedList_h));
    L -> head = NULL;    // 공백 리스트이므로 NULL로 설정
    return L;
}

// 연결 리스트의 전체 메모리를 해제하는 연산
void freeLinkedList_h(linkedList_h* L) {
    listNode* p;
    while (L -> head != NULL) {
        p = L -> head;
        L -> head = L -> head -> link;
        free(p);
        p = NULL;
    }
}

// 연결 리스트를 순서대로 출력하는 연산
void printList(linkedList_h* L) {
    listNode* p;
    printf("L = (");
    p = L -> head;
    while (p != NULL) {
        printf("%s", p -> data);
        p = p -> link;
        if (p != NULL) printf(", ");
    }
    printf(") \n");
}

// 첫 번째 노드로 삽입하는 연산                                    [알고리즘 4-1] 구현
void insertFirstNode(linkedList_h *L, char *x) {
    listNode* newNode;
    newNode = (listNode*)malloc(sizeof(listNode));   // 삽입할 새 노드 할당
    strcpy(newNode -> data, x);                      // 새 노드의 데이터 필드에 x 저장
    newNode -> link = L -> head;
    L -> head = newNode;
}

// 노드를 pre 뒤에 삽입하는 연산                                   [알고리즘 4-2] 구현
void insertMiddleNode(linkedList_h* L, listNode *pre, char*x) {
    listNode* newNode;
    newNode = (listNode*)malloc(sizeof(listNode));
    strcpy(newNode -> data, x);
    if (L -> head == NULL) {           // 공백 리스트인 경우
        newNode -> link = NULL;        // 새 노드를 첫 번째이자 마지막 노드로 연결
        L -> head = newNode;
    }
```

```
    else if (pre == NULL) {               // 삽입 위치를 지정하는 포인터 pre가 NULL인 경우
        newNode -> link = L -> head       // 새 노드를 첫 번째 노드로 삽입
        L -> head = newNode;
    }
    else {
        newNode -> link = pre -> link;    // 포인터 pre의 노드 뒤에 새 노드 연결
        pre -> link = newNode;
    }
}

// 마지막 노드로 삽입하는 연산                                        [알고리즘 4-3] 구현
void insertLastNode(linkedList_h* L, char* x) {
    listNode* newNode;
    listNode* temp;
    newNode = (listNode*)malloc(sizeof(listNode));
    strcpy(newNode -> data, x);
    newNode -> link = NULL;
    if (L -> head == NULL) {    // 현재 리스트가 공백인 경우
        L -> head = newNode;    // 새 노드를 리스트의 시작 노드로 연결
        return;
    }
    // 현재 리스트가 공백이 아닌 경우
    temp = L -> head;
    while (temp -> link != NULL) temp = temp -> link; // 현재 리스트의 마지막 노드를 찾음
    temp -> link = newNode;    // 새 노드를 마지막 노드(temp)의 다음 노드로 연결
}
```

[ex4_1.c]

```
#include <stdio.h>
#include "InsertLinkedList.h"

int main(void) {
    linkedList_h* L;
    L = createLinkedList_h();
    printf("(1) 공백 리스트 생성하기! \n");
    printList(L);

    printf("\n(2) 리스트에 [수] 노드 삽입하기! \n");
    insertFirstNode(L, "수");
    printList(L);

    printf("\n(3) 리스트 마지막에 [금] 노드 삽입하기! \n");
    insertLastNode(L, "금");
    printList(L);

    printf("\n(4) 리스트 첫 번째에 [월] 노드 삽입하기! \n");
```

```
    insertFirstNode(L, "월");
    printList(L);

    printf("\n(5) 리스트 공간을 해제하여 공백 리스트로 만들기! \n");
    freeLinkedList_h(L);
    printList(L);

    getchar(); return 0;
}
```

```
(1) 공백 리스트 생성하기!
L = ()

(2) 리스트에 [수] 노드 삽입하기!
L = (수)

(3) 리스트 마지막에 [금] 노드 삽입하기!
L = (수, 금)

(4) 리스트 첫 번째에 [월] 노드 삽입하기!
L = (월, 수, 금)

(5) 리스트 공간을 해제하여 공백 리스트로 만들기!
L = ()
```

노드를 삭제하는 알고리즘

리스트 L에서 포인터 pre가 가리키는 노드의 다음 노드를 삭제하는 알고리즘은 [알고리즘 4-4]와 같다. 포인터 old는 삭제할 노드를 가리킨다.

알고리즘 4-4 단순 연결 리스트의 노드 삭제

```
deleteNode(L, pre)
   ❶ if (L == NULL) then error;
   ┌ else {
   │     ❷-ⓐ old ← pre.link;
 ❷ │     ❷-ⓑ if (old == NULL) then return;
   │     ❷-ⓒ pre.link ← old.link;
   │     ❷-ⓓ returnNode(old);
   └ }
end deleteNode()
```

삭제 연산을 수행하려면 단순 연결 리스트에 노드가 하나 이상 있어야 하므로 공백인지부터 검사한다. 단순 연결 리스트가 공백인 경우와 공백이 아닌 경우로 나누어 살펴보자.

❶ **공백 리스트인 경우** 단순 연결 리스트 L이 공백이면 오류Underflow 처리를 한다.

❷ **공백 리스트가 아닌 경우** 단순 연결 리스트 L이 다음과 같이 공백이 아니면(노드가 하나 이상이면) 삭제 연산을 수행한다.

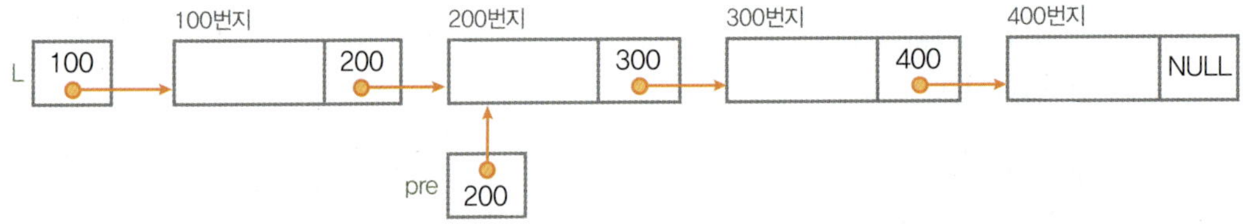

❷-ⓐ `old ← pre.link;` 포인터 old는 삭제할 노드를 지시해야 하므로 노드 pre의 링크 필드값, 즉 노드 pre의 다음 노드 주소(pre.link, 300)를 포인터 old에 저장하여 포인터 old가 노드 pre 다음 노드, 즉 삭제할 노드를 가리키게 한다.

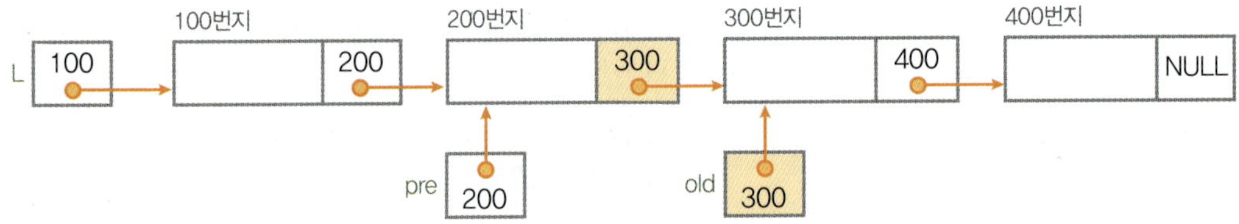

❷-ⓑ `if (old == NULL) then return;` 노드 pre가 리스트의 마지막 노드라면, pre.link값이 NULL이므로 ❷-ⓐ를 수행하면 포인터 old값이 NULL이 된다. 결국 포인터 old값이 NULL이라는 것은 노드 pre 다음에 삭제할 노드가 없다는 의미이므로 삭제 연산을 수행하지 못하고 연산을 끝낸다(return). 하지만 포인터 old가 NULL이 아니고 삭제할 노드가 있다면 삭제 연산을 수행하여 노드 old를 리스트에서 분리(❷-ⓒ)하고, 노드 old의 메모리를 반환(❷-ⓓ)해야 한다.

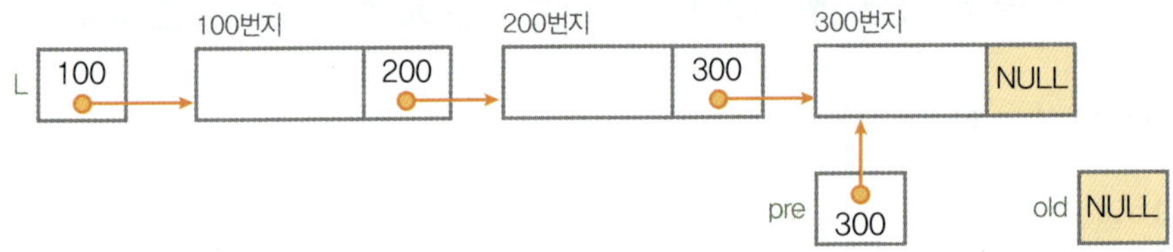

❷-ⓒ `pre.link ← old.link;` 삭제할 노드 old의 다음 노드(old.link, 400)를 노드 pre의 다음 노드(pre.link)가 되도록 연결한다.

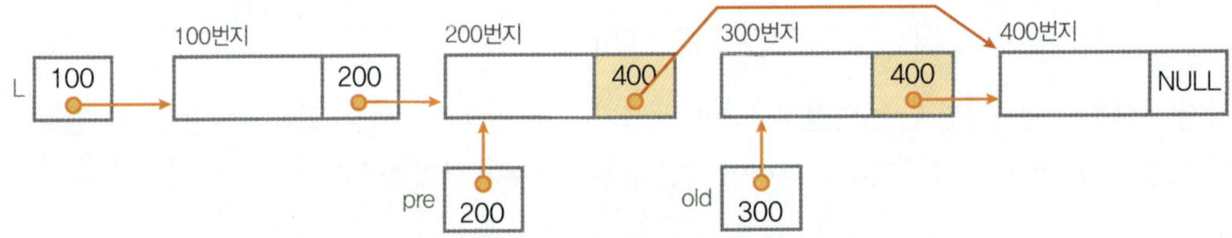

❷-ⓓ `returnNode(old);` 삭제한 노드 old의 메모리를 반환한다.

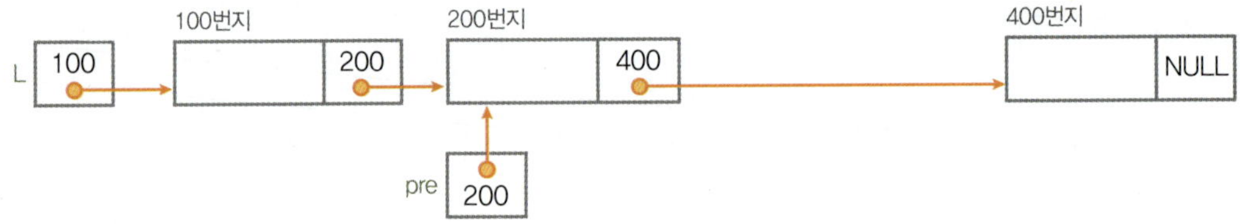

노드를 탐색하는 알고리즘

연결 리스트에서 원소값이 x인 노드를 탐색하려면 리스트의 노드를 처음부터 하나씩 순회하면서 현재 노드의 데이터 필드값과 x를 비교하여 일치하는 노드를 찾아야 한다. 탐색 연산에 대한 알고리즘은 다음과 같다. 리스트의 노드를 순회하기 위해 포인터 temp를 사용한다.

알고리즘 4-5 단순 연결 리스트의 노드 탐색

```
searchNode(L, x)
  ❶ temp ← L;
  ❷ while (temp ≠ NULL) do {
       ❷-ⓐ if (temp.data == x) then return temp;
       ❷-ⓑ else temp ← temp.link;
     }
  ❸ return temp;
end searchNode()
```

searchNode() 함수를 이용해 단순 연결 리스트에서 x 노드를 탐색하는 과정을 살펴보자.

❶ `temp ← L;` 리스트 L의 시작 주소를 노드를 탐색할 때 사용할 순회 포인터 temp에 저장하여 포인터 temp의 시작 위치를 지정한다.

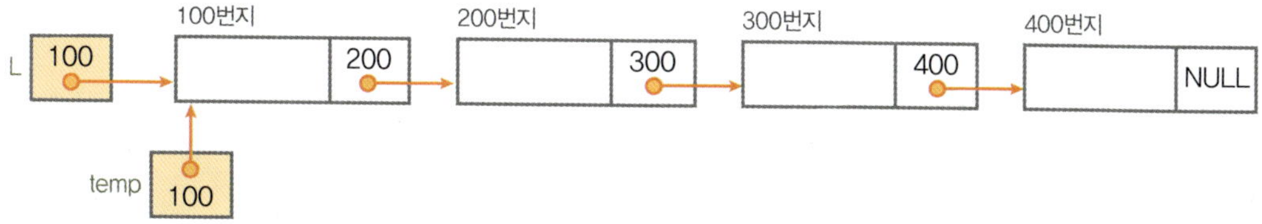

❷ **순회 포인터가 NULL이 아닌 경우** 순회 포인터 temp가 NULL이 아닌 동안(while (temp ≠ NULL)), 즉 temp가 가리키는 노드가 NULL이 아닌 동안 탐색 연산을 반복한다.

❷-ⓐ `if (temp.data == x) then return temp;` 다음 그림과 같이 현재 temp 노드의 데이터 필드값이 탐색값 x와 같으면, 현재 temp값을 리턴하여 x가 있는 노드 주소를 알려준다. 이 경우는 탐색 성공이 된다.

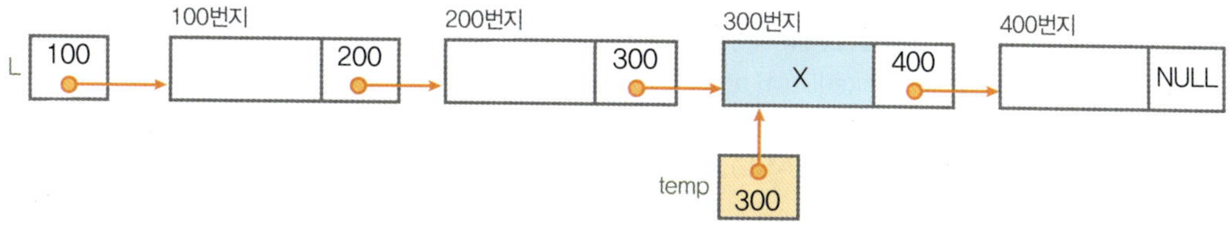

❷-ⓑ `else temp ← temp.link;` 현재 temp 노드의 데이터 필드값이 탐색값 x와 같지 않으면, 탐색을 계속해야 하므로 링크를 따라 다음 노드로 이동한다.

❸ `return temp;` while 문에서 x 노드를 찾지 못하고 결국 리스트의 마지막 노드의 링크 필드값인 NULL이 포인터 temp에 설정되어 while 문 수행을 마치게 된다. 현재 포인터의 temp값인 NULL값을 반환하므로 탐색값 x가 리스트 L에 없다는 의미가 된다. 이 경우는 탐색 실패가 된다.

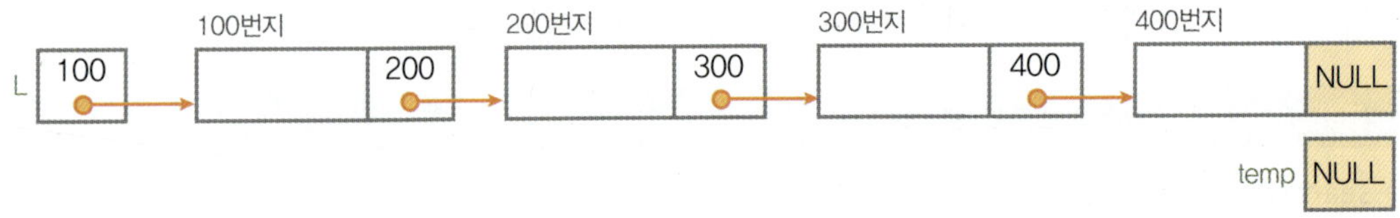

탐색이 성공한 경우에는 탐색값 x 노드의 주소가 반환되고, 탐색이 실패한 경우에는 NULL값이 반환된다.

단순 연결 리스트 프로그램 2

[예제 4-2]는 [예제 4-1]에 삭제 연산과 탐색 연산을 추가하고 리스트의 연결 순서를 역순으로 바꾸는 reverse 연산을 추가 연산으로 구현한 프로그램이다.

예제 4-2 단순 연결 리스트에 노드 삭제하고 탐색하기

[LinkedList.h]

```c
#pragma once
// 단순 연결 리스트의 노드 구조를 구조체로 정의
typedef struct ListNode {
    char data[4];
    struct ListNode* link;
} listNode;

// 리스트의 시작을 나타내는 head 노드를 구조체로 정의
typedef struct {
    listNode* head;
} linkedList_h;

linkedList_h* createLinkedList_h(void);
void freeLinkedList_h(linkedList_h* L);
void printList(linkedList_h* L);
void insertFirstNode(linkedList_h* L, char* x);
void insertMiddleNode(linkedList_h* L, listNode* pre, char* x);
void insertLastNode(linkedList_h* L, char* x);
void deleteNode(linkedList_h* L, listNode* p);
listNode* searchNode(linkedList_h* L, char* x);
void reverse(linkedList_h* L);
```

[LinkedList.c]

```c
#define _CRT_SECURE_NO_WARNINGS
#include <stdio.h>
#include <stdlib.h>
```

```c
#include <string.h>
#include "LinkedList.h"

// 동일한 007~082행 생략 : [예제 4-1]의 [insertLinkedList.c]의 004~079행과 동일

```

[알고리즘 4-4] 수정 구현

```c
// 리스트에서 노드 p를 삭제하는 연산
void deleteNode(linkedList_h* L, listNode* p) {
    listNode* pre;                      // 삭제할 노드의 선행자 노드를 나타낼 포인터
    if (L -> head == NULL) return;      // 공백 리스트라면 삭제 연산 중단
    if (L -> head -> link == NULL) {    // 리스트에 노드가 한 개만 있는 경우
        free(L  ->  head);              // 첫 번째 노드를 메모리에서 해제하고
        L -> head = NULL;               // 리스트 시작 포인터를 NULL로 설정
        return;
    }
    else if (p == NULL) return;     // 삭제할 노드가 없다면 삭제 연산 중단
    else {                          // 삭제할 노드 p의 선행자 노드를 포인터 pre를 이용해 찾음
        pre = L -> head;
        while (pre -> link != p) {
            pre = pre -> link;
        }
        pre -> link = p -> link;    // 삭제할 노드 p의 선행자 노드와 다음 노드를 연결
        free(p);                    // 삭제 노드의 메모리 해제
    }
}

```

[알고리즘 4-5] 구현

```c
// 리스트에서 x 노드를 탐색하는 연산
listNode* searchNode(linkedList_h* L, char* x) {
    listNode *temp;
    temp = L -> head;
    while (temp != NULL) {
        if (strcmp(temp -> data, x) == 0) return temp;
        else temp = temp -> link;
    }
    return temp;
}

```

추가 연산

```c
// 리스트의 노드 순서를 역순으로 바꾸는 연산
void reverse(linkedList_h * L) {
    listNode* p;
    listNode* q;
    listNode* r;

    p = L -> head;              // 포인터 p를 첫 번째 노드에 설정
    q = NULL;
    r = NULL;

    // 리스트의 첫 번째 노드부터 링크를 따라 다음 노드로 이동하면서
```

```
    // 노드 간의 연결을 바꿈
    while (p != NULL) {
        r = q;
        q = p;
        p = p -> link;
        q -> link = r;
    }
    L -> head = q;
}
```

[ex4_2.c]

```
#include <stdio.h>
#include <stdlib.h>
#include "LinkedList.h"

int main(void) {
    linkedList_h* L;
    listNode *p;
    L = createLinkedList_h(); // 공백 리스트 생성

    printf("(1) 리스트에 [월], [수], [일] 노드 삽입하기! \n");
    insertLastNode(L, "월"); insertLastNode(L, "수"); insertLastNode(L, "일");
    printList(L);

    printf("\n(2) 리스트에서 [수] 노드 탐색하기! \n");
    p = searchNode(L, "수");
    if (p == NULL) printf("찾는 데이터가 없습니다.\n");
    else printf("[%s]를 찾았습니다.\n", p -> data);

    printf("\n(3) 리스트의 [수] 뒤에 [금] 노드 삽입하기! \n");
    insertMiddleNode(L, p, "금");
    printList(L);

    printf("\n(4) 리스트에서 [일] 노드 삭제하기! \n");
    p = searchNode(L, "일");    // 삭제할 노드 위치 p를 찾음
    deleteNode(L, p);           // 포인터 p 노드 삭제
    printList(L);

    printf("\n(5) 리스트 순서를 역순으로 바꾸기! \n");
    reverse(L);
    printList(L);

    freeLinkedList_h(L);        // 리스트의 메모리 해제
    getchar();

    return 0;
}
```

```
(1) 리스트에 [월], [수], [일] 노드 삽입하기!
L = (월, 수, 일)

(2) 리스트에서 [수] 노드 탐색하기!
[수]를 찾았습니다.

(3) 리스트의 [수] 노드 뒤에 [금] 노드 삽입하기!
L = (월, 수, 금, 일)

(4) 리스트에서 [일] 노드 삭제하기!
L = (월, 수, 금)

(5) 리스트의 순서를 역순으로 바꾸기!
L = (금, 수, 월)
```

[LinkedList.c]

121~123행에서 시작 상태는 [그림 4-15]와 같다.

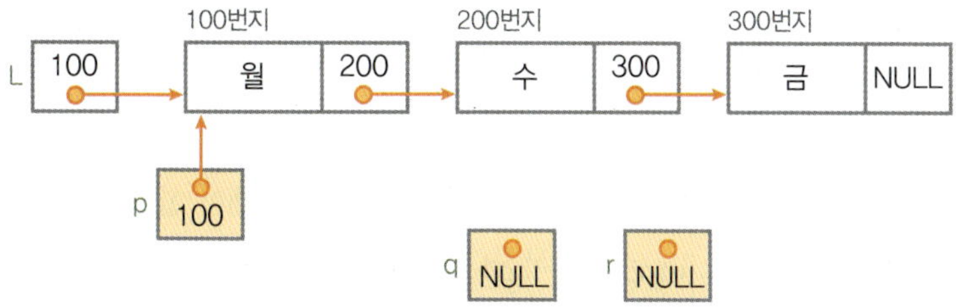

그림 4-15 초기 상태

127~132행은 리스트의 첫 번째 노드부터 링크를 따라 다음 노드로 이동하면서, 노드 간의 연결을 반대로 바꾼다. while 문을 첫 번째 수행하는 과정은 다음과 같다.

128행 : 시작 상태에서는 q와 r이 NULL이므로, r=q를 수행해도 시작 상태와 같은 상태이다.

129행 : 포인터 q를 포인터 p가 가리키는 현재 노드에 연결한다.

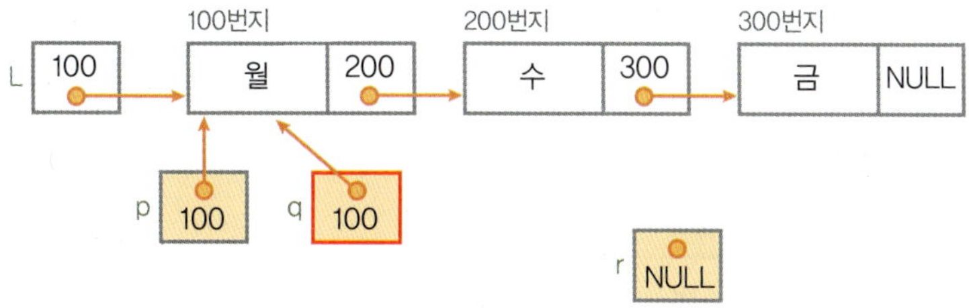

130행 : 포인터 p는 링크를 따라 다음 노드로 이동한다.

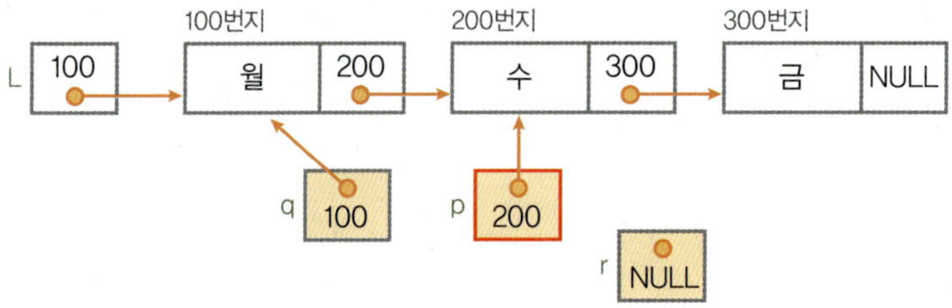

131행 : 포인터 r의 값(NULL)을 q 노드의 링크 필드에 설정한다.

while 문을 한 번 수행하면 [그림 4-16]과 같아진다.

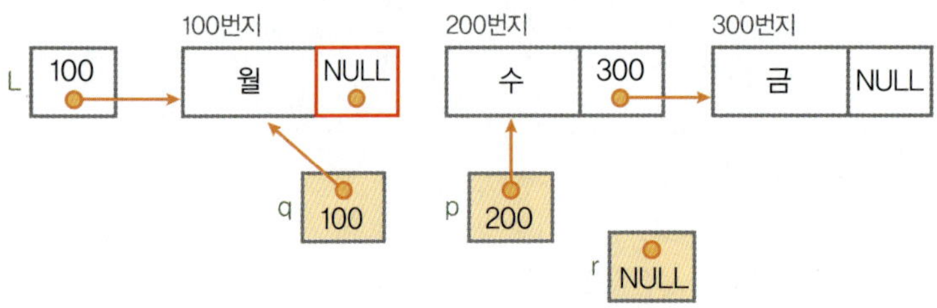

그림 4-16 while 문을 한 번 수행한 결과

[그림 4-16]을 보면 포인터 p가 NULL이 아니므로 남아 있는 노드를 계속하여 처리해야 한다. 다음 노드의 연결 순서를 바꿔야 하므로 127~132행의 while 문을 반복한다.

128행 : 포인터 r을 포인터 q가 가리키는 노드에 연결한다.

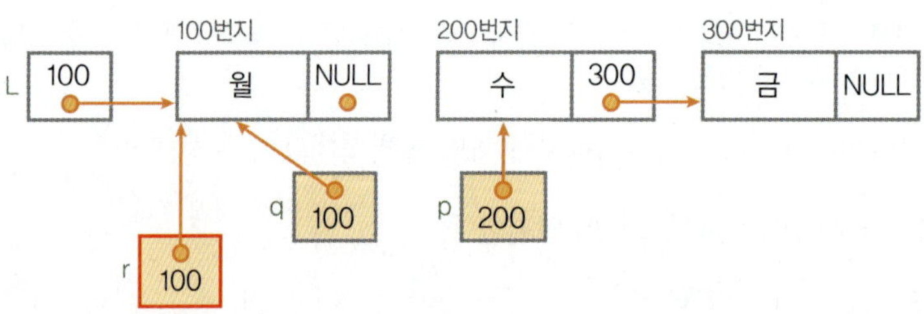

129행 : 포인터 q를 포인터 p가 가리키는 현재 노드에 연결한다.

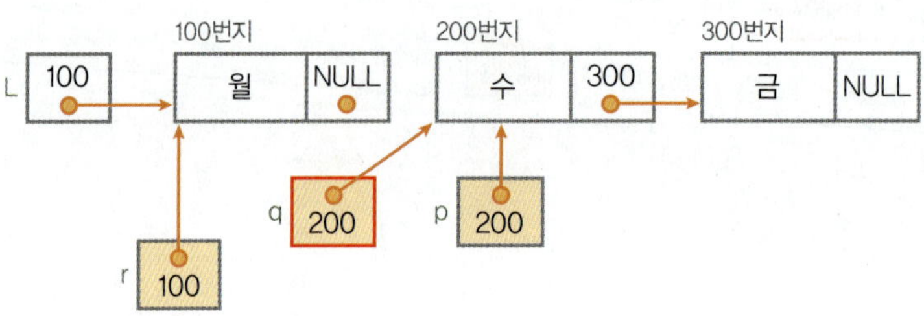

130행 : 포인터 p는 링크를 따라 다음 노드로 이동한다.

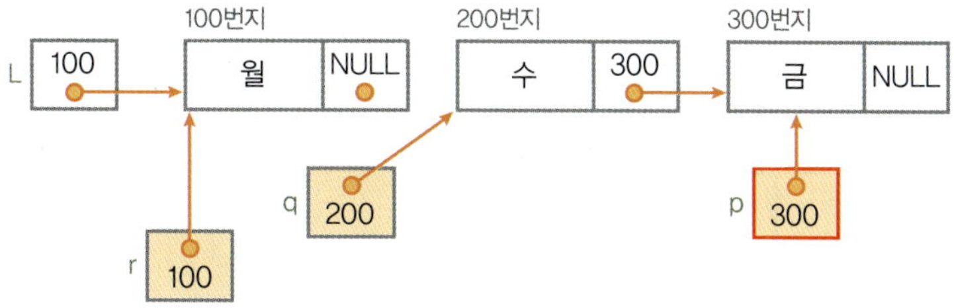

131행 : 포인터 r의 값(100)을 q 노드의 링크 필드에 설정한다.

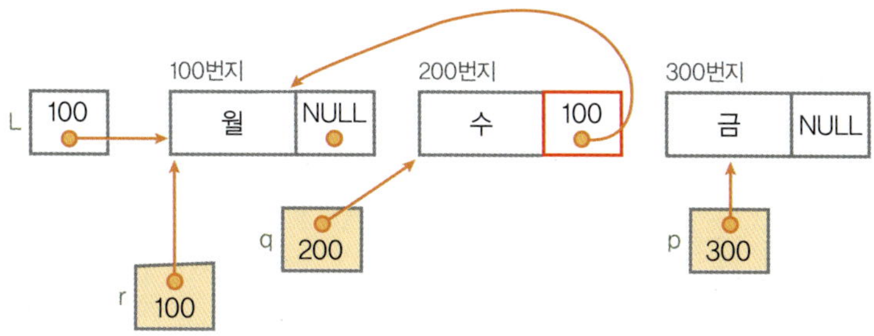

while 문을 두 번 수행하면 [그림 4-17]과 같이 '월' 노드와 '수' 노드의 순서가 바뀌게 된다.

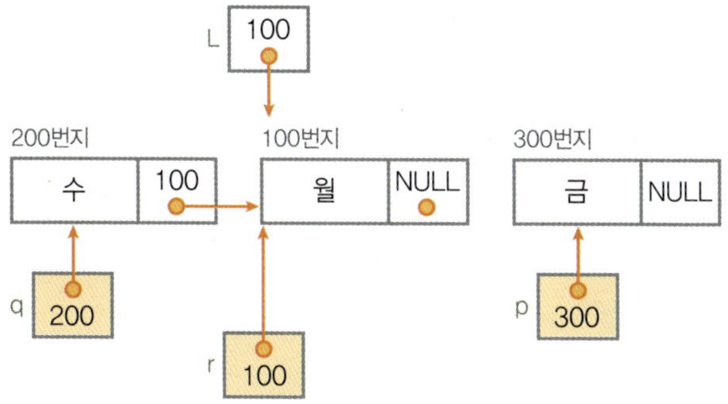

그림 4-17 while 문을 두 번 수행한 결과

[그림 4-17]을 보면 포인터 p가 NULL이 아니므로 남아 있는 노드를 처리해야 한다. 다음 노드의 연결 순서를 바꿔야 하므로 127~132행의 while 문을 다시 반복한다.

128행 : 포인터 r을 포인터 q가 가리키는 노드에 연결한다.

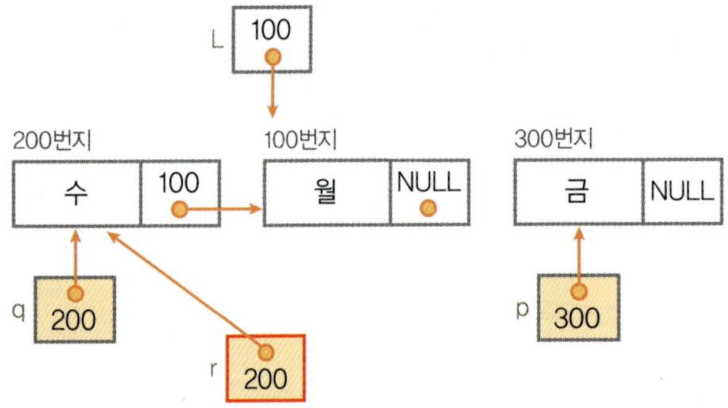

129행 : 포인터 q를 포인터 p가 가리키는 노드에 연결한다.

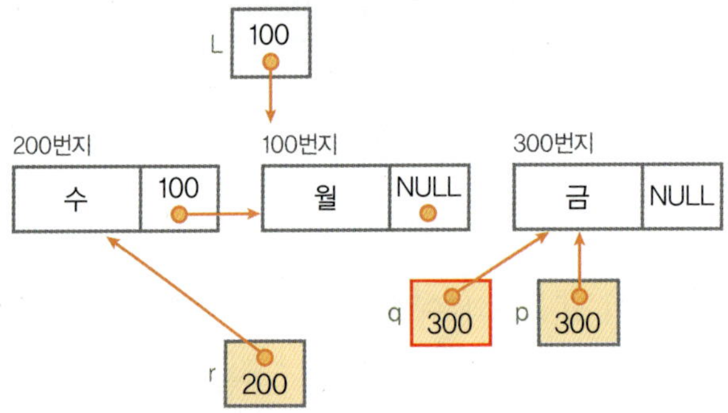

130행 : 포인터 p는 링크를 따라 다음 노드로 이동한다. 이때 p -> link가 NULL이므로 포인터 p는 NULL이 된다.

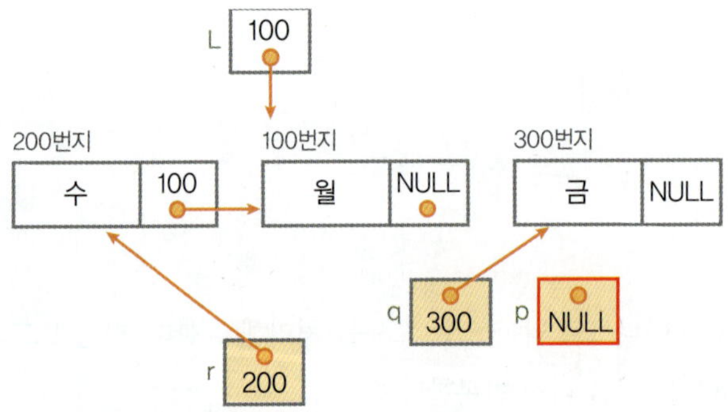

131행 : 포인터 r의 값(200)을 q 노드의 링크 필드에 설정한다.

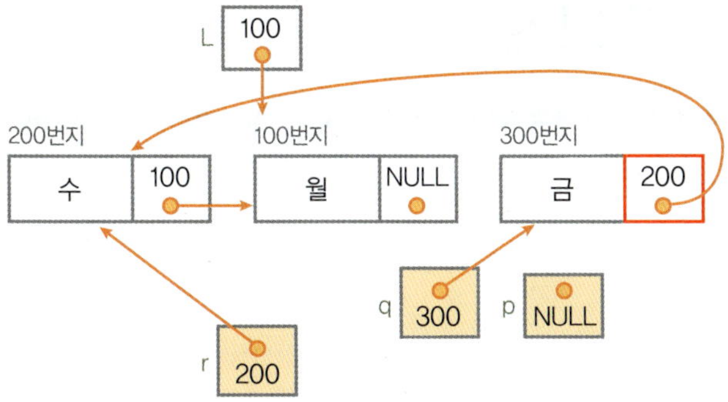

while 문을 세 번 수행하면 [그림 4-18]과 같이 '금'→'수'→'월' 형태인 역순 상태가 된다.

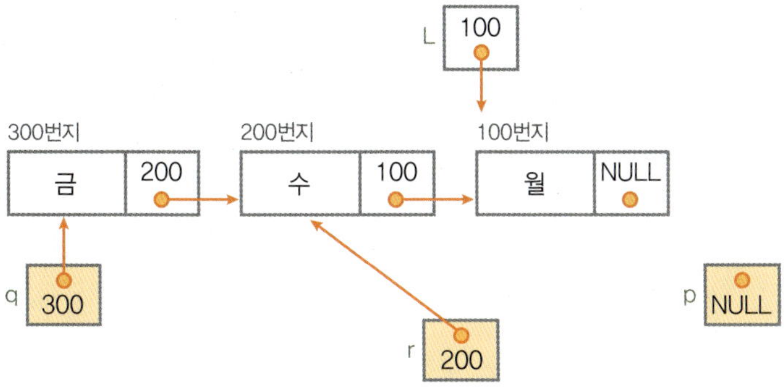

그림 4-18 while 문을 세 번 수행한 결과

[그림 4-18]을 보면 현재 포인터 p가 NULL이다. 모든 노드를 처리했다는 뜻이므로 while 문 반복을 멈춘다. 마무리 작업으로 133행에서 L -> head = q;를 수행하여 현재 리스트의 마지막 노드 q를 시작 노드로 변경하면, 리스트의 역순 연산이 완성된다.

[그림 4-19]는 노드를 세 개 가진 연결 리스트에 대해 127~132행의 while 문을 세 번 반복하여 완성한 결과이다.

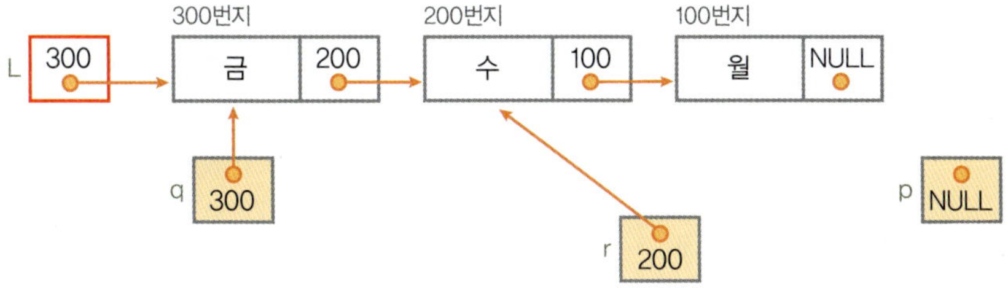

그림 4-19 완성된 연결 리스트

Section 03 원형 연결 리스트

1 원형 연결 리스트의 개념

단순 연결 리스트에서 마지막 노드가 리스트의 첫 번째 노드를 가리키게 하여 리스트 구조를 원형으로 만든 연결 리스트를 원형 연결 리스트Circular Linked List라고 한다. 원형 연결 리스트는 [그림 4-20]과 같이 단순 연결 리스트의 마지막 노드의 링크 필드에 첫 번째 노드의 주소를 연결하여 구성한다.

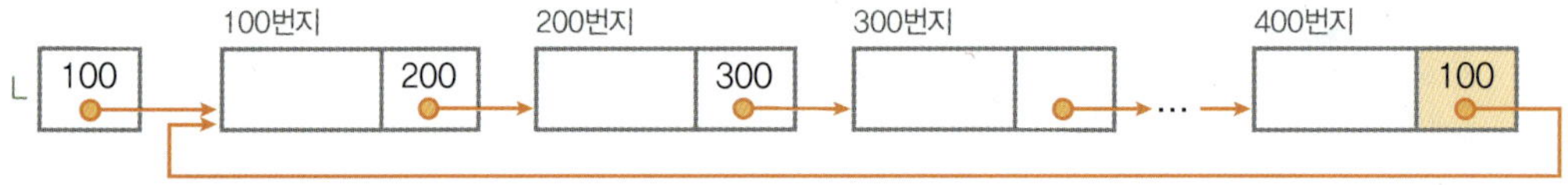

그림 4-20 원형 연결 리스트 예

[그림 4-3]의 기차놀이에서 X를 첫 번째 사람 이름으로 바꾸면 [그림 4-21]과 같은 원형 기차가 된다.

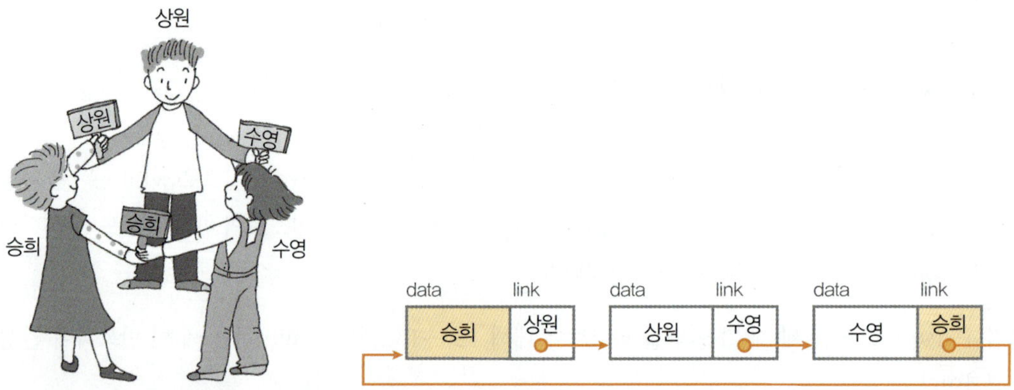

그림 4-21 원형 기차놀이

단순 연결 리스트는 시작 노드에서 링크를 따라 이동하여 마지막 노드에서 순회가 끝나는데, 원형 연결 리스트는 링크를 따라 계속 순회할 수 있다.

2 원형 연결 리스트의 알고리즘

원형 연결 리스트에서 삽입 연산을 하는 방법은 마지막 노드의 링크를 첫 번째 노드로 연결하는 부분만 다르고 나머지는 단순 연결 리스트에서 연산하는 방법과 같다. 원형 연결 리스트에서는 리스트의 마지막에 노드를 삽입하는 것이 곧 리스트의 첫 번째에 노드를 삽입하는 것과 같은 의미이다. 따라서 원형 연결 리스트에서 노드를 삽입할 때는 노드의 첫 번째 노드로 삽입하는 경우와 중간 노드로 삽입하는 경우로 나눌 수 있다.

리스트에 첫 번째 노드로 삽입하는 알고리즘

원형 연결 리스트 CL에 값이 x인 노드 new를 삽입하는 알고리즘은 다음과 같다. 원형 연결 리스트에서 첫 번째 노드로 삽입하는 알고리즘은 단순 연결 리스트에서 첫 번째 노드로 삽입하는 알고리즘과 마지막 노드로 삽입하는 알고리즘을 혼합한 형태이다.

알고리즘 4-6 원형 연결 리스트의 첫 번째 노드 삽입

```
insertFirstNode(CL, x)
    new ← getNode();
    new.data ← x;
  ┌ if (CL == NULL) then {
❶ │     ❶-ⓐ CL ← new;
  │     ❶-ⓑ new.link ← new;
  └ }

  ┌ else {
  │     ❷-ⓐ temp ← CL;
  │          while (temp.link ≠ CL) do
❷ │        ❷-ⓑ temp ← temp.link;
  │     ❷-ⓒ new.link ← temp.link;
  │     ❷-ⓓ temp.link ← new;
  └     ❷-ⓔ CL ← new;
    }
end insertFirstNode()
```

insertFirstNode() 함수를 이용해 원형 연결 리스트 마지막에 노드를 삽입하는 과정을 원형 연결 리스트가 공백인 경우와 공백이 아닌 경우로 나누어 살펴보자.

❶ **공백 리스트인 경우** 원형 연결 리스트 CL이 다음과 같이 공백이면 삽입하는 노드 new가 리스트의 첫 번째 노드이자 마지막 노드로 삽입된다.

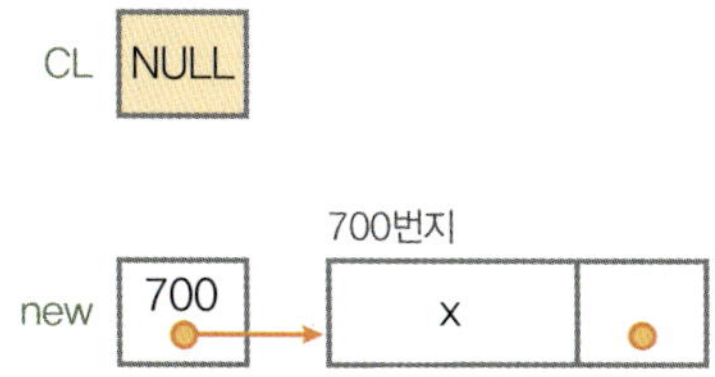

❶-ⓐ `CL ← new;` 삽입할 새 노드의 주소(new, 700)를 포인터 CL에 저장하여 포인터 CL이 노드 new를 가리키게 한다.

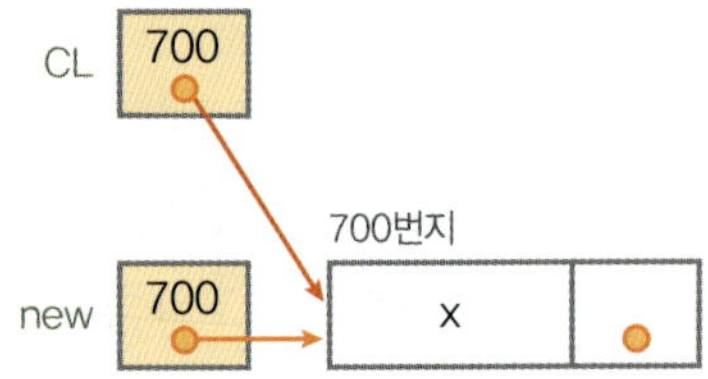

❶-ⓑ `new.link ← new;` 새 노드의 주소를 링크 필드에 저장하여 노드 new의 링크가 자기 자신으로 연결되도록 하여, 노드 new를 원형 연결 리스트 CL의 첫 번째 노드이자 마지막 노드가 되도록 설정한다.

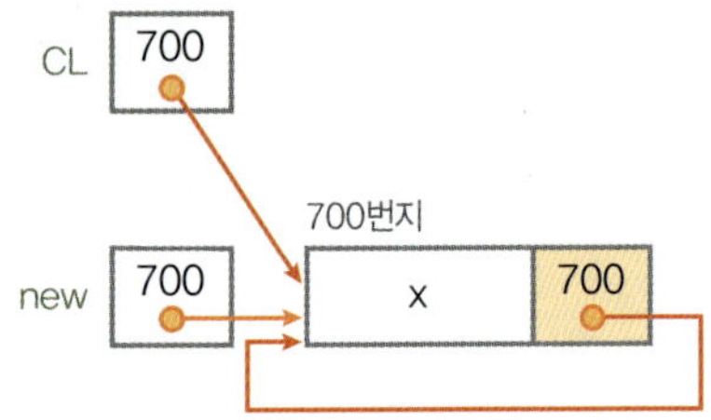

❷ **공백 리스트가 아닌 경우** 원형 연결 리스트 CL이 다음과 같이 공백이 아닌 경우에는 첫 번째 노드로 삽입하는 연산을 수행한다.

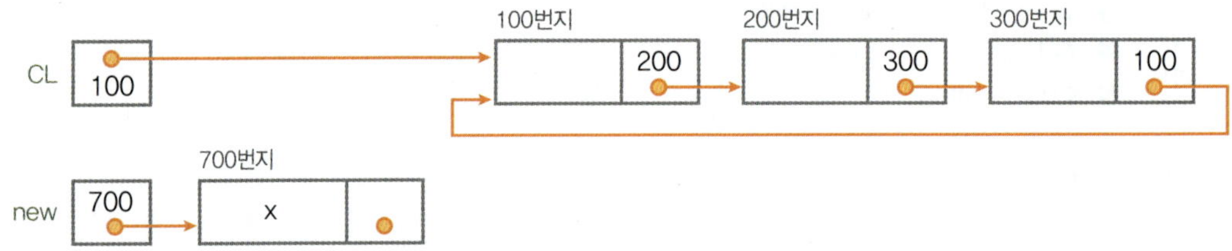

❷-ⓐ `temp ← CL;` 첫 번째 노드의 주소(CL, 100)를 임시 순회 포인터 temp에 설정하여 노드 순회의 시작점을 지정한다.

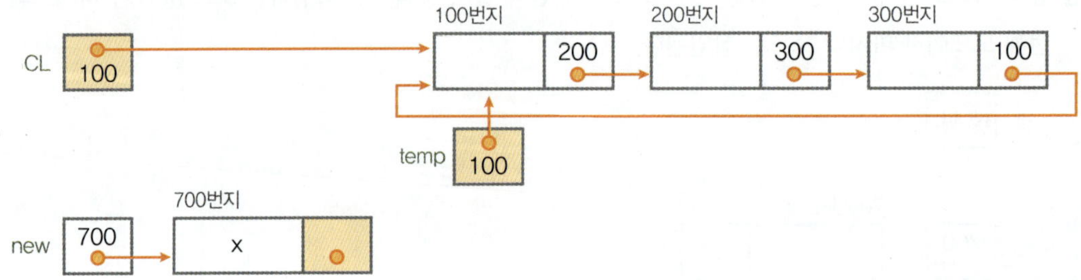

❷-ⓑ `temp ← temp.link;` while 문을 수행하여 순회 포인터 temp를 링크를 따라 마지막 노드까지 이동시킨다.

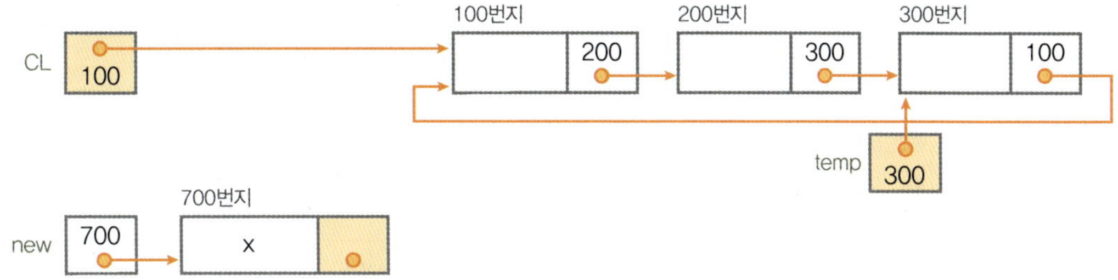

❷-ⓒ `new.link ← temp.link;` 순회 포인터 temp가 가리키는 노드, 즉 리스트의 마지막 노드의 링크 값을 노드 new의 링크에 저장한다. 노드 new는 노드 temp의 다음 노드인 첫 번째 노드와 연결된다.

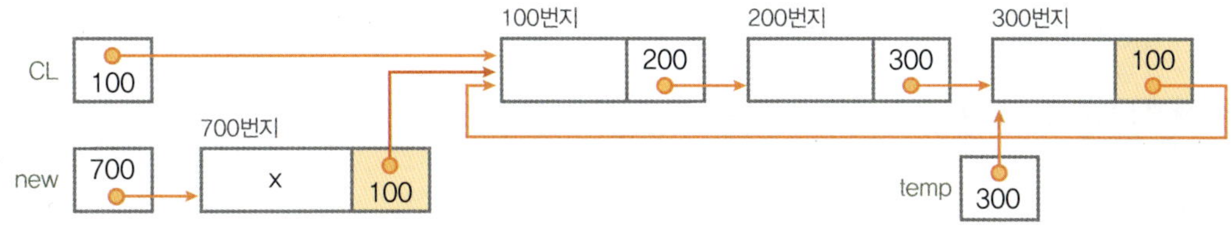

❷-ⓓ `temp.link ← new;` 포인터 new의 값(700)을 포인터 temp가 가리키고 있는 마지막 노드의 링크에 저장하여 리스트의 마지막 노드가 노드 new로 원형 연결이 되도록 한다.

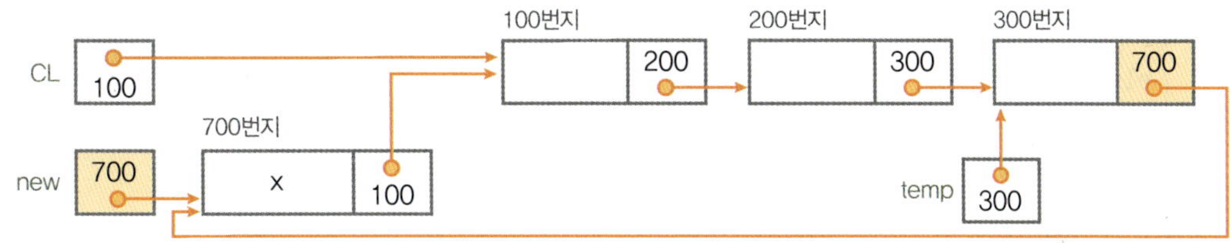

❷-ⓔ `CL ← new;` 포인터 new의 값(700)을 리스트 시작 포인터 CL에 설정하여 노드 new가 리스트의 첫 번째 노드가 되도록 연결한다.

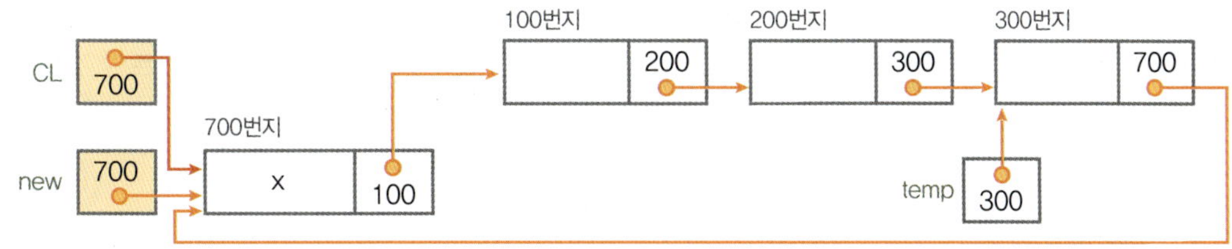

원형 연결 리스트 CL이 공백이 아닌 경우에 첫 번째 노드로 삽입하는 과정을 수행한 최종 결과는 [그림 4-22]와 같다. 그림과 같이 삽입한 노드 new는 리스트 포인터 CL과 첫 번째 노드(100번지 노드) 사이에 삽입되면서 리스트의 새로운 첫 번째 노드가 되었고, 리스트의 마지막 노드와 연결하여 원형 연결 리스트 상태를 유지하도록 하였다.

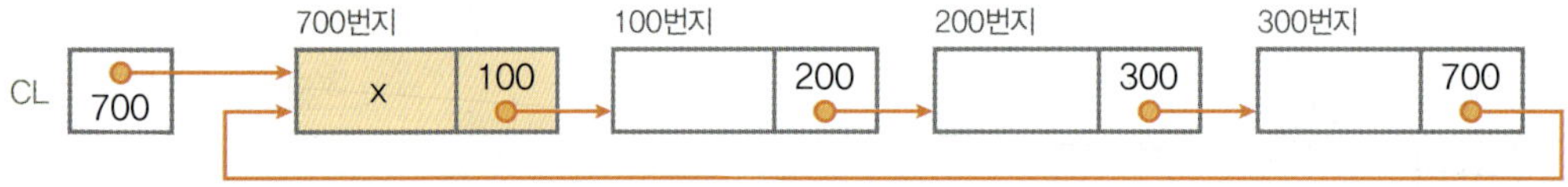

그림 4-22 원형 연결 리스트 CL이 공백이 아닌 경우에 첫 번째 노드로 삽입한 최종 결과

리스트 중간에 노드를 삽입하는 알고리즘

다음은 원형 연결 리스트 CL에 값이 x인 노드 new를 포인터 pre가 가리키는 노드의 다음 노드로 삽입하는 알고리즘이다.

알고리즘 4-7 원형 연결 리스트의 중간 노드 삽입

```
insertMiddleNode(CL, pre, x)
    new ← getNode();
    new.data ← x;
  ❶ if (CL == NULL) then {
       CL ← new;
       new.link ← new;
    }
  ❷ else {
       ❷-ⓐ new.link ← pre.link;
       ❷-ⓑ pre.link ← new;
    }
end insertMiddleNode()
```

insertMiddleNode() 함수를 이용해 원형 연결 리스트 중간에 노드를 삽입하는 과정을 원형 연결 리스트 CL이 공백인 경우와 공백이 아닌 경우로 나누어 살펴보자.

❶ **공백 리스트인 경우** 원형 연결 리스트 CL이 공백이라면 [알고리즘 4-6]에서 공백 리스트인 경우에 첫 번째 노드로 삽입하는 방법과 같다(189쪽 참고).

❷ **공백 리스트가 아닌 경우** 원형 연결 리스트 CL이 다음과 같이 공백이 아닌 경우에는 포인터 pre가 가리키는 노드 뒤에 노드 new를 삽입하는 작업을 수행한다.

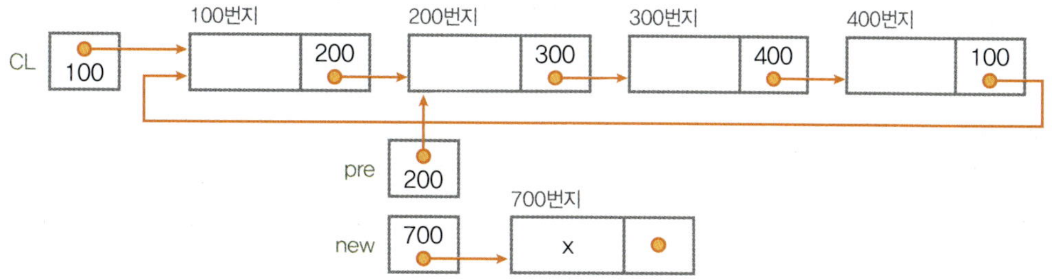

❷-ⓐ `new.link ← pre.link;` 노드 pre 다음 노드로 new를 삽입해야 하므로 노드 pre의 다음 노드(pre.link, 300번지 노드)를 new의 다음 노드(new.link)로 연결한다.

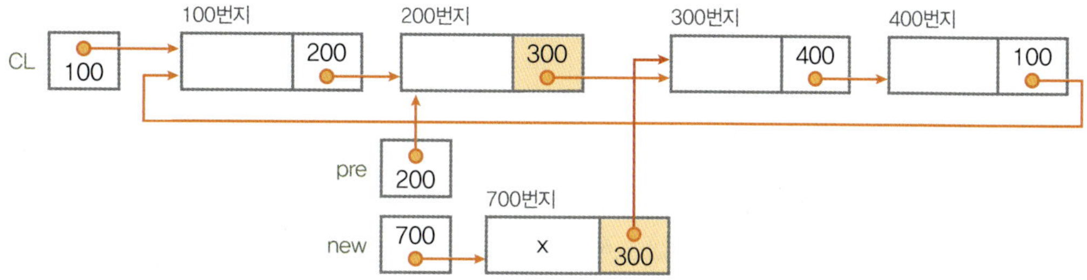

❷-ⓑ `pre.link ← new;` 포인터 new의 값, 즉 삽입할 새 노드의 주소(new, 700)를 노드 pre의 링크에 저장하여 노드 pre가 노드 new로 연결되도록 한다.

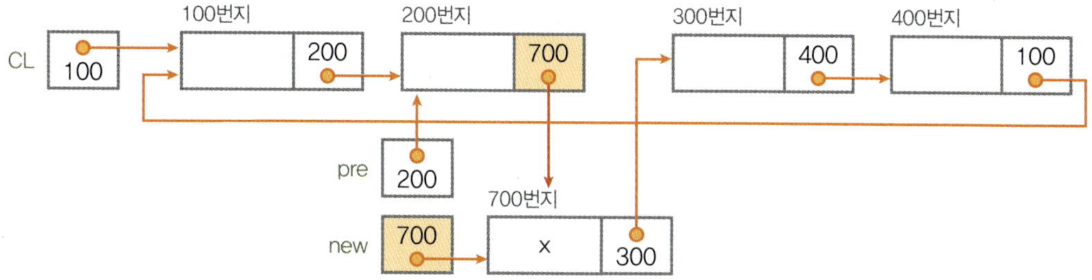

원형 연결 리스트 CL이 공백이 아닌 경우에 중간 노드로 삽입하는 과정을 수행한 최종 결과는 [그림 4-23]과 같다.

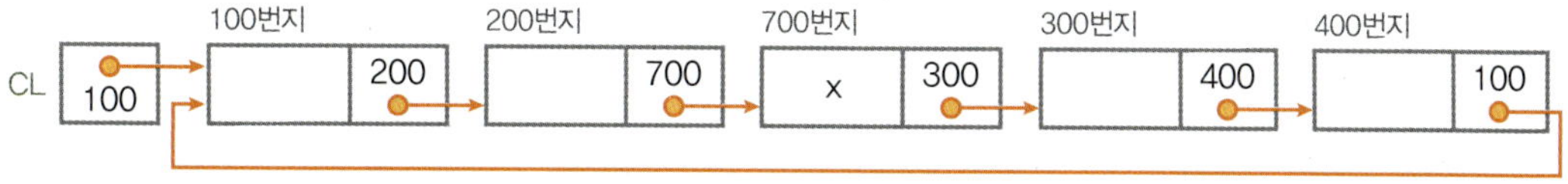

그림 4-23 **원형 연결 리스트 CL이 공백인 아닌 경우에 중간 노드로 삽입한 최종 결과**

노드를 삭제하는 알고리즘

원형 연결 리스트에서 노드를 삭제하는 알고리즘은 다음과 같이 원형 연결 리스트 CL에서 포인터 pre가 가리키는 노드의 다음 노드를 삭제하고, 삭제한 노드는 자유 공간 리스트에 반환한다. 포인터 old는 삭제할 노드를 지시한다.

알고리즘 4-8 원형 연결 리스트의 노드 삭제

```
deleteNode(CL, pre)
    if (CL == NULL) then error;
    else {
        ❶ old ← pre.link;
        ❷ pre.link ← old.link;
      ❸{ if (old == CL) then
              ❸-ⓐ CL ← old.link;
        ❹ returnNode(old);
    }
end deleteNode()
```

deleteNode() 함수를 이용해 원형 연결 리스트에서 노드를 삭제하는 과정을 살펴보자. 단, 포인터 pre는 [그림 4-24]와 같이 원형 연결 리스트에서 삭제할 노드의 선행자 노드를 지시한다고 가정한다.

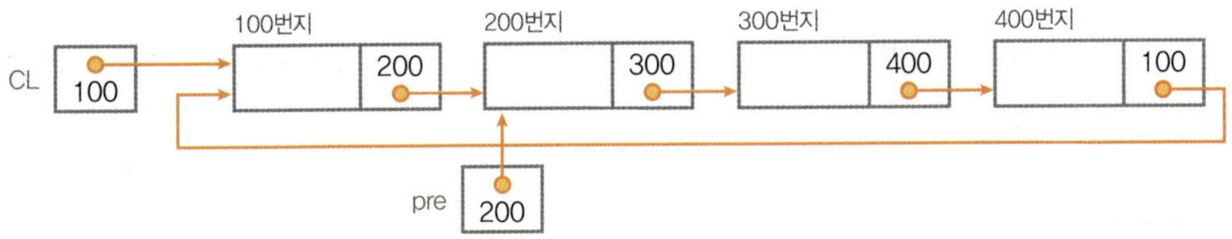

그림 4-24 초기 상태

❶ `old ← pre.link;` 노드 pre의 다음 노드(pre.link, 300번지 노드)를 삭제할 노드에 대한 포인터 old로 지정한다.

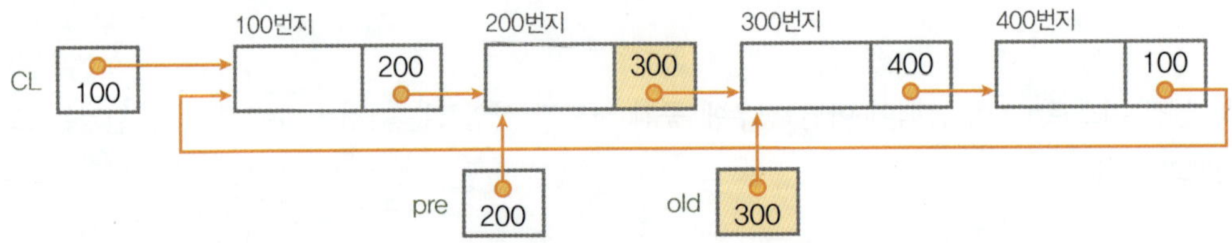

❷ `pre.link ← old.link;` 삭제할 노드 old의 다음 노드(old.link, 400번지 노드)를 노드 pre의 다음 노드(pre.link)로 지정한다.

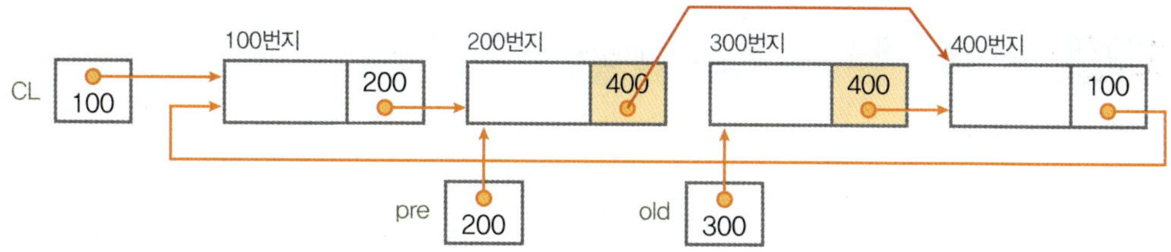

❸ `if (old == CL) then` 삭제할 노드 old가 리스트의 첫 번째 노드인지 확인한다. 삭제할 노드 old가 리스트 시작 포인터 CL과 같다면, ❶과 ❷를 수행하면 노드 old는 다음과 같이 리스트의 첫 번째 노드가 된다.

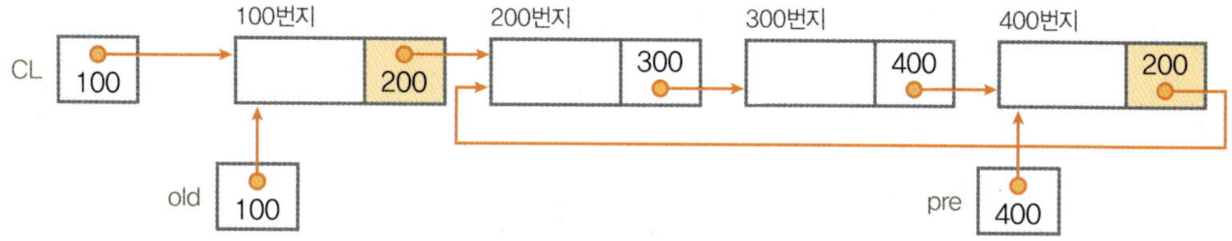

❸-ⓐ `CL ← old.link;` 첫 번째 노드를 삭제하는 경우에는 리스트 포인터 CL에 대한 연결 처리가 추가로 필요하다. 그러므로 노드 old의 링크값(200)을 리스트 포인터 CL에 저장하여 두 번째 노드가 리스트의 첫 번째 노드가 되도록 조정한다.

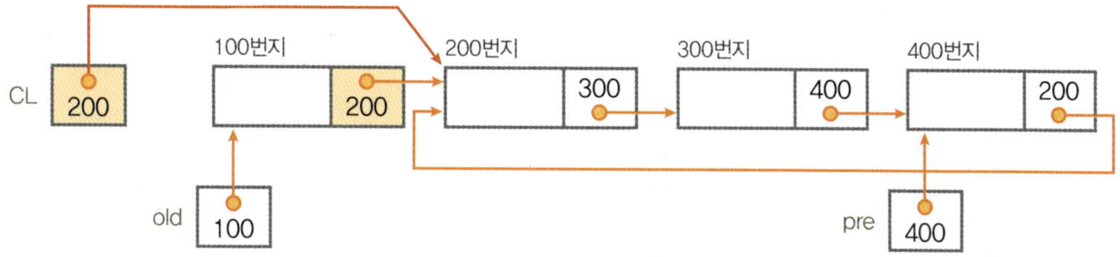

❹ `returnNode(old);` 삭제한 노드 old의 메모리를 반환한다.

원형 연결 리스트 CL에서 노드를 삭제한 최종 결과는 [그림 4-25]와 같다.

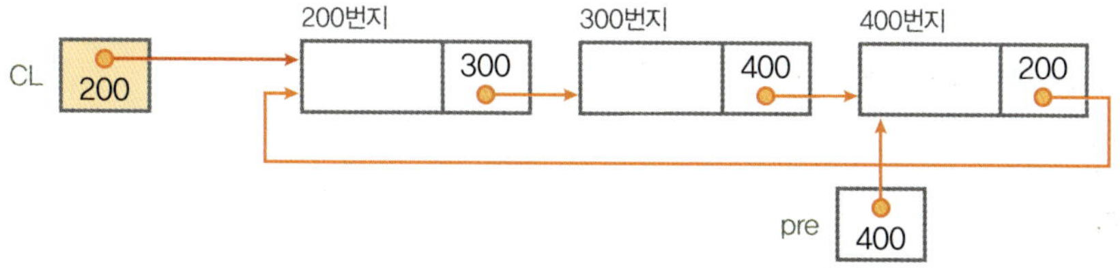

그림 4-25 **원형 연결 리스트에서 노드를 삭제한 최종 결과**

3 원형 연결 리스트의 프로그램

[예제 4-3]은 원형 연결 리스트에서 수행한 연산 알고리즘을 구체화하여 구현한 프로그램이다.

예제 4-3 원형 연결 리스트에서 노드 삽입 · 삭제 · 탐색하기

[CircularLinkedList.h]

```c
#pragma once
// 원형 연결 리스트의 노드 구조를 구조체로 정의
typedef struct ListNode {
    char data[4];
    struct ListNode* link;
} listNode;

// 리스트 시작을 나타내는 head 노드를 구조체로 정의
typedef struct {
    listNode* head;
} linkedList_h;

linkedList_h* createLinkedList_h(void);
void printList(linkedList_h* CL);
void insertFirstNode(linkedList_h* CL, char* x);
void insertMiddleNode(linkedList_h* CL, listNode* pre, char* x);
void deleteNode(linkedList_h* CL, listNode* old);
listNode* searchNode(linkedList_h* CL, char* x);
```

[CircularLinkedList.c]

```c
#define _CRT_SECURE_NO_WARNINGS
#include <stdio.h>
#include <string.h>
#include "CircularLinkedList.h"

// 공백 원형 연결 리스트를 생성하는 연산
linkedList_h* createLinkedList_h(void) {
    linkedList_h* CL;
    CL = (linkedList_h*)malloc(sizeof(linkedList_h));    // 헤드 노드 할당
    CL -> head = NULL;        // 공백 리스트이므로 NULL로 설정
    return CL;
}

// 연결 리스트를 순서대로 출력하는 연산
void printList(linkedList_h* CL) {
    listNode* p;
    printf(" CL = (");
    p = CL-> head;
```

```
    if (p == NULL) {
        printf(") \n");   return;
    }
    do {
        printf("%s", p -> data);
        p = p -> link;
        if (p != CL -> head) printf(", ");
    } while (p != CL -> head);
    printf(") \n");
}

// 첫 번째 노드 삽입 연산
void insertFirstNode(linkedList_h *CL, char *x) {
    listNode* newNode, *temp;
    newNode = (listNode*)malloc(sizeof(listNode));   // 삽입할 새 노드 할당
    strcpy(newNode -> data, x);
    if (CL -> head == NULL) {        // 원형 연결 리스트가 공백인 경우
        CL -> head = newNode;        // 새 노드를 리스트의 시작 노드로 연결
        newNode -> link = newNode;
    }
    else {                           // 원형 연결 리스트가 공백이 아닌 경우
        temp = CL -> head;
        while (temp -> link != CL -> head)
            temp = temp -> link;
        newNode -> link = temp -> link;
        temp -> link = newNode;    // 마지막 노드를 첫 번째 노드인 new와 원형 연결
        CL -> head = newNode;
    }
}

// pre 뒤에 노드를 삽입하는 연산
void insertMiddleNode(linkedList_h* CL, listNode *pre, char*x) {
    listNode* newNode;
    newNode = (listNode*)malloc(sizeof(listNode));
    strcpy(newNode -> data, x);
    if (CL -> head == NULL) {
        CL -> head = newNode;
        newNode -> link = newNode;
    }
    else {
        newNode -> link = pre -> link;
        pre -> link = newNode;
    }
}
```

[알고리즘 4-7] 구현

[알고리즘 4-8] 구현

```
// 원형 연결 리스트의 pre 뒤에 있는 노드 old를 삭제하는 연산
void deleteNode(linkedList_h* CL, listNode* old) {
    listNode* pre;                              // 삭제할 노드의 선행자 노드를 나타내는 포인터
    if (CL -> head == NULL) return;             // 공백 리스트인 경우 삭제 연산 중단
    if (CL -> head -> link == CL -> head) {     // 리스트에 노드가 한 개만 있는 경우
        free(CL -> head);                       // 첫 번째 노드의 메모리를 해제하고
        CL -> head = NULL;                      // 리스트 시작 포인터를 NULL로 설정
        return;
    }

    else if (old == NULL) return;       // 삭제할 노드가 없는 경우 삭제 연산 중단
    else {
        pre = CL -> head;               // 포인터 pre를 리스트의 시작 노드에 연결
        while (pre -> link != old) {
            pre = pre -> link;          // 선행자 노드를 포인터 pre를 이용해 찾음
        }
        pre -> link = old -> link;
        if (old == CL -> head)
            CL -> head = old -> link;
        free(old);                      // 삭제 노드의 메모리를 해제
    }
}

// 원형 연결 리스트에서 x 노드를 탐색하는 연산
listNode* searchNode(linkedList_h* CL, char* x) {
    listNode *temp;
    temp = CL->head;
    if (temp == NULL) return NULL;
    do {
        if (strcmp(temp->data, x) == 0) return temp;
        else temp = temp->link;
    } while (temp != CL->head);
    return NULL;
}
```

[ex4_3.c]

```
#include "CircularLinkedList.h"

int main(void) {
    linkedList_h* CL;
    listNode *p;

    CL = createLinkedList_h();          // 공백 원형 연결 리스트 생성
    printf("(1) 원형 연결 리스트 생성하기! \n");
    printList(CL);

```

```c
    printf("\n(2) 원형 연결 리스트에 [월] 노드 삽입하기! \n");
    insertFirstNode(CL, "월");
    printList(CL);

    printf("\n(3) 원형 연결 리스트의 [월] 노드 뒤에 [수] 노드 삽입하기! \n");
    p = searchNode(CL, "월"); insertMiddleNode(CL, p, "수");
    printList(CL);

    printf("\n(4) 원형 연결 리스트의 [수] 노드 뒤에 [금] 노드 삽입하기! \n");
    p = searchNode(CL, "수"); insertMiddleNode(CL, p, "금");
    printList(CL);

    printf("\n(5) 원형 연결 리스트에서 [수] 노드 삭제하기! \n");
    p = searchNode(CL, "수");  deleteNode(CL, p);
    printList(CL);

    getchar(); return 0;
}
```

```
(1) 원형 연결 리스트 생성하기!
CL = ( )

(2) 원형 연결 리스트에 [월] 노드 삽입하기!
CL = (월)

(3) 원형 연결 리스트의 [월] 노드 뒤에 [수] 노드 삽입하기!
CL = (월, 수)

(4) 원형 연결 리스트의 [수] 노드 뒤에 [금] 노드 삽입하기!
CL = (월, 수, 금)

(5) 원형 연결 리스트에서 [수] 노드 삭제하기!
CL = (월, 금)
```

SELF TEST_ 원형 연결 리스트 CL에서 pre = CL인 경우에 [알고리즘 4-8]을 적용하여 노드를 삭제하는 과정을 설명하시오.

Section 04

이중 연결 리스트

1 이중 연결 리스트의 개념

단순 연결 리스트는 선행 노드로 접근하기 어렵다는 점을 개선하여 원형 연결 리스트를 구성했지만, 원형 연결 리스트 역시 현재 노드 바로 이전 노드로 접근하려면 전체 리스트를 한 바퀴 순회해야 하는 문제가 생긴다. 이러한 문제는 리스트의 링크가 한 방향으로만 설계되어 반대 방향으로는 순회할 수 없기 때문에 발생한다. 이러한 문제를 개선하여 양쪽 방향으로 순회할 수 있도록 노드를 연결한 리스트를 이중 연결 리스트Doubly Linked List라고 한다.

이중 연결 리스트의 노드는 [그림 4-26]의 (a)와 같이 링크 필드 두 개와 데이터 필드 한 개로 구성한다. 구조체는 (b)와 같이 정의할 수 있다. llinkLeft Link 필드는 왼쪽 노드와 연결하는 포인터이고, rlinkRight Link 필드는 오른쪽 노드와 연결하는 포인터이다.

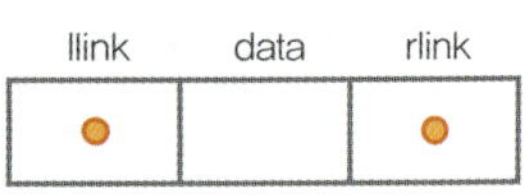

(a) 노드 구조

```
typedef struct Dnode {
    struct Dnode *llink;
    char data[5];
    struct Dnode *rlink;
}
```

(b) 구조체 정의

그림 4-26 이중 연결 리스트의 노드 구조와 구조체 정의

기차놀이의 규칙을 바꿔 보자. [그림 4-27]의 (a)는 하나씩 뽑은 자기 이름표를 오른손에 쥐고 연결한 기차이다. 여기에 왼쪽 사람 이름표를 만들어 왼손에 쥐도록 하자. 왼쪽 끝에 있는 사람(승희)은 왼쪽에 사람이 없으므로 X를 왼손에 갖는다. 이렇게 양손에 이름표를 갖고 있으면 기차는 이름표를 가지고 있는 방향으로 움직일 수 있으므로 (b)와 같이 양방향으로 움직이는 기차가 된다(왼쪽과 오른쪽은 보는 사람 관점에서의 방향이다).

(a) 단방향 기차놀이

(b) 양방향 기차놀이

그림 4-27 단반향과 양방향 기차놀이

[그림 4-27]에서 (b)의 양방향 기차를 이중 연결 리스트라고 생각하면 아이들은 노드가 되고, 왼손에 가지고 있는 이름표는 llink, 오른손에 가지고 있는 이름표는 rlink가 된다. 리스트 week=(월, 수, 금)을 이중 연결 리스트로 구성하면 [그림 4-28]과 같다.

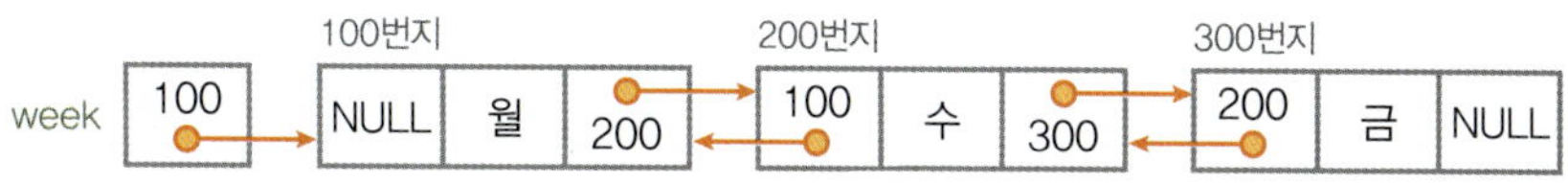

그림 4-28 리스트 week의 이중 연결 리스트

이중 연결 리스트에서 첫 번째와 마지막 노드가 아닌 임의의 노드 p는 다음과 같은 관계가 성립한다.

```
p = p.llink.rlink = p.rlink.llink
```

[그림 4-28]의 리스트 week에서 포인터 p가 '수' 노드를 가리키고 있을 때 p.llink는 '수' 노드의 왼쪽 노드이므로 '월' 노드가 된다. 그리고 p.llink.rlink는 '수' 노드의 왼쪽 노드의 오른쪽 노드이므로, '월' 노드의 오른쪽 노드가 되어 다시 '수' 노드가 된다. p.rlink는 '수' 노드의 오른쪽 노드이므로 '금' 노드가 된다. p.rlink.llink는 '수' 노드의 오른쪽 노드의 왼쪽 노드이므로 '금' 노드의 왼쪽 노드가 되어 다시 '수' 노드가 된다. 현재 위치에서 오른쪽으로 한발 움직였다가 왼쪽으로 한발 움직이면 처음 자리로 돌아오는 것과 같다.

이중 연결 리스트를 원형으로 구성하면 [그림 4-29]와 같은 원형 이중 연결 리스트가 된다.

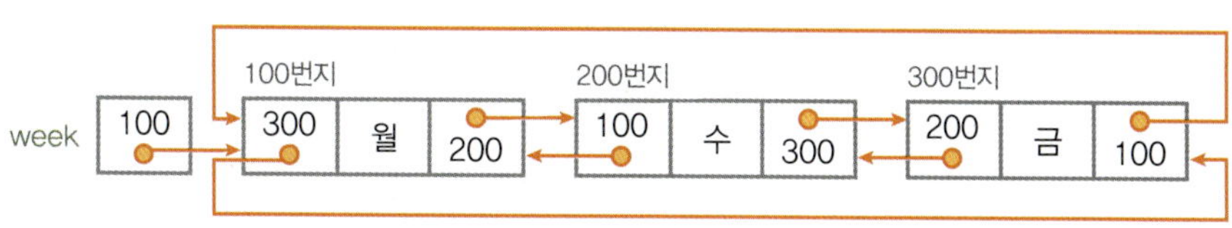

그림 4-29 리스트 week의 이중 원형 연결 리스트

2 이중 연결 리스트의 알고리즘

이중 연결 리스트에 노드를 삽입하는 과정과 알고리즘

집에 있는 철이를 불러내 승희와 상원이 사이에 끼우려고 한다. 이렇게 양방향 기차놀이에 친구를 끼우려면 어떻게 해야 할까? 그 과정을 살펴보자.

1 철이를 불러내 승희와 상원이 사이에 끼우기 전의 상태이다.

2 철이의 왼쪽이 되어야 하는 승희는 오른손에 쥐고 있던 '상원' 이름표를 철이 오른손에 준다.

❸ 대신 철이는 '철이' 이름표를 승희에게 준다.

❹ 철이의 오른쪽이 되어야 하는 상원이는 왼손에 쥐고 있던 '승희' 이름표를 철이 왼손에 준다.

❺ 대신 철이는 '철이' 이름표를 상원이에게 준다.

6 이름표대로 연결하면 다음과 같은 양방향 기차가 완성된다.

이중 연결 리스트에서 노드를 삽입하는 방법을 정리하면 다음과 같다.

1 삽입할 노드를 준비한다.

2 새 노드의 데이터 필드에 값을 저장한다.

3 새 노드 왼쪽 노드의 오른쪽 링크 필드(rlink)에 있던 값을 새 노드의 오른쪽 링크 필드(rlink)에 저장한다.

4 왼쪽 노드의 오른쪽 링크 필드(rlink)에 새 노드의 주소를 저장한다.

5 새 노드 오른쪽 노드의 왼쪽 링크 필드(llink)에 있던 값을 새 노드의 왼쪽 링크 필드(llink)에 저장한다.

6 오른쪽 노드의 왼쪽 링크 필드(llink)에 새 노드의 주소를 저장한다.

7 노드를 순서대로 연결한다.

그림 4-30 이중 연결 리스트에 노드를 삽입하는 방법

위에서 살펴본 이중 연결 리스트에 원소를 삽입하는 방법을 알고리즘으로 정의하면 다음과 같다.

알고리즘 4-9 이중 연결 리스트의 노드 삽입

```
insertNode(DL, pre, x)
      new ← getNode();
      new.data ← x;
    ❶ new.rlink ← pre.rlink;
    ❷ pre.rlink ← new;
    ❸ new.llink ← pre;
    ❹ new.rlink.llink ← new;
end insertNode()
```

insertNode() 함수를 이용해 이중 연결 리스트에 노드를 삽입하는 과정을 살펴보자. 단, [그림 4-31]과 같이 데이터 필드값이 x인 노드 new를 준비하여, 포인터 pre가 가리키는 노드의 다음 노드로 삽입하려고 한다고 가정한다.

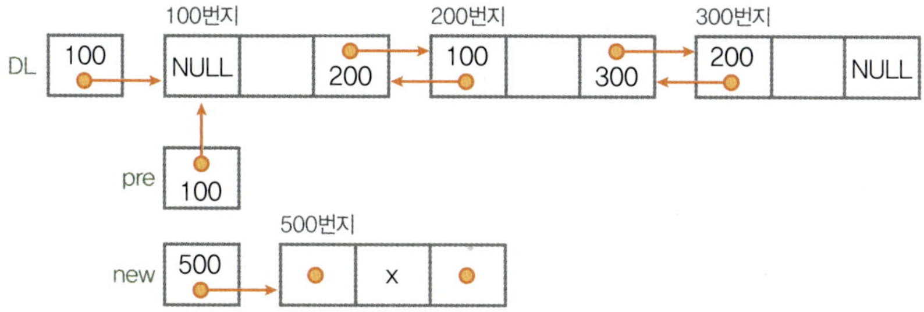

그림 4-31 **초기 상태**

❶ `new.rlink ← pre.rlink;` 노드 pre의 rlink(200번지)를 노드 new의 rlink에 저장하여, 노드 pre의 오른쪽 노드(200번지 노드)를 삽입할 노드 new의 오른쪽 노드로 연결한다.

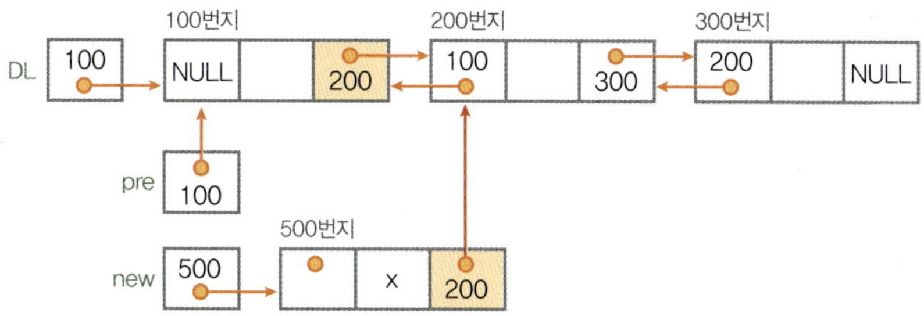

❷ `pre.rlink ← new;` 새 노드 new의 주소(포인터 new의 값, 500번지)를 노드 pre의 rlink에 저장하여, 노드 new를 노드 pre의 오른쪽 노드가 되도록 연결한다.

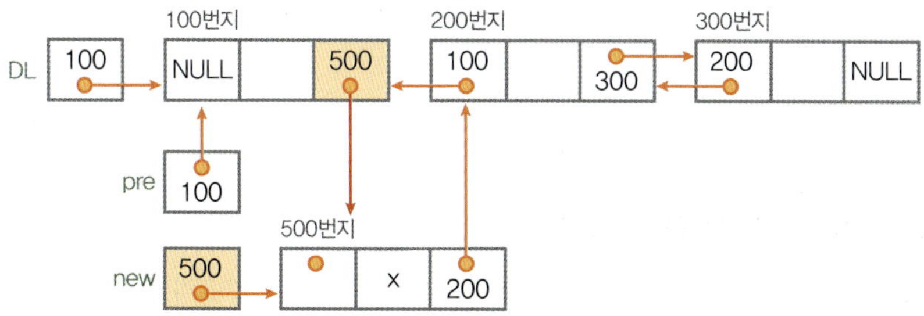

❸ `new.llink ← pre;` 포인터 pre의 값(100)을 삽입할 노드 new의 llink에 저장하여 노드 pre를 노드 new의 왼쪽 노드가 되도록 연결한다.

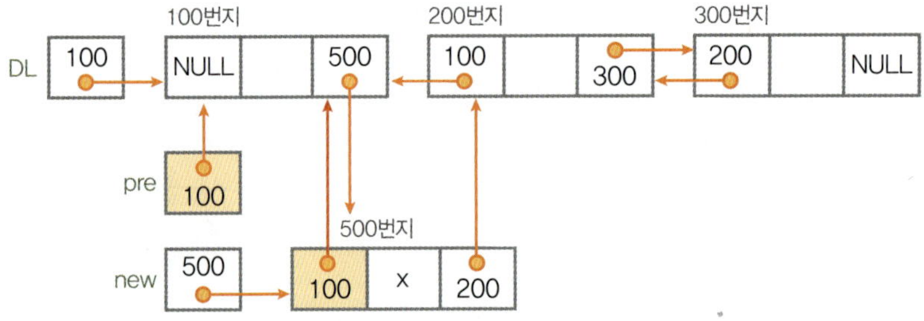

❹ `new.rlink.llink ← new;` 포인터 new의 값(500)을 노드 new의 오른쪽 노드(new.rlink, 200번지 노드)의 llink에 저장한다. 노드 new가 오른쪽에 있는 노드의 왼쪽 노드로 연결된다.

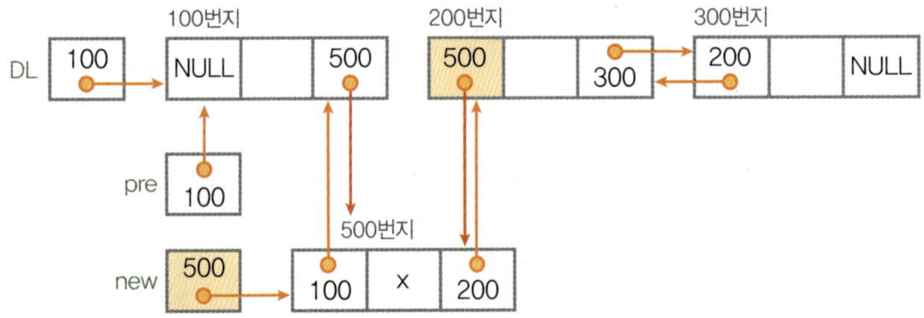

이중 연결 리스트에 new 노드를 삽입한 최종 결과는 [그림 4-32]와 같다.

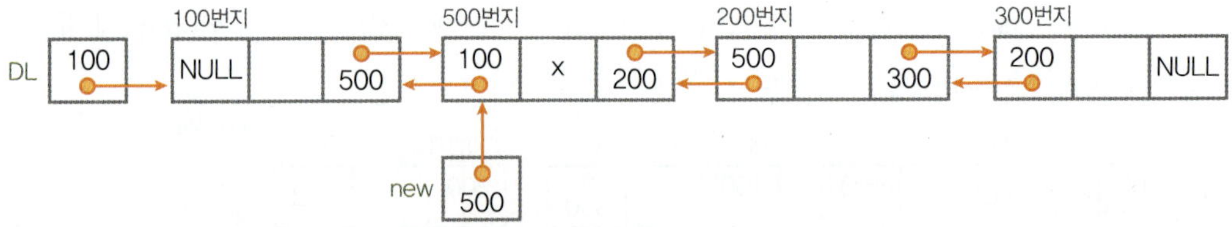

그림 4-32 이중 연결 리스트 DL에 new 노드가 삽입된 최종 결과

이중 연결 리스트에 노드를 삭제하는 과정과 알고리즘

양방향 기차놀이를 하던 철이가 집에 가려고 한다. 철이가 나머지 사람들이 양방향 기차놀이를 하는 데 문제가 없도록 이름표를 잘 넘겨주고 가려면 어떻게 해야 할까? 그 과정을 살펴보자.

1 양방향 기차놀이에서 사람(철이)이 빠지기 전 상태이다.

2 철이 오른손에 있는 '상원' 이름표를 철이 왼쪽에 있는 승희 오른손에 넘겨준다.

3 철이 왼손에 있는 '승희' 이름표를 철이 오른쪽에 있는 상원이 왼손에 넘겨준다.

4 다시 이름표대로 연결하면 철이가 빠진 양방향 기차가 된다.

이중 연결 리스트에서 노드를 삭제하는 방법을 정리하면 다음과 같다.

1 삭제할 노드의 오른쪽 노드와 왼쪽 노드를 찾는다.

2 삭제할 노드의 오른쪽 노드의 주소(old.rlink)를 삭제할 노드의 왼쪽 노드(old.llink)의 오른쪽 링크 필드(rlink)에 저장한다.

3 삭제할 노드의 왼쪽 노드(old.llink)의 주소를 삭제할 노드의 오른쪽 노드(old.rlink)의 왼쪽 링크 필드에 저장한다.

4 노드를 순서대로 연결한다.

그림 4-33 이중 연결 리스트에서 노드를 삭제하는 과정

위에서 살펴본 이중 연결 리스트에서 노드를 삭제하는 방법을 알고리즘으로 정의하면 다음과 같다.

알고리즘 4-10 이중 연결 리스트의 노드 삭제

```
deleteNode(DL, old)
    ❶ old.llink.rlink ← old.rlink;
    ❷ old.rlink.llink ← old.llink;
    ❸ returnNode(old);
end deleteNode()
```

deleteNode() 함수를 이용해 이중 연결 리스트에서 노드를 삭제하는 과정을 살펴보자. 단, [그림 4-34]와 같이 이중 연결 리스트 DL에서 포인터 old가 가리키는 노드를 삭제하려고 한다고 가정한다.

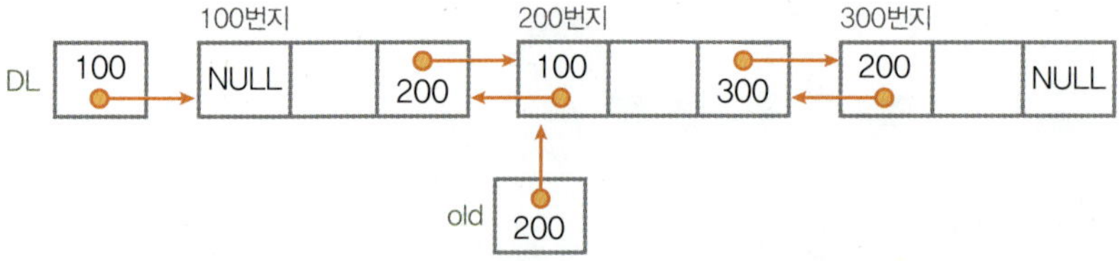

그림 4-34 초기 상태

❶ `old.llink.rlink ← old.rlink;` 삭제할 노드인 old 오른쪽 노드의 주소(old.rlink, 300)를 노드 old 왼쪽 노드의 rlink(old.llink.rlink)에 저장하여, 노드 old의 오른쪽 노드를 노드 old의 왼쪽 노드의 오른쪽 노드가 되도록 연결한다.

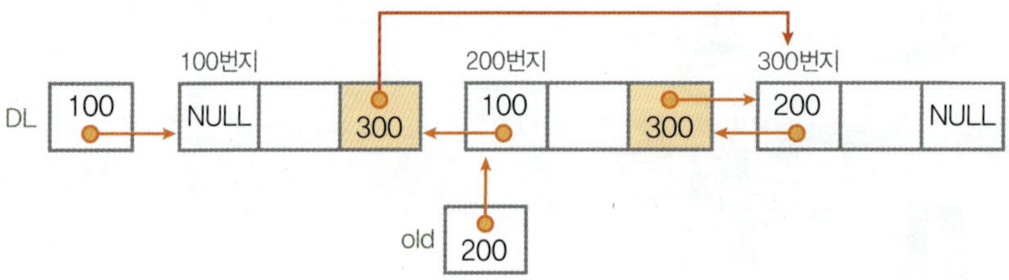

❷ `old.rlink.llink ← old.llink;` 삭제할 노드인 old 왼쪽 노드의 주소(old.llink, 100)를 노드 old의 오른쪽 노드의 llink(old.rlink.llink)에 저장하여 노드 old의 왼쪽 노드를 노드 old의 오른쪽 노드의 왼쪽 노드가 되도록 연결한다.

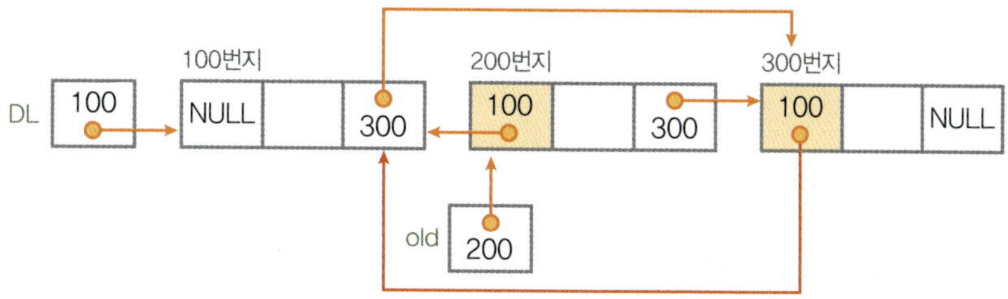

❸ `returnNode(old);` 삭제된 노드 old의 메모리를 반환한다.

이중 연결 리스트에서 old 노드를 삭제한 최종 결과는 [그림 4-35]와 같다.

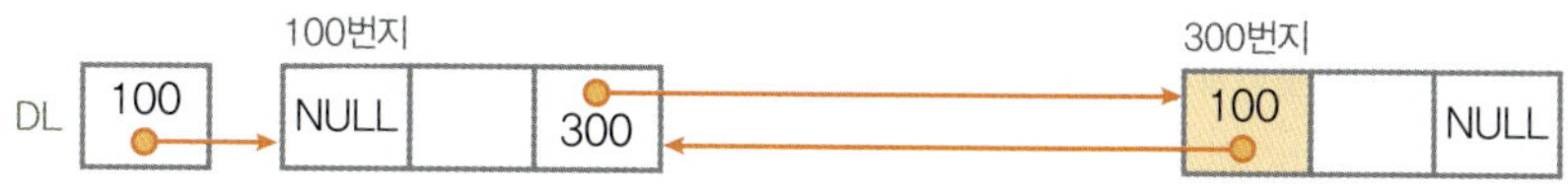

그림 4-35 이중 연결 리스트에서 old 노드를 삭제한 최종 결과

3 이중 연결 리스트의 프로그램

[예제 4-4]는 이중 연결 리스트에 대한 알고리즘을 구체화하여 구현한 프로그램이다.

예제 4-4 이중 연결 리스트에서 노드 삽입·삭제·탐색하기

[DoubleLinkedList.h]

```
#pragma once
// 이중 연결 리스트의 노드 구조를 구조체로 정의
typedef struct ListNode {
    struct ListNode* llink;   // 왼쪽(선행) 노드에 대한 링크
    char data[4];
    struct ListNode* rlink;   // 오른쪽(다음) 노드에 대한 링크
} listNode;

// 리스트 시작을 나타내는 head 노드를 구조체로 정의
typedef struct {
    listNode* head;
} linkedList_h;

linkedList_h* createLinkedList_h(void);
void printList(linkedList_h* DL);
void insertNode(linkedList_h* DL, listNode* pre, char* x);
```

```
void deleteNode(linkedList_h* DL, listNode* old);
listNode* searchNode(linkedList_h* DL, char* x);
```

[DoubleLinkedList.c]

```
#define _CRT_SECURE_NO_WARNINGS
#include <stdio.h>
#include <string.h>
#include "DoubleLinkedList.h"

// 공백 이중 연결 리스트를 생성하는 연산
linkedList_h* createLinkedList_h(void) {
    linkedList_h* DL;
    DL = (linkedList_h*)malloc(sizeof(linkedList_h));  // 헤드 노드 할당
    DL -> head = NULL;                                  // 공백 리스트이므로 NULL로 설정
    return DL;
}

// 이중 연결 리스트를 순서대로 출력하는 연산
void printList(linkedList_h* DL) {
    listNode* p;
    printf(" DL = (");

    p = DL -> head;
    while (p != NULL) {
        printf("%s", p -> data);
        p = p -> rlink;
        if (p != NULL) printf(", ");
    }
    printf(") \n");
}

// pre 뒤에 노드를 삽입하는 연산                                  [알고리즘 4-9] 구현
void insertNode(linkedList_h* DL, listNode *pre, char*x) {
    listNode* newNode;
    newNode = (listNode*)malloc(sizeof(listNode));
    strcpy(newNode -> data, x);
    if (DL -> head == NULL) {
        newNode -> rlink = NULL;
        newNode -> llink = NULL;
        DL -> head = newNode;
    }
    else {
        newNode -> rlink = pre -> rlink;
        pre -> rlink = newNode;
        newNode -> llink = pre;
        if (newNode -> rlink != NULL) // 삽입 자리에 다음 노드가 있는 경우
```

```
            newNode -> rlink -> llink = newNode;
        }
    }

    // 이중 연결 리스트에서 old 노드를 삭제하는 연산                    [알고리즘 4-10] 구현
    void deleteNode(linkedList_h* DL, listNode* old) {
        if (DL -> head == NULL) return;    // 공백 리스트인 경우 삭제 연산 중단
        else if (old == NULL) return;      // 삭제할 노드가 없는 경우 삭제 연산 중단
        else {
            old -> llink -> rlink = old -> rlink;
            old -> rlink -> llink = old -> llink;
            free(old);                     // 삭제 노드의 메모리 해제
        }
    }

    // 리스트에서 x 노드를 탐색하는 연산
    listNode* searchNode(linkedList_h* DL, char* x) {
        listNode *temp;
        temp = DL -> head;
        while (temp != NULL) {
            if (strcmp(temp -> data, x) == 0) return temp;
            else temp = temp -> rlink;
        }
        return temp;
    }
```

[ex4_4.c]

```
#include <stdlib.h>
#include "DoubleLinkedList.h"

int main(void) {
    linkedList_h* DL;
    listNode *p;

    DL = createLinkedList_h(); // 공백 리스트 생성
    printf("(1) 이중 연결 리스트 생성하기! \n");
    printList(DL);

    printf("\n(2) 이중 연결 리스트에 [월] 노드 삽입하기! \n");
    insertNode(DL, NULL, "월");
    printList(DL);

    printf("\n(3) 이중 연결 리스트의 [월] 노드 뒤에 [수] 노드 삽입하기! \n");
    p = searchNode(DL, "월"); insertNode(DL, p, "수");
    printList(DL);

```

```
    printf("\n(4) 이중 연결 리스트의 [수] 노드 뒤에 [금] 노드 삽입하기! \n");
    p = searchNode(DL, "수"); insertNode(DL, p, "금");
    printList(DL);

    printf("\n(5) 이중 연결 리스트에서 [수] 노드 삭제하기! \n");
    p = searchNode(DL, "수"); deleteNode(DL, p);
    printList(DL);

    getchar(); return 0;
}
```

```
(1) 이중 연결 리스트 생성하기!
DL = ()

(2) 이중 연결 리스트에 [월] 노드 삽입하기!
DL = (월)

(3) 이중 연결 리스트의 [월] 노드 뒤에 [수] 노드 삽입하기!
DL = (월, 수)

(4) 이중 연결 리스트의 [수] 노드 뒤에 [금] 노드 삽입하기!
DL = (월, 수, 금)

(5) 이중 연결 리스트에서 [수] 노드 삭제하기!
DL = (월, 금)
```

SELF TEST_ 이중 연결 리스트 DL에서 pre=DL.rlink인 경우에 [알고리즘 4-9]를 적용하여 노드를 삽입하는 과정을 설명하시오.

Section 05

연결 리스트의 응용 및 구현

1 단순 연결 리스트를 이용한 다항식 표현

연결 리스트를 응용하여 다항식을 단순 연결 리스트로 표현하고 덧셈 연산을 구현하는 방법을 알아보자. 다항식에 있는 항 하나는 노드 하나로 표현한다. 각 항마다 계수와 지수를 저장해야 하므로 노드의 데이터 필드는 [그림 4-36]의 (a)와 같이 계수를 저장하는 coef와 지수를 저장하는 expo 필드로 구성하고, 링크 필드는 다음 항을 연결하는 포인터로 구성한다. 이 다항식 노드는 (b)와 같이 구조체로 선언할 수 있다.

coef	expo	link

(a) 노드 구조

```
typedef struct Node {
   float coef;
   int expo;
   struct Node *link;
};
```

(b) 구조체 정의

그림 4-36 다항식 노드의 노드 구조와 구조체 정의

다항식 $A(x) = 4x^3+3x^2+5x$와 $B(x) = 3x^4+x^3+2x+1$을 다항식 노드를 사용하여 [그림 4-37]과 같이 표현할 수 있다.

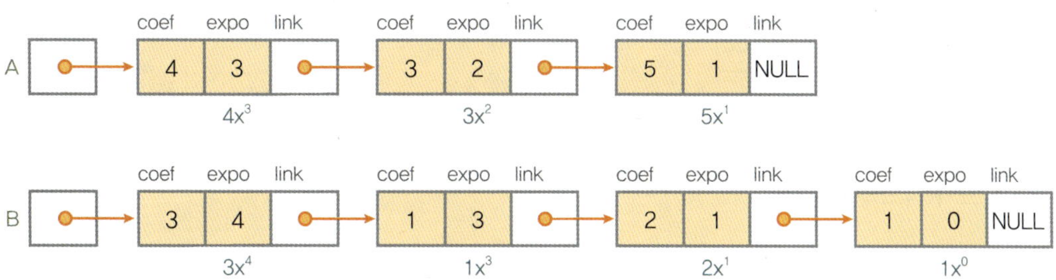

그림 4-37 다항식 A(x)와 B(x)의 단순 연결 리스트 표현

2 다항식 연결 자료구조의 항 삽입 알고리즘

다항식에 항을 추가하려면 연결 리스트의 마지막 노드 다음에 새로운 노드를 추가하는 알고리즘으로 정의할 수 있다. 다항식 리스트 PL에 새로운 항(노드)을 추가하려면 노드의 coef 필드값, expo 필드값, 노드를 추가할 위치, 즉 리스트의 마지막 노드의 위치를 알아야 한다. 따라서 appendTerm() 함수는 다항식 리스트 포인터 PL, coef 필드값을 저장한 변수 coef, expo 필드값을 저장한 변수 expo, 리스트 PL의 마지막 노드의 위치를 지시하는 포인터 last를 매개변수로 사용한다.

알고리즘 4-11 다항식 끝에 항 추가

```
appendTerm(PL, coef, expo, last)
    new ← getNode();
    new.expo ← expo;
    new.coef ← coef;
    new.link ← NULL;
    if (PL == NULL) then {
  ❶ { ❶-ⓐ PL ← new;
     { ❶-ⓑ last ← new;
    }
    else {
  ❷ { ❷-ⓐ last.link ← new;
     { ❷-ⓑ last ← new;
    }
end appendTerm()
```

appendTerm() 함수를 이용해 다항식에 항을 추가하는 과정을 다항식 리스트 PL이 공백인 경우와 공백이 아닌 경우로 나누어 살펴보자.

❶ **공백 리스트인 경우** 다항식 리스트 PL이 항이 하나도 없는 공백 다항식인 경우이다.

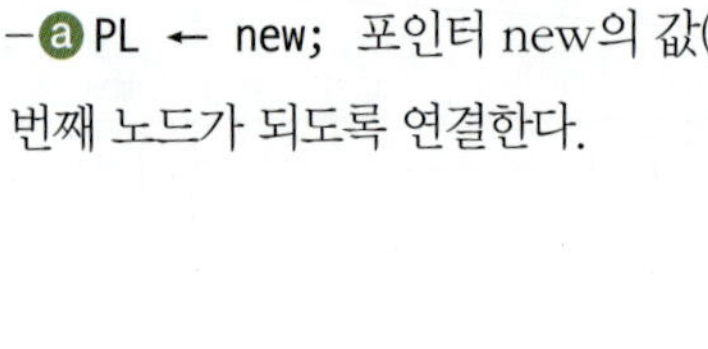

❶-ⓐ PL ← new; 포인터 new의 값(500)을 리스트 포인터 PL에 저장하여 노드 new가 리스트 PL의 첫 번째 노드가 되도록 연결한다.

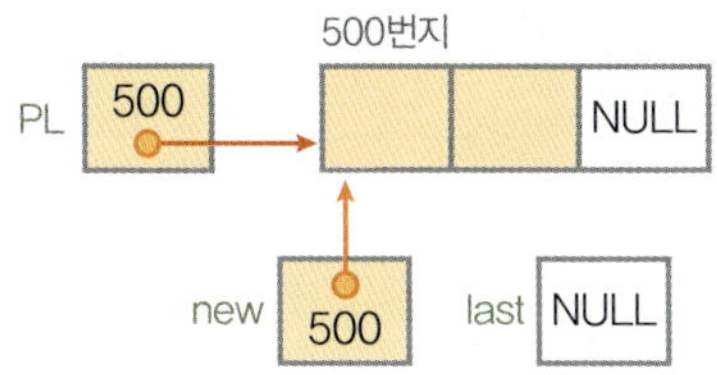

❶-ⓑ `last ← new;` 포인터 new의 값(500)을 포인터 last에 저장하여 포인터 last가 리스트 PL의 마지막 노드인 노드 new를 가리키도록 지정한다.

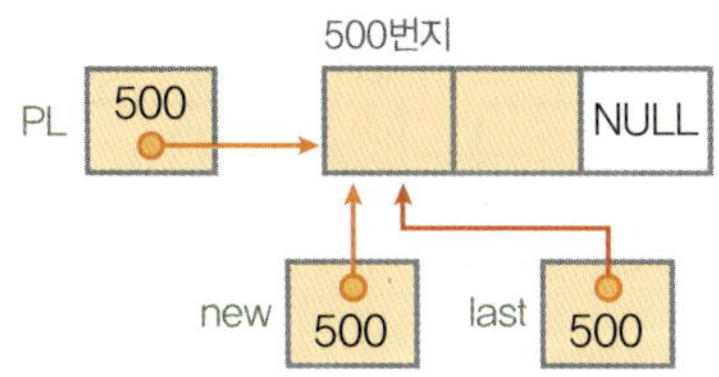

❷ **공백 리스트가 아닌 경우** 다항식 리스트 PL이 공백이 아닌 경우에는 새 노드 new를 리스트 PL의 마지막 노드로 삽입한다.

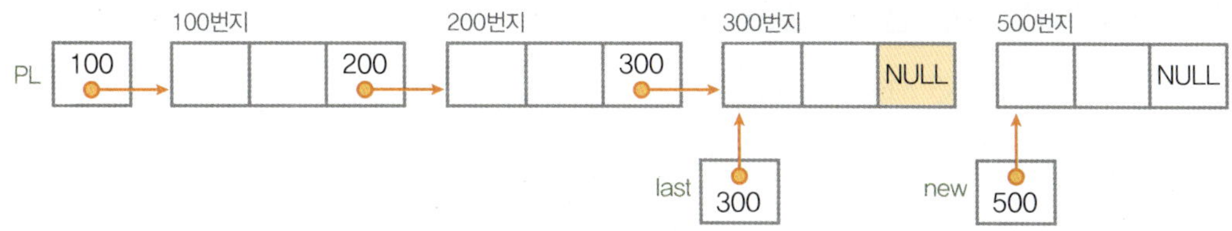

❷-ⓐ `last.link ← new;` 포인터 new의 값(500)을 노드 last의 링크에 저장하여 노드 new를 노드 last의 다음 노드로 연결한다.

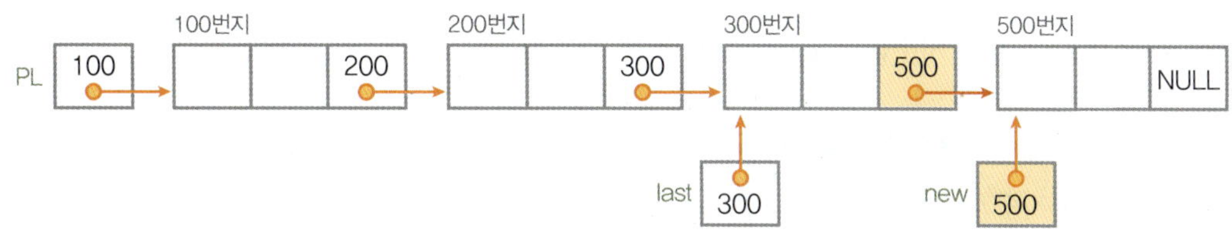

❷-ⓑ `last ← new;` 포인터 new의 값(500)을 포인터 last에 저장하여 노드 new를 리스트 PL의 마지막 노드로 설정한다.

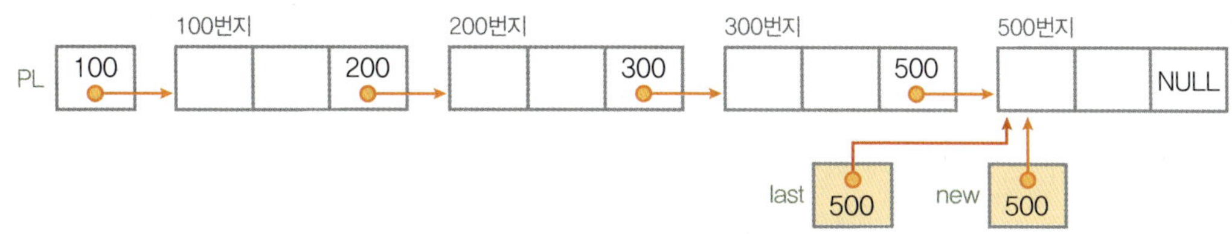

예를 들어 다항식 리스트 A에 appendTerm() 알고리즘을 사용하여 $2x^0$항(상수항 2)을 추가한 예는 [그림 4-38]과 같다.

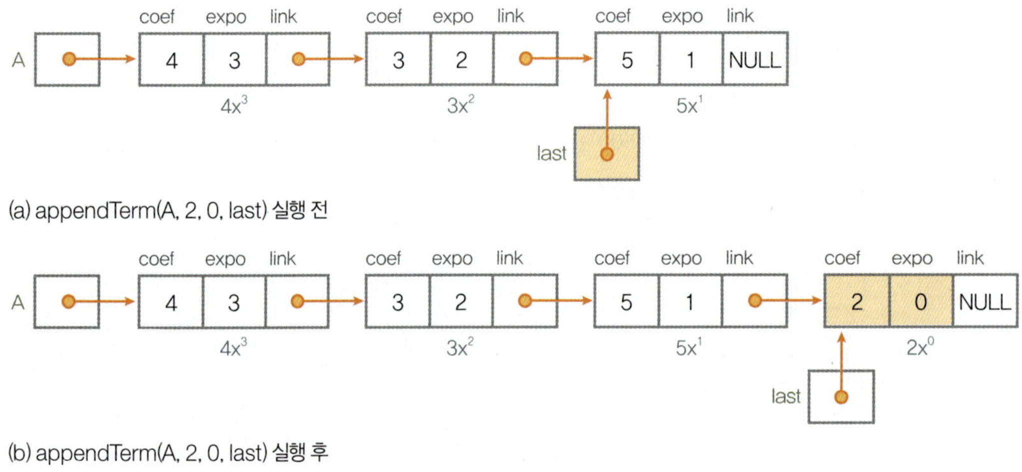

그림 4-38 appendTerm() 함수를 이용해 다항식 리스트에 항을 추가한 예

3 다항식끼리의 덧셈 연산과 알고리즘

두 다항식을 덧셈한 A(x)+B(x)=C(x)를 단순 연결 리스트 자료구조를 사용하여 해결하는 방법을 생각해 보자. 단순 연결 리스트를 이용한 다항식에서는 각 항을 이동하면서 지수를 비교하기 위해 포인터와 노드의 링크 필드를 이용한다.

다항식 A(x)와 B(x)와 C(x)의 항을 지시하기 위해 포인터를 세 개 사용한다. 포인터 p는 다항식 A(x)에서 비교할 항을 가리키고, 포인터 q는 다항식 B(x)에서 비교할 항을 가리킨다. 덧셈 연산을 마치면 만들어지는 다항식 C(x)의 항을 지시하는 데는 포인터 r을 사용한다. 다항식 A(x) 항의 지수(p.expo)와 다항식 B(x)의 항의 지수(q.expo)를 비교하여 다음 세 가지 경우로 처리한다.

■ **p.expo < q.expo : 다항식 A(x) 항의 지수가 작은 경우**

두 다항식의 지수가 다르면 계수를 더할 수 없고, 지수가 높은 항부터 나열하는 다항식 표현 규칙에 따라서 포인터 q가 가리키는 다항식 B(x) 항을 C(x) 항으로 복사한다. q가 가리키는 항에 대한 처리가 끝나면 q를 다음 노드로 이동시킨다.

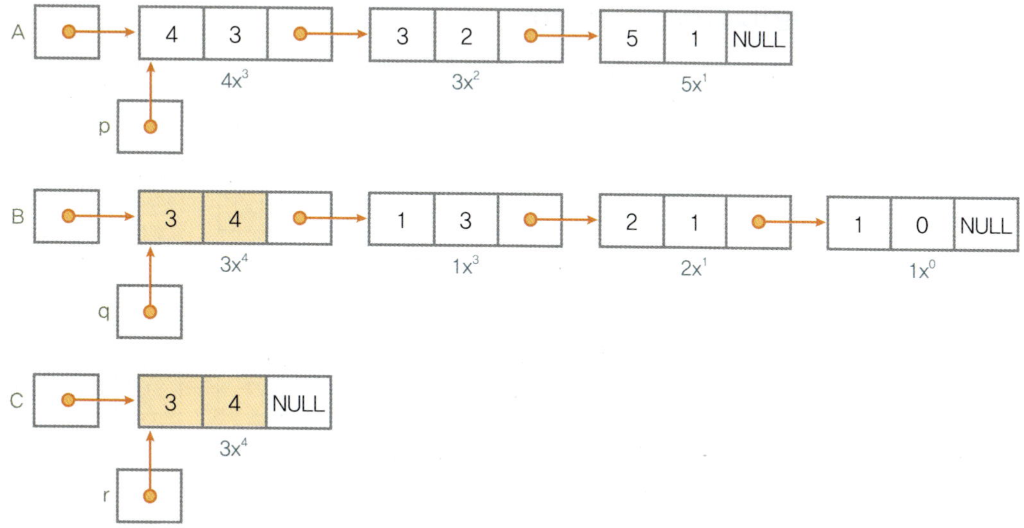

그림 4-39 q의 지수가 더 큰 경우의 연산

■ p.expo == q.expo : 두 다항식 항의 지수가 같은 경우

두 다항식의 지수가 같으면 지수가 같은 항의 계수를 더해 C(x) 항을 만들면 되므로 p.coef와 q.coef를 더해 C(x) 항인 r.coef에 저장하고, 지수는 p.expo(또는 q.expo)를 r.expo에 저장한다. 그리고 다음 항을 비교하기 위해 포인터 p와 q를 각각 다음 노드로 이동시킨다.

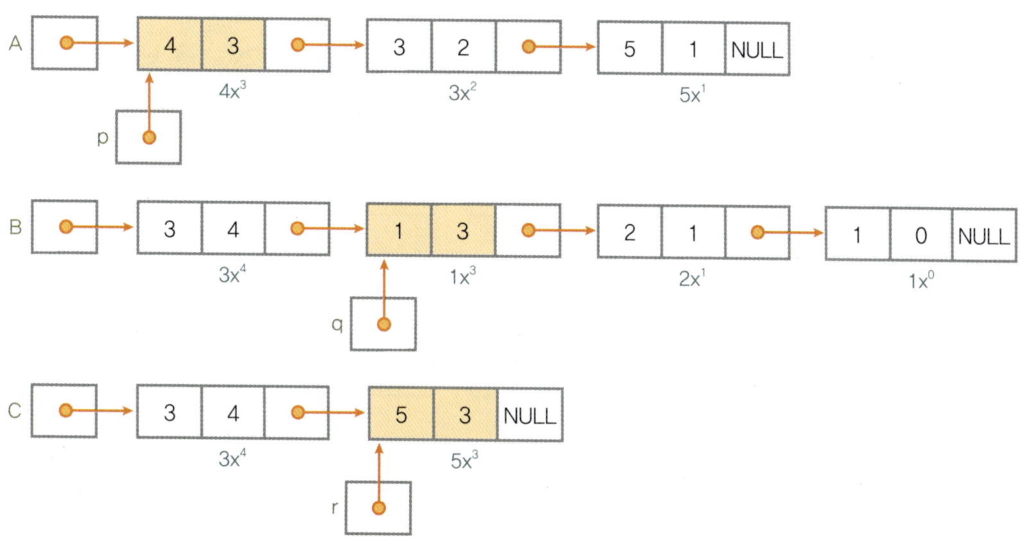

그림 4-40 지수가 같은 경우의 연산

■ **p.expo > q.expo : 다항식 A(x) 항의 지수가 큰 경우**

p가 가리키는 다항식 A(x) 항의 지수가 더 크면 포인터 p가 가리키는 항을 C(x) 항으로 복사한다. 포인터 p가 가리키는 항에 대한 처리가 끝났으므로 p를 다음 노드로 이동시킨다.

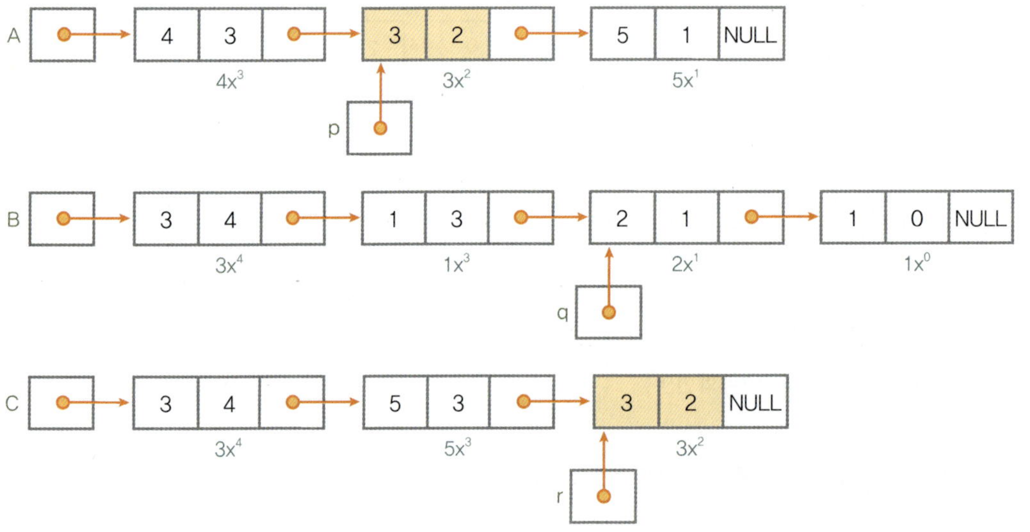

그림 4-41 p의 지수가 더 큰 경우의 연산

다항식의 모든 항이 처리되어 포인터 p와 q가 모두 NULL이 되면 덧셈 연산은 종료된다. 두 다항식의 덧셈 연산을 알고리즘으로 정리하면 [알고리즘 4-12]와 같다.

[알고리즘 4-12]에 따라 다항식 $A(x)=4x^3+3x^2+5x$와 $B(x)=3x^4+x^3+2x+1$을 단계별로 구해 보자. 먼저 ❶의 초기 상태는 [그림 4-42]와 같다.

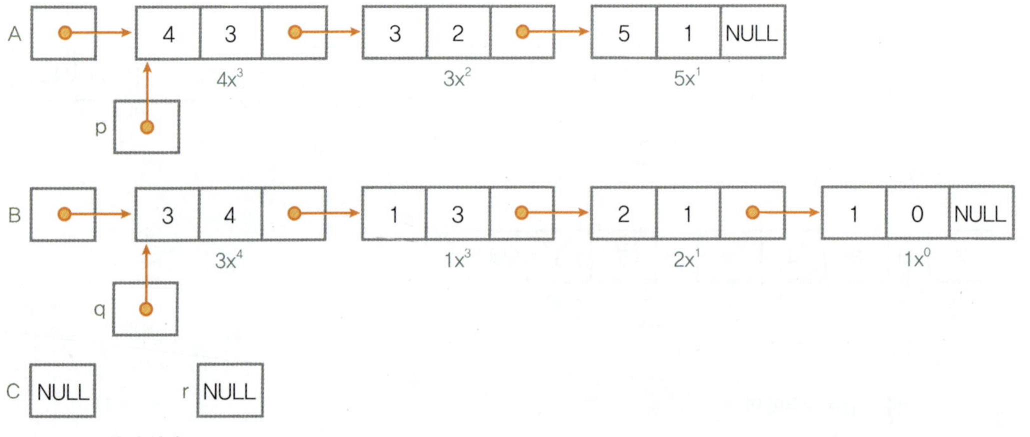

그림 4-42 초기 상태

알고리즘 4-12 단순 연결 리스트를 이용한 다항식 덧셈 연산

```
// 단순 연결 리스트로 표현된 다항식 A와 B를 더해 새로운 다항식 C를 반환
addPoly(A, B)
   ❶ {  p ← A;
        q ← B;
        C ← NULL;                          // 결과 다항식
        r ← NULL;                          // 결과 다항식의 마지막 노드
   ❷ {  while (p ≠ NULL and q ≠ NULL) do {  // 다항식 A와 B가 모두 항이 남아 있는 동안 반복
         case {
    ❷-ⓐ   p.expo == q.expo :
              sum ← p.coef + q.coef
              if (sum ≠ 0) then appendTerm(C, sum, p.expo, r);
              p ← p.link;
              q ← q.link;
    ❷-ⓑ   p.expo < q.expo :
              appendTerm(C, q.coef, q.expo, r);
              q ← q.link;
    ❷-ⓒ   else :                // p.expo > q.expo인 경우
              appendTerm(C, p.coef, p.expo, r);
              p ← p.link;
         }
        }
   ❸ {  while (p ≠ NULL) do {    // A의 나머지 항들 복사
         appendTerm(C, p.coef, p.expo, r);
         p ← p.link;

   ❹ {  while (q ≠ NULL) do {    // B의 나머지 항들 복사
         appendTerm(C, q.coef, q.expo, r);
         q ← q.link;
        }
     ❺ return C;
end addPoly()
```

❷에서 다항식 A와 B에 처리할 항이 남아 있는 동안, 항의 지수를 비교하여 처리하는 작업을 반복한다. 과정을 살펴보면 다음과 같다.

처리할 항이 포인터 p의 $4x^3$ 노드와 포인터 q의 $3x^4$ 노드이므로 p.expo<q.expo가 되어 ❷-ⓑ를 수행한다. 처리한 결과는 [그림 4-43]과 같다.

```
appendTerm(C, q.coef, q.expo, r);
```
지수가 큰 q 노드($3x^4$)를 리스트 C의 마지막 노드로 추가한다.

```
q ← q.link;
```
처리가 끝난 포인터 q는 다음 노드($1x^3$)로 이동한다.

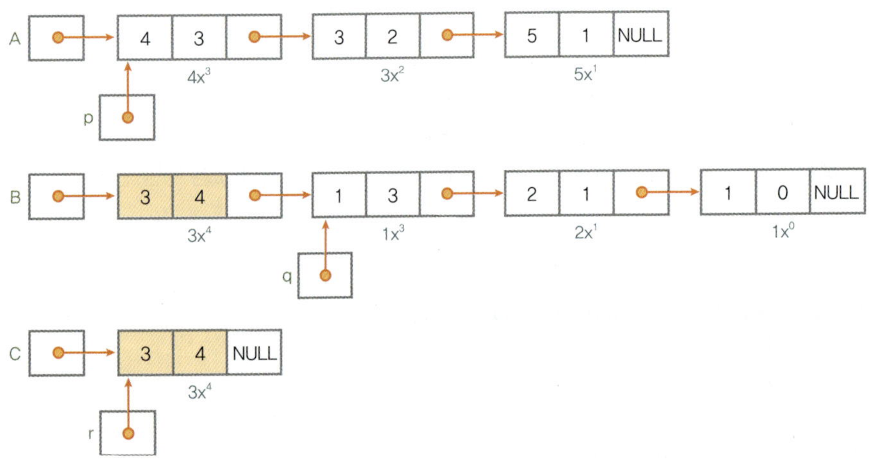

그림 4-43 다항식 A의 $4x^3$과 다항식 B의 $3x^4$을 처리한 결과

다음 처리 항은 포인터 p의 $4x^3$ 노드와 포인터 q의 $1x^3$ 노드이므로 p.expo = q.expo가 되어 ❷-ⓐ를 수행한다. 처리한 결과는 [그림 4-44]와 같다.

```
sum ← p.coef + q.coef;
```
지수가 같은 두 항의 계수를 더한다.

```
appendTerm(C, sum, p.expo, r);
```
계수를 더해서 만든 $5x^3$ 항의 노드를 C의 마지막 노드로 추가한다.

```
p ← p.link;
```
처리가 끝난 포인터 p는 다음 노드($3x^2$)로 이동한다.

```
q ← q.link;
```
처리가 끝난 포인터 q는 다음 노드($2x^1$)로 이동한다.

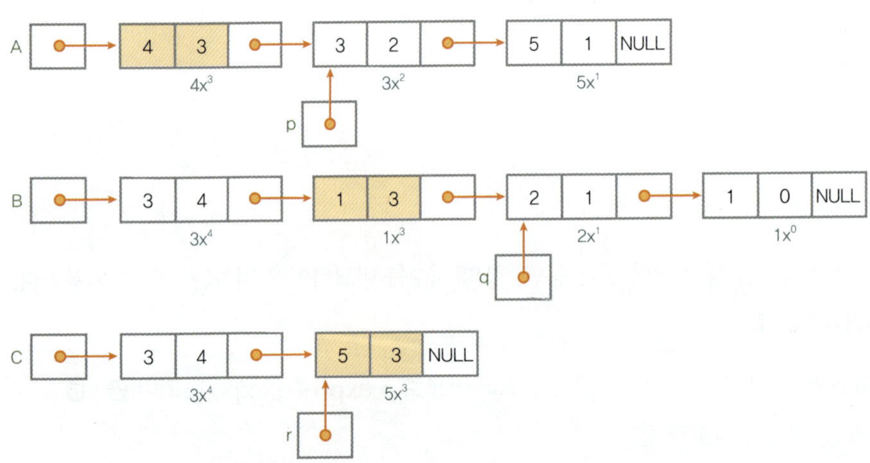

그림 4-44 다항식 A의 $4x^3$과 다항식 B의 $1x^3$을 처리한 결과

다음 처리 항은 포인터 p의 $3x^2$ 노드와 포인터 q의 $2x^1$ 노드이므로 p.expo 〉 q.expo가 되어 ❷-ⓒ를 수행한다. 결과는 [그림 4-45]와 같다.

`appendTerm(C, p.coef, p.expo, r);` 지수가 큰 p 노드($3x^2$)를 리스트 C의 마지막 노드로 추가한다.

`p ← p.link;` 처리가 끝난 포인터 p는 다음 노드($5x^1$)로 이동한다.

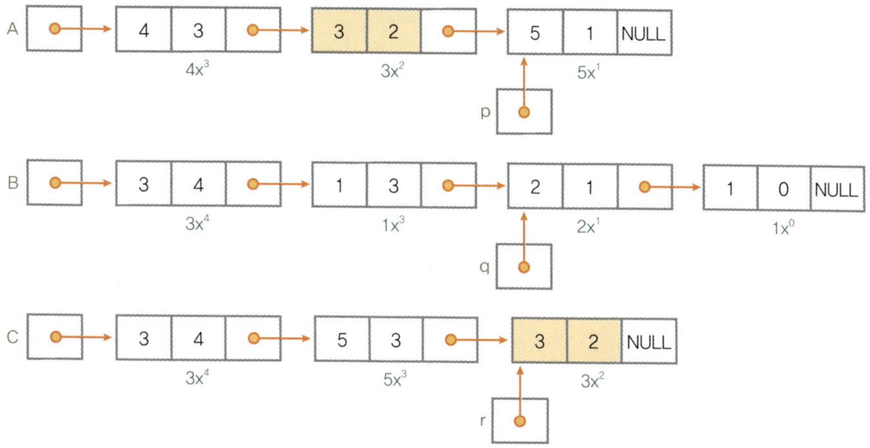

그림 4-45 다항식 A의 $3x^2$과 다항식 B의 $2x^1$를 처리한 결과

다음 처리 항은 포인터 p의 $5x^1$ 노드와 포인터 q의 $2x^1$ 노드이므로 p.expo = q.expo가 되어 ❷-ⓐ를 수행한다. 처리한 결과는 [그림 4-46]과 같다.

`sum ← p.coef + q.coef;` 지수가 같은 두 항의 계수를 더한다.

`appendTerm(C, sum, p.expo, r);` 계수를 더해서 만든 $7x^1$ 항의 노드를 C의 마지막 노드로 추가한다.

`p ← p.link;` 처리가 끝난 포인터 p는 다음 노드로 이동해야 하는데, 마지막 노드이므로 NULL이 된다.

`q ← q.link;` 처리가 끝난 포인터 q는 다음 노드($1x^0$)로 이동한다.

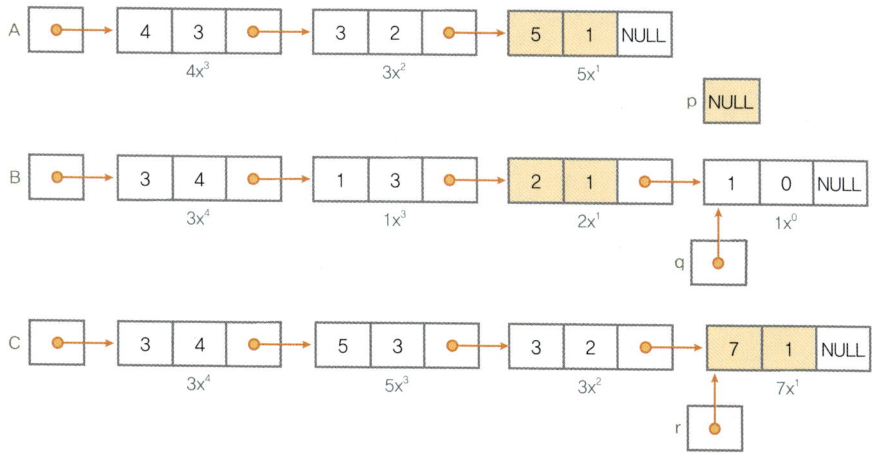

그림 4-46 다항식 A의 $5x^1$와 다항식 B의 $2x^1$를 처리한 결과

다항식 A의 모든 항에 대한 처리가 끝나고 포인터 p가 NULL이 되었으므로 ❷의 while 문 반복이 끝나고 ❹를 수행하여 포인터 q가 NULL이 될 때까지(while(q≠NULL)), q 노드를 리스트 C의 마지막 노드로 추가한다. 마지막으로 ❺에서 완성된 덧셈 결과 다항식 C를 반환한다. 반환된 $C(x)=3x^4+5x^3+3x^2+7x+1$은 [그림 4-47]과 같다.

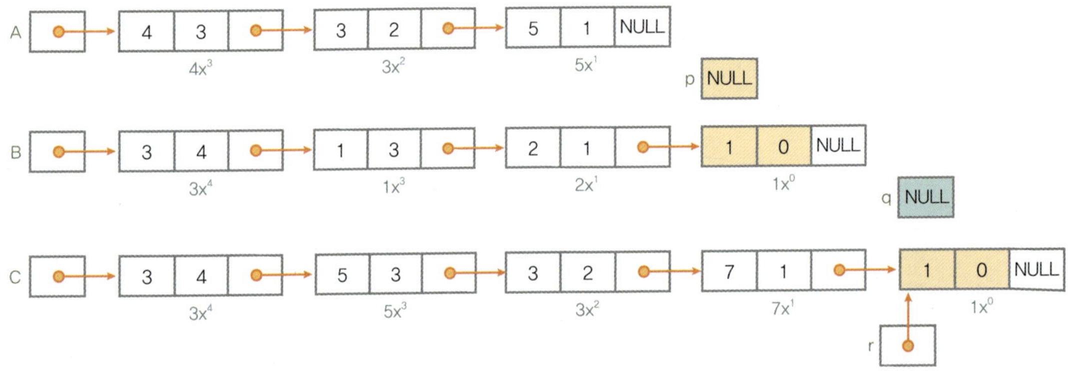

그림 4-47 다항식 $C(x)=3x^4+5x^3+3x^2+7x+1$

4 연결 리스트를 이용한 다항식 프로그램

연결 리스트를 이용해 다항식 알고리즘을 프로그램으로 구현해 보자. [예제 3-4]에서 배열을 이용해 구현한 프로그램과 비교해 보면 순차 자료구조 방식과 연결 자료구조 방식의 차이를 이해할 수 있다.

예제 4-5 연결 리스트를 이용해 다항식 덧셈하기

[LinkedPoly.h]

```
#pragma once
// 다항식 리스트의 노드 구조를 구조체로 정의
float coef;
typedef struct ListNode {
    float coef;
    int expo;
    struct ListNode* link;
} ListNode;

// 다항식 리스트의 head 노드를 구조체로 정의
typedef struct ListHead {
    ListNode* head;
} ListHead;

ListHead* createLinkedList(void);
void appendTerm(ListHead* L, float coef, int expo);
void addPoly(ListHead* A, ListHead* B, ListHead* C);
void printPoly(ListHead* L);
```

[LinkedPoly.c]

```c
#include <stdio.h>
#include "LinkedPoly.h"

// 공백 다항식 리스트를 생성하는 연산
ListHead* createLinkedList(void) {
    ListHead* L;
    L = (ListHead *)malloc(sizeof(ListHead));
    L -> head = NULL;
    return L;
}
```

[알고리즘 4-11] 구현

```c
// 다항식 리스트에 마지막 노드를 추가하는 연산
void appendTerm(ListHead* L, float coef, int expo) {
    ListNode* newNode;
    ListNode* p;
    newNode = (ListNode *)malloc(sizeof(ListNode));
    newNode -> coef = coef;
    newNode -> expo = expo;
    newNode -> link = NULL;

    if (L -> head == NULL) { // 다항식 리스트가 공백인 경우
        L -> head = newNode;
        return;
    }
    else {                  // 다항식 리스트가 공백이 아닌 경우
        p = L -> head;
        while (p -> link != NULL) {
            p = p -> link;    // 리스트의 마지막 노드를 찾음
        }
        p -> link = newNode; // 새 노드 연결
    }
}
```

[알고리즘 4-12] 구현

```c
// 두 다항식의 덧셈을 구하는 연산
void addPoly(ListHead* A, ListHead* B, ListHead* C) {
    ListNode* pA = A -> head;
    ListNode* pB = B -> head;
    float sum;

    // 두 다항식에 노드가 있는 동안 반복 수행
    while (pA && pB) {
        // 다항식 A의 지수가 다항식 B의 지수와 같은 경우
        if (pA -> expo == pB -> expo) {
            sum = pA -> coef + pB -> coef;
            appendTerm(C, sum, pA -> expo);
```

```
            pA = pA -> link; pB = pB -> link;
        }
        // 다항식 A의 지수가 다항식 B의 지수보다 큰 경우
        else if (pA -> expo > pB -> expo) {
            appendTerm(C, pA -> coef, pA -> expo);
            pA = pA -> link;
        }
        // 다항식 A의 지수가 다항식 B의 지수보다 작은 경우
        else {
            appendTerm(C, pB -> coef, pB -> expo);
            pB = pB -> link;
        }
    }
    // 다항식 A에 남아 있는 노드 복사
    for (; pA != NULL; pA = pA -> link)
        appendTerm(C, pA -> coef, pA -> expo);

    // 다항식 B에 남아 있는 노드 복사
    for (; pB != NULL; pB = pB -> link)
        appendTerm(C, pB -> coef, pB -> expo);
}

// 다항식 리스트를 출력하는 연산
void printPoly(ListHead* L) {
    ListNode* p = L -> head;
    for (; p; p = p -> link) {
        printf("%3.0fx^%d", p -> coef, p -> expo);
        if (p -> link != NULL) printf(" +");
    }
}
```

[ex4_5.c]

```
#include "LinkedPoly.h"

void main(void) {
    ListHead *A, *B, *C;

    // 공백 다항식 리스트 A, B, C 생성
    A = createLinkedList();
    B = createLinkedList();
    C = createLinkedList();

    appendTerm(A, 4, 3);   // 다항식 리스트 A에 4x³ 노드 추가
    appendTerm(A, 3, 2);   // 다항식 리스트 A에 3x² 노드 추가
    appendTerm(A, 5, 1);   // 다항식 리스트 A에 5x¹ 노드 추가
    printf("\n A(x) =");
```

```c
15        printPoly(A);           // 다항식 리스트 A 출력
16
17        appendTerm(B, 3, 4);    // 다항식 리스트 B에 3x^4 노드 추가
18        appendTerm(B, 1, 3);    // 다항식 리스트 B에 1x^3 노드 추가
19        appendTerm(B, 2, 1);    // 다항식 리스트 B에 2x^1 노드 추가
20        appendTerm(B, 1, 0);    // 다항식 리스트 B에 1x^0 노드 추가
21        printf("\n B(x) =");
22        printPoly(B);           // 다항식 리스트 B 출력
23
24        addPoly(A, B, C);       // 다항식의 덧셈 연산 수행
25        printf("\n C(x) =");
26        printPoly(C);           // 다항식 리스트 C 출력
27
28        getchar(); return 0;
29    }
```

```
A(x) = 4x^3 + 3x^2 + 5x^1
B(x) = 3x^4 + 1x^3 + 2x^1 + 1x^0
C(x) = 3x^4 + 5x^3 + 3x^2 + 7x^1 + 1x^0
```

두 다항식의 덧셈을 수행할 때는 다항식 A의 지수가 다항식 B의 지수와 같은 경우, 큰 경우, 작은 경우 세 가지로 구분하여 처리한다.

[LinkedPoly.c]

43~47행은 다항식 A 지수가 다항식 B 지수와 같은 경우이다.

44행 : 다항식 A의 현재 노드의 계수와 다항식 B의 현재 노드의 계수를 더하여 sum을 구한다.

45행 : sum을 계수로 하고 다항식 A의 현재 노드의 지수를 지수로 갖는 새로운 노드를 다항식 리스트 C의 마지막 노드로 삽입한다.

46행 : 처리가 끝난 노드에 대한 포인터 pA와 pB를 다음 노드로 이동한다.

49~52행은 다항식 A 지수가 다항식 B 지수보다 큰 경우이다.

50행 : 다항식 A의 현재 노드와 같은 새로운 노드를 다항식 리스트 C의 마지막 노드로 삽입한다.

51행 : 처리가 끝난 노드에 대한 포인터 pA를 다음 노드로 이동한다.

54~57행은 다항식 A 지수가 다항식 B 지수보다 작은 경우이다.

55행 : 다항식 B의 현재 노드와 같은 새로운 노드를 다항식 리스트 C의 마지막 노드로 삽입한다.

56행 : 처리가 끝난 노드에 대한 포인터 pB를 다음 노드로 이동한다.

60~65행은 남아 있는 노드를 다항식 리스트 C에 삽입한다.

60~61행 : 다항식 A에 남아 있는 노드를 순서대로 다항식 리스트 C의 마지막 노드로 삽입한다.

64~65행 : 다항식 B에 남아 있는 노드를 순서대로 다항식 리스트 C의 마지막 노드로 삽입한다.

응용예제 03

나만의 플레이리스트 만들기

음악 듣기를 좋아하는 한아는 음악 목록을 언제나 최신곡으로 업데이트해 둔다. 그런데 수많은 음악 목록 중에서 선택한 노래만 선택한 순서대로 반복해서 들을 수는 없을까?

문제 반복 재생 목록 만들기

선택한 노래만 선택한 순서대로 반복 재생하는 목록을 만들어서 출력하는 프로그램을 작성하라. 음악 제목은 A~Z, a~z로 이루어져 있다.

① 입력 조건

- 첫째 줄에 음악 목록에 있는 음악 개수 N과 반복 재생할 음악 개수 K가 주어진다. ($1 \le N \le 52$, $1 \le K \le 52$)
- 둘째 줄에 연속 재생할 음악 제목 K개가 주어진다.

② 출력 조건

- 첫째 줄에 반복 재생 목록에 있는 노래 제목을 출력한다.

③ 입출력 예시

```
15 4
H A N B
```

→

```
H A N B
```

문제 해결

① 설계

음악 목록은 언제든지 추가와 삭제가 가능해야 하므로, 순차 리스트가 아니라 연결 리스트로 구성한다. 그리고 연속 재생할 음악 K개에 대한 노드 주소 K개를 찾아서 원형 연결 리스트로 구성하면 반복 재생 목록이 된다.

② 순서도

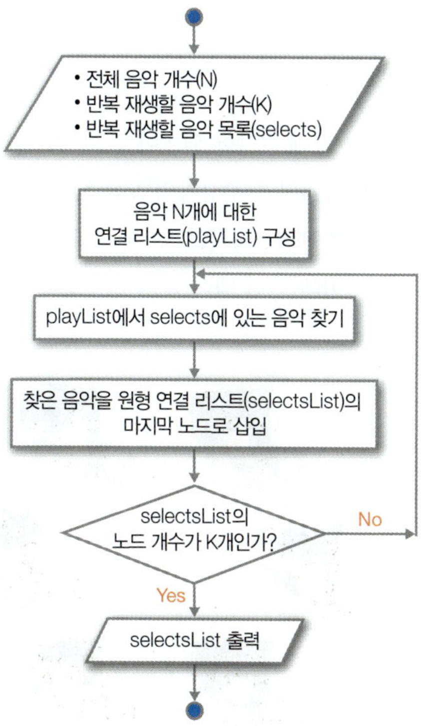

응용예제 04

보물상자를 열어라!

한아는 동굴에서 보물상자를 발견했다. 보물상자는 원형으로 놓여 있고 여는 순서가 있어서 순서대로 열어야만 보물을 꺼낼 수 있다. 순서가 틀리면 동굴이 무너져 갇히게 된다.

보물상자에는 1~N의 번호가 붙어 있다. 보물상자를 열면 보물과 함께 다음에 열어야 하는 보물상자의 위치가 적힌 종이가 있다. 다음에 열어야 하는 보물상자의 위치가 지금 보물상자의 오른쪽이면 '숫자', 왼쪽이면 '-숫자'로 적혀 있다. 3이라고 적혀 있으면 현재 보물상자에서 오른쪽으로 세 번째 보물상자, -2라고 적혀 있으면 왼쪽으로 두 번째 보물상자를 열어야 한다. 이때 이미 열어 놓은 보물상자는 위치 계산에서 제외한다.

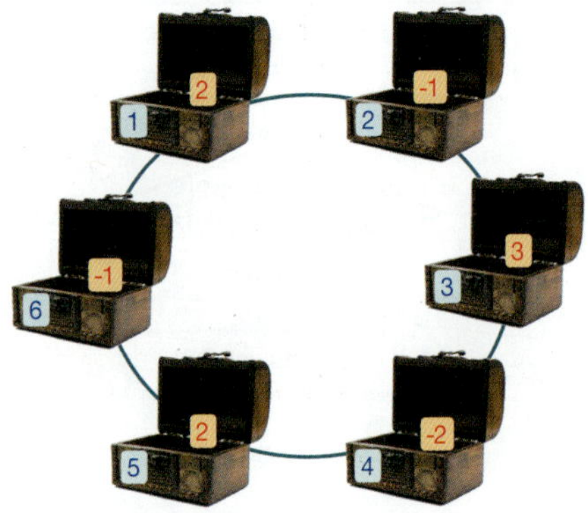

다음은 보물상자가 여섯 개인 경우를 나타낸 것이다. 첫 번째 여는 보물상자는 항상 1번이다. 1번 보물상자 안에 '2'가 있으니 오른쪽 두 번째 즉, 3번 보물상자를 연다. 그 안에는 '3'이 있으니 오른쪽으로 세 번째 즉, 6번 보물상자를 열어야 한다. 6번 안에는 '-1'이 있으니 왼쪽으로 첫 번째 즉, 5번 보물상자를 연다. 그 안에는 '2'가 있으니 오른쪽으로 두 번째 보물상자로 1번인데 이미 열려 있는 보물상자는 제외해야 하므로 다음에 있는 2번 보물상자를 열어야 한다. 2번 안에 '-1'이 있으므로 왼쪽으로 첫 번째 보물상자인데 열려 있는 보물상자를 제외하면 4번 보물상자를 열어야 한다. 즉, 여섯 개 보물상자를 여는 순서는 1→3→6→5→2→4가 된다.

문제 **보물상자 여는 순서 출력하기**

보물상자 여는 순서를 출력하는 프로그램을 작성하라.

① 입력 조건
- 첫째 줄에 보물상자의 개수가 주어진다. (1 ≤ N ≤ 10)
- 둘째 줄에 각 보물상자 안에 들어 있는 다음 보물상자 위치를 나타내는 숫자 N개가 주어진다.

② 출력 조건
- 첫째 줄에 보물상자를 여는 순서를 출력한다.

③ **입출력 예시**

```
6
2 -1 3 -1 2 -1
```

➡

```
1 3 6 5 4 2
```

문제 해결

① **설계**

보물상자를 오른쪽 방향과 왼쪽 방향으로 접근해야 하므로 양방향 원형 연결 리스트Doubly Circular Linked list로 구성한다. 상자 안의 숫자만큼 오른쪽 또는 왼쪽으로 이동한다. 이때 열린 상자는 이동 횟수에서 제외해야 하므로 리스트에서 삭제한다.

② **순서도**

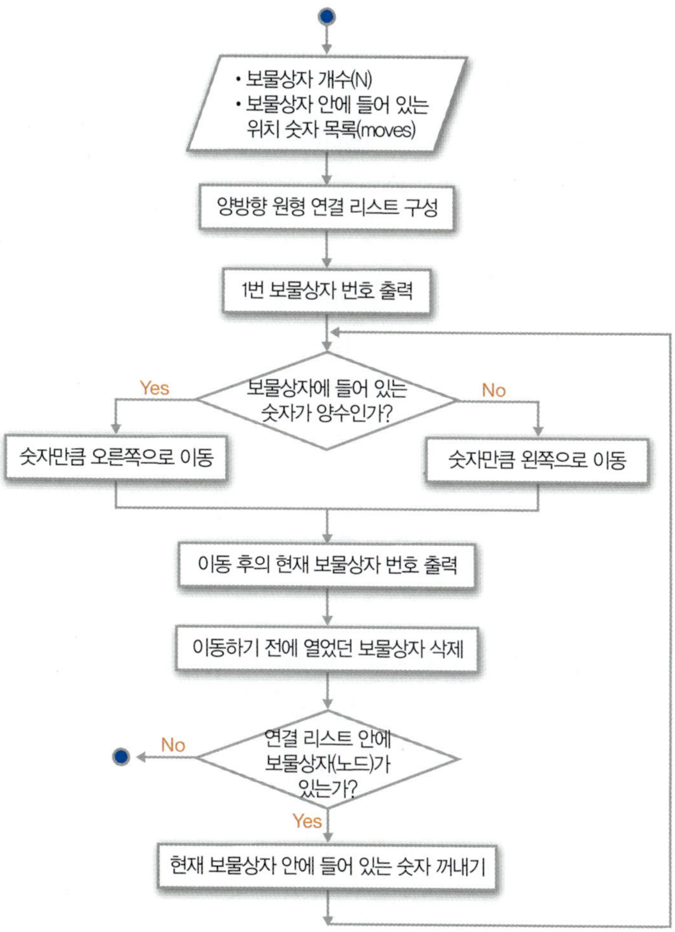

요약

01 연결 자료구조

순차 자료구조에서 생기는 연산 시간에 대한 문제와 저장 공간에 대한 문제를 개선한 연결 자료구조Linked Data Structure 또는 비순차 자료구조Nonsequential Data Structure는 다음 원소의 주소에 의해 순서가 연결되는 방식이기 때문에 물리적인 순서를 맞추기 위한 오버헤드가 발생하지 않는다.

02 노드, 데이터 필드, 링크 필드

연결 자료구조에서 원소는 연결될 다음 원소에 대한 주소를 저장해야 하므로 〈원소, 주소〉 단위로 저장하는데, 이러한 단위 구조를 노드Node라고 한다. 노드는 원소값을 저장하는 데이터 필드Data Field와 다음 노드의 주소를 저장하는 링크 필드Link Field로 구성한다.

03 연결 리스트

연결 리스트는 리스트를 연결 자료구조로 표현한 구조이다. 연결하는 방식에 따라 단순 연결 리스트, 원형 연결 리스트, 이중 연결 리스트, 이중 원형 연결 리스트로 나눈다.

04 원형 연결 리스트

단순 연결 리스트에서 마지막 노드가 리스트의 첫 번째 노드를 가리키게 하여 리스트 구조를 원형으로 만든 연결 리스트를 원형 연결 리스트Circular Linked List라고 한다. 단순 연결 리스트의 마지막 노드의 링크 필드에 첫 번째 노드의 주소를 설정함으로써 원형 연결 리스트를 구성한다.

05 이중 연결 리스트

리스트를 양쪽 방향으로 순회할 수 있도록 링크 필드를 두 개 사용하여 양방향으로 노드를 연결한 리스트를 이중 연결 리스트Doubly Linked List라고 한다.

06 연결 리스트의 응용 및 구현

단순 연결 리스트를 이용하여 다항식을 표현할 수 있다. 다항식에 있는 항 하나는 노드 하나로 표현하는데, 노드는 각 항의 계수와 지수를 저장해야 하므로 데이터 필드 두 개와 다음 항에 대한 노드를 연결하는 링크 필드로 구성한다.

연습문제

01 연결 리스트를 사용하기에 적합한 경우는?

① 자료를 정렬하는 경우　　② 자료를 역순으로 처리하는 경우
③ 자료의 삽입과 삭제가 많은 경우　　④ 자료를 탐색하는 경우

02 연결 리스트에 대한 설명으로 거리가 먼 것은?

① 노드의 삽입과 삭제가 쉽다.
② 노드들이 포인터로 연결되어 있어 탐색이 빠르다.
③ 연결해 주는 포인터를 위한 추가 공간이 필요하다.
④ 연결 리스트 중에서 중간 노드 연결이 끊어지면 그 다음 노드를 찾기 어렵다.

03 다음과 같은 단순 연결 리스트에 대해, 아래와 같은 C 언어로 작성된 프로그램을 수행한 후 포인터 tmp가 가리키는 노드는?

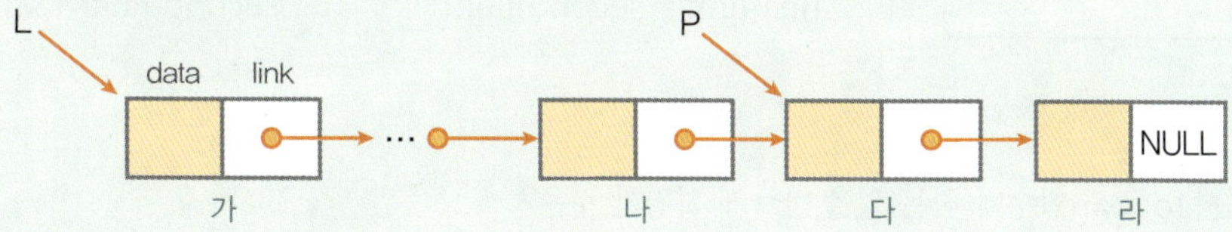


```
for (tmp = L; tmp→link != p; tmp = tmp→link);
tmp→link = p→link;
```

① 가　　② 나　　③ 다　　④ 라

04 n개의 데이터로 구성된 선형 리스트를 단순 연결 리스트로 표현하고자 한다. 다음 중 시간 복잡도가 가장 낮은 연산은?

① 포인터가 가리키는 노드의 다음 노드를 리스트에서 삭제
② 리스트 길이를 출력
③ 포인터값이 주어진 임의의 노드 앞에 새로운 노드 추가
④ 마지막 노드의 데이터

05 자료들이 단순 연결 리스트에 다음과 같이 구성되어 있을 때, 자료 B를 삭제한 후 변경된 내용으로 옳은 것은?

메모리 주소	data	link
2000	A	2020
2010	B	2030
2020	C	2010
2030	D	0

① A의 link → 2030
② B의 link → 2010
③ B의 link → 2020
④ C의 link → 2030

06 다음의 왼쪽은 연결 리스트를 만들기 위한 코드의 일부분이다. 오른쪽 그림과 같이 두 노드 first와 second가 연결되었다고 가정하고 왼쪽 코드를 참조하여 노드 tmp를 노드 first와 노드 second 사이에 삽입할 때의 코드로 옳은 것은?

```
struct node {
    int number;
    struct node *link;
};
struct node first;
struct node second;
struct node tmp;
```

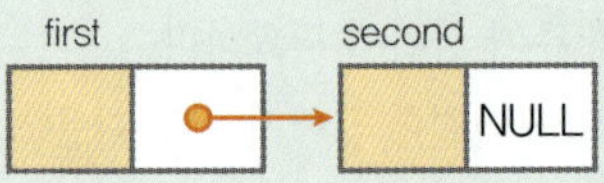

① tmp.link = &first;
first.link = &tmp;

② tmp.link = first.link;
first.link = &tmp;

③ tmp.link = &second;
first.link = second.link;

④ tmp.link = NUL;
second.link = &tmp;

07 다음 C 코드에서 foobar 함수가 하는 일을 바르게 설명한 것은?

```
struct list_t {
    int data;
    struct list_t *link;
};

typedef struct list_t *list_p;

void foobar(list_p *ptr, struct list_t *node) {
    if (*ptr == NULL) {
        *ptr = node;
        node->link = node;
    }
    else {
        node->link = (*ptr)->link;
        (*ptr)->link = node;
    }
}
```

① 한 줄로 연결된 단순 연결 리스트에서 *ptr이 가리키는 노드의 뒤에 node를 삽입, 리스트가 비어 있으면 node로 새로 리스트를 만든다.

② 한 줄로 연결된 이중 연결 리스트에서 *ptr이 가리키는 노드의 뒤에 node를 삽입, 리스트가 비어 있으면 node로 새로 리스트를 만든다.

③ 원형으로 연결된 단순 연결 리스트에서 *ptr이 가리키는 노드의 뒤에 node를 삽입, 리스트가 비어 있으면 node로 새로 리스트를 만든다.

④ 원형으로 연결된 이중 연결 리스트에서 *ptr이 가리키는 노드의 뒤에 node를 삽입, 리스트가 비어 있으면 node로 새로 리스트를 만든다.

08 다음 알고리즘은 주어진 단순 연결 리스트를 역순으로 변환하는 알고리즘이다. 알고리즘의 ㉠에 들어갈 내용으로 옳은 것은? (단, 리스트의 시작 주소를 나타내는 포인터는 start이며 노드의 연결 포인터 필드는 link이다.)

```
p = start;
q = NULL;
while (p != NULL) {
    ㉠
    p = p -> link;
    q -> link = r;
}
start = q;
```

① q = q -> link; r = q;
② r = q; q = p;
③ r = q; q = p -> link;
④ q = q -> link;

09 원형 연결 리스트 맨 앞에 새로운 노드를 삽입할 때, ㉠, ㉡에 대한 시간 복잡도는?

㉠ 포인터 ptr이 원형 연결 리스트의 맨 앞 노드를 가리키는 경우

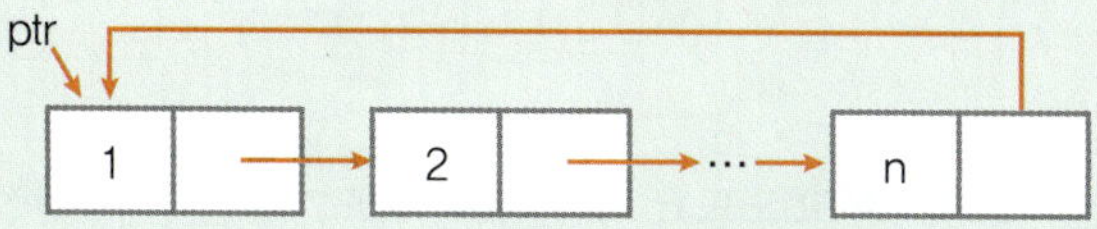

㉡ 포인터 ptr이 원형 연결 리스트의 맨 뒤 노드를 가리키는 경우

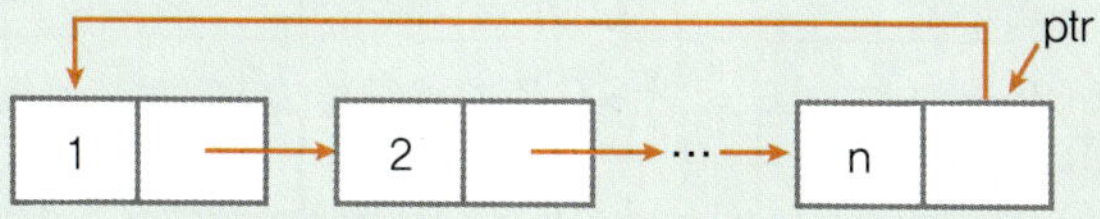

	㉠	㉡
①	O(1)	O(1)
②	O(1)	O(n)
③	O(n)	O(1)
④	O(n)	O(n)

10 구조체 list를 이용한 단순 연결 리스트 x, y의 후위 노드(색칠된 부분)들을 서로 스왑Swap하기 위한 코드는? (단, 후위 노드들의 next는 NULL이 아니다.)

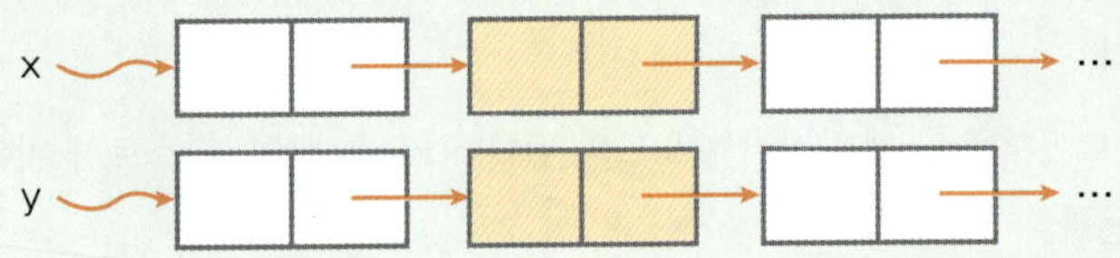


```
struct list {
    int data;
    struct list *next;
} *x, *y, *tmp;
```

① tmp = x->next;
x->next->next = y->next->next;
y->next->next = tmp;
tmp = y->next;
x->next = y->next;
y->next = tmp;

② tmp = x->next->next;
x->next->next = y->next->next;
y->next->next = tmp;
tmp = x->next;
x->next = y->next;
y->next = tmp;

③ tmp = x->next;
x->next = y->next;
y->next = tmp;
tmp = x->next;
x->next->next = y->next->next;
y->next->next = tmp;

④ tmp = x->next->next;
y->next->next = tmp;
x->next->next = y->next->next;
tmp = x->next;
y->next = tmp;
x->next = y->next;

11 희소행렬을 연결 리스트로 표현할 때 가장 큰 장점은?

① 기억 장소가 절약된다.
② 임의의 위치로 액세스가 가능하다.
③ 이진 탐색이 가능하다.
④ 행렬 사이의 연산 시간을 줄일 수 있다.

12 이중 연결 리스트에서 노드 p 다음(next) 노드가 q이고 노드 q 이전(prev) 노드가 p인 경우, 인접한 p, q 노드의 위치를 서로 바꾸는 연산 순서로 옳은 것은? (단, p, q 노드는 모두 연결 리스트의 처음 노드나 마지막 노드가 아니라고 가정한다.)

ㄱ. p → prev → next=q;
ㄴ. q → next → prev=p;
ㄷ. p → prev=q;
ㄹ. q → next=p;
ㅁ. q → prev=p → prev;
ㅂ. p → next=q → next;

① ㄱ-ㄴ-ㄷ-ㄹ-ㅁ-ㅂ
② ㄱ-ㄴ-ㅁ-ㅂ-ㄷ-ㄹ
③ ㄱ-ㄴ-ㅂ-ㄹ-ㄷ-ㅁ
④ ㄷ-ㄹ-ㅁ-ㅂ-ㄱ-ㄴ

13 원형 연결 리스트 길이를 계산하기 위한 C 함수를 작성하려고 한다. ㉠과 ㉡에 들어갈 알맞은 명령은? (단, 원형 연결 리스트의 길이는 노드 개수로 정의하고, 원형 연결 리스트의 시작 포인터는 ptr이라고 가정한다.)

```
struct list_node {
    char data;
    struct list_node * link;
}

typedef struct list_node * list_pointer;

int CListLength(list_pointer ptr) {
    list_pointer temp;
    int count = 0;
    if ( ㉠ ) {
        temp = ptr;
        do {
            count++;
        } while ( ㉡ );
    }
    return count;
}
```

	㉠	㉡
①	!ptr	temp -> link != ptr
②	ptr	temp=temp -> link, temp != ptr
③	!ptr	temp=temp -> link, temp == ptr
④	ptr	temp -> link == ptr

14 이중 연결 리스트에서 포인터 p가 가리키는 노드의 오른쪽에 포인터 newNode가 가리키는 노드를 삽입할 때, 연산 순서가 바르게 나열된 것은? (단, llink는 왼쪽 노드를 가리키는 포인터이고 rlink는 오른쪽 노드를 가리키는 포인터이다.)

ㄱ. p -> rlink = newNode;
ㄴ. newNode -> llink = p;
ㄷ. newNode -> rlink = p -> rlink;
ㄹ. p -> rlink -> llink = newNode;

① ㄱ－ㄴ－ㄷ－ㄹ
② ㄴ－ㄱ－ㄹ－ㄷ
③ ㄴ－ㄷ－ㄱ－ㄹ
④ ㄴ－ㄷ－ㄹ－ㄱ

15 순차 자료구조와 연결 자료구조를 비교하여 설명하시오.

16 단순 연결 리스트, 원형 연결 리스트, 이중 연결 리스트의 특징을 비교하여 설명하시오.

17 다음은 원형 연결 리스트의 맨 앞에 새로운 노드를 추가하는 알고리즘의 가상코드이다. ㉠, ㉡에 들어갈 문장으로 옳은 것은? (단, 원형 연결 리스트에서 last는 리스트의 맨 마지막 노드를 가리키는 포인터이고 초깃값은 NULL 가상코드이며, 변수 p는 새로 삽입되는 노드를 나타낸다. 또한 리스트에 노드를 세 개 이상 추가할 수 있어야 한다.)

```
struct node {
    int key;
    struct node *next;
} *last = NULL;              // 마지막 노드를 가리키는 포인터

Function insertFront(struct node *p)
    if (last == NULL) then    // 리스트가 빈 경우
        last = p;
        p→next = p;
    else                      // 리스트에 하나 이상의 노드가 있는 경우
        ㉠
        ㉡
    end if
return;
end
```

	㉠	㉡
①	p → next = last → next;	last → next = p;
②	last → next = p;	p → next = last → next;
③	p → next = last;	last → next = p;
④	last → next = p;	p → next = last;

18 다음 구조체를 갖는 이중 연결 리스트에서 A, B, C는 각각 노드를 가리키는 포인터 변수이다. 노드 B를 삭제하기 위한 명령으로 옳지 않은 것은?

```
struct Dlist {
    int data;
    struct Dlist *left;
    struct Dlist *right;
};
```

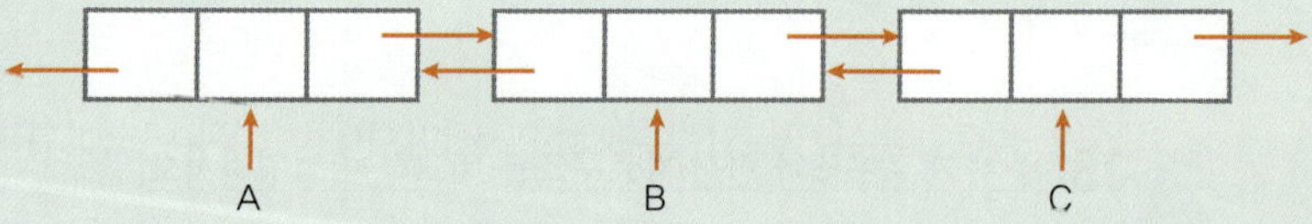

① B -> right -> left = B -> left;
B -> left -> right = B -> right;

② A -> right = C;
C -> left = A;

③ A -> right = A -> right -> right;
B -> right -> left = B -> left;

④ C -> left -> right = B -> right;
C -> left = B -> left;

19 다음은 이중 연결 리스트의 맨 앞에 새로운 키값을 갖는 노드를 삽입하는 알고리즘이다. ㉠~㉢에 들어갈 문장으로 바르게 짝지어진 것은? (단, head는 이중 연결 리스트의 맨 앞 노드를 가리키는 포인터이며, 리스트는 초기에 비어 있다고 가정한다.)

```
struct node {                    // 이중 연결 리스트의 노드 구조
    int key;
    struct node *prev;           // 이전 노드를 가리키는 포인터
    struct node *next;           // 다음 노드를 가리키는 포인터
};

struct node *head = NULL;        // 맨 처음 노드를 가리키는 포인터

void insertDoubleList(int ikey) {
    struct node *temp;
    temp = (struct node *) malloc(sizeof(struct node));
    if (temp == NULL) {
        printf("Memory allocation is failed. \n");
        exit(1);
    }
    temp→key = ikey;
    ㉠ ;
    if (head == NULL)            // 리스트에 노드가 없는 경우
        ㉡ ;
    else {                       // 리스트에 노드가 있는 경우
        ㉢ ;
        head→prev = temp;
    }
    head = temp;
}
```

	㉠	㉡	㉢
①	temp → prev = NULL	temp → prev = head	temp → prev = head
②	temp → prev = NULL	temp → next = NULL	temp → next = head
③	head → next = temp	temp → next = NULL	temp → prev = head
④	head → next = temp	temp → prev = head	temp → next = head

20 다음과 같이 구조체 자료형인 _node를 선언하고 이를 이용해 연결 리스트를 만들었다. 다음 코드를 보고 물음에 답하시오. (단 시작 함수는 _tmain( )이다.)

(가) 숫자 10, 5, 8, 3, 1, 7을 삽입하되 작은 수부터 연결 리스트가 유지되도록 함수 ordered_insert(int k)를 작성하시오. (단, k는 삽입하려는 정수이다.)

(나) 연결 리스트를 구성하는 각 node의 변수 data를 모두 출력하는 함수 print_list(node* t)를 작성하시오. (단, t는 node에 대한 시작 포인터이고, 화면에 출력할 함수는 printf( )를 사용한다.)

(다) 삭제하려는 숫자를 인수로 받아 그 노드를 삭제하는 함수 delete_node(int k)를 작성하시오. (단, k는 삭제하려는 정수이다.)

```
typedef struct _node {
    int data;
    struct _node *next;
} node;

node *head, *tail;

void init_list(void) {
    head = (node*)malloc(sizeof(node));
    tail = (node*)malloc(sizeof(node));
    head->next = tail;
    tail->next = tail;
}

node *ordered_insert(int k) {}
node *print_list(node* t) {}
int delete_node(int k) {}

int _tmain(int argc, _TCHAR* argv[]) {
    node *t;

    init_list();
    ordered_insert(10);
    ordered_insert(5);
    ordered_insert(8);
    ordered_insert(3);
    ordered_insert(1);
    ordered_insert(7);

    printf("\nInitial Linked list is ");
    print_list(head->next);

    delete_node(8);
    print_list(head->next);

    return 0;
}
```

스택

01 스택의 이해

02 스택의 구현

03 스택의 응용

응용예제

요약

연습문제

Chapter

05

학습목표

- 스택 자료구조에 대해 이해한다.
- 스택의 특징과 연산 방법을 알아본다.
- 순차 자료구조와 연결 자료구조를 이용해 스택을 구현해 본다.
- 스택을 응용하는 방법을 알아본다.

Chapter

05

Preview

	구현 방식 / 유형	3장 순차 자료구조 (배열을 이용한 구현)	4장 연결 자료구조 (포인터를 이용한 구현)
3~4장	리스트	선형 리스트	단순 연결 리스트 원형 연결 리스트 이중 연결 리스트
5장	스택 • 추상 자료형 • 알고리즘 • 스택의 응용	순차 스택	연결 스택
6장	큐	순차 큐, 원형 큐	연결 큐
	데크	순차 데크	연결 데크
7장	트리	순차 이진 트리	연결 이진 트리
8장	그래프	순차 그래프(인접 행렬)	연결 그래프(인접 리스트)

미로에서 길을 찾는 프로그램을 만든다고 생각해 보세요. 미로에서 길을 찾는 방법은 출발점에서 시작해 길을 따라가다가 막다른 길에 다다르면 바로 앞에 지나온 갈림길로 되돌아와 방금 지나온 방향과는 다른 방향의 길로 들어서는 것입니다. 이것을 프로그램으로 작성하려면, 지나온 길에 대한 정보를 순서대로 저장해 놓고, 막다른 길을 만났을 때 되돌아가기 위해 저장된 정보를 역순으로 사용해야 합니다. 미로에서 길을 찾는 문제와 같이 삽입 순서와 삭제 순서를 역순으로 하여 풀어야 하는 문제들이 있는데, 이럴 때 쓰는 자료구조가 스택입니다. 스택은 삽입 순서와 삭제 순서가 역순이 되도록 자료를 구조화하는 조건과 연산 방식을 정의한 자료구조입니다.

Section 01

스택의 이해

1 스택의 개념과 구조

스택Stack 자료구조는 접시에 음식을 쌓아올리듯 데이터를 차곡차곡 쌓아올린 형태로 자료를 구성한다. 이런 형태는 뷔페에 쌓아 둔 접시, 책상 위에 쌓아 둔 책, 채점을 하지 않은 채로 쌓아 둔 리포트, 제기에 차곡차곡 쌓아올려진 음식 등 주변에서 흔히 볼 수 있다.

그림 5-1 스택의 개념 예

이와 같이 일상에서 사용하는 쌓아올리는 방식을 추상화하여 자료구조로 정의한 것이 스택이다. 스택은 같은 구조와 같은 크기의 데이터를 정해진 방향으로만 쌓을 수 있고, top으로 정한 한 곳으로만 접근하도록 제한되어 있다. 따라서 top을 통해 들어온 데이터가 일정한 방향, 즉 아래Bottom에서 위로 차곡차곡 쌓이게 된다.

스택에서 top은 유일하게 액세스가 허용된 지점으로 삽입과 삭제가 일어나는 위치이며 현재 스택의 가장 위에 있는 데이터 위치가 된다. 새로 삽입되는 데이터는 top 위치에 있는 데이터 위에 쌓이게 되는데, 그러면 삽입된 데이터가 스택에서 가장 위에 있는 데이터가 되므로 top은 새로 삽입된 데이터의 위치로 갱신된다. 따라서 top은 항상 스택의 가장 위에 있는 데이터, 즉 가장 마지막에 삽입된 데이터의 위치를 의미하는 상태를 유지한다. 스택에서 자료를 삭제할 때도 top을 통해서만 가능하기 때문에 top에 있는 데이터, 즉 가장 위에 있는 데이터가 삭제된다. 스택은 top으로 정한 곳에서만 삽입과 삭제가 가능하다는 원리에 따라 삽입한 순서대로 데이터가 아래에서 위로 쌓이게 되어, 가장 마지막에 삽입Last in된 데이터가 가장 먼저 삭제First out된다는 구조적 특징을 갖는다. 이러한 스택의 동작 구조를 후입선출LIFO : Last-In-First-Out이라고 한다.

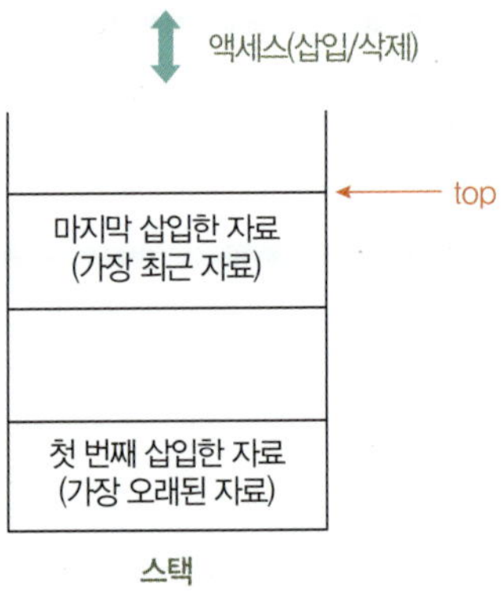

그림 5-2 스택의 구조

연탄불에 삼겹살을 굽는 식당을 떠올려 보자. 삼겹살을 시키면 먼저 연탄을 넣어 주는데, 연탄을 넣을 수 있는 입구는 하나뿐이므로 연탄을 하나씩 순서대로 넣어야 한다. [그림 5-3]과 같이 먼저 1번 연탄을 넣고, 그 위에 2번, 3번 연탄을 순서대로 넣는다. 다 탄 연탄을 꺼낼 때도 연탄을 넣었던 구멍으로 하나씩 꺼내야 한다. 제일 나중에 넣어서 가장 위에 있는 3번 연탄을 꺼내고, 그 다음 2번, 1번 연탄을 순서대로 꺼낸다. 가장 늦게 넣은(Last-In) 연탄을 가장 먼저 꺼냈으니(First-Out) 연탄 아궁이는 스택의 LIFO 구조라 할 수 있다.

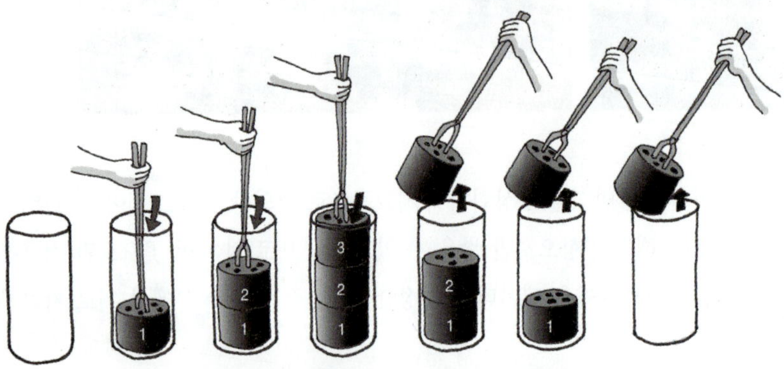

그림 5-3 스택의 LIFO 구조 예 : 연탄 아궁이

슈퍼맨이 옷을 갈아입는 순서도 스택의 LIFO 구조라 할 수 있다. 슈퍼맨이 옷을 벗는 순서는 ❶장화 → ❷망토 → ❸빨간 팬츠 → ❹파란 옷의 순서이다. 다시 옷을 입을 때는 벗을 때와 반대로 ❹파란 옷 → ❸빨간 팬츠 → ❷망토 → ❶장화의 순서가 된다. 마지막에 벗은 파란 옷을 가장 먼저 입었으니 LIFO 구조인 셈이다.

스택에서 데이터가 삽입되고 삭제되는 순서를 결정하는 LIFO 구조는 반드시 지켜져야 한다. 만약 슈퍼맨이 빨간 팬츠 → 파란 옷 순서로 벗었다가 빨간 팬츠 → 파란 옷 순서로 입고 출동하여 슈퍼맨을 상징하는 파란 옷 위의 빨간 팬츠가 보이지 않으면, 누가 그를 슈퍼맨이라고 부르겠는가?

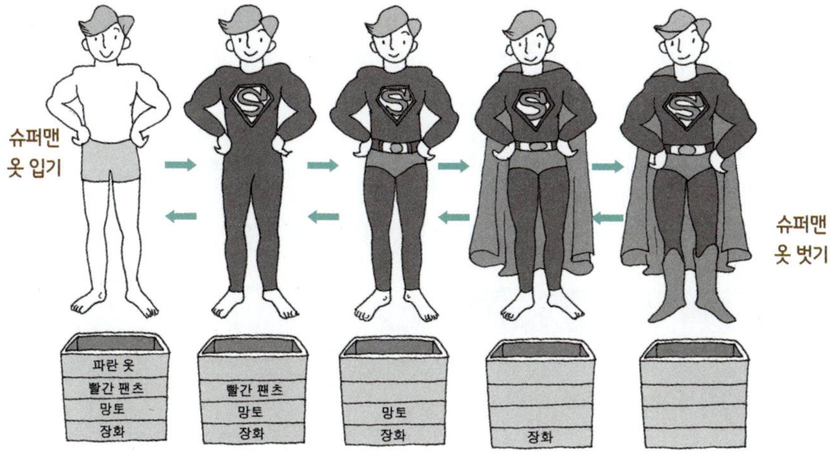

그림 5-4 스택의 LIFO 구조 예 : 슈퍼맨 옷 입기

스택에서 top을 통한 삽입 연산을 push라 하고, top을 통한 삭제 연산을 pop이라고 한다. 출근 시간에 만원 지하철을 경험해 본 사람이라면 push와 pop의 이해가 쉬울 것이다. 만원 지하철에 타려면 출입문에 있는 사람들을 밀고push 들어가거나 푸시맨의 도움을 받아야 한다. 그리고 지하철 문이 열리면 내리려는 사람들 때문에 출입문 근처에 있던 사람, 즉 가장 마지막에 타서 출입문 가까이 있던 사람이 먼저 밖으로 튕겨pop 나가게 된다.

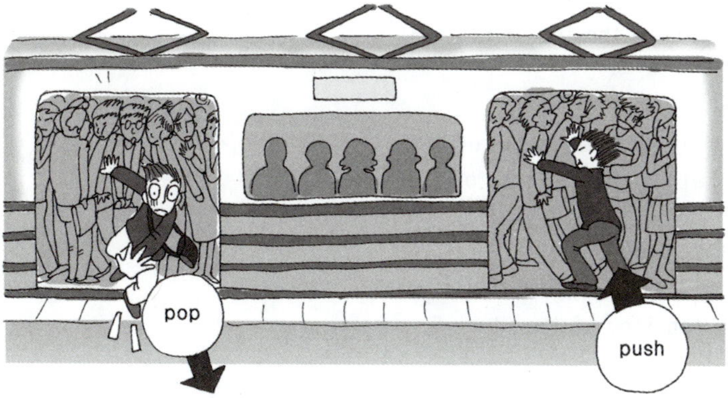

그림 5-5 만원 지하철에서의 pop과 push

공백 스택에 데이터를 삽입하고 삭제하는 동안의 스택을 살펴보면 다음과 같다.

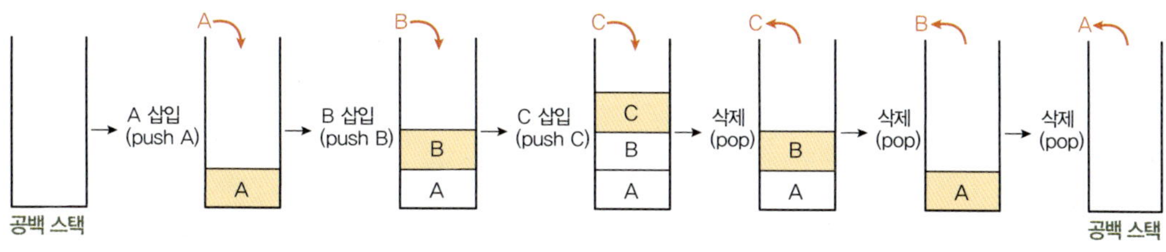

그림 5-6 스택의 데이터 삽입(push)과 삭제(pop) 과정

스택에 데이터를 A, B, C 순서로 삽입하면, 삭제 순서는 C, B, A가 된다. 스택의 LIFO 동작 특성으로 인해 스택에서의 삭제 순서는 삽입 순서의 역순이 된다.

2 스택의 추상 자료형

스택에 대한 데이터와 연산의 특징을 추상화하여 추상 자료형으로 정의하면 다음과 같다.

ADT 5-1 스택의 추상 자료형

```
ADT Stack
데이터 : 0개 이상의 원소를 가진 유한 순서 리스트
연산 :
    S ∈ Stack; item ∈ Element;

    // 공백 스택 S를 생성하는 연산
    createStack(S) ::= create an empty Stack S;

    // 스택 S가 공백인지 확인하는 연산
    isStackEmpty(S) ::= if (S is empty) then return true
                    else return false;

    // 스택 S의 top에 item(원소)을 삽입하는 연산
    push(S, item) ::= insert item onto the top of Stack S;

    // 스택 S의 top에 있는 item(원소)을 삭제하는 연산
    pop(S) ::= if (isStackEmpty(S)) then return error
            else delete and return the top item of Stack S;

    // 스택 S의 top에 있는 item(원소)을 반환하는 연산
    peek(S) ::= if (isStackEmpty(S)) then return error
             else return the top item of the Stack S;
End Stack
```

추상 자료형에서 정의한 push()의 수행 절차를 가상코드의 알고리즘으로 정의하면 다음과 같다.

알고리즘 5-1 스택의 원소 삽입

```
push(S, x)
   ❶ top ← top + 1;
    if (top > stack_SIZE) then overflow;
    else
     ❷ S(top) ← x;
end push()
```

❶ 스택 S에서 top이 마지막 원소의 위치이므로 그 위에 데이터를 삽입하려면 먼저 top의 위치를 하나 증가시킨다. 이때 top 위치가 스택 크기(stack_SIZE)보다 크면 오버플로[Overflow] 상태가 되므로 삽입 연산을 수행하지 못하고 연산이 종료된다.

❷ 오버플로 상태가 아니라면 스택의 top 위치에 x를 삽입한다.

다음은 스택 S에서 원소를 삭제하는 pop() 알고리즘이다. 스택에서의 삭제 연산은 스택의 마지막 원소, 즉 top 위치에 있는 원소를 스택에서 삭제하고 삭제한 데이터를 반환한다. 그런데 만약 top이 0이라면 공백 스택이므로 삭제 연산을 수행하지 못한다.

알고리즘 5-2 스택의 원소 삭제

```
pop(S)
   if (isStackEmpty(S)) then underflow;
   else {
      ❶ return S(top);
      ❷ top ← top - 1;
   }
end pop()
```

❶ 공백 스택이 아니면 top에 있는 원소를 삭제하고 반환한다.

❷ 스택의 마지막 원소가 삭제되면 그 아래 원소, 즉 스택에 남아 있는 원소 중에서 가장 위에 있는 원소가 top이 되어야 하므로 top 위치를 하나 감소시킨다.

SELF TEST_ 입력 순서가 A, B, C, D로 정해진 자료를 스택에 push 연산과 pop 연산을 수행하면서 pop 연산 결과로 반환되는 자료를 출력한다. 출력 가능한 결과를 만들어 보시오.

Section 02

스택의 구현

스택은 배열을 사용하는 순차 자료구조나 포인터를 사용하는 연결 자료구조 방식을 이용해 구현할 수 있다. 먼저 순차 자료구조를 이용해 구현하는 배열 기반의 순차 스택을 알아보자.

1 순차 자료구조를 이용한 스택의 구현

순차 자료구조인 1차원 배열을 이용해 스택을 구현할 수 있다. 1차원 배열인 stack[n]을 사용할 때 n은 배열 크기로, 배열 원소의 개수를 나타내므로 n은 스택 크기가 된다. 스택에 원소가 쌓이는 순서는 배열의 인덱스로 표현한다. 따라서 스택의 첫 번째 원소는 stack[0]에 저장하고, 스택의 두 번째 원소는 stack[1]에 저장하며, 스택의 n번째 원소는 stack[n−1]에 저장한다.

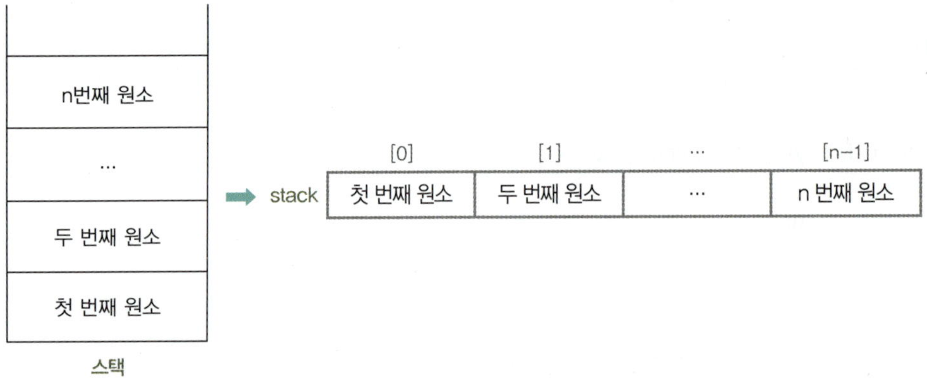

그림 5-7 1차원 배열을 이용한 순차 스택

스택의 top을 표현하기 위해 배열 stack의 마지막 원소의 인덱스를 변수 top에 저장한다. 변수 top에 0부터 (n−1)까지 인덱스를 저장하게 되므로 스택의 초기 상태(공백 스택)에서는 −1을 저장한다.

크기가 5인 스택을 생성하여 원소 A, B, C를 순서대로 삽입한 후에 원소 하나를 삭제하는 과정을 살펴보자.

1 공백 스택 생성 : `createStack(stack, 5);`

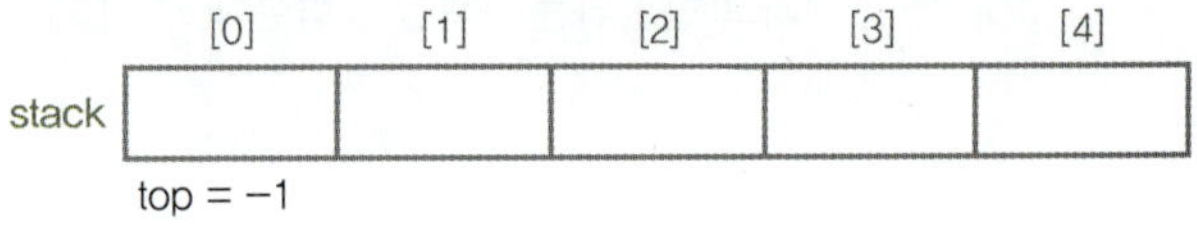

❷ 원소 A 삽입 : push(stack, A);

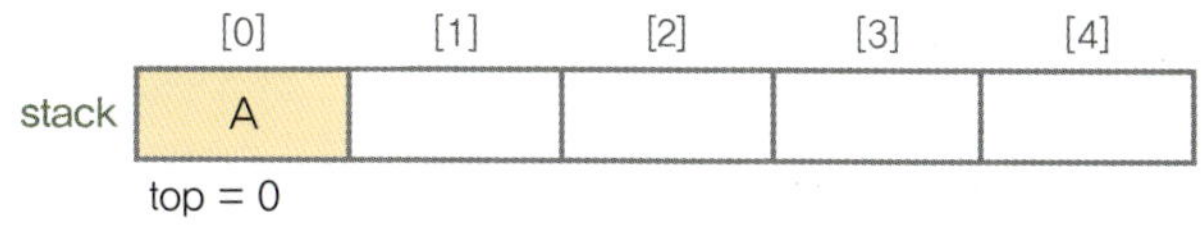

❸ 원소 B 삽입 : push(stack, B);

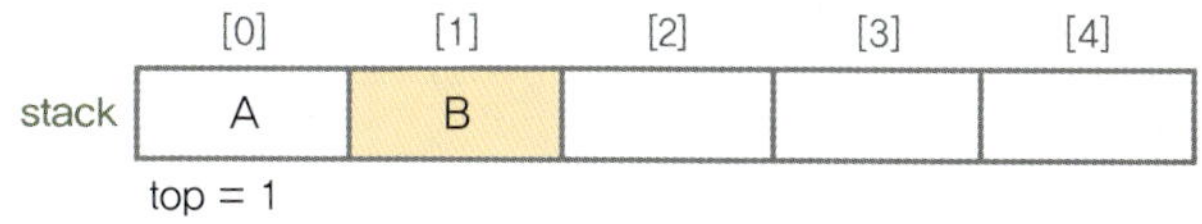

❹ 원소 C 삽입 : push(stack, C);

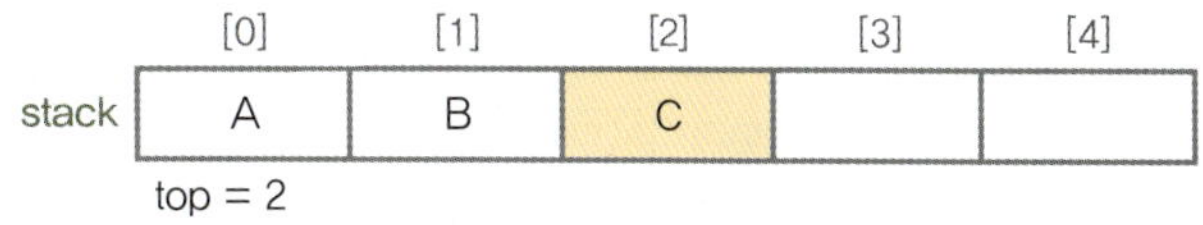

❺ 원소 삭제 : pop(stack);

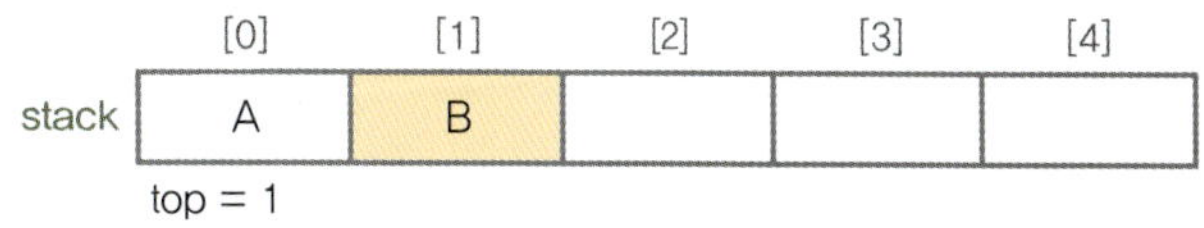

[예제 5-1]은 순차 자료구조를 이용하여 스택의 추상 자료형과 알고리즘을 구체화하여 구현한 프로그램이다.

예제 5-1 순차 자료구조를 이용해 순차 스택 구현하기

[stackS.h]

```
#pragma once
#define STACK_SIZE 100

typedef int element;          // 스택 원소(element)의 자료형을 int로 정의
element stack[STACK_SIZE];    // 1차원 배열 스택 선언

int isStackEmpty(void);
int isStackFull(void);
void push(element item);
element pop(void);
element peek(void);
void printStack(void);
```

[stackS.c]

```
#include <stdio.h>
#include "stackS.h"

int top = -1;

// 스택이 공백 상태인지 확인하는 연산
int isStackEmpty(void) {
    if (top == -1) return 1;
    else return 0;
```

```c
}

// 스택이 포화 상태인지 확인하는 연산
int isStackFull(void) {
    if (top == STACK_SIZE - 1) return 1;
    else return 0;
}
```

배열을 이용한 [알고리즘 5-1] 구현

```c
// 스택의 top에 원소를 삽입하는 연산
void push(element item) {
    if (isStackFull()) {          // 스택이 포화 상태인 경우
        printf("\n\n Stack is FULL! \n");
        return;
    }
    else stack[++top] = item;     // top을 증가시킨 후 현재 top에 원소 삽입
}
```

배열을 이용한 [알고리즘 5-2] 구현

```c
// 스택의 top에서 원소를 삭제하는 연산
element pop(void) {
    if (isStackEmpty()) {         // 스택이 공백 상태인 경우
        printf("\n\n Stack is Empty!!\n");
        return 0;
    }
    else return stack[top--];     // 현재 top의 원소를 삭제한 후 top 감소
}
```

```c
// 스택의 top 원소를 검색하는 연산
element peek(void) {
    if (isStackEmpty()) {         // 스택이 공백 상태인 경우
        printf("\n\n Stack is Empty !\n");
        return 0;
    }
    else return stack[top];       // 현재 top의 원소 확인
}

// 스택의 원소를 출력하는 연산
void printStack(void) {
    int i;
    printf("\n STACK [ ");
    for (i = 0; i <= top; i++)
        printf("%d ", stack[i]);
    printf("] ");
}
```

[ex5_1.c]

```c
#include <stdio.h>
#include "stackS.h"

int main(void) {
    element item;
    printf("\n** 순차 스택 연산 **\n");
    printStack();
    push(1);  printStack();       // 1 삽입
    push(2);   printStack();      // 2 삽입
    push(3);  printStack();       // 3 삽입

    item = peek(); printStack();  // 현재 top의 원소 출력
    printf("peek => %d", item);

    item = pop();  printStack();  // 삭제
    printf("\t pop  => %d", item);

    item = pop();  printStack();  // 삭제
    printf("\t pop  => %d", item);

    item = pop();  printStack();  // 삭제
    printf("\t pop  => %d\n", item);

    getchar();  return 0;
}
```

```
** 순차 스택 연산 **

STACK [ ]
STACK [ 1 ]
STACK [ 1 2 ]
STACK [ 1 2 3 ]
STACK [ 1 2 3 ]  peek => 3
STACK [ 1 2 ]    pop  => 3
STACK [ 1 ]      pop  => 2
STACK [ ]        pop  => 1
```

[stackS.c]

24행 : 스택이 포화 상태가 아닌 경우에 삽입 연산을 수행한다.

stack[++top]=item;은 ①++top;과 ②stack[top]=item;을 의미하므로 먼저 현재 top의 위치를 하나 증가시킨 후에 원소 item을 저장한다.

33행 : 스택이 공백 상태가 아닌 경우에 삭제 연산을 수행한다.

return stack[top--];은 ①return stack[top];과 ②top--;를 의미하므로, 삭제 대상인 현재 top의 원소를 반환한 후에 top의 위치를 하나 감소시킨다.

42행 : 스택이 공백 상태가 아닌 경우에 검색 연산을 수행한다.

스택에 저장된 원소는 top의 위치에서만 액세스할 수 있으므로, 검색 연산을 통해 top의 원소를 확인한다.

49~50행 : 1차원 배열로 구현한 스택에 저장된 원소를 출력하기 위해 배열 원소 stack[0]부터 stack[top]까지 출력한다. stack[0]은 스택의 첫 번째 원소이고, stack[top]은 스택의 마지막 원소이다.

2 연결 자료구조를 이용한 스택의 구현

순차 자료구조를 이용한 스택은 1차원 배열 변수를 선언하여 쉽게 구현할 수 있다. 하지만 물리적으로 고정된 배열을 사용하기 때문에 사용 중에 스택의 크기 변경이 어려우므로 배열 크기를 미리 크게 할당해 놓기 때문에 메모리 사용의 효율성이 떨어지는 문제가 생긴다. 이런 순차 자료구조의 문제는 연결 자료구조를 사용하여 해결할 수 있다.

연결 자료구조 중에서 단순 연결 리스트를 이용해 연결 스택을 구현하는 방법을 알아보자. 스택의 원소는 연결 리스트의 노드가 된다. 스택에 원소를 삽입할 때마다 연결 리스트에 노드를 하나씩 연결한다. 스택 원소의 순서는 연결 리스트 노드의 링크를 사용하여 표현한다. 스택의 top을 표현하기 위해 포인터 top을 사용한다. 스택의 초기 상태(공백 스택)는 포인터 top을 NULL 포인터로 설정하여 표현한다.

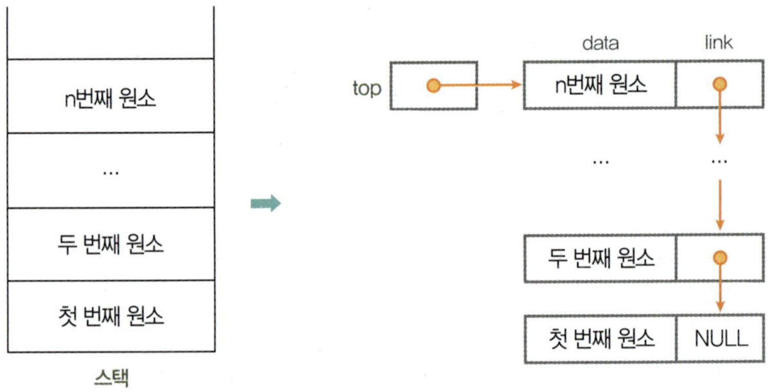

그림 5-8 **단순 연결 리스트를 이용한 연결 스택**

원소 A, B, C를 순서대로 삽입하면서 스택을 생성한 후에 원소 하나를 삭제하는 과정을 살펴보자.

1 공백 스택 생성 : `createStack(stack);`

2 원소 A 삽입 : `push(stack, A);`

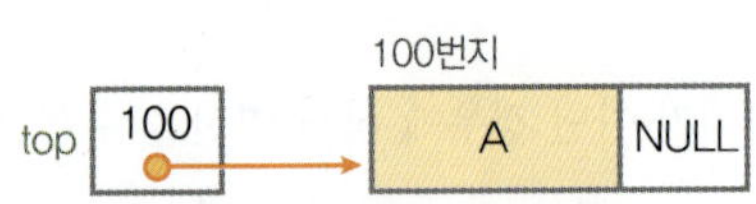

3 원소 B 삽입 : `push(stack, B);`

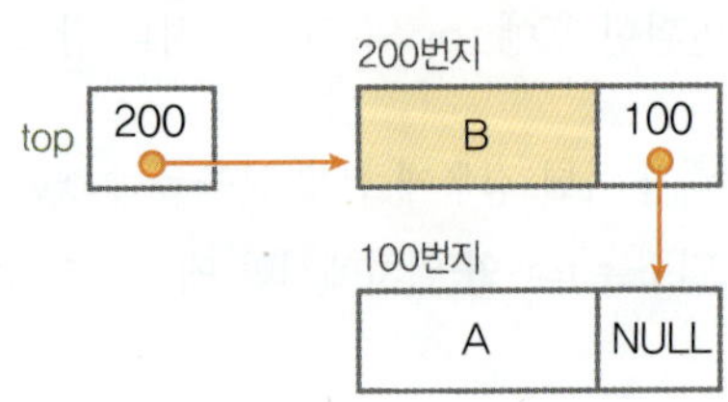

4 **원소 C 삽입 :** push(stack, C);

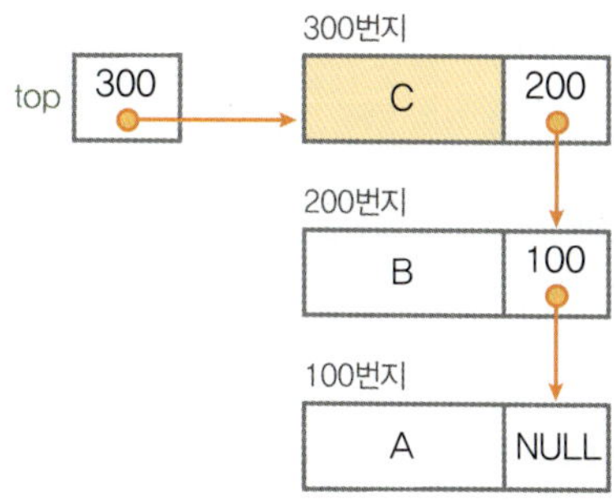

5 **원소 삭제 :** pop(stack);

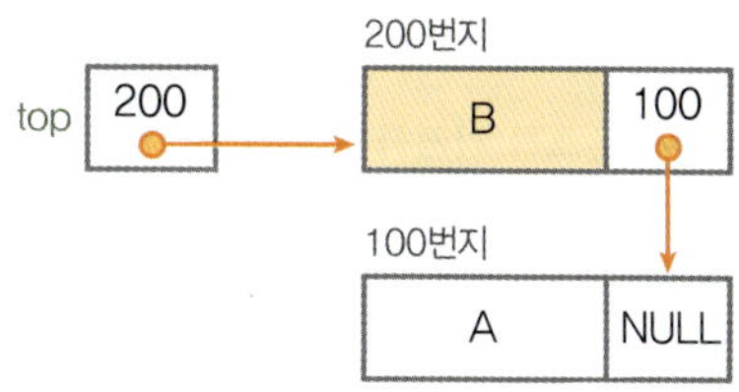

[예제 5-2]는 연결 자료구조를 이용해 스택의 추상 자료형과 알고리즘을 C 언어로 구현한 것이다.

예제 5-2 **연결 자료구조를 이용해 연결 스택 구현하기**

[stackL.h]

```
#pragma once
typedef int element;            // 스택 원소(element)의 자료형을 int로 정의

typedef struct stackNode {      // 스택의 노드를 구조체로 정의
    element data;
    struct stackNode* link;
} stackNode;

stackNode* top;                 // 스택의 top 노드를 지정하기 위해 포인터 top 선언

int isStackEmpty(void);
void push(element item);
element pop(void);
element peek(void);
void printStack(void);
```

[stackL.c]

```
#include <stdlib.h>
#include "stackL.h"

// 스택이 공백 상태인지 확인하는 연산
int isStackEmpty(void) {
    if (top == NULL) return 1;
```

```
    else return 0;
}

```

포인터를 이용한 [알고리즘 5-1] 구현

```
// 스택의 top에 원소를 삽입하는 연산
void push(element item) {
    stackNode* temp = (stackNode*)malloc(sizeof(stackNode));

    temp->data = item;
    temp->link = top;        // 삽입 노드를 top의 위에 연결
    top = temp;              // top 위치를 삽입 노드로 이동
}

```

포인터를 이용한 [알고리즘 5-2] 구현

```
// 스택의 top에서 원소를 삭제하는 연산
element pop(void) {
    element item;
    stackNode* temp = top;

    if (isStackEmpty()) {  // 스택이 공백 리스트인 경우
        printf("\n\n Stack is empty !\n");
        return 0;
    }
    else {                 // 스택이 공백 리스트가 아닌 경우
        item = temp->data;
        top = temp->link;  // top 위치를 삭제 노드 아래로 이동
        free(temp);        // 삭제된 노드의 메모리 반환
        return item;       // 삭제된 원소 반환
    }
}

```

```
// 스택의 top 원소를 검색하는 연산
element peek(void) {
    if (isStackEmpty()) {  // 스택이 공백 리스트인 경우
        printf("\n\n Stack is empty !\n");
        return 0;
    }
    else {                 // 스택이 공백 리스트가 아닌 경우
        return(top->data); // 현재 top의 원소 반환
    }
}

// 스택의 원소를 top에서 bottom 순서로 출력하는 연산
void printStack(void) {
    stackNode* p = top;
    printf("\n STACK [ ");
    while (p) {
        printf("%d ", p->data);
```

```
        p = p->link;
    }
    printf("] ");
}
```

[ex5_2.c]

```
#include <stdio.h>
#include "stackL.h"

int main(void) {
    element item;
    top = NULL;
    printf("\n** 연결 스택 연산 **\n");
    printStack();

    push(1);    printStack();      // 1 삽입
    push(2);    printStack();      // 2 삽입
    push(3);    printStack();      // 3 삽입

    item = peek(); printStack();  // 현재 top의 원소 출력
    printf("peek => %d", item);

    item = pop();  printStack();  // 삭제
    printf("\t pop  => %d", item);

    item = pop();  printStack();  // 삭제
    printf("\t pop  => %d", item);

    item = pop();  printStack();  // 삭제
    printf("\t pop  => %d", item);

    getchar();  return 0;
}
```

```
** 연결 스택 연산 **

STACK [ ]
STACK [ 1 ]
STACK [ 2 1 ]
STACK [ 3 2 1 ]
STACK [ 3 2 1 ]    peek => 3
STACK [ 2 1 ]      pop  => 3
STACK [ 1 ]        pop  => 2
STACK [ ]          pop  => 1
```

[stackL.c]

11~17행은 연결 스택에서 삽입 연산을 수행하는 과정이다.

12행 : 삽입할 원소 item을 저장할 노드에 대한 메모리를 할당하고 포인터 temp를 설정한다.

14행 : 삽입할 노드의 데이터 필드에 원소 item을 저장한다.

15행 : 삽입할 노드의 링크 필드에 포인터 top의 값을 저장하면, 새로 삽입한 노드가 현재 스택의 마지막 노드(현재 top이 가리키는 노드)로 연결한다.

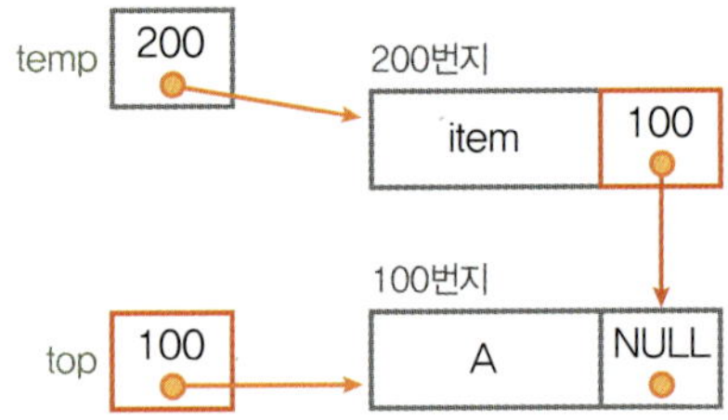

16행 : 포인터 temp의 값(삽입 노드의 주소)을 포인터 top에 설정하여 새로 삽입한 노드가 스택의 top 노드가 되도록 조정한다.

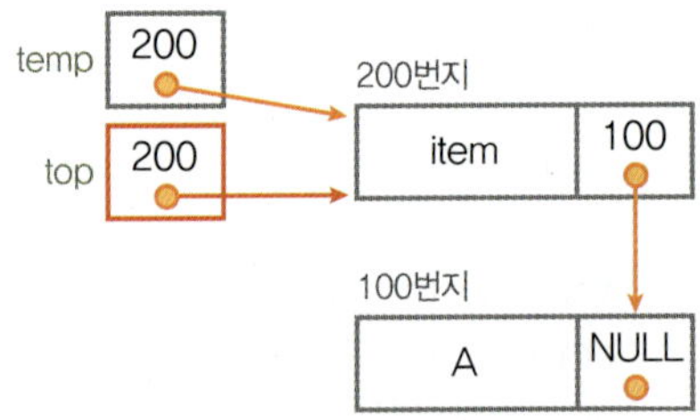

20~34행은 연결 스택에서 삭제하는 연산을 수행하는 과정이다.

22행 : 포인터 temp를 top 노드에 설정하여 삭제할 노드를 가리키게 한다.

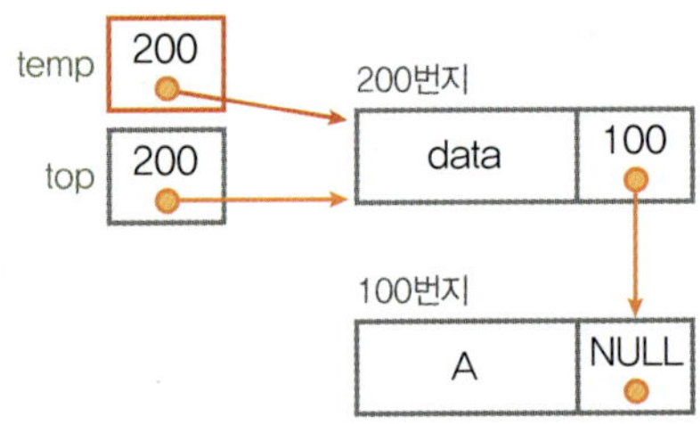

29행 : 스택의 마지막 노드의 데이터 필드값을 변수 item에 저장한다.

30행 : 포인터 top의 위치를 현재 마지막 노드의 아래 노드로 이동한다.

31행 : 포인터 temp가 가리키는 노드를 메모리 해제한다.

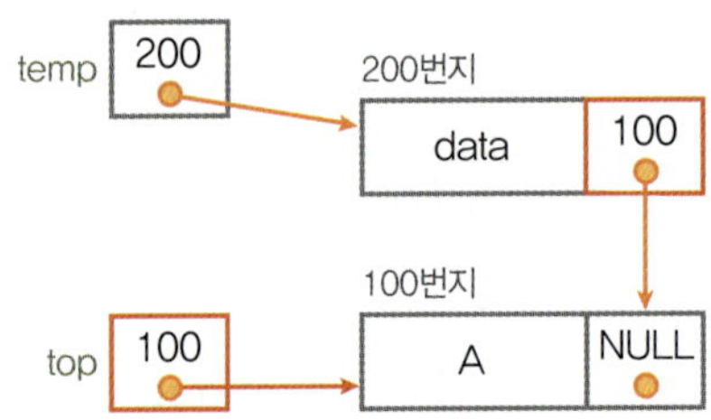

32행 : 변수 item의 값, 즉 스택의 top이었던 노드의 데이터를 반환한다.

51~54행은 연결 스택에 노드가 있는 동안, top 노드부터 링크 필드를 따라 아래 노드로 이동하면서 데이터 필드값을 출력한다. top 노드부터 출력하므로 출력 화면에서 왼쪽이 스택의 마지막 원소인 top이 된다.

배열을 이용하여 순차 스택을 구현한 [예제 5-1]과 포인터를 이용하여 연결 스택을 구현한 [예제 5-2]는 실행 결과가 같다. 두 예제 모두 LIFO 동작을 하는 스택의 추상 자료형을 구현한 것이고, main 함수에서 똑같이 push(1), push(2), push(3), peek(), pop(), pop(), pop()을 호출하였기 때문이다. 두 예제는 똑같은 스택 연산을 처리한다. 다만 배열 연산을 사용([예제 5-1])하였는지 포인터 연산을 사용([예제 5-2])하였는지가 다를 뿐이다. 다시 말해서 순차 자료구조 구현 방식인지 연결 자료구조 구현 방식인지의 차이만 있다.

Section 03 스택의 응용

1 스택을 이용한 역순 문자열

스택의 LIFO 특성을 이용하여 역순 문자열을 간단히 만들 수 있다. 우선 문자열을 처음부터 순서대로 스택에 모두 삽입한다. 삽입이 다 끝난 후에 스택에 있는 원소를 공백 스택이 될 때까지 삭제하면서 반환된 문자를 나열하면 원래 문자열의 역순 문자열이 된다.

1 문자열을 순서대로 스택에 삽입한다.

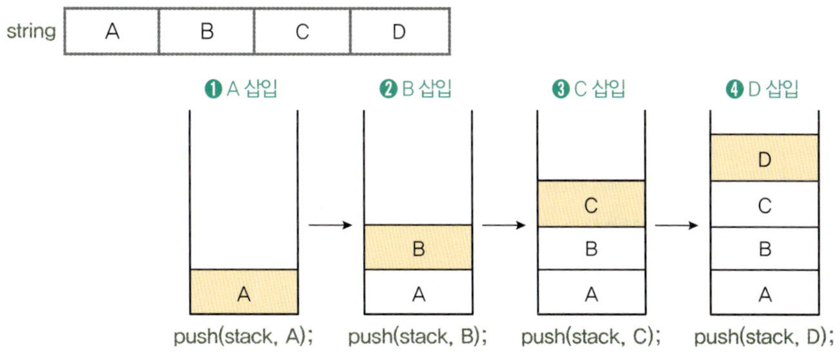

2 스택에서 삭제하여 문자열을 만든다.

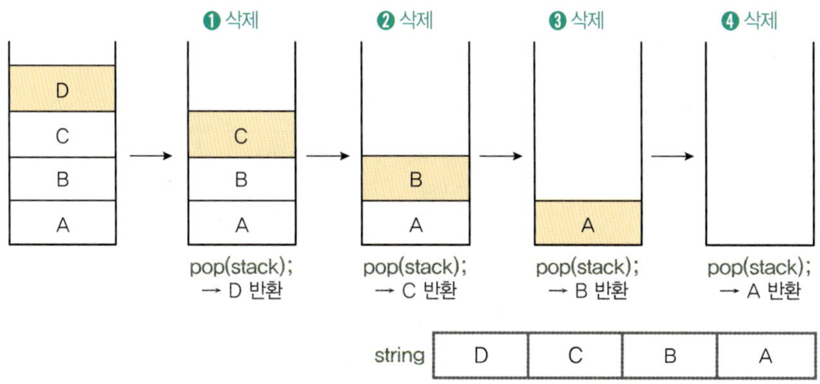

2 시스템 스택

프로그램에서 수행되는 함수 호출과 복귀 순서는 가장 나중Last에 호출된 함수가 가장 먼저First 실행을 완료하고 복귀하는 순서를 따른다. 이처럼 함수의 호출과 복귀 순서는 역순의 관계를 가지므로 스택의

LIFO 구조를 응용해 관리할 수 있다. 이때 사용하는 스택을 시스템 스택System Stack이라 한다.

함수나 서브 프로그램 호출이 발생하면 호출된 함수의 작업으로 전환하기 위해 현재 작업 중인 지역 변수, 매개변수 및 완료 후 복귀할 주소 등의 정보를 스택 프레임Stack Frame에 저장하여 시스템 스택에 삽입한다. 시스템 스택의 top은 현재 실행 중인 함수가 호출되었을 때, 이에 대한 작업 전환에 관한 정보가 들어 있는 스택 프레임이 된다. 함수 실행이 끝나면 시스템 스택의 top 원소(스택 프레임)를 삭제pop하면서 프레임에 저장되어 있던 복귀 주소를 확인하고 복귀한다. 함수 호출과 복귀에 따라 이 과정을 반복하여 전체 프로그램 수행이 종료되면 시스템 스택은 공백 스택이 된다.

프로그램이 실행될 때 시스템 스택을 어떻게 사용하는지 알아보자. [그림 5-9]는 주 함수인 main() 함수와 서브 함수인 F_1()과 F_2()로 구성된 프로그램이 수행되는 순서를 보여준다.

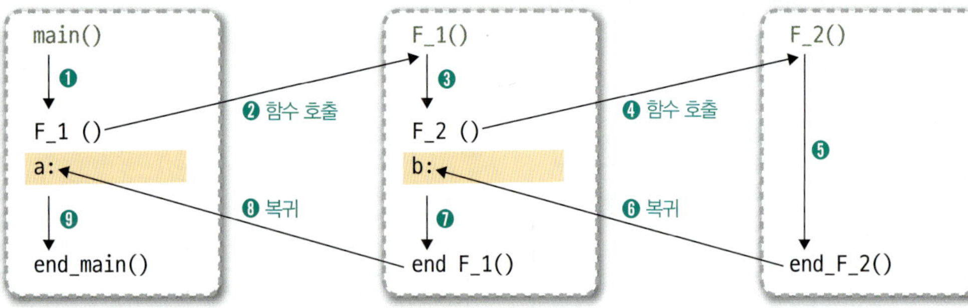

그림 5-9 **함수 호출과 복귀에 따른 전체 프로그램 수행 순서**

위의 프로그램 수행에 따른 시스템 스택을 살펴보자.

1 main() 함수 실행 시작 : 프로그램 실행을 시작하면 main() 함수가 호출되어 실행된다. main() 함수 시작과 관련된 정보를 스택 프레임에 저장하여 시스템 스택에 삽입한다.

```
push(System_stack, stack_Frame(main));
```

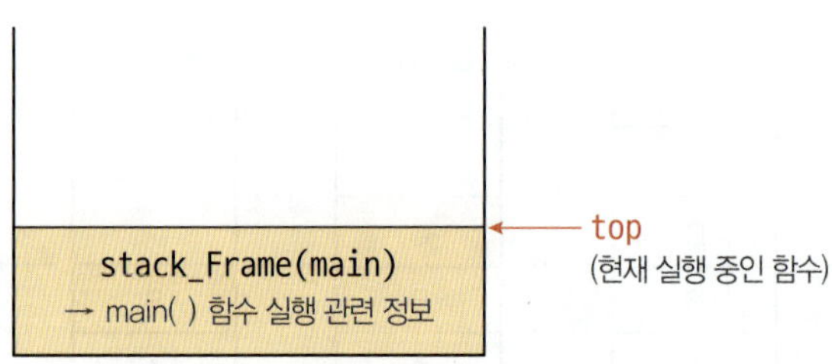

2 F_1() 함수 호출 : main() 함수 실행 중에 F_1() 함수 호출을 만나면 함수 호출과 복귀 등 작업을 전환하는 데 필요한 정보를 스택 프레임에 저장하여 시스템 스택에 삽입한다. 이때 스택 프레임에는 호출된 F_1() 함수의 수행이 끝나고 main() 함수로 복귀할 주소 a가 저장된다.

```
push(System_stack, stack_Frame(F_1));
```

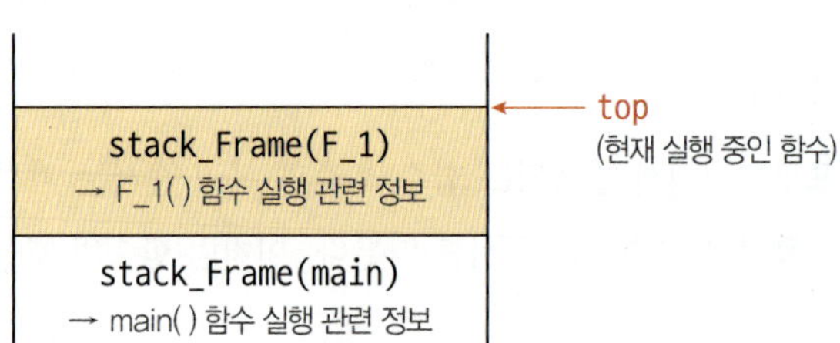

3 호출된 F_1() 함수 실행

4 F_2() 함수 호출 : F_1() 함수를 실행하다가 F_2() 함수 호출을 만나면 함수 호출과 복귀 등 작업을 전환하는 데 필요한 정보를 새로운 스택 프레임에 저장하여 시스템 스택에 삽입한다. 이때 스택 프레임에는 F_1() 함수로 복귀할 주소 b가 저장된다.

```
push(System_stack, stack_Frame(F_2));
```

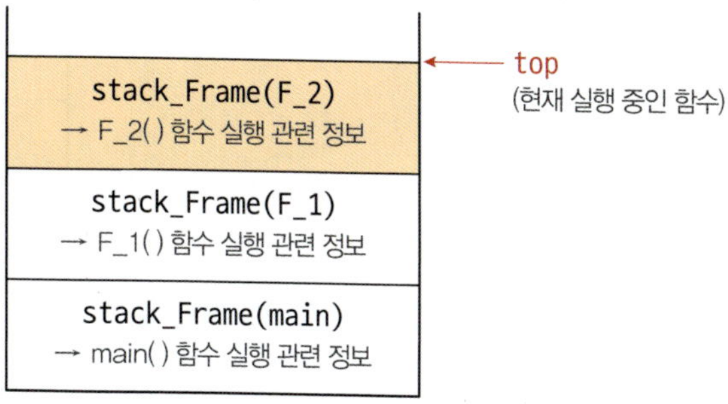

5 호출된 F_2() 함수 실행

6 F_2() 함수 실행 종료, F_1() 함수로 복귀 : F_2() 함수 실행이 끝나면 F_2() 함수를 호출했던 이전 위치로 복귀하여 이전 함수 F_1()의 작업을 계속해야 한다. 그러려면 이전 작업과 관련 있는 지역 변수, 매개변수 및 복귀 주소 등의 정보가 필요한데, 이런 정보는 시스템 스택에 있으므로 시스템 스택의 top에 있는 스택 프레임을 pop하여 정보를 확인하고 복귀 및 작업 전환을 실행한다.

```
pop(System_stack);
```

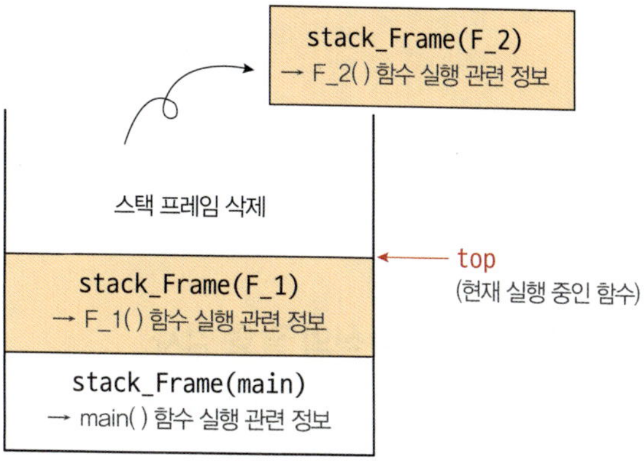

7 F_1() 함수로 복귀하여 F_1() 함수의 나머지 부분 실행

8 F_1() 함수 실행 종료, main() 함수로 복귀 : F_1() 함수 실행이 끝났으므로 F_1() 함수를 호출했던 main() 함수의 이전 위치로 다시 복귀하여 실행을 계속해야 한다. 그러려면 복귀할 주소 등의 작업 전환 정보가 필요하다. 이런 정보는 시스템 스택에 있으므로 스택의 top에 있는 스택 프레임을 pop하여 정보를 확인하고 복귀 및 작업 전환을 실행한다.

```
pop(System_stack);
```

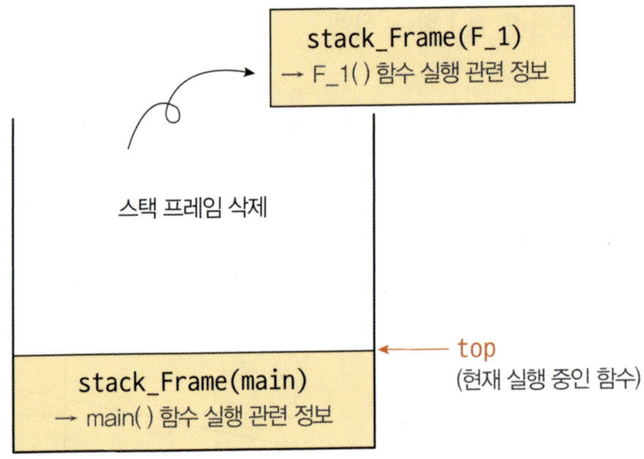

9 **main() 함수 실행 완료(전체 프로그램 실행 완료)** : main() 함수로 복귀하여 나머지 부분을 실행하고 실행이 끝나면 다시 시스템 스택의 top에 있는 스택 프레임을 pop하여 복귀를 실행한다. 주 함수인 main() 함수는 호출한 상위 함수, 즉 복귀할 이전 함수의 주소를 가지고 있지 않으므로 전체 프로그램의 수행이 완료된다. 정상적인 함수 호출과 복귀가 모두 완료되었으므로 시스템 스택은 공백이 된다.

```
pop(System_stack);
```

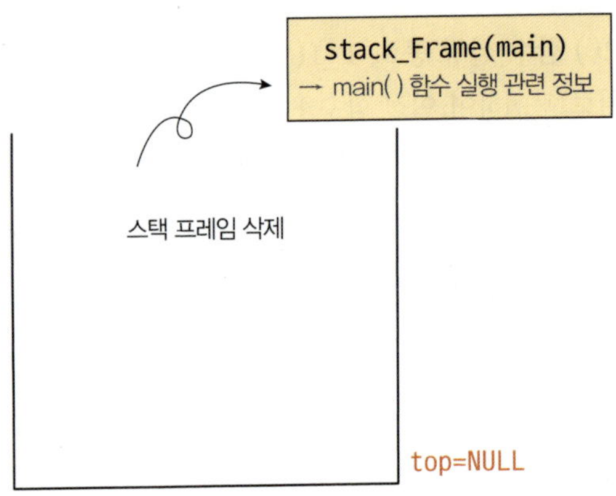

3 스택을 이용한 수식의 괄호 검사

일반적으로 수식은 연산자[Operator]와 피연산자[Operand]로 구성되어 있으며, 왼쪽에서 오른쪽 순서로 처리한다. 수식에 사용한 연산자의 우선순위가 다를 때는 우선순위가 높은 연산자를 먼저 처리하는데, 우선순위는 괄호를 사용해 표현하기도 한다. 괄호로는 소괄호 ()와 중괄호 {} 또는 대괄호 [ ]를 사용한다. 괄호는 왼쪽의 여는 괄호와 오른쪽의 닫는 괄호가 쌍을 이루어야 하며, 괄호가 여러 개 중첩된 경우에는 맨 안쪽의 괄호를 먼저 처리한다.

수식에 사용하는 괄호의 특징을 분석해 보면, 가장 마지막[Last]에 사용한 여는 괄호를 가장 먼저[First] 닫아준다. 이처럼 괄호를 여는 순서와 닫는 순서가 역순의 관계를 가지므로 수식에서 괄호의 쌍이 제대로 사용되었는지를 검사하기 위해 LIFO 구조의 스택을 사용할 수 있다.

수식을 읽으면서 왼쪽 괄호를 만나면 스택에 push하고, 오른쪽 괄호를 만나면 스택을 pop하여 검사한다. 현재 검사 중인 오른쪽 괄호와 pop하여 반환된 왼쪽 괄호가 같은 종류면 괄호 쌍이 맞는 것이다. 수식 처리가 모두 끝났을 때 공백 스택이 되면 왼쪽 괄호와 오른쪽 괄호의 개수가 맞는 것이다. 이를 알고리즘으로 구현하면 [알고리즘 5-3]과 같다.

알고리즘 5-3 수식의 괄호 쌍 검사

```
testPair()
    exp ← Expression;
    Stack ← null;
    while (true) do {
        symbol ← getSymbol(exp);
        case {
            symbol == "(" or "[" or "{" :
                         push(Stack, symbol);
            symbol == ")" :
                         open_pair ← pop(Stack);
                         if (open_pair ≠ "(") then return false;
            symbol == "]" :
                         open_pair ← pop(Stack);
                         if (open_pair ≠ "[") then return false;
            symbol == "}" :
                         open_pair ← pop(Stack);
                         if (open_pair ≠"{") then return false;
            symbol == null :
                         if (isStackEmpty(Stack)) then return true;
                         else return false;
            else :
        }
    }
end testPair()
```

다음 수식에 대하여 스택을 사용하여 괄호 검사를 해 보자.

{(A+B)−3}*5+[{cos(x+y)+7}−1]*4

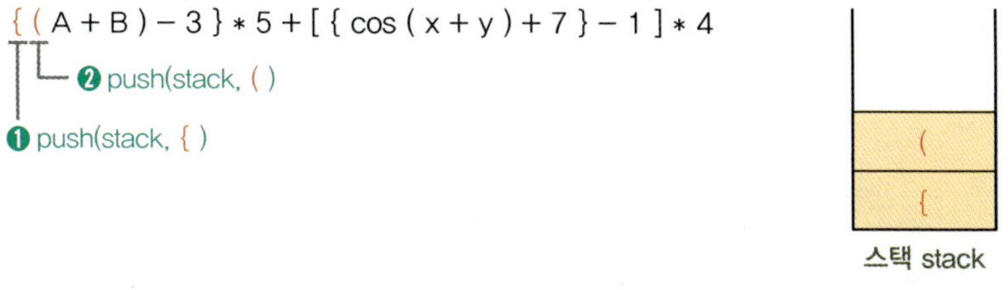

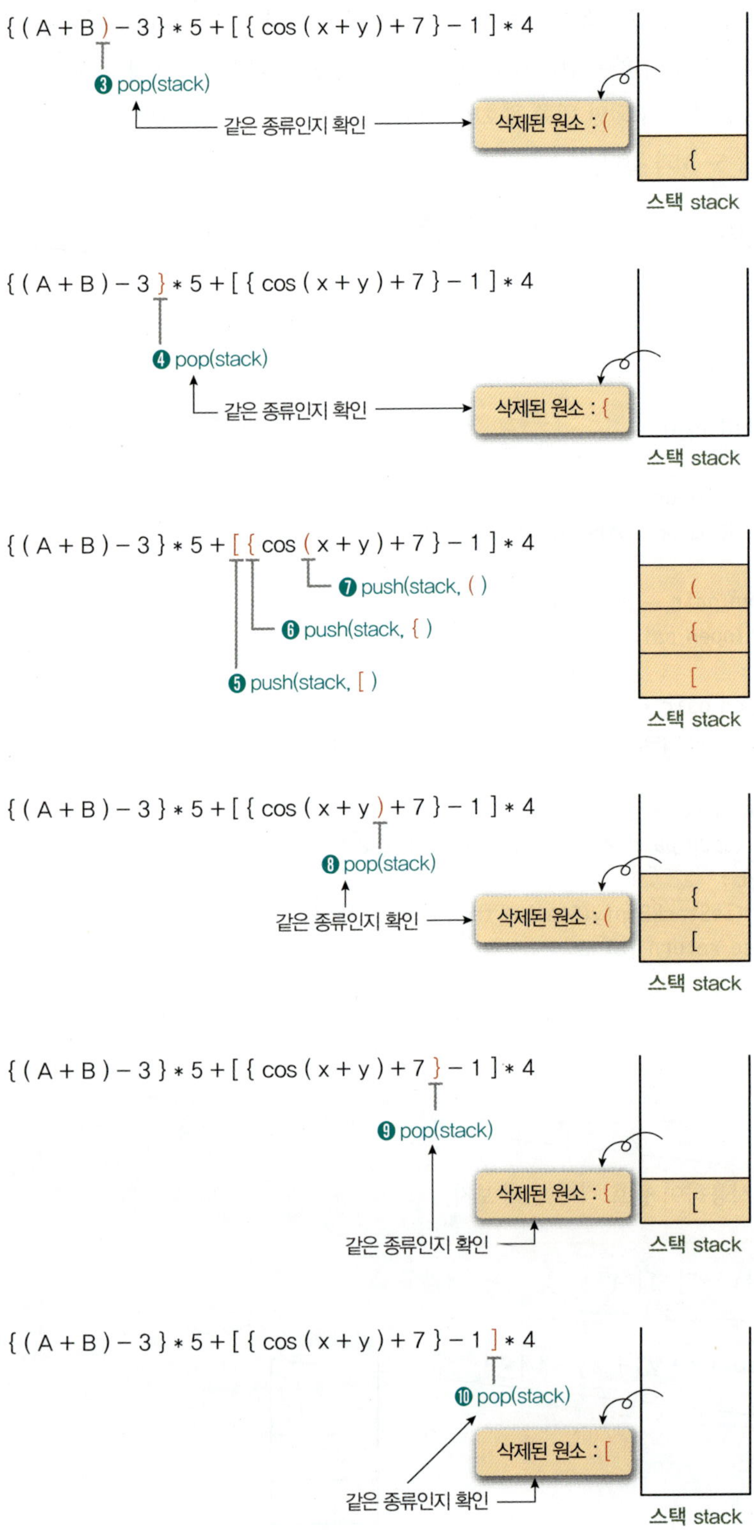

그림 5-10 수식 처리에 따른 스택 사용 과정

각 과정에서 처리할 오른쪽 괄호와 스택에서 pop한 원소가 같은 종류의 괄호이고, 수식 처리가 끝났을 때 스택이 공백이 되었으므로, 괄호가 올바르게 사용된 수식임을 확인할 수 있다.

[예제 5-3]은 [예제 5-2]에서 구현한 연결 스택을 이용해 수식의 괄호 쌍을 검사하는 프로그램이다. 괄호 쌍을 검사하기 위해 testPair() 함수를 추가로 구현하였다.

예제 5-3 스택을 이용해 수식의 괄호 쌍 검사하기

[stackL.h]

```
#pragma once
typedef char element;     // 스택 원소(element)의 자료형을 char로 정의

// [예제 5-2]의 [stackL.h]의 04~15행과 동일
```

[stackL.c]

```
 // [예제 5-2]의 [stackL.c]와 동일
```

[testPair.h]

```
#pragma once
int testPair(char* exp);
```

[testPair.c]

```
#include <stdio.h>
#include <string.h>
#include "stackL.h"
#include "testPair.h"

// 수식의 괄호를 검사하는 연산                                    [알고리즘 5-3] 구현
int testPair(char* exp) {
    char symbol, open_pair;
    // char형 포인터 매개변수로 받은 수식 exp의 길이를 계산하여 length 변수에 저장
    int i, length = strlen(exp);
    top = NULL;

    for (i = 0; i < length; i++) {
        symbol = exp[i];
        switch (symbol) {
            // (1) 왼쪽 괄호는 스택에 삽입
        case '(':
        case '[':
        case '{':
            push(symbol); break;
            // (2) 오른쪽 괄호를 읽으면,
        case ')':
        case ']':
        case '}':
            if (isStackEmpty()) return 0;
```

```
26          else {
27             // (2)-1 스택에서 마지막으로 읽은 괄호를 꺼냄
28             open_pair = pop();
29             // (2)-2 괄호 쌍이 맞는지 검사
30             if ((open_pair == '(' && symbol != ')') ||
31                (open_pair == '[' && symbol != ']') ||
32                (open_pair == '{' && symbol != '}'))
33             // (2)-3 괄호 쌍이 틀리면 수식 오류
34                return 0;
35             // (2)-4 괄호 쌍이 맞으면 다음 symbol 검사를 계속함
36             else break;
37          }
38       }
39    }
40    if (top == NULL) return 1; // 수식 검사를 마친 후 스택이 공백이면 1을 반환
41    else return 0;             // 공백이 아니면 0을 반환(수식 괄호 틀림)
42 }
```

[ex5_3.c]

```
#include <stdio.h>
#include "stackL.h"
#include "testPair.h"

int main(void) {
   char* express = "{(A+B)-3}*5+[{cos(x+y)+7}-1]*4";
   printf("%s", express);

   if (testPair(express) == 1)
      printf("\n\n수식의 괄호가 맞게 사용되었습니다!");
   else
      printf("\n\n수식의 괄호가 틀렸습니다!");

   getchar();  return 0;
}
```

```
{(A+B)-3}*5+[{cos(x+y)+7}-1]*4

수식의 괄호가 맞게 사용되었습니다!
```

[testPair.c]

testPair 함수는 수식 exp의 문자를 하나씩 검사하는 작업을 exp 길이만큼 반복 수행한다.

14행 : 수식 exp에서 검사할 문자 하나를 변수 symbol에 저장한다.

17~20행 : symbol에 저장된 값이 왼쪽 괄호이면 스택에 push한다.

22~24행 : symbol에 저장된 값이 오른쪽 괄호이면,

25행 : 현재 스택이 공백이면, pop을 수행할 수 없으므로 괄호 개수가 틀린 것으로 인식하여 검사 작업을 중단하고 0을 반환한다.

26행 : 현재 스택이 공백이 아니면,

28행 : 스택을 pop하여 반환된 값을 변수 open_pair에 저장한다.

30~34행 : 변수 open_pair에 저장된 괄호와 현재 검사 중인 symbol이 같은 종류가 아니면 괄호 쌍이 틀린 것으로 인식하여 검사 작업을 중단하고 0을 반환한다.

36행 : 그렇지 않으면 현재의 괄호가 맞게 사용된 것이므로 switch 문을 빠져나와 수식 exp의 다음 문자에 대해서 14행부터 다시 작업을 반복한다.

4 스택을 이용한 수식의 후위 표기법 변환

연산자와 피연산자로 구성된 수식을 표기하는 방법은 연산자 위치에 따라 전위 표기법, 중위 표기법, 후위 표기법 세 가지로 나눌 수 있다.

- **전위 표기법**Prefix Notation : 연산자를 피연산자 앞에 표기하는 방법이다. 예 +AB
- **중위 표기법**Infix Notation : 연산자를 피연산자의 가운데에 표기하는 방법이다. 예 A+B
- **후위 표기법**Postfix Notation : 연산자를 피연산자 뒤에 표기하는 방법이다. 예 AB+

일반적으로 사용하는 중위 표기법 수식을 전위 표기법으로 변환해 보자. [그림 5-11]은 A*B-C/D인 중위 표기법 수식을 전위 표기법으로 변환하는 예이다.

❶ 수식의 각 연산자에 대해서 우선순위에 따라 괄호를 사용하여 다시 표현한다.

((A * B) − (C / D))

❷ 각 연산자를 그에 대응하는 왼쪽 괄호의 앞으로 이동시킨다.

((A * B) − (C / D)) ➡ − (* (A B) / (C D))

❸ 괄호를 제거한다.

− * AB / C D

그림 5-11 **중위 표기법의 수식을 전위 표기법으로 변환하는 예**

[그림 5-12]는 같은 수식 A*B-C/D인 중위 표기법 수식을 후위 표기법으로 변환하는 예이다.

❶ 수식의 각 연산자에 대해서 우선순위에 따라 괄호를 사용하여 다시 표현한다.

((A * B) − (C / D))

❷ 각 연산자를 그에 대응하는 오른쪽 괄호의 뒤로 이동시킨다.

((A * B) − (C / D)) ➡ ((A B) * (C D) /) −

❸ 괄호를 제거한다.

A B * C D/−

그림 5-12 **중위 표기법 수식을 후위 표기법으로 변환하는 예**

일상에서 사용하는 표기법은 중위 표기법이지만 컴퓨터 내부에서 수식을 처리하는 데 가장 효율적인 방법은 후위 표기법이다. 후위 표기법을 사용하면 괄호나 연산자 우선순위를 따로 처리하지 않고 왼쪽에서 오른쪽으로 표기된 순서대로 처리할 수 있다. 컴퓨터에 중위 표기법 형태의 수식을 입력하면 컴퓨터 내부에서는 효율적인 처리를 위해 스택을 사용하여 입력된 수식을 후위 표기법으로 변환한다.

[그림 5-13]은 컴퓨터 내부에서 스택을 사용해 중위 표기법을 후위 표기법으로 바꾸는 방법이다.

❶ 왼쪽 괄호를 만나면 무시하고 다음 문자를 읽는다.

❷ 피연산자를 만나면 출력한다.

❸ 연산자를 만나면 스택에 삽입한다.

❹ 오른쪽 괄호를 만나면 스택을 pop하여 출력한다.

❺ 수식이 끝나면 스택이 공백이 될 때까지 pop하여 출력한다.

그림 5-13 컴퓨터 내부에서 중위 표기법을 후위 표기법으로 바꾸는 방법

[알고리즘 5-4]는 중위 표기법 수식을 후위 표기법으로 변환하는 알고리즘이다.

알고리즘 5-4 후위 표기법으로 변환

```
infix_to_postfix(exp)
   while (true) do {
      symbol ← getSymbol(exp);
      case {
         symbol == operand : // 피연산자 처리: 출력
                   print(symbol);
         symbol == operator :   // 연산자 처리: 스택에 push
                   push(stack, symbol);
         symbol == ")" :      // 오른쪽 괄호 처리: 스택을 pop하여 출력
                   print(pop(stack));
         symbol == null :   // 수식의 끝 처리:
                   while (top > -1) do // 스택이 공백이 될 때까지 pop하여 출력
                      print(pop(stack));
         else :
      }
   }
end infix_to_postfix()
```

위 방법에 따라 스택을 이용하여 수식 A*B-C/D를 후위 표기법으로 변환해 보자.

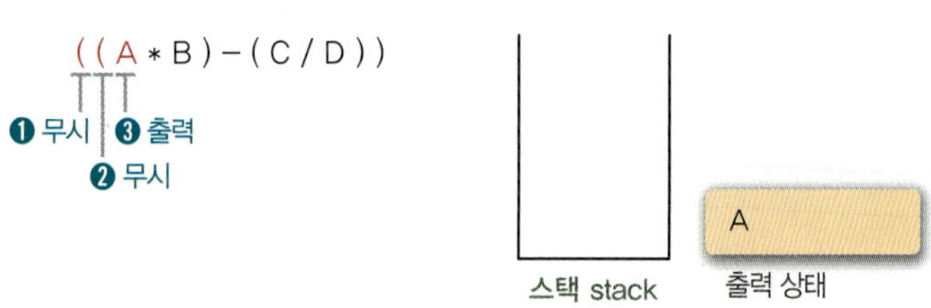

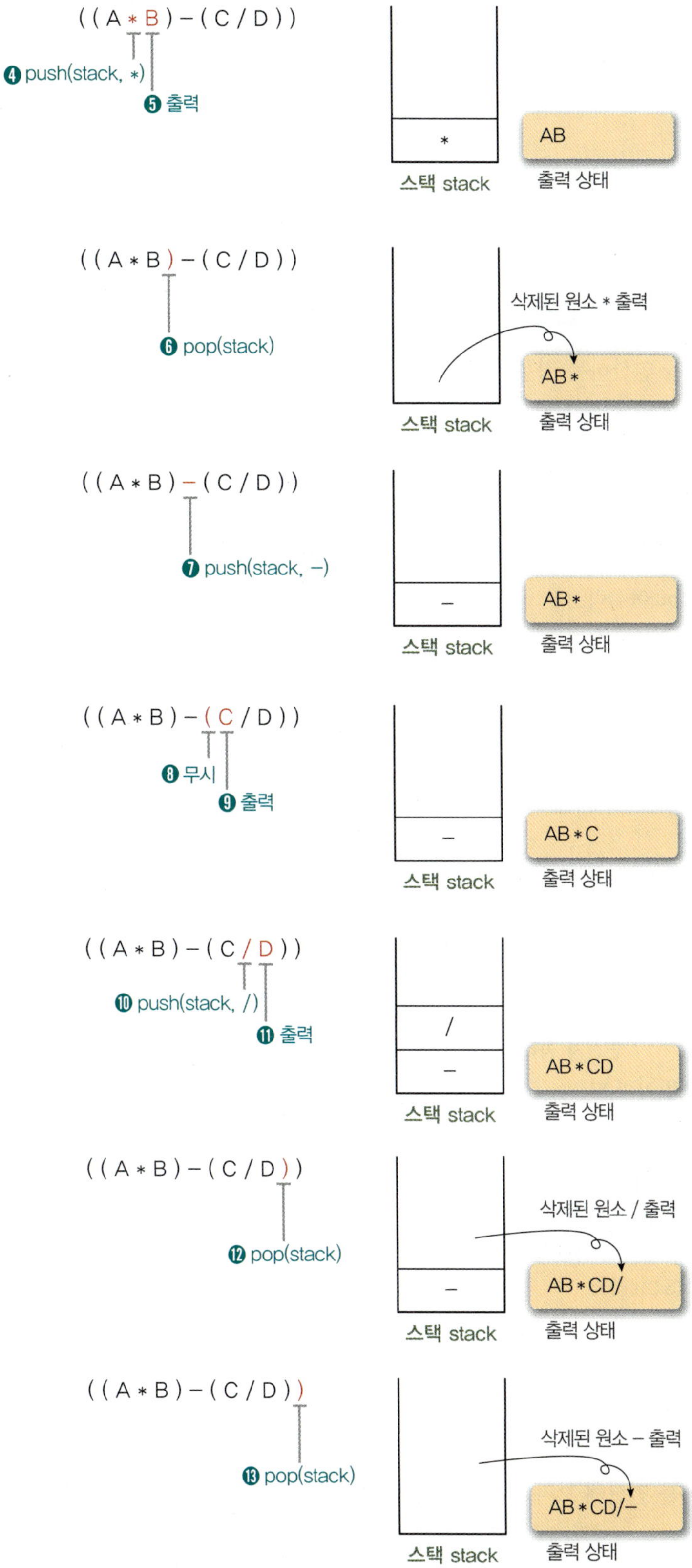

그림 5-14 스택을 사용해 수식 A*B–C/D를 후위 표기법으로 바꾸는 과정 예

SELF TEST_ 다음 중위 표기식을 [알고리즘 5-4]에 따라 후위 표기식으로 변환하시오.

(9−(4/2+1))*(5*2−2)

5 스택을 이용한 후위 표기법 수식의 연산

컴퓨터 내부에서 후위 표기법 수식을 연산하는 경우에도 스택을 사용할 수 있다. 스택을 사용하여 수식을 계산하는 방법을 알아보자.

❶ 피연산자를 만나면 스택에 push한다.

❷ 연산자를 만나면 필요한 만큼의 피연산자를 스택에서 pop하여 연산하고, 연산 결과를 다시 스택에 push한다.

❸ 수식이 끝나면 마지막으로 스택을 pop하여 출력한다.

그림 5-15 스택을 사용해 후위 표기법 수식을 계산하는 방법

[알고리즘 5-5]는 후위 표기법으로 수식을 연산하는 알고리즘이다.

알고리즘 5-5 후위 표기법으로 수식 연산

```
evalPostfix(exp)
   while (true) do {
      symbol ← getSymbol(exp);
      case {
         symbol == operand : // 피연산자 처리
                   push(Stack, symbol);
         symbol == operator :   // 연산자 처리
                   opr2 ← pop(Stack);
                   opr1 ← pop(Stack);
                   // 스택에서 꺼낸 피연산자들을 연산자로 연산
                   result ← opr1 op(symbol) opr2;
                   push(Stack, result);
         symbol == null :    // 후위 수식의 끝
                   print(pop(Stack));
      }
   }
end evalPostfix()
```

위의 알고리즘으로 수식 AB*CD/−를 연산해 보자.

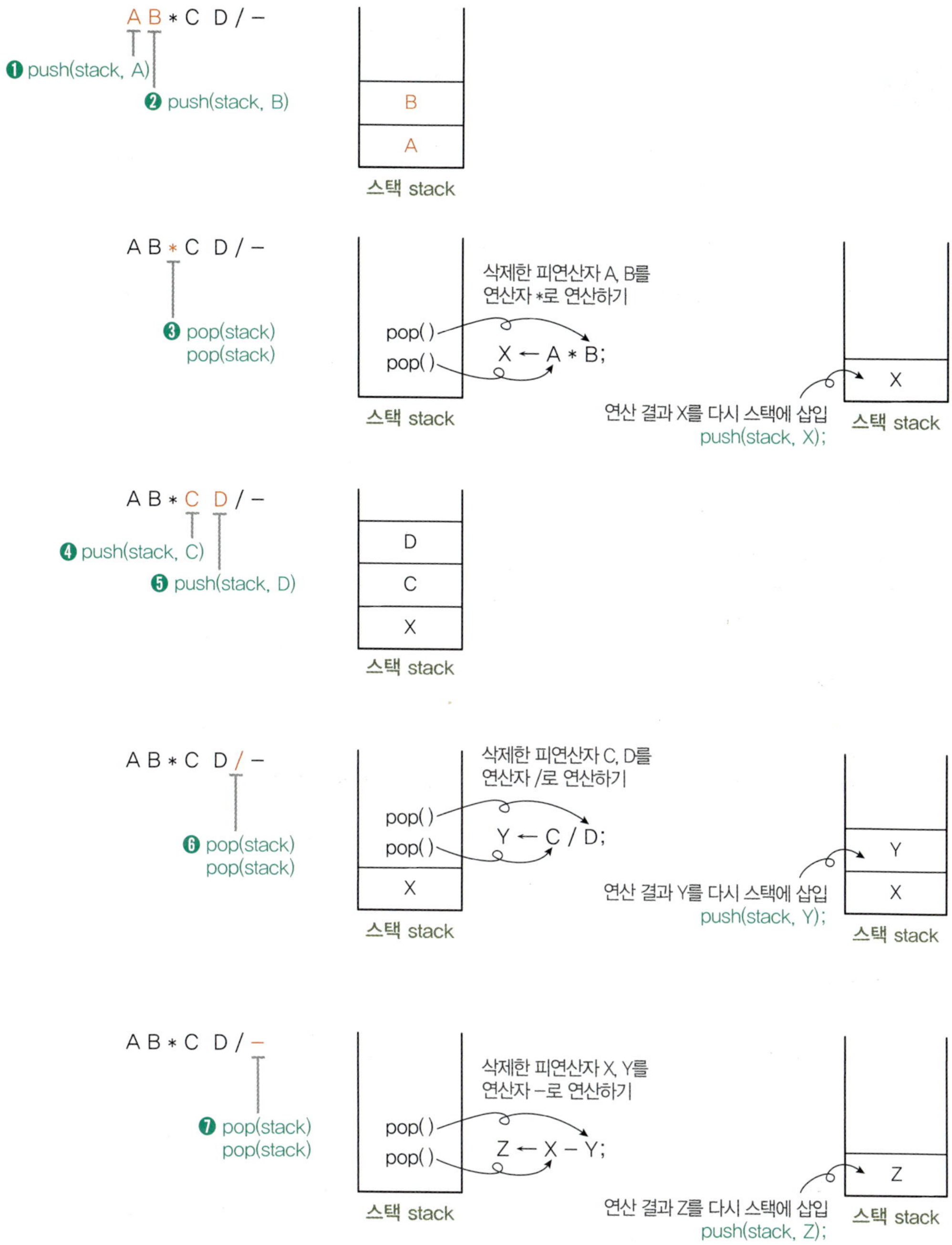

그림 5-16 스택을 사용한 후위 표기법 수식의 연산 과정

수식 처리가 모두 끝난 후에 스택에 남아 있는 값은 수식의 결괏값이므로 pop하여 출력한다.

[예제 5-4]는 입력 받은 후위 표기법 수식을 스택을 이용해 연산하는 프로그램이다.

예제 5-4 수식을 후위 표기법으로 연산하기

[stackL.h]

```
// [예제 5-3]의 [stackL.h]와 동일
```

[stackL.c]

```
 // [예제 5-2]와 [예제 5-3]의 [stackL.c]와 동일
```

[evalPostfix.h]

```
#pragma once
element evalPostfix(char* exp);
```

[evalPostfix.c]

```
#include <string.h>
#include "stackL.h"
#include "evalPostfix.h"

// 후위 표기법 수식을 계산하는 연산
element evalPostfix(char* exp) {
    int opr1, opr2, value, i = 0;
    // char형 포인터 매개변수로 받은 수식 exp의 길이를 계산하여 length 변수에 저장
    int length = strlen(exp);
    char symbol;

    top = NULL;

    for (i = 0; i < length; i++) {
        symbol = exp[i];
        if (symbol != '+' && symbol != '-' && symbol != '*' && symbol != '/') {
            value = symbol - '0';
            push(value);
        }
        else {
            opr2 = pop();
            opr1 = pop();
            // 변수 opr1과 opr2에 대해 symbol에 저장된 연산자를 연산
            switch (symbol) {
            case '+': push(opr1 + opr2); break;
            case '-': push(opr1 - opr2); break;
            case '*': push(opr1 * opr2); break;
            case '/': push(opr1 / opr2); break;
            }
        }
    }
```

```c
32      // 수식 exp에 대한 처리를 마친 후 스택에 남아 있는 결괏값을 pop하여 반환
33      return pop();
34  }
```

[ex5_4.c]

```c
#include <stdio.h>
#include "stackL.h"
#include "evalPostfix.h"

int main(void) {
    int result;
    char* express = "35*62/-";
    printf("후위 표기식 : %s", express);

    result = evalPostfix(express);
    printf("\n\n연산 결과 => %d\n", result);

    getchar();  return 0;
}
```

```
후위 표기식 : 35*62/–

연산 결과 => 12
```

[evalPostfix.c]

14~31행은 수식 exp의 문자를 하나씩 처리하는 작업을 exp 길이만큼 반복 수행한다.

15행 : 수식 exp에서 검사할 문자 하나를 변수 symbol에 저장한다.

16행 : symbol에 저장된 값이 연산자가 아닌 경우(피연산자인 경우),

17행 : symbol에 저장된 char형 값에서 '0'을 뺀 값, 즉 숫자 코드값으로 변환하여 int형 변수 value에 저장한다.

18행 : 변수 value에 저장된 피연산자값을 스택에 push한다.

20행 : symbol에 저장된 값이 연산자인 경우,

21행 : 스택을 pop하여 반환된 피연산자값을 변수 opr2에 저장한다.

22행 : 다시 스택을 pop하여 반환된 피연산자값을 변수 opr1에 저장한다.

24~29행 : symbol에 저장된 연산자에 따라서 opr1과 opr2를 계산하고, 그 결괏값을 스택에 push한다.

33행은 스택을 pop하여 수식의 결괏값을 반환한다.

응용예제 05

핀볼 구슬 게임의 점수는?

한아는 핀볼 구슬 게임을 만들려고 한다. 게임 화면은 1×1 크기의 칸으로 이루어진 5×10 크기이며 세로 칸에 들어간 구슬의 숫자로 점수를 계산한다. 새 구슬이 나오면 아래에 있는 스프링 손잡이를 당겼다가 놓으면서 구슬을 쳐 세로 칸에 넣는다. 구슬에는 1~5의 번호가 적혀 있고 1×1 크기의 한 칸을 차지하며 세로 줄의 가장 아래 칸부터 차곡차곡 쌓여 올라간다.

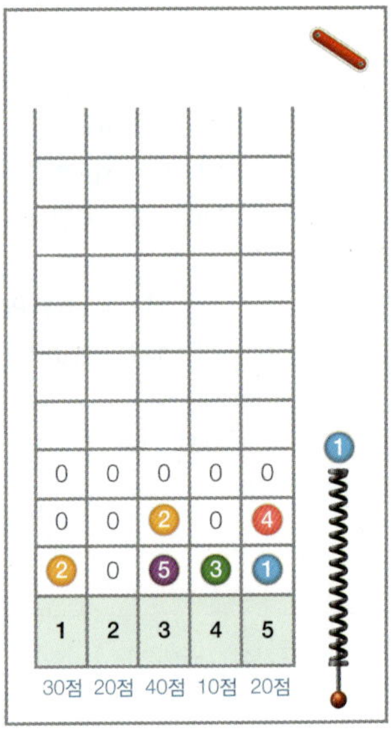

게임은 각 세로 칸에 최대 세 개의 구슬이 들어 있는 상태로 시작한다. 이때 0번은 구슬이 없는 자리를 나타낸다. 예를 들어, 처음 상태가 [0,0,0,0,0,0,0,2,0,4,2,0,5,3,1]이면, 오른쪽 그림과 같은 상태가 된다. 세로 칸의 맨 위에 있는 구슬의 번호와 같은 번호의 구슬을 넣으면 두 개의 구슬이 함께 사라진다. 게임이 끝나면 각 세로 칸에 들어 있는 구슬의 개수로 점수를 계산한다. 점수는 각 세로 칸마다 다르다.

문제 핀볼 게임의 점수 출력하기

핀볼 구슬 게임의 점수를 출력하는 프로그램을 작성하라.

① 식
- 세로 칸의 점수 = 세로 칸에 할당된 점수×세로 칸에 들어 있는 구슬 개수

② 입력 조건
- 첫째 줄에 핀볼의 시작 상태(세 줄의 구슬 목록)가 주어진다.
- 둘째 줄에 각 세로 칸의 점수를 나타내는 숫자 다섯 개가 주어진다.
- 셋째 줄에 구슬의 번호와 구슬이 들어갈 세로 칸 번호의 숫자로 구성된 10쌍의 숫자가 주어진다.

③ 출력 조건
- 게임이 끝나면 각 세로 칸의 점수를 출력한다.

④ 입출력 예시

```
0 0 0 0 0 0 0 2 0 4 2 0 5 3 1
30 20 40 10 20
5 1, 3 5, 3 2, 2 3, 4 2, 3 4, 5
4, 5 3, 2 1, 1 3
```

→

```
(270점, 140점, 40점, 50점, 160점)
```

문제 해결

① **설계**

- 5×10의 핀볼 게임 보드는 크기가 10인 스택 다섯 개로 구성하고 각 세로 칸을 스택으로 다룬다.
- 구슬을 세로 칸에 넣는 작업은 해당 스택에 대한 push 연산으로 처리한다.
- 세로 칸 맨 위에 있는 구슬의 번호를 스택의 peek 연산으로 확인하여 새로 넣을 구슬의 번호와 같은 경우에는 pop 연산으로 제거한다.
- 입력 예시에 있는 첫째 줄의 핀볼 시작 상태인 [[0,0,0,0,0],[0,0,2,0,4],[2,0,5,3,1]]은 다음과 같다.

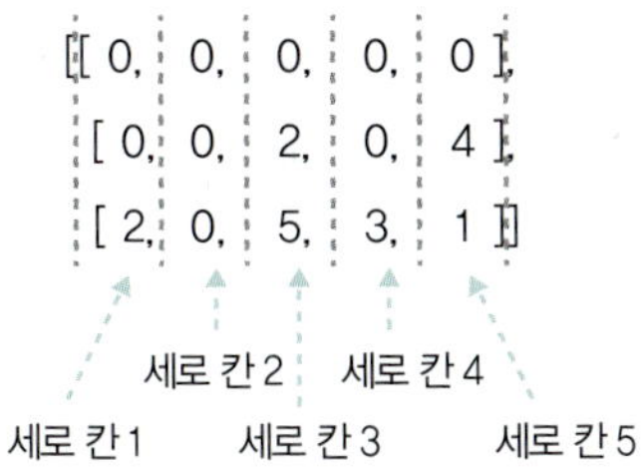

② **순서도**

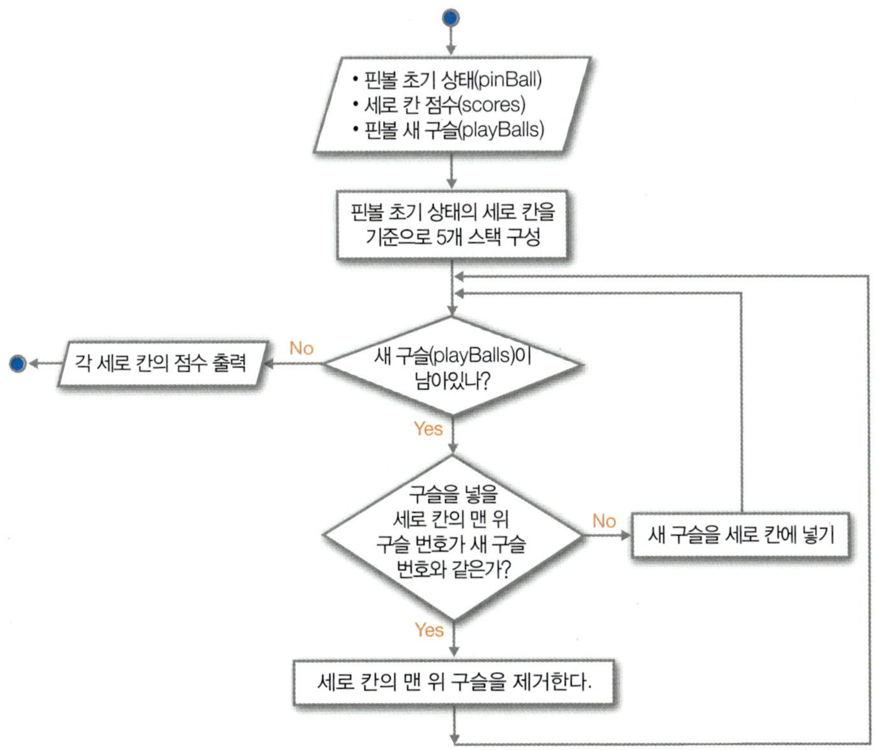

응용예제 06

종료 태그를 자동 입력하는 HTML 편집기

한아는 웹프로그래밍 과제로 HTML 문서를 작성 중이다. 그런데 성격이 급한 한아는 HTML 태그를 작성하다가 종료 태그를 빠트려서 계속 에러가 발생한다. 에러가 발생할 때마다 짜증이 폭발한다. 이러다가는 과제를 끝내기 전에 한아가 끝(?)날 것 같다. 옆에 있던 천사표 똑똑이 베프 한미가 한아를 위해 종료 태그를 자동으로 입력해 주는 에디터를 만들어주려고 한다.

HTML의 종료 태그에는 두 가지 유형이 있다.

- <a href="https://www.hanbit.co.kr/academy/"> 한빛아카데미 </a>
- <img src="hanbit_Academy.jpg"/>

첫 번째 유형은 종료 태그가 따로 있고 두 번째 유형은 시작 태그를 닫을 때 '/'를 추가해서 종료한다. 한미가 만들 에디터는 Enter를 누르면 아래에 빨간 글씨로 표시한 것과 같이 첫 번째 유형에 대한 종료 태그를 </태그> 형태로 자동으로 추가한다.

```
<body> <div> <img src="hanbit_Academy.jpg"/> Enter
</div>
<div> <a href="https://www.hanbit.co.kr/academy/"> 한빛아카데미 Enter
</a> Enter
</div> Enter
</body>
```

문제 종료 태그를 자동으로 추가하기

종료 태그를 자동으로 추가하는 프로그램을 작성하라.

① **입력 조건** • 첫째 줄부터 종료 태그 없는 HTML 코드가 주어진다. 단, 종료 태그를 넣고 싶은 자리에 Enter를 치고 입력이 끝나면 마침표를 입력한다.

② **출력 조건** • 첫째 줄부터 종료 태그가 추가된 HTML 코드를 출력한다.

③ **입출력 예시 1**

```
<body> <div> <img src="hanbit_Academy.jpg"/> Enter
<div> <a href="https://www.hanbit.co.kr/academy/"> 한빛아카데미 Enter
Enter
Enter
.
```

```
<body> <div> <img src="hanbit_Academy.jpg"/> </div> <div> <a href="https://www.
hanbit.co.kr/academy/"> 한빛아카데미 </a> </div> </body>
```

④ **입출력 예시 2**

```
<body> <div> <img src="hanbit_Academy.jpg"/> Enter
<div> <a href=" https://www.hanbit.co.kr/academy/"> 한빛아카데미 .
```

```
<body> <div> <img src="hanbit_Academy.jpg"/> </div> <div> <a href=" https://www.
hanbit.co.kr/academy/"> 한빛아카데미 </a> </div> </body>
```

문제 해결

① 설계

- HTML 문서는 마지막에 시작한 태그에 대한 종료 태그를 가장 먼저 작성해야 한다. 스택을 이용한 수식의 괄호 검사와 비슷한 문제다. 여기에 〈string.h〉 문자열 함수를 이용한 문자열 조작이 필요하다.
- 입력된 HTML 코드를 검사하여 '〈태그'인 토큰을 '〈/태그〉'로 수정하여 스택에 push한다.
- Enter이면 스택을 pop하여 출력 문자열에 추가한다. '/〉'로 끝나는 토큰이면 종료 태그가 있으므로 스택을 pop하여 버린다.
- 검사하는 HTML 코드가 마침표이면 스택이 공백이 될 때까지 pop하여 출력 문자열에 추가한다.

② 순서도

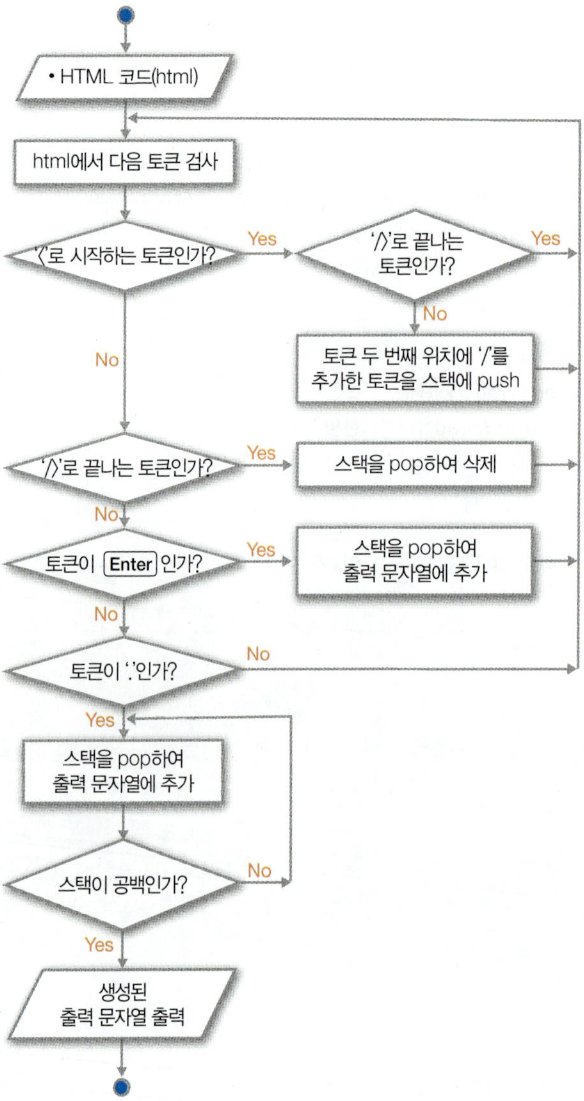

요약

01 스택의 개념

스택[Stack]은 구조와 크기가 같은 자료를 정해진 방향으로만 쌓을 수 있고, top으로 정한 한 곳을 통해서만 접근할 수 있도록 제한한 자료구조이다. 스택에서 원소를 삽입하는 연산을 push라고 하고, 원소를 삭제하는 연산을 pop이라고 한다.

02 스택의 후입선출

스택은 입력된 자료가 시간 순서에 따라 아래에서 위로 쌓인다. 위[top]에서만 자료를 삭제할 수 있기 때문에 가장 마지막에 삽입된 자료가 가장 먼저 삭제되는 후입선출[LIFO : Last-In-First-Out] 방식으로 동작한다.

03 순차 스택의 구현

순차 자료구조를 이용하여 스택을 구현할 때는 배열을 사용한다. 1차원 배열 stack[n]을 사용할 때 n은 배열 크기로 배열 원소의 개수를 나타낸다. 이것은 곧 스택의 크기가 되고 배열의 인덱스는 스택에 원소가 쌓이는 순서가 된다. 스택의 첫 번째 원소는 stack[0]에 저장되고, 스택의 두 번째 원소는 stack[1]에 저장되고, 스택의 i번째 원소는 stack[i−1]에 저장된다. top은 마지막 원소의 인덱스를 저장하는 변수를 사용하고, 공백 스택일 때 top값은 −1이 된다.

04 연결 스택의 구현

연결 자료구조를 이용하여 스택을 구현할 때 스택의 원소는 연결 리스트의 노드가 된다. 스택에 원소를 삽입할 때마다 연결 리스트에 노드를 하나씩 할당하여 연결한다. 스택 원소의 순서는 연결 리스트 노드의 링크를 사용하여 표현하고, 스택의 top은 마지막 원소 노드에 대한 포인터 top을 사용한다.

05 스택의 응용

스택의 LIFO 구조를 응용하면 삽입 순서와 삭제 순서의 역순 또는 요청 순서와 처리 순서의 역순 관계를 관리할 수 있다.

- 프로그램 간의 호출과 복귀에 따른 수행 순서는 가장 나중[Last]에 호출된 함수가 가장 먼저[First] 실행을 완료하고 복귀하는 후입선출[LIFO] 구조이다. 후입선출 구조를 갖는 스택을 사용하여 호출과 복귀 순서를 관리할 수 있는데, 이러한 스택을 시스템 스택이라고 한다.
- 수식에 들어가는 괄호는 가장 마지막에 열린 괄호를 가장 먼저 닫는 LIFO의 특성이 있으므로, 스택을 응용하여 수식의 괄호를 검사할 수 있다.
- 중위 표기식의 후위 표기식 변환과 후위 표기식의 연산에서도 후입선출의 특성이 나타나므로 스택을 사용할 수 있다.

연습문제

01 다음 중 스택에 대한 옳은 내용으로만 나열된 것은?

> ㄱ. FIFO 방식으로 처리된다.
> ㄴ. 순서 리스트의 뒤에서 노드가 삽입되며 앞에서 노드가 제거된다.
> ㄷ. 선형 리스트의 양쪽 끝에서 삽입과 삭제가 모두 가능한 자료구조이다.
> ㄹ. 인터럽트 처리, 서브루틴 작업 등에 응용된다.

① ㄱ, ㄴ
② ㄴ, ㄷ
③ ㄹ
④ ㄱ, ㄴ, ㄷ, ㄹ

02 스택 메모리에 대한 정보의 입출력 방식은?

① FIFO ② FILO
③ LILO ④ LIFO

03 스택의 응용 분야와 거리가 먼 것은?

① 운영체제의 작업 스케줄링 ② 함수 호출의 순서 제어
③ 인터럽트 처리 ④ 수식 계산

04 서브프로그램이 호출될 때 사용되는 자료구조로 옳은 것은?

① 연결 리스트 ② 큐
③ 스택 ④ 히프

05 다음은 스택에 자료를 삽입하는 알고리즘이다. 괄호에 적합한 내용은?

```
procedure Insert(data, n, top, Stack)
    if top≥ n then call Stack - Full;
    top = top + 1;
    Stack(top) = (            );
end Insert
```

① top ② data
③ top−1 ④ data−1

06 다음 문장에서 괄호에 들어갈 단어는?

> A (　　) is an ordered list in which all insertions and deletions are made at one end, called the top.

① stack　　② queue
③ list　　④ tree

07 데이터의 삽입과 삭제가 top이라고 부르는 한쪽 끝에서만 이루어지는 후입선출[LIFO] 형태의 자료구조는?

① 스택　　② 큐
③ 데크　　④ 원형 큐

08 스택에 대한 설명으로 옳은 것은?

① 인터럽트 처리, 서브루틴 호출 작업 등에 응용된다.
② FIFO 방식으로 처리된다.
③ 순서 리스트의 뒤[Rear]에 노드가 삽입되며, 앞[Front]에서 노드가 제거된다.
④ 선형 리스트의 양쪽 끝에서 삽입과 삭제가 모두 가능한 자료구조이다.

09 스택 알고리즘에서 T가 스택 포인터이고, m이 스택 길이일 때, 서브루틴 "AA"가 처리해야 하는 것은?

```
T ← T + 1
if T > m then goto AA
else STACK(T) ← item
```

① 오버플로 처리　　② 언더플로 처리
③ 삭제 처리　　④ 삽입 처리

10 Which of the following is a linear list in that elements are accessed, created and deleted in a last-in-first-out order?

① Queue　　② Graph
③ Stack　　④ Tree

11 스택의 자료 삭제 알고리즘이다. 괄호 안에 들어갈 내용으로 가장 적합한 것은? (단, Top은 스택 포인터이고, S는 스택 이름이다.)

```
if Top = 0
   then(                    )
else {
   Remove S(Top)
   Top = Top - 1
}
```

① Over flow
② Top = Top+1
③ Under flow
④ Top = Top−2

12 스택 컴퓨터의 특성에 대한 설명으로 옳지 않은 것은?

① 피연산자를 나타내지 않기 때문에 인스트럭션의 길이가 짧아 기억 공간의 이용이 효율적이다.
② 스택에 기억된 데이터만 이용해 연산하므로 인스트럭션 수행 시간이 짧다.
③ 함수 연산에 필요한 데이터를 미리 처리되는 순서대로 기억시켜 놓아 편리하다.
④ 스택에 레지스터 수가 적을 때는 전달 기능을 하는 인스트럭션인 push와 pop을 사용해야 되므로 비효율성이 있다.

13 순서가 A, B, C, D로 정해진 입력 자료를 스택에 입력하였다가 출력한 결과로 가능한 것은?

① D, B, C, A　② D, C, A, B
③ C, D, A, B　④ B, C, D, A

14 순서가 A, B, C, D인 자료를 스택에 입력 후 출력한 결과로 옳지 않은 것은?

① B, A, D, C　② A, B, C, D
③ D, A, B, C　④ C, B, A, D

15 스택에서 A, B, C, D 순서로 입력한 자료를 Push→Push→Pop→Push→Pop→Push→Pop→Pop으로 연산할 때 출력은?

① C, B, D, A　② B, C, D, A
③ B, C, A, D　④ C, B, A, D

16 스택 S에서 B, A, D, C 순서로 입력 후 A, B, C, D 순서로 출력하기 위한 push와 pop의 횟수는?

① push : 4, pop : 4　② push : 3, pop : 5
③ push : 2, pop : 6　④ push : 5, pop : 3

17 스택을 1차원 배열 stack[0 : 99]를 이용해 구현하고자 한다. top 변수의 초깃값은 −1로 설정하며, top이 −1이면 스택은 비어 있다는 것을 나타낸다. C 언어를 이용해 스택에 데이터를 추가하는 함수 push와 삭제하는 함수 pop을 다음과 같이 작성하였을 때, ㉠과 ㉡에 들어갈 내용은?

```
void push(int * top, int data) { // 스택에 데이터를 추가
    if (*top >= 99) { stack _ full(); return; }
    ㉠;
}
```

```
int pop(int * top) { // 스택에서 데이터를 삭제 후 반환
    if (*top == -1) { return stack _ empty(); }
    ㉡;
}
```

	㉠	㉡
①	stack[*top++]	return stack[−−*top]
②	stack[*top++]	return stack[*top−−]
③	stack[++*top]	return stack[*top−−]
④	stack[++*top]	return stack[−−*top]

18 연결 리스트를 이용해 스택을 표현한 것이다. 이에 대한 설명으로 옳지 않은 것은? (단, push는 스택에 자료를 삽입하는 연산이고, pop은 스택에서 자료를 삭제하는 연산이다.)

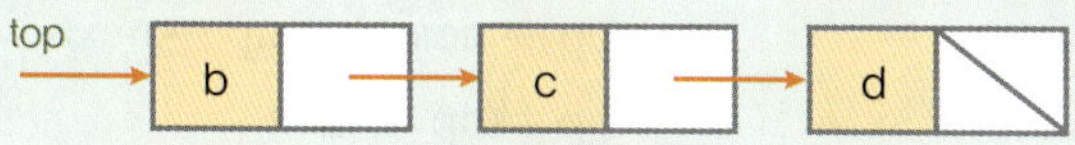

(ㄱ) push 연산 수행 전 스택

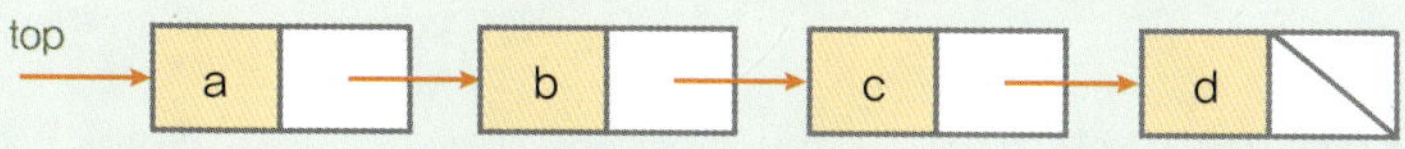

(ㄴ) push 연산 수행 후 스택

① 스택에 가장 최근에 입력된 자료는 top이 지시한다.

② 스택에 입력된 자료 중 d가 가장 오래된 자료이다.

③ (ㄴ)에서 자료 c를 가져오려면 pop 연산이 2회 필요하다.

④ (ㄱ)에서 자료의 입력된 순서는 d, c, b이다.

19 연결 리스트 스택의 삭제 알고리즘이다. ㉠~㉢에 들어갈 문장으로 바르게 짝지어진 것은? (단, 스택이 비었을 때 top은 NULL이고, top은 스택의 최상위 노드를 가리키는 포인터이다. 또한 스택이 빈 상태에서 맨 처음 삽입되는 노드의 next는 NULL이다.)

```
typedef struct node {
    int key;
    struct node *next;
} NODE;              // 스택의 노드 구조
NODE *top = NULL;    // 스택의 최상위 노드를 가리키는 포인터
int pop(void) {
    NODE *temp;
    int ret;
    if (㉠) {
        printf("\n Stack underflow.");
        return -1;
    }
    ret = top→key;
    ㉡;
    ㉢;
    free(temp);
    return ret;
}
```

	㉠	㉡	㉢
①	top → next == NULL	temp = top → next	top = top → next
②	top → next == NULL	temp = top	top → next = temp → next
③	top == NULL	temp = top	top = top → next
④	top == NULL	temp = top → next	top → next = temp → next

20 다음 산술식을 전위 표기법으로 옳게 표현한 것은?

```
a*(b+c)*d
```

① **a+bcd　② *+a*bcd　③ abc*+d*　④ abc+*d*

21 다음 중위 표기법의 수식을 후위 표기법으로 옳게 변환한 것은?

```
A=(B-C)*D+E
```

① = A * − B C + D E　② = A + + − B C D E

③ A B C − D * E + =　④ A B C * D − E + =

22 다음 중위 표기법의 수식을 후위 표기법으로 옳게 변환한 것은?

> 중위 표기식 : a * (b−c / 5) + (d−8 * e / 5)

① a b c 5 / * − d 8 − e * 5 / +
② a b c 5 / − * d 8 e * 5 / − +
③ a b * c 5 / − + d 8 − e * 5 /
④ a b c 5 − / * d 8 e 5 − * / +

23 중위 표기법으로 표현된 다음 수식을 후위 표기법으로 옳게 표현한 것은?

> a + (b * c − d) * (e − f * g) − h

① ab * cd + efg * − * − h −
② abc * d + ef * g − * − h −
③ abcd * − efg * + * − h −
④ abc * d − efg * − * + h −

24 다음 수식을 후위 표기법으로 표현할 때 옳은 것은?

> (((A / B) + C) − (D * E))

① A / B + C − D * E
② AB / C + DE *−
③ A / B + C − * DE
④ AB / C + − DE *

25 다음 수식을 후위 표기법으로 표현할 때 옳은 것은?

> (A * B) + (C * D)

① + A B ** C D
② + * A B * C D
③ A B * C D * +
④ * A B + * C D

26 영문의 괄호 안에 적합한 수식의 표현은?

> The reverse Polish notation is in a form suitable for stack manipulation. The expression (A+B) * (C+D) is written in reverse Polish notation as (   ).

① A B + C D + *
② A B + C D * +
③ + A B + C D *
④ * + A B + C D

27 다음 중위 표기법 수식을 후위 표기법 수식으로 옳게 변환한 것은?

중위 표현식 : Y = (1 + ((3 + 4 / 2) * 5)) − 6

① Y 1 3 4 2 5 6 * / + + =
② Y = 1 3 4 2 / + 5 * + 6 −
③ = Y 1 3 4 / 2 * 5 + + 6 −
④ Y 1 3 4 2 / + 5 * + 6 − =

28 중위 표기법으로 나타낸 다음 식을 후위 표기법으로 옳게 표현한 것은?

(7 + 6 / 2) / 2 + 9 * 4 / 3

① 6 / 2 + 7 / 2 9 * 4 / 3 +
② 6 2 / 7 + 2 / 9 4 3 * / +
③ 7 6 / 2 + 2 / 9 4 * 3 / +
④ 7 6 2 / + 2 / 9 4 3 / + *
⑤ 7 6 2 / + 2 / 9 4 * 3 / +

29 다음 전위 표기식의 계산 결과는?

+ − 5 4 × 4 7

① −19
② 7
③ 28
④ 29

30 다음 전위 표기법 수식을 후위 표기법 수식으로 변환할 때 변환된 수식의 네 번째 연산자는?

(전위식) −+−AB * / CDEF

① * 연산자
② + 연산자
③ − 연산자
④ / 연산자

31 후위 표기법으로 나타낸 다음 식을 전위 표기법으로 옳게 표현한 것은?

ABC + D / − AE + BF * / +

① + − A/+BCD/+AE*BF
② − +A/BC+D/+AE*BF
③ +−A/+BCD/+*AEBF
④ +A−/+BCD/+AE*BF
⑤ − +/A+BCD/+*AEBF

32 다음 수식을 후위 표기법으로 변환한 후 스택을 이용해 수식을 계산하고자 한다. 수식 계산 과정에서 스택에 일곱 번째로 push되는 값은?

```
(A – B) * C – (D + E) / F
```

① D　　② E　　③ D + E　　④ (A – B) * C

33 중위 표기법 수식과 그에 대응하는 후위 표기법 수식이 일치하지 않는 것은?

중위 표기법	후위 표기법
① A * B + C / D	A B * C D / +
② A+ (B + C) / D– E	A B C + D / + E –
③ A * B / (C – D) + E	A B * C D – E / +
④ A/ B – C + D * E	A B / C – D E * +

34 다음 수식을 후위 표기법으로 변환했을 때, 네 번째 연산자는?

```
1 + (2 – 3 * 4 / (5 + 6)) – 7
```

① +　　② –　　③ *　　④ /

35 주변에서 LIFO 방식의 스택의 예를 찾아 설명하시오.

36 다음은 A, B, C, D로 만들어진 후위 표기법 수식이다. 이 수식을 스택을 이용해 계산할 때, 스택에 여섯 번째로 저장되는 값은?

```
후위 표기식 : A B C + D * –
```

① *　　② (B+C)　　③ (B+C) * D　　④ A–(B+C) * D

37 다음 후위 표기법 연산식의 결과를 쓰시오.

```
3 4 * 5 6 * +
```

38 스택에서 오버플로가 발생하는 경우와 오버플로를 해결하는 방법을 설명하시오.

39 다음 수식을 후위 표기법으로 변환하시오.

(가) A+B−C−D
(나) (A+B) * C+D
(다) A/B/C/D

40 다음 후위 표기법 수식을 스택으로 연산하는 과정을 설명하시오.

AB−C−D+

41 스택을 이용해 네 개 자료 A, B, C, D에 대하여 A, C, B, D의 출력이 나오는 과정을 삽입과 삭제 연산을 사용해 설명하시오.

42 재귀 함수를 호출한 후에 복귀 주소를 관리할 때 가장 적당한 자료구조가 무엇인지 이유를 설명하시오.

43 [예제 4−2]에서 reverse( ) 연산은 단순 연결 리스트의 노드 순서를 역순으로 바꾸기 위해 포인터 세 개 p, q, r을 추가로 사용하였다. 포인터를 사용하지 않고 스택을 사용해 reverse( ) 연산을 구현하시오.

큐

01 큐의 이해
02 큐의 구현
03 데크
04 큐의 응용
응용예제
요약
연습문제

Chapter
06

학습목표

- 큐 자료구조의 개념을 스택과 비교하여 알아본다.
- 큐의 특징과 연산 방법을 알아본다.
- 순차 자료구조와 연결 자료구조를 이용해 큐를 구현해 본다.
- 큐를 확장한 자료구조인 데크의 특징과 연산 방법을 알아본다.
- 큐를 응용하는 방법을 알아본다.

Chapter

06

Preview

	유형 \ 구현 방식	3장 순차 자료구조 (배열을 이용한 구현)	4장 연결 자료구조 (포인터를 이용한 구현)
3~4장	리스트	선형 리스트	단순 연결 리스트 원형 연결 리스트 이중 연결 리스트
5장	스택	순차 스택	연결 스택
6장	큐 • 추상 자료형 • 알고리즘 • 큐의 응용	순차 큐 원형 큐	연결 큐
6장	데크 • 추상 자료형	순차 데크	연결 데크
7장	트리	순차 이진 트리	연결 이진 트리
8장	그래프	순차 그래프(인접 행렬)	연결 그래프(인접 리스트)

공문서 발급 프로그램을 작성한다고 생각해 보겠습니다. 문서 발급은 신청한 순서대로 처리해야 합니다. 순서대로 처리되지 않으면 요청자의 발급 문서가 바뀔 수 있습니다. 그리고 먼저 와서 기다렸는데 늦게 온 사람을 먼저 처리해 주면 불만 신고가 들어올 수도 있습니다. 따라서 먼저 요청한 사람을 먼저 처리해 주어야 합니다. 이와 같이 삽입한 순서대로 처리해야 하는 경우에 사용하는 자료구조가 큐입니다.

큐는 삽입 순서와 삭제 순서가 일치하도록 자료를 구조화하는 조건과 연산 방식을 정의한 자료구조입니다.

Section 01

큐의 이해

1 큐의 개념과 구조

5장에서는 삽입과 삭제가 한 곳Top에서만 이루어지기 때문에 가장 마지막에 삽입된 원소가 가장 먼저 삭제되는 후입선출LIFO : Last-In-First-Out의 특성을 갖는 스택을 살펴봤다. 이 장에서 살펴볼 큐Queue는 삽입과 삭제의 위치와 방법이 제한된 유한 순서 리스트Finite Ordered List라는 점은 스택과 같지만, 리스트의 한쪽 끝에서는 삽입 작업만 이루어지고 반대쪽 끝에서는 삭제 작업만 이루어진다는 점이 스택과 다르다.

큐는 삽입된 순서대로 먼저 삽입First-In된 데이터가 먼저 삭제First-Out되는 선입선출FIFO : First-In-First-Out 구조로 운영된다. 예를 들어 은행에 들어온 순서대로 번호표를 뽑게 하고 번호표 순서대로 일을 처리해 주는 은행의 운영 방식이나 도착한 순서대로 줄을 서 있다가 앞에서부터 차례로 입장하는 극장 줄 서기 방식이 큐와 같은 선입선출 구조가 된다.

(a) 스택의 구조 (b) 큐의 구조

그림 6-1 스택과 큐의 구조 비교 예

꼬리잡기 놀이를 생각해 보자. 앞사람의 허리를 잡고 일렬로 서서 팀을 만든다. 맨 앞에 선 사람은 팀의 머리가 되고, 맨 뒤에 선 사람은 팀의 꼬리가 되어 움직인다. 중간에 다른 사람이 끼어들 수 없고 중간에 있는 사람이 밖으로 나갈 수도 없는 간단한 게임이다. 팀의 머리끼리 만나 가위바위보를 해서 진 사람은 자기 팀에서 떨어져 나와 이긴 팀의 꼬리에 붙고, 진 팀은 머리로 있던 맨 앞사람이 없어졌으므로 그 다음 사람이 머리가 되어 게임을 계속한다. 즉, 가위바위보에서 진 팀은 머리였던 사람이 팀 밖으로 나와야 하고, 이긴 팀은 꼬리가 늘어난다.

그림 6-2 FIFO 구조의 예 : 꼬리잡기 놀이의 머리와 꼬리

꼬리잡기 놀이에서 나가는 위치와 들어오는 위치를 머리와 꼬리로 정한 것처럼 큐는 한쪽 끝을 front(머리)로 정해 삭제 연산만 수행하고, 다른 쪽 끝을 rear(꼬리)로 정하여 삽입 연산만 수행하는 제한 조건을 가진 자료구조이다. 큐에서 front는 가장 먼저 큐에 삽입된 첫 번째 원소이고, rear는 큐에 가장 늦게 삽입된 마지막 원소이다. 가장 먼저 삽입되어[First in] 가장 앞에 있는 front 원소가 가장 먼저 삭제되므로[First out] 큐는 FIFO 구조가 된다.

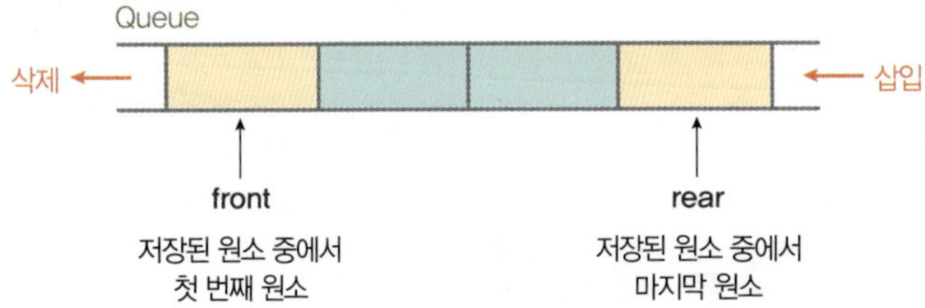

그림 6-3 큐의 FIFO 구조

큐의 rear에서 이루어지는 삽입 연산을 enQueue라고 하고, front에서 이루어지는 삭제 연산을 deQueue라고 한다. 큐의 연산을 스택의 연산과 비교하면 [표 6-1]과 같다.

표 6-1 스택과 큐에서의 삽입과 삭제 연산 비교

항목 / 자료구조	삽입 연산		삭제 연산	
	연산자	삽입 위치	연산자	삭제 위치
스택	push	top	pop	top
큐	enQueue	rear	deQueue	front

2 큐의 추상 자료형

큐의 데이터와 연산에 대한 추상 자료형은 [ADT 6-1]과 같다.

ADT 6-1 큐의 추상 자료형

```
ADT Queue
데이터 : 0개 이상의 원소를 가진 유한 순서 리스트
연산 : Q ∈ Queue; item ∈ Element;

   // 공백 큐를 생성하는 연산
   createQueue() ::= create an empty Q;

   // 큐가 공백 상태인지 검사하는 연산
   isQueueEmpty(Q) ::= if (Q is empty) then return true
                    else return false;

   // 큐의 rear에 원소를 삽입하는 연산
   enQueue(Q, item) ::= insert item at the rear of Q;

   // 큐의 front에 있는 원소를 삭제하는 연산
   deQueue(Q) ::= if (isQueueEmpty(Q)) then return error
                    else { delete and return the front item Q };

   // 큐의 front에 있는 원소를 반환하는 연산
   peek(Q) ::= if (isQueueEmpty(Q)) then return error
                else { return the front item of the Q };
End Queue
```

큐를 생성하여 원소 A, B, C를 순서대로 삽입한 후에 삭제하는 과정을 통해 큐의 동작과 내부 상태를 살펴보자.

1 공백 큐 생성 : `createQueue();`

2 원소 A 삽입 : `enQueue(Q, A);`

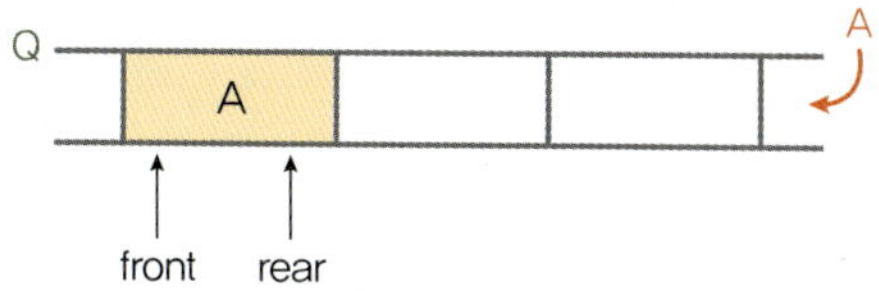

❸ **원소 B 삽입 : enQueue(Q, B);**

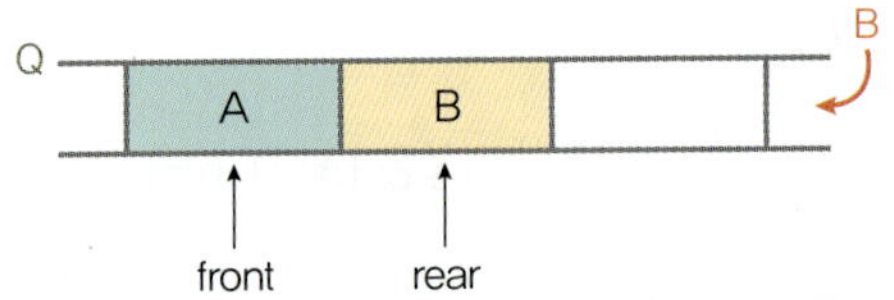

❹ **원소 C 삽입 : enQueue(Q, C);**

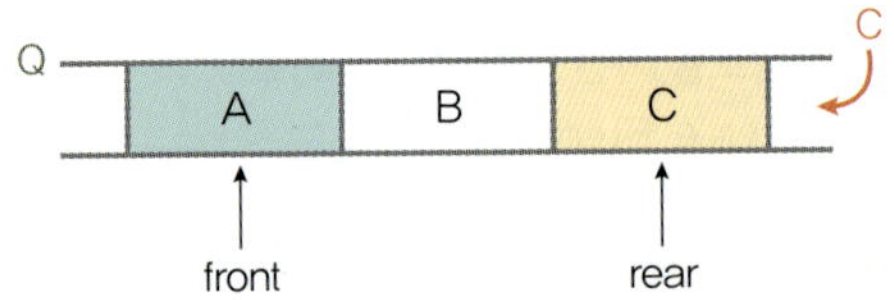

❺ **원소 삭제 : deQueue(Q);**

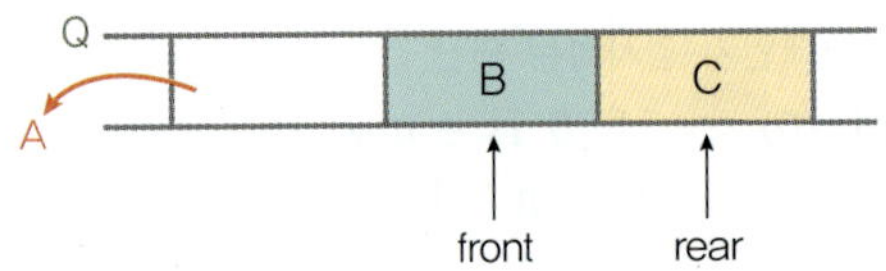

❻ **원소 삭제 : deQueue(Q);**

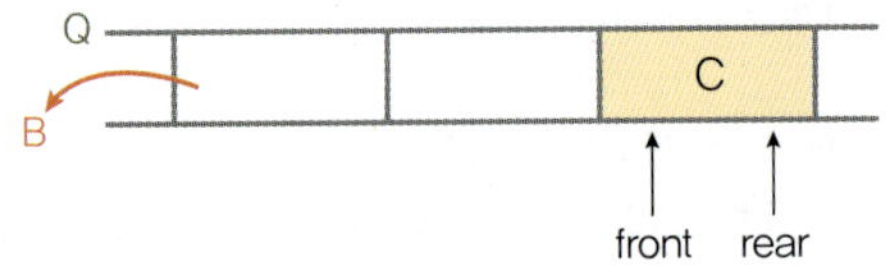

❼ **원소 삭제 : deQueue(Q);**

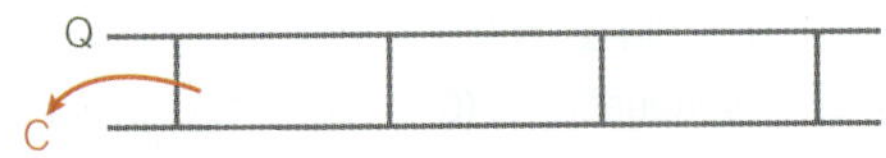

큐는 rear에서만 삽입을 할 수 있다. rear는 가장 뒤에 있는 원소, 즉 큐에 남아 있는 원소 중에서 가장 마지막에 삽입된 원소의 위치를 의미한다. 삭제는 front에서만 할 수 있다. front는 가장 앞에 있는 원소, 즉 큐에 남아 있는 원소 중에서 가장 먼저 삽입된 원소의 위치를 의미한다. 큐는 가장 먼저 삽입되어 가장 앞에 있는 front 원소가 삭제되는 선입선출의 동작 특성을 갖는 자료구조이다. 따라서 삽입 순서가 A, B, C이면 삭제 순서도 A, B, C가 된다.

Section 02

큐의 구현

큐에 대해 정의한 추상 자료형을 순차 자료구조나 연결 자료구조 방식으로 구현할 수 있다. 먼저 순차 자료구조를 이용해 큐를 구현하는 방법을 알아보자.

1 순차 자료구조를 이용한 큐의 구현

순차 자료구조를 이용하여 순차 큐와 원형 순차 큐를 구현한다.

순차 큐

순차 자료구조인 1차원 배열을 이용하여 순차 큐Sequential Queue를 구현한다. 1차원 배열인 Q[n]을 사용할 때 n은 배열 크기로, 배열 원소의 개수를 나타내므로 n은 곧 큐의 크기가 된다. front 변수에는 배열에 저장된 원소 중에서 첫 번째 원소의 인덱스를 저장하고, rear 변수에는 마지막 원소의 인덱스를 저장한다. 초기 공백 큐의 상태는 front 변수와 rear 변수의 값을 −1로 설정한다.

순차 큐를 생성하는 방법은 [알고리즘 6−1]과 같다. 큐에 최대로 저장할 수 있는 원소 개수를 배열 크기로 하여 1차원 배열을 선언하고, 아직 저장된 원소가 없는 공백 큐이므로 front와 rear는 −1로 초기화한다.

알고리즘 6-1 공백 순차 큐 생성

```
createQueue()
   Q[n];
   front ← -1;
   rear ← -1;
end createQueue()
```

순차 큐를 처음 생성하여 front와 rear가 −1인 경우와 마지막에 삽입한 원소, 즉 rear의 원소를 삭제하여 front와 rear가 같은 위치가 된 경우에 순차 큐의 상태는 공백이 된다. 따라서 [알고리즘 6−2]와 같이 front == rear의 조건으로 순차 큐가 공백 상태인지 검사할 수 있다.

알고리즘 6-2 순차 큐의 공백 상태 검사

```
isQueueEmpty(Q)
    if (front == rear) then return true;
    else return false;
end isQueueEmpty()
```

배열을 이용하여 구현하는 순차 큐는 배열 크기가 순차 큐의 포화 조건이 된다. 마지막에 삽입한 원소 위치인 rear가 배열의 마지막 인덱스인 n-1이면 더 이상 원소 삽입을 할 수 없는 포화 상태가 된다.

알고리즘 6-3 순차 큐의 포화 상태 검사

```
isQueueFull(Q)
    if (rear == n - 1) then return true;
    else return false;
end isQueueFull()
```

포화 상태가 아닌 큐에 원소를 삽입하려면 [알고리즘 6-4]와 같이 배열에 저장되어 있는 마지막 원소의 다음 자리에 삽입해야 한다.

알고리즘 6-4 순차 큐의 원소 삽입

```
enQueue(Q, item)
    if (isQueueFull(Q)) then Queue_Full();      // 포화 상태이면 삽입 연산 중단
    else {
        ❶ rear ← rear + 1;
        ❷ Q[rear] ← item;
    }
end enQueue()
```

❶ 마지막 원소의 인덱스, 즉 rear값을 하나 증가시켜 삽입할 자리를 준비한다.

❷ 수정한 rear값에 해당하는 배열 원소 Q[rear]에 item을 저장한다.

공백 상태가 아닌 큐에서 원소를 삭제할 때는 [알고리즘 6-5]와 같이 큐에 저장된 원소 중에서 가장 앞에 있는, 즉 가장 먼저 큐에 들어와 있는 원소부터 삭제해야 한다.

알고리즘 6-5 순차 큐의 원소 삭제

```
deQueue(Q)
    if (isQueueEmpty(Q)) then Queue_Empty();        // 공백 상태이면 삭제 연산 중단
    else {
        ❶ front ← front + 1;
        ❷ return Q[front];
    }
end deQueue()
```

❶ front 위치를 한 자리 뒤로 옮김으로써 큐에 남아 있는 원소 중에서 첫 번째 원소의 위치로 이동하여 삭제할 자리를 준비한다.

❷ front 자리의 원소를 삭제하여 반환한다.

deQueue( ) 연산에서 front 위치의 원소를 삭제했으므로 삭제 연산이 끝난 후에 front 위치에는 원소가 삭제되어 없는 상태가 된다. 예를 들어 큐에 원소 A와 원소 B가 있을 때 삭제 연산을 수행하면, 원소 A 위치로 front를 조정한 후에 원소를 삭제하므로 [그림 6-4]의 (a)와 같이 front의 현재 위치에는 원소가 없는 상태가 된다. 삭제 연산을 다시 수행하려면 (b)와 같이 현재 남아 있는 원소 중에서 가장 앞에 있는 원소인 B의 위치로 front를 조정한 후에 해당 위치의 원소를 삭제한다.

(a) 첫 번째 deQueue( ) 연산 후 상태 (b) 두 번째 deQueue( ) 연산 후 상태

그림 6-4 deQueue( ) 연산 후 상태

큐에서 검색 연산은 삭제 연산과 마찬가지로 큐에 있는 원소 중에서 가장 먼저 들어와서 현재 가장 앞에 있는 원소를 읽어서 반환한다. 현재 front는 삭제된 자리이기 때문에 원소가 없는 상태이므로 남아 있는 원소 중에서 가장 앞에 있는 원소는 현재 front의 뒤에 있는 원소, 즉 Q[front+1]이 된다.

알고리즘 6-6 순차 큐의 원소 검색

```
peekQ(Q)
    if (isQueueEmpty(Q)) then Queue_Empty();
    else return Q[front + 1];
end peekQ()
```

SELF TEST_ 공백 순차 큐에서 다음 연산의 수행 결과 상태를 설명하시오.

> enQueue(Q1, A), enQueue(Q1, B), enQueue(Q1, C), deQueue(Q1),
> enQueue(Q1, D), deQueue(Q1), deQueue(Q1), enQueue(Q1, E)

[예제 6-1]은 [ADT 6-1] 큐의 추상 자료형 정의에 따라 순차 큐를 연산하기 위해 정리한 [알고리즘 6-1]~[알고리즘 6-6]을 순차 자료구조를 이용해 구현한 프로그램이다.

예제 6-1 순차 자료구조를 이용해 순차 큐 구현하기

[queueS.h]

```c
#pragma once
#define Q_SIZE 4
typedef char element;     // 큐 원소(element)의 자료형을 char로 정의

typedef struct {
    element queue[Q_SIZE]; // 1차원 배열 큐 선언
    int front, rear;
} QueueType;

QueueType* createQueue(void);
int isQueueEmpty(QueueType* Q);
int isQueueFull(QueueType* Q);
void enQueue(QueueType* Q, element item);
element deQueue(QueueType* Q);
element peekQ(QueueType * Q);
void printQ(QueueType * Q);
```

[queueS.c]

```c
#include <stdio.h>
#include <stdlib.h>
#include "queueS.h"

// 공백 순차 큐를 생성하는 연산                                 [알고리즘 6-1] 구현
QueueType* createQueue(void) {
    QueueType* Q;
    Q = (QueueType*)malloc(sizeof(QueueType));
    Q->front = -1;        // front 초깃값 설정
    Q->rear = -1;         // rear 초깃값 설정
    return Q;
}
```

```
// 순차 큐가 공백 상태인지 검사하는 연산                      [알고리즘 6-2] 구현
int isQueueEmpty(QueueType* Q) {
    if (Q->front == Q->rear) {
        printf(" Queue is empty! \n\t ");
        return 1;
    }
    else return 0;
}

// 순차 큐가 포화 상태인지 검사하는 연산                      [알고리즘 6-3] 구현
int isQueueFull(QueueType* Q) {
    if (Q->rear == Q_SIZE - 1) {
        printf(" Queue is full! \n\t ");
        return 1;
    }
    else return 0;
}

// 순차 큐의 rear에 원소를 삽입하는 연산                      [알고리즘 6-4] 구현
void enQueue(QueueType* Q, element item) {
    if (isQueueFull(Q)) return;      // 포화 상태이면, 삽입 연산 중단
    else {
        Q->rear++;
        Q->queue[Q->rear] = item;
    }
}

// 순차 큐의 front에서 원소를 삭제하는 연산                   [알고리즘 6-5] 구현
element deQueue(QueueType* Q) {
    if (isQueueEmpty(Q)) return;     // 공백 상태이면, 삭제 연산 중단
    else {
        Q->front++;
        return Q->queue[Q->front];
    }
}

// 순차 큐의 가장 앞에 있는 원소를 검색하는 연산              [알고리즘 6-6] 구현
element peekQ(QueueType* Q) {
    if (isQueueEmpty(Q)) return;     // 공백 상태이면 연산 중단
    else return Q->queue[Q->front + 1];
}

// 순차 큐의 원소를 출력하는 연산
void printQ(QueueType* Q) {
    int i;
```

```
59       printf(" Queue : [");
60       for (i = Q->front + 1; i <= Q->rear; i++)
61          printf("%3c", Q->queue[i]);
62       printf(" ]");
63    }
```

[ex6_1.c]

```
#include "queueS.h"

int main(void) {
   QueueType* Q1 = createQueue();   // 큐 생성
   element data;
   printf("\n ***** 순차 큐 연산 ***** \n");
   printf("\n 삽입 A>>");  enQueue(Q1, 'A'); printQ(Q1);
   printf("\n 삽입 B>>");  enQueue(Q1, 'B'); printQ(Q1);
   printf("\n 삽입 C>>");  enQueue(Q1, 'C'); printQ(Q1);
   data = peekQ(Q1);    printf(" peek item : %c \n", data);
   printf("\n 삭제  >>");  data = deQueue(Q1); printQ(Q1);
   printf("\t삭제 데이터: %c", data);
   printf("\n 삭제  >>");  data = deQueue(Q1); printQ(Q1);
   printf("\t삭제 데이터: %c", data);
   printf("\n 삭제  >>");  data = deQueue(Q1); printQ(Q1);
   printf("\t\t삭제 데이터: %c", data);

   printf("\n 삽입 D>>");  enQueue(Q1, 'D'); printQ(Q1);
   printf("\n 삽입 E>>");  enQueue(Q1, 'E'); printQ(Q1);

   getchar();  return 0;
}
```

```
***** 순차 큐 연산 *****

삽입 A>> Queue : [  A ]
삽입 B>> Queue : [  A  B ]
삽입 C>> Queue : [  A  B  C ] peek item : A

삭제  >> Queue : [  B  C ]        삭제 데이터 : A
삭제  >> Queue : [  C ]           삭제 데이터 : B
삭제  >> Queue : [ ]              삭제 데이터 : C
삽입 D>> Queue : [  D ]
삽입 E>> Queue is full!
         Queue : [  D ]
```

[queueS.h]

05~08행 : 1차원 배열 queue, 변수 front, 변수 rear를 관리하기 쉽도록 구조체로 묶어서 QueueType으로 정의한다.

[queueS.c]

36~37행 : 삽입 연산을 위해 현재 rear의 위치를 다음 자리로 조정하고, 변수 item의 값을 배열 queue의 원소로 저장한다.

45~46행 : 삭제 연산을 위해 현재 front의 위치를 실제 원소가 있는 다음 자리로 조정하고, 배열 queue의 해당 원소를 반환한다.

53행 : 검색 연산을 위해 남아 있는 원소 중에서 가장 앞에 있는 원소, 즉 front+1 위치의 원소를 반환한다.

60~61행 : 배열 queue에 있는 원소를 queue[front+1]부터 queue[rear]까지 순서대로 출력한다.

2 원형 큐의 구현

1차원 배열을 사용한 순차 자료구조에서는 큐가 포화 상태가 아닐 때만 삽입 연산을 수행하도록 정의한다. [알고리즘 6-3]에서 포화 상태인지 검사할 때 큐의 rear가 배열의 마지막 인덱스인지를 검사하는데, [그림 6-5]의 (a)와 같을 때 삽입 연산을 수행하려 하면 rear가 배열의 마지막 위치에 있기 때문에 앞부분에 빈자리가 있음에도 포화 상태로 인식하고 더 이상 삽입 연산을 수행하지 않는다. 이런 잘못된 포화 상태 인식 문제는 (b)와 같이 큐에 저장된 원소들을 배열의 비어 있는 앞부분으로 이동하여 해결할 수 있다. 하지만 순차 자료구조에서 자리 이동 작업은 오버헤드가 커서 큐의 효율성을 떨어트리므로 좋은 해결 방법이 아니다.

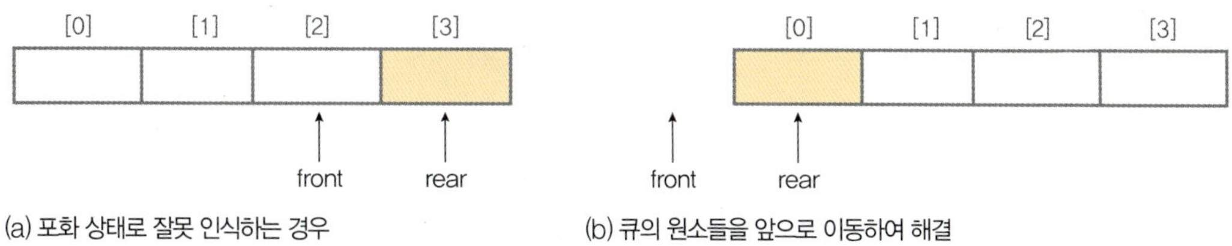

그림 6-5 순차 큐의 잘못된 포화 상태 문제와 해결 방법

순차 큐의 잘못된 포화 상태 인식 문제를 해결하기 위해 원형 큐Circular Queue를 사용한다. 원형 큐는 순차 큐와 같은 1차원 배열을 사용하지만, 논리적으로 배열의 처음과 끝이 연결되어 있는 원형 구조로 가정하고 사용한다.

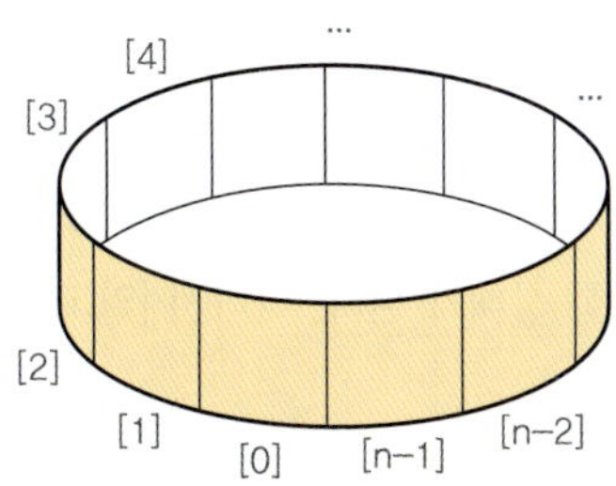

그림 6-6 원형 큐의 논리적 구조

원형 큐에서는 초기 공백 상태일 때 front와 rear의 값을 0으로 하고, 공백 상태와 포화 상태를 쉽게 구분하기 위해서 자리 하나를 항상 비워 둔다. 원형 큐에서도 공백 상태에는 front와 rear의 위치가 같다. 순차 큐와 마찬가지로 rear가 다음으로 이동하면서 원소를 삽입하고, front는 rear가 이동한 방향으로

따라가면서 원소를 삭제한다. 원형 큐에서는 배열의 인덱스가 n−1 다음에 다시 0이 되어야 하므로 사용할 인덱스를 조정하기 위해 나머지 연산자 mod를 사용한다.

표 6-2 순차 큐와 원형 큐의 비교

종류	삽입 위치	삭제 위치
순차 큐	rear = rear + 1	front = front +1
원형 큐	rear = (rear+1) mod n	front = (front+1) mod n

원형 큐의 동작을 위해 순차 큐의 알고리즘을 수정하여 작성한 원형 큐의 알고리즘을 살펴보자. 먼저 원형 큐를 생성할 때 순차 큐처럼 1차원 배열을 사용한다. 새로 생성한 공백 원형 큐는 front와 rear의 초깃값으로 0을 사용한다.

알고리즘 6-7 공백 원형 큐 생성

```
createQueue()
    cQ[n];
    front ← 0;
    rear ← 0;
end createQueue()
```

원형 큐를 처음 생성하여 front와 rear가 0인 경우와 마지막에 삽입한 원소, 즉 rear의 원소를 삭제하여 front와 rear가 같은 위치가 된 경우에 원형 큐의 상태는 공백이 된다. 따라서 [알고리즘 6-8]과 같이 front==rear의 조건으로 원형 큐가 공백 상태인지 검사할 수 있다.

알고리즘 6-8 원형 큐의 공백 상태 검사

```
isCQueueEmpty(cQ)
    if (front == rear) then return true;
    else return false;
end isCQueueEmpty()
```

rear가 원형 큐를 한 바퀴 돌면서 원소를 삽입하여 큐를 모두 채우면 그 다음 rear의 위치, 즉 (rear+1) mod n은 현재의 front 위치가 되어 더 이상 원소를 삽입할 수 없는 포화 상태가 된다. 따라서 [알고리즘 6-9]와 같이 포화 상태의 조건은 (rear+1) mod n == front가 된다.

알고리즘 6-9 원형 큐의 포화 상태 검사

```
isCQueueFull(cQ)
    if (((rear + 1) mod n) == front) then return true
    else return false;
end isCQueueFull()
```

원형 큐에서 공백 상태일 때와 포화 상태일 때의 front와 rear의 관계를 정리하면 [표 6-3]과 같다.

표 6-3 원형 큐의 상태에 따른 front와 rear의 관계

구분	조건
공백 상태	front == rear
포화 상태	(rear+1) mod n == front

원형 큐에 원소를 삽입할 때는 [알고리즘 6-10]과 같이 포화 상태가 아닌 경우에만 삽입 연산을 수행한다.

알고리즘 6-10 원형 큐의 원소 삽입

```
enCQueue(cQ, item)
    if (isCQueueFull(cQ)) then Queue_Full(); // 포화 상태이면 삽입 연산 중단
    else {
        ❶ rear ←(rear + 1) mod n;
        ❷ cQ[rear] ←item;
}
end enCQueue()
```

❶ 나머지 연산자를 사용하여 rear값을 조정한다.

❷ rear에 대한 원형 큐의 원소, 즉 cQ[rear]에 원소 item을 삽입한다.

원형 큐에서 삽입할 자리를 정하기 위해서 나머지 연산자 mod를 사용한다. 크기가 4인 원형 큐에서 현재 rear의 위치가 2라면 (2+1) mod 4 = 3이 되어, 다음 삽입 위치는 cQ[3]이 된다. 현재 rear의 위치가 3이라면 (3+1) mod 4 = 0이 되어, 다음 삽입 위치는 cQ[0]이 된다. 나머지 연산자 mod를 이용하여 인덱스를 계산하면 크기가 4인 배열의 마지막 자리인 cQ[3]을 사용한 후에, 다음 삽입 위치가 다시 cQ[0]이 되어 원형 큐의 동작을 하게 된다.

원형 큐에서 원소를 삭제할 때는 [알고리즘 6-11]과 같이 공백 상태가 아닐 때만 수행한다.

알고리즘 6-11 원형 큐의 원소 삭제

```
deCQueue(cQ)
    if (isCQueueEmpty(cQ)) then Queue_Empty();  // 공백 상태이면 삭제 연산 중단
    else {

        ❶ front ← (front + 1) mod n;
        ❷ return cQ[front];
}
end deCQueue()
```

❶ 나머지 연산자를 사용하여 front값을 조정한다.

❷ front 자리에 있는 원형 큐의 원소, 즉 cQ[front]를 삭제하여 반환한다.

크기가 4인 원형 큐에서 큐를 생성하고 삽입 · 삭제하는 연산 과정을 살펴보자.

❶ 공백 원형 큐 생성 : `createCQueue();`

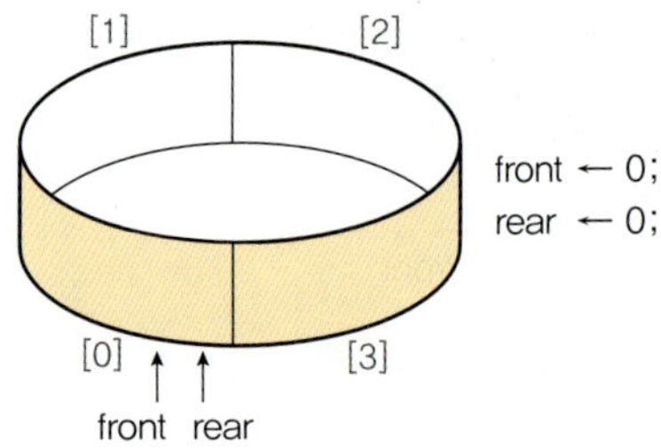

❷ 원소 A 삽입 : `enCQueue(cQ, A);`

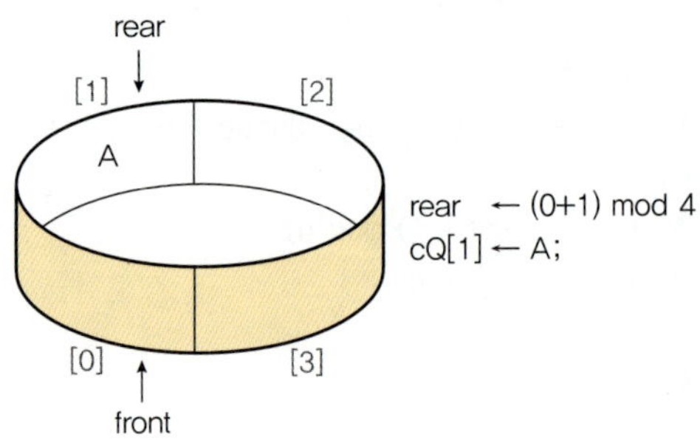

❸ 원소 B 삽입 : `enCQueue(cQ, B);`

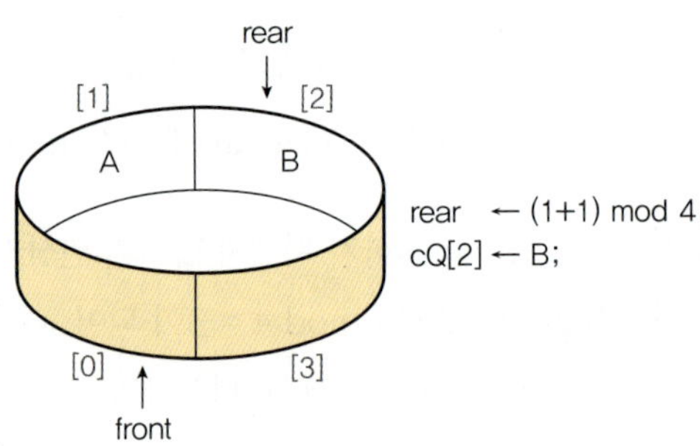

❹ 원소 삭제 : `deCQueue(cQ);`
(삭제 데이터 : A)

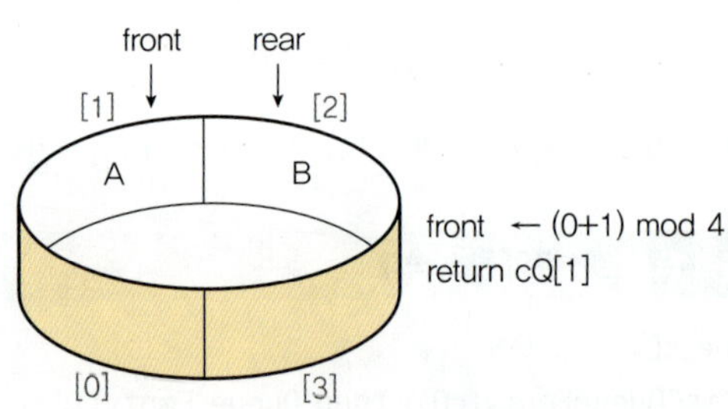

❺ 원소 C 삽입 : `enCQueue(cQ, C);`

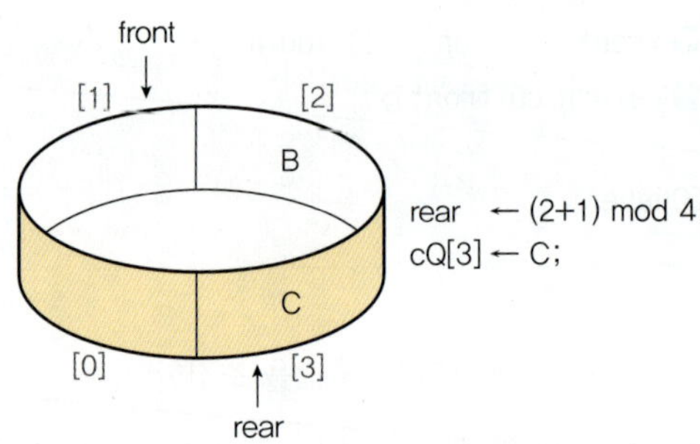

6 원소 D 삽입 : enCQueue(cQ, D);

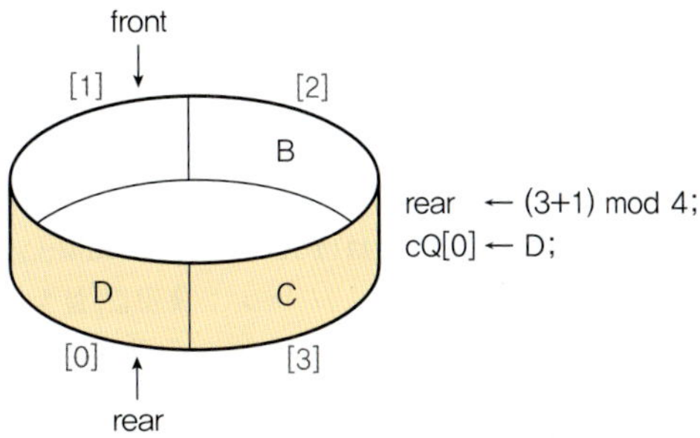

6을 수행한 후에 원형 큐는 포화 상태가 된다. 원형 큐에서 공백 상태와 포화 상태를 쉽게 구분하기 위해 front가 있는 자리를 항상 하나 비워 두기로 했으므로 6의 연산을 수행한 후에 front 자리인 cQ[1]이 비어 있지만 포화 상태로 인식한다. 이때 다시 삽입 연산 enCQueue(cQ, E);를 수행하려 하면 rear ← (0+1) mod 4;가 되므로 다음 삽입 위치인 rear는 1이 된다. 그런데 현재 front가 1이므로 다음 삽입 위치 rear가 현재의 front와 같은 자리가 되어 [알고리즘 6-9]의 isCQueueFull() 연산에 따라 포화 상태로 인식하고 더 이상의 삽입 연산을 수행하지 않는다.

[예제 6-2]는 원형 큐에 대한 알고리즘들을 구체화하여 구현한 프로그램이다. 글자에 배경색이 칠해진 부분은 순차 큐에서 수정된 부분이다. 이 프로그램으로 크기가 4인 원형 큐 연산 과정을 실행해 보자.

예제 6-2 순차 자료구조를 이용해 원형 큐 구현하기

[cQueueS.h]

```
#pragma once
#define cQ_SIZE 4

typedef char element;          // 큐 원소(element)의 자료형을 char로 정의

typedef struct {
   element queue[cQ_SIZE];    // 1차원 배열 큐 선언
   int front, rear;
} QueueType;

QueueType* createCQueue(void);
int isCQueueEmpty(QueueType* cQ);
int isCQueueFull(QueueType* cQ);
void enCQueue(QueueType* cQ, element item);
element deCQueue(QueueType* cQ);
element peekCQ(QueueType* cQ);
void printCQ(QueueType* cQ);
```

[cQueueS.c]

```
#include <stdio.h>
#include <stdlib.h>
```

```c
#include "cQueueS.h"

```

[알고리즘 6-7] 구현

```c
QueueType* createCQueue(void) {
    QueueType* cQ;
    cQ = (QueueType*)malloc(sizeof(QueueType));
    cQ->front = 0;      // front 초깃값 설정
    cQ->rear = 0;       // rear 초깃값 설정
    return cQ;
}

```

[알고리즘 6-8] 구현

```c
// 원형 큐가 공백 상태인지 검사하는 연산
int isCQueueEmpty(QueueType* cQ) {
    if (cQ->front == cQ->rear) {
        printf(" Circular Queue is empty! ");
        return 1;
    }
    else return 0;
}

```

[알고리즘 6-9] 구현

```c
// 원형 큐가 포화 상태인지 검사하는 연산
int isCQueueFull(QueueType* cQ) {
    if (((cQ->rear + 1) % cQ_SIZE) == cQ->front) {
        printf("  Circular Queue is full! ");
        return 1;
    }
    else return 0;
}

```

[알고리즘 6-10] 구현

```c
// 원형 큐의 rear에 원소를 삽입하는 연산
void enCQueue(QueueType* cQ, element item) {
    if (isCQueueFull(cQ))  return;
    else {
        cQ->rear = (cQ->rear + 1) % cQ_SIZE;
        cQ->queue[cQ->rear] = item;
    }
}

```

[알고리즘 6-11] 구현

```c
// 원형 큐의 front에서 원소를 삭제하고 반환하는 연산
element deCQueue(QueueType* cQ) {
    if (isCQueueEmpty(cQ)) return;
    else {
        cQ->front = (cQ->front + 1) % cQ_SIZE;
        return cQ->queue[cQ->front];
    }
}

```

```c
// 원형 큐의 가장 앞에 있는 원소를 검색하는 연산
element peekCQ(QueueType* cQ) {
    if (isCQueueEmpty(cQ)) return;
    else return cQ->queue[(cQ->front + 1) % cQ_SIZE];
}

// 원형 큐의 원소를 출력하는 연산
void printCQ(QueueType* cQ) {
    int i, first, last;
    first = (cQ->front + 1) % cQ_SIZE;
    last = (cQ->rear + 1) % cQ_SIZE;
    printf(" Circular Queue : [");
    i = first;
    while (i != last) {
        printf("%3c", cQ->queue[i]);
        i = (i + 1) % cQ_SIZE;
    }
    printf(" ] ");
}
```

[ex6_2.c]

```c
#include "cQueueS.h"

int main(void) {
    QueueType* cQ = createCQueue();  // 큐 생성
    element data;
    printf("\n ***** 원형 큐 연산 ***** \n");
    printf("\n 삽입 A>>");  enCQueue(cQ, 'A'); printCQ(cQ);
    printf("\n 삽입 B>>");  enCQueue(cQ, 'B'); printCQ(cQ);
    printf("\n 삽입 C>>");  enCQueue(cQ, 'C'); printCQ(cQ);
    data = peekCQ(cQ);    printf(" peek item : %c \n", data);
    printf("\n 삭제  >>");  data = deCQueue(cQ); printCQ(cQ);
    printf("\t삭제 데이터 : %c", data);
    printf("\n 삭제  >>");  data = deCQueue(cQ); printCQ(cQ);
    printf("\t삭제 데이터 : %c", data);
    printf("\n 삭제  >>");  data = deCQueue(cQ); printCQ(cQ);
    printf("\t\t삭제 데이터 : %c", data);
    printf("\n 삽입 D>>");  enCQueue(cQ, 'D'); printCQ(cQ);
    printf("\n 삽입 E>>");  enCQueue(cQ, 'E'); printCQ(cQ);
    getchar(); return 0;
}
```

```
***** 원형 큐 연산 *****

삽입 A>> Circular Queue : [ A ]
삽입 B>> Circular Queue : [ A B ]
삽입 C>> Circular Queue : [ A B C ] peek item : A

삭제 >> Circular Queue : [ B C ]     삭제 데이터 : A
삭제 >> Circular Queue : [ C ]       삭제 데이터 : B
삭제 >> Circular Queue : [ ]         삭제 데이터 : C
삽입 D>> Circular Queue : [ D ]
삽입 E>> Circular Queue : [ D E ]
```

[cQueueS.h]

06~09행 : 1차원 배열 queue, 변수 front, 변수 rear를 관리하기 쉽도록 구조체로 묶어서 QueueType으로 정의한다.

[cQueueS.c]

24행 : rear의 다음 위치가 front의 현재 위치와 같으면 원형 큐는 포화 상태가 된다.

35행 : 나머지 연산자 %를 사용하여 원형 큐의 삽입 자리인 rear를 조정한다.

44행 : 나머지 연산자 %를 사용하여 삭제 연산을 위한 front를 조정한다.

52행 : 검색 연산을 위해 남아 있는 원소 중에서 가장 앞에 있는 원소의 위치, 즉 현재 front의 뒷자리를 지정하기 위해 나머지 연산자 %를 사용한다.

62~65행 : 원형 큐에 있는 원소들을 삽입된 순서대로 출력한다.

3 연결 자료구조를 이용한 큐의 구현

연결 큐

순차 자료구조를 이용해 구현한 큐에는 몇 가지 단점이 있다. 사용 크기가 배열 크기로 제한되므로 큐의 길이를 마음대로 사용할 수 없고, 원소가 없어도 항상 고정된 크기를 유지해야 하므로 메모리가 낭비된다는 점이다. 연결 자료구조를 이용해 크기 제한이 없는 연결 큐Linked Queue를 구현해 보자.

연결 큐에서 원소는 데이터 필드와 링크 필드를 가진 노드로 구성하며, [그림 6-7]과 같이 첫 번째 노드를 가리키는 front 포인터와 마지막 노드를 가리키는 rear 포인터를 사용한다. 연결 큐의 초기 상태(공백 큐)는 front와 rear를 NULL 포인터로 설정하여 표현한다.

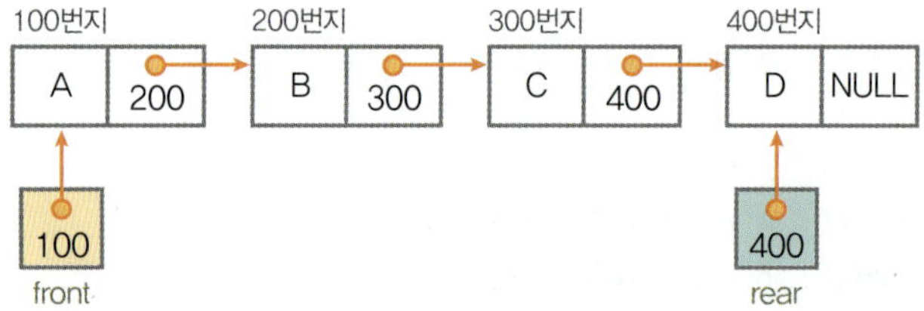

그림 6-7 연결 큐의 구조

연결 큐에 대한 연산을 알고리즘으로 정의해 보자. 먼저 초기에 생성한 연결 큐는 저장된 노드가 없는 공백 연결 큐이므로 front와 rear를 NULL로 초기화한다.

알고리즘 6-12 공백 연결 큐 생성

```
createLinkedQueue()
   front ← NULL;
   rear ← NULL;
end createLinkedQueue()
```

연결 큐가 공백 상태이면 연결된 노드가 하나도 없어서 front가 NULL이므로 다음과 같이 검사한다.

알고리즘 6-13 연결 큐의 공백 상태 검사

```
isLQEmpty(LQ)
    if (front == NULL) then return true;
    else return false;
end isLQEmpty()
```

연결 자료구조를 이용하여 구현하는 연결 큐는 크기를 정해 놓지 않고 필요할 때마다 노드를 하나씩 생성하여 연결하는 방식이기 때문에 순차 큐나 원형 큐에서와 같은 포화 상태가 존재하지 않는다.

연결 큐에 원소를 삽입하는 방법은 [알고리즘 6-14]와 같다.

알고리즘 6-14 연결 큐의 원소 삽입

```
enLQueue(LQ, item)
  ❶ new ← getNode();
     new.data ← item;
     new.link ← NULL;
  ❷ if (front == NULL) then {
         rear ← new;
         front ← new;
     }
  ❸ else {
         rear.link ← new;
         rear ← new;
     }
end enLQueue()
```

❶ 원소를 삽입할 새 노드에 대한 메모리를 할당받아서 데이터 필드에 삽입할 데이터 item을 저장한다. 삽입하는 새 노드는 연결 큐의 마지막 노드가 되어야 하므로 링크 필드에 NULL을 저장한다.

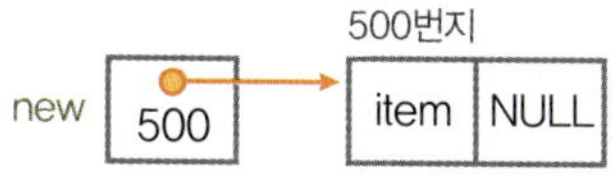

❷ 새 노드를 삽입하기 전에 연결 큐가 공백 상태인지 검사한다. 연결 큐가 공백 상태이면 삽입할 새 노드가 큐의 첫 번째 노드이자 마지막 노드가 되므로 포인터 front와 rear가 모두 새 노드를 가리키도록 설정한다.

❸ 큐가 공백이 아닌 경우, 즉 노드가 있는 경우에는 현재 큐의 마지막 노드 다음에 새 노드를 삽입하고 마지막 노드를 가리키는 rear가 삽입한 새 노드를 가리키도록 설정한다.

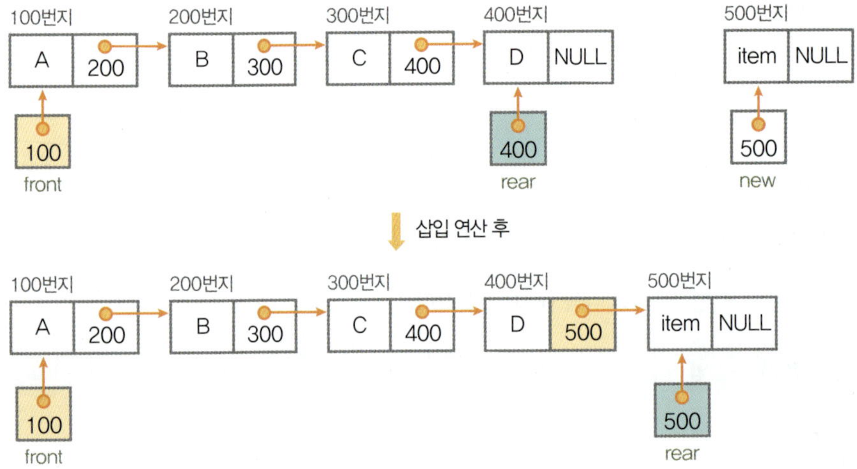

연결 큐는 4장에서 설명한 단순 연결 리스트에 삽입 위치 rear에 대한 제한 조건을 추가하여 만든 자료구조로, 연결 큐의 삽입 연산 enLQueue()는 단순 연결 리스트의 마지막 노드 삽입 연산인 [알고리즘 4-3]의 insertLastNode() 연산과 같다.

연결 큐에서 원소를 삭제하는 연산은 [알고리즘 6-15]와 같이 큐가 공백이 아닌 경우에 수행한다.

알고리즘 6-15 연결 큐의 원소 삭제

```
deLQueue(LQ)
    if (isLQEmpty(LQ)) then Queue_Empty();
    else {
        ❶ old ←front;
          item ← front.data;
        ❷ front ← front.link;
        ❸ if (isLQEmpty(LQ)) then rear ← NULL;
        ❹ returnNode(old);
          return item;
    }
end deLQueue()
```

❶ 삭제 연산에서 삭제할 노드는 큐의 첫 번째 노드로, 포인터 front가 가리키고 있는 노드이다. front가 가리키는 노드를 포인터 old가 가리키게 하여 삭제할 노드로 지정한다.

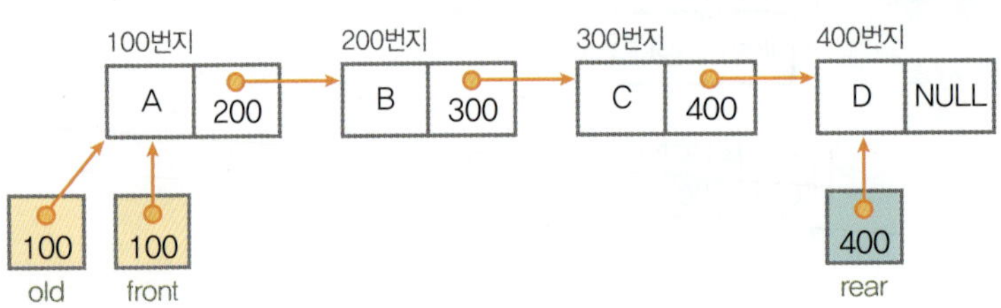

❷ 삭제 연산 후에는 현재 front 노드 다음 노드(front.link)가 front 노드가 되어야 하므로 포인터 front를 재설정한다.

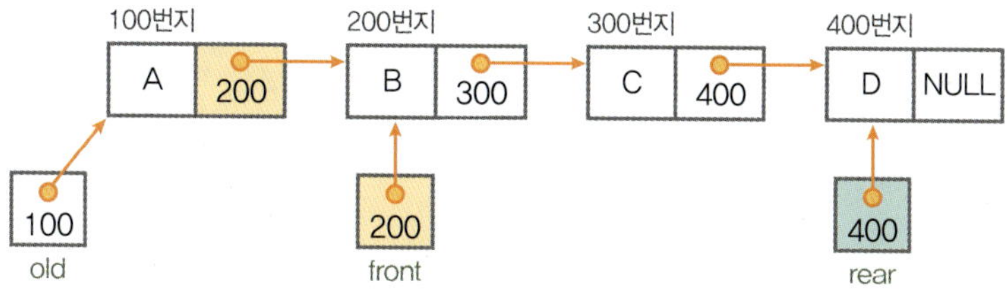

❸ 현재 큐에 노드가 하나뿐이어서 재설정한 front가 NULL이 되는 경우에는 삭제 연산 후에 공백 큐가 되므로 포인터 rear를 NULL로 설정한다.

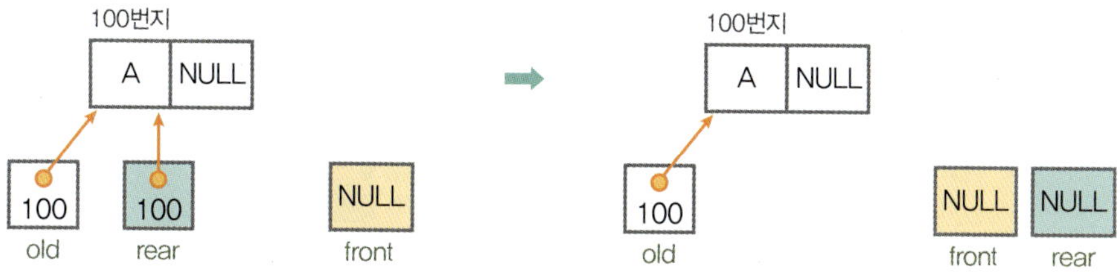

❹ 포인터 old가 가리키고 있는 노드를 삭제하여 메모리 공간을 시스템에 반환한다(returnNode()).

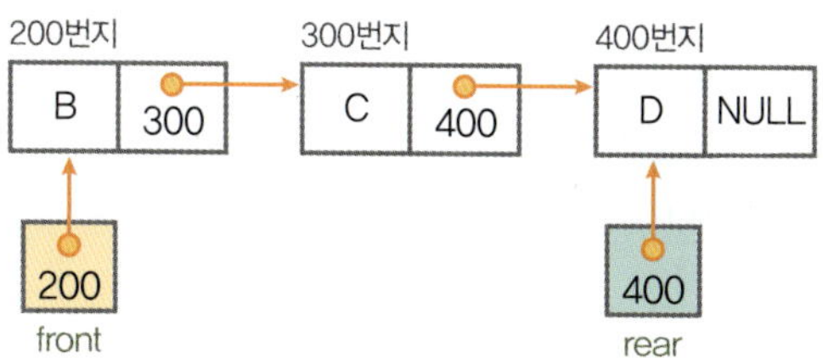

연결 큐는 4장에서 설명한 단순 연결 리스트에 삭제 위치 front에 대한 제한 조건을 추가하여 만든 자료구조이므로 연결 큐의 삭제 연산 deLQueue()는 단순 연결 리스트의 노드 삭제 연산인 [알고리즘 4-4]의 deleteNode() 연산을 수정한 연산이 된다.

연결 큐에서의 검색 연산은 항상 큐의 첫 번째 노드, 즉 front 노드의 데이터 필드값을 반환한다.

알고리즘 6-16 연결 큐의 원소 검색

```
peekLQ(LQ)
    if (isLQEmpty(LQ)) then Queue_Empty()
    else return (front.data);
end peekLQ()
```

원형 큐에서 수행한 것과 같은 순서의 연산을 연결 큐에서 수행해 보자.

1 공백 연결 큐 생성 : `createLinkedQueue();`

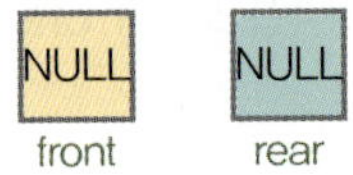

2 원소 A 삽입 : `enLQueue(LQ, A);`

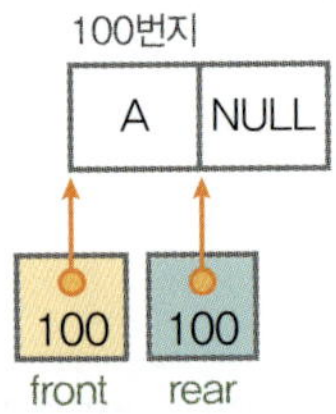

3 원소 B 삽입 : `enLQueue(LQ, B);`

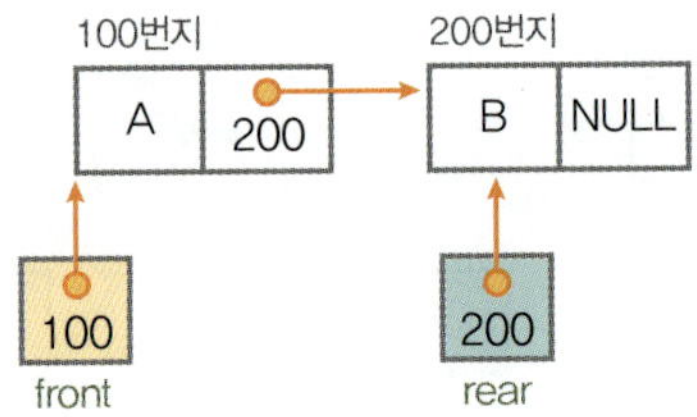

4 원소 삭제 : `deLQueue(LQ);`

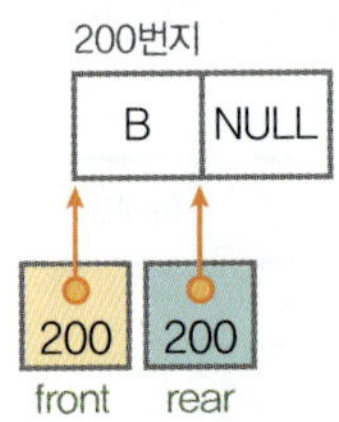

5 원소 C 삽입 : `enLQueue(LQ, C);`

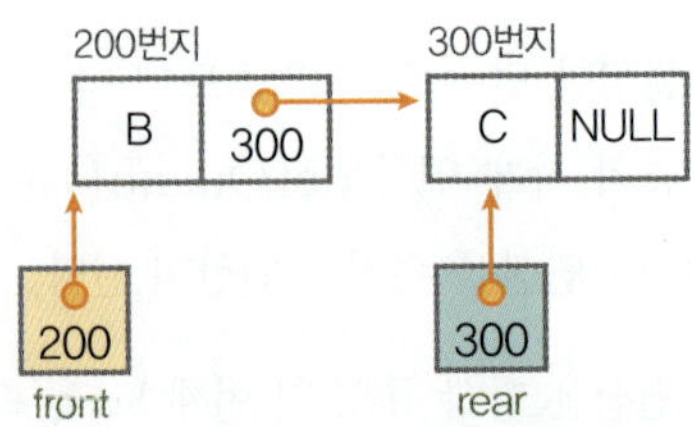

6 원소 D 삽입 : `enLQueue(LQ, D);`

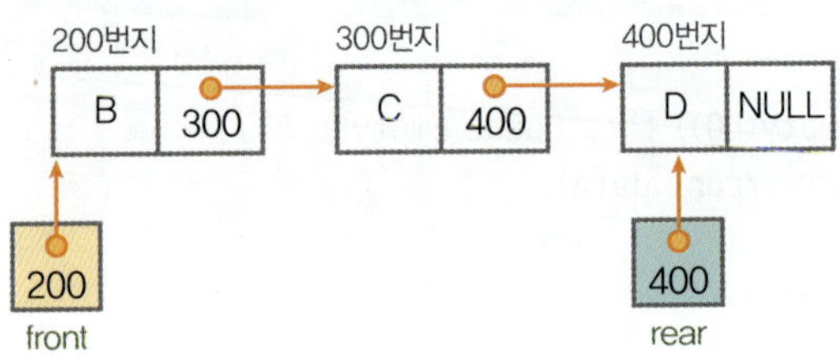

7 원소 E 삽입 : enLQueue(LQ, E);

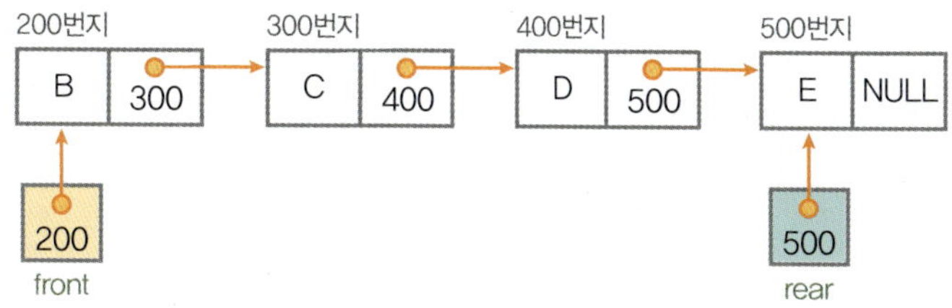

[예제 6-3]은 연결 큐에서 앞의 연산 과정을 수행할 수 있도록 구현한 프로그램이다. [예제 6-2]의 원형 큐에서의 연산 과정과 비교해 보자.

예제 6-3 연결 자료구조를 이용해 연결 큐 구현하기

[LinkedQueue.h]

```c
#pragma once
typedef char element;     // 연결 큐 원소(element)의 자료형을 char로 정의

typedef struct QNode {    // 연결 큐의 노드를 구조체로 정의
    element data;
    struct QNode* link;
} QNode;

typedef struct {           // 연결 큐에서 사용하는 포인터 front와 rear를 구조체로 정의
    QNode* front, * rear;
} LQueueType;

LQueueType* createLinkedQueue(void);
int isLQEmpty(LQueueType* LQ);
void enLQueue(LQueueType* LQ, element item);
element deLQueue(LQueueType* LQ);
element peekLQ(LQueueType* LQ);
void printLQ(LQueueType* LQ);
```

[LinkedQueue.c]

```c
#include <stdio.h>
#include <stdlib.h>
#include "LinkedQueue.h"

// 공백 연결 큐를 생성하는 연산                                    [알고리즘 6-12] 구현
LQueueType* createLinkedQueue(void) {
    LQueueType* LQ;
    LQ = (LQueueType*)malloc(sizeof(LQueueType));
    LQ->front = NULL;
    LQ->rear = NULL;
    return LQ;
}

```

[알고리즘 6-13] 구현

```
// 연결 큐가 공백 상태인지 검사하는 연산
int isLQEmpty(LQueueType* LQ) {
    if (LQ->front == NULL) {
        printf(" Linked Queue is empty! ");
        return 1;
    }
    else return 0;
}

```

[알고리즘 6-14] 구현

```
// 연결 큐의 rear에 원소를 삽입하는 연산
void enLQueue(LQueueType* LQ, element item) {
    QNode* newNode = (QNode*)malloc(sizeof(QNode));
    newNode->data = item;
    newNode->link = NULL;
    if (LQ->front == NULL) {      // 현재 연결 큐가 공백 상태인 경우
        LQ->front = newNode;
        LQ->rear = newNode;
    }
    else {                        // 현재 연결 큐가 공백 상태가 아닌 경우
        LQ->rear->link = newNode;
        LQ->rear = newNode;
    }
}

```

[알고리즘 6-15] 구현

```
// 연결 큐에서 원소를 삭제하고 반환하는 연산
element deLQueue(LQueueType* LQ) {
    QNode* old = LQ->front;
    element item;
    if (isLQEmpty(LQ)) return;
    else {
        item = old->data;
        LQ->front = LQ->front->link;
        if (LQ->front == NULL)
            LQ->rear = NULL;
        free(old);
        return item;
    }
}

```

[알고리즘 6-16] 구현

```
// 연결 큐에서 원소를 검색하는 연산
element peekLQ(LQueueType* LQ) {
    element item;
    if (isLQEmpty(LQ)) return;
    else {
        item = LQ->front->data;
        return item;
```

```c
	}
}

// 연결 큐의 원소를 출력하는 연산
void printLQ(LQueueType* LQ) {
	QNode* temp = LQ->front;
	printf(" Linked Queue : [");
	while (temp) {
		printf("%3c", temp->data);
		temp = temp->link;
	}
	printf(" ] ");
}
```

[ex6_3.c]

```c
#include "LinkedQueue.h"

int main(void) {
	LQueueType* LQ = createLinkedQueue();  // 연결 큐 생성
	element data;
	printf("\n ***** 연결 큐 연산 ***** \n");
	printf("\n 삽입 A>>");  enLQueue(LQ, 'A'); printLQ(LQ);
	printf("\n 삽입 B>>");  enLQueue(LQ, 'B'); printLQ(LQ);
	printf("\n 삽입 C>>");  enLQueue(LQ, 'C'); printLQ(LQ);
	data = peekLQ(LQ);    printf(" peek item : %c \n", data);
	printf("\n 삭제  >>");  data = deLQueue(LQ); printLQ(LQ);
	printf("\t삭제 데이터 : %c", data);
	printf("\n 삭제  >>");  data = deLQueue(LQ); printLQ(LQ);
	printf("\t삭제 데이터 : %c", data);
	printf("\n 삭제  >>");  data = deLQueue(LQ); printLQ(LQ);
	printf("\t\t삭제 데이터 : %c", data);
	printf("\n 삽입 D>>");  enLQueue(LQ, 'D'); printLQ(LQ);
	printf("\n 삽입 E>>");  enLQueue(LQ, 'E'); printLQ(LQ);
	getchar();  return 0;
}
```

```
***** 연결 큐 연산 *****

 삽입 A>> Linked Queue : [  A ]
 삽입 B>> Linked Queue : [  A  B ]
 삽입 C>> Linked Queue : [  A  B  C ]     peek item : A

 삭제  >> Linked Queue : [  B  C ]        삭제 데이터 : A
 삭제  >> Linked Queue : [  C ]           삭제 데이터 : B
 삭제  >> Linked Queue : [ ]              삭제 데이터 : C
 삽입 D>> Linked Queue : [  D ]
 삽입 E>> Linked Queue : [  D  E ]
```

[LinkedQueue.c]

28~31행 : 삽입 연산을 수행하려는 연결 큐가 공백 상태인 경우, 삽입하는 newNode가 첫 번째 노드이자 마지막 노드가 되어야 하므로 포인터 front와 rear가 모두 newNode를 가리키게 설정한다.

32~35행 : 연결 큐가 공백이 아닌 경우, 삽입하는 newNode를 현재의 마지막 노드, 즉 rear 노드의 뒤(LQ -> rear -> link)에 연결한다. 마지막 노드가 변경되었으므로 포인터 rear의 위치를 새로운 마지막 노드 newNode로 조정한다.

40행 : 포인터 old가 삭제할 노드, 즉 포인터 front가 가리키고 있는 첫 번째 노드 LQ -> front를 가리키게 설정한다.

44행 : 삭제할 노드의 데이터 필드값(old -> data)을 변수 item에 저장한다.

45행 : 첫 번째 노드를 삭제하면 그 다음 노드가 남아 있는 노드 중에서 첫 번째가 되므로 포인터 front를 다음 노드(LQ -> front -> link)로 조정한다.

46~47행 : 조정한 포인터 front가 NULL이면, 하나뿐인 노드를 삭제하여 공백 연결 큐가 된 경우이므로 포인터 rear도 NULL로 설정한다.

48행 : 포인터 old가 가리키는 노드의 메모리를 해제한다.

49행 : 변수 item을 반환함으로써 삭제된 노드의 데이터 필드값을 반환한다.

65~71행 : 포인터 front가 가리키고 있는 연결 큐의 첫 번째 노드에 포인터 temp를 설정하고, 연결 큐의 마지막 노드까지 링크 필드를 따라 포인터 temp를 이동하면서 데이터 필드값을 출력한다.

Section 03

데크

데크Deque : Double-ended queue는 큐 두 개 중 하나를 좌우로 뒤집어서 붙인 구조로, 큐의 양쪽 끝에서 삽입 연산과 삭제 연산을 수행할 수 있도록 확장한 자료구조이다.

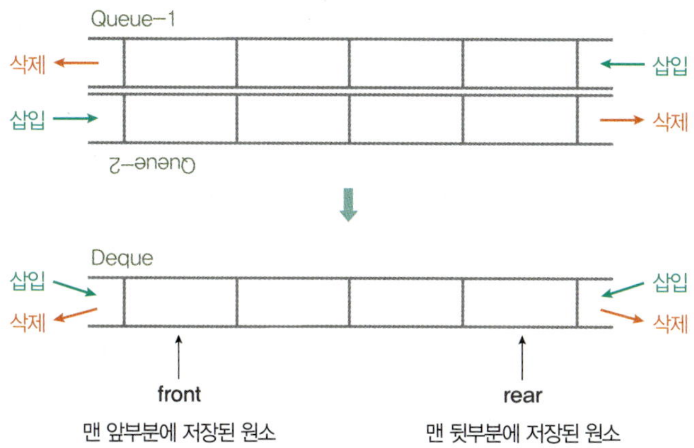

그림 6-8 데크의 구조

데크에 대한 데이터와 연산의 특징을 [ADT 6-2]와 같이 추상 자료형으로 정의할 수 있다.

ADT 6-2 데크의 추상 자료형

```
ADT deque
데이터 : 0개 이상의 원소를 가진 유한 순서 리스트
연산 :
   DQ ∈ deque; item ∈ Element;

   // 공백 데크를 생성하는 연산
   createDeque() ::= create an empty DQ;

   // 데크가 공백 상태인지 검사하는 연산
   isDeQEmpty(DQ) ::= if (DQ is empty) then return true
                      else return false;

   // 데크의 front 앞에 item(원소)을 삽입하는 연산
   insertFront(DQ, item) ::= insert item at the front of DQ;
```

```
    // 데크의 rear 뒤에 item(원소)을 삽입하는 연산
    insertRear(DQ, item) ::= insert item at the rear of DQ;

    // 데크의 front에 있는 item(원소)을 삭제하는 연산
    deleteFront(DQ) ::= if (isDeQEmpty(DQ)) then return NULL
                        else { delete and return the front item of DQ };

    // 데크의 rear에 있는 item(원소)을 삭제하는 연산
    deleteRear(DQ) ::= if (isDeQEmpty(DQ)) then return NULL
                       else { delete and return the rear item of DQ };

    // 데크의 front에 있는 item(원소)을 반환하는 연산
    getFront(DQ) ::= if (isDeQEmpty(DQ)) then return NULL
                     else { return the front item of the DQ };

    // 데크의 rear에 있는 item(원소)을 반환하는 연산
    getRear(DQ) ::= if (isDeQEmpty(DQ)) then return NULL
                    else { return the rear item of the DQ };
End deque
```

데크의 insertFront()와 deleteFront()는 front를 스택의 top으로 생각했을 때 push()와 pop()과 같다. insertRear()와 deleteRear()는 rear를 스택의 top으로 생각했을 때 push()와 pop()과 같다. 그리고 데크의 insertRear()와 deleteFront()는 기본 큐의 enQueue()와 deQueue()가 된다.

데크에서 연산을 수행하면서 데크의 상태를 살펴보자.

1 데크 생성 : `createDeque();`

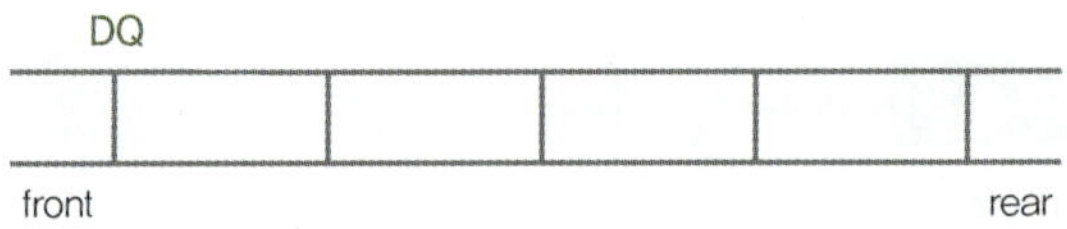

2 원소 A 삽입 : `insertFront(DQ, 'A');`

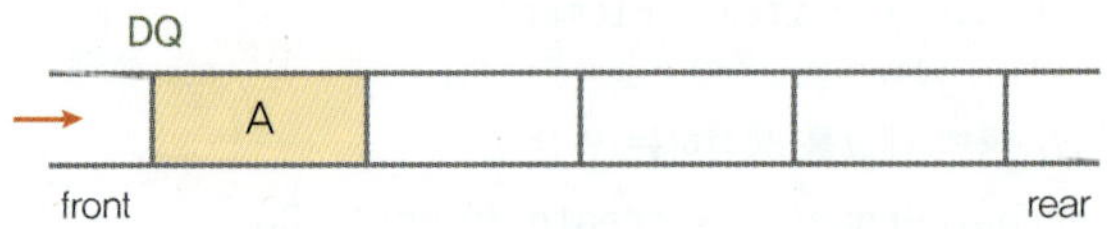

3 원소 B 삽입 : `insertFront(DQ, 'B');`

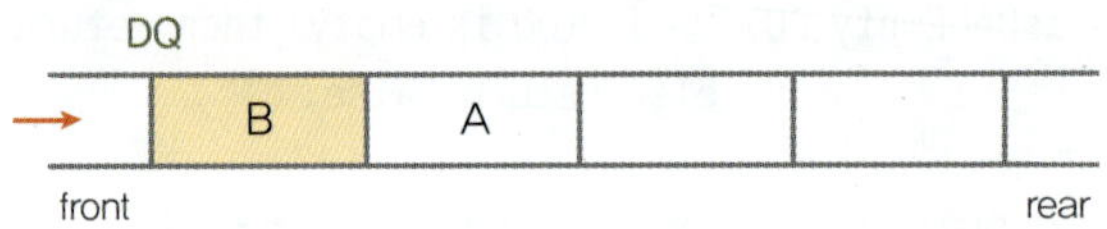

❹ 원소 C 삽입 : `insertRear(DQ, 'C');`

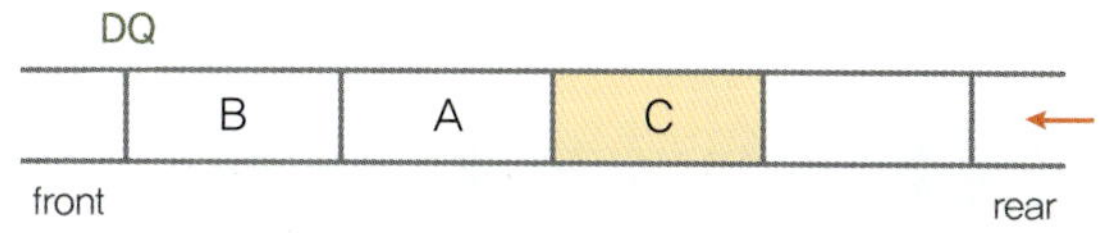

❺ 원소 삭제 : `deleteFront(DQ);`

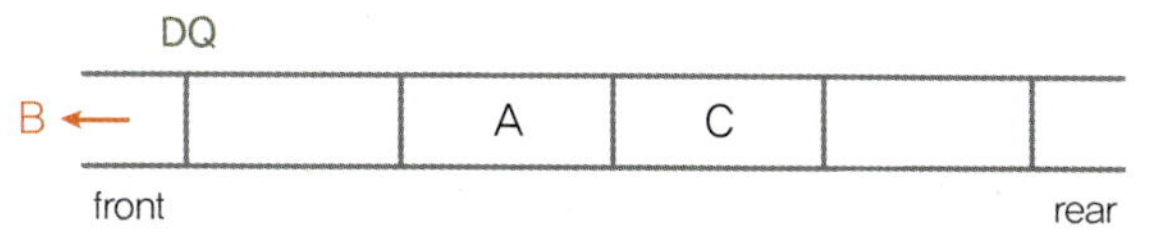

❻ 원소 삭제 : `deleteRear(DQ);`

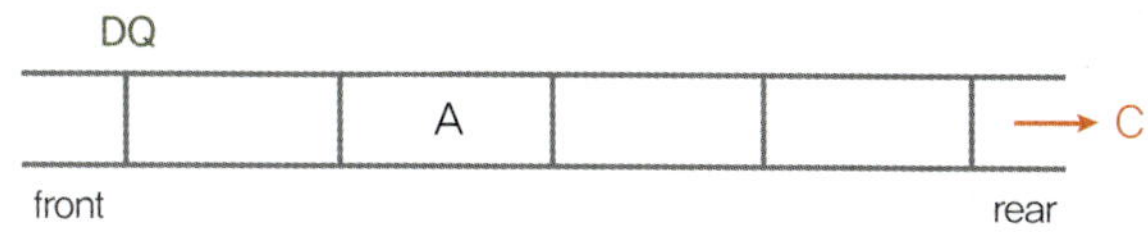

❼ 원소 D 삽입 : `insertRear(DQ, 'D');`

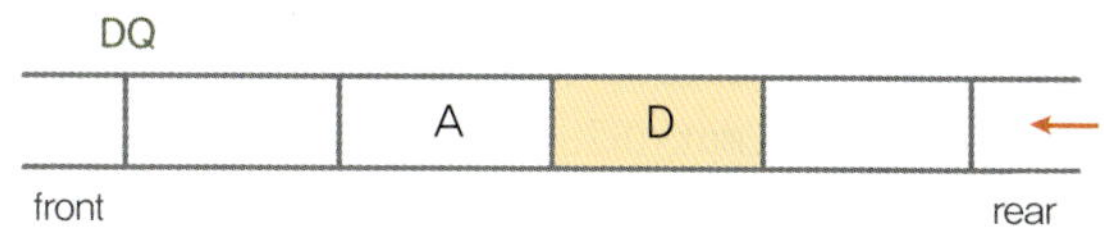

❽ 원소 E 삽입 : `insertFront(DQ, 'E');`

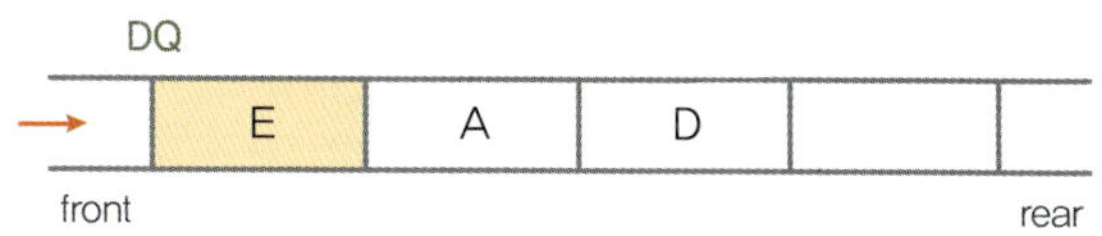

❾ 원소 F 삽입 : `insertFront(DQ, 'F');`

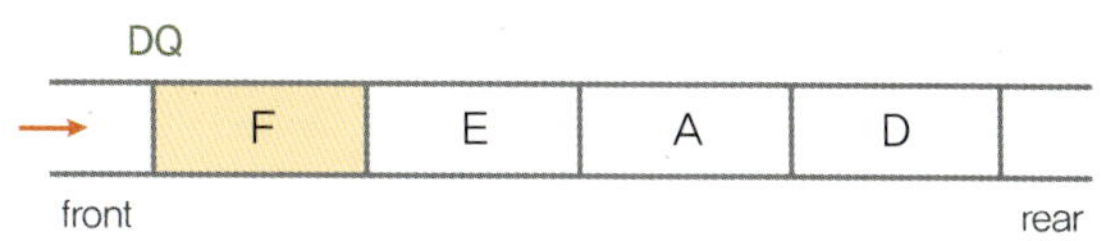

데크는 양쪽 끝에서 삽입과 삭제 연산을 수행하면서 앞과 뒤에서 데크의 길이를 변화해야 한다. 따라서 배열을 이용하여 순차 자료구조 방식으로 구현하는 것보다 다음과 같이 왼쪽 링크 필드와 오른쪽 링크 필드를 가지고 있는 노드를 사용하는 이중 연결 리스트를 이용하여 구현하는 것이 효율적이다.

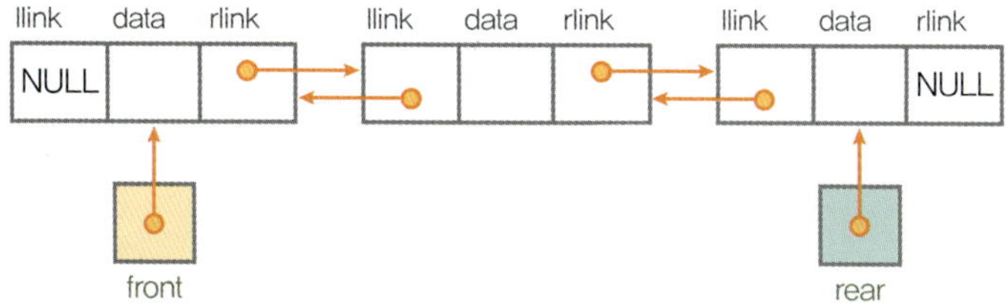

그림 6-9 데크의 이중 연결 리스트 구조

[예제 6-4]는 4장에서 설명한 이중 연결 리스트를 이용해 데크를 구현한 프로그램이다.

예제 6-4 이중 연결 리스트를 이용해 데크 구현하기

[deQue.h]

```c
#pragma once
typedef char element;      // 데크 원소(element)의 자료형을 char로 정의

typedef struct DQNode {   // 이중 연결 리스트 데크의 노드 구조를 구조체로 정의
    element data;
    struct DQNode* llink;
    struct DQNode* rlink;
} DQNode;

typedef struct {           // 데크에서 사용하는 포인터 front와 rear를 구조체로 정의
    DQNode* front, * rear;
} DQueType;

DQueType* createDQue(void);
int isDeQEmpty(DQueType* DQ);
void insertFront(DQueType* DQ, element item);
void insertRear(DQueType* DQ, element item);
element deleteFront(DQueType* DQ);
element deleteRear(DQueType* DQ);
element peekFront(DQueType* DQ);
element peekRear(DQueType* DQ);
void printDQ(DQueType* DQ);
```

[deQue.c]

```c
#include <stdio.h>
#include <stdlib.h>
#include "deQue.h"

// 공백 데크를 생성하는 연산
DQueType* createDQue(void) {
    DQueType* DQ;
    DQ = (DQueType*)malloc(sizeof(DQueType));
    DQ->front = NULL;
    DQ->rear = NULL;
    return DQ;
}

// 데크가 공백 상태인지 검사하는 연산
int isDeQEmpty(DQueType* DQ) {
    if (DQ->front == NULL)  return 1;
    else return 0;
```

```
}

// 데크의 front 앞으로 원소를 삽입하는 연산
void insertFront(DQueType* DQ, element item) {
    DQNode* newNode = (DQNode*)malloc(sizeof(DQNode));
    newNode->data = item;
    if (isDeQEmpty(DQ)) {      // 데크가 공백 상태인 경우
        DQ->front = newNode;
        DQ->rear = newNode;
        newNode->rlink = NULL;
        newNode->llink = NULL;
    }
    else {
        DQ->front->llink = newNode;
        newNode->rlink = DQ->front;
        newNode->llink = NULL;
        DQ->front = newNode;
    }
}

// 데크의 rear 뒤로 원소를 삽입하는 연산
void insertRear(DQueType* DQ, element item) {
    DQNode* newNode = (DQNode*)malloc(sizeof(DQNode));
    newNode->data = item;
    if (isDeQEmpty(DQ)) {      // 데크가 공백 상태인 경우
        DQ->front = newNode;
        DQ->rear = newNode;
        newNode->rlink = NULL;
        newNode->llink = NULL;
    }
    else {
        DQ->rear->rlink = newNode;
        newNode->rlink = NULL;
        newNode->llink = DQ->rear;
        DQ->rear = newNode;
    }
}

// 데크의 front 노드를 삭제하고 반환하는 연산
element deleteFront(DQueType* DQ) {
    DQNode* old = DQ->front;
    element item;
    if (isDeQEmpty(DQ)) {
        printf("\n Linked deQue is empty! \n");  return;
    }
    else {
```

```
        item = old->data;
        if (DQ->front->rlink == NULL) {
            DQ->front = NULL;
            DQ->rear = NULL;
        }
        else {
            DQ->front = DQ->front->rlink;
            DQ->front->llink = NULL;
        }
        free(old);
        return item;
    }
}

// 데크의 rear 노드를 삭제하고 반환하는 연산
element deleteRear(DQueType* DQ) {
    DQNode* old = DQ->rear;
    element item;
    if (isDeQEmpty(DQ)) {
        printf("\n Linked deQue is empty! \n"); return;
    }
    else {
        item = old->data;
        if (DQ->rear->llink == NULL) {
            DQ->front = NULL;
            DQ->rear = NULL;
        }
        else {
            DQ->rear = DQ->rear->llink;
            DQ->rear->rlink = NULL;
        }
        free(old);
        return item;
    }
}

// 데크의 front 노드의 데이터 필드를 반환하는 연산
element peekFront(DQueType* DQ) {
    element item;
    if (isDeQEmpty(DQ)) {
        printf("\n Linked deQue is empty! \n"); return;
    }
    else {
        item = DQ->front->data;
        return item;
    }
}

// 데크의 rear 노드의 데이터 필드를 반환하는 연산
element peekRear(DQueType* DQ) {
```

```c
    element item;
    if (isDeQEmpty(DQ)) {
        printf("\n Linked deQue is empty! \n"); return;
    }
    else {
        item = DQ->rear->data;
        return item;
    }
}

// 데크의 front 노드부터 rear 노드까지 출력하는 연산
void printDQ(DQueType *DQ) {
    DQNode *temp = DQ -> front;
    printf("DeQue : [");
    while (temp) {
        printf("%3c", temp -> data);
        temp = temp -> rlink;
    }
    printf(" ] ");
}
```

[ex6_4.c]

```c
#include "deQue.h"

int main(void)
{
    DQueType* DQ1 = createDQue();    // 데크 생성
    element data;
    printf("\n ***** 데크 연산 ***** \n");
    printf("\n front 삽입 A>> "); insertFront(DQ1, 'A'); printDQ(DQ1);
    printf("\n front 삽입 B>> "); insertFront(DQ1, 'B'); printDQ(DQ1);
    printf("\n rear  삽입 C>> "); insertRear(DQ1, 'C'); printDQ(DQ1);
    printf("\n front 삭제  >> "); data = deleteFront(DQ1);   printDQ(DQ1);
    printf("\t삭제 데이터: %c", data);
    printf("\n rear  삭제  >> "); data = deleteRear(DQ1);    printDQ(DQ1);
    printf("\t\t삭제 데이터: %c", data);
    printf("\n rear  삽입 D>> "); insertRear(DQ1, 'D'); printDQ(DQ1);
    printf("\n front 삽입 E>> "); insertFront(DQ1, 'E'); printDQ(DQ1);
    printf("\n front 삽입 F>> "); insertFront(DQ1, 'F'); printDQ(DQ1);

    data = peekFront(DQ1); printf("\n peek Front item : %c \n", data);
    data = peekRear(DQ1); printf(" peek Rear item : %c \n", data);

    getchar(); return 0;
}
```

```
***** 데크 연산 *****

front 삽입 A>> DeQue : [ A ]
front 삽입 B>> DeQue : [ B A ]
rear  삽입 C>> DeQue : [ B A C ]
front 삭제  >> DeQue : [ A C ]      삭제 데이터 : B
rear  삭제  >> DeQue : [ A ]        삭제 데이터 : C
rear  삽입 D>> DeQue : [ A D ]
front 삽입 E>> DeQue : [ E A D ]
front 삽입 F>> DeQue : [ F E A D ]
peek Front item : F
peek Rear item : D
```

[deQue.h]

004~008행 : 데크를 이중 연결 리스트로 구현하기 위해 링크 필드 llink와 rlink를 가진 구조로 데크 노드를 정의한다.

[deQue.c]

031행 : front 앞에 newNode를 삽입하기 위해 front 노드의 왼쪽 링크를 newNode로 연결한다.

032행 : newNode의 오른쪽 링크는 현재의 front 노드로 연결한다.

033행 : newNode가 데크의 첫 번째 노드가 되었으므로 newNode의 왼쪽 링크는 NULL로 설정한다.

034행 : 포인터 front를 첫 번째 노드인 newNode로 설정한다.

049행 : rear 뒤에 newNode를 삽입하기 위해서 rear 노드의 오른쪽 링크를 newNode로 연결한다.

050행 : newNode가 데크의 마지막 노드가 되었으므로 newNode의 오른쪽 링크는 NULL로 설정한다.

051행 : newNode의 왼쪽 링크는 현재의 rear 노드로 연결한다.

052행 : 포인터 rear를 마지막 노드인 newNode로 설정한다.

058행 : 데크의 front 노드를 삭제하기 위해 front 노드를 포인터 old로 지정한다.

065~068행 : 현재 front 노드의 오른쪽에 노드가 없는 경우, 즉 데크에 front 노드가 하나뿐인 경우에는 front 노드를 삭제하면 공백 데크가 되므로 포인터 front와 rear를 NULL로 설정한다.

069~072행 : 현재 front 노드의 오른쪽에 노드가 있다면 포인터 front를 오른쪽 노드로 이동한다. 변경된 front 노드의 왼쪽 링크를 NULL로 설정하여 왼쪽 노드, 즉 삭제할 노드와의 연결을 해제한다.

073~074행 : 포인터 old가 가리키는 노드(원래 front였던 노드)의 메모리를 해제하고 데이터 필드값을 반환한다.

080행 : 데크의 rear 노드를 삭제하기 위해 rear 노드를 포인터 old로 지정한다.

087~090행 : 현재 rear 노드의 왼쪽에 노드가 없는 경우, 즉 데크에 rear 노드가 하나뿐인 경우에는 rear 노드를 삭제하면 공백 데크가 되므로 포인터 front와 rear를 NULL로 설정한다.

091~094행 : 현재 rear 노드의 왼쪽에 노드가 있는 경우에는 포인터 rear를 왼쪽 노드로 이동한다. 변경된 rear 노드의 오른쪽 링크를 NULL로 설정하여 오른쪽 노드, 즉 삭제할 노드와의 연결을 해제한다.

Section 04

큐의 응용

문제를 발생한 순서대로 해결하는 경우에 선입선출 운영 구조의 큐를 사용할 수 있다. 컴퓨터 운영체제에서 실행을 요청한 작업을 순서대로 처리하기 위해 버퍼 큐와 프로세스 스케줄링 큐를 사용하고 산업공학 등의 분야에서는 최적의 시스템을 설계하기 위한 시뮬레이션에서 대기 행렬 큐를 사용한다.

1 운영체제의 작업 큐

큐는 각기 다른 속도로 실행되는 작업의 처리 시간을 적절히 조절할 때 사용할 수 있다. 프린터를 사용해 출력하는 경우를 생각해 보자. CPU에서 데이터를 내보내는 출력 속도는 프린터의 출력 속도보다 훨씬 빠르다. CPU가 프린터 출력이 끝날 때까지 기다렸다가 다음 데이터를 내보내면 기다리는 시간만큼 CPU가 다른 작업을 수행할 수 없게 되어 작업 효율이 떨어진다. 이런 문제를 보완하기 위해 프린터 버퍼 큐Printer Buffer Queue를 사용한다. CPU는 출력으로 내보내는 데이터를 프린터 버퍼 큐에 삽입하고 프린터가 버퍼 큐에 있는 작업을 순서대로 처리하면서 처리가 끝난 작업은 버퍼 큐에서 삭제한다. 이와 같이 처리 속도가 다른 처리기 사이에서 처리 속도를 맞추기 위해 큐를 사용하는데, 이를 버퍼 큐라고 한다.

컴퓨터 운영체제에서는 CPU를 사용할 프로세스들에 대해 CPU 사용 스케줄을 관리하기 위해 스케줄링 큐Scheduling Queue를 사용한다. 스케줄링 큐는 준비 큐와 대기 큐로 구성한다. CPU를 사용할 프로세스들을 준비 큐에 삽입하면 순서대로 준비 큐에서 꺼내서 CPU를 사용하게 한다. CPU를 사용하던 프로세스가 다른 처리를 기다리는 대기 상태가 되면 대기 큐에 삽입하여 대기 상태의 프로세스들을 순서대로 관리한다.

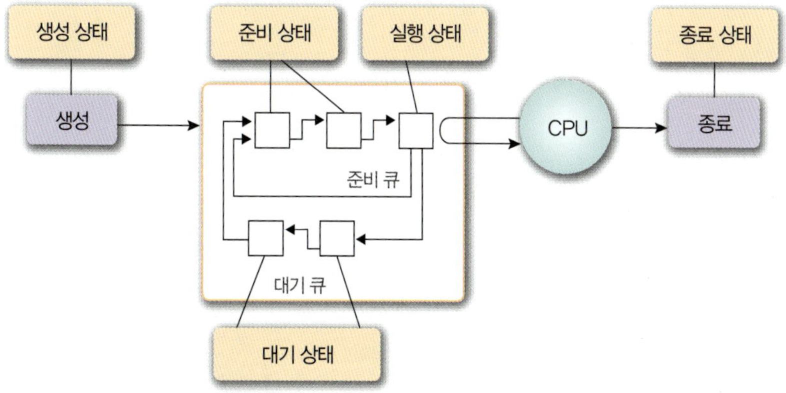

그림 6-10 프로세스 스케줄링 큐

2 시뮬레이션에서의 큐잉 시스템

시뮬레이션이란 실제로 일을 실행하기 전에 미리 실험해 보는 것이다. 시뮬레이션을 하려면 먼저 시스템에 대한 수학적인 모델링 작업을 해야 한다. 예를 들어, 공항을 새로 만들면서 입국 심사 창구를 몇 개 만들어야 할지 시뮬레이션한다면 비행기가 몇 분마다 도착하는지, 한 명을 심사하는 데 시간이 얼마나 걸리는지, 입국자가 가장 많은 시간은 언제인지 등을 모델링해야 하는데, 이러한 모델링에 사용되는 통계적인 이론이 큐잉 이론Queueing Theory이다.

큐잉 이론에서는 서비스를 받기 위해 기다리는 대기 행렬과 대기 시간을 실험하는 데 큐를 사용한다. 공항에 도착하는 입국자는 큐로 만든 대기 행렬에 순서대로 들어가고, 입국 심사관은 큐에 있는 입국자들을 순서대로 처리한다. 모든 서비스가 끝나서 대기 행렬 큐가 공백이 될 때까지 평균 대기 시간을 여러 상황에 대해 시뮬레이션하여 최적의 시스템을 설계한다.

응용예제 07

해적 널빤지 사형에서 살아남기

크루즈 여행선이 널빤지 사형으로 악명이 높은 해적에게 납치되었다. 해적은 납치한 배의 승객을 널빤지에 세워놓고 바다에 빠뜨리다가 마지막까지 남은 한 명만 살려주겠다고 한다. 해적은 납치된 승객 N명을 일렬로 세워놓고 1번부터 순서를 세어 K−1번까지는 뒤로 가서 다시 줄을 서게 하고 K번째 승객은 널빤지로 밀어 바다에 빠뜨린다. 그리고 다시 다음 승객부터 순서를 세어 K−1명은 뒤로 가서 줄을 서게 하고 K번째 승객은 널빤지로 밀어 바다에 풍덩! 다음에 물에 빠질 승객은 누구일까? 마지막까지 살아남으려면 맨 처음 일렬로 줄을 설 때 몇 번째 자리에 있어야 할까?

승객이 일곱 명일 경우에 세 번째 승객을 널빤지로 보낸다면 순서는 3, 6, 2, 7, 5, 1, 4가 된다. 즉, 네 번째 자리에 있으면 마지막 순서가 되어 살아남게 된다. 이때 N은 7이 되고 K는 3이 된다.

문제 순서 출력하기

N명 중 K번째 사람을 널빤지로 보내는 경우의 순서를 출력하는 프로그램을 작성하라.

① 입력 조건 • 첫째 줄에 N과 K에 대한 정수가 주어진다. ($1 \le N \le 50$, $1 \le K \le N$)

② 출력 조건 • 첫째 줄에 널빤지로 선택되는 자리 번호를 순서대로 출력한다.

③ 입출력 예시

```
7 3
```
→
```
3 6 2 7 5 1 4
```

```
10 4
```
→
```
4 8 2 7 3 10 9 1 6 5
```

문제 해결

① 설계

이 문제는 요세푸스 순열과 관련이 있다. 기원후 67년에 유대와 로마의 전쟁에서 패한 유대인들이 자결하기로 하고 제비를 뽑아 서로 죽였는데 마지막까지 살아남은 사람이 요세푸스였다. 이러한 요세푸스 일화에서 유래된 것으로 알려진 요세푸스 문제Josephus problem 또는 요세푸스 순열Josephus permutation을 컴퓨터과학과 수학에서는 다음과 같이 정의한다.

n과 k가 자연수일 때 k 〈 n이라고 가정한다. n명이 동그랗게 모여 있을 때 임의의 한 명부터 순서를 세어 k번째 사람을 모임에서 제외한다. 남은 n−1명에서 다시 다음 사람부터 순서를 세어 k번째 사람을 모임에서 제외한다. 이것을 아무도 남지 않을 때까지 계속해서 반복한다. 이때 모임에서 제외되는 사람의 순서를 (n,k) 요세푸스 순열이라고 하며 마지막으로 제외되는 사람을 구하는 문제를 요세푸스 문제라고 한다. 예를 들어 (7,3) 요세푸스 순열은 {3,6,2,7,5,1,4}이며 네 번째에 위치한 사람이 마지막으로 제외된다. n과 k 사이의 관계식을 구하면 다음과 같다(출처: 위키백과).

$$f(n,k)=((f(n-1,k)+k-1) \bmod n)+1$$

큐를 사용하면 위의 수학적 관계식보다 간단히 해결할 수 있다.

ⓐ 앞에서부터 K−1번까지를 순서대로 뒤로 보내야 하므로 큐에서 삭제하여 다시 큐에 삽입한다.

ⓑ K번은 큐에서 삭제하여 출력한다.

ⓒ ⓐ~ⓑ를 반복하다가 큐의 마지막 원소를 삭제하여 출력하면 작업이 완성된다.

② 순서도

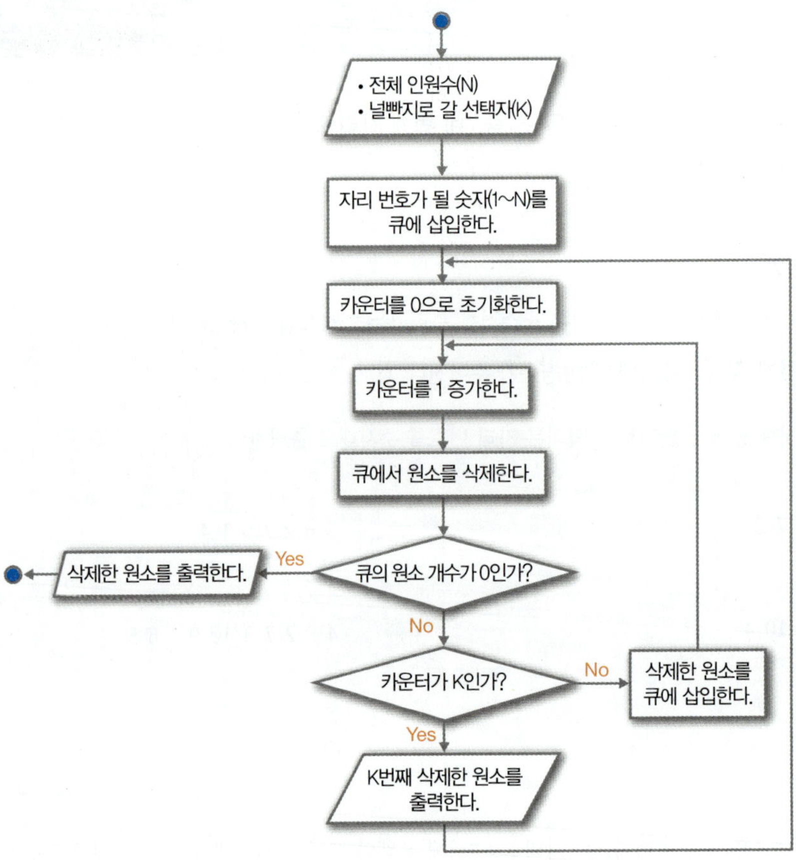

응용예제 08

스택 수 판별하기

스택 수Stack Number란 아래의 장치를 가지고 왼쪽 큐 LQ에 만들 수 있는 수열을 말한다. 아래의 장치는 두 개의 큐와 한 개의 스택으로 구성되어 있는데 오른쪽 큐 RQ에는 1부터 N까지 정수가 순서대로 들어 있다. 오른쪽 큐에서 데이터를 하나씩 꺼내서 왼쪽 큐에 넣거나 중간에 있는 스택에 넣을 수 있다. 즉, 왼쪽 큐에 들어가는 숫자는 오른쪽 큐에서 직접 입력되거나 스택에서 pop()하여 꺼낸 데이터다. 왼쪽 큐에서 오른쪽 큐로 데이터를 넣거나 스택에서 오른쪽 큐로 데이터를 넣을 수는 없다.

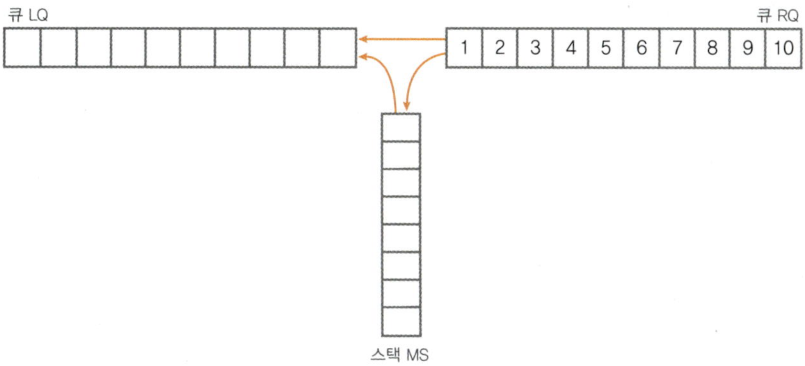

문제 **스택 수 판단하기**

스택 수를 생성하는 프로그램을 작성하여 입력된 수열이 스택 수인지를 판별하여 출력하시오.

① 입력 조건
- 첫째 줄에 오른쪽 큐에 들어가는 데이터 크기 N의 정수가 주어진다. ($3 \le N \le 20$)
- 둘째 줄에 테스트할 수열이 N개의 숫자로 주어진다.

② 출력 조건
- 첫째 줄에 테스트 결과가 스택 수이면 POSSIBLE을 출력하고 스택 수가 아니면 IMPOSSIBLE을 출력한다.

③ 입출력 예시

```
10
3 4 6 7 8 5 9 2 1 10
```

→

```
POSSIBLE
```

문제 해결

① 설계

스택의 push, pop 연산을 사용한 후입선출 LIFO 동작과 큐의 enQueue, deQueue 연산을 사용한 선입선출 FIFO 동작을 조합하여 해결한다.

- 오른쪽 큐에서 deQueue로 처리할 숫자(현재 큐에서 맨 앞에 있는 숫자)와 테스트할 수열의 숫자가 같으면 오른쪽 큐에서 꺼내서(deQueue) 왼쪽 큐로 직접 입력(enQueue)한다.
- 그렇지 않고 오른쪽 큐의 숫자가 테스트할 수열의 숫자보다 작으면 테스트할 수열의 숫자가 나올 때까지 오른쪽 큐의 숫자를 스택에 입력(push)한다.
- 또는 오른쪽 큐의 숫자가 테스트할 수열의 숫자보다 크면 스택에서 pop하여 왼쪽 큐에 입력한다.
- 이 규칙으로 만들어지지 않는 수열은 스택 수가 될 수 없다.

② 순서도

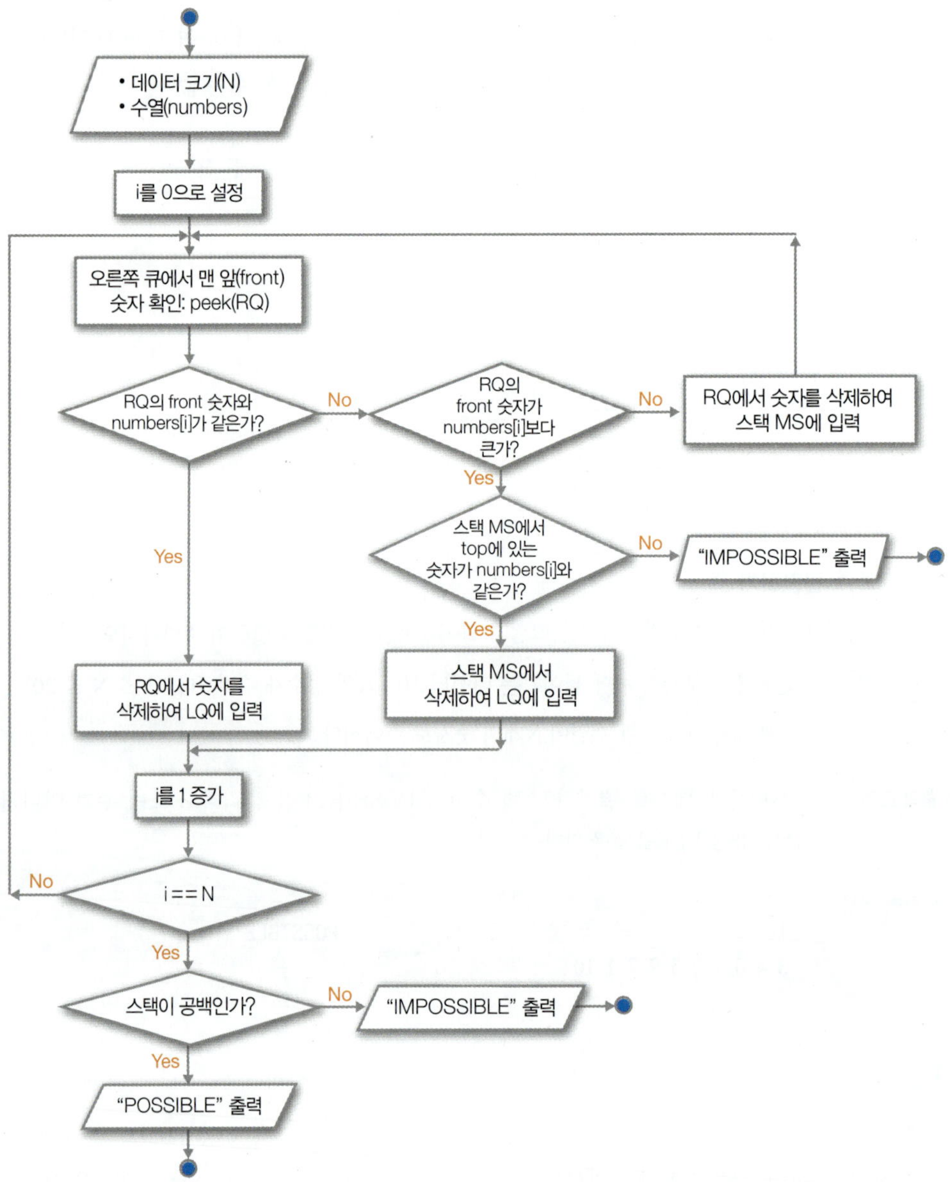

요약

01 큐의 개념

큐[Queue]는 리스트의 한쪽 끝[Rear]에서는 삽입 작업이 이루어지고 반대쪽 끝[Front]에서는 삭제 작업이 이루어져서 삽입된 순서대로 삭제되는 선입선출[FIFO : First-In-First-Out] 구조로 운영되는 유한 순서 리스트이다.

02 순차 큐의 구현

큐를 순차 자료구조를 사용하여 구현하는 방법은 1차원 배열을 이용하는 것이다. 배열에 저장된 원소 중에서 첫 번째 원소의 배열 인덱스가 원소의 삽입 위치인 rear가 되고, 배열에 저장된 원소 중에서 마지막 원소의 배열 인덱스는 원소의 삭제 위치인 front가 된다. 1차원 배열로 구현한 순차 큐는 빈자리가 있어도 rear가 배열의 마지막 인덱스가 되면 더 이상 원소를 삽입할 수 없는 포화 상태가 된다.

03 원형 큐의 구현

원형 큐[Circular Queue]는 1차원 배열의 처음과 끝을 논리적으로 연결하여 만든 큐로 순차 큐의 잘못된 포화 상태 문제를 해결한다.

04 연결 큐의 구현

연결 자료구조로 구현한 연결 큐[Linked Queue]는 크기에 제한이 없으며, 데이터 필드와 링크 필드를 가진 노드를 사용하여 큐의 원소를 표현하며, 첫 번째 노드를 가리키는 포인터 front와 마지막 노드를 가리키는 포인터 rear를 사용한다.

05 데크

데크[Deque : Double-ended Queue]는 큐의 양쪽 끝에서 삽입과 삭제가 모두 가능하도록 큐를 확장한 자료구조이므로 스택의 성질과 큐의 성질을 모두 갖는다. 데크에서 수행하는 양방향 삽입과 삭제를 구현하기 위해서 양방향 링크 필드를 가진 이중 연결 리스트를 이용하여 연결 자료구조 방식으로 구현한다.

06 큐의 응용

큐는 선입선출 방식으로 처리해야 하는 문제에 이용할 수 있는데, 작업 버퍼 큐, 프로세스 스케줄링, 대기 행렬을 모델링하는 시뮬레이션 등에서 사용할 수 있다.

연습문제

01 자료구조에 대한 설명으로 옳지 않은 것은?

① 스택은 Last−In−First−Out 처리를 수행한다.
② 큐는 First−In − First−Out 처리를 수행한다.
③ 스택은 서브루틴 호출, 인터럽트 처리, 수식 계산 및 수식 표기법에 응용된다.
④ 큐는 비선형 구조에 해당한다.

02 다음 중 큐에 대한 설명으로 옳은 것은?

① 큐의 크기는 항상 미리 정해져 있어야 한다.
② 자료의 삽입과 삭제는 같은 위치인 끝에서 일어난다.
③ 자료의 입출력은 LIFO [Last-In-First-Out] 순서로 일어난다.
④ 자료의 삽입과 삭제는 모두 O(1) 시간에 수행된다.

03 큐에 대한 설명으로 틀린 것은?

① 자료의 삽입과 삭제가 Top에서 이루어진다.
② FIFO 방식으로 처리한다.
③ Front와 Rear의 포인터 두 개를 갖고 있다.
④ 운영체제의 작업 스케줄링에 사용된다.

04 다음 설명과 일치하는 자료구조를 각각 바르게 연결한 것은?

(가) 먼저 추가된 항목이 먼저 제거된다.
(나) 먼저 추가된 항목이 나중에 제거된다.
(다) 항목이 추가된 순서에 상관없이 제거된다.

	(가)	(나)	(다)
①	큐	연결 리스트	스택
②	스택	연결 리스트	큐
③	스택	큐	연결 리스트
④	큐	스택	연결 리스트

05 다음 중 큐가 요구되는 작업으로 가장 적합한 것은?

① 작업 스케줄링　　② 중위 표기식의 후위 표기 변화

③ 함수 호출과 리턴　　④ 이진 트리의 중위 순회

06 스택 수Stack Number란 다음 장치의 왼쪽 큐 LQ에 들어갈 수 있는 숫자열을 말한다. 오른쪽 큐 RQ로부터 데이터가 하나씩 중간에 있는 스택 MS를 거치거나 바로 LQ로 입력될 수 있다. 즉, 데이터가 LQ에 입력될 때 RQ에서 직접 입력되거나 MS에서 한 데이터를 삭제하여 LQ에 추가할 수 있다. 다음 장치에서 생성할 수 있는 스택 수는?

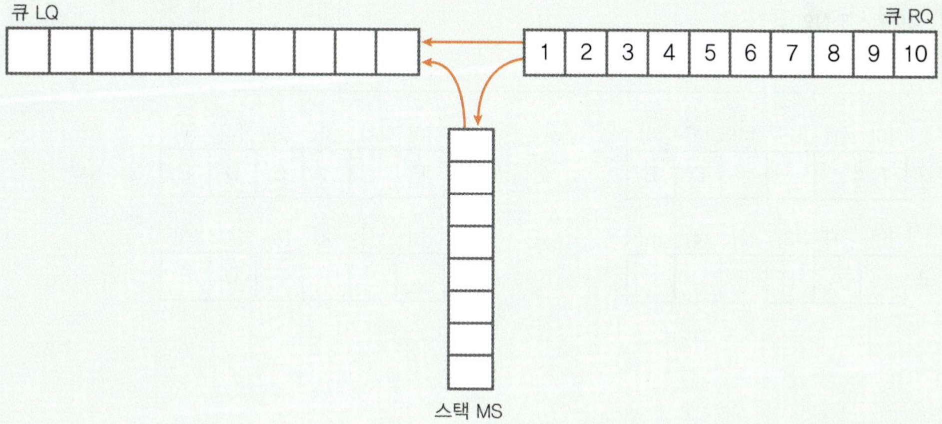

① 1 8 5 6 7 4 9 3 10 2

② 3 4 6 7 8 5 9 2 1 10

③ 3 4 8 5 6 7 2 9 1 10

④ 9 4 7 5 6 3 8 1 2 10

07 데크에 대한 설명을 바르게 짝지은 것은?

ㄱ. 양끝에서 노드의 삽입과 삭제가 가능하다.
ㄴ. 포인터를 하나 사용한다.
ㄷ. Delete Ended Queue의 약자이다.
ㄹ. 선형 자료구조이다.

① ㄱ, ㄴ　　② ㄱ, ㄴ, ㄷ　　③ ㄱ, ㄷ, ㄹ　　④ ㄱ, ㄹ

08 다음과 같은 원형 큐에 대해 '가'에서 '바'까지 연산을 차례로 수행했을 때, 수행이 완료된 후 큐의 상태는? (단, 현재 상태에서 front=0, rear=2이며, front에서는 삭제, rear에서는 삽입이 일어난다.)

[0]	[1]	[2]	[3]	[4]	[5]
	A	B			

가. 원소 C 삽입
나. 원소 두 개 삭제
다. 원소 한 개 삭제
라. 원소 D 삽입
마. 원소 E 삽입
바. 원소 F 삽입

①

[0]	[1]	[2]	[3]	[4]	[5]
F				D	E

②

[0]	[1]	[2]	[3]	[4]	[5]
F			C	D	E

③

[0]	[1]	[2]	[3]	[4]	[5]
	A	B	F		

④

[0]	[1]	[2]	[3]	[4]	[5]
			F	D	E

09 데크에 대한 설명으로 옳지 않은 것은?

① 입력 제한 데크는 Shelf이고 출력 제한 테크는 Scroll이다.
② 삽입과 삭제가 리스트의 양쪽 끝에서 발생할 수 있는 자료구조이다.
③ 스택과 큐의 장점으로 구성한 것이다.
④ Double Ended Queue의 약자이다.

10 데크는 삽입과 삭제가 양끝에서 임의로 수행되는 자료구조이다. 다음 그림과 같이 단순 연결 리스트로 데크를 구현한다고 할 때 O(1) 시간 내에 수행할 수 없는 연산은? (단, first와 last는 각각 데크의 첫 번째 원소와 마지막 원소를 가리키며, 연산이 수행된 후에도 데크의 원형이 유지되어야 한다.)

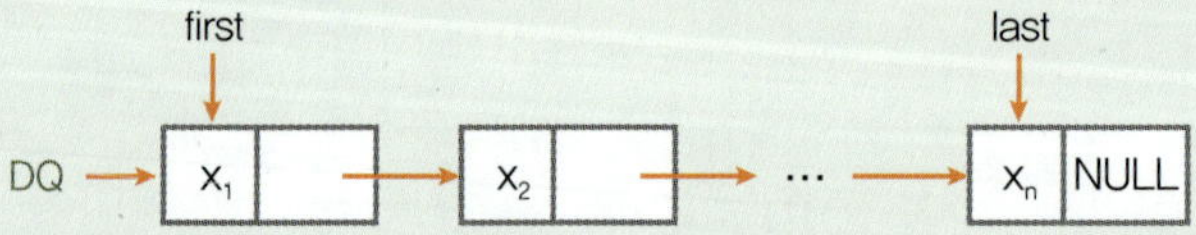

① insertFirst 연산 : 데크의 첫 번째 원소로 삽입
② insertLast 연산 : 데크의 마지막 원소로 삽입
③ deleteFirst 연산 : 데크의 첫 번째 원소를 삭제
④ deleteLast 연산 : 데크의 마지막 원소를 삭제

11 스택 S와 원형 큐 Q의 초기 배열 상태가 다음과 같다고 가정하자. 여기서 T는 스택의 top을, R과 F는 큐의 rear와 front를 각각 나타낸다. (단, 스택에 관한 클래스 함수 push( )는 스택에 삽입, pop( )은 스택의 top이 가리키는 값을 삭제, top( )은 스택의 top이 가리키는 값을 반환한다. 큐에 관한 클래스 함수 front( )는 큐의 front가 가리키는 값의 반환, remove( )는 큐의 front가 가리키는 값의 삭제를 나타낸다.) 오른쪽 문장이 순서대로 실행된 후 Q의 상태는?

		T				
S	3	6				

		R			F	
Q	2	6			7	4

```
S.push(Q.front( ));
S.push(S.top( ));
S.pop( );
Q.remove( );
S.push(Q.front( ));
```

① S | 3 | 6 | | | | | Q | 2 | 6 | | | 7 | 4 |

② S | 3 | 6 | 7 | | | | Q | 2 | 6 | | | | 4 |

③ S | 3 | 6 | 7 | 4 | | | Q | 2 | 6 | | | 7 | 4 |

④ S | 3 | 6 | 7 | 4 | | | Q | 2 | 6 | | | | 4 |

12 택시 정거장에서 줄을 서서 순서대로 택시를 타는 것과 유사한 자료구조는?

① 스택 ② 큐 ③ 트리 ④ 그래프

13 일상생활에서 발견할 수 있는 큐의 예를 설명하시오.

14 큐와 스택의 구조를 비교하여 설명하시오.

15 1차원 배열의 선형 큐에서 잘못된 포화 상태 문제를 해결하는 방법을 설명하시오.

16 크기가 5인 선형 큐에서 다음 연산을 수행한다. 큐가 포화 상태가 되어 더 이상 작업을 할 수 없게 되는 시점을 설명하시오.

A 삽입 → B 삽입 → 삭제 → C 삽입 → 삭제 → 삭제 → D 삽입 → E 삽입 → 삭제 → F 삽입 → 삭제

17 큐를 연결 리스트로 구현하는 경우 일반적으로 front와 rear 등 포인터를 두 개 사용한다. 만약 연결 리스트의 포인터를 하나밖에 사용할 수 없다면 가장 효율적인 구조는? (단, 큐에 A, B, C, D 순서로 입력되었고, 역원형 리스트는 데이터가 입력된 순서의 역순으로 만든 원형 리스트를 의미한다고 가정한다.)

① 포인터가 첫 노드를 가리키는 원형 리스트 구조

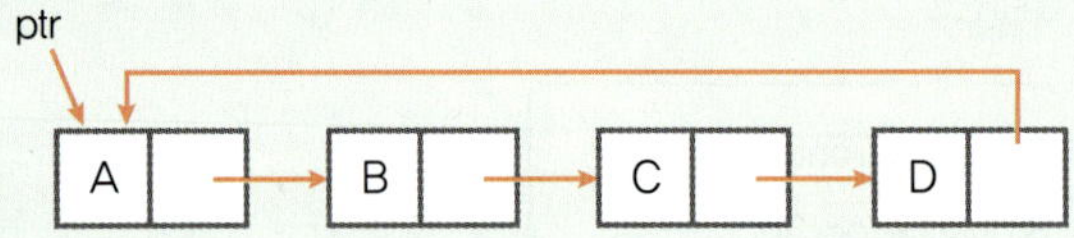

② 포인터가 마지막 노드를 가리키는 원형 리스트 구조

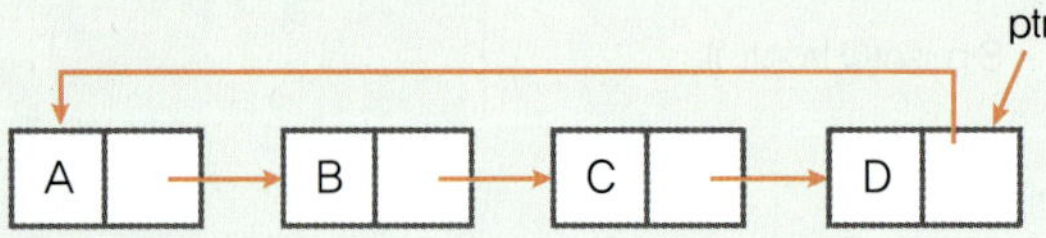

③ 포인터가 첫 노드를 가리키는 역원형 리스트 구조

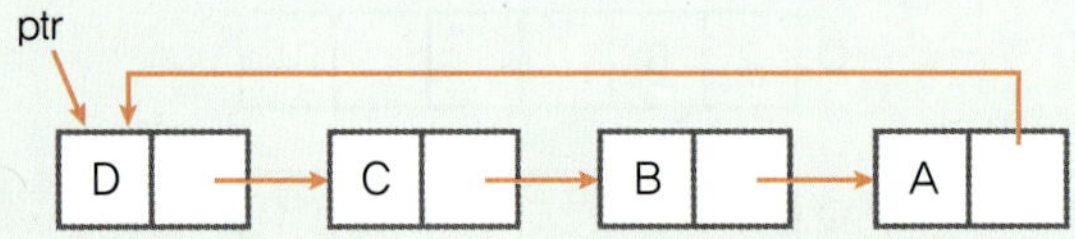

④ 포인터가 마지막 노드를 가리키는 역원형 리스트 구조

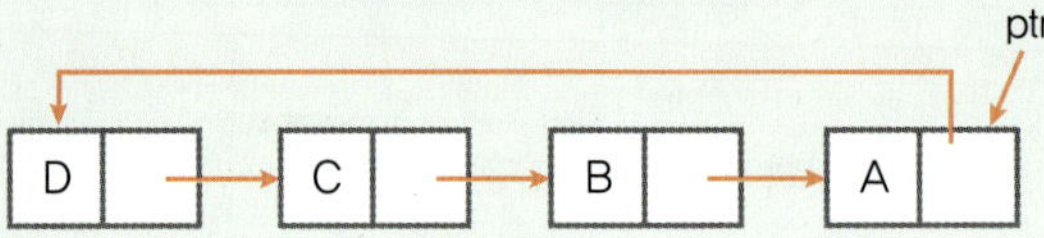

18 원형 큐에서 포화 상태와 공백 상태의 조건을 설명하시오.

트리

01 트리의 이해
02 이진 트리
03 이진 트리의 구현
04 이진 트리의 순회
05 이진 탐색 트리
06 균형 이진 탐색 트리
07 히프의 개념과 연산 및 구현
응용예제
요약
연습문제

Chapter

07

학습목표

- 트리의 개념을 이해한다.
- 이진 트리의 자료구조를 알아본다.
- 이진 트리의 순회를 이해한다.
- 이진 탐색 트리의 개념을 이해하고 연산 방법을 이해한다.
- 히프의 자료구조를 이해한다.

Chapter

07

Preview

	유형 \ 구현 방식	3장 순차 자료구조 (배열을 이용한 구현)	4장 연결 자료구조 (포인터를 이용한 구현)
3~4장	리스트	선형 리스트	단순 연결 리스트 원형 연결 리스트 이중 연결 리스트
5장	스택	순차 스택	연결 스택
6장	큐	순차 큐, 원형 큐	연결 큐
	데크	순차 데크	연결 데크
7장	트리 • 추상 자료형 • 알고리즘 • 트리의 응용 자료구조 - 이진 탐색 트리 - 균형 이진 탐색 트리 (AVL 트리) - 히프	순차 이진 트리 • 순차 트리의 응용 자료구조 - 순차 이진 탐색 트리 - 순차 균형 이진 탐색 트리 - 순차 히프	연결 이진 트리 • 연결 트리의 응용 자료구조 - 연결 이진 탐색 트리 - 연결 균형 이진 탐색 트리 - 연결 히프
8장	그래프	순차 그래프(인접 행렬)	연결 그래프(인접 리스트)

가계도나 조직도를 작성하여 관리하는 프로그램을 만든다고 가정해 보겠습니다. 가계도나 조직도는 나무뿌리가 뻗어 나가듯 위에서 아래로 확장되는 계층형 구조로, 각 레벨에 대한 관리와 하위 레벨로의 확장이 가능해야 합니다. 앞에서 배운 리스트나 스택 또는 큐로 가계도나 조직도를 구현할 수 있을까요? 선형 자료구조로 계층형 구조를 표현하기는 어렵습니다. 이처럼 가계도나 조직도 같은 계층형 구조를 가진 문제를 해결하기 위한 자료구조 유형이 트리입니다.

Section 01

트리의 이해

트리Tree는 자료들이 리스트, 스택, 큐와 같은 1:1 관계의 선형 구조가 아니라 1:n 관계의 비선형 자료구조이다. 또한 계층 관계로 만들어진 계층형 자료구조Hierarchical Data Structure이다. 가족 관계는 계층적인 관계를 가지고 있으므로 트리 자료구조의 예이기도 하다. [그림 7-1]은 길동이네 가족 관계를 나타낸 가계도이다.

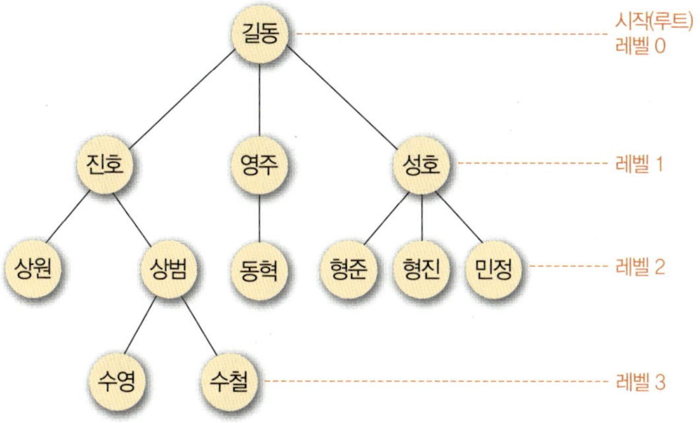

그림 7-1 **트리 자료구조의 예 : 가계도**

가계도에서 가족 구성원을 연결하는 선은 부모-자식 관계를 나타낸다. 길동이에게는 자식이 세 명(진호, 영주, 성호), 진호에게는 두 명(상원, 상범), 영주에게는 한 명(동혁), 성호에게는 세 명(형준, 형진, 민정) 있다. 또 상범이에게는 자식이 두 명(수영, 수철) 있다. 부모가 같은 자식들은 형제 관계가 된다. 따라서 진호, 영주, 성호는 부모가 모두 길동이이므로 형제 관계이다.

조상은 자신과 연결된 선을 따라 위로 올라가면서 만나는 사람들이다. 예를 들어, 수영이의 조상은 상범, 진호, 길동이다. 마찬가지로 자손은 자신과 연결된 선을 따라 아래로 내려가면서 만나는 사람들이다. 따라서 진호의 자손은 상원, 상범, 수영, 수철이다. 가계도의 시작(루트)인 길동이를 0세대(레벨 0)라고 하면 길동이 자식들은 1세대(레벨 1), 그 다음 자식들은 2세대(레벨 2), 그 다음 자식들은 3세대(레벨 3)가 된다. 가족 구성원 누구든지 분가하여 독립된 가계를 이룰 수 있다.

트리의 구조와 구성 요소도 [그림 7-1]의 가계도와 같다. 트리를 구성하는 원소(자료)를 노드Node라 하고, 노드를 연결하는 선을 간선Edge이라고 한다. [그림 7-2]의 트리 A에는 노드가 A, B, C, D, E, F, G, H, I, J, K, L로 열두 개 있고, 부모Parent 노드와 자식Child 노드는 간선으로 연결되어 있다. 트리의 시작 노드를 루트Root 노드라고 하며, 루트는 레벨Level 0이 된다. 같은 부모 노드를 가진 자식 노드들은 서로 형제Sibling 노드가 된다. 노드 A의 자식 노드인 노드 B, C, D는 서로 형제 노드가 된다. 한 노드에서 간선을 따라 루트 노드까지 이르는 경로에 있는 노드는 모두 그 노드의 조상Ancestor 노드가 된다. 노드 K의 조상 노드는 노드 F, B, A가 된다.

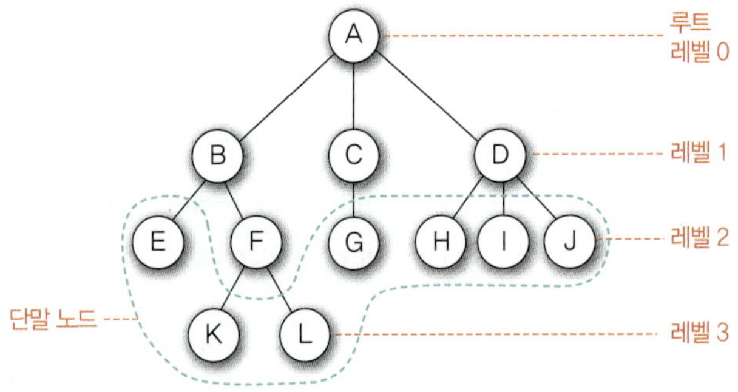

그림 7-2 트리의 구조와 구성 요소

자식 노드들은 각각 독립하여 새로운 트리를 구성할 수 있으므로 각 노드는 자식 노드 수만큼 서브 트리Subtree를 갖는다. [그림 7-2]에서 노드 A는 자식 노드로 B, C, D를 가지므로 서브 트리 역시 세 개이다. 한 노드의 자손 노드는 그 노드의 서브 트리에 있는 노드가 된다. 노드 B의 자손 노드는 서브 트리 E의 노드와 서브 트리 F의 노드이므로 E, F, K, L이 된다.

한 노드가 가지는 서브 트리의 수, 즉 자식 노드 수를 노드의 차수Degree라고 한다. [그림 7-2]에서 노드 A의 차수는 3, 노드 B의 차수는 2, 노드 C의 차수는 1, 노드 D의 차수는 3이다. 차수가 0인 노드, 즉 자식 노드가 없는 노드를 단말Terminal 노드 또는 리프Leaf 노드라고 한다. 따라서 노드 E, G, H, I, J, K, L은 트리 A의 단말 노드이다. 단말 노드를 제외한 나머지 노드, 즉 차수가 1 이상인 노드는 내부Internal 노드라고 한다. 노드의 차수 중에서 가장 큰 값이 트리의 차수가 되므로 트리 A의 차수는 3이 된다.

한 노드의 높이는 루트에서 그 노드에 이르는 경로에 있는 간선의 수이고, 노드의 높이 중에서 가장 큰 값, 즉 최대 레벨이 트리의 높이가 된다. [그림 7-2]에서 노드 B의 높이는 1, 노드 F의 높이는 2이며, 트리 A의 전체 높이는 3이다.

나무가 모이면 숲이 되듯 여러 개의 트리 집합을 포리스트Forest라 한다. n개의 자식 노드, 즉 n개의 서브 트리를 가진 루트 노드를 제거하면 n개로 분리된 트리가 포리스트를 이룬다. [그림 7-2]의 트리 A에서 루트 노드 A를 제거하면 [그림 7-3]과 같이 A의 자식 노드인 B, C, D는 각각 분리된 트리의 루트가 되고 이들 트리들의 집합이 포리스트가 된다.

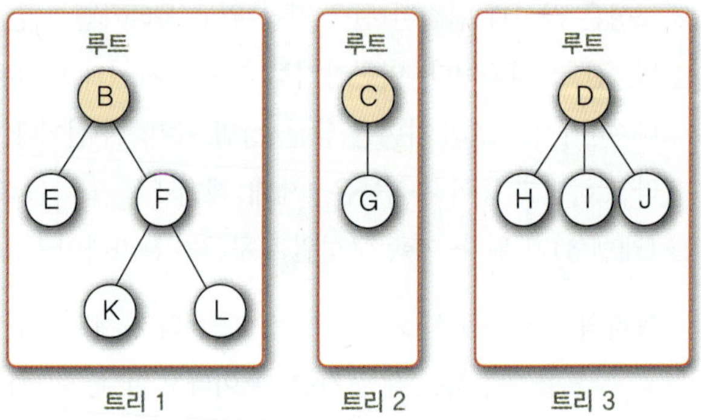

그림 7-3 [그림 7-2]에서 루트 노드 A를 제거하여 만든 포리스트

Section 02

이진 트리

1 이진 트리의 개념과 구조

트리의 구조를 일정하게 제한하여 정의하면 트리의 연산이 단순하고 명확해진다. 트리의 모든 노드의 차수를 2 이하로 제한하여 전체 트리의 차수가 2 이하가 되도록 정의한 것이 이진 트리Binary Tree이다.

이진 트리는 [그림 7-4]와 같이 좌우가 구분된 왼쪽과 오른쪽 자식 노드 두 개만 가질 수 있으며, (b)나 (c)와 같이 공백 노드도 이진 트리의 노드로 취급한다. (a)는 왼쪽 자식 노드와 오른쪽 자식 노드를 모두 가진 차수가 2인 이진 트리이다. (b)는 왼쪽 자식 노드와 공백 노드인 오른쪽 자식 노드를 가진 차수가 1인 이진 트리이며, (c)는 공백 노드를 왼쪽 자식 노드로 가지고 있는 차수가 1인 이진 트리이다. 자식 노드가 없는 단말 노드는 왼쪽 자식 노드와 오른쪽 자식 노드가 모두 공백 노드, 즉 차수가 0인 노드가 된다. 이진 트리는 왼쪽 노드와 오른쪽 노드를 구별하기 때문에 (b)와 (c)는 차수가 1로 같지만 서로 다른 이진 트리가 된다.

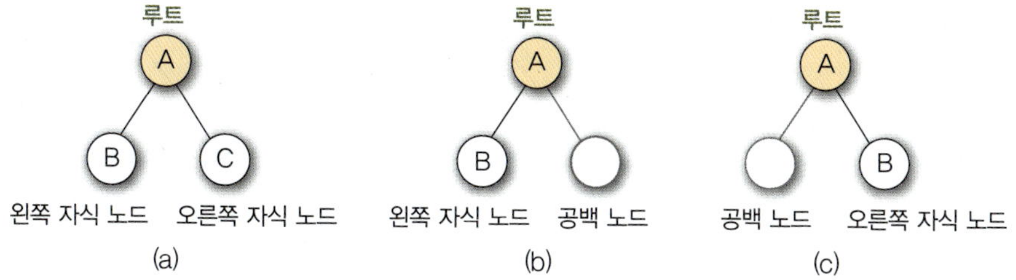

그림 7-4 이진 트리의 기본 구조

이진 트리에 있는 모든 노드는 왼쪽 자식 노드를 루트로 하는 왼쪽 서브 트리와 오른쪽 자식 노드를 루트로 하는 오른쪽 서브 트리를 갖는다. 이진 트리는 부모 노드-자식 노드의 관계가 하위 레벨에서도 순환적으로 반복되는 계층 구조이므로 이진 트리의 각 서브 트리 역시 모두 이진 트리여야 한다.

[그림 7-5]의 이진 트리는 루트 A의 왼쪽 자식 노드 B를 루트로 하는 왼쪽 서브 트리와 오른쪽 자식 노드 C를 루트로 하는 오른쪽 서브 트리로 만들어져 있다. 루트 A의 왼쪽 서브 트리인 루트 B는 왼쪽 자식 노드 D를 루트로 하는 왼쪽 서브 트리와 오른쪽 자식 노드 E를 루트로 하는 오른쪽 서브 트리를 가지고 있다. 마찬가지로 루트 A의 오른쪽 서브 트리인 루트 C는 왼쪽 자식 노드 F를 루트로 하는 왼쪽 서브 트리와 오른쪽 자식 노드 G를 루트로 하는 오른쪽 서브 트리를 가진다.

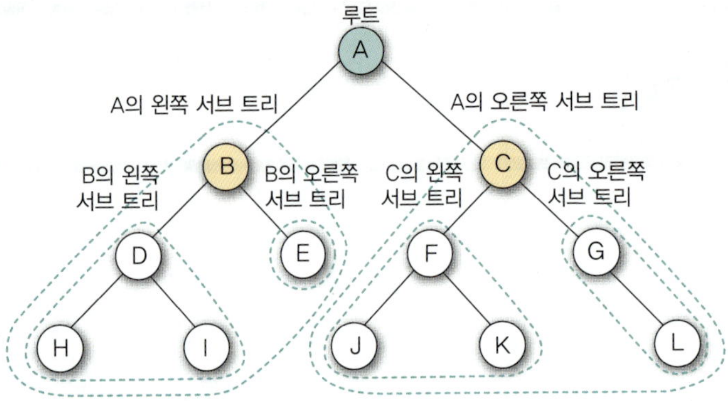

그림 7-5 이진 트리의 서브 트리

일반 트리를 [그림 7-6]과 같은 방법으로 이진 트리로 변환할 수 있다. ⓪ 일반 트리 A가 있다면 루트부터 하위 레벨로 내려가면서 각 노드의 ① 첫 번째 자식 노드로의 간선만 남겨두고 나머지 자식 노드의 간선은 제거하고, ② 형제 노드끼리 간선을 연결한다. 간선 정리 작업이 다 끝난 트리를 ③ 시계 방향으로 45° 회전시키면 이진 트리가 된다.

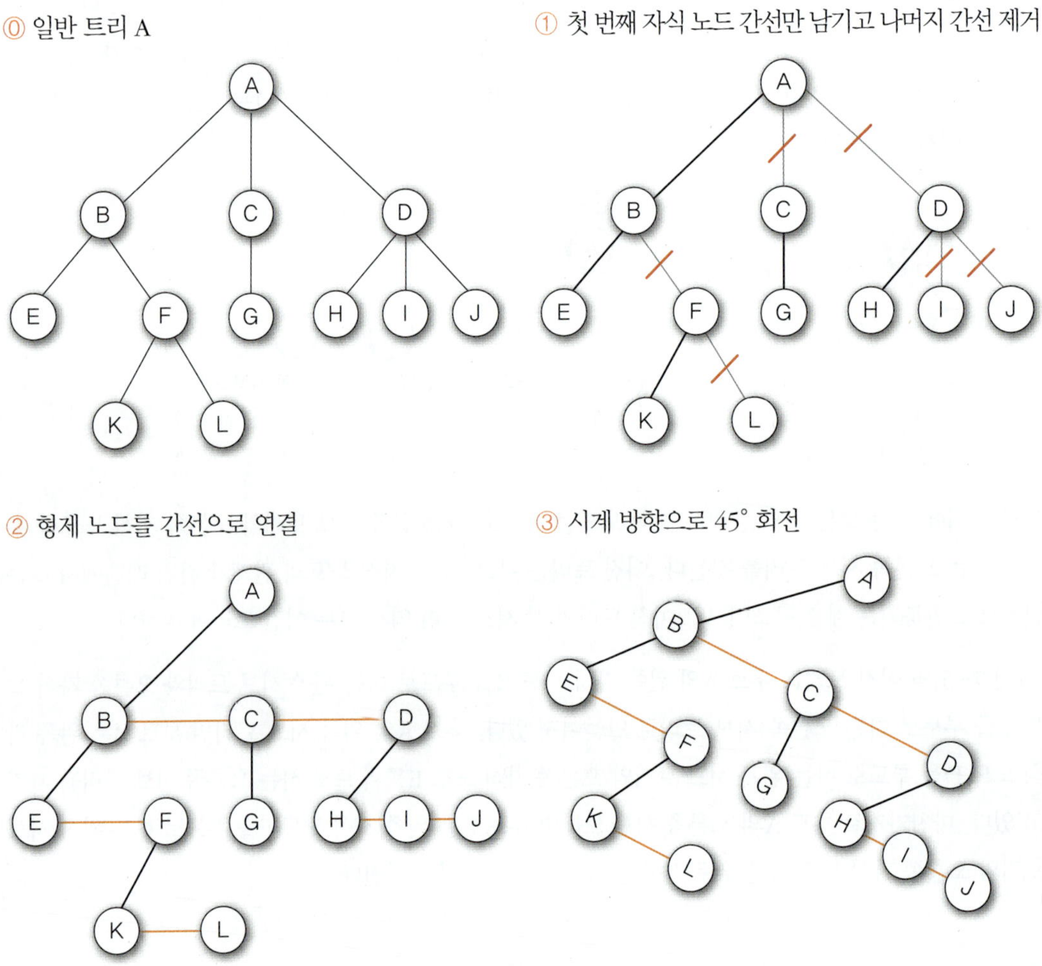

그림 7-6 일반 트리를 이진 트리로 변환하는 과정

2 이진 트리의 추상 자료형

[ADT 7-1]은 이진 트리의 데이터와 기본 연산을 논리적으로 정의한 추상 자료형이다.

ADT 7-1 이진 트리의 추상 자료형

```
ADT BinaryTree
데이터 : 공백이거나 루트 노드, 왼쪽 서브 트리, 오른쪽 서브 트리로 구성된 노드들의 유한 집합
연산 :
   bt, bt1, bt2∈BinaryTree; item∈Element;

   // 공백 이진 트리를 생성하는 연산
   createBT() ::= create an empty binary tree;

   // 이진 트리가 공백인지 확인하는 연산
   isEmpty(bt) ::= if (bt is empty) then return true
                   else return false;

   // 두 개의 이진 서브 트리를 연결하여 하나로 만드는 연산
   makeBT(item, bt1, bt2) :: = return {item을 루트로 하고
                                 bt1을 왼쪽 서브 트리, bt2를 오른쪽 서브 트리로 하는 이진 트리}

   // 이진 트리의 왼쪽 서브 트리를 구하는 연산
   leftSubtree(bt) ::= if (isEmpty(bt)) then return NULL
                       else return left subtree of bt;

   // 이진 트리의 오른쪽 서브 트리를 구하는 연산
   rightSubtree(bt) ::= if (isEmpty(bt)) then return NULL
                        else return right subtree of bt;

   // 이진 트리에서 루트 노드의 데이터(item)를 구하는 연산
   data(bt) ::= if (isEmpty(bt)) then return NULL
                else return the item in the root node of bt;
End BinaryTree
```

이진 트리의 추상 자료형에 따라 만들어진 이진 트리는 다음과 같은 특징을 갖는다.

■ **노드가 n개인 이진 트리는 항상 간선이 (n−1)개이다.**

이진 트리에서 루트를 뺀 나머지 노드는 부모 노드를 하나 가지므로 부모 노드와 연결하는 간선을 한 개 갖는다. 따라서 노드가 n개인 이진 트리에서 루트를 제외한 나머지 n−1개의 노드가 간선을 각각 한 개씩 가지고 있으므로 이진 트리에는 항상 간선이 n−1개 존재한다.

■ **높이가 h인 이진 트리가 가질 수 있는 노드 개수는 최소 (h+1)개이며, 최대 (2^{h+1}−1)개이다.**

이진 트리 높이가 h가 되려면 한 레벨에 (a)와 같이 최소한 한 개의 노드가 있어야 하고, 레벨이 0부

터 시작하므로 높이가 h인 이진 트리의 최소 노드 개수는 h+1개가 된다. 하나의 노드는 (b)와 같이 자식 노드를 최대 두 개 가질 수 있으므로 레벨 i에서의 최대 노드 개수는 2^i개가 된다. 따라서 높이가 h인 이진 트리 전체의 최대 노드 개수는 $\Sigma_{i=0}^{h} 2^i = 2^{h+1} - 1$이 된다.

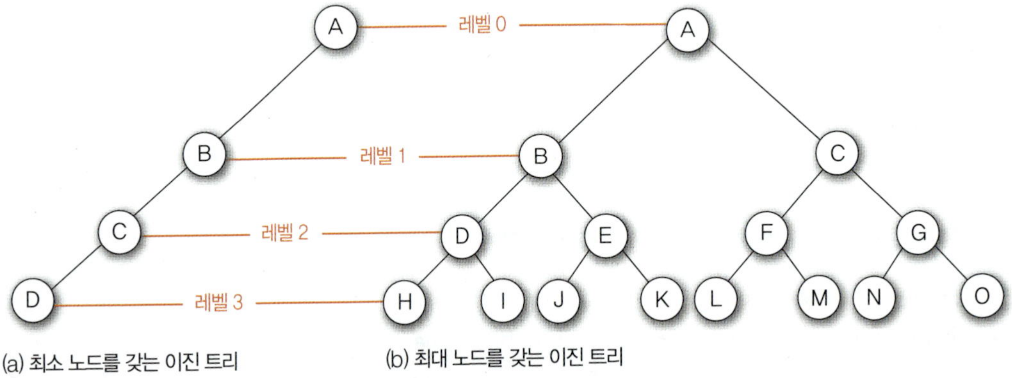

그림 7-7 높이가 3이면서 최소 노드를 갖는 이진 트리와 최대 노드를 갖는 이진 트리

3 이진 트리의 종류

일반적인 이진 트리 외에 레벨과 노드 수의 관계에 따라 포화 이진 트리Full Binary Tree, 완전 이진 트리Complete Binary Tree, 편향 이진 트리Skewed Binary Tree가 있다.

포화 이진 트리Full Binary Tree는 모든 레벨에 노드가 꽉 차 높이를 늘이지 않는 한 노드를 추가할 수 없는 포화 상태의 이진 트리이다. 즉, 포화 이진 트리는 높이가 h일 때 노드가 $(2^{h+1}-1)$개로 최대 노드 수를 갖는다. 포화 이진 트리의 노드는 위치에 따라 일정한 노드 번호를 붙일 수 있다. 루트 노드를 1번으로 하고, 하위 레벨로 내려가면서 왼쪽에서 오른쪽으로 차례로 $(2^{h+1}-1)$까지 번호를 붙인다. [그림 7-9]는 높이가 3인 포화 이진 트리로, 노드 개수가 15개$(2^{3+1}-1=15)$이고, 1부터 15까지 노드가 모두 채워져 있다.

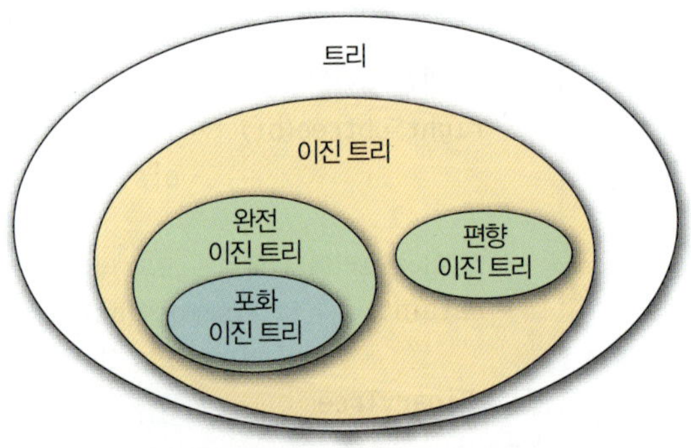

그림 7-8 이진 트리의 종류

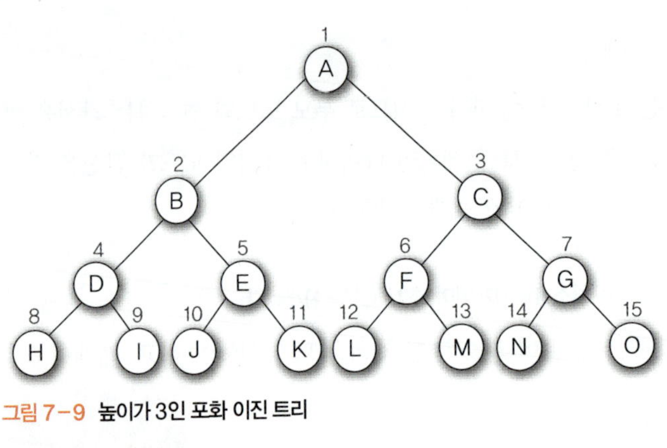
그림 7-9 높이가 3인 포화 이진 트리

완전 이진 트리Complete Binary Tree는 높이가 h이고, 노드 수가 n개일 때(단, $n < 2^{h+1}-1$), 노드 위치가 포화 이진 트리에서의 노드 1번부터 n번까지의 위치와 완전히 일치하는 이진 트리이다. 따라서 완전 이진 트리에서는 (n+1)번부터 $(2^{h+1}-1)$번까지 노드는 모두 공백 노드가 된다.

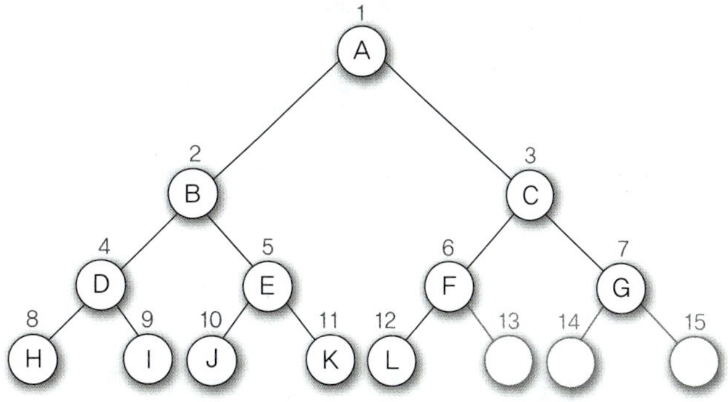

그림 7-10 **높이가 3인 완전 이진 트리**

[그림 7-10]은 높이가 3이고 노드 개수가 12개인데, 노드 1번부터 12번 자리까지는 빈자리 없이 완전하게 노드가 꽉 차 있고, 13번부터 15번 노드는 공백 노드이므로 완전 이진 트리가 된다.

이진 트리 중에서 최소 노드, 즉 높이가 h일 때 h+1개의 노드를 가지면서 모든 노드가 왼쪽이나 오른쪽 중 한 방향으로만 서브 트리를 가지고 있는 트리를 편향 이진 트리Skewed Binary Tree라고 한다.

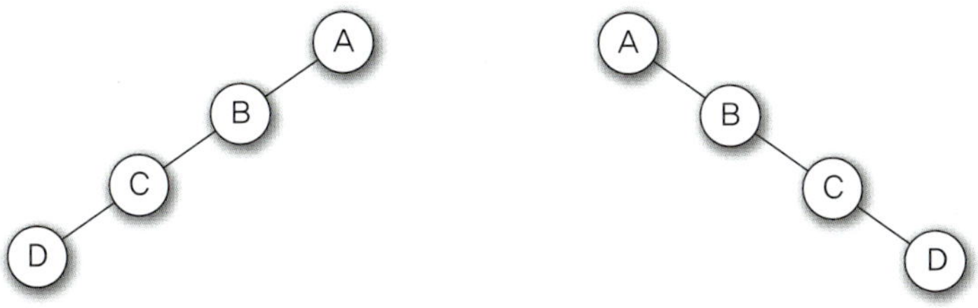

(a) 왼쪽 편향 이진 트리　　(b) 오른쪽 편향 이진 트리

그림 7-11 **높이가 3인 편향 이진 트리**

SELF TEST_ 다음 일반 트리를 [그림 7-6]에 따라 이진 트리로 변환하고, 이진 트리의 높이와 단말 노드를 구하시오.

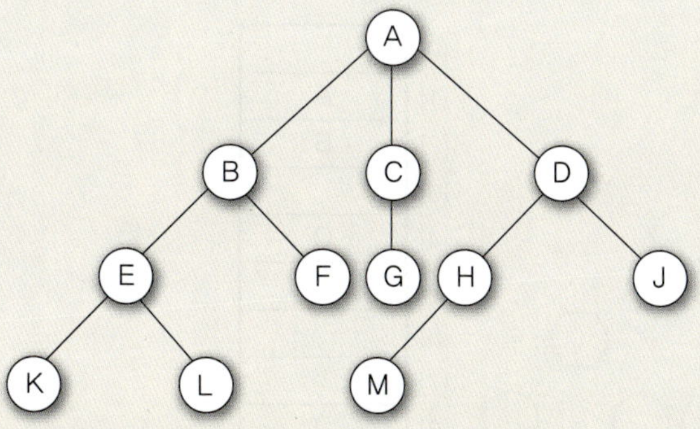

Section 03 이진 트리의 구현

1 순차 자료구조를 이용한 이진 트리의 구현

이진 트리를 순차 자료구조인 배열을 이용하여 구현하는 방법을 알아보자. 이진 트리를 1차원 배열로 표현할 때는 높이가 h인 포화 이진 트리의 노드 번호를 배열의 인덱스로 사용한다. 단, 노드 번호는 1번부터 시작하므로 1차원 배열에서 인덱스 계산을 쉽게 하기 위해 [그림 7-12]와 같이 인덱스 0번은 사용하지 않고 비워 두고, 인덱스 1번에 루트를 저장한다.

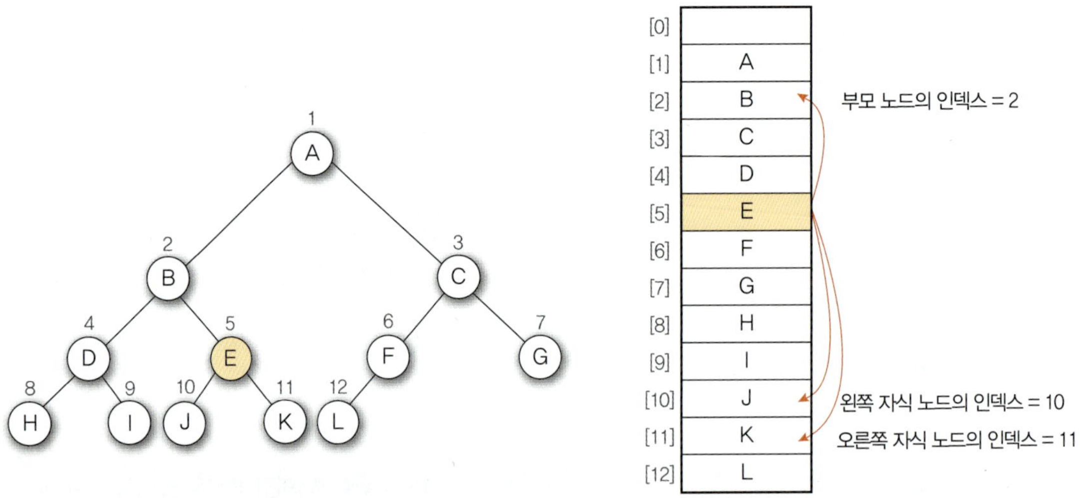

그림 7-12 이진 트리의 배열 표현 예 1 : 완전 이진 트리의 1차원 배열 표현

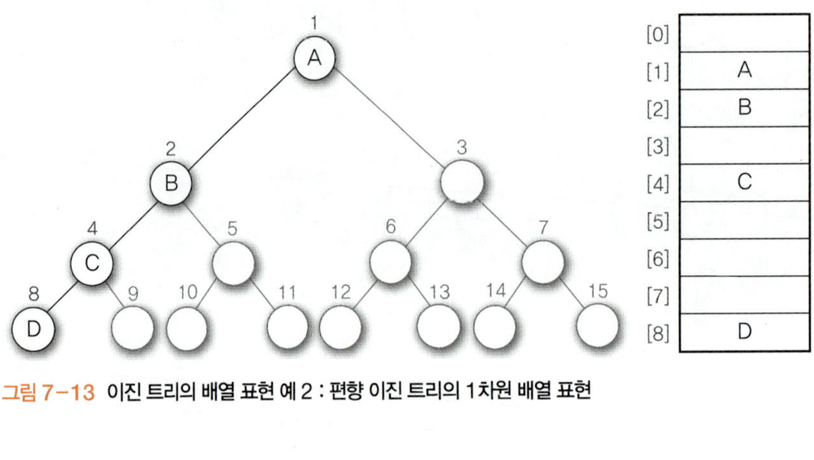

그림 7-13 이진 트리의 배열 표현 예 2 : 편향 이진 트리의 1차원 배열 표현

노드 개수가 n개인 이진 트리를 1차원 배열을 사용하여 표현하면 각 노드의 부모 노드가 저장된 배열 인덱스와 자식 노드가 저장된 배열 인덱스에 대하여 다음과 같은 일정한 규칙을 찾을 수 있다.

표 7-1 이진 트리를 표현한 1차원 배열에서의 인덱스 관계

노드	인덱스	성립 조건
노드 i의 부모 노드	$\lfloor i/2 \rfloor$	$i>1$
노드 i의 왼쪽 자식 노드	$2\times i$	$(2\times i)\le n$
노드 i의 오른쪽 자식 노드	$(2\times i)+1$	$(2\times i+1)\le n$
루트 노드	1	$n>0$

[그림 7-12]의 이진 트리와 저장한 배열에서의 인덱스 관계를 확인해 보자. 노드 번호가 5번이고 인덱스 5번에 저장되어 있는 노드 E의 부모 노드가 저장된 인덱스는 $\lfloor 5/2 \rfloor=2$번이 된다. 노드 E의 왼쪽 자식 노드의 인덱스는 2×5이므로 10번이 되고, 오른쪽 자식 노드는 $(2\times5)+1$이므로 11번이 된다. 루트 노드는 항상 배열 인덱스 1번에 저장된다.

배열을 이용한 순차 자료구조 표현은 쉽게 만들 수 있으며, 인덱스 규칙에 따라 부모 노드와 자식 노드를 쉽게 찾을 수 있다. 단, [그림 7-12]와 같은 완전 이진 트리는 메모리 공간이 최적으로 사용되지만, [그림 7-13]과 같은 편향 이진 트리는 사용하지 않아 낭비되는 메모리 공간이 생긴다.

2 연결 자료구조를 이용한 이진 트리의 구현

포인터가 포함된 노드(구조체) 기반의 연결 자료구조 구현 방식을 이용하여 이진 트리를 구현하는 방법을 알아보자. 이진 트리를 연결 자료구조로 표현하기 위해 사용하는 노드는 [그림 7-14]와 같이 데이터를 저장하는 데이터 필드, 왼쪽 자식 노드를 연결하는 왼쪽 링크 필드, 오른쪽 자식 노드를 연결하는 오른쪽 링크 필드로 구성한다. 자식 노드가 없으면 링크 필드에 NULL을 저장하여 NULL 포인터로 설정한다.

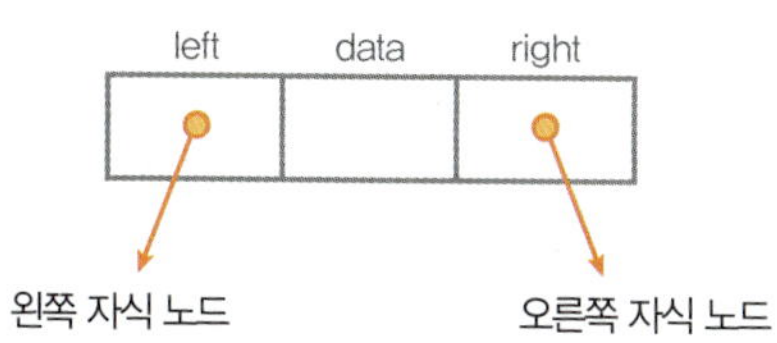

그림 7-14 이진 트리 노드의 구조

데이터 필드에 문자 데이터를 저장하는 이진 트리의 노드를 [그림 7-15]와 같이 C 구조체로 정의할 수 있다.

```
typedef struct treeNode {
    char data;
    struct treeNode *left;
    struct treeNode *right;
} treeNode;
```

그림 7-15 이진 트리 노드의 C 구조체 정의

[그림 7-12]의 완전 이진 트리와 [그림 7-13]의 편향 이진 트리를 연결 자료구조 형태로 표현하면 다음과 같다.

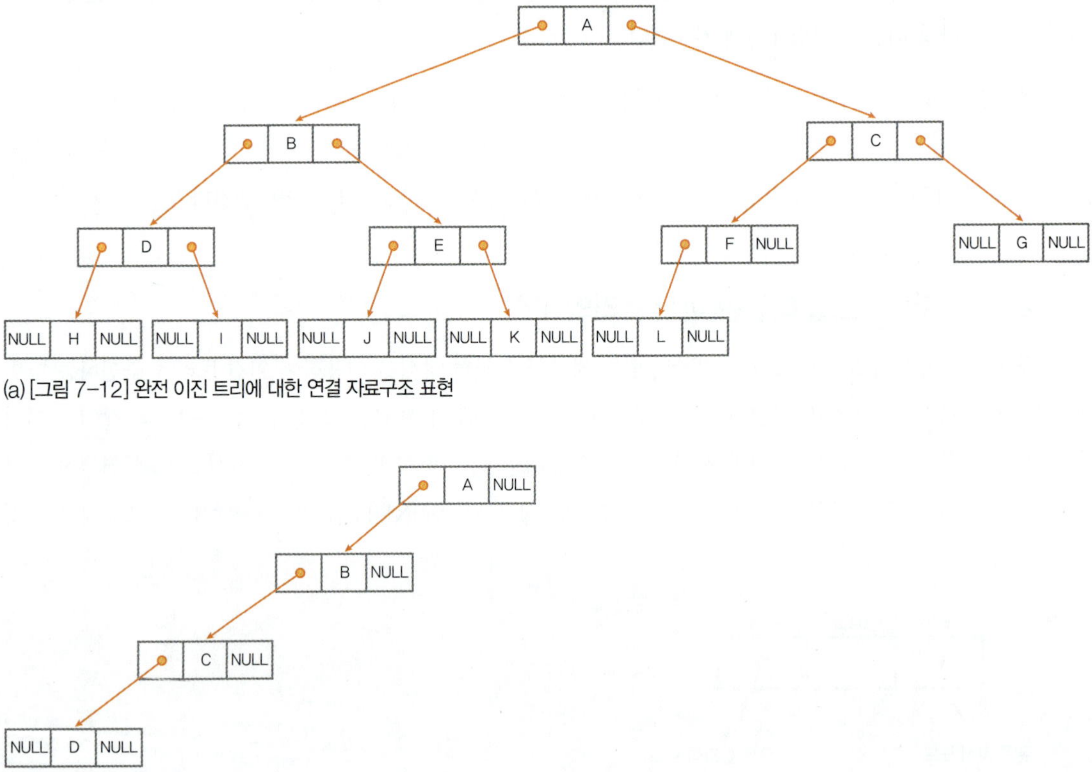

(a) [그림 7-12] 완전 이진 트리에 대한 연결 자료구조 표현

(b) [그림 7-13] 편향 이진 트리에 대한 연결 자료구조 표현

그림 7-16 이진 트리의 연결 자료구조 표현

Section 04

이진 트리의 순회

1 이진 트리 순회의 개념

순회Traversal란 모든 원소를 빠트리거나 중복하지 않고 처리하는 연산을 의미한다. 리스트, 스택, 큐 등과 같은 선형 자료구조는 원소를 1:1 관계로 구성하기 때문에 순회 연산을 별도로 작성할 필요가 없다. 하지만 이진 트리는 1:2의 비선형 계층 구조이므로 현재 노드를 처리한 후에 어떤 노드를 처리할지 결정하는 기준을 정해 놓은 순회 연산이 필요하다.

하나의 노드에서 순회를 위해 수행할 수 있는 작업은 다음 세 가지로 정의할 수 있다.

- **작업 D** : 현재 노드를 방문하여 처리한다.
- **작업 L** : 현재 노드의 왼쪽 서브 트리로 이동한다.
- **작업 R** : 현재 노드의 오른쪽 서브 트리로 이동한다.

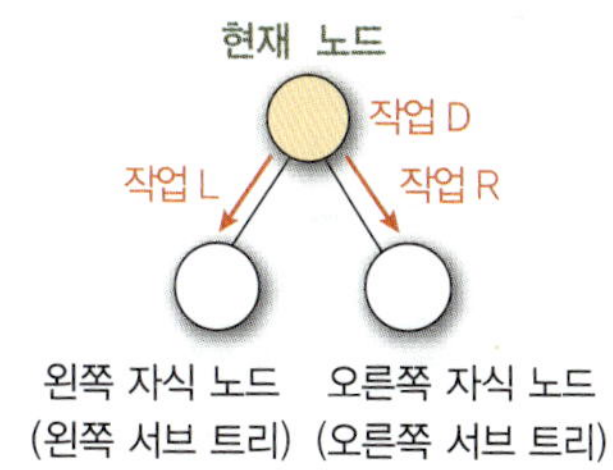

그림 7-17 이진 트리의 순회를 위한 세부 작업

이진 트리 순회의 종류는 [그림 7-17]에서 본 세 가지 작업의 수행 순서에 따라 전위 순회, 중위 순회, 후위 순회로 나눈다. 현재 노드에서 서브 트리로 이동하는 작업은 항상 왼쪽 서브 트리로 이동(L)을 먼저 하고, 그 다음에 오른쪽 서브 트리 이동(R)을 한다. 따라서 전위 순회는 DLR, 중위 순회는 LDR, 후위 순회는 LRD 순서로 순회한다.

2 전위 순회

전위 순회Preorder Traversal는 [그림 7-18]과 같이 D → L → R 순서로, 현재 노드를 방문하여 처리하는 작업 D를 가장 먼저 수행한다. 전위 순회는 트리의 모든 노드에서 이 순서로 순회를 수행한다. 이진 트리의 왼쪽 서브 트리와 오른쪽 서브 트리도 이진 트리이므로 전위 순회를 재귀적으로 반복한다.

❶ **작업 D** : 현재 노드 n을 처리한다.

❷ **작업 L** : 현재 노드 n의 왼쪽 서브 트리로 이동한다.

❸ **작업 R** : 현재 노드 n의 오른쪽 서브 트리로 이동한다.

그림 7-18 이진 트리의 전위 순회 작업 순서

이를 알고리즘으로 표현하면 [알고리즘 7-1]과 같다.

알고리즘 7-1 이진 트리의 전위 순회

```
preorder(T)
   if (T≠NULL) then {
      visit T.data;
      preorder(T.left);
      preorder(T.right);
   }
end preorder()
```

작업 D-L-R의 전위 순회 알고리즘을 사용하여 [그림 7-19]의 이진 트리를 순회해 보자. 루트 A에서 전위 순회를 시작한다.

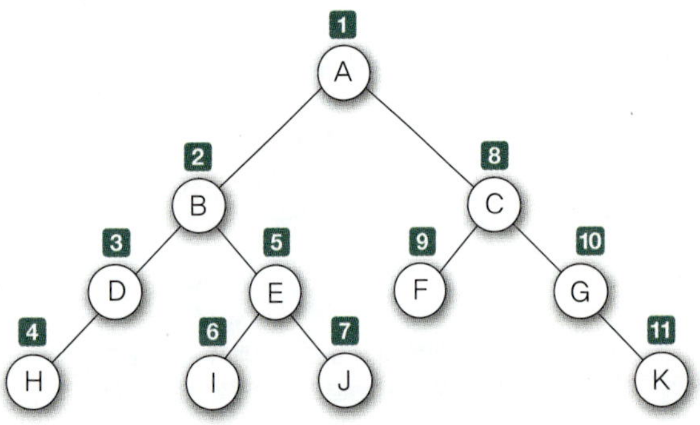

그림 7-19 이진 트리의 전위 순회 경로 : A-B-D-H-E-I-J-C-F-G-K

1 **노드 A(Ⓓ-L-R)** : 루트 A에서 전위 순회를 시작하여 현재 노드 A의 데이터를 처리한다.

노드 A(Ⓓ-Ⓛ-R) : 왼쪽 서브 트리인 노드 B로 이동한다.

2 **노드 A(Ⓓ-Ⓛ-R)→노드 B(Ⓓ-L-R)** : 현재 노드 B의 데이터를 처리한다.

노드 A(Ⓓ-Ⓛ-R)→노드 B(Ⓓ-Ⓛ-R) : 왼쪽 서브 트리인 노드 D로 이동한다.

3 **노드 A(Ⓓ-Ⓛ-R)→노드 B(Ⓓ-Ⓛ-R)→노드 D(Ⓓ-L-R)** : 현재 노드 D의 데이터를 처리한다.

4 **노드 A(Ⓓ-Ⓛ-R)→노드 B(Ⓓ-Ⓛ-R)→노드 D(Ⓓ-Ⓛ-R)** : 현재 노드 D의 왼쪽 단말 노드 H의 데이터를 처리한다.

노드 A(Ⓓ-Ⓛ-R)→노드 B(Ⓓ-Ⓛ-R)←노드 D(Ⓓ-Ⓛ-Ⓡ) : 노드 D의 오른쪽 노드인 공백 노드를 읽는 것으로 노드 D에 대한 D-L-R 순회가 끝났으므로, 노드 D의 부모 노드인 노드 B로 돌아간다.

노드 A(Ⓓ-Ⓛ-R)→노드 B(Ⓓ-Ⓛ-Ⓡ) : 현재 노드 B의 오른쪽 서브 트리인 노드 E로 이동한다.

5 **노드 A(Ⓓ-Ⓛ-R)→노드 B(Ⓓ-Ⓛ-Ⓡ)→노드 E(Ⓓ-L-R)** : 현재 노드 E의 데이터를 처리한다.

6 **노드 A(Ⓓ-Ⓛ-R)→노드 B(Ⓓ-Ⓛ-Ⓡ)→노드 E(Ⓓ-Ⓛ-R)** : 노드 E의 왼쪽 단말 노드 I의 데이터를 처리한다.

7 **노드 A(Ⓓ-Ⓛ-R)→노드 B(Ⓓ-Ⓛ-Ⓡ)←노드 E(Ⓓ-Ⓛ-Ⓡ)** : 노드 E의 오른쪽 단말 노드 J의 데이터를 처리하고, 부모 노드인 노드 B로 돌아간다.

노드 A(Ⓓ-Ⓛ-R)←노드 B(Ⓓ-Ⓛ-Ⓡ) : 이로써 현재 노드 B에서의 D-L-R 순회가 끝났으므로, 부모 노드 A로 돌아간다.

8 **노드 A(Ⓓ-Ⓛ-Ⓡ)** : 현재 노드 A의 오른쪽 서브 트리인 노드 C로 이동한다.

노드 A(Ⓓ-Ⓛ-Ⓡ)→노드 C(Ⓓ-L-R) : 현재 노드 C의 데이터를 처리한다.

9 **노드 A(Ⓓ-Ⓛ-Ⓡ)→노드 C(Ⓓ-Ⓛ-R)** : 현재 노드 C의 왼쪽 단말 노드 F의 데이터를 처리한다.

노드 A(Ⓓ-Ⓛ-Ⓡ)→노드 C(Ⓓ-Ⓛ-Ⓡ) : 오른쪽 서브 트리인 노드 G로 이동한다.

10 **노드 A(Ⓓ-Ⓛ-Ⓡ)→노드 C(Ⓓ-Ⓛ-Ⓡ)→노드 G(Ⓓ-L-R)** : 현재 노드 G의 데이터를 처리한다.

11 **노드 A(Ⓓ-Ⓛ-Ⓡ)→노드 C(Ⓓ-Ⓛ-Ⓡ)→노드 G(Ⓓ-Ⓛ-R)** : 노드 G의 왼쪽 노드인 공백 노드를 읽는다.

노드 A(Ⓓ-Ⓛ-Ⓡ)→노드 C(Ⓓ-Ⓛ-Ⓡ)←노드 G(Ⓓ-Ⓛ-Ⓡ) : 노드 G의 오른쪽 단말 노드 K의 데이터를 처리하고, 이로써 노드 G에서의 D-L-R 순회가 끝났으므로 부모 노드 C로 돌아간다.

노드 A(Ⓓ-Ⓛ-Ⓡ)←노드 C(Ⓓ-Ⓛ-Ⓡ) : 현재 노드 C에서의 D-L-R 순회 역시 끝났으므로, 다시 부모 노드 A로 돌아간다.

노드 A(Ⓓ-Ⓛ-Ⓡ) : 이로써 루트 노드 A에 대한 D-L-R 순회가 끝났으므로 트리 전체에 대한 전위 순회가 완성된다.

이것으로 이진 트리의 노드 열한 개를 모두 방문하였으므로 전위 순회를 종료한다. 전위 순회에 따른 순회 경로는 A-B-D-H-E-I-J-C-F-G-K가 된다.

[그림 7-20]은 수식 A*B-C/D를 이진 트리로 구성하고, 전위 순회한 경로를 보여 준다. 수식에 대한 이진 트리를 전위 순회하면, 5장 스택에서 설명한 [그림 5-11]의 전위 표기식을 구할 수 있다.

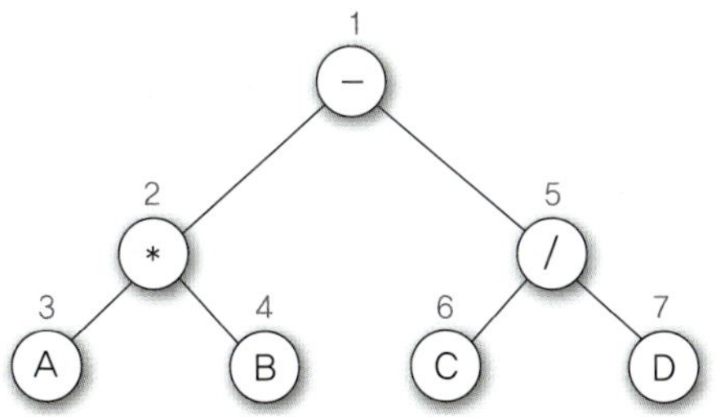

그림 7-20 수식에 대한 이진 트리의 전위 순회 경로 : -*AB/CD

3 중위 순회

중위 순회Inorder Traversal는 [그림 7-21]과 같이 L → D → R 순서로, 현재 노드를 방문하는 작업 D를 작업 L과 작업 R의 중간에 수행한다. 중위 순회는 트리의 모든 노드를 이 순서로 수행하고, 서브 트리에 대해서도 중위 순회를 재귀적으로 반복한다.

❶ **작업 L** : 현재 노드 n의 왼쪽 서브 트리로 이동한다.

❷ **작업 D** : 현재 노드 n을 처리한다.

❸ **작업 R** : 현재 노드 n의 오른쪽 서브 트리로 이동한다.

그림 7-21 **이진 트리의 중위 순회 작업 순서**

이를 알고리즘으로 표현하면 [알고리즘 7-2]와 같다.

알고리즘 7-2 이진 트리의 중위 순회

```
inorder(T)
   if (T≠NULL) then {
      inorder(T.left);
      visit T.data;
      inorder(T.right);
   }
end inorder()
```

작업 L-D-R의 중위 순회 알고리즘을 사용하여 다음 이진 트리를 순회해 보자.

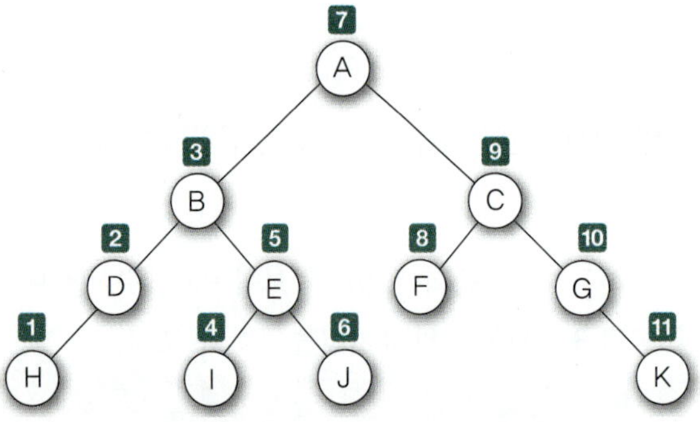

그림 7-22 **이진 트리의 중위 순회 경로 : H-D-B-I-E-J-A-F-C-G-K**

1 A(Ⓛ-D-R) : 루트 A에서 중위 순회를 시작하여, 노드 A의 왼쪽 서브 트리 B로 이동한다.

노드 A(Ⓛ-D-R)→노드 B(Ⓛ-D-R) : 현재 노드 B의 왼쪽 서브 트리 D로 이동한다.

노드 A(Ⓛ-D-R)→노드 B(Ⓛ-D-R)→노드 D(Ⓛ-D-R) : 현재 노드 D의 왼쪽 단말 노드 H의 데이터를 처리한다.

2 **노드 A(Ⓛ-D-R)→노드 B(Ⓛ-D-R)→노드 D(Ⓛ-Ⓓ-R)** : 현재 노드 D의 데이터를 처리한다.

노드 A(Ⓛ-D-R)→노드 B(Ⓛ-D-R)→노드 D(Ⓛ-Ⓓ-Ⓡ) : 현재 노드 D의 오른쪽 단말 노드는 공백 노드이므로 L-D-R 순회가 끝났다.

노드 A(Ⓛ-D-R)→노드 B(Ⓛ-D-R)←노드 D(Ⓛ-Ⓓ-Ⓡ) : 부모 노드 B로 돌아간다.

❸ **노드 A(Ⓛ-D-R)→노드 B(Ⓛ-Ⓓ-R) :** 현재 노드 B의 데이터를 처리한다.

노드 A(Ⓛ-D-R)→노드 B(Ⓛ-Ⓓ-Ⓡ) : 오른쪽 서브 트리 E로 이동한다.

❹ **노드 A(Ⓛ-D-R)→노드 B(Ⓛ-Ⓓ-Ⓡ)→노드 E(Ⓛ-D-R) :** 현재 노드 E의 왼쪽 단말 노드 I의 데이터를 처리한다.

❺ **노드 A(Ⓛ-D-R)→노드 B(Ⓛ-Ⓓ-Ⓡ)→노드 E(Ⓛ-Ⓓ-R) :** 현재 노드 E의 데이터를 처리한다.

❻ **노드 A(Ⓛ-D-R)→노드 B(Ⓛ-Ⓓ-Ⓡ)→노드 E(Ⓛ-Ⓓ-Ⓡ) :** 현재 노드 E의 오른쪽 단말 노드 J의 데이터를 처리한다.

노드 A(Ⓛ-D-R)→노드 B(Ⓛ-Ⓓ-Ⓡ)←노드 E(Ⓛ-Ⓓ-Ⓡ) : 현재 노드 E의 L-D-R 순회가 끝났으므로 부모 노드 B로 돌아간다.

노드 A(Ⓛ-D-R)←노드 B(Ⓛ-Ⓓ-Ⓡ) : 현재 노드 B의 L-D-R 순회가 끝났으므로 다시 부모 노드 A로 돌아간다.

❼ **노드 A(Ⓛ-Ⓓ-R) :** 현재 노드 A의 데이터를 처리한다.

노드 A(Ⓛ-Ⓓ-Ⓡ) : 현재 노드 A의 오른쪽 서브 트리 C로 이동한다.

❽ **노드 A(Ⓛ-Ⓓ-Ⓡ)→노드 C(Ⓛ-D-R) :** 현재 노드 C의 왼쪽 단말 노드 F의 데이터를 처리한다.

❾ **노드 A(Ⓛ-Ⓓ-Ⓡ)→노드 C(Ⓛ-Ⓓ-R) :** 현재 노드 C의 데이터를 처리한다.

노드 A(Ⓛ-Ⓓ-Ⓡ)→노드 C(Ⓛ-Ⓓ-Ⓡ) : 노드 C의 오른쪽 서브 트리 G로 이동한다.

❿ **노드 A(Ⓛ-Ⓓ-Ⓡ)→노드 C(Ⓛ-Ⓓ-Ⓡ)→노드 G(Ⓛ-D-R) :** 현재 노드 G의 왼쪽 단말 노드인 공백 노드를 읽는다.

노드 A(Ⓛ-Ⓓ-Ⓡ)→노드 C(Ⓛ-Ⓓ-Ⓡ)→노드 G(Ⓛ-Ⓓ-R) : 노드 G의 데이터를 처리한다.

⓫ **노드 A(Ⓛ-Ⓓ-Ⓡ)→노드 C(Ⓛ-Ⓓ-Ⓡ)→노드 G(Ⓛ-Ⓓ-Ⓡ) :** 현재 노드 G의 오른쪽 단말 노드 K의 데이터를 처리한다.

노드 A(Ⓛ-Ⓓ-Ⓡ)→노드 C(Ⓛ-Ⓓ-Ⓡ)←노드 G(Ⓛ-Ⓓ-Ⓡ) : 노드 G의 L-D-R 순회가 끝났으므로 부모 노드 C로 돌아간다.

노드 A(Ⓛ-Ⓓ-Ⓡ)←노드 C(Ⓛ-Ⓓ-Ⓡ) : 현재 노드 C의 L-D-R 순회가 끝났으므로 부모 노드 A로 돌아간다.

노드 A(Ⓛ-Ⓓ-Ⓡ) : 이로써 루트 노드 A에 대한 L-D-R 순회를 모두 끝냈으므로 트리 전체에 대한 중위 순회가 완성된다.

이진 트리의 노드 열한 개를 모두 방문하였으므로 중위 순회를 종료한다. 중위 순회에 따른 순회 경로는 H-D-B-I-E-J-A-F-C-G-K가 된다.

[그림 7-23]은 수식 A*B-C/D를 이진 트리로 구성하고 중위 순회한 경로를 보여 준다. 수식에 대한 이진 트리를 중위 순회하면 중위 표기식을 구할 수 있다.

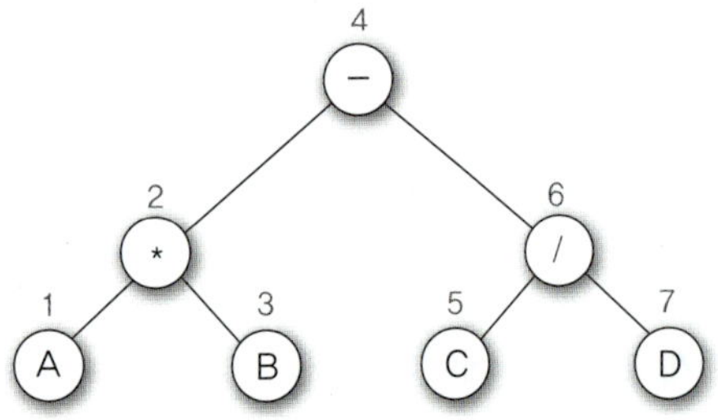

그림 7-23 수식에 대한 이진 트리의 중위 순회 경로 : A*B-C/D

4 후위 순회

후위 순회Postorder Traversal는 [그림 7-24]와 같이 L-R-D 순서로 현재 노드를 방문하는 D 작업을 가장 나중에 수행한다. 후위 순회는 트리의 모든 노드를 같은 순서로 수행하고 서브 트리에 대해서도 후위 순회를 재귀적으로 반복한다. 이를 알고리즘으로 표현하면 [알고리즘 7-3]과 같다.

❶ **작업 L** : 현재 노드 n의 왼쪽 서브 트리로 이동한다.

❷ **작업 R** : 현재 노드 n의 오른쪽 서브 트리로 이동한다.

❸ **작업 D** : 현재 노드 n을 처리한다.

그림 7-24 이진 트리의 후위 순회 작업 순서

알고리즘 7-3 이진 트리의 후위 순회

```
postorder(T)
   if (T≠NULL) then {
      postorder(T.left);
      postorder(T.right);
      visit T.data;
   }
end postorder()
```

작업 L-R-D의 후위 순회 알고리즘을 사용하여 [그림 7-25]의 이진 트리를 순회해 보자.

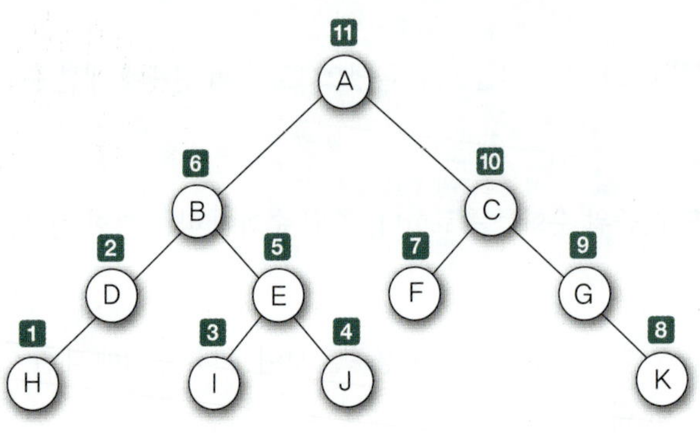

그림 7-25 이진 트리의 후위 순회 경로 : H-D-I-J-E-B-F-K-G-C-A

1 **노드** A(Ⓛ–R–D) : 루트 A에서 후위 순회를 시작하여 노드 A의 왼쪽 서브 트리 B로 이동한다.

노드 A(Ⓛ–R–D)→**노드** B(Ⓛ–R–D) : 현재 노드 B에서 왼쪽 서브 트리 D로 이동한다.

노드 A(Ⓛ–R–D)→**노드** B(Ⓛ–R–D)→**노드** D(Ⓛ–R–D) : 현재 노드 D의 왼쪽 단말 노드 H의 데이터를 처리한다.

2 **노드** A(Ⓛ–R–D)→**노드** B(Ⓛ–R–D)→**노드** D(Ⓛ–Ⓡ–D) : 노드 D의 오른쪽 단말 노드인 공백 노드를 읽는다.

노드 A(Ⓛ–R–D)→**노드** B(Ⓛ–R–D)←**노드** D(Ⓛ–Ⓡ–Ⓓ) : 현재 노드 D의 데이터를 처리한다. 노드 D에서의 L–R–D 작업이 끝났으므로 부모 노드 B로 돌아간다.

3 **노드** A(Ⓛ–R–D)→**노드** B(Ⓛ–Ⓡ–D) : 현재 노드 B의 오른쪽 서브 트리 E로 이동한다.

노드 A(Ⓛ–R–D)→**노드** B(Ⓛ–Ⓡ–D)→**노드** E(Ⓛ–R–D) : 현재 노드 E의 왼쪽 단말 노드 I의 데이터를 처리한다.

4 **노드** A(Ⓛ–R–D)→**노드** B(Ⓛ–Ⓡ–D)→**노드** E(Ⓛ–Ⓡ–D) : 노드 E의 오른쪽 단말 노드 J의 데이터를 처리한다.

5 **노드** A(Ⓛ–R–D)→**노드** B(Ⓛ–Ⓡ–D)←**노드** E(Ⓛ–Ⓡ–Ⓓ) : 현재 노드 E의 데이터를 처리하고, 부모 노드 B로 돌아간다.

6 **노드** A(Ⓛ–R–D)←**노드** B(Ⓛ–Ⓡ–Ⓓ) : 현재 노드 B의 데이터를 처리하고, 부모 노드 A로 돌아간다.

노드 A(Ⓛ–Ⓡ–D) : 현재 노드 A의 오른쪽 서브 트리 C로 이동한다.

7 **노드** A(Ⓛ–Ⓡ–D)→**노드** C(Ⓛ–R–D) : 현재 노드 C의 왼쪽 단말 노드 F의 데이터를 처리한다.

8 **노드** A(Ⓛ–Ⓡ–D)→**노드** C(Ⓛ–Ⓡ–D) : 현재 노드 C의 오른쪽 서브 트리 G로 이동한다.

노드 A(Ⓛ–Ⓡ–D)→**노드** C(Ⓛ–Ⓡ–D)→**노드** G(Ⓛ–R–D) : 현재 노드 G의 왼쪽 단말 노드인 공백 노드를 읽는다.

노드 A(Ⓛ–Ⓡ–D)→**노드** C(Ⓛ–Ⓡ–D)→**노드** G(Ⓛ–Ⓡ–D) : 노드 G의 오른쪽 단말 노드 K의 데이터를 처리한다.

9 **노드** A(Ⓛ–Ⓡ–D)→**노드** C(Ⓛ–Ⓡ–D)←**노드** G(Ⓛ–Ⓡ–Ⓓ) : 현재 노드 G의 데이터를 처리하고, 부모 노드 C로 돌아간다.

10 **노드** A(Ⓛ–Ⓡ–D)←**노드** C(Ⓛ–Ⓡ–Ⓓ) : 현재 노드 C의 데이터를 처리하고, 부모 노드 A로 이동한다.

11 **노드** A(Ⓛ–Ⓡ–Ⓓ) : 현재 노드 A의 데이터를 처리한다. 이로써 루트 노드 A에 대한 L–R–D 순회가 끝났으므로 트리 전체에 대한 후위 순회가 완성된다.

이것으로 이진 트리의 노드 열한 개를 모두 방문하였으므로 후위 순회를 종료한다. 후위 순회에 따른 순회 경로는 H–D–I–J–E–B–F–K–G–C–A가 된다.

[그림 7-26]은 수식 A*B-C/D를 이진 트리로 구성하고 후위 순회한 경로를 보여 준다. 수식에 대한 이진 트리를 후위 순회하면 5장 스택에서 설명한 [그림 5-14]의 후위 표기식을 구할 수 있다.

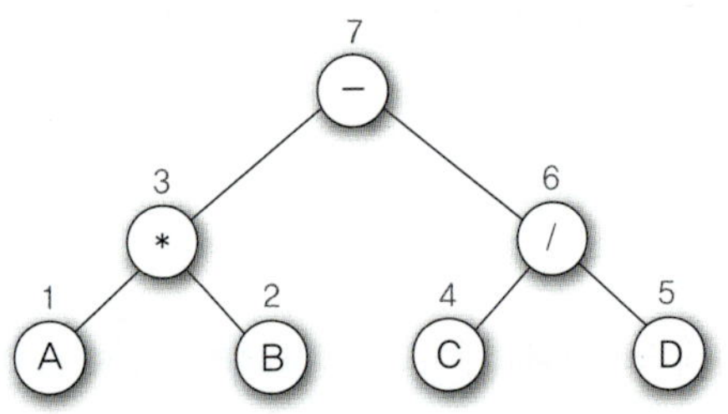

그림 7-26 수식에 대한 이진 트리의 후위 순회 경로 : AB*CD/-

5 이진 트리 순회의 구현

수식 이진 트리 순회 프로그램

수식 (A*B-C/D)에 대한 이진 트리를 연결 자료구조 방식으로 구현하고, 전위 순회와 중위 순회와 후위 순회에 대한 경로를 구해 보자.

[예제 7-1]은 makeRootNode() 함수를 이용해 [그림 7-26]의 수식 이진 트리를 구성한 다음 전위 순회, 중위 순회, 후위 순회를 수행한 경로를 출력하여 확인하는 프로그램이다.

예제 7-1 이진 트리 순회하기

[traversalBT.h]

```
#pragma once
typedef char element;

typedef struct treeNode {     // 연결 자료구조로 구성하기 위해 트리의 노드 정의
    element data;
    struct treeNode* left;    // 왼쪽 서브 트리에 대한 링크 필드
    struct treeNode* right;   // 오른쪽 서브 트리에 대한 링크 필드
} treeNode;

treeNode* makeRootNode(element data, treeNode* leftNode, treeNode* rightNode);
void preorder(treeNode* root);
void inorder(treeNode* root);
void postorder(treeNode* root);
```

[traversalBT.c]

```
#include <stdio.h>
#include <stdlib.h>
#include "traversalBT.h"

```

```c
// data를 루트 노드로 하여 왼쪽 서브 트리와 오른쪽 서브 트리를 연결하는 연산
treeNode* makeRootNode(element data, treeNode* leftNode, treeNode* rightNode) {
    treeNode* root = (treeNode*)malloc(sizeof(treeNode));
    root->data = data;
    root->left = leftNode;
    root->right = rightNode;
    return root;
}

```

[알고리즘 7-1] 구현

```c
// 이진 트리에 대한 전위 순회 연산
void preorder(treeNode* root) {
    if (root) {
        printf("%c", root->data);  //작업D
        preorder(root->left);      //작업L
        preorder(root->right);     //작업R
    }
}

```

[알고리즘 7-2] 구현

```c
// 이진 트리에 대한 중위 순회 연산
void inorder(treeNode* root) {
    if (root) {
        inorder(root->left);       //작업L
        printf("%c", root->data);  //작업D
        inorder(root->right);      //작업R
    }
}

```

[알고리즘 7-3] 구현

```c
// 이진 트리에 대한 후위 순회 연산
void postorder(treeNode* root) {
    if (root) {
        postorder(root->left);     //작업L
        postorder(root->right);    //작업R
        printf("%c", root->data);  //작업D
    }
}
```

[ex7_1.c]

```c
#include <stdio.h>
#include "traversalBT.h"

int main(void) {
    // (A*B-C/D) 수식 이진 트리 만들기
    treeNode* n7 = makeRootNode('D', NULL, NULL);
    treeNode* n6 = makeRootNode('C', NULL, NULL);
    treeNode* n5 = makeRootNode('B', NULL, NULL);
    treeNode* n4 = makeRootNode('A', NULL, NULL);
```

```
10      treeNode* n3 = makeRootNode('/', n6, n7);
11      treeNode* n2 = makeRootNode('*', n4, n5);
12      treeNode* n1 = makeRootNode('-', n2, n3);
13
14      printf("\n preorder : ");
15      preorder(n1);
16
17      printf("\n inorder : ");
18      inorder(n1);
19
20      printf("\n postorder : ");
21      postorder(n1);
22
23      getchar();  return 0;
24  }
```

```
preorder : -*AB/CD
inorder : A*B-C/D
postorder : AB*CD/-
```

[traversalBT.c]

06~12행은 data를 루트 노드로 하여 왼쪽 서브 트리와 오른쪽 서브 트리를 연결하는 연산을 수행한다.

07행 : 새로 연결할 루트 노드에 메모리를 할당한다.

08행 : 첫 번째 매개변수 data의 값을 새로 만든 root 노드의 데이터 필드에 저장한다.

09행 : 두 번째 매개변수 leftNode를 새로 만든 root 노드의 왼쪽 서브 트리에 대한 링크 필드 left로 설정한다.

10행 : 세 번째 매개변수 rightNode를 새로 만든 root 노드의 오른쪽 서브 트리에 대한 링크 필드 right로 설정한다.

15~21행은 매개변수 root를 시작으로 하는 전위 순회 연산을 수행한다.

17행 : 현재 노드의 데이터 필드를 출력한다(D).

18행 : 재귀호출을 이용하여 현재 노드의 왼쪽 서브 트리로 이동해 전위 순회를 계속한다(L).

19행 : 재귀호출을 이용하여 현재 노드의 오른쪽 서브 트리로 이동해 전위 순회를 계속한다(R).

24~30행은 매개변수 root를 시작으로 하는 중위 순회 연산을 수행한다.

26행 : 재귀호출을 이용하여 현재 노드의 왼쪽 서브 트리로 이동해 중위 순회를 계속한다(L).

27행 : 현재 노드의 데이터 필드를 출력한다(D).

28행 : 재귀호출을 이용하여 현재 노드의 오른쪽 서브 트리로 이동해 중위 순회를 계속한다(R).

33~39행은 매개변수 root를 시작으로 하는 후위 순회 연산을 수행한다.

35행 : 재귀호출을 이용하여 현재 노드의 왼쪽 서브 트리로 이동해 후위 순회를 계속한다(L).

36행 : 재귀호출을 이용하여 현재 노드의 오른쪽 서브 트리로 이동해 후위 순회를 계속한다(R).

37행 : 현재 노드의 데이터 필드를 출력한다(D).

[ex7_1.c]

06~12행은 A*B-C/D의 수식에 대한 이진 트리를 구성한다.

06행 : 데이터 필드가 'D'이고 왼쪽 서브 트리와 오른쪽 서브 트리가 공백 노드인 이진 트리 노드 n7을 선언한다.

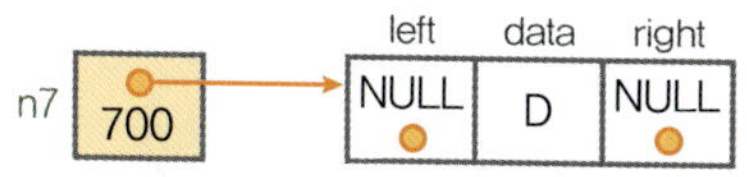

07행 : 데이터 필드가 'C'이고 왼쪽 서브 트리와 오른쪽 서브 트리가 공백 노드인 이진 트리 노드 n6을 만든다.

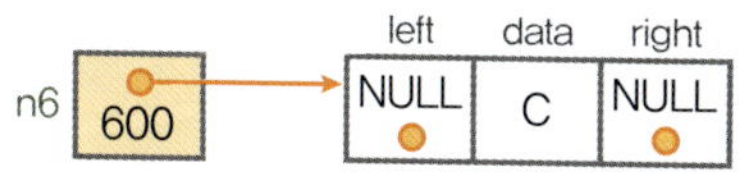

08행 : 데이터 필드가 'B'이고 왼쪽 서브 트리와 오른쪽 서브 트리가 공백 노드인 이진 트리 노드 n5를 만든다.

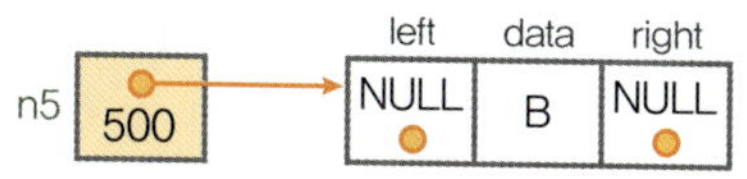

09행 : 데이터 필드가 'A'이고 왼쪽 서브 트리와 오른쪽 서브 트리가 공백 노드인 이진 트리 노드 n4를 만든다.

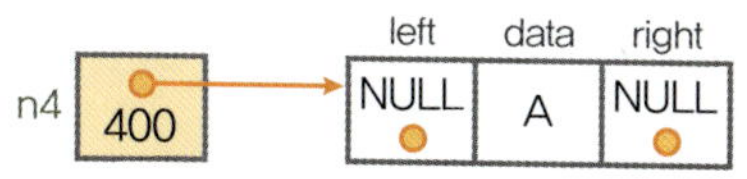

10행 : 데이터 필드가 '/'이고, 왼쪽 링크 필드에 노드 n6, 오른쪽 링크 필드에 노드 n7이 연결된 이진 트리 노드 n3을 만든다.

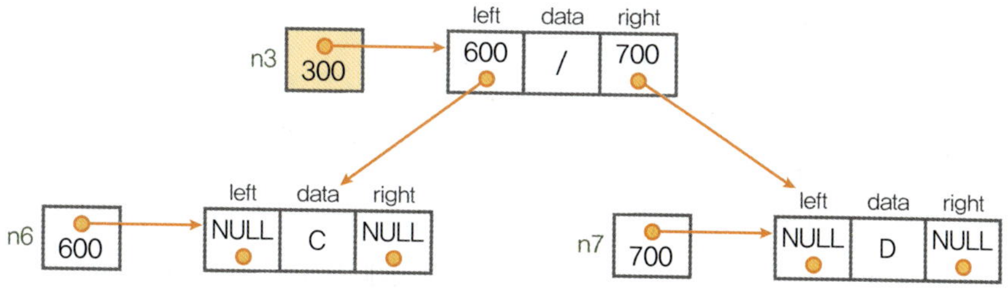

11행 : 데이터 필드가 '*'이고 왼쪽 링크 필드에 노드 n4, 오른쪽 링크 필드에 노드 n5가 연결된 이진 트리 노드 n2를 만든다.

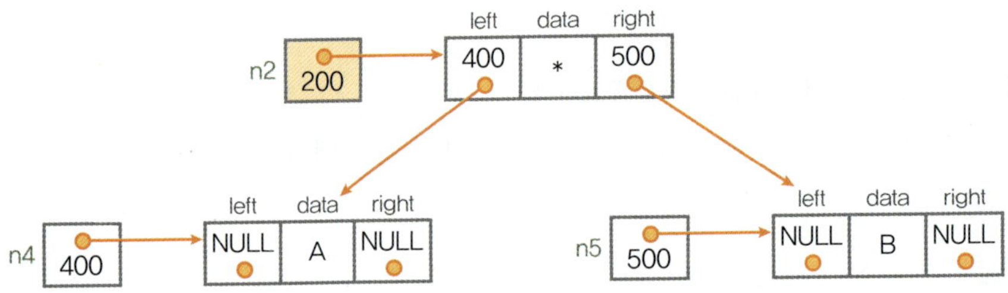

12행 : 데이터 필드가 '–'이고 왼쪽 링크 필드에 노드 n2, 오른쪽 링크 필드에 노드 n3이 연결된 이진 트리 노드 n1을 만든다.

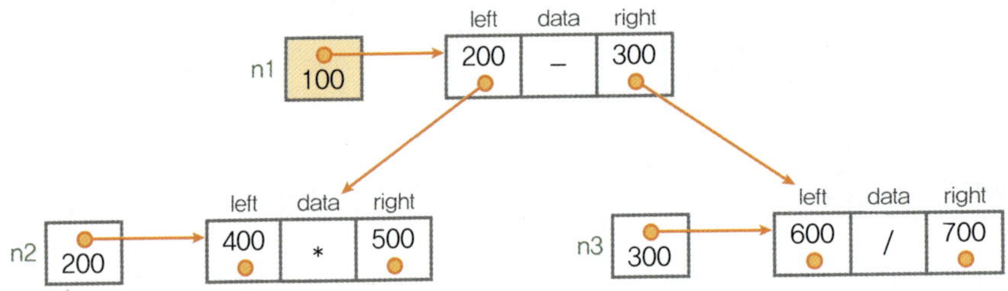

결과적으로 n1은 [그림 7-27]과 같은 이진 트리의 루트 노드가 되어 수식 이진 트리가 완성된다.

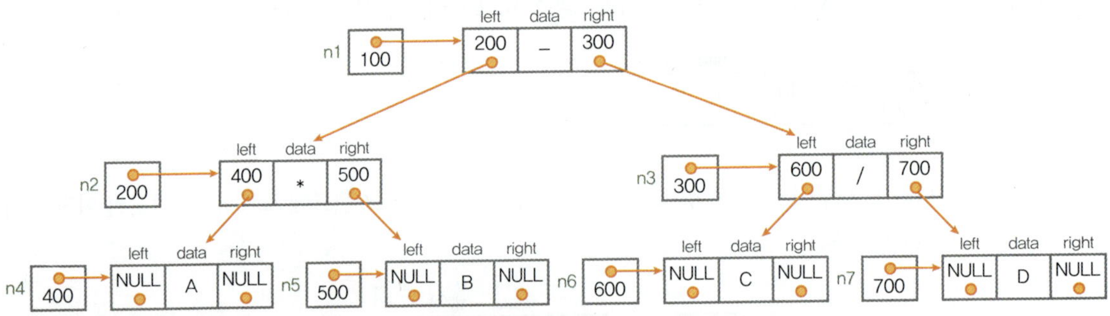

그림 7-27 makeRootNode( )를 이용한 이진 트리의 구성 과정

이진 트리 순회의 응용 프로그램

내 컴퓨터의 폴더 구조가 이진 트리의 형태로 구성되어 있다면 각 폴더를 순회하면서 용량을 계산하면 내 컴퓨터의 전체 용량을 계산할 수 있다. 폴더 전체 용량은 폴더에 저장된 파일 용량과 하위 폴더의 용량을 합한 값이 된다. 상위 폴더 용량을 계산하려면 먼저 하위 폴더 용량을 계산해야 하므로 후위 순회를 사용한다.

[그림 7-28]의 폴더 구조에서 후위 순회를 사용하여 전체 용량을 구해 보자.

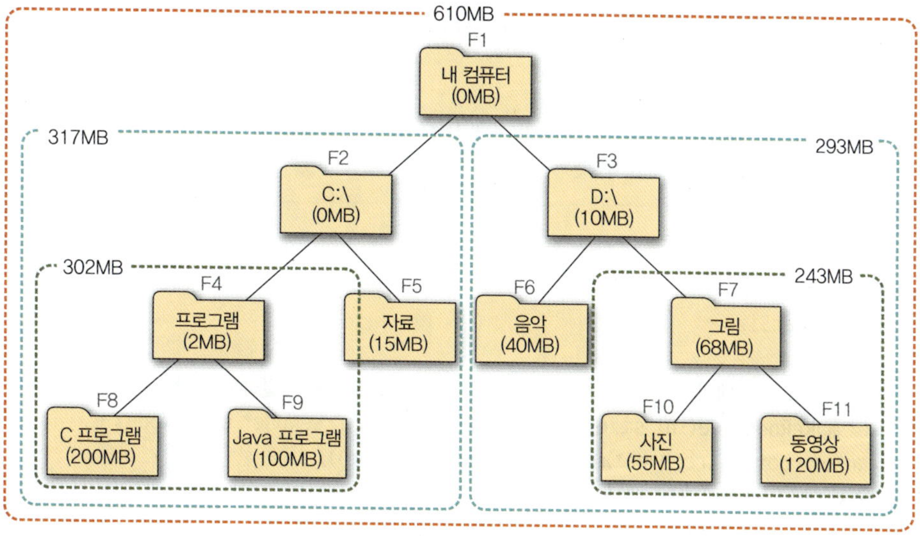

그림 7-28 **후위 순회의 사용 예 : 컴퓨터 폴더 구조에서 전체 용량 계산하기**

다음과 같이 계산하면 [그림 7-28]의 폴더 구조에서 전체 용량은 610MB가 된다.

- [프로그램] 전체 용량 = [프로그램] 용량 2MB + 하위 폴더 용량([C 프로그램] 용량 200MB+ [Java 프로그램] 용량 100MB) = 2MB+(200MB+100MB) = 302MB
- [C:\] 전체 용량 = [C:\] 용량 0MB + 하위 폴더 용량([프로그램] 전체 용량 302MB + [자료] 용량 15MB) = 0MB+(302MB+15MB) = 317MB
- [그림] 전체 용량 = [그림] 용량 68MB + 하위 폴더 용량([사진] 용량 55MB + [동영상] 용량 120MB) = 68MB+(55MB+120MB) = 243MB
- [D:\] 전체 용량 = [D:\] 용량 10MB+ 하위 폴더 용량([음악] 용량 40MB + [그림] 전체 용량 243MB) = 10MB+(40MB+243MB) = 293MB
- [내 컴퓨터] 전체 용량 = [내 컴퓨터] 용량 0MB + 하위 폴더 용량([C:\] 전체 용량 317MB + [D:\] 전체 용량 293MB) = 0MB+(317MB+293MB) = 610MB

[그림 7-28]의 폴더 구조에서 전체 용량을 계산하는 프로그램을 이진 트리의 후위 순회를 이용해 작성해 보자.

예제 7-2 이진 트리의 후위 순회를 이용해 폴더 용량 계산하기

[folderSize.h]

```
#pragma once
int FolderSize;
typedef struct treeNode {     // 트리의 노드 구조 정의
    int size;                 // 데이터 필드
    struct treeNode* left;    // 왼쪽 서브 트리에 대한 링크 필드
```

```c
    struct treeNode* right;   // 오른쪽 서브 트리에 대한 링크 필드
} treeNode;

treeNode* makeRootNode(int size, treeNode* leftNode, treeNode* rightNode);
int postorder_FolderSize(treeNode* root);
```

[folderSize.c]

```c
#include <stdlib.h>
#include "folderSize.h"

// size를 루트 노드의 데이터 필드로 하여 왼쪽과 오른쪽 서브 트리를 연결하는 연산
treeNode* makeRootNode(int size, treeNode* leftNode, treeNode* rightNode) {
    treeNode* root = (treeNode*)malloc(sizeof(treeNode));
    root->size = size;
    root->left = leftNode;
    root->right = rightNode;
    return root;
}

// 각 폴더 크기를 계산하기 위한 후위 순회 연산
int postorder_FolderSize(treeNode* root) {
    if (root) {
        postorder_FolderSize(root->left);
        postorder_FolderSize(root->right);
        FolderSize += root->size;
    }
    return FolderSize;
}
```

[ex7_2.c]

```c
#include <stdio.h>
#include "folderSize.h"

int main(void) {
    // 이진 트리 생성하기
    treeNode* F11 = makeRootNode(120, NULL, NULL);
    treeNode* F10 = makeRootNode(55, NULL, NULL);
    treeNode* F9 = makeRootNode(100, NULL, NULL);
    treeNode* F8 = makeRootNode(200, NULL, NULL);
    treeNode* F7 = makeRootNode(68, F10, F11);
    treeNode* F6 = makeRootNode(40, NULL, NULL);
    treeNode* F5 = makeRootNode(15, NULL, NULL);
    treeNode* F4 = makeRootNode(2, F8, F9);
    treeNode* F3 = makeRootNode(10, F6, F7);
    treeNode* F2 = makeRootNode(0, F4, F5);
```

```
16        treeNode* F1 = makeRootNode(0, F2, F3);
17
18        FolderSize = 0;
19        printf("\n\n C:\\의 용량 : %d M \n", postorder_FolderSize(F2));
20        FolderSize = 0;
21        printf("\n D:\\의 용량 : %d M \n", postorder_FolderSize(F3));
22        FolderSize = 0;
23        printf("\n 내 컴퓨터의 전체 용량 : %d M \n", postorder_FolderSize(F1));
24
25        getchar(); return 0;
26    }
```

```
C:\의 용량 : 317 M

D:\의 용량 : 293 M

내 컴퓨터의 전체 용량 : 610 M
```

[folderSize.c]

14~21행은 하위 폴더부터 상위 폴더로 순회하면서 각 폴더의 용량을 계산하기 위해 후위 순회 연산을 사용한다.

16행 : 왼쪽 서브 트리의 용량을 먼저 계산하기 위해 현재 노드의 왼쪽 서브 트리로 이동해 후위 순회를 재귀적으로 수행한다(L).

17행 : 오른쪽 서브 트리의 용량을 계산하기 위해 현재 노드의 오른쪽 서브 트리로 이동해 후위 순회를 재귀적으로 수행한다(R).

18행 : 현재 노드의 폴더 용량인 size값을 FolderSize 변수에 누적하여 더한다(D).

20행 : 재귀호출로 반복 수행한 후위 순회가 모두 끝나면 결괏값으로 변수 FolderSize값을 반환한다.

[ex7_2.c]

06~16행은 makeRootNode()를 이용하여 [그림 7-28]의 폴더 구조에 대한 이진 트리를 구성한다.

18~23행은 [그림 7-28]의 폴더 구조에서 용량을 계산하여 출력한다.

19행 : 노드 F2를 시작으로 하여 후위 순회를 수행하고 결괏값을 출력한다. [그림 7-28]에서 노드 F2는 노드 F1의 왼쪽 서브 트리이므로 왼쪽 서브 트리에 대한 폴더 용량, 즉 [C:\]의 전체 용량을 계산하여 출력한다.

21행 : 노드 F3을 시작으로 하여 후위 순회를 수행하고 결괏값을 출력한다. [그림 7-28]에서 노드 F3은 노드 F1의 오른쪽 서브 트리이므로 오른쪽 서브 트리에 대한 폴더 용량, 즉 [D:\]의 전체 용량을 계산하여 출력한다.

23행 : 노드 F1을 시작으로 하여 후위 순회를 수행하고 결괏값을 출력한다. 노드 F1이 전체 트리의 루트 노드이므로 [내 컴퓨터]의 전체 용량을 계산하여 출력한다.

6 스레드 이진 트리

이진 트리는 부모 노드와 자식 노드의 이진 트리 기본 구조가 각 레벨에서 순환적으로 반복되어 전체 트리가 구성되는 구조이므로 각 노드에서의 순회 연산을 재귀호출을 이용하여 순환적으로 반복하여 전체 트리에 대한 순회를 처리하였다. 재귀호출 방식은 알고리즘이나 함수 구현은 간단하지만, 수행 성능 측면에서는 시스템 스택을 사용하면서 호출과 복귀를 관리해야 하고 이진 트리의 하위 레벨로 내려갈수록 재귀호출 깊이가 깊어지므로 비효율적일 수 있다. 이런 문제를 고려하여 재귀호출 없이 순회할 수 있도록 수정한 이진 트리가 스레드 이진 트리Thread Binary Tree이다.

스레드 이진 트리는 자식 노드가 없는 경우에 링크 필드를 널 포인터 대신 순회 순서상의 다른 노드를 가리키도록 설정하는데, 이런 링크 필드를 스레드Thread라고 한다.

스레드 이진 트리에서 스레드를 만드는 방법은 이진 트리의 순회 경로에 따라 현재 노드 직전에 처리한 노드, 즉 선행자Predecessor에 대한 포인터를 현재 노드의 왼쪽 널 링크 대신에 저장한다. 그리고 현재 노드 직후에 처리할 노드, 즉 후행자Successor에 대한 포인터를 현재 노드의 오른쪽 널 링크 대신에 저장한다. 스레드 이진 트리에서는 순회를 위해서 현재 노드 다음 노드를 재귀호출을 이용하여 처리하지 않고 오른쪽 링크 필드의 포인터를 이용한다. 이진 트리의 순회 경로는 전위 순회, 중위 순회, 후위 순회에 따라 달라지므로 사용할 순회 방법을 먼저 정하고 그 순회 경로에 따라 스레드를 설정한다.

스레드 이진 트리를 구성하는 노드 구조는 [그림 7-29]와 같이 이진 트리 노드 구조에 isThread 필드를 추가하여 정의한다.

```
typedef struct treeNode {
        char data;
        struct treeNode *left;
        struct treeNode *right;
        int isThreadLeft;
        int isThreadRight;
} treeNode;
```

그림 7-29 스레드 이진 트리의 노드 정의

isThread 필드는 링크 필드가 자식 노드에 대한 포인터인지 아니면 자식 노드 대신 스레드가 저장되어 있는지 구별하기 위한 태그 필드이다. isThreadLeft가 true이면 left 링크 필드는 선행자를 가리키는 스레드이고, isThreadLeft가 false이면 링크 필드는 왼쪽 자식 노드에 대한 포인터가 된다. 그리고 isThreadRight가 true이면 right 링크 필드는 후속자를 가리키는 스레드이고, isThreadRight가 false이면 링크 필드는 오른쪽 자식 노드에 대한 포인터가 된다.

A*B−C/D 수식의 이진 트리에서 중위 순회를 한다면, [그림 7-30]과 같이 왼쪽 스레드에는 선행자를 설정하고 오른쪽 스레드에는 후속자를 설정한다. 중위 순회 경로가 A → * → B → − → C → / → D이므로 B의 선행자는 '*'이고 B의 후속자는 '−'이다.

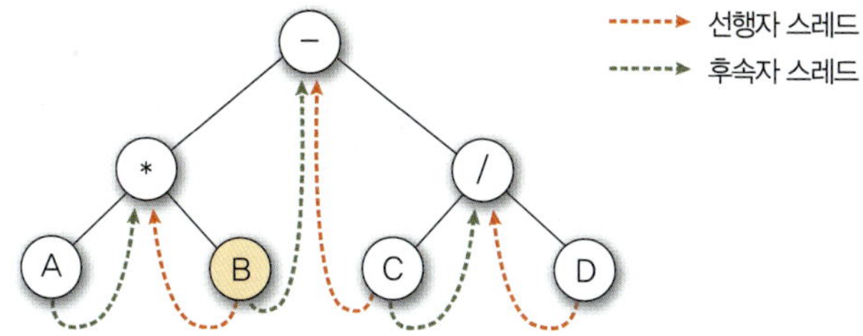

그림 7-30 **선행자/후속자 스레드를 갖는 스레드 이진 트리**

순회를 위해서 후속자 정보만 필요한 경우에는 [그림 7-31]과 같이 오른쪽 링크 필드만 스레드로 사용하는 스레드 이진 트리를 사용할 수 있다.

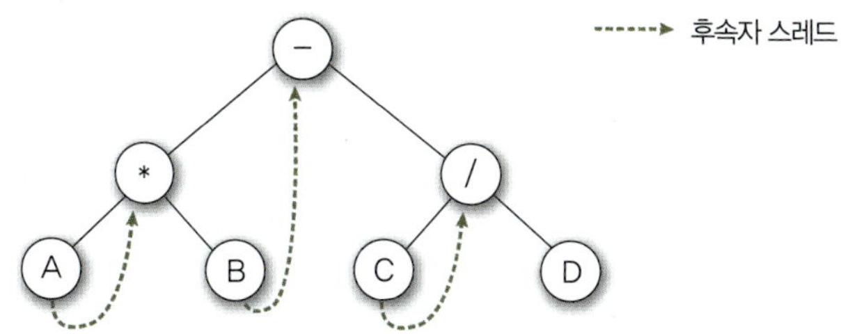

그림 7-31 **후속자 스레드를 갖는 스레드 이진 트리**

[예제 7-3]은 후속자 스레드만 갖고 있는 [그림 7-31]의 스레드 이진 트리에 대해서 재귀호출을 사용하지 않고 중위 순회하는 프로그램이다.

예제 7-3 스레드 이진 트리 구현하기

[threadBT.h]

```
#pragma once
typedef struct treeThNode {        // 스레드 이진 트리의 노드 정의
    char data;
    struct treeThNode* left;       // 왼쪽 서브 트리에 대한 링크 필드
    struct treeThNode* right;      // 오른쪽 서브 트리에 대한 링크 필드
    int isThreadRight;             // 후속자에 대한 스레드 태그 필드
} treeThNode;

treeThNode* makeRootThNode(char data, treeThNode* leftNode, treeThNode*
                           rightNode, int isThreadRight);
treeThNode* findThreadSuccessor(treeThNode* p);
void threadInorder(treeThNode* root);
```

[threadBT.c]

```
#include <stdio.h>
#include <stdlib.h>
#include "threadBT.h"

// data를 루트 노드로 하여 왼쪽 서브 트리와 오른쪽 서브 트리를 연결하는 연산
```

```
treeThNode* makeRootThNode(char data, treeThNode* leftNode, treeThNode*
                              rightNode, int isThreadRight) {
    treeThNode* root = (treeThNode*)malloc(sizeof(treeThNode));
    root->data = data;
    root->left = leftNode;
    root->right = rightNode;
    root->isThreadRight = isThreadRight;
    return root;
}

// 후속자 노드를 반환하는 연산
treeThNode* findThreadSuccessor(treeThNode* p) {
    treeThNode* q = p->right;
    if (q == NULL) return q;
    if (p->isThreadRight == 1) return q;
    while (q->left != NULL) q = q->left;
    return q;
}

// 스레드 이진 트리의 중위 순회
void threadInorder(treeThNode* root) {
    treeThNode* q;
    q = root;
    while (q->left) q = q->left;
    do {
        printf("%3c", q->data);
        q = findThreadSuccessor(q);
    } while (q);
}
```

[ex7_3.c]

```
#include <stdio.h>
#include "threadBT.h"

int main(void) {
    // (A*B-C/D) 수식 이진 트리 만들기
    treeThNode* n7 = makeRootThNode('D', NULL, NULL, 0);
    treeThNode* n6 = makeRootThNode('C', NULL, NULL, 1);
    treeThNode* n5 = makeRootThNode('B', NULL, NULL, 1);
    treeThNode* n4 = makeRootThNode('A', NULL, NULL, 1);
    treeThNode* n3 = makeRootThNode('/', n6, n7, 0);
    treeThNode* n2 = makeRootThNode('*', n4, n5, 0);
    treeThNode* n1 = makeRootThNode('-', n2, n3, 0);

    n4->right = n2;
    n5->right = n1;
```

```
16      n6->right = n3;
17
18      printf("\n 스레드 이진 트리의 중위 순회 : ");
19      threadInorder(n1);
20
21      getchar();  return 0;
22  }
```

```
스레드 이진 트리의 중위 순회 : A * B - C / D
```

[threadBT.c]

16~22행은 현재 노드의 후속자 노드를 찾아서 반환한다.

17행 : 현재 노드 p의 오른쪽 링크 필드값을 포인터 q로 설정한다.

18행 : q가 NULL이면 스레드가 NULL이므로 후속자가 없다는 의미가 된다. 이런 경우에는 NULL값을 갖고 있는 q를 반환한다.

19행 : 현재 노드 p의 isThreadRight가 true이면 오른쪽 링크 필드값이 후속자 스레드가 된다. 이런 경우에는 후속자 스레드인 q를 반환한다.

20~21행 : 현재 노드 p가 오른쪽 자식 노드를 가지고 있는 경우, 오른쪽 서브 트리에 대한 중위 순회를 시작하기 위해 왼쪽 링크를 따라 내려가서 왼쪽 끝에 있는 노드에 대한 포인터 q를 반환한다.

25~33행은 스레드 이진 트리를 중위 순회한다.

28행 : 중위 순회를 시작하기 위해 왼쪽 링크를 따라 내려가서 왼쪽 끝에 있는 노드를 찾는다(L).

30행 : 현재 노드의 데이터를 출력 처리한다(D).

31행 : findThreadSuccessor()를 호출하여 현재 노드의 오른쪽 자식 노드 q를 찾는다(R). 오른쪽 자식 노드가 없는 경우에는 스레드가 있으므로 후속자 q를 찾는다.

32행 : q가 있는 동안 30~31행을 반복하면서 중위 순회를 계속한다.

[ex7_3.c]

06~12행은 [그림 7-31]의 스레드 이진 트리를 구성한다.

06행 : n7은 전체 중위 순회의 마지막 노드이므로 후속자가 없어서 isThreadRight 필드값이 0(false)이 된다.

07~09행 : n6, n5, n4는 오른쪽 링크 필드가 널 포인터이므로 후속자 스레드가 된다. isThreadRight 필드값을 1(true)로 설정한다.

10~12행 : n3, n2, n1은 오른쪽 자식 노드를 가지고 있으므로 후속자 스레드가 없다. isThreadRight 필드값을 0(false)으로 설정한다.

14행 : 중위 순회에서 n4('A')의 후속자는 n2('*')이므로, n4의 후속자 스레드로 설정한다.

15행 : 중위 순회에서 n5('B')의 후속자는 n1('-')이므로, n5의 후속자 스레드로 설정한다.

16행 : 중위 순회에서 n6('C')의 후속자는 n3('/')이므로, n6의 후속자 스레드로 설정한다.

19행 : 루트 노드인 n1에서 스레드 이진 트리의 중위 순회 연산을 시작한다.

SELF TEST_ [예제 7-3]의 [ex7_3.c]의 06~12행에서 중위 순회를 하기 위해 후속자 스레드만 갖는 스레드 이진 트리를 구성하였다. ① 전위 순회를 하기 위한 스레드 이진 트리, ② 후위 순회를 하기 위한 스레드 이진 트리가 되도록 06~12행을 각각 수정하시오.

Section 05

이진 탐색 트리

1 이진 탐색 트리의 개념

이진 트리는 트리를 효율적으로 구현하고 사용하기 위해서 일정한 조건으로 정의한 것이다. 이진 탐색 트리Binary Search Tree는 이진 트리를 탐색용 자료구조로 사용하기 위해 원소 크기에 따라 노드 위치를 정의한 것이다. 전화번호부에서 전화번호를 찾거나 서점에서 책을 찾거나 지도에서 목적지를 찾는 경우와 같이 자료들 속에서 필요한 자료를 찾아내는 것이 탐색이다. 탐색하려면 찾을 자료를 식별할 수 있는 유일한 값이 필요한데 이것을 키Key라고 한다. 사람을 찾을 때 그 사람을 식별할 수 있는 I-PIN이나 학번을 사용하였다면 그것이 탐색키가 된다.

효율적인 탐색 작업을 하려면 이진 탐색 트리를 [그림 7-32]와 같이 정의할 수 있다.

- 모든 원소는 서로 다른 유일한 키를 갖는다.
- 왼쪽 서브 트리에 있는 원소들의 키는 그 루트의 키보다 작다.
- 오른쪽 서브 트리에 있는 원소들의 키는 그 루트의 키보다 크다.
- 왼쪽 서브 트리와 오른쪽 서브 트리도 이진 탐색 트리이다.

그림 7-32 이진 탐색 트리의 정의

[그림 7-32]에서 정의한 내용을 바탕으로 구조화한 트리는 [그림 7-33]과 같다. 그림에서 노드에 붙은 숫자는 원소를 구별하는 키를 나타낸다.

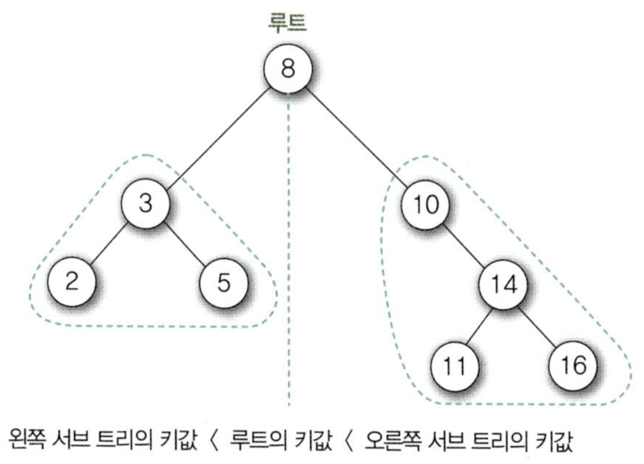

그림 7-33 이진 탐색 트리의 구조

2 이진 탐색 트리의 탐색 연산

이진 탐색 트리에서 키값이 x인 원소를 탐색하는 경우를 생각해 보자. 탐색은 항상 루트 노드에서 시작하므로 먼저 키값 x와 루트 노드의 키값을 비교한다. 비교한 결과는 다음 세 가지 경우 중 하나가 된다.

- (키값 x = 루트 노드의 키값)인 경우 : 원하는 원소를 찾았으므로 탐색 연산 성공
- (키값 x < 루트 노드의 키값)인 경우 : 루트 노드의 왼쪽 서브 트리에서 탐색 연산 수행
- (키값 x > 루트 노드의 키값)인 경우 : 루트 노드의 오른쪽 서브 트리에서 탐색 연산 수행

이진 탐색 트리에서 루트 노드의 왼쪽 서브 트리와 오른쪽 서브 트리 역시 이진 탐색 트리이므로 서브 트리에 대해서도 탐색 연산을 순환적으로 반복한다. [알고리즘 7-4]는 이진 탐색 트리의 탐색 연산에 대한 알고리즘이다.

알고리즘 7-4 이진 탐색 트리의 노드 탐색

```
searchBST(bsT, x)
   p ← bsT;
   if (p == NULL) then
      return NULL;
   if (x == p.key) then
      return p;
   if (x < p.key) then
      return searchBST(p.left, x);
   else return searchBST(p.right, x);
end searchBST()
```

[알고리즘 7-4]에 따라 다음 이진 탐색 트리에서 원소 11을 탐색해 보자.

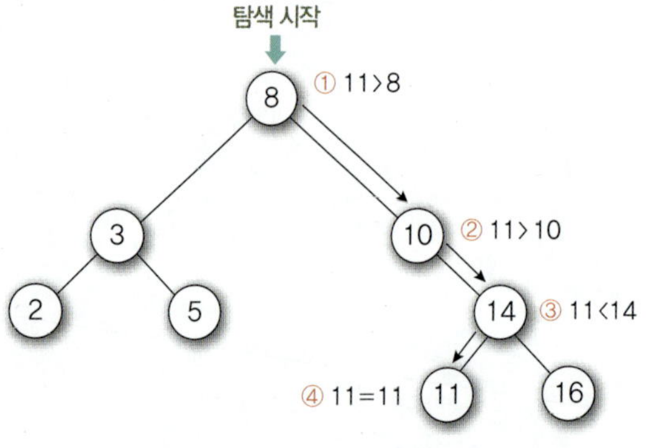

그림 7-34 이진 탐색 트리에서의 탐색 과정 예

① (찾는 키값 11 > 루트 노드의 키값 8)이므로 오른쪽 서브 트리를 탐색한다.

② (찾는 키값 11 > 노드의 키값 10)이므로 다시 오른쪽 서브 트리를 탐색한다.

③ (찾는 키값 11 < 노드의 키값 14)이므로 왼쪽 서브 트리를 탐색한다.

④ (찾는 키값 11 = 노드의 키값 11)이므로 탐색 성공으로 연산이 종료된다.

3 이진 탐색 트리의 삽입 연산

이진 탐색 트리에 원소를 삽입하려면 이진 탐색 트리에 같은 원소가 있는지 먼저 확인해야 한다. 탐색 연산을 수행하여 성공하면 이미 같은 원소가 트리에 있다는 의미이므로 삽입 연산을 수행하지 않는다. 실패하면 삽입하려는 원소가 트리에 없다는 의미이므로 탐색 실패가 발생한 현재 위치에 원소를 삽입한다.

[알고리즘 7-5]는 이진 탐색 트리에서 삽입 연산을 하는 알고리즘이다. 이 알고리즘에서는 삽입할 자리를 찾기 위해 포인터 p를 사용하고, 삽입할 노드의 부모 노드를 지정하기 위해 포인터 q를 사용한다.

알고리즘 7-5 이진 탐색 트리의 노드 삽입

```
insertBST(bsT, x)
    p ← bsT
    while (p≠NULL) do {                          ┐
        if (x == p.key) then return;             │
        q ← p;                                   │ ❶ 삽입할 노드 탐색
        if (x < p.key) then p ← p.left;          │
        else p ← p.right;                        │
    }                                            ┘

    new ← getNode();                             ┐
    new.key ← x;                                 │ ❷ 삽입할 노드 생성
    new.left ← NULL;                             │
    new.right ← NULL;                            ┘

    if (bsT == NULL) then bsT←new;               ┐
    else if (x < q.key) then q.left ← new;       │ ❸ 삽입 노드 연결
    else q.right ← new;                          │
    return;                                      ┘
end insertBST()
```

[알고리즘 7-5]에 따라 다음 이진 탐색 트리에 원소 4를 삽입해 보자.

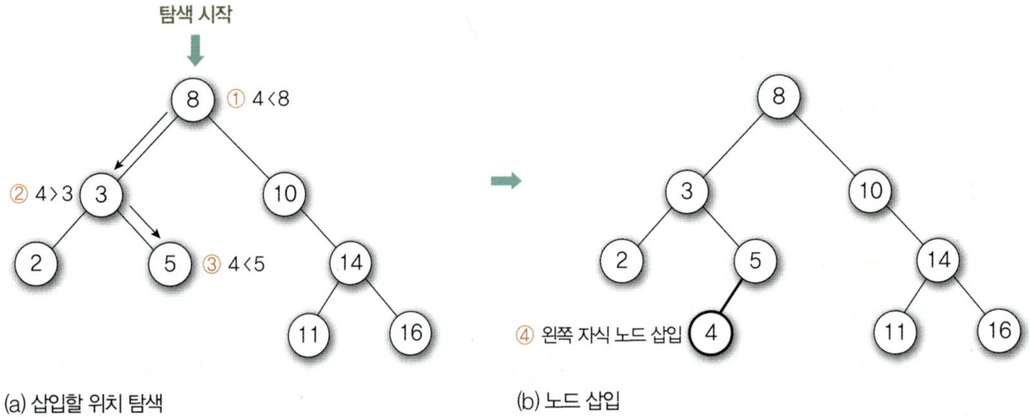

그림 7-35 이진 탐색 트리에서의 삽입 과정 예

① (찾는 키값 4<루트 노드의 키값 8)이므로 왼쪽 서브 트리를 탐색한다.

② (찾는 키값 4>노드의 키값 3)이므로 오른쪽 서브 트리를 탐색한다.

③ (찾는 키값 4<노드의 키값 5)이므로 왼쪽 서브 트리를 탐색해야 하지만, 왼쪽 자식 노드가 없으므로 노드 5의 왼쪽 자식 노드에서 탐색 실패가 발생한다.

④ 탐색 실패가 발생한 자리, 즉 노드 5의 왼쪽 자식 노드 자리에 노드 4를 삽입한다.

이진 탐색 트리에 원소를 삽입하는 과정인 [그림 7-35]를 연결 자료구조로 표현하면 [그림 7-36]과 같다.

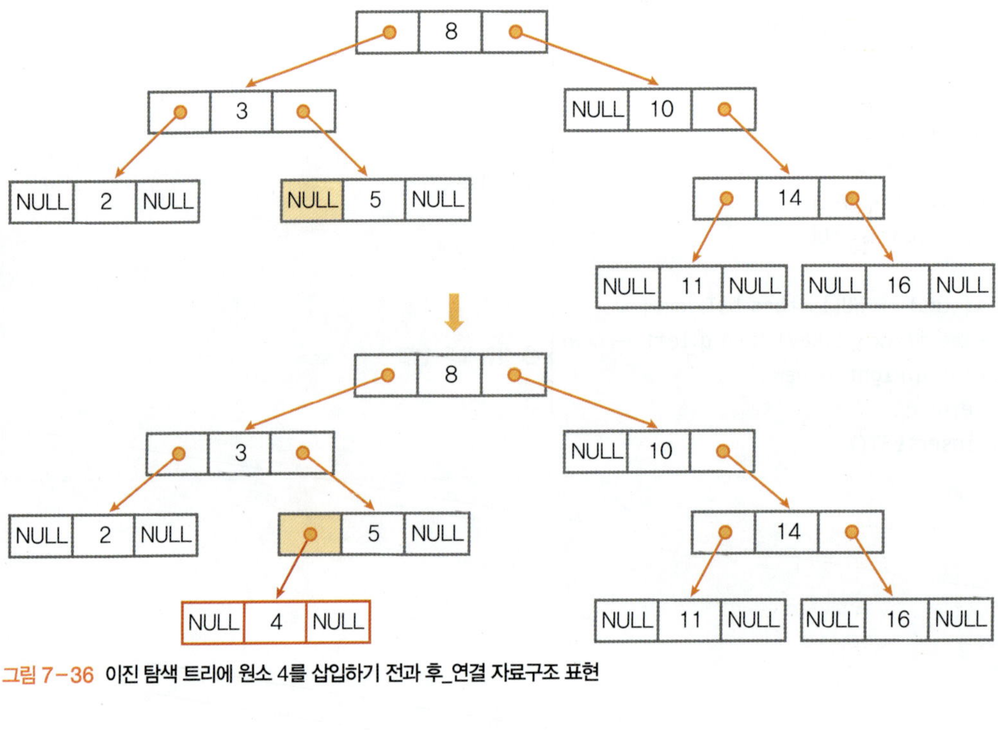

그림 7-36 이진 탐색 트리에 원소 4를 삽입하기 전과 후_연결 자료구조 표현

4 이진 탐색 트리의 삭제 연산

이진 탐색 트리에서 노드를 삭제할 때도 삭제할 노드의 위치를 탐색하는 작업을 먼저 수행해야 한다. 삭제할 노드는 자식 노드 수에 따라 다음 세 가지 경우 중 하나이다. 또한 노드를 삭제한 후에도 이진 탐색 트리를 유지해야 하므로 각각 다른 후속 처리가 필요하다. 각 경우를 하나씩 살펴보면서 알아보자.

- 삭제할 노드가 단말 노드인 경우(차수 = 0)
- 삭제할 노드가 자식 노드를 한 개 가진 경우(차수 = 1)
- 삭제할 노드가 자식 노드를 두 개 가진 경우(차수 = 2)

삭제할 노드가 단말 노드인 경우(차수 = 0)의 삭제 연산

삭제할 노드가 단말 노드라면 해당 노드를 삭제하고 부모 노드의 링크 필드를 NULL로 설정하는 것만으로 간단히 처리할 수 있다. 예를 들어 [그림 7-37]의 이진 탐색 트리에서 단말 노드 4를 삭제하려면 삭제할 노드를 탐색하여 위치를 찾고, 노드를 삭제한 후에 부모 노드 5의 왼쪽 자식 노드 링크 필드를 NULL로 설정한다.

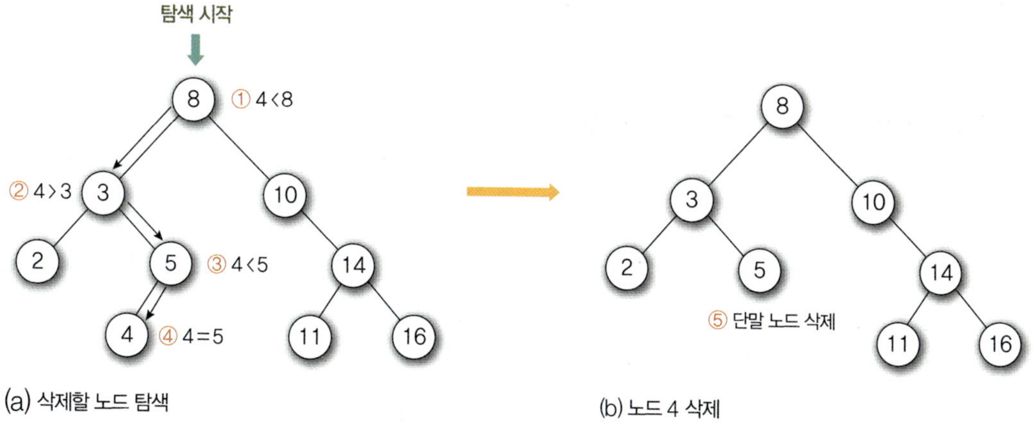

그림 7-37 이진 탐색 트리에서 단말 노드 4를 삭제하는 예

[그림 7-37]에서 4를 삭제하기 전과 후로 연결 자료구조를 표현하면 [그림 7-38]과 같다.

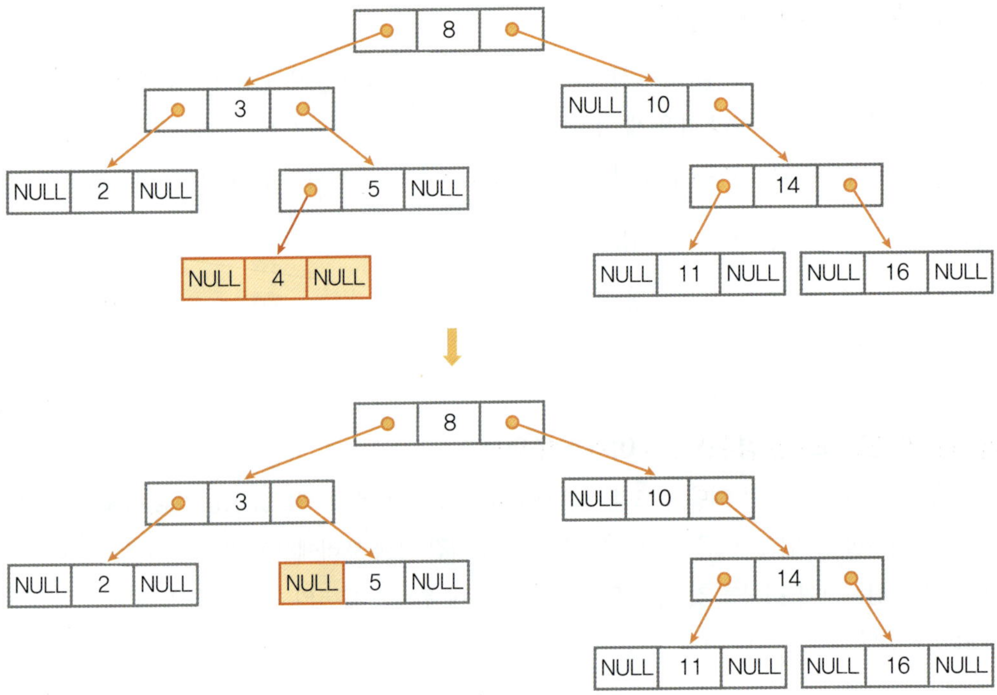

그림 7-38 이진 탐색 트리에서 단말 노드 4를 삭제하기 전과 후_연결 자료구조 표현

삭제할 노드가 자식 노드를 한 개 가진 경우(차수=1)의 삭제 연산

삭제할 노드가 자식 노드를 한 개 가진 부모 노드일 경우, 노드를 삭제하고 나면 자식 노드가 트리에서 떨어져 고아가 된다. 이런 경우에는 자식 노드를 부모 노드의 자리로 올려주는 후처리 작업을 해야 한다. 부모가 자식에게 모든 것을 물려주듯 하나뿐인 자식 노드가 부모 노드의 자리를 물려받는 것이다. 예를 들어 [그림 7-39]와 같이 자식 노드를 하나 가진 부모 노드 10을 삭제하면 자식 노드인 14가 부모 노드 10의 자리를 물려받아 이진 탐색 트리를 재구성한다.

[그림 7-39]와 같이 노드를 삭제하기 전과 후를 연결 자료구조로 표현하면 [그림 7-40]과 같다.

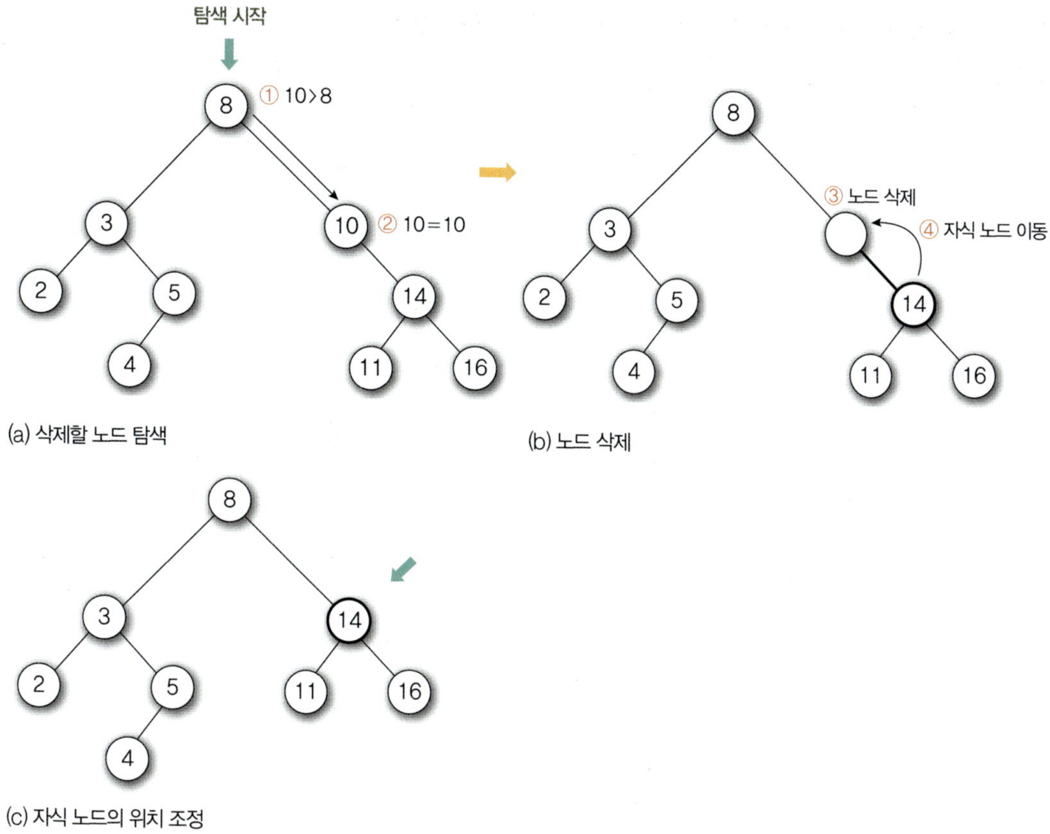

그림 7-39 이진 탐색 트리에서 자식 노드가 하나인 노드 10을 삭제하는 예

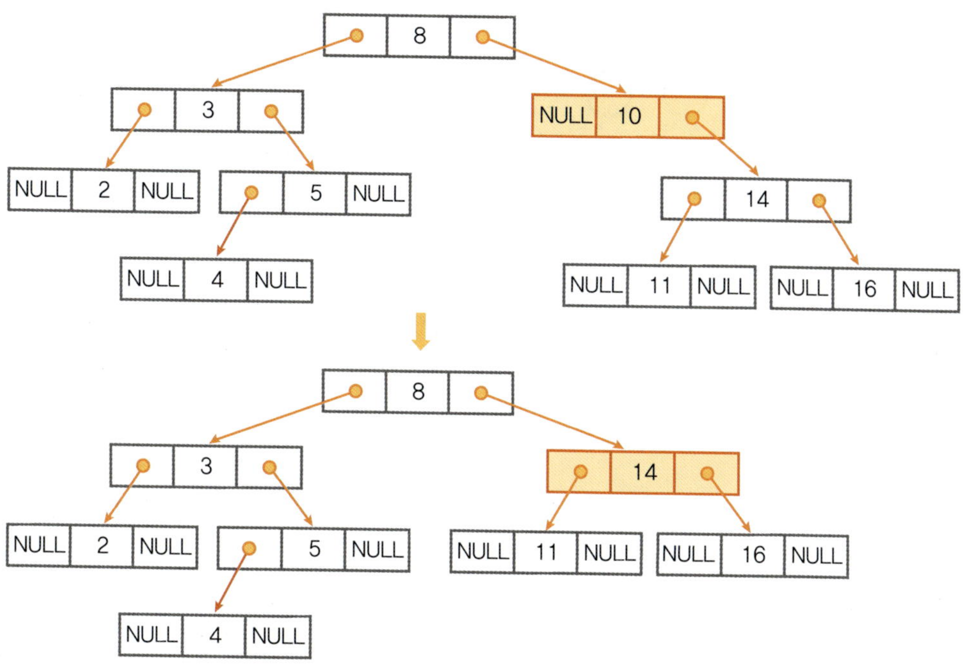

그림 7-40 이진 탐색 트리에서 자식 노드가 하나인 노드 10을 삭제하기 전과 후_연결 자료구조 표현

삭제할 노드가 자식 노드를 두 개 가진 경우(차수=2)의 삭제 연산

자식 노드를 두 개 가지고 있는 노드를 삭제하는 경우에도 삭제 노드 자리를 자식 노드에게 물려주는 후처리 작업을 해야 한다. 그런데 누구에게 물려줘야 할까? 이 경우에는 직계 자식 노드뿐만 아니라 전체 자손 노드 중에서 후계자를 찾는다. 노드가 삭제되고 자손 노드에게 자리를 물려준 후에도 이진 탐색 트리가 유지되어야 한다. 그러려면 이진 탐색 트리의 정의를 만족해야 하므로 후계자로 선택된 자손 노드의 키값은 왼쪽 서브 트리에 있는 노드들의 키값보다 커야 하고, 오른쪽 서브 트리에 있는 노드들의 키값보다는 작아야 한다. 그러므로 삭제할 노드의 왼쪽 서브 트리에서 가장 큰 자손 노드를 후계자로 선택하거나, 오른쪽 서브 트리에서 가장 작은 자손 노드를 후계자로 선택해야 한다.

이진 탐색 트리의 정의를 생각해 봤을 때 왼쪽 서브 트리에서 가장 큰 키값의 노드를 탐색하는 작업은 왼쪽 서브 트리의 오른쪽 링크를 따라 계속 이동하여 오른쪽 링크 필드가 NULL인 노드, 즉 가장 오른쪽에 있는 노드를 찾는 작업이 된다. 그리고 오른쪽 서브 트리에서 가장 작은 키값의 노드를 탐색하는 작업은 오른쪽 서브 트리에서 왼쪽 링크를 따라 계속 이동하여 왼쪽 링크 필드가 NULL인 노드, 즉 가장 왼쪽에 있는 노드를 찾는 작업이 된다.

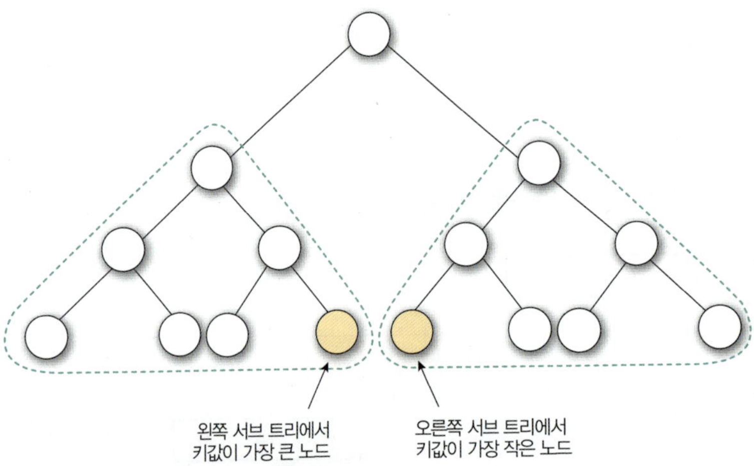

그림 7-41 삭제할 노드의 자리를 물려받을 수 있는 자손 노드

예를 들어 [그림 7-42]에서 노드 8을 삭제할 경우에 후계자로 선택할 수 있는 자손 노드는 왼쪽 서브 트리에서 가장 오른쪽에 있는 노드 5와 오른쪽 서브 트리에서 가장 왼쪽에 있는 노드 10이 된다.

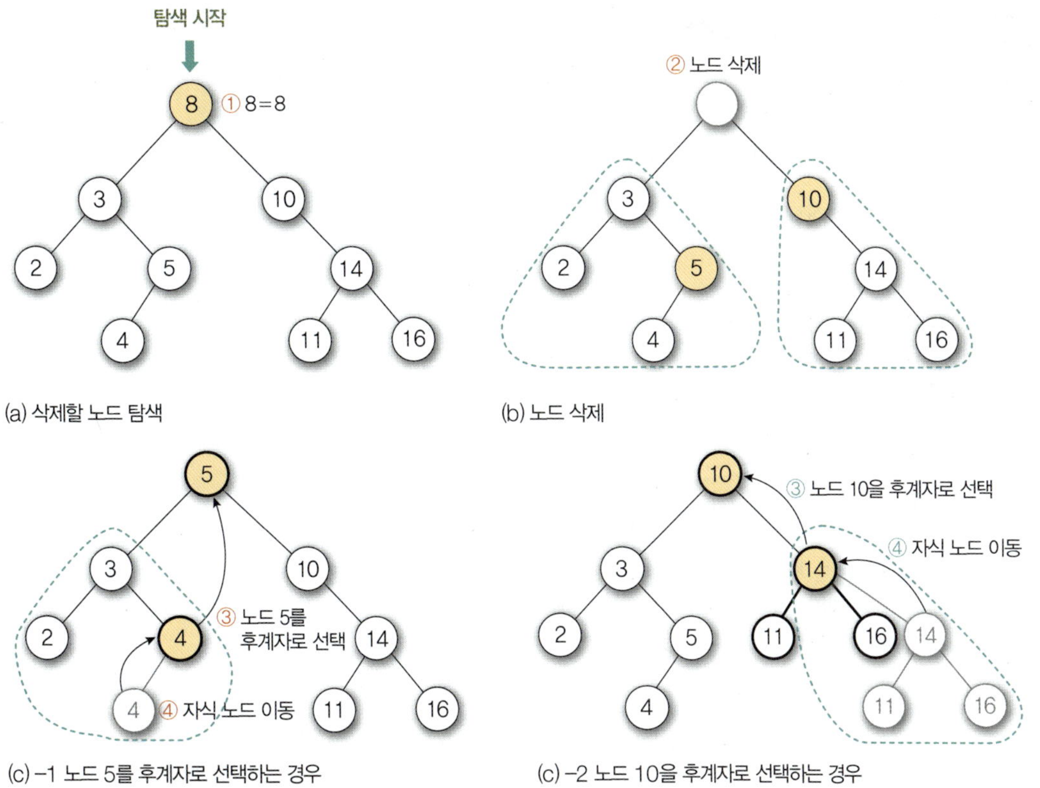

그림 7-42 이진 탐색 트리에서 자식 노드가 둘인 노드 8을 삭제하는 예

선택된 후계자 노드가 삭제된 조상 노드 자리로 올라가면 후계자 노드가 있던 자리는 공백이 되어 후계자의 자식 노드는 고아가 된다. 따라서 후계자 자식들이 고아가 되지 않도록 후계자가 있었던 자리에 자식 노드를 이동시켜 연결하는 2차 후속 처리 작업을 해야 한다. 이러한 재구성 작업은 자식 노드가 하나인 노드의 삭제 연산 후에 수행하는 [그림 7-39]의 재구성 작업과 같다. [그림 7-42]에서 (c)-1은 자식 노드가 하나 있는 노드 5를 후계자로 선택한 경우로, ③ 노드 5를 후계자로 선택하여 노드 8의 자리로 보내고, ④ 후계자 노드 5의 원래 자리는 하나뿐인 자식 노드 4에게 물려주어 이진 탐색 트리를 재구성한다. (c)-2는 자식 노드가 한 개 있는 노드 10을 후계자로 선택한 경우로 ③ 노드 10을 후계자로 선택하여 노드 8의 자리로 보내고, ④ 후계자 노드 10의 원래 자리는 역시 하나뿐인 자식 노드 14에 물려주어 이진 탐색 트리를 재구성한다.

왼쪽 서브 트리에서 키값이 가장 큰 원소를 후계자로 선택하기로 하고, 삭제 연산에 대한 전체 알고리즘을 정의하면 [알고리즘 7-6]과 같다.

알고리즘 7-6 이진 탐색 트리의 노드 삭제

```
deleteBST(bsT, x)
   p ← 삭제할 노드;
   parent ← 삭제할 노드의 부모 노드;

   // 삭제할 노드가 없는 경우
   if (p == NULL) then return;

   // 삭제할 노드의 차수가 0인 경우
   if (p.left == NULL and p.right == NULL) then {
      if (parent.left == p) then parent.left ← NULL;
      else parent.right ← NULL;
   }
   // 삭제할 노드의 차수가 1인 경우
   else if (p.left == NULL or p.right == NULL) then {
      if (p.left ≠ NULL) then{
         if (parent.left == p) then parent.left ← p.left;
         else parent.right ← p.left;
      }
      else {
         if (parent.left == p) then parent.left ← p.right;
         else parent.right ← p.right;
      }
   }
   // 삭제할 노드의 차수가 2인 경우
   else if (p.left ≠ NULL and p.right ≠ NULL) then {
      q ← maxNode(p.left);       // 왼쪽 서브 트리에서 후계자 노드를 포인터 q로 지정
      p.key ← q.key;
      deleteBST(p.left, p.key); // 후계자 노드 자리에 대한 2차 재구성
   }
end deleteBST()
```

SELF TEST_ ① 공백 이진 탐색 트리에 5, 3, 1, 7, 4, 9, 8, 2를 삽입하는 과정을 설명하시오.

② 3을 삭제하고 이진 탐색 트리를 재구성하는 과정을 설명하시오.

5 이진 탐색 트리의 구현

[예제 7-4]는 이진 탐색 트리를 연결 자료구조를 사용하여 표현하고 이진 탐색 트리에 대한 연산을 수행하는 C 프로그램이다.

예제 7-4 이진 탐색 트리 구현하기

[node.h]

```c
#pragma once
typedef char element;         // 이진 탐색 트리 element의 자료형 정의

typedef struct treeNode {
    element key;              // 데이터 필드
    struct treeNode* left;    // 왼쪽 서브 트리 링크 필드
    struct treeNode* right;   // 오른쪽 서브 트리 링크 필드
} treeNode;

void displayInorder(treeNode* root);
```

[node.c]

```c
#include <stdio.h>
#include "node.h"
// 이진 탐색 트리를 중위 순회하면서 출력하는 연산
void displayInorder(treeNode* root) {
    if (root) {
        displayInorder(root->left);
        printf("%c_", root->key);
        displayInorder(root->right);
    }
}
```

[bst.h]

```c
#pragma once
#include "node.h"

treeNode* searchBST(treeNode* root, element x);
treeNode* insertBSTNode(treeNode* p, element x);
void deleteBSTNode(treeNode* root, element key);
```

[bst.c]

[알고리즘 7-4] 수정 구현

```c
#include<stdio.h>
#include<stdlib.h>
#include "node.h"
#include "bst.h"

// 이진 탐색 트리에서 키값이 x인 노드의 위치를 탐색하는 연산
treeNode* searchBST(treeNode* root, element x) {
    treeNode* p;
    p = root;
    while (p != NULL) {
```

```
        if (x < p->key) p = p->left;
        else if (x == p->key) return p;
        else p = p->right;
    }
    printf("\n 찾는 키가 없습니다!");
    return p;
}

// 포인터 p가 가리키는 노드와 비교하여 노드 x를 삽입하는 연산          [알고리즘 7-5] 구현
treeNode* insertBSTNode(treeNode* p, element x) {
    treeNode* newNode;
    if (p == NULL) {
        newNode = (treeNode*)malloc(sizeof(treeNode));
        newNode->key = x;
        newNode->left = NULL;
        newNode->right = NULL;
        return newNode;
    }
    else if (x < p->key)  p->left = insertBSTNode(p->left, x);
    else if (x > p->key)  p->right = insertBSTNode(p->right, x);
    else  printf("\n 이미 같은 키가 있습니다! \n");

    return p;
}

// 루트 노드부터 탐색하여 키값과 같은 노드를 찾아 삭제하는 연산      [알고리즘 7-6] 수정 구현
void deleteBSTNode(treeNode* root, element key) {
    treeNode* parent, * p, * succ, * succ_parent;
    treeNode* child;

    parent = NULL;
    p = root;
    while ((p != NULL) && (p->key != key)) {  // 삭제할 노드의 위치 탐색
        parent = p;
        if (key < p->key) p = p->left;
        else p = p->right;
    }

    // 삭제할 노드가 없는 경우
    if (p == NULL) {
        printf("\n 찾는 키가 이진 트리에 없습니다!!");
        return;
    }

    // 삭제할 노드가 단말 노드인 경우
    if ((p->left == NULL) && (p->right == NULL)) {
```

```c
        if (parent != NULL) {
            if (parent->left == p) parent->left = NULL;
            else parent->right = NULL;
        }
        else root = NULL;
    }

    // 삭제할 노드가 자식 노드를 한 개 가진 경우
    else if ((p->left == NULL) || (p->right == NULL)) {
        if (p->left != NULL) child = p->left;
        else child = p->right;

        if (parent != NULL) {
            if (parent->left == p) parent->left = child;
            else parent->right = child;
        }
        else root = child;
    }

    // 삭제할 노드가 자식 노드를 두 개 가진 경우
    else {
        succ_parent = p;
        succ = p->left;
        while (succ->right != NULL) { // 왼쪽 서브 트리에서 후계자 찾기
            succ_parent = succ;
            succ = succ->right;
        }
        if (succ_parent->left == succ)  succ_parent->left = succ->left;
        else succ_parent->right = succ->left;
        p->key = succ->key;
        p = succ;
    }
    free(p);
}
```

[ex7_4.c]

```c
#define _CRT_SECURE_NO_WARNINGS
#include <stdio.h>
#include "bst.h"

void menu(void);

int main(void) {
    treeNode* root = NULL;
    treeNode* foundedNode = NULL;
    char choice, key;
```

```
	// [그림 7-38]과 같은 초기 이진 탐색 트리를 구성하고
	// 노드 G를 루트 노드 포인터 root로 지정
	root = insertBSTNode(root, 'G');
	insertBSTNode(root, 'I');
	insertBSTNode(root, 'H');
	insertBSTNode(root, 'D');
	insertBSTNode(root, 'B');
	insertBSTNode(root, 'M');
	insertBSTNode(root, 'N');
	insertBSTNode(root, 'A');
	insertBSTNode(root, 'J');
	insertBSTNode(root, 'E');
	insertBSTNode(root, 'Q');

	while (1) {
		menu();
		scanf(" %c", &choice);

		switch (choice - '0') {
		case 1:	printf("\t[이진 트리 출력]  ");
			displayInorder(root);  printf("\n");
			break;

		case 2:	printf("삽입할 문자를 입력하세요 : ");
			scanf(" %c", &key);
			insertBSTNode(root, key);
			break;

		case 3:	printf("삭제할 문자를 입력하세요 : ");
			scanf(" %c", &key);
			deleteBSTNode(root, key);
			break;

		case 4:	printf("찾을 문자를 입력하세요 : ");
			scanf(" %c", &key);
			foundedNode = searchBST(root, key);
			if (foundedNode != NULL)
				printf("\n %c를 찾았습니다! \n", foundedNode->key);
			else  printf("\n 문자를 찾지 못했습니다. \n");
			break;

		case 5:	return 0;

		default: printf("없는 메뉴입니다. 메뉴를 다시 선택하세요! \n");
			break;
```

```c
        }
    }
}

void menu(void) {
    printf("\n*---------------------------*");
    printf("\n\t1 : 트리 출력");
    printf("\n\t2 : 문자 삽입");
    printf("\n\t3 : 문자 삭제");
    printf("\n\t4 : 문자 검색");
    printf("\n\t5 : 종료");
    printf("\n*---------------------------*");
    printf("\n메뉴입력 >> ");
}
```

```
*________________________________*
        1 : 트리 출력
        2 : 문자 삽입
        3 : 문자 삭제
        4 : 문자 검색
        5 : 종료
*________________________________*
메뉴 입력 >> 1
        [이진 트리 출력] A_B_D_E_G_H_I_J_M_N_Q_

*________________________________*
        1 : 트리 출력
        2 : 문자 삽입
        3 : 문자 삭제
        4 : 문자 검색
        5 : 종료
*________________________________*
메뉴 입력 >> 2
삽입할 문자를 입력하세요 : C

*________________________________*
        1 : 트리 출력
        2 : 문자 삽입
        3 : 문자 삭제
        4 : 문자 검색
        5 : 종료
*________________________________*
메뉴 입력 >> 1
        [이진 트리 출력] A_B_C_D_E_G_H_I_J_M_N_Q_

*________________________________*
        1 : 트리 출력
        2 : 문자 삽입
        3 : 문자 삭제
        4 : 문자 검색
        5 : 종료
```

```
*________________________________*

메뉴 입력 >> 3
삭제할 문자를 입력하세요 : A

*________________________________*
        1 : 트리 출력
        2 : 문자 삽입
        3 : 문자 삭제
        4 : 문자 검색
        5 : 종료
*________________________________*
메뉴 입력 >> 1
        [이진 트리 출력] B_C_D_E_G_H_I_J_M_N_Q_
*________________________________*
        1 : 트리 출력
        2 : 문자 삽입
        3 : 문자 삭제
        4 : 문자 검색
        5 : 종료
*________________________________*
메뉴 입력 >> 4
찾을 문자를 입력하세요 : A

 찾는 키가 없습니다!
 문자를 찾지 못했습니다.

*________________________________*
        1 : 트리 출력
        2 : 문자 삽입
        3 : 문자 삭제
        4 : 문자 검색
        5 : 종료
*________________________________*
메뉴 입력 >>
```

[node.h]

02행은 이진 탐색 트리 노드의 데이터 필드로 element형을 선언한다.

[node.c]

04~10행은 이진 탐색 트리를 중위 순회하면서 데이터 필드값을 element형에 맞게 출력하는 연산을 수행한다.

[bst.c]

07~17행의 searchBST()는 이진 탐색 트리에서 키값이 x인 노드의 위치를 탐색하는 연산을 수행한다.

10~14행 : 현재 노드가 NULL이 아닌 동안, 현재 노드의 키값과 x를 비교하여 같으면 현재 노드의 주소 p를 반환한다.

16행 : x와 같은 노드를 찾지 못하면, NULL로 설정된 포인터 p를 반환한다.

20~34행의 insertBSTNode()는 포인터 p 노드와 비교하여 단말 노드 x를 삽입하는 연산을 수행한다.

22행 : 포인터 p가 NULL인 경우로 현재 비교하고 있는 위치에 노드가 없는 경우이다.

23~27행 : 삽입할 노드에 대한 메모리를 할당받아 데이터 필드에 x를 저장하고, 삽입하는 노드는 단말 노드이므로 왼쪽 서브 트리와 오른쪽 서브 트리를 NULL로 설정하고 반환한다.

29행 : 삽입할 노드 x의 키값이 포인터 p가 가리키는 현재 노드의 키값보다 작은 경우이다. 현재 노드의 왼쪽 서브 트리에서 삽입할 자리를 찾아야 하므로 insertNode() 연산을 재귀호출로 반복한다.

30행 : 삽입할 노드 x의 키값이 포인터 p가 가리키는 현재 노드의 키값보다 큰 경우이다. 현재 노드의 오른쪽 서브 트리에서 삽입할 자리를 찾아야 하므로 insertNode() 연산을 재귀호출로 반복한다.

31행 : 삽입할 노드 x의 키값이 포인터 p가 가리키는 현재 노드의 키값과 같은 경우이다. 즉 삽입하려던 x가 이미 이진 탐색 트리에 있으므로 x를 삽입할 수 없다.

37~90행의 deleteBSTNode()는 이진 탐색 트리의 루트 노드부터 탐색하여 키값과 같은 노드를 찾아 삭제하는 연산을 수행한다.

43~47행 : 현재 노드 p와 비교하면서 삭제할 노드의 위치를 탐색하는 작업을 반복한다.

50~53행 : 탐색한 결과 이진 탐색 트리 안에 삭제할 데이터 x가 없는 경우에는 삭제 연산을 종료한다.

56~62행 : 삭제할 노드가 단말 노드인 경우이다. 57~60행에서 삭제할 노드에 부모 노드가 있으면 부모 노드와 삭제할 노드가 연결된 링크 필드를 NULL로 설정한다(58~59행). 반면, 삭제할 노드에 부모 노드가 없으면 삭제하는 노드가 이진 탐색 트리의 하나뿐인 노드이므로 루트 노드를 가리키는 포인터 root를 NULL로 설정한다(61행).

65~74행 : 삭제할 노드가 자식 노드를 한 개만 가진 경우이다. 삭제할 노드가 왼쪽 자식 노드를 가지고 있다면 삭제한 자리를 자식 노드에게 물려주기 위해 왼쪽 자식 노드에 포인터 child를 설정한다(66행). 삭제할 노드가 오른쪽 자식 노드를 가지고 있다면 삭제한 자리를 자식 노드에게 물려주기 위해 오른쪽 자식 노드에 포인터 child를 설정한다(67행). 삭제할 노드의 부모 노드 parent와 삭제할 노드의 하나뿐인 자식 노드 child를 연결한다(69~73행).

77~88행 : 삭제할 노드가 자식 노드를 두 개 가진 경우이다. 왼쪽 서브 트리에서 후계자 노드를 찾기 위해 삭제할 노드(p)의 왼쪽 서브 트리(79행)에서 오른쪽 링크를 따라가면서 오른쪽 자식 노드가 없는 노드, 즉 가장 큰 노드인 후계자 노드를 찾아 포인터 succ로 지정한다(80~83행). 후계자 노드를 삭제하여 옮기기 전에 후계자 노드의 왼쪽 자식 노드(succ -> left)를 후계자 노드의 부모 노드(succ_parent)와 연결한다(84~85행). 후계자 노드의 데이터 필드값(succ -> key)을 삭제할 노드의 데이터 필드(p -> key)로 옮긴다(86행). 후계자 노드 succ에 포인터 p를 설정한다(87행). 포인터 p의 노드를 메모리 해제하여 후계자 노드를 삭제한다(89행).

[ex7_4.c]

14~24행은 [그림 7-43]과 같은 이진 탐색 트리를 구성하고 첫 번째로 삽입한 노드, 즉 노드 G를 루트 노드 포인터 root로 지정한다.

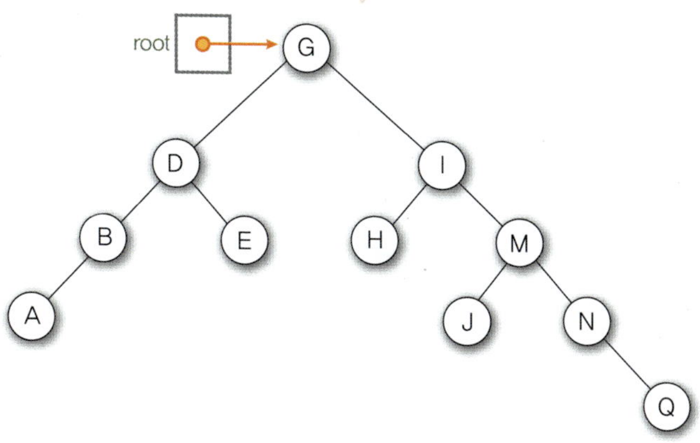

그림 7-43 연산에 사용할 이진 탐색 트리

Section 06 균형 이진 탐색 트리

1 균형 이진 탐색 트리의 개념

이진 탐색 트리에서 좌우 균형이 잘 맞으면 탐색의 성능이 높고, 이 성능은 탐색 트리의 높이와 밀접한 상관이 있는데 예를 통해 그 관계를 살펴보자. [그림 7-44]와 같이 노드가 여덟 개인 이진 탐색 트리에서 65를 탐색하기 위한 비교 연산 횟수를 구해보자.

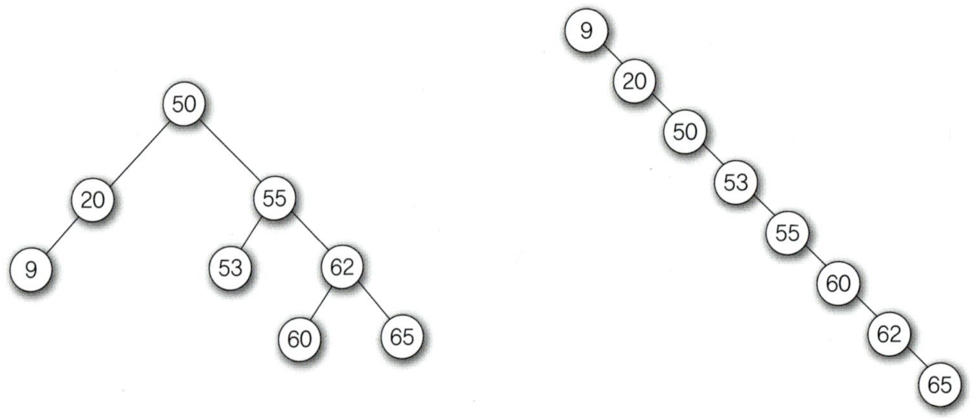

(a) 높이가 3인 이진 탐색 트리　　(b) 높이가 7인 이진 탐색 트리

그림 7-44 이진 탐색 트리에서의 비교 연산 예

(a)에서는 65를 탐색하려면 루트 노드부터 비교 연산을 네 번 수행해야 한다. 반면 (b)에서는 비교 연산을 여덟 번 수행한 후에야 65를 탐색할 수 있다. n개 노드를 가진 이진 탐색 트리에서 비교 연산 횟수는 최소 높이를 가진 경우에는 $O(\log_2 n)$이 되지만, (b)와 같이 최대 높이를 가진 경우에는 $O(n)$이 된다. 따라서 이진 탐색 트리가 한쪽으로 치우치지 않고 균형을 이루도록 맞춰주면 탐색 성능을 높일 수 있다. 이러한 원리로 이진 탐색 트리에 왼쪽 서브 트리의 높이와 오른쪽 서브 트리의 높이에 대한 균형 조건을 추가하여 정의한 트리를 균형 이진 탐색 트리Balanced Binary Search Tree 또는 균형 트리Balanced Tree라 한다. 대표적인 균형 이진 탐색 트리인 AVL 트리를 살펴보자.

2 AVL 트리의 개념과 유형

AVL 트리Adelson-Velskii, Landis Tree는 아델슨 벨스키Adelson-Velskii와 란디스Landis가 제안한 대표적인 균형 이진 탐색 트리이다. AVL 트리는 각 노드에서 왼쪽 서브 트리의 높이 hLheight of Left subtree과 오른쪽 서브 트리의 높이 hR height of Right subtree의 차이가 1 이하인 균형 트리다. AVL 트리는 다음과 같은 특징이 있다.

- 왼쪽 서브 트리 〈 부모 노드 〈 오른쪽 서브 트리의 크기 관계를 갖는다.
- 각 노드의 왼쪽 서브 트리 높이와 오른쪽 서브 트리 높이의 차이(hL−hR)인 노드의 균형 인수BF : Balance Factor를 관리한다
- 각 노드의 균형 인수로 {−1, 0, +1} 값만 가지게 함으로써 왼쪽 서브 트리와 오른쪽 서브 트리의 균형을 항상 유지한다.

균형 인수 BF는 [그림 7−45]와 같이 각 노드에서 왼쪽 서브 트리의 높이 hL과 오른쪽 서브 트리의 높이 hR의 차를 통해 구한다.

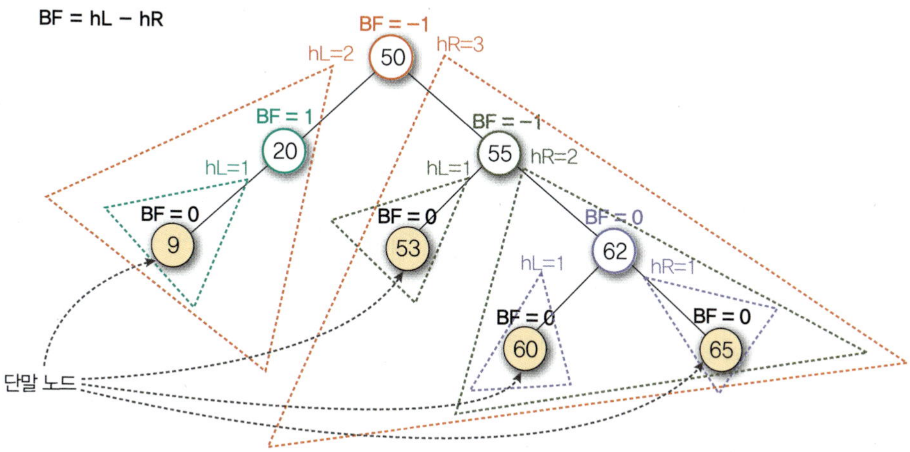

그림 7−45 AVL 트리의 균형 인수 구하기 예

노드 9, 53, 60, 65는 단말 노드로 서브 트리가 없으므로 균형 인수는 0이다. 노드 20은 노드 9의 부모 노드로 왼쪽 서브 트리는 높이가 1이고 오른쪽 서브 트리는 없으므로 균형 인수는 1−0=+1이다. 노드 62는 왼쪽 서브 트리의 높이가 1이고 오른쪽 서브 트리의 높이가 1이므로 균형 인수는 1−1=0이다. 노드 55는 왼쪽 서브 트리의 높이가 1이고 오른쪽 서브 트리의 높이가 2이므로 균형 인수는 1−2=−1이다. 노드 50은 루트 노드로 왼쪽 서브 트리의 높이가 2이고 오른쪽 서브 트리의 높이가 3이므로 균형 인수는 2−3=−1이다.

[그림 7−46]의 이진 탐색 트리는 모든 노드가 균형 인수로 {−1, 0, 1} 값을 가지므로 AVL 트리이다.

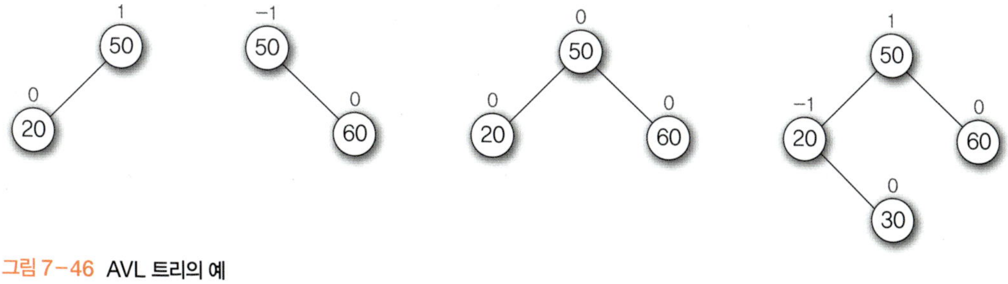

그림 7−46 AVL 트리의 예

반면, [그림 7-47]의 이진 탐색 트리는 노드들이 균형 인수로 {-1, 0, 1} 외의 값을 가지므로 균형이 깨져 한 방향으로 치우친 비AVL 트리이다.

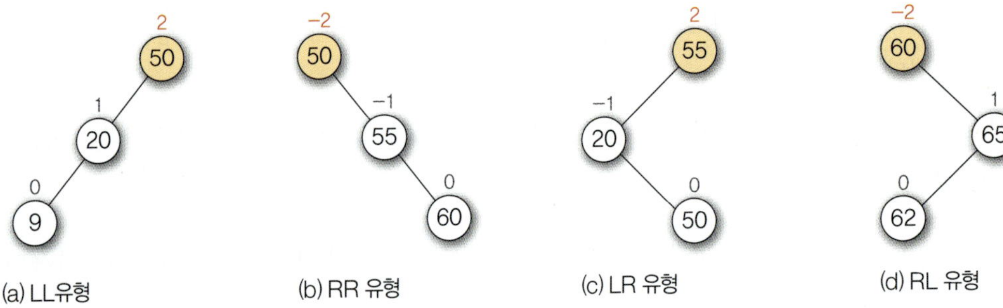

그림 7-47 비AVL 트리의 예

균형이 깨진 노드의 균형 인수가 +이면 왼쪽 서브 트리에 문제가 있는 것이고, 균형 인수가 -이면 오른쪽 서브 트리에 문제가 있는 것이다.

[그림 7-47]의 (a)는 노드 50의 균형 인수가 +2로 균형이 깨진 노드다. 균형 인수가 +이므로 왼쪽 서브 트리에 문제가 있다. 따라서 왼쪽 서브 트리를 확인해 보면 노드 50의 왼쪽(L) 자식인 노드 20의 균형 인수가 +이므로 노드 20의 왼쪽(L) 자식 노드가 불균형과 관련 있음을 알 수 있다. 따라서 노드 50이 불균형 노드가 된 이유는 노드 50이 왼쪽(L) 자식 노드와 그의 왼쪽(L) 자식 노드에 의해 왼쪽으로 치우쳤기 때문이다. 이러한 불균형 문제를 LL 유형, 즉 Left-Left 유형이라 한다.

[그림 7-47]의 (b)에서 노드 50의 균형 인수가 -2이므로 균형이 깨진 노드다. 균형 인수가 -이므로 오른쪽 서브 트리에 문제가 있다. 오른쪽 서브 트리를 화인해 보면 노드 50의 오른쪽(R) 자식인 노드 55의 균형 인수가 -이므로 노드 55의 오른쪽(R) 자식 노드가 불균형과 관련이 있다. 따라서 노드 50이 불균형 노드가 된 이유는 노드 50이 오른쪽(R) 자식 노드와 그의 오른쪽(R) 자식 노드에 의해 오른쪽으로 치우쳤기 때문이다. 이러한 불균형 문제를 RR 유형, 즉 Right-Right 유형이라 한다.

[그림 7-47]의 (c)에서는 노드 55의 균형 인수가 +2로 균형이 깨진 노드다. 균형 인수가 +이므로 왼쪽 서브 트리에 문제가 있다. 노드 55의 왼쪽(L) 자식인 노드 20의 균형 인수는 -이므로 노드 20의 오른쪽(R) 자식 노드가 불균형과 관련이 있다. 따라서 노드 55가 불균형 노드가 된 이유는 왼쪽(L) 자식 노드와 그의 오른쪽(R) 자식 노드로 인해 왼쪽 서브 트리가 치우쳤기 때문이다. 이러한 불균형 문제를 LR 유형, 즉 Left-Right 유형이라 한다.

[그림 7-47]의 (d)는 노드 60이 균형 인수가 -2이므로 균형이 깨진 노드인데 균형 인수가 -이므로 오른쪽 서브 트리에 문제가 있다. 노드 60의 오른쪽(R) 자식인 노드 65의 균형 인수는 +이므로 노드 65의 왼쪽(L) 자식 노드가 불균형과 관련 있다. 따라서 노드 60이 불균형 노드가 된 이유는 오른쪽(R) 자식 노드와 그의 왼쪽(L) 자식 노드로 인해 오른쪽 서브 트리가 치우쳤기 때문이다. 이러한 불균형 문제를 RL 유형, 즉 Right-Left 유형이라 한다.

3 AVL 트리의 회전 연산

이진 탐색 트리에서 노드를 삭제한 후에 트리를 재구성하는 작업이 필요한 것처럼 AVL 트리에서는 삽입과 삭제 작업 후에 균형 인수를 확인하여 균형을 맞추는 재구성 작업이 필요하다. AVL 트리에서 수행하는 삽입·삭제 작업은 이진 탐색 트리에서의 삽입·삭제 작업과 같고, 이후에 균형을 맞추어주는 재구성 작업이 추가되는데 이 작업은 회전Rotation 연산을 통해 이루어진다.

AVL 트리에서 발생하는 불균형에는 [그림 7-47]에서 살펴본 것과 같이 네 가지 유형이 있다. 따라서 불균형이 발생했을 때 균형을 맞추는 재구성을 위한 회전 연산도 [표 7-2]와 같이 LL 회전, RR 회전, LR 회전, RL 회전으로 나뉜다.

표 7-2 AVL 트리에서의 불균형 유형별 해결 방법

불균형의 유형과 원인	해결 방법
LL 유형 : 불균형 발생 노드의 왼쪽Left 자식 노드와 자식의 왼쪽Left 자식 노드에 의해 왼쪽으로 치우침	LL 회전 : 문제 구간 중 상위 구간을 오른쪽으로 회전시킴
RR 유형 : 불균형 발생 노드의 오른쪽Right 자식 노드와 자식의 오른쪽Right 자식 노드에 의해 오른쪽으로 치우침	RR 회전 : 문제 구간 중 상위 구간을 왼쪽으로 회전시킴
LR 유형 : 불균형 발생 노드의 왼쪽Left 자식 노드와 자식의 오른쪽Right 자식 노드에 의해 왼쪽 서브 트리가 치우침	LR 회전 : 문제 구간 중 하위 구간을 왼쪽으로 1차 회전시켜 LL 유형으로 변환한 다음 LL 회전을 적용함
RL 유형 : 불균형 발생 노드의 오른쪽Right 자식 노드와 자식의 왼쪽Left 자식 노드에 의해 오른쪽 서브 트리가 치우침	RL 회전 : 문제 구간 중 하위 구간을 오른쪽으로 1차 회전시켜 RR 유형으로 변환한 다음 RR 회전을 적용함

불균형을 해결하기 위해 회전 연산을 수행하면 부모·자식 관계가 재구성되면서 균형을 찾게 된다. LL 회전과 RR 회전과 같이 한 번 회전하는 것을 단순 회전Single Rotation이라 하고, LR 회전과 RL 회전과 같이 두 번 회전하는 것을 이중 회전Double Rotation이라 한다.

LL 회전 연산

LL 회전 또는 Left-Left 회전은 삽입/삭제 연산 후에 AVL 트리에 LL 유형의 불균형이 발생했을 때 적용한다. 즉, LL 회전은 'LL 불균형을 해결하기 위한 회전 연산'이 된다. [그림 7-48]의 (a)에서 균형 인수에 문제가 생긴 노드 L1과 L1의 왼쪽 자식 노드 L2를 오른쪽으로 회전시키면 (b)와 같이 L2의 부모였던 L1이 L2의 오른쪽 자식 노드가 되면서 균형이 회복된다.

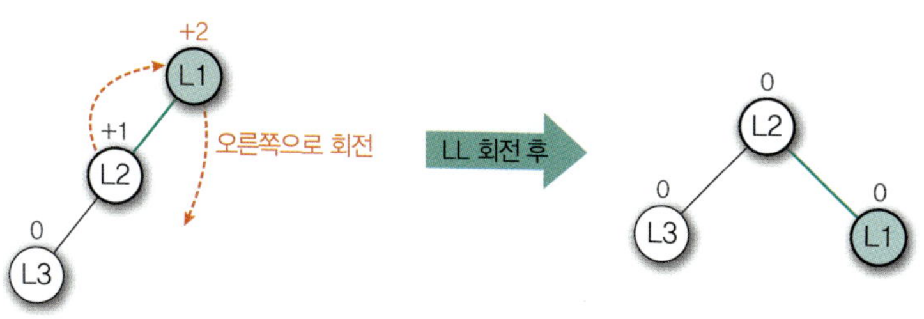

그림 7-48 LL 유형과 회전 예

이 과정을 알고리즘으로 정리하면 다음과 같다.

알고리즘 7-7 AVL 트리의 LL 회전

```
LL_rotate(L1)
    ❶ L2의 오른쪽 자식 노드를 L1의 왼쪽 자식 노드로 옮긴다.
    ❷ L1을 L2의 오른쪽 자식 노드로 옮긴다.
end LL_rotate()
```

❶ L2의 오른쪽 자식 노드 자리를 비우기 위해서, L2의 오른쪽 자식 노드를 L1의 왼쪽 자식 노드로 정리한다.

❷ L1을 L2의 비워진 오른쪽 자식 노드로 설정한다.

결국 LL 회전은 왼쪽으로 치우치는 문제를 해결하기 위해 오른쪽으로 회전하는 것이다.

RR 회전 연산

RR 회전 또는 Right-Right 회전은 삽입/삭제 연산 후에 AVL 트리에 RR 유형의 불균형이 발생했을 때 적용한다. 즉 RR 회전은 'RR 불균형을 해결하기 위한 회전 연산'이 된다. [그림 7-49]의 (a)에서 균형 인수에 문제가 생긴 노드 L1과 L1의 오른쪽 자식 노드 L2를 왼쪽으로 회전시키면 (b)와 같이 L2의 부모였던 L1이 L2의 왼쪽 자식 노드가 되면서 균형이 회복된다.

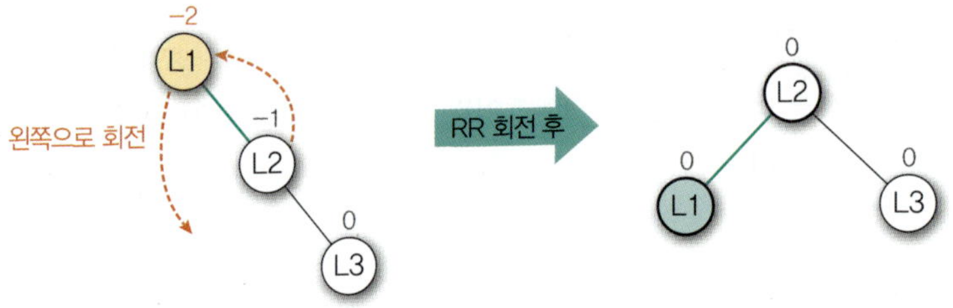

그림 7-49 RR 유형과 회전 예

이 과정을 알고리즘으로 정리하면 다음과 같다.

알고리즘 7-8 AVL 트리의 RR 회전

```
RR_rotate(L1)
    ❶ L2의 왼쪽 자식 노드를 L1의 오른쪽 자식 노드로 옮긴다.
    ❷ L1을 L2의 왼쪽 자식 노드로 옮긴다.
end RR_rotate()
```

❶ L2의 왼쪽 자식 노드 자리를 비우기 위해서, L2의 왼쪽 자식 노드를 L1의 오른쪽 자식 노드로 정리한다.

❷ L1을 L2의 비워진 왼쪽 자식 노드로 설정한다.

결국 RR 회전은 오른쪽으로 치우치는 문제를 해결하기 위해 왼쪽으로 회전하는 것이다.

LR 회전 연산

LR 회전 또는 Left-Right 회전은 삽입/삭제 연산 후에 AVL 트리에 LR 유형의 불균형이 발생했을 때 적용한다. LR 회전은 회전 연산을 두 번 수행하는 이중 회전 연산이다. 불균형 문제가 있는 구간의 하위 레벨에서 수행하는 1차 회전은 균형 인수에 문제가 생긴 노드 L1의 왼쪽 자식 노드 L2와 L2의 오른쪽 자식 노드 L3을 왼쪽으로 회전시키는 RR 회전이다. 1차 회전으로 오른쪽 자식 노드인 L3이 왼쪽으로 회전하여 L2의 부모가 되고, 부모 노드였던 L2는 L3의 왼쪽 자식 노드가 되어 L1-L3-L2의 LL 유형이 된다. 여기에 2차 회전으로 LL 회전을 수행한다.

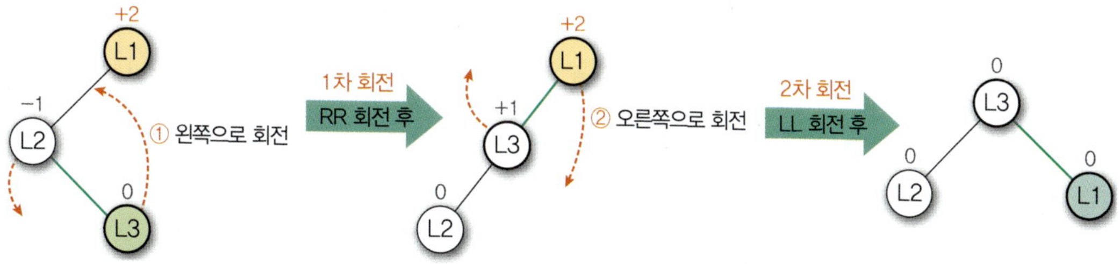

그림 7-50 LR 유형과 회전 예

이 과정을 알고리즘으로 정리하면 다음과 같다.

알고리즘 7-9 AVL 트리의 LR 회전

```
LR_rotate(L1)
    L2와 L3 구간에 대한 RR_rotate(L2)를 수행하고 반환된 노드 L3을 L1의 왼쪽 자식 노드로 만든다.
    L1에 대해서 LL_rotate(L1)을 수행한다.
end LR_rotate()
```

RL 회전 연산

RL 회전 또는 Right-Left 회전은 삽입/삭제 연산 후에 AVL 트리에 RL 유형의 불균형이 발생했을 때 적용한다. RL 회전은 회전을 두 번 해야 하는 이중 회전 연산이다. 불균형 문제가 있는 구간의 하위 레벨에서 수행하는 1차 회전은 균형 인수에 문제가 생긴 노드 L1의 오른쪽 자식 노드인 L2와 L2의 왼쪽 자식 노드 L3을 오른쪽으로 회전시키는 LL 회전이다. 1차 회전 후에 L2의 오른쪽 자식 노드였던 L3이 오른쪽으로 회전하여 L2의 부모가 되고, L2는 L3의 오른쪽 자식 노드가 되어 L1-L3-L2의 RR 유형이 된다. 여기에 2차 회전으로 RR 회전을 수행한다.

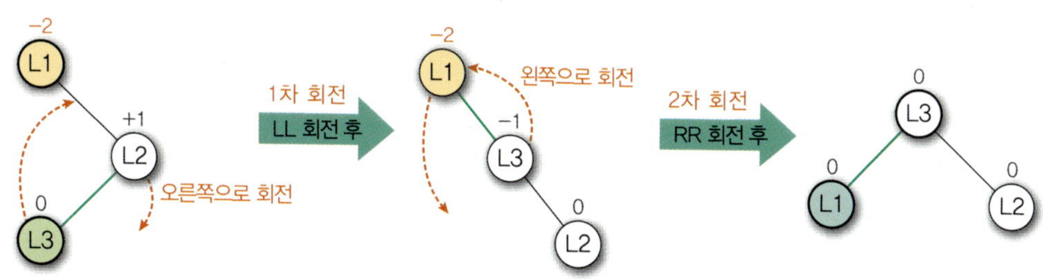

그림 7-51 RL 유형과 회전 예

이 과정을 알고리즘으로 정리하면 다음과 같다.

알고리즘 7-10 AVL 트리의 RL 회전

```
RL_rotate(L1)
    L2와 L3 구간에 대한 LL_rotate(L2)를 수행하고 반환된 노드 L3을 L1의 오른쪽 자식 노드로 만든다.
    L1에 대해서 RR_rotate(L1)을 수행한다.
end RL_rotate()
```

AVL 트리 회전 연산 예

{50, 60, 70, 90, 80, 75, 73, 72, 78}인 원소 아홉 개를 AVL 트리에 삽입하면서 불균형이 발생했을 때 회전 연산을 수행하여 균형 상태를 유지하는 예를 살펴보자. 초록색 노드는 삽입되는 노드이고, 노란색 노드는 불균형이 발생한 노드이다. 불균형 유형에 해당하는 세 개의 노드는 초록색 간선으로 표시하였다.

1 노드 50 삽입 : 공백 AVL 트리에 노드 50을 삽입한다.

2 노드 60 삽입 : 노드 50의 오른쪽 자식으로 노드 60을 삽입한다.

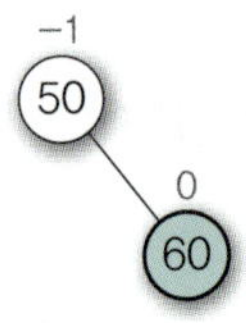

3 노드 70 삽입 : 노드 60의 오른쪽 자식으로 노드 70을 삽입한다. 하지만 노드 50의 균형 인수가 −2가 되어 RR 유형의 불균형이 발생하므로 RR 회전을 수행하여 균형을 회복한다.

4 노드 90 삽입 : 노드 70의 오른쪽 자식으로 노드 90을 삽입한다.

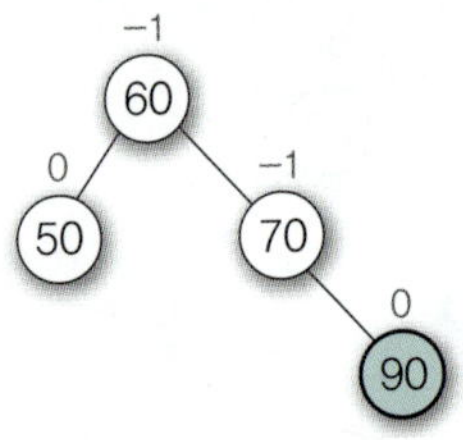

5 노드 80 삽입 : 노드 90의 왼쪽 자식으로 노드 80을 삽입한다. 노드 70의 균형 인수가 −2가 되어 RL 유형의 불균형이 발생하므로 1차 회전에서 LL 회전을 하고 2차 회전에서 RR 회전을 하는 RL 회전을 수행하여 균형을 회복한다.

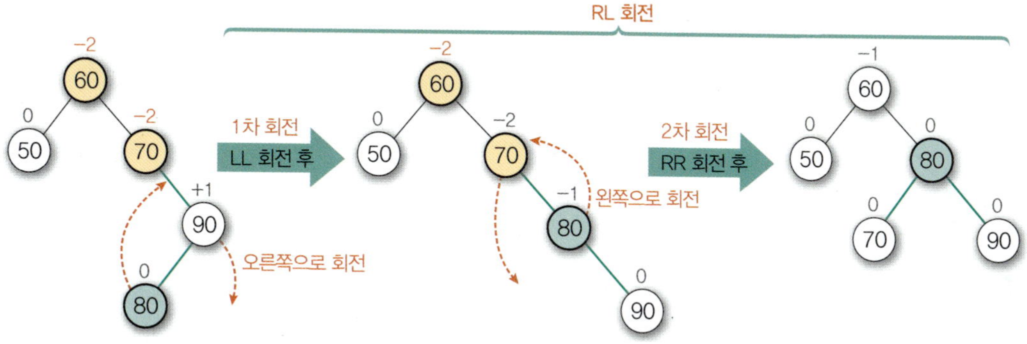

TIP_ 불균형 노드가 60(−2)과 70(−2)이다. 80을 단말 노드로 삽입하면서 불균형이 발생한 상황이므로 80에서 가장 가까운 불균형 노드인 70이 L1 노드가 된다.

6 노드 75 삽입 : 노드 70의 오른쪽 자식으로 노드 75를 삽입한다. 노드 60의 균형 인수가 −2가 되었고, RL 유형의 불균형이 발생하였으므로 1차 회전에서 LL 회전을 하고 2차 회전에서 RR 회전을 하는 RL 회전을 수행하여 균형을 회복한다.

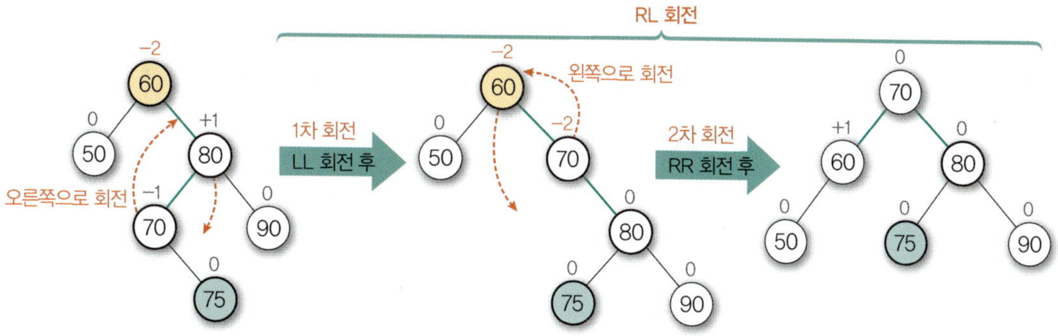

7 노드 73 삽입 : 노드 75의 왼쪽 자식으로 노드 73을 삽입한다.

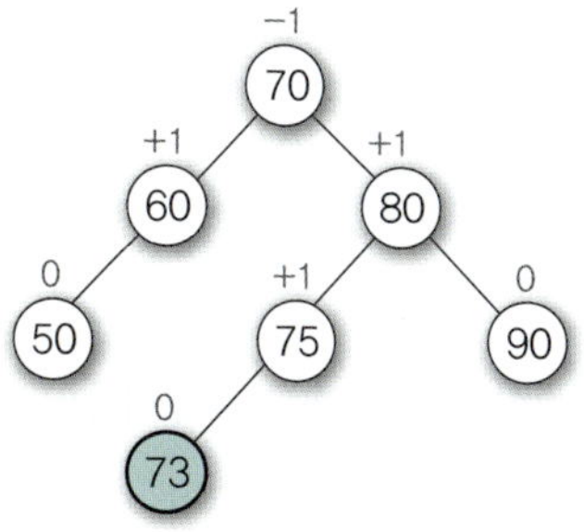

8 노드 72 삽입 : 노드 75의 균형 인수가 +2가 되면서 LL 유형의 불균형이 발생하였다. LL 회전 연산을 수행하여 균형을 회복한다.

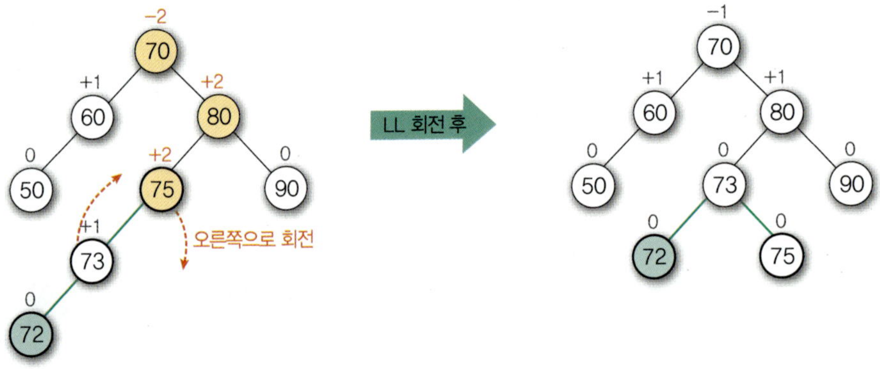

9 노드 78 삽입 : 노드 75의 오른쪽 자식 노드로 노드 78을 삽입한다. 노드 80의 균형 인수가 +2가 되면서 LR 유형의 불균형이 발생하였다. 1차 회전에서 RR 회전을 하고 2차 회전에서 LL 회전을 하는 LR 회전을 수행하여 균형을 회복한다.

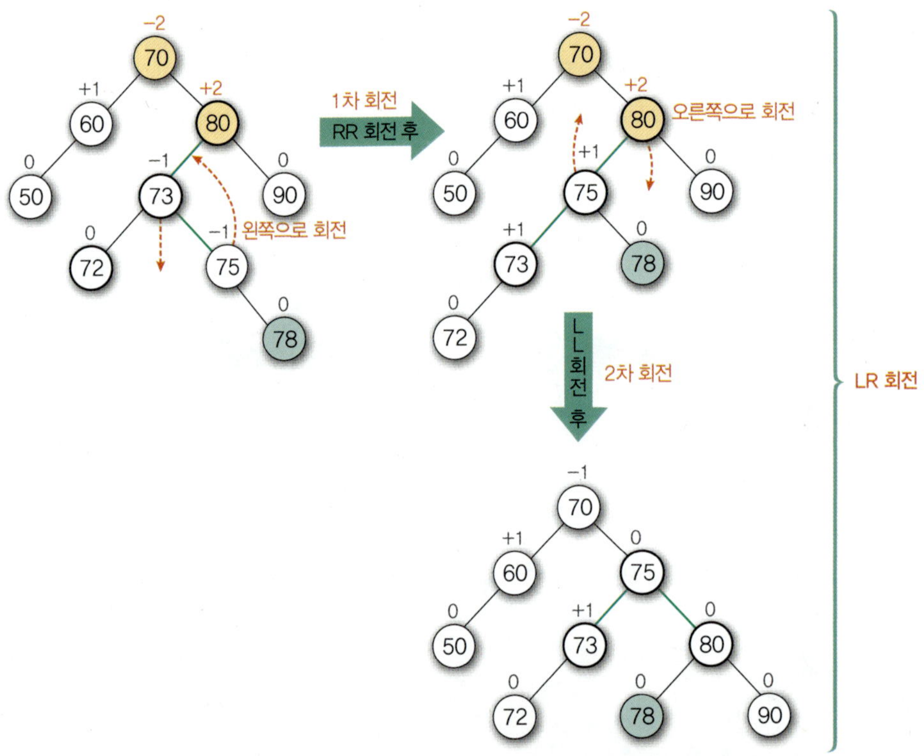

AVL 트리가 아닌 이진 탐색 트리에서 똑같이 아홉 개의 노드를 삽입했다면 [그림 7-52]의 (b)와 같은 트리가 되었을 것이다. AVL 트리의 높이는 3인데 비해 이진 탐색 트리의 높이는 7이 되었다.

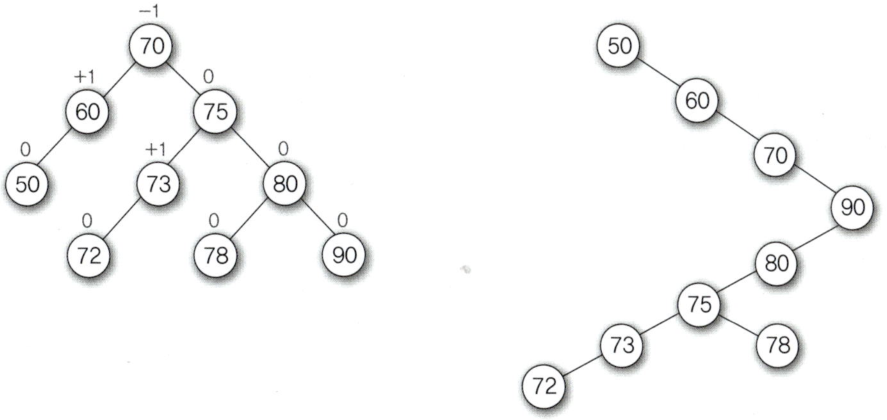

(a) AVL 트리 (b) 이진 탐색 트리

그림 7-52 같은 원소를 같은 순서로 삽입한 경우의 AVL 트리와 이진 탐색 트리 비교

SELF TEST_ 다음 노드를 순서대로 AVL 트리에 삽입하는 과정을 설명하시오.

노드 : 7 8 9 2 1 5 3 6 4

4 AVL 트리의 구현

이진 탐색 트리에 회전 연산과 균형 연산을 추가하여 AVL 트리를 구현해 보자. [예제 7-5]는 이진 탐색 트리와 AVL 트리의 성능 비교를 위해 [그림 7-52]와 같은 원소 아홉 개를 같은 순서로 삽입하여 AVL 트리와 이진 탐색 트리를 구성한 후에 탐색 연산을 수행하는 프로그램이다.

예제 7-5 AVL 트리 구현하기

[node2.h]

```
#pragma once
typedef int element;          // 이진 탐색 트리 element의 자료형 수정

typedef struct treeNode {
    element key;              // 데이터 필드
    struct treeNode* left;    // 왼쪽 서브 트리 링크 필드
    struct treeNode* right;   // 오른쪽 서브 트리 링크 필드
} treeNode;

void displayInorder(treeNode* root);
```

[node2.c]

```c
#include <stdio.h>
#include "node2.h"
// 이진 탐색 트리를 중위 순회하면서 출력하는 연산
void displayInorder(treeNode* root) {
    if (root) {
        displayInorder(root->left);
        printf("%d_", root->key);  // element형에 맞게 출력형식 지정
        displayInorder(root->right);
    }
}
```

[bst2.h]

```c
#pragma once
#include "node2.h"

treeNode* searchBST(treeNode* root, element x);
treeNode* insertBSTNode(treeNode* p, element x);
void deleteBSTNode(treeNode* root, element key);
```

[bst2.c]

```c
#include <stdio.h>
#include <stdlib.h>
#include "bst2.h"
// 이진 탐색 트리에서 키값이 x인 노드의 위치를 탐색하는 연산
// [예제 7-5] 실행을 위해 "탐색성공, count" 출력 추가
treeNode* searchBST(treeNode* root, element x) {
    treeNode* p;
    int count = 0;
    p = root;
    while (p != NULL) {
        count++;
        if (x < p->key) p = p->left;
        else if (x == p->key) {
            printf("%3d번째에 탐색 성공", count);
            return p;
        }
        else p = p->right;
    }
    count++;
    printf("%3d번째에 탐색 실패! 찾는 키가 없습니다!", count);
    return p;
}

// 나머지는 [예제 7-4]의 [bst.c]의 19~90행과 동일
```

[avl.h]

```c
#pragma once
#include "node2.h"
#define MAX(a,b) ((a>b)?a:b)

treeNode* LL_rotate(treeNode* parent);
treeNode* RR_rotate(treeNode* parent);
treeNode* LR_rotate(treeNode* parent);
treeNode* RL_rotate(treeNode* parent);
int getHeight(treeNode* p);
int getBF(treeNode* p);
treeNode* rebalance(treeNode** p);
treeNode* insertAVLNode(treeNode** root, element x);
```

[avl.c]

```c
#include <stdio.h>
#include <stdlib.h>
#include "avl.h"

```

[알고리즘 7-7] 구현

```c
treeNode* LL_rotate(treeNode* parent) {
    treeNode* child = parent->left;
    parent->left = child->right;
    child->right = parent;
    return child;
}

```

[알고리즘 7-8] 구현

```c
treeNode* RR_rotate(treeNode* parent) {
    treeNode* child = parent->right;
    parent->right = child->left;
    child->left = parent;
    return child;
}

```

[알고리즘 7-9] 구현

```c
treeNode* LR_rotate(treeNode* parent) {
    treeNode* child = parent->left;
    parent->left = RR_rotate(child);
    return LL_rotate(parent);
}

```

[알고리즘 7-10] 구현

```c
treeNode* RL_rotate(treeNode* parent) {
    treeNode* child = parent->right;
    parent->right = LL_rotate(child);
    return RR_rotate(parent);
}

```

```
// 서브 트리의 높이를 구하는 연산
int getHeight(treeNode* p) {
    int height = 0;
    if (p != NULL) height = MAX(getHeight(p->left), getHeight(p->right)) + 1;
    return height;
}

// 서브 트리의 높이를 이용해 균형 인수 BF를 구하는 연산
int getBF(treeNode* p) {
    if (p == NULL) return 0;
    return getHeight(p->left) - getHeight(p->right);
}

// BF를 검사하여 불균형이 발생한 경우, 회전 연산 호출
treeNode* rebalance(treeNode** p) {
    int BF = getBF(*p);
    if (BF > 1) {
        if (getBF((*p)->left) > 0)
            *p = LL_rotate(*p);
        else    *p = LR_rotate(*p);
    }
    else if (BF < -1) {
        if (getBF((*p)->right) < 0)
            *p = RR_rotate(*p);
        else *p = RL_rotate(*p);
    }
    return *p;
}

// AVL 트리에 노드를 삽입하는 연산: 이진 탐색 연산처럼 삽입한 후에, rebalance() 호출
treeNode* insertAVLNode(treeNode** root, element x) {
    if (*root == NULL) {
        *root = (treeNode*)malloc(sizeof(treeNode));
        (*root)->key = x;
        (*root)->left = NULL;
        (*root)->right = NULL;
    }
    else if (x < (*root)->key) {
        (*root)->left = insertAVLNode(&((*root)->left), x);
        *root = rebalance(root);
    }
    else if (x > (*root)->key) {
        (*root)->right = insertAVLNode(&((*root)->right), x);
        *root = rebalance(root);
    }
    else {
        printf("\n 이미 같은 키가 있습니다! \n");
        return 0;
    }
    return *root;
}
```

[ex7_5.c]

```c
#include <stdio.h>
#include "avl.h"

int main(void) {
    treeNode* root_AVL = NULL;
    treeNode* root_BST = NULL;

    ///////////////////////////////////////////////////////////////////
    root_AVL = insertAVLNode(&root_AVL, 50);    // AVL 트리 만들기
    insertAVLNode(&root_AVL, 60);
    insertAVLNode(&root_AVL, 70);
    insertAVLNode(&root_AVL, 90);
    insertAVLNode(&root_AVL, 80);
    insertAVLNode(&root_AVL, 75);
    insertAVLNode(&root_AVL, 73);
    insertAVLNode(&root_AVL, 72);
    insertAVLNode(&root_AVL, 78);
    printf("\n ******* AVL 트리 출력 ****************** \n\n");
    displayInorder(root_AVL);                    // 중위 순회 경로 출력
    printf("\n\n AVL 트리에서 70 탐색 : ");
    searchBST(root_AVL, 70);
    printf("\n\n AVL 트리에서 72 탐색 : ");
    searchBST(root_AVL, 72);
    printf("\n\n AVL 트리에서 76 탐색 : ");
    searchBST(root_AVL, 76);

    ///////////////////////////////////////////////////////////////////////////////
    root_BST = insertBSTNode(root_BST, 50);     // BST 만들기
    insertBSTNode(root_BST, 60);
    insertBSTNode(root_BST, 70);
    insertBSTNode(root_BST, 90);
    insertBSTNode(root_BST, 80);
    insertBSTNode(root_BST, 75);
    insertBSTNode(root_BST, 73);
    insertBSTNode(root_BST, 72);
    insertBSTNode(root_BST, 78);
    printf("\n\n\n ******* BST 출력
            ************************ \n\n");
    displayInorder(root_BST);
    // 중위 순회 경로 출력
    printf("\n\n BST에서 70 탐색 : ");
    searchBST(root_BST, 70);
    printf("\n\n BST에서 72 탐색 : ");
    searchBST(root_BST, 72);
    printf("\n\n BST에서 76 탐색 : ");
    searchBST(root_BST, 76);
    getchar(); return 0;
}
```

```
 ******* AVL 트리 출력 ******************

50_60_70_72_73_75_78_80_90_
 AVL 트리에서 70 탐색 :  1번째에 탐색 성공
 AVL 트리에서 72 탐색 :  4번째에 탐색 성공
 AVL 트리에서 76 탐색 :  5번째에 탐색 실패!
찾는 키가 없습니다!

 ******* BST 출력 ************************

50_60_70_72_73_75_78_80_90_
 BST에서 70 탐색 :  3번째에 탐색 성공
 BST에서 72 탐색 :  8번째에 탐색 성공
 BST에서 76 탐색 :  8번째에 탐색 실패! 찾는
키가 없습니다!
```

Section 07

히프의 개념과 연산 및 구현

1 히프의 개념

히프Heap는 [그림 7-53]과 같이 완전 이진 트리에 있는 노드 중에서 키값이 가장 큰 노드나 키값이 가장 작은 노드를 찾기 위해 만든 자료구조이다. 키값이 가장 큰 노드를 찾기 위한 히프를 최대 히프Max Heap라 하고, 키값이 가장 작은 노드를 찾기 위한 히프를 최소 히프Min Heap라고 한다.

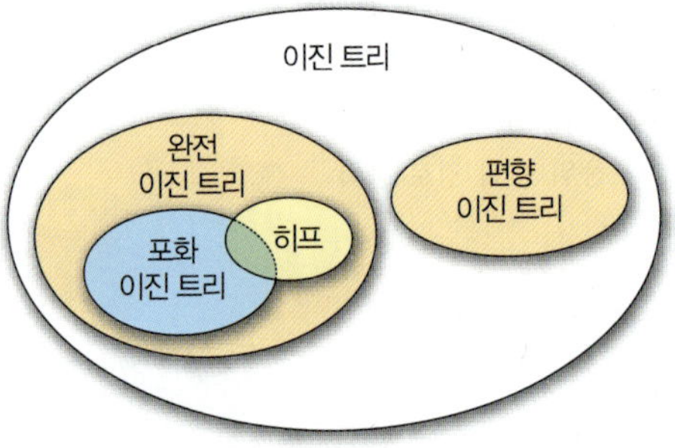

그림 7-53 이진 트리와 히프의 관계

최대 히프는 부모 노드의 키값이 자식 노드의 키값보다 항상 크거나 같은 크기의 관계, 즉 {부모 노드의 키값 ≥ 자식 노드의 키값}의 관계를 가지는 노드들의 완전 이진 트리이다. 그러므로 [그림 7-54]의 (a)와 같이 최대 히프에서는 키값이 가장 큰 노드가 루트 노드가 된다. 최소 히프는 부모 노드의 키값이 자식 노드의 키값보다 항상 작거나 같은 크기의 관계, 즉 {부모 노드의 키값 ≤ 자식 노드의 키값}의 관계를 가지는 노드들의 완전 이진 트리이다. 그러므로 [그림 7-54]의 (b)와 같이 최소 히프에서는 키값이 가장 작은 노드가 루트 노드가 된다. 히프는 같은 키값의 노드를 중복하여 가질 수 있다. 일반적으로 말하는 히프는 최대 히프를 의미한다.

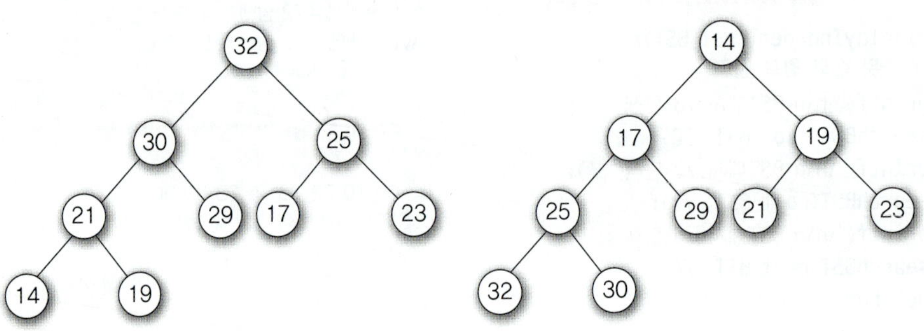

(a) 최대 히프 (b) 최소 히프

그림 7-54 히프의 예

[그림 7-55]의 (a)는 완전 이진 트리가 아니기 때문에 히프가 될 수 없고, (b)는 완전 이진 트리지만 부모 노드의 키값과 자식 노드의 키값 사이에 아무런 크기 관계가 없으므로 히프가 될 수 없다.

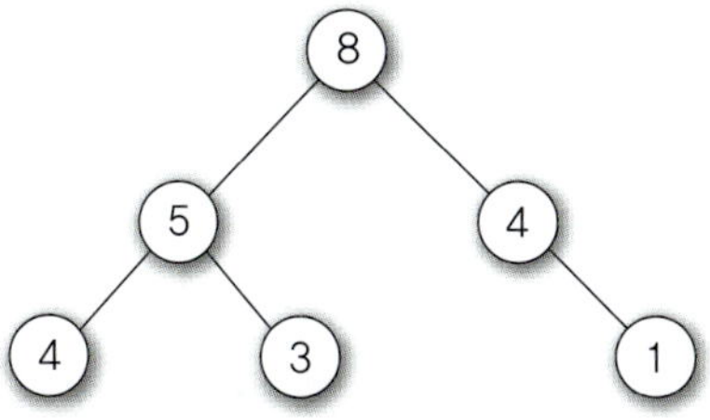

(a) 완전 이진 트리가 아님

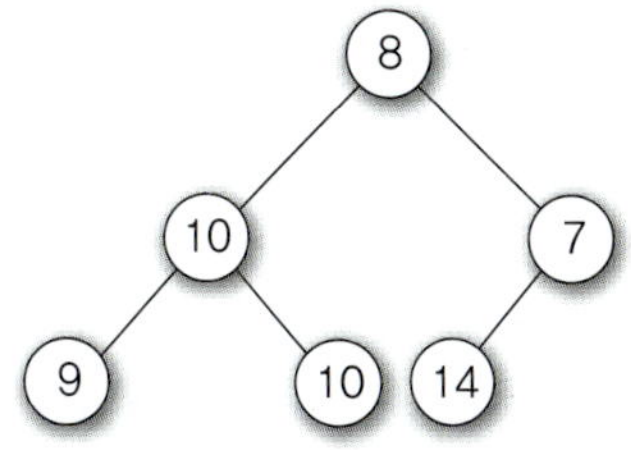

(b) 부모 노드의 키값과 자식 노드의 키값 사이의 크기 관계 미성립

그림 7-55 **히프가 아닌 이진 트리의 예**

2 히프의 추상 자료형

히프에 대한 기본 연산을 추상 자료형으로 정의하면 [ADT 7-2]와 같다.

ADT 7-2 히프의 추상 자료형

```
ADT Heap
데이터 : 원소 n개로 구성된 완전 이진 트리로서 각 노드의 키값은 자식 노드의 키값보다 크거나 같다
        (부모 노드의 키값 ≥ 자식 노드의 키값).
연산 :
   heap∈Heap; item∈Element;

   // 공백 히프를 생성하는 연산
   createHeap() ::= create an empty heap;

   // 히프가 공백인지 검사하는 연산
   isEmpty(heap) ::= if (heap is empty) then return true;
                     else return false;

   // 히프의 적당한 위치에 원소(item)를 삽입하는 연산
   insertHeap(heap, item) ::= insert item into heap;

   // 히프에서 키값이 가장 큰 원소를 삭제하고 반환하는 연산
   deleteHeap(heap) ::= if (isEmpty(heap)) then return error;
                        else {
                          item ← 히프에서 가장 큰 원소;
                          remove {히프에서 가장 큰 원소};
                          return item;
                        }
End Heap()
```

히프는 삽입 연산과 삭제 연산을 마친 후에도 완전 이진 트리의 형태를 유지하면서 부모 노드와 자식 노드의 키값의 관계가 히프 정의에 어긋나지 않도록 노드를 재배치해야 한다. 추상 자료형에 있는 삽입 연산과 삭제 연산을 수행하는 방법을 살펴보자.

3 히프의 삽입 연산

히프에서 삽입 연산을 하는 과정은 레스토랑에서 테이블에 앉는 과정과 비슷하다. 레스토랑에 들어서면 일단은 대기석에서 기다리면서 원하는 자리를 주문하고, 주문한 자리가 준비되었을 때 들어가 앉는다. 히프에서 삽입 연산을 하는 과정도 비슷하다. 일단은 완전 이진 트리의 형태 조건을 만족하기 위해서 현재의 마지막 노드의 다음 자리를 확장하여 자리를 만들고, 삽입할 원소를 임시로 저장한다. 그러고 나서 키값의 관계가 최대 히프가 되도록 재구성하기 위해 삽입한 원소의 키값과 현재 임시 위치에서의 부모 노드의 키값을 비교한다.

1단계 : 완전 이진 트리의 조건이 만족하도록 다음 자리를 확장한다.

2단계 : 부모 노드와 크기 조건이 만족하도록 삽입 원소의 위치를 찾는다.

예를 들어 [그림 7-56]과 같이 노드를 여섯 개 가지고 있는 히프 노드를 삽입하는 연산을 살펴보자. 삽입 연산 1단계를 수행하여 (b)와 같이 7번 노드의 자리를 확장한다. 그런 다음 2단계를 수행하여 (c)와 같이 삽입 원소 17의 자리를 확정한다.

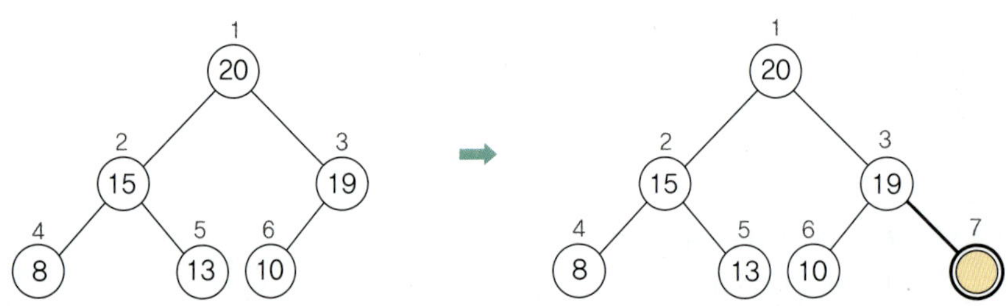

(a) 삽입 전의 히프

(b) 1단계 : 완전 이진 트리의 다음 자리인 7번 노드 확장

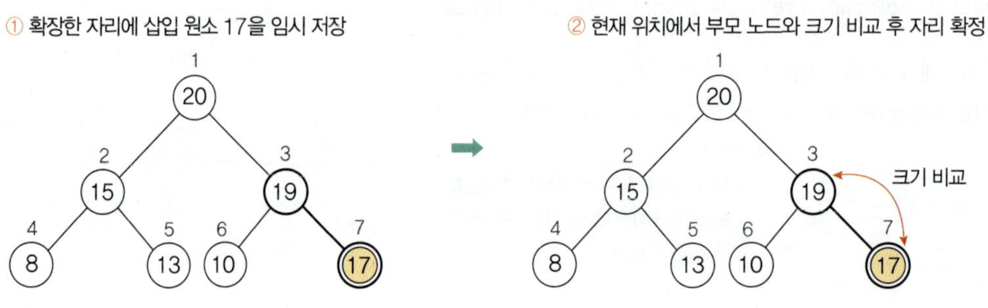

(c) 2단계 : 삽입 원소 17의 자리 확정

그림 7-56 히프에서의 삽입 연산 예 1 : 원소 17 삽입하기

이번에는 17이 아니라 23을 삽입하는 과정을 살펴보자. 1단계는 같고 2단계에서 ① 삽입할 원소 23을 확장한 자리에 임시로 저장한다. ② 현재 위치에서 부모 노드 19와 키값을 비교한다. {부모 노드의 키값 19 〈 삽입 노드의 키값 23}이므로 히프의 크기 관계 조건을 만족하지 않는다. 이런 경우에는 자식 노드와 부모 노드의 자리를 맞바꿔 큰 키값을 부모 노드로 올린다. ③ 자리를 바꾸어 변경된 현재 위치에서의 부모 노드의 키값 20과 다시 비교한다. {부모 노드의 키값 20 〈 삽입 노드의 키값 23}이므로 히프의 크기 관계 조건을 만족하지 않는다. 부모 노드와 자리를 바꾼다. ④ 변경된 현재 위치에서의 부모 노드의 키값과 비교하는 작업을 해야 하는데, 현재 위치가 루트여서 더 이상 비교할 부모 노드가 없으므로 현재 위치를 삽입 원소 23의 자리로 확정한다.

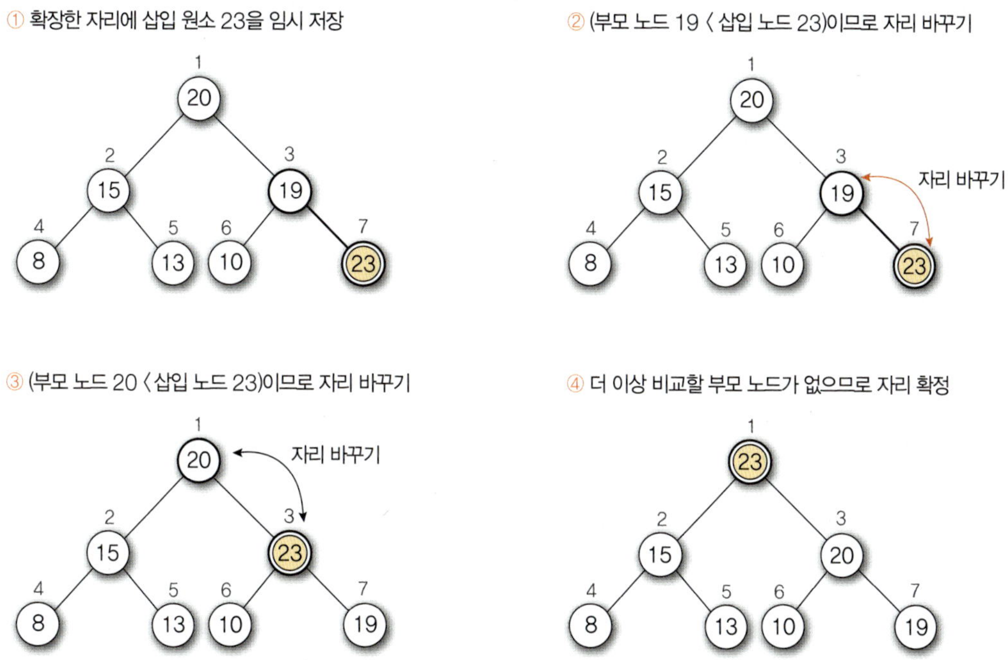

그림 7-57 히프에서의 삽입 연산 예 2 : 원소 23 삽입하기

히프에 삽입하는 연산은 어느 위치에서든지 부모 노드를 쉽게 찾아야 하기 때문에 순차 자료구조 방법을 사용하여 히프를 표현하고 [표 7-1]의 배열에서의 인덱스 관계를 이용하여 부모 노드를 찾는 방법을 많이 사용한다. 1차원 배열의 순차 자료구조 방식으로 구현한 최대 히프에 원소를 삽입하는 연산을 알고리즘으로 정의하면 [알고리즘 7-11]과 같다.

알고리즘 7-11 **최대 히프의 노드 삽입**

```
insertHeap(heap, item)
      if (n == heapSize) then heapFull();
   ❶ n ←n + 1;
   ❷ for (i ← n; ;) do {
         if (i == 1) then exit;
       ❸ if (item ≤ heap[⌊i/2⌋]) then exit;
       ❹ heap[i] ← heap[⌊i/2⌋];
       ❺ i ← ⌊i/2⌋;
      }
   ❻ heap[i] ←item;
end insertHeap()
```

❶ 현재 히프의 크기를 하나 증가시켜서 노드 위치를 확장한다.

❷ 확장한 노드 번호가 임시 삽입 위치 i가 된다.

❸ 삽입할 원소 item과 부모 노드 heap[⌊i/2⌋]를 비교하여 부모 노드보다 작거나 같으면 임시 삽입 위치 i를 삽입 원소의 위치로 확정하고, ❻을 수행한다.

❹ 삽입할 원소 item이 부모 노드보다 크면, 부모 노드와 자식 노드의 자리를 맞바꿔 최대 히프의 관계를 만들어야 하므로 부모 노드 heap[⌊i/2⌋]의 원소를 현재의 임시 삽입 위치 heap[i]에 저장한다.

❺ ⌊i/2⌋를 임시 삽입 위치 i로 하여 ❷~❺를 반복하면서 item을 삽입할 위치를 찾는다.

❻ 찾은 위치에 삽입할 원소 item을 저장하면 최대 히프의 재구성 작업이 완성되므로 삽입 연산을 종료한다.

SELF TEST_ [알고리즘 7-11]에 따라서 공백 히프에 {69, 10, 30, 2, 16, 8, 31, 22}를 삽입하는 과정을 설명하시오.

4 히프의 삭제 연산

히프에서 원소를 삭제하는 연산은 언제나 루트 노드에 있는 원소를 삭제하여 반환한다. 따라서 최대 히프에서 수행하는 삭제 연산은 키값이 가장 큰 원소를 삭제하여 반환하는 연산이 되고, 최소 히프에서 수행하는 삭제 연산은 키값이 가장 작은 원소를 삭제하여 반환하는 연산이 된다. 히프의 삭제 연산에서 중요한 것은 루트 노드의 원소를 삭제한 후에도 완전 이진 트리의 형태와 노드의 키값에 대한 히프의 조건이 유지되어야 한다는 것이다.

레스토랑에서 테이블을 하나 치워야 한다면 그 테이블에 앉아 있던 사람들은 일단 빈 테이블로 옮겨 앉아 있다가 적당한 자리가 생기면 그 자리로 옮기고, 그러고 나서 좀 더 좋은 자리가 생기면 다시 자리를 옮길 것이다.

마찬가지로 [그림 7-58]의 ①에서 루트 노드의 원소를 삭제한 후에도 전체 노드의 개수가 하나 줄어든 완전 이진 트리여야 하므로 마지막 노드, 즉 6번 노드의 자리를 제거해야 한다. 그러면 마지막 6번 노드에 있던 원소 10은 갈 곳이 없으므로 ②와 같이 비어 있는 루트 노드에 임시로 저장한다. 일단 완전 이진 트리 형태를 유지했으므로 이제는 키값의 관계가 최대 히프가 되도록 조정한다. 임시로 루트 노드에 옮겨 놓은 원소의 키값과 현재 위치에서의 왼쪽 자식 노드의 키값과 오른쪽 자식 노드의 키값을 비교하여 세 개의 키값 중에서 가장 큰 원소가 부모 노드가 되도록 자리를 바꿔 준다. ③에서 루트로 옮겨진 노드의 키값 10이 현재 위치에서의 자식 노드의 키값 19보다 작으므로 자리를 맞바꾼다. ④와 같이 옮겨진 자리에서 최대 히프의 조건을 만족하는지 검사하기 위해 옮겨진 노드의 키값 10과 현재 위치에서의 자식 노드의 키값 8과 13을 다시 비교하는데, 자식 노드의 키값 13이 가장 크므로 노드 10과 자리를 바꾼다. ⑤ 더 이상 크기를 비교할 자식 노드가 없으므로 현재의 자리가 노드 10의 자리로 확정되어 최대 히프의 재구성 작업을 완성하고 삭제 연산을 종료한다.

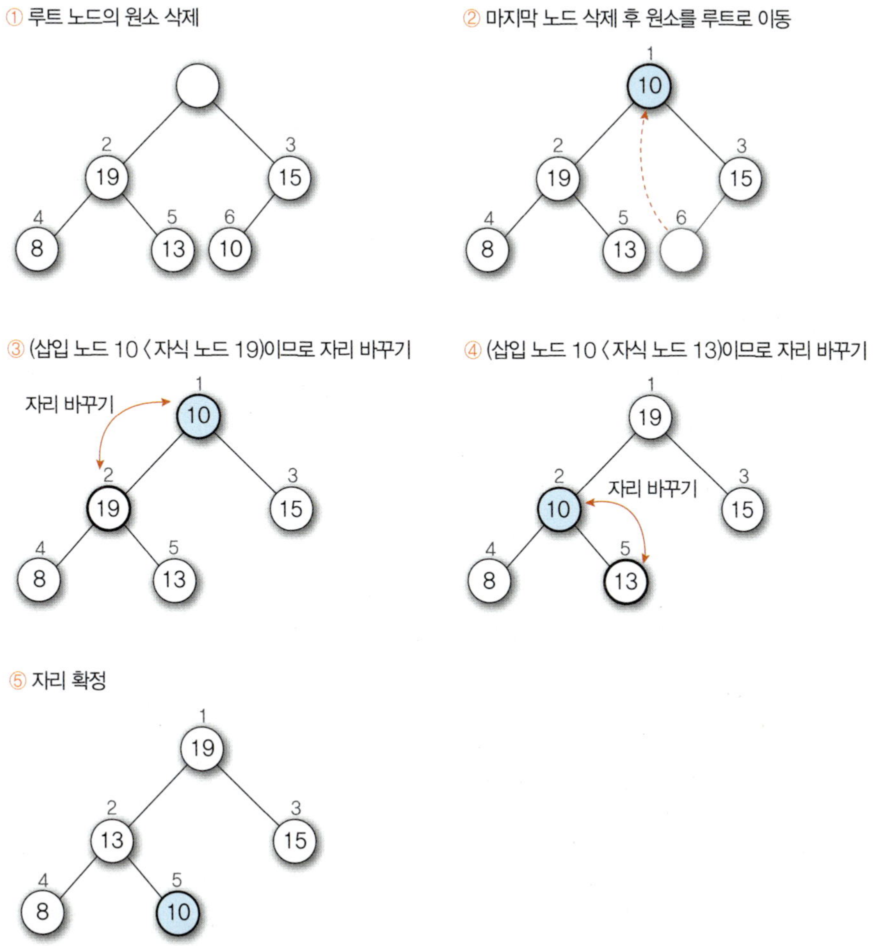

그림 7-58 히프에서 루트의 원소를 삭제하는 예

[알고리즘 7-12]는 1차원 배열의 순차 자료구조를 이용한 최대 히프에서의 삭제 연산을 정의한 알고리즘이다.

알고리즘 7-12 **최대 히프의 노드 삭제**

```
deleteHeap(heap)
      if (n == 0) then return error;
   ❶ item ← heap[1];
   ❷ temp ← heap[n];
   ❸ n ← n - 1;
   ❹ i ← 1;
      j ← 2;
      while (j ≤ n) do {
        ⎧ if (j < n) then
   ❺  ⎨    if (heap[j] < heap[j + 1]) then j ← j + 1;
        ⎩ if (temp ≥ heap[j]) then exit;
        ⎧ else {
   ❻  ⎨    heap[i] ← heap[j];
        ⎪    i ← j;
        ⎩    j ← j * 2;
      }
   ❼ heap[i] ← temp;
   ❽ return item;
end deleteHeap()
```

❶ 루트 노드 heap[1]을 변수 item에 저장한다.

❷ 마지막 노드의 원소 heap[n]을 변수 temp에 임시로 저장한다.

❸ 마지막 노드를 삭제하였으므로 히프 배열의 원소 개수가 하나 감소한다.

❹ 마지막 노드의 원소였던 temp의 임시 저장 위치 i는 루트 노드의 자리인 1번이 된다.

❺ 현재 저장 위치에서 왼쪽 자식 노드 heap[j]와 오른쪽 자식 노드 heap[j+1]이 있을 때, 키값이 큰 자식 노드의 키값과 temp를 비교하여 temp가 크거나 같으면 현재의 임시 저장 위치를 temp 자리로 확정하고, ❼을 수행한다.

❻ temp가 자식 노드 heap[j]보다 작으면 자식 노드와 자리를 바꾸고 ❺~❻을 반복하면서 temp의 자리를 찾는다.

❼ 찾은 위치에 temp를 저장하여 최대 히프의 재구성 작업을 완성한다.

❽ 처음에 삭제된 루트 노드를 저장한 변수 item을 반환하고 삭제 연산을 종료한다.

SELF TEST_ 400쪽 Self Test에서 완성한 히프를 [알고리즘 7-12]에 따라 삭제 연산을 여덟 번 수행하는 과정을 설명하시오.

5 히프의 구현

1차원 배열의 순차 자료구조 방식으로 구현하면 인덱스 관계를 이용하여 부모 노드를 찾기가 쉽다. 순차 자료구조를 사용하여 히프를 표현하면 [그림 7-59]와 같다.

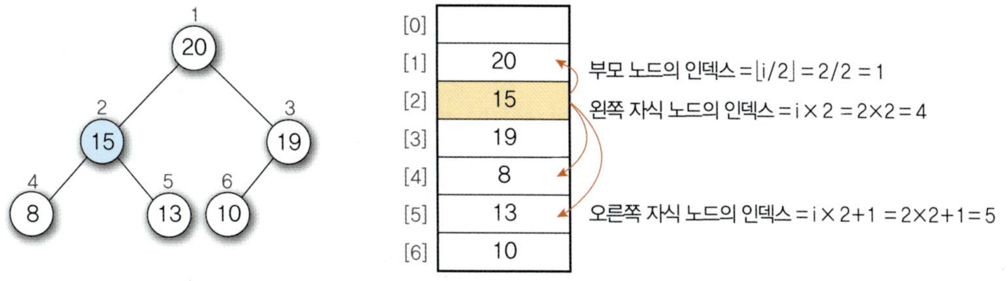

그림 7-59 히프를 순차 자료구조로 표현한 예

[예제 7-6]은 최대 히프의 알고리즘을 구현한 프로그램이다. 공백 히프에 원소 다섯 개(10, 45, 19, 11, 96)를 삽입하여 [그림 7-60]과 같은 최대 히프를 구성한다. 원소를 삭제하면서 삭제된 원소를 출력하면 최대 히프의 루트 노드가 출력되므로 히프 크기만큼 삭제 연산을 반복하면 큰 값부터 작은 값까지 순서대로 삭제되어 출력되는 것을 확인할 수 있다.

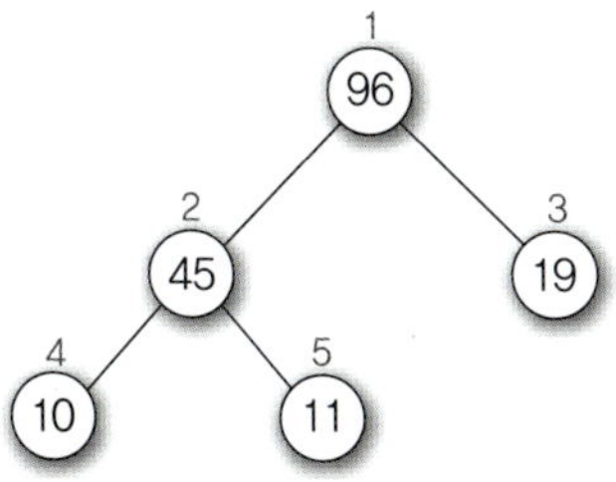

그림 7-60 원소 10, 45, 19, 11, 96을 삽입하여 완성한 최대 히프

예제 7-6 순차 자료구조 방식으로 최대 히프 구현하기

[heap.h]

```
#pragma once
#define MAX_ELEMENT 100

// 히프에 대한 1차원 배열과 히프 원소의 개수를 구조체로 묶어서 선언
typedef struct {
    int heap[MAX_ELEMENT];
    int heap_size;
} heapType;

heapType* createHeap(void);
void insertHeap(heapType* h, int item);
int deleteHeap(heapType* h);
void printHeap(heapType* h);
```

[heap.c]

```c
#include <stdio.h>
#include <stdlib.h>
#include "heap.h"

// 공백 히프를 생성하는 연산
heapType* createHeap(void) {
    heapType* h = (heapType*)malloc(sizeof(heapType));
    h->heap_size = 0;
    return h;
}
```

[알고리즘 7-7] 구현

```c
// 히프에 item을 삽입하는 연산
void insertHeap(heapType* h, int item) {
    int i;
    h->heap_size = h->heap_size + 1;
    i = h->heap_size;
    while ((i != 1) && (item > h->heap[i / 2])) {
        h->heap[i] = h->heap[i / 2];
        i /= 2;
    }
    h->heap[i] = item;
}
```

[알고리즘 7-8] 구현

```c
// 히프의 루트를 삭제하여 반환하는 연산
int deleteHeap(heapType* h) {
    int parent, child;
    int item, temp;
    item = h->heap[1];
    temp = h->heap[h->heap_size];
    h->heap_size = h->heap_size - 1;
    parent = 1;
    child = 2;
    while (child <= h->heap_size) {
        if ((child < h->heap_size) && (h->heap[child]) < h->heap[child + 1])
            child++;
        if (temp >= h->heap[child]) break;
        else {
            h->heap[parent] = h->heap[child];
            parent = child;
            child = child * 2;
        }
    }
    h->heap[parent] = temp;
    return item;
}
```

```c
// 1차원 배열 히프의 내용을 출력하는 연산
void printHeap(heapType* h) {
    int i;
    printf("Heap : ");
    for (i = 1; i <= h->heap_size; i++)
        printf("[%d] ", h->heap[i]);
}
```

[ex7_6.c]

```c
#include <stdio.h>
#include "heap.h"

int main(void) {
    int i, n, item;
    heapType* heap = createHeap();
    insertHeap(heap, 10);
    insertHeap(heap, 45);
    insertHeap(heap, 19);
    insertHeap(heap, 11);
    insertHeap(heap, 96);

    printHeap(heap);

    n = heap->heap_size;
    for (i = 1; i <= n; i++) {
        item = deleteHeap(heap);
        printf("\n delete : [%d] ", item);
    }

    getchar();  return 0;
}
```

```
Heap : [96] [45] [19] [10] [11]
 delete : [96]
 delete : [45]
 delete : [19]
 delete : [11]
 delete : [10]
```

[heap.c]

13~22행의 insertHeap()은 히프에 item값을 삽입하는 연산을 수행한다.

15행 : 히프 크기를 하나 증가하여 삽입 노드 자리를 확장한다.

16행 : 확장한 노드 자리를 i로 설정한다.

17~20행 : 삽입할 원소 item과 현재 위치에서의 부모 노드 heap[i/2]를 비교하여 삽입할 원소 item이 더 크면, 부모 노드와 현재 위치 i값을 바꾸는 작업을 루트까지 올라가면서 반복한다.

21행 : 부모 노드와 자리 바꾸는 작업을 반복해 찾은 i를 삽입 자리로 확정하여 item을 heap[i]에 저장한다.

25~45행의 deleteHeap()은 히프의 루트 노드를 삭제하고 나머지 노드들을 히프로 재구성한 후에 삭제한 루트 노드를 반환하는 연산을 수행한다.

28행 : 루트 노드 heap[1]의 값을 변수 item에 저장한다.

29행 : 현재 히프의 마지막 원소 heap[h -> heap_size]를 변수 temp에 저장해 둔다.

30행 : 루트 노드의 원소를 삭제했으므로 히프 크기를 하나 감소시킨다.

31~32행 : 히프를 재구성하기 위해 자식 노드와 크기를 비교하는 작업을 1번 노드부터 시작해야 한다. 변수 parent를 루트 번호 1로, 변수 child를 루트의 왼쪽 자식 노드 번호 2로 설정한다.

34~35행 : 현재 위치의 왼쪽 자식 노드와 오른쪽 자식 노드 중 크기가 큰 자식 노드를 찾는다.

36행 : 위에서 찾은 자식 노드와 temp를 비교하여 temp가 더 크거나 같으면, 자리 찾기 작업을 중단한다.

37행 : 위에서 찾은 자식 노드와 temp를 비교하여 temp가 작으면,

38~40행 : 자식 노드와 부모 노드의 자리를 맞바꾸고, 작업을 계속하기 위해 다음 레벨로 내려간다.

43행 : 자식 노드와 자리 비교 작업을 최하위 레벨까지 반복하면서 찾은 자리에 temp값을 저장하여 히프의 재구성 작업을 완성한다.

44행 : 처음에 삭제하여 저장해 둔 루트 노드의 값 item을 반환한다.

50~51행은 1차원 배열에 저장된 히프를 인덱스 1번인 루트부터 순서대로 출력한다.

[ex7_6.c]

06~11행은 공백 히프를 생성한 후 원소를 하나씩 삽입한다.

06행 : 공백 히프를 생성한다.

07행 : 공백 히프에 원소 10을 삽입한다. 원소 10은 히프의 루트 노드가 된다.

08행 : 히프에 원소 45를 삽입한다. 2번 노드를 확장하고 삽입한다. 삽입 노드 45가 부모 노드 10보다 크기가 크므로 부모 노드와 자리를 맞바꾼다.

09행 : 히프에 원소 19를 삽입한다. 3번 노드를 확장하고 삽입한 후에 부모 노드와 크기를 비교한다. 삽입 노드 19는 부모 노드 45보다 작으므로 현재 위치를 확정한다.

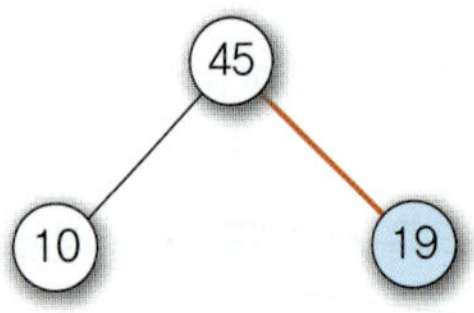

10행 : 히프에 원소 11을 삽입한다. 4번 노드를 확장하고 삽입한 후에 부모 노드와 크기를 비교한다. 삽입 노드 11은 부모 노드 10보다 크므로 부모 노드와 자리를 맞바꾼다. 다시 현재 위치에서 부모 노드와 크기를 비교한다. 삽입 노드 11은 부모 노드 45보다 작으므로 현재 위치를 확정한다.

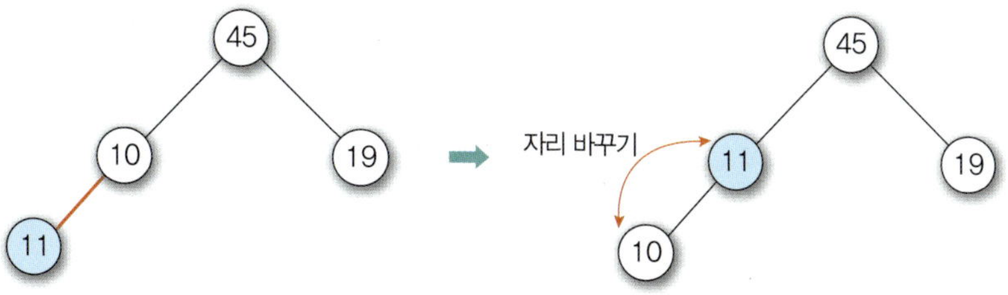

11행 : 히프에 원소 96을 삽입한다. 5번 노드를 확장하고 삽입한 후에 부모 노드와 크기를 비교한다. 삽입 노드 96은 부모 노드 11보다 크므로 부모 노드와 자리를 맞바꾼다. 새로운 현재 위치에서 다시 부모 노드와 크기를 비교한다. 삽입 노드 96은 현재의 부모 노드 45보다 크므로 부모 노드와 자리를 맞바꾼다. 새로운 현재 위치가 루트여서 더 이상 비교할 부모 노드가 없으므로 현재 위치를 확정한다.

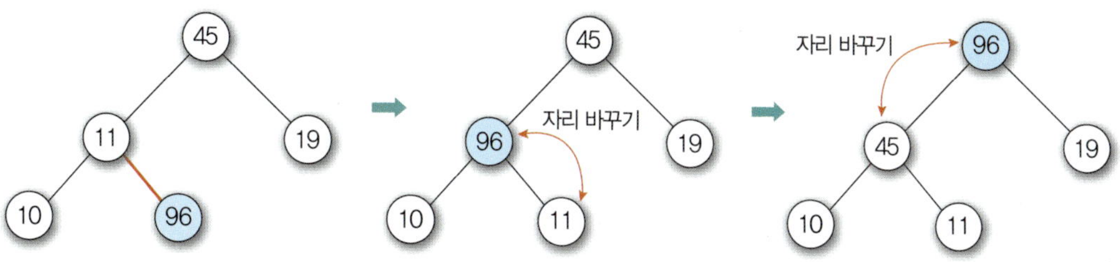

16~19행은 히프의 원소 개수만큼 삭제 연산을 반복 수행하면서 삭제된 원소를 출력한다.

- i = 1일 때 : 루트 노드를 삭제하고 나머지 원소들에 대해 히프를 재구성한 후에, 삭제된 루트 노드의 원소 96을 출력한다. 루트 노드의 원소를 삭제하여 원소가 네 개로 줄었으므로, 5번 노드의 자리를 삭제하고 5번 자리에 있던 원소 11은 루트 노드 자리에 임시로 저장한다. 원소 11의 현재 위치에서 자식 노드와 크기를 비교한다. 왼쪽 자식 노드 45가 가장 크므로 자리를 바꾼다. 원소 11의 새로운 현재 위치에서 자식 노드와 크기를 다시 비교하는데 자식 노드 10보다 크므로 현재 위치를 확정한다.

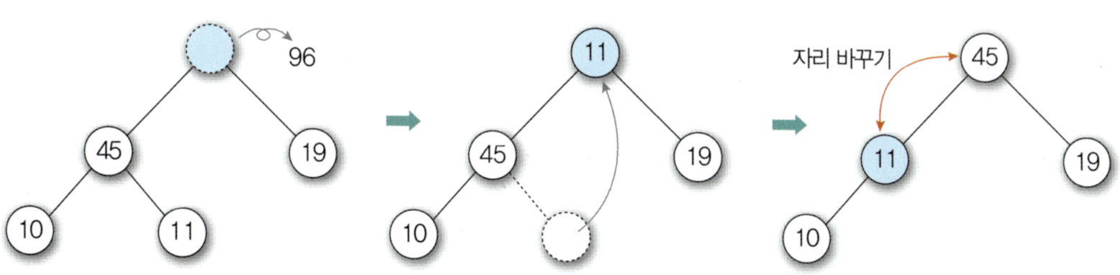

- i = 2일 때 : 루트 노드를 삭제하고 나머지 원소들에 대해 히프를 재구성한 후에, 삭제된 루트 노드의 원소 45를 출력한다. 루트 노드의 원소를 삭제하여 원소가 세 개로 줄었으므로, 4번 노드의 자리를 삭제

하고 4번 자리에 있던 원소 10은 루트 노드 자리에 임시로 저장한다. 원소 10의 현재 위치에서 자식 노드와 크기를 비교한다. 오른쪽 자식 노드 19가 가장 크므로 자리를 바꾼다. 원소 10의 새로운 현재 위치가 단말 노드여서 비교할 자식 노드가 없으므로 현재 위치를 확정한다.

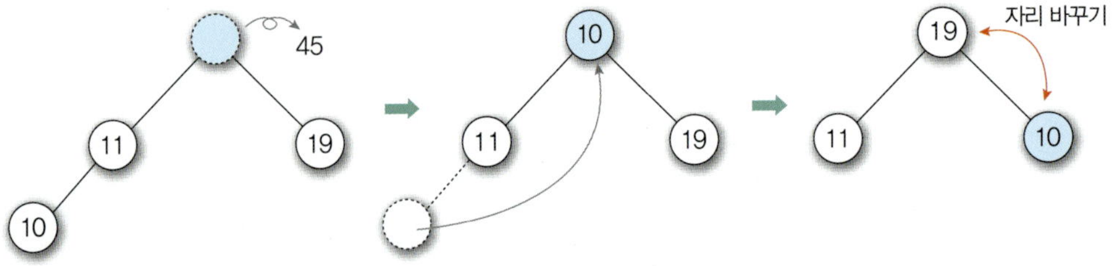

- i = 3일 때 : 루트 노드를 삭제하고 나머지 원소들에 대해 히프를 재구성한 후에, 삭제된 루트 노드의 원소 19를 출력한다. 루트 노드의 원소를 삭제하여 원소가 두 개로 줄었으므로, 3번 노드의 자리를 삭제하고 3번 자리에 있던 원소 10은 루트 노드 자리에 임시로 저장한다. 원소 10의 현재 위치에서 자식 노드와 크기를 비교한다. 왼쪽 자식 노드 11이 더 크므로 자리를 바꾼다. 원소 10의 새로운 현재 위치가 단말 노드여서 비교할 자식 노드가 없으므로 현재 위치를 확정한다.

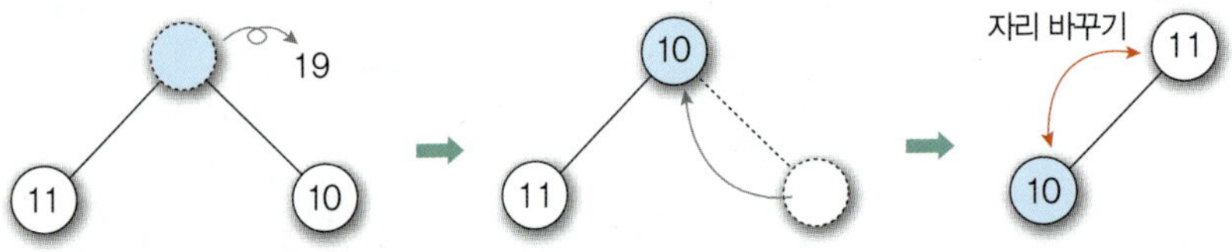

- i = 4일 때 : 루트 노드를 삭제하고 나머지 원소들에 대해 히프를 재구성한 후에, 삭제된 루트 노드의 원소 11을 출력한다. 루트 노드의 원소를 삭제하여 원소가 한 개로 줄었으므로, 2번 노드의 자리를 삭제하고 2번 자리에 있던 원소 10은 루트 노드 자리에 임시로 저장한다. 원소 10의 현재 위치가 단말 노드로 비교할 자식 노드가 없으므로 현재 위치를 확정한다.

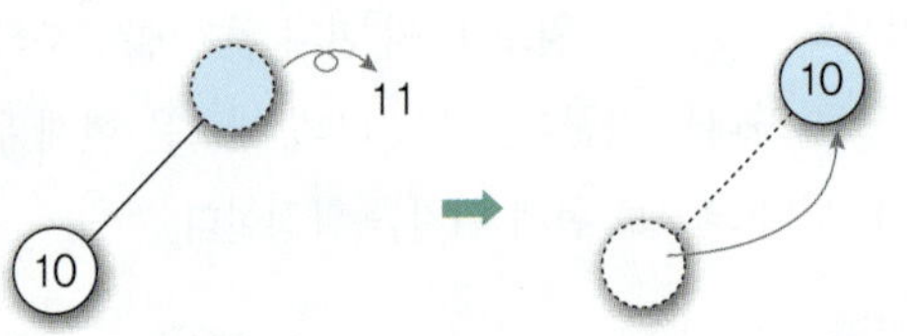

- i = 5일 때 : 루트 노드를 삭제하고 삭제된 루트 노드의 원소 10을 출력한다. 원소가 다섯 개인 히프에서 삭제 연산을 다섯 번 수행하였으므로 히프가 공백이 된다. for 문의 반복 연산을 종료한다.

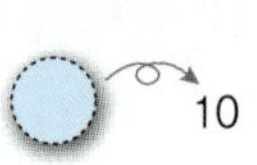

응용예제 09

나무 위 고양이 구출 대작전

동물 구조대에 고양이를 구출해 달라는 신고가 접수되었다. 구조대가 출동해 보니 고양이가 나무에 올라가서 내려오지 못하고 있는 상황이다. 주인에 따르면 고양이는 높이 올라가는 것을 좋아해서 나뭇가지를 따라 위로만 점프해 올라가고 옆 가지로는 점프를 안 한다고 한다. 위만 보고 점프해 올라가다가 마지막 잔가지까지 가서 내려오지 못해 구출 요청을 한 것이다.

목격자에 따르면 고양이는 가지에서 가지로 점프할 때마다 '야옹~' 하고 한 번씩 울었는데 분명 '야옹~' 소리를 K번 냈다고 한다. 나무 주인에 따르면 나무는 밑동부터 N차까지 가지가 났고 가지치기가 잘되어서 두 개씩만 가지가 있다고 한다.

만약 가지가 3차까지 있다면 나뭇가지의 위치를 다음과 같이 표시할 수 있다. 1차 가지는 1번, 2차 가지는 {2,3}이고 3차 가지는 {4,5,6,7}이다. 그리고 맨 끝 잔가지는 {8,9,10,11,12,13,14,15}이다. 그런데, 지난 폭풍에 잔가지 {8,9,12,13,14}가 떨어져서 없다.

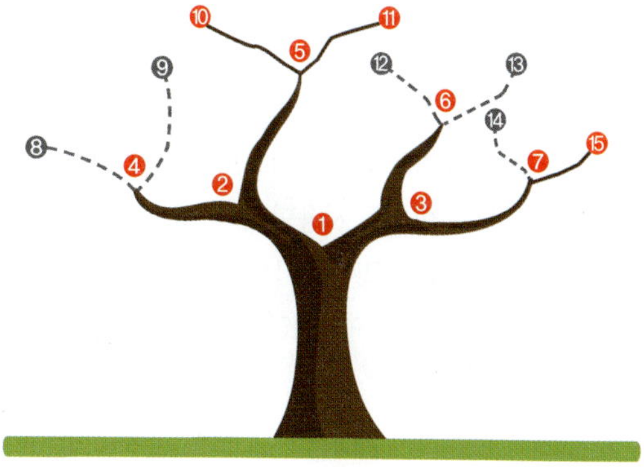

고양이가 두 번 울었다면 1번 가지에서 다음 가지로 두 번 점프한 것이고 그 위치의 가지가 마지막 가지여야 하므로 고양이가 있을 것으로 예측되는 위치는 {4,6}번이다.

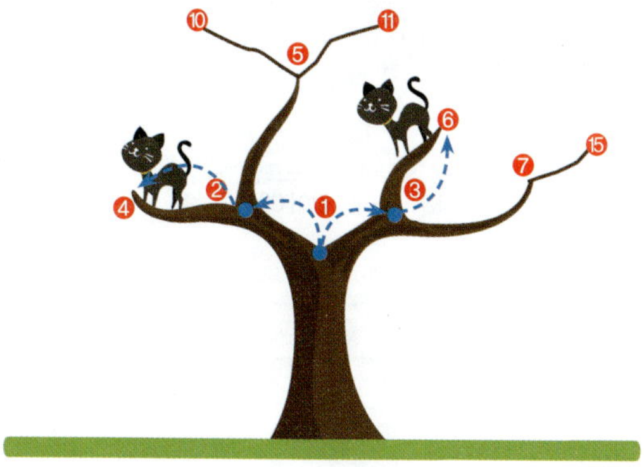

문제 나무 위 고양이의 위치 예상하기

나무에 올라간 고양이의 위치를 예상하여 출력하는 프로그램을 작성하라.

① 입력 조건

- 첫째 줄에 나무의 가지 단계 N과 '야옹~' 울음소리 횟수 K가 주어진다. ($1 < N \le 10$, $1 \le K \le N$)
- 둘째 줄에 나무의 가지에 대한 정보 M개가 주어진다. ($M = 2^{N+1} - 1$)
- 가지 정보는 가지 위치 순서대로 입력되며 해당 위치에 가지가 있으면 1, 없으면 0으로 나타낸다.

② 출력 조건

- 첫째 줄에 고양이의 위치로 예상되는 번호를 출력한다.

③ 입출력 예시

```
3 2
1 1 1 1 1 1 1 0 0 1 1 0 0 0 1
```

→

```
4 6
```

문제 해결

① 설계

나무를 아래로 뒤집으면 트리 모양이 된다. 가지 번호는 순차 자료구조 방식으로 구현한 완전 이진 트리의 노드 번호로 사용할 수 있다. '야옹~' 울음소리 횟수가 K라고 했으므로 첫 번째 가지인 1번을 루트로 하여 높이가 K인 단말 노드를 찾으면 된다.

② 순서도

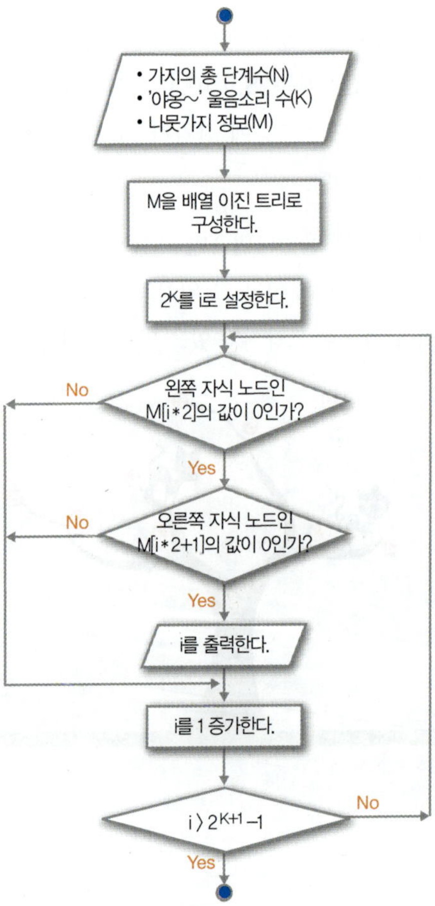

응용예제 10

결정 트리로 동물을 분류하라

결정 트리(의사 결정 트리)는 머신러닝 알고리즘 중에서 직관적으로 이해하기 쉬운 다중 분류 알고리즘이다. 데이터 안에서 if/else 기반으로 규칙을 찾아 학습하여 트리 구조의 분류 규칙을 만든다. 이때 결정 트리의 구조는 규칙 조건을 나타내는 규칙 노드와 분류가 결정된 클래스값이 표시된 리프 노드로 구성된다(참고: 《데이터 과학 기반의 파이썬 빅데이터 분석》(한빛아카데미, 2020)).

다음은 {개구리, 펭귄, 까치, 나무늘보, 다람쥐}를 분류하기 위한 결정 트리다.

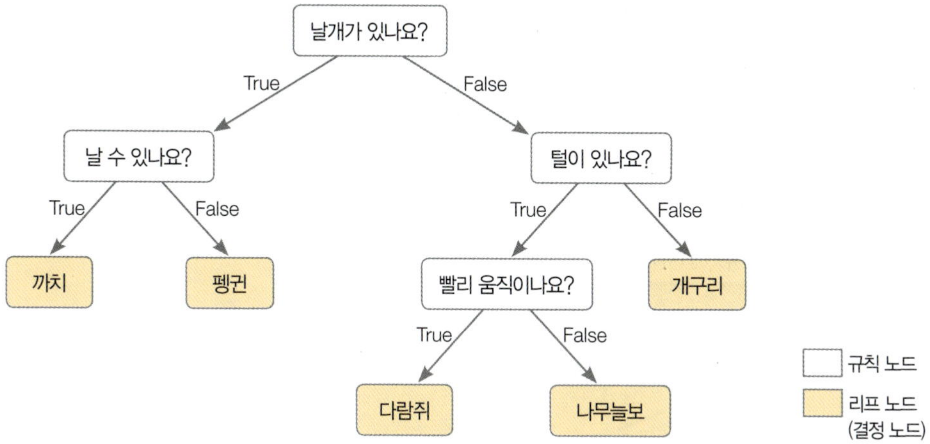

문제 결정 트리 출력하기

결정 트리를 구성하고 사용자 입력에 따라 결정된 클래스(동물)를 출력하는 프로그램을 작성하라.

① 입력 조건
- 첫째 줄에 노드의 개수 N이 주어진다. ($3 \le N \le 30$)
- 둘째 줄부터 N+1번째 줄까지 노드 번호와 노드 내용이 주어진다. 단, 노드 번호는 완전 이진 트리의 노드 번호가 된다.
- N+2번째 줄에 규칙에 대한 답이 순서대로 주어진다.

② 출력 조건
- 첫째 줄에 결정된 클래스(리프 노드, 결정 노드)를 출력한다.

③ 입출력 예시

```
9
1 날개가 있나요?
2 날 수 있나요?
```

→

```
나무늘보
```

```
3 털이 있나요?
4 까치
5 펭귄
6 빨리 움직이나요?
7 개구리
12 다람쥐
13 나무늘보
false true false
```

문제 해결

① 설계

노드 번호에 따라 이진 트리를 구성한다. 규칙 노드인 경우에는 마지막 글자가 '?'이고 항상 왼쪽 자식 노드는 true, 오른쪽 자식 노드는 false에 대한 분기가 된다. 규칙 노드가 아닌 노드는 동물 이름이 있는 결정 노드이고 리프 노드이므로 자식 노드가 없다.

② 순서도

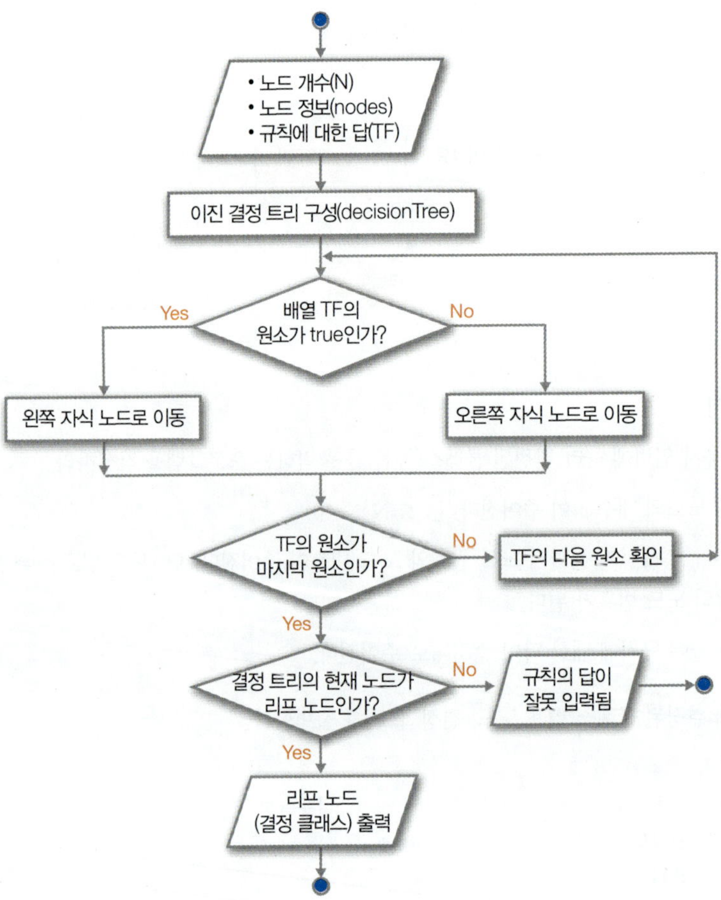

요약

01 트리

트리Tree는 비선형 자료구조 중 자료 간 계층 관계를 가진 계층형 자료구조Hierarchical Data Structure이다.

02 이진 트리

이진 트리는 모든 노드의 차수를 2 이하로 정하여 트리의 전체 차수가 2 이하가 되도록 만든 트리이다. 이진 트리는 왼쪽 서브 트리와 오른쪽 서브 트리를 가지는데, 서브 트리 역시 이진 트리가 된다. 노드가 n개인 이진 트리는 항상 간선이 (n−1)개이며, 높이가 h인 이진 트리가 가질 수 있는 노드 개수는 최소 (h+1)개이며, 최대 $(2^{h+1}-1)$개이다.

03 이진 트리의 순차 구조 구현

이진 트리를 순차 자료구조를 이용하여 표현하는 방법은 높이가 h인 포화 이진 트리의 노드 번호를 배열의 인덱스로 사용하여 1차원 배열로 표현하는 것이다. 1차원 배열에서는 인덱스 계산을 쉽게 하기 위해 인덱스 0번은 실제로 사용하지 않고 비워 두고 항상 인덱스 1번부터 노드를 저장한다. 그러면 노드 i의 부모 노드의 인덱스는 $\lfloor i/2 \rfloor$가 되고, 왼쪽 자식 노드의 인덱스는 (i*2), 오른쪽 자식 노드의 인덱스는 (i*2+1)이 되는 인덱스 관계가 성립한다.

04 이진 트리의 연결 구조 구현

이진 트리를 연결 자료구조로 표현하기 위해 사용하는 노드는 데이터를 저장하는 데이터 필드, 왼쪽 자식 노드를 연결하는 왼쪽 링크 필드, 오른쪽 자식 노드를 연결하는 오른쪽 링크 필드로 구성한다. 자식 노드가 없는 경우에는 링크 필드에 NULL을 저장하여 NULL 포인터로 설정한다.

05 이진 트리의 순회

이진 트리에 있는 모든 노드를 한 번씩 모두 방문하여 노드가 가지고 있는 데이터를 처리하는것을 이진 트리의 순회라고 한다. 순회 방법에는 전위 순회, 중위 순회, 후위 순회가 있다.

06 이진 탐색 트리

이진 트리를 탐색을 위한 자료구조로 사용하기 위해서 저장할 데이터의 크기에 따라 노드 위치를 정하도록 정의한 이진 탐색 트리는 다음의 조건을 만족한다.

❶ 모든 원소는 서로 다른 유일한 키를 갖는다.
❷ 왼쪽 서브 트리에 있는 원소들의 키는 그 루트의 키보다 작다.
❸ 오른쪽 서브 트리에 있는 원소들의 키는 그 루트의 키보다 크다.
❹ 왼쪽 서브 트리와 오른쪽 서브 트리도 이진 탐색 트리이다.

07 균형 이진 탐색 트리

이진 탐색 트리의 탐색 성능을 높이기 위해 왼쪽 서브 트리 높이와 오른쪽 서브 트리 높이에 대한 균형 조건을 추가하여 정의한 트리를 균형 이진 탐색 트리Balanced Binary Search Tree 또는 균형 트리Balanced Tree 라고 한다.

08 AVL 트리

AVL 트리는 각 노드에서 왼쪽 서브 트리 높이 hLheight of Left subtree과 오른쪽 서브 트리 높이 hRheight of Right subtree의 차이가 1 이하인 균형 이진 탐색 트리이다. AVL 트리에서는 삽입과 삭제 작업 후에 LL 유형, RR 유형, LR 유형, RL 유형의 불균형이 발생한 경우에 LL 회전, RR 회전, LR 회전, RL 회전 연산을 수행하여 AVL 트리를 재구성한다.

09 히프

히프Heap는 완전 이진 트리에 있는 노드 중에서 키값이 가장 큰 노드나 키값이 가장 작은 노드를 찾기 위해 만든 자료구조이다. 최대 히프는 {부모 노드의 키값 ≥ 자식 노드의 키값}의 관계를 가지는 노드들의 완전 이진 트리이고, 최소 히프는 {부모 노드의 키값 ≤ 자식 노드의 키값}의 관계를 가지는 노드들의 완전 이진 트리이다. 일반적으로 히프는 최대 히프를 의미하며, 같은 키값의 노드가 중복되어 있을 수 있다.

연습문제

01 트리에 대한 설명으로 옳은 것은?

① 루트 노드가 많은 트리일수록 좋은 트리이다.
② 트리와 관련된 알고리즘을 재귀적인 방식으로 구현하면 실행 시간이 빨라진다.
③ 트리의 최대 레벨과 트리 높이와는 무관하다.
④ 트리의 노드 중 차수Degree가 0인 노드를 리프Leaf 노드라고 한다.

02 다음 그림에서 트리의 차수는?

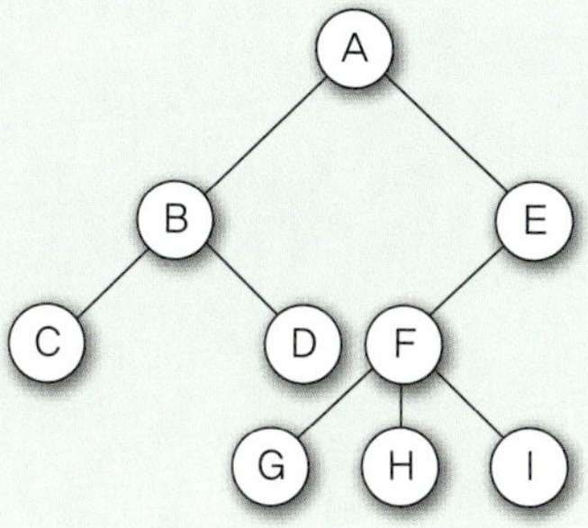

① 1 ② 2
③ 3 ④ 4

03 다음 트리의 차수와 단말 노드의 수는?

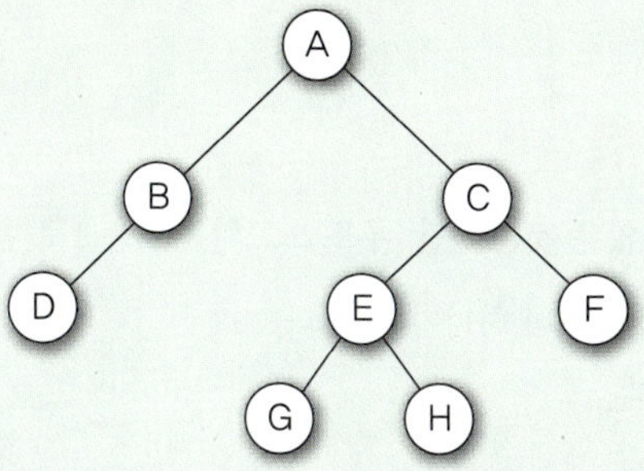

① 차수: 4, 단말 노드: 4
② 차수: 2, 단말 노드: 4
③ 차수: 4, 단말 노드: 8
④ 차수: 2, 단말 노드: 8

04 이진 트리로 구성하는 것이 불가능한 것은? (단, 루트 노드의 레벨은 1이라고 가정한다.)

① 노드 개수가 23개이고 높이가 5인 이진 트리
② 높이가 5이고 노드 개수가 10개이며 단말 노드 개수가 6개인 이진 트리
③ 노드 개수가 20개이고 간선이 19개인 이진 트리
④ 높이가 6이고 노드 개수가 32개인 완전 이진 트리

05 다음 그림에서 트리의 차수는?

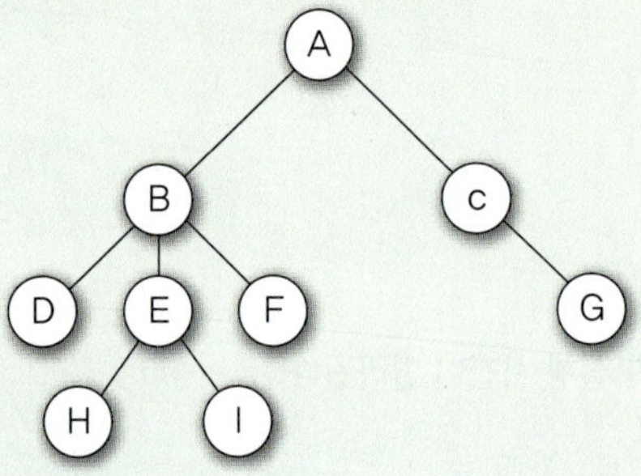

① 2 ② 3
③ 4 ④ 5

06 다음 그림에서 트리의 차수는?

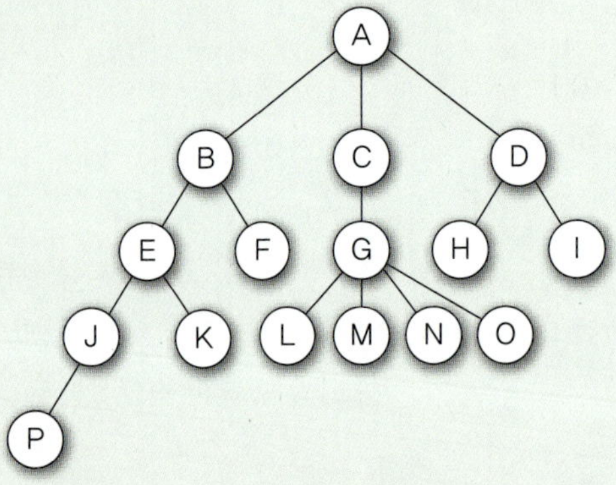

① 2 ② 3
③ 4 ④ 5

07 이진 트리의 레벨 k에서 가질 수 있는 최대 노드 수는?

① 2^k ② 2^{k-1} ③ 2^{k+1} ④ 2^{2k+1}

08 n개의 노드를 가진 완전 이진 트리에 대한 설명으로 옳지 않은 것은? (단, 루트 노드의 높이는 1로 한다.)

① 단말Terminal 노드 개수는 비단말Non-terminal 노드 개수와 같거나 하나가 더 많다.
② 높이가 K라면 노드 게수 n의 범위는 K $\leq n \leq$ 2^K-1이다.
③ 포화 이진 트리는 완전 이진 트리의 일종이다.
④ 완전 이진 트리를 최악으로 구성할 경우 높이는 n이다.

09 깊이가 k인 이진 트리가 가질 수 있는 최대 노드 수를 A라고 하고, 최소 노드 수를 B라고 할 때, A−B의 값은? (단, 루트 노드의 레벨은 1로 한다.)

① $2^{k-1}+k+1$ ② $2^{k-1}+k-1$
③ 2^k-k-1 ④ 2^k-k+1

10 깊이가 k인 포화 이진 트리의 비단말 노드 개수에서 단말 노드 개수를 뺀 값으로 옳은 것은? (단, k 〉 0)

① −1　② 0　③ 1　④ k−1

11 이진 트리를 전위 순회와 중위 순회로 방문한 결과가 다음과 같다. 이 이진 트리를 후위 순회로 방문한 결과는?

> 전위 순회 = [ABCDEFG]
> 중위 순회 = [CBDAFGE]

힌트 전위 순회 결과에서 첫 번째 노드가 루트 노드이다. 중위 순회 결과는 {왼쪽 서브 트리 노드}, 루트, {오른쪽 서브 트리 노드}가 된다.

① [GFEDCBA]　② [FEGDCBA]　③ [CBDGFEA]
④ [CDBGFEA]　⑤ [CDBFGEA]

12 다음은 어떤 일반 트리를 이진 트리로 변환한 후의 모습이다. 이에 대한 설명으로 옳은 것은? (단, 일반 트리를 이진 트리로 변환할 때, 이진 트리의 왼쪽 노드는 일반 트리의 자식 중 하나를 가리키기 위해 사용되며, 이진 트리의 오른쪽 노드는 일반 트리의 형제들을 연결하기 위해 사용된다.)

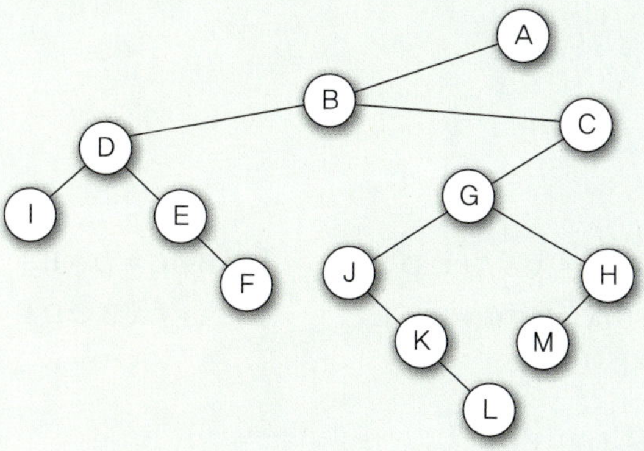

① 일반 트리에서 B의 자식 노드 개수는 2개이다.
② 일반 트리에서 C의 부모 노드는 B이다.
③ 일반 트리에서 노드 D에서 J까지 경로 길이는 4이다.
④ 일반 트리에서 단말 노드 개수는 7개이다.

13 다음 트리를 후위 순회 방법으로 운행한 결과는?

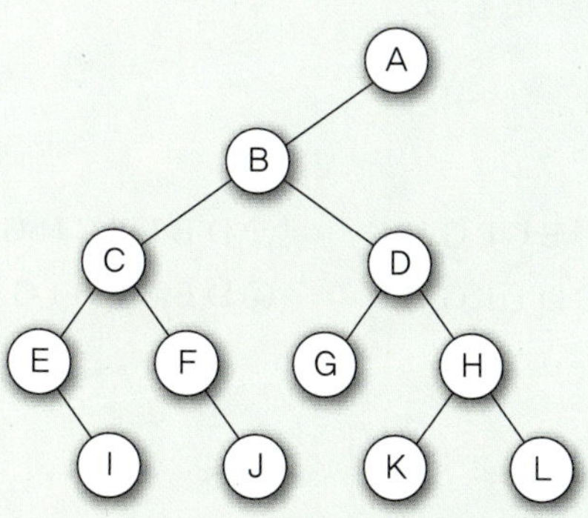

① A B C E I F J D G H K L
② I E J F C G K L H D B A
③ A B C D E F G H I J K L
④ E I C F J B G D K H L A

14 다음의 tree를 postorder로 traverse한 결과는?

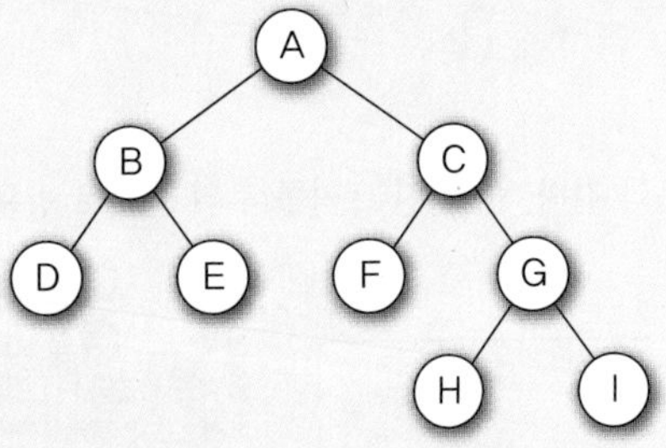

15 다음 트리를 전위 순회 방법으로 운행할 경우 가장 먼저 탐색되는 것은?

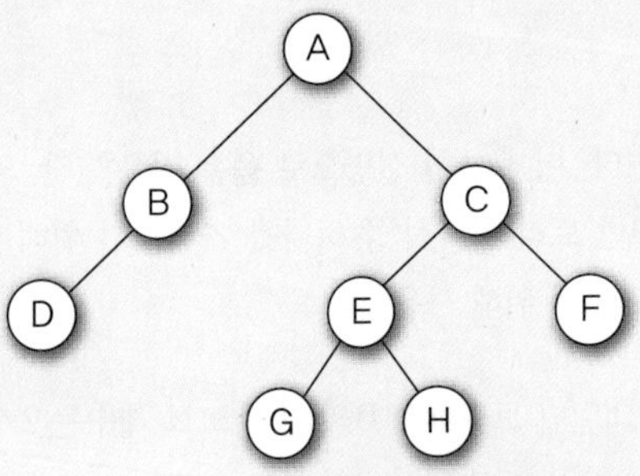

① A ② B
③ D ④ G

16 다음 트리를 전위 순회한 결과는?

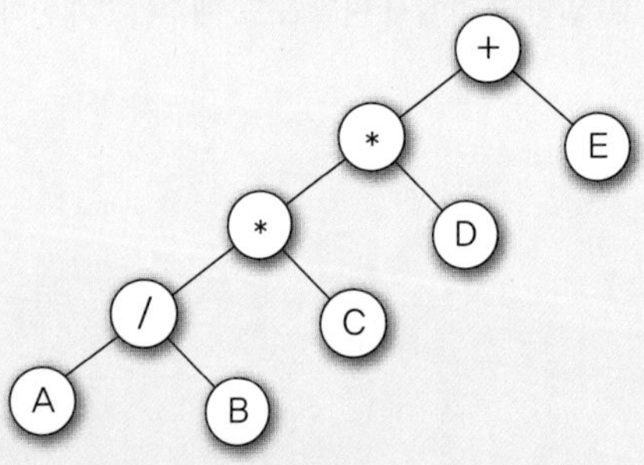

① + * A B / * C D E ② A B / C * D * E +
③ A / B * C * D + E ④ + * * / A B C D E

17 다음 트리를 전위 순회로 운행한 결과는?

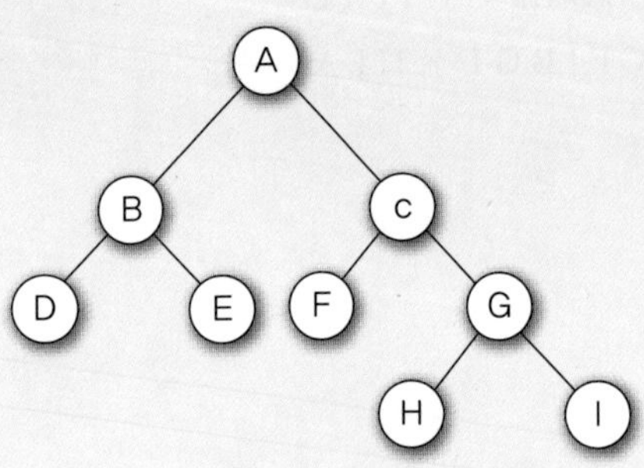

① A B D E C F G H I ② D B E F C H G I A
③ A B C D E F G H I ④ D E B F H I G C A

18 다음 이진 트리를 전위 순회와 중위 순회를 했을 때, 두 순회 결과에서 노드값의 방문 순서가 일치하는 횟수는? (단, 전위 순회의 k번째 노드값과 중위 순회의 k번째 노드값이 같을 때, 일치하는 횟수를 1회로 한다.)

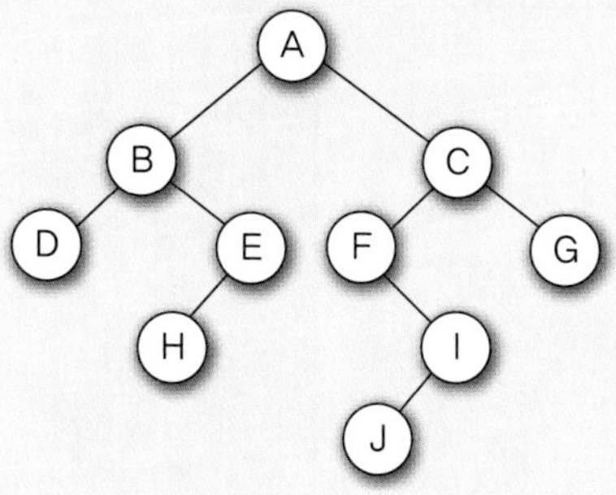

① 3회　② 4회　③ 5회　④ 6회

19 다음은 이진 트리의 후위 순회와 중위 순회 결과이다. 이 두 가지 순회 결과를 이용해 이진 트리를 구성한 것으로 옳은 것은?

후위 순회 방문 순서 : ADEBHGJKIFC
중위 순회 방문 순서 : ABDECGHFJIK

①
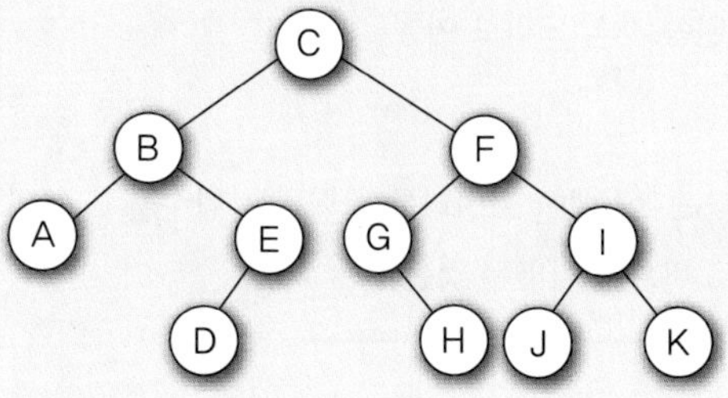

②
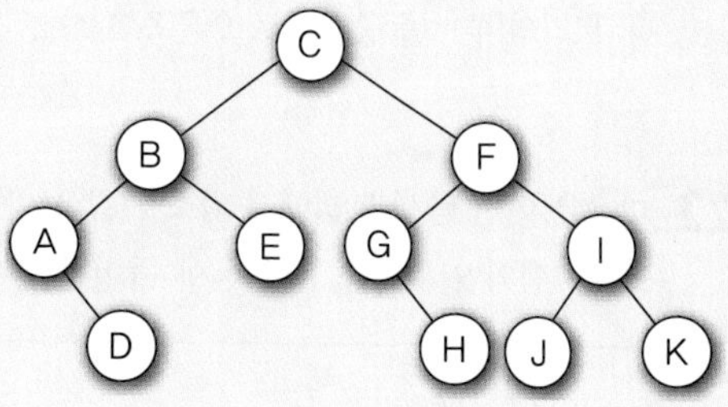

③
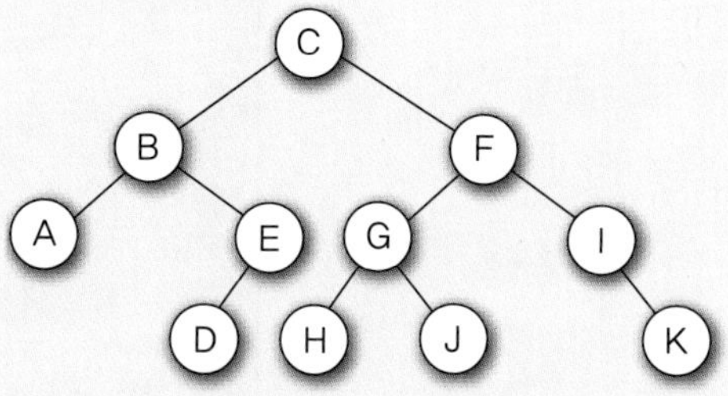

④
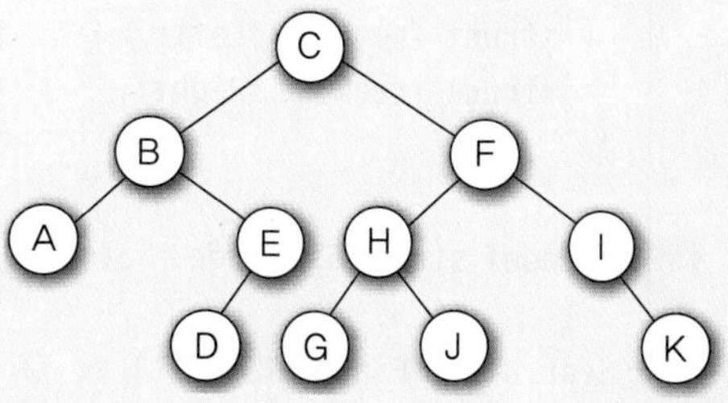

20 다음과 같이 데이터 아홉 개를 순서대로 입력하여 생성한 이진 탐색 트리의 높이는? (단, 루트 노드의 레벨은 1이다.)

17, 10, 22, 15, 13, 24, 20, 11, 14

① 3　② 4　③ 5　④ 6

21 다음 재귀 함수는 이진 트리의 루트를 가리키는 포인터를 사용해 특정한 작업을 수행한다. 구체적으로 어떤 작업을 수행하는가?

```
typedef struct node_struct {
    int data;
    struct node_struct *left, *right;
} node_t;

void JOB_Tree(node_t *root) {
    node_t *temp;
    if (root == NULL) return;
    temp = root->right;
    root->right = root->left; root->left = temp;
    JOB_Tree(root->left); JOB_Tree(root->right);
}
```

① 트리의 루트를 중심으로 좌우 대칭 이동
② 트리의 루트를 중심으로 왼쪽 자식 트리를 오른쪽 자식 트리로 복사
③ 트리의 루트를 중심으로 왼쪽 자식 트리를 오른쪽 자식 트리로 이동
④ 트리의 루트를 중심으로 오른쪽 자식 트리를 왼쪽 자식 트리로 이동

22 다음은 이진 탐색 트리에서 최소 키값을 가지는 노드에 대한 포인터를 반환하는 함수를 C 언어로 구현한 프로그램의 일부이다. ㉠과 ㉡에 들어갈 문장으로 바르게 나열된 것은?

```
struct TreeNode {
    int data;
    struct TreeNode *Left;
    struct TreeNode *Right;
};

typedef struct TreeNode *SearchTree;

SearchTree FindMin(SearchTree T) {
    if (T == NULL) return NULL;
    else if (T→Left == NULL) ㉠
    else ㉡
}
```

	㉠	㉡
①	return T;	return T → Left;
②	return T → Right;	return T → Left;
③	return T;	return FindMin(T → Left);
④	return FindMin(T → Right);	return FindMin(T → Left);

23 이진 탐색 트리 T에서 k보다 큰 키의 개수를 찾는 클래스 함수 numGreaterThan(T, k)을 작성한다고 가정하자. 트리에 포함된 모든 키는 다르고, 각 노드 x는 링크 필드인 left 및 right와 데이터 필드인 data를 가지며, 추가로 데이터 필드 하나인 numDesc를 포함한다. numDesc는 x를 루트로 하는 부분 트리에 포함된 모든 키의 개수로 초기화되어 있다. 다음 코드에서 밑줄 친 부분에 해당되는 문장은?

```
int numGreaterThan(T, k) {
   if (T == NULL) return 0;
   else if (T.key <= k) return numGreaterThan(T.right, k);
   else return ____________________________;
}
```

① T.right.numDesc − 1
② numGreaterThan(T.left, k) + 1
③ T.right.numDesc + numGreaterThan(T.left, k) − 1
④ T.right.numDesc + numGreaterThan(T.left, k) + 1

24 다음은 빈 상태인 히프 배열에 1~8의 키 순서로 삽입이 이루어질 때, 히프가 형성되는 과정을 순서대로 나타낸 그림이다. 빈 칸에 알맞은 것은?

```
1
2  1
3  1  2
4  3  2  1
5  4  2  1  3
(                    )
7  4  6  1  3  2  5
(                           )
```

① (6 4 1 5 3 2), (8 7 6 4 3 2 5 1)
② (6 4 5 1 2 3), (8 7 6 4 3 5 2 1)
③ (6 4 5 1 3 2), (8 7 6 3 4 2 5 1)
④ (6 4 5 1 3 2), (8 7 6 4 3 2 5 1)

25 우선순위 큐를 최대 히프로 구현하려 한다. 우선순위를 나타내는 데이터 아홉 개를 다음과 같은 순서로 큐에 삽입하였다. 데이터 한 개가 큐에서 삭제된 후, 재정렬된 히프에서 가장 마지막 원소는 무엇인가? (단, 숫자가 클수록 우선순위가 높다고 가정한다.)

```
24, 17, 29, 22, 20, 31, 27, 18, 21
```

① 17　② 18　③ 20　④ 21

26 다음 데이터들을 공백 히프에 차례대로 삽입하여 최대 히프를 생성하였다. 생성된 최대 히프에 삭제 연산을 두 번 수행한 후의 결과는?

2, 13, 55, 8, 35, 47, 23, 19

①
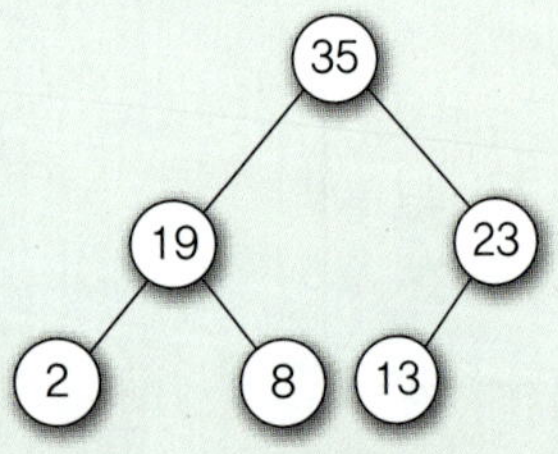

②
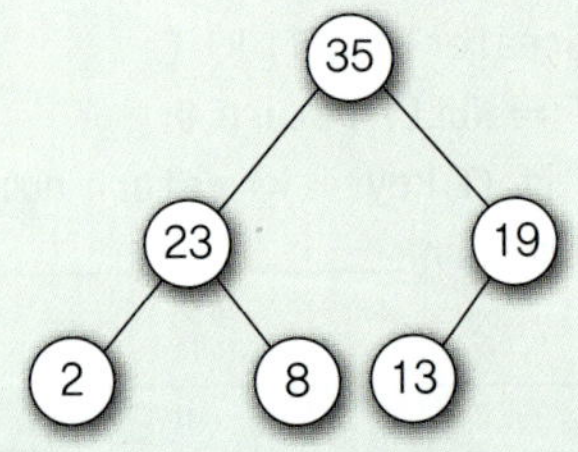

③
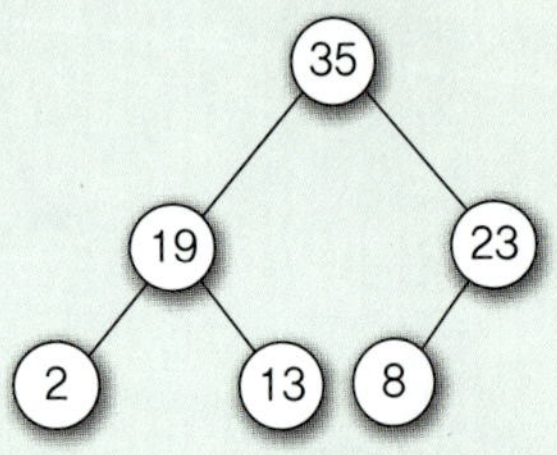

④
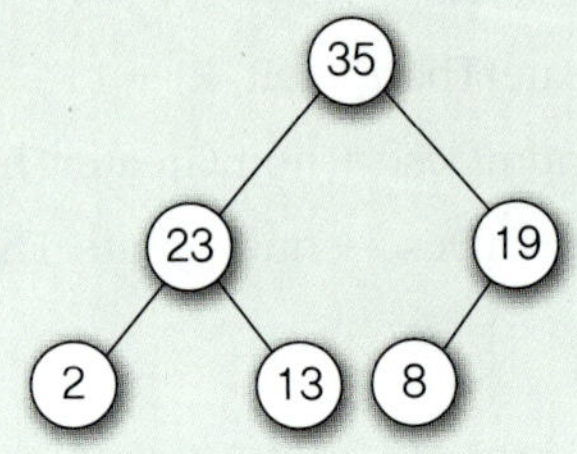

27 다음 이진 트리에 대하여 후위 순회를 할 때 다섯 번째 방문하는 노드는?

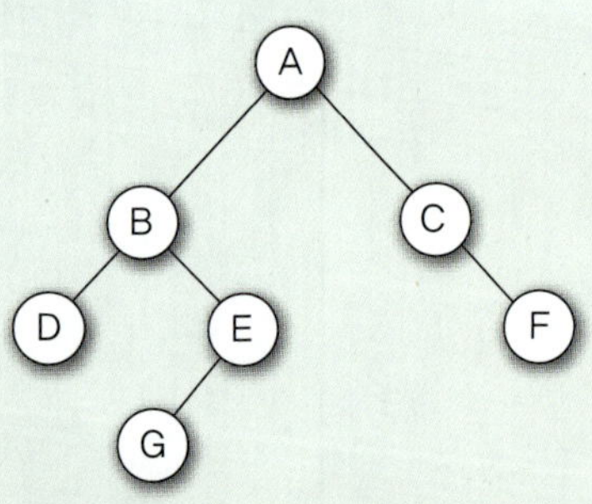

① A
② C
③ D
④ F

28 다음 트리가 모두 같은 수의 노드를 가지고 있을 때, 트리 높이가 가장 낮은 것은?

① 완전 이진 트리
② 왼쪽 편향 이진 트리
③ 이진 탐색 트리
④ AVL 트리

29 다음 정수들을 순서대로 삽입하여 AVL 트리를 구성하였다. AVL 트리의 구성 과정 중에 사용된 회전 방법으로 옳은 것은?

> 20, 16, 15, 9, 7, 12, 10, 1, 13, 5

① LL 회전, RR 회전, RL 회전
② RR 회전, RL 회전
③ LL 회전, LR 회전
④ LL 회전, LR 회전, RL 회전

30 다음과 같이 정수 열네 개가 최대 히프를 표현하는 배열 1번 위치부터 14번 위치까지에 저장되어 있다. 이 배열에서 최댓값을 제거하는 연산을 세 번 수행한 후, 최대 히프의 1번 위치부터 11번까지의 위치에 저장되어 있는 수들을 올바르게 나열한 것은? (단, 제거 연산을 할 때 할 수 있다면 최대 히프 내용을 최소로 변경한다고 가정한다.)

> (데이터)
> [200, 192, 63, 72, 185, 60, 62, 16, 52, 37, 22, 11, 5, 38]

① [72, 63, 62, 60, 52, 38, 37, 22, 16, 11, 5]
② [72, 52, 63, 38, 16, 60, 62, 37, 22, 11, 5]
③ [72, 52, 63, 16, 38, 60, 62, 11, 5, 37, 22]
④ [72, 52, 63, 16, 38, 60, 62, 5, 11, 37, 22]

31 다음과 같은 키값을 갖는 데이터를 순서대로 삽입하여 AVL 트리를 구성했을 때, 각 키를 탐색하기 위한 평균 비교 횟수는?

> 8, 12, 23, 9, 7, 6

① $\frac{14}{6}$ ② $\frac{15}{6}$ ③ $\frac{16}{6}$ ④ $\frac{17}{6}$

32 다음 데이터를 이용해 AVL 트리를 생성할 때, 설명으로 옳지 않은 것은?

> 12, 11, 10, 5, 3, 7, 6, 1, 13, 2, 4

① AVL 트리에서 7을 탐색하려면 비교를 네 번 해야 한다.
② AVL 트리의 루트값은 5이다.
③ 4가 삽입될 때, AVL 트리의 균형이 깨져 재구성이 발생한다.
④ 6은 리프 노드이다.

33 노드가 스무 개인 이진 트리에서 간선 개수와 가능한 최대 높이와 최소 높이는?

34 다음 트리에 대하여 답하시오.

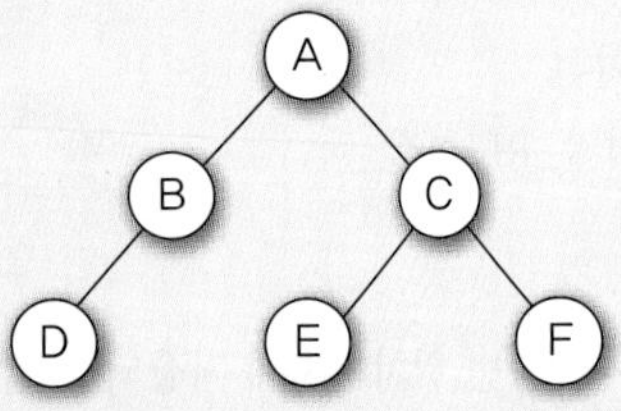

(가) 트리의 차수와 높이는?

(나) 완전 이진 트리인지 아닌지를 설명하시오.

(다) 중위 순회 경로는?

(라) 후위 순회 경로는?

35 다음 원소를 공백 트리에 순서대로 삽입하여 만들어지는 트리에 대하여 답하시오.

```
59   78  65   23  7   25   52   49   99   80
```

(가) 이진 탐색 트리에 삽입하여 만들어지는 이진 탐색 트리를 설명하시오.

(나) AVL 트리에 삽입하여 만들어지는 AVL 트리를 설명하시오.

(다) 최대 히프에 삽입하여 만들어지는 최대 히프를 설명하시오.

(라) 최소 히프에 삽입하여 만들어지는 최소 히프를 설명하시오.

36 AVL 트리의 장점과 회전 연산에 대해 설명하시오.

그래프

01 그래프의 구조
02 그래프의 구현
03 그래프의 순회
04 신장 트리와 최소 비용 신장 트리
응용예제
요약
연습문제

Chapter

08

학습목표

- 그래프 자료구조의 개념을 이해한다.
- 그래프를 표현하는 방법을 알아본다.
- 그래프를 순회하는 방법과 알고리즘을 알아본다.
- 신장 트리와 최소 비용 신장 트리를 알아본다.
- 최소 비용 신장 트리 알고리즘을 이해한다.

Chapter

08

Preview

	구현 방식 / 유형	3장 순차 자료구조 (배열을 이용한 구현)	4장 연결 자료구조 (포인터를 이용한 구현)
3~4장	리스트	선형 리스트	단순 연결 리스트 원형 연결 리스트 이중 연결 리스트
5장	스택	순차 스택	연결 스택
6장	큐	순차 큐, 원형 큐	연결 큐
	데크	순차 데크	연결 데크
7장	트리	순차 이진 트리	연결 이진 트리
8장	그래프 • 추상 자료형 • 알고리즘 • 그래프의 응용 자료구조 - 신장 트리 - 최단 경로 그래프 (다익스트라 / 플로이드)	순차 그래프(인접 행렬) • 순차 그래프의 응용 자료구조 - 순차 신장 트리 - 순차 최단 경로 그래프	연결 그래프(인접 리스트) • 연결 그래프의 응용 자료구조 - 연결 신장 트리 - 연결 최단 경로 그래프

택배 배달 경로를 정하는 프로그램을 작성한다면 어떤 방법이 필요할까요? 규칙성 없이 여기저기에 흩어져 있는 배달지에 최대한 빠른 시간 내에 빠짐없이 모두 배달하는 것이 가장 필요한 조건입니다. 이렇듯 일정한 규칙 없이 필요에 따라 연결하여 사용하기 위한 비선형 자료구조가 그래프입니다.

Section 01

그래프의 구조

1 그래프의 개념

그래프Graph는 원소 사이의 다:다 관계를 표현하는 비선형 자료구조이다. 버스 노선도나 전철 노선도, 인간관계를 나타내는 인맥 지도, 수도 배관에 따른 배수 시스템, 물질의 분자 구조 등은 선형 자료구조나 트리 자료구조로는 표현할 수가 없다. 이런 경우에 사용할 수 있는 자료구조가 그래프이다.

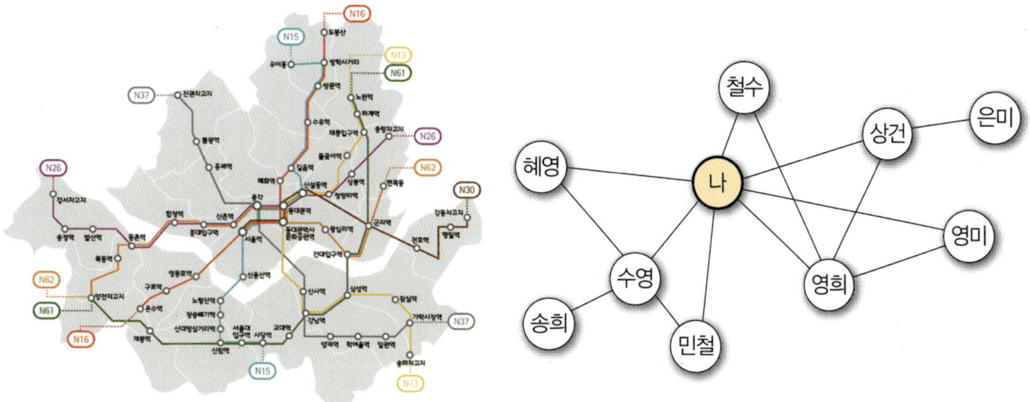

그림 8-1 그래프의 사용 예 : 버스 노선도, 인맥 지도

그래프는 객체를 나타내는 정점Vertex과 객체를 연결하는 간선Edge의 집합으로 구성된다. 그래프 G는 G=(V, E)로 정의하는데, V는 그래프에 있는 정점의 집합을 뜻하고 E는 정점을 연결하는 간선의 집합을 뜻한다.

그림 8-2 그래프 예 : 그래프 G1과 G2

2 그래프의 종류

그래프는 방향성과 연결 정도에 따라 여러 형태로 나뉜다.

무방향 그래프

무방향 그래프Undirected Graph는 두 정점을 연결하는 간선에 방향이 없는 그래프이다. 무방향 그래프에서 정점 V_i와 정점 V_j을 연결하는 간선을 (V_i, V_j)로 표현하고, (V_i, V_j)와 (V_j, V_i)는 같은 간선을 나타낸다.

[그림 8-3]의 그래프 G1과 G2는 간선에 방향이 없으므로 무방향 그래프이다. 무방향 그래프 G1과 G2는 아래와 같이 정점의 집합 V(G)와 간선의 집합 E(G)를 사용해 표현할 수 있다.

V(G1) = {A, B, C, D}
E(G1) = {(A, B), (A, D), (B, C), (B, D), (C, D)}

V(G2) = {A, B, C}
E(G2) = {(A, B), (A, C), (B, C)}

그림 8-3 무방향 그래프의 예

방향 그래프

방향 그래프Directed Graph는 간선에 방향이 있는 그래프로, 다이그래프Digraph라고도 한다. 방향 그래프에서 정점 V_i에서 정점 V_j를 연결하는 간선, 즉 $V_i \rightarrow V_j$는 $\langle V_i, V_j \rangle$로 표현하고 화살표로 나타낸다. V_i를 꼬리Tail, V_j를 머리Head라고 한다. 방향 그래프에서 $\langle V_i, V_j \rangle$와 $\langle V_j, V_i \rangle$는 서로 다른 간선으로 취급한다.

[그림 8-4]는 방향 그래프 G3, G4를 정점의 집합 V(G)와 간선의 집합 E(G)로 표현한 것이다.

V(G3) = {A, B, C, D}
E(G3) = {<A, B>, <A, D>, <B, C>, <B, D>, <C, D>}

V(G4) = {A, B, C}
E(G4) = {<A, B>, <A, C>, <B, A>, <B, C>}

그림 8-4 방향 그래프의 예

완전 그래프

완전 그래프Complete Graph는 각 정점에서 다른 모든 정점을 연결하여 최대로 많은 간선 수를 가진 그래프이다. 정점이 n개인 무방향 그래프에서는 최대 간선 수가 n(n−1)/2개고, 방향 그래프에서는 두 정점에 대해 방향이 다른 간선을 두 개 연결할 수 있으므로 최대 간선 수는 무방향 그래프의 최대 간선 수보다 2배 많은 n(n−1)개가 된다.

[그림 8−5]의 G5는 정점의 개수가 네 개인 무방향 그래프이므로 완전 그래프가 되려면 4(4−1)/2=6개의 간선이 있어야 하고, G6은 정점의 개수가 네 개인 방향 그래프이므로 완전 그래프가 되려면 4(4−1)=12개의 간선을 연결해야 한다.

그림 8−5 **완전 그래프의 예**

부분 그래프

원래 그래프에서 정점이나 간선을 일부만 제외하여 만든 그래프를 부분 그래프Subgraph라고 한다. 그래프 G와 부분 그래프 G'는 다음과 같은 관계를 갖는다.

```
V(G')⊆V(G), E(G')⊆E(G)
```

[그림 8−6]은 그래프 G1에 대한 부분 그래프 중 일부이다.

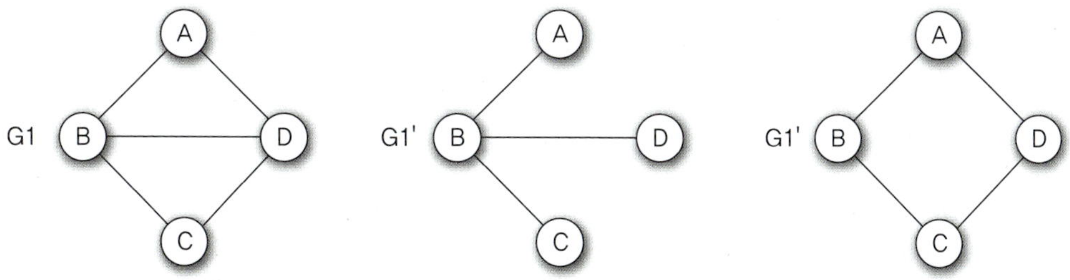

그림 8−6 **그래프 G1과 부분 그래프 G1'의 예**

가중 그래프

정점을 연결하는 간선에 가중치Weight를 할당한 그래프를 가중치 그래프Weight Graph 또는 네트워크Network 라고 한다.

그림 8-7 가중치 그래프의 예

3 그래프 관련 용어

그래프에서 두 정점 V_i와 V_j가 연결되어 간선 (V_i, V_j)가 있을 때 두 정점 V_i와 V_j를 인접Adjacent해 있다고 하고, 간선 (V_i, V_j)는 정점 V_i와 V_j에 부속Incident되어 있다고 한다.

[그림 8-8]의 무방향 그래프 G1에서 정점 A와 인접한 정점은 B와 D이고, 정점 A에 부속되어 있는 간선은 (A, B)와 (A, D)이다. 정점에 부속되어 있는 간선의 수를 차수Degree라고 한다. 따라서 정점 A의 차수는 2이고, 정점 B의 차수는 3이다.

방향 그래프에서는 정점에 부속된 간선 방향에 따라 진입 차수In-degree와 진출 차수Out-degree를 구분한다. 정점을 머리로 하는 간선 수는 진입 차수가 되고, 정점을 꼬리로 하는 간선 수는 진출 차수가 된다. 방향 그래프에서 정점의 차수는 진입 차수와 진출 차수의 합이 된다. [그림 8-8]의 방향 그래프 G3에서 정점 B의 진입 차수는 1이고 진출 차수는 2이다. 정점 B의 전체 차수는 진입 차수와 진출 차수를 합한 3이다.

그림 8-8 그래프 용어 설명을 위한 예

그래프에서 간선을 따라갈 수 있는 길을 순서대로 나열한 것, 즉 정점 V_i에서 V_j까지 간선으로 연결된 정점을 순서대로 나열한 리스트를 정점 V_i에서 V_j까지의 경로Path라고 한다. [그림 8-8]의 무방향 그래프 G1에서 정점 A에서 C까지는 A-B-C, A-B-D-C, A-D-C, A-D-B-C 경로 등이 있다. 여기서 A-D-B-C는 간선이 (A, D), (D, B), (B, C) 세 개로 이루어져 있는데, 경로를 구성하는 간선 수는 경로 길이 Path Length가 된다. 반면, 방향 그래프 G3에서 정점 A에서 C까지의 경로는 A–B–C이고, 간선이 ⟨A, B⟩, ⟨B, C⟩ 두 개이므로 경로 길이는 2가 된다.

모두 다른 정점으로 구성된 경로를 단순 경로 Simple Path라고 한다. 따라서 그래프 G1에서 정점 A에서 C까지의 경로 A–B–C는 단순 경로이고, 경로 A–B–D–A–B–C는 단순 경로가 아니다. 단순 경로 중에서 경로의 시작 정점과 마지막 정점이 같은 경로를 사이클 Cycle이라고 한다. 그래프 G1에서 단순 경로 A–B–C–D–A와 [그림 8–4]의 그래프 G4에서 단순 경로 A–B–A는 사이클이 된다. 방향 그래프이면서 사이클이 없는 그래프를 DAG Directed Acyclic Graph라고 한다.

그래프에서 두 정점 V_i에서 V_j까지의 경로가 있으면 정점 V_i와 V_j가 연결 Connected되었다고 한다. 서로 다른 모든 쌍의 정점들 사이에 경로가 있는 그래프, 즉 [그림 8–9]의 (a)와 같이 떨어져 있는 정점이 없는 그래프는 연결 그래프 Connected Graph가 된다. 트리는 사이클이 없는 연결 그래프이다. (b)와 같이 연결되지 않은 정점이 있는 그래프는 단절 그래프 Disconnected Graph라고 한다.

(a) 연결 그래프 (b) 단절 그래프

그림 8–9 **연결 그래프와 단절 그래프의 예**

4 그래프의 추상 자료형

그래프를 추상 자료형으로 정의하면 [ADT 8–1]과 같다. 여기서 공백 그래프는 정점이 하나도 없는 그래프이다. 정점이 없으면 간선도 있을 수 없으므로 그래프 내에 정점의 유무를 검사하면 공백 그래프 여부를 알 수 있다. 그래프에서 삽입하는 연산에는 정점을 삽입하는 insertVertex()와 간선을 삽입하는 insertEdge()가 있다. 간선을 삽입하려면 정점이 두 개 필요하므로 간선을 삽입하는 연산에서는 간선을 연결할 정점을 두 개 지정해야 한다. 삭제 연산도 정점을 삭제하는 deleteVertex()와 간선을 삭제하는 deleteEdge()가 있다. 정점을 삭제하면 해당하는 정점과 연결된 모든 간선이 함께 삭제되어야 한다.

ADT 8-1 그래프의 추상 자료형

```
ADT Graph
데이터 : 공백이 아닌 정점의 집합과 간선의 집합
연산 :
    g∈Graph; u, v∈V;

    // 공백 그래프를 생성하는 연산
    createGraph() ::= create an empty Graph;

    // 그래프 g가 정점이 없는 공백 그래프인지 검사하는 연산
    isEmpty(g) ::= if (g have no vertex) then return true;
                   else return false;

    // 그래프 g에 정점 v를 삽입하는 연산
    insertVertex(g, v) ::= insert vertex v into g;

    // 그래프 g에 간선 (u, v)를 삽입하는 연산
    insertEdge(g, u, v) ::= insert edge(u, v) into g;

    // 그래프 g에서 정점 v를 삭제하고 v에 부속된 모든 간선을 삭제하는 연산
    deleteVertex(g, v) ::= delete vertex v and all edges incident on v from g;

    // 그래프 g에서 간선 (u, v)를 삭제하는 연산
    deleteEdge(g, u, v) ::= delete edge(u, v) from g;

    // 정점 v에 인접한 모든 정점을 반환하는 연산
    adjacent(g, v) ::= return set of all vertices adjacent to v;
End Graph
```

Section 02

그래프의 구현

그래프를 구현하려면 정점에 대한 집합과 정점에 부속된 간선의 집합을 표현해야 한다. 그래프는 순차 자료구조를 이용하는 2차원 배열의 인접 행렬Adjacent Matrix 방법과 연결 자료구조인 연결 리스트를 사용하는 인접 리스트Adjacent List 방법이 있다. 만들려는 그래프의 특성과 필요한 연산에 따라 적당한 표현 방법을 선택한다.

1 순차 자료구조를 이용한 그래프의 구현 : 인접 행렬

그래프에서는 두 정점을 연결한 간선의 유무를 행렬로 저장하기 위해서 정점 수에 대한 정방 행렬을 사용한다. 정점을 n개 가진 그래프는 n×n 정방 행렬을 사용하는데, 두 정점이 인접되어 있으면 정점을 나타내는 행과 열에 대한 행렬값을 1, 인접되어 있지 않으면 행렬값을 0으로 한다. 이런 방법으로 2차원 배열을 이용하여 그래프를 표현한 행렬을 인접 행렬이라고 한다. [그림 8-10]은 그래프 G1, G2, G3, G4를 인접 행렬로 표현한 것이다.

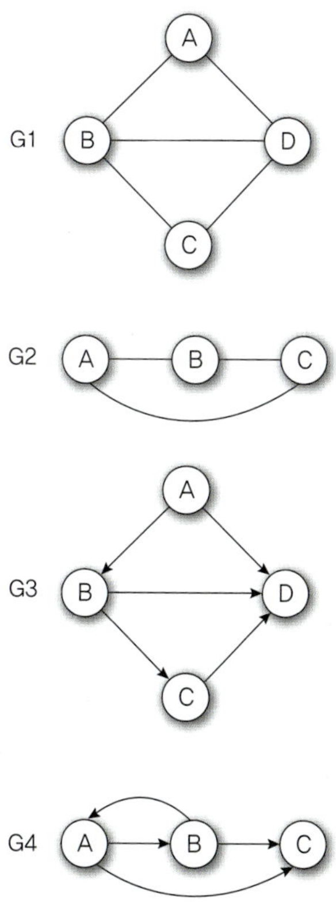

G1

	A	B	C	D
A	0	1	0	1
B	1	0	1	1
C	0	1	0	1
D	1	1	1	0

1+0+1+1=3 정점 B의 차수

G2

	A	B	C
A	0	1	1
B	1	0	1
C	1	1	0

G3

	A	B	C	D
A	0	1	0	1
B	0	0	1	1
C	0	0	0	1
D	0	0	0	0

0+0+1+1=2 정점 B의 진출 차수

1+0+0+0=1 정점 B의 진입 차수

G4

	A	B	C
A	0	1	1
B	1	0	1
C	0	0	0

그림 8-10 그래프의 인접 행렬 표현 예

그래프에서는 정점 자신을 가리키는 간선, 즉 간선 (V_i, V_i)가 있을 수 없으므로 인접 행렬의 대각선값은 항상 0이다. 그래프 G1과 G2 같은 무방향 그래프는 간선 (V_i, V_j)가 있으면 반드시 간선 (V_j, V_i)가 있기 때문에 행렬의 (i, j) 값과 (j, i) 값이 같아지므로 인접 행렬은 대각선을 중심으로 대칭이 된다. 따라서 무방향 그래프에 대한 인접 행렬에서 행 i의 합은 열 i의 합과 같고, 이것은 정점 i의 차수가 된다.

반면 그래프 G3과 G4 같은 방향 그래프에서는 간선 $\langle V_i, V_j \rangle$와 간선 $\langle V_j, V_i \rangle$가 서로 다른 간선이므로 인접 행렬은 대칭이 되지 않는다. 방향 그래프의 인접 행렬에서 행 i의 합은 정점 i의 진출 차수이고, 열 i의 합은 정점 i의 진입 차수가 된다.

정점을 n개 가진 그래프를 n×n 인접 행렬로 표현하면 간선 개수에 상관없이 항상 n×n개 메모리를 사용한다. 정점에 비해 간선 개수가 적은 희소 그래프는 인접 행렬이 희소행렬이 되므로 메모리 낭비 문제가 생길 수 있다.

SELF TEST_ 오른쪽 그래프를 인접 행렬로 표현하시오.

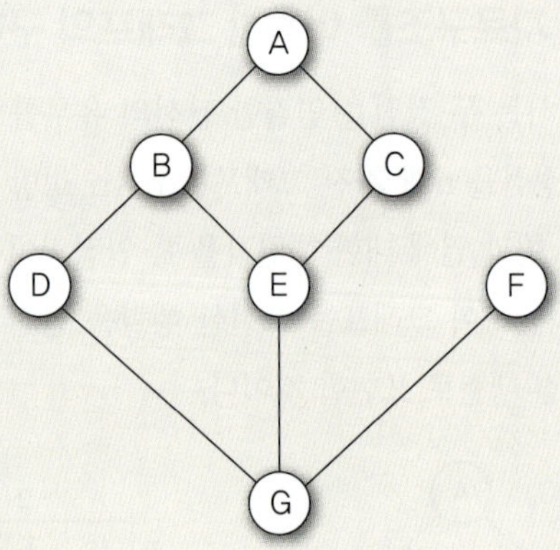

[예제 8-1]은 그래프 G1, G2, G3, G4를 인접 행렬로 표현한 프로그램이다.

예제 8-1 그래프를 인접 행렬로 표현하기

[adjMatrix.h]

```
#pragma once
#define MAX_VERTEX 30

// 그래프를 인접 행렬로 표현하기 위한 구조체 정의
typedef struct graphType {
    int n;                                  // 그래프의 정점 개수
    int adjMatrix[MAX_VERTEX][MAX_VERTEX]; // 그래프에 대한 30x30의 2차원 배열
} graphType;

void createGraph(graphType* g);
void insertVertex(graphType* g, int v);
void insertEdge(graphType* g, int u, int v);
```

```
void print_adjMatrix(graphType* g);
```

[adjMatrix.c]

```
#include <stdio.h>
#include <stdlib.h>
#include "adjMatrix.h"

// 공백 그래프를 생성하는 연산
void createGraph(graphType* g) {
    int i, j;
    g->n = 0;                          // 정점 개수를 0으로 초기화
    for (i = 0; i < MAX_VERTEX; i++) {
        for (j = 0; j < MAX_VERTEX; j++)
            g->adjMatrix[i][j] = 0; // 그래프 g에 대한 2차원 배열의 값을 0으로 초기화
    }
}

// 그래프 g에 정점 v를 삽입하는 연산
void insertVertex(graphType* g, int v) {
    if (((g->n) + 1) > MAX_VERTEX) {
        printf("\n 그래프 정점의 개수를 초과하였습니다!");
        return;
    }
    if (v < (g->n)) return;      // 이미 있는 정점이므로 삽입 불가
    g->n++;                      // 그래프 정점의 개수 n을 하나 증가
}

// 그래프 g에 간선 (u, v)를 삽입하는 연산
void insertEdge(graphType* g, int u, int v) {
    // 간선 (u, v)를 삽입하기 위해 정점 u와 v가 그래프에 존재하는지 확인
    if (u >= g->n || v >= g->n) {
        printf("\n 그래프에 없는 정점입니다!");
        return;
    }
    g->adjMatrix[u][v] = 1;      // 삽입한 간선에 대한 2차원 배열의 원소값을 1로 설정
}

// 그래프 g의 2차원 배열값을 순서대로 출력하는 연산
void print_adjMatrix(graphType* g) {
    int i, j;
    for (i = 0; i < (g->n); i++) {
        printf("\n\t\t");
        for (j = 0; j < (g->n); j++)
            printf("%2d", g->adjMatrix[i][j]);
    }
}
```

[ex8_1.c]

```c
#include <stdio.h>
#include <stdlib.h>
#include "adjMatrix.h"
int main(void) {
   int i;
   graphType* G1 = (graphType*)malloc(sizeof(graphType));
   graphType* G2 = (graphType*)malloc(sizeof(graphType));
   graphType* G3 = (graphType*)malloc(sizeof(graphType));
   graphType* G4 = (graphType*)malloc(sizeof(graphType));

   // G1 구성 : 정점 u에 대한 간선 (u,v)는 v가 큰 것부터 삽입
   createGraph(G1);
   for (i = 0; i < 4; i++)
      insertVertex(G1, i);   // G1의 정점 0~3 삽입
   insertEdge(G1, 0, 3);
   insertEdge(G1, 0, 1);
   insertEdge(G1, 1, 3);
   insertEdge(G1, 1, 2);
   insertEdge(G1, 1, 0);
   insertEdge(G1, 2, 3);
   insertEdge(G1, 2, 1);
   insertEdge(G1, 3, 2);
   insertEdge(G1, 3, 1);
   insertEdge(G1, 3, 0);

   // G2 구성 : 정점 u에 대한 간선 (u,v)는 v가 큰 것부터 삽입
   createGraph(G2);
   for (i = 0; i < 3; i++)
      insertVertex(G2, i);   // G2의 정점 0~2 삽입
   insertEdge(G2, 0, 2);
   insertEdge(G2, 0, 1);
   insertEdge(G2, 1, 2);
   insertEdge(G2, 1, 0);
   insertEdge(G2, 2, 1);
   insertEdge(G2, 2, 0);

   // G3 구성 : 정점 u에 대한 간선 <u,v>는 v가 큰 것부터 삽입
   createGraph(G3);
   for (i = 0; i < 4; i++)
      insertVertex(G3, i);   // G3의 정점 0~3 삽입
   insertEdge(G3, 0, 3);
   insertEdge(G3, 0, 1);
   insertEdge(G3, 1, 3);
   insertEdge(G3, 1, 2);
   insertEdge(G3, 2, 3);
```

```
46
47     // G4 구성 : 정점 u에 대한 간선 <u,v>는 v가 큰 것부터 삽입
48     createGraph(G4);
49     for (i = 0; i < 3; i++)
50         insertVertex(G4, i);     // G4의 정점 0~2 삽입
51     insertEdge(G4, 0, 2);
52     insertEdge(G4, 0, 1);
53     insertEdge(G4, 1, 2);
54     insertEdge(G4, 1, 0);
55
56     // 완성된 인접 행렬 출력
57     printf("\n G1의 인접 행렬");
58     print_adjMatrix(G1);
59
60     printf("\n\n G2의 인접 행렬");
61     print_adjMatrix(G2);
62
63     printf("\n\n G3의 인접 행렬");
64     print_adjMatrix(G3);
65
66     printf("\n\n G4의 인접 행렬");
67     print_adjMatrix(G4);
68
69     getchar();  return 0;
70 }
```

```
G1의 인접 행렬
        0 1 0 1
        1 0 1 1
        0 1 0 1
        1 1 1 0

G2의 인접 행렬
        0 1 1
        1 0 1
        1 1 0

G3의 인접 행렬
        0 1 0 1
        0 0 1 1
        0 0 0 1
        0 0 0 0

G4의 인접 행렬
        0 1 1
        1 0 1
        0 0 0
```

[ex8_1.c]

12~54행은 [adjMatrix.h]에서 선언한 createGraph() 함수를 사용하여 그래프 G1~G4에 대한 2차원 배열의 인접 행렬을 생성한다. 그리고 insertVertex()와 insertEdge() 함수를 사용하여 정점과 간선을 삽입해 그래프 G1~G4에 대한 인접 행렬을 완성한다.

13~14행 : 그래프 G1에 정점 네 개를 삽입한다.

	0	1	2	3	…	29
0	0	0	0	0	…	0
1	0	0	0	0	…	0
2	0	0	0	0	…	0
3	0	0	0	0	…	0
…	…	…	…	…	…	…
29	0	0	0	0	…	0

G1

15~24행 : 그래프 G1에 간선 열 개((0,1), (0,3), (1,0), (1,2), (1,3), (2,1), (2,3), (3,0), (3,1), (3,2))를 삽입한다.

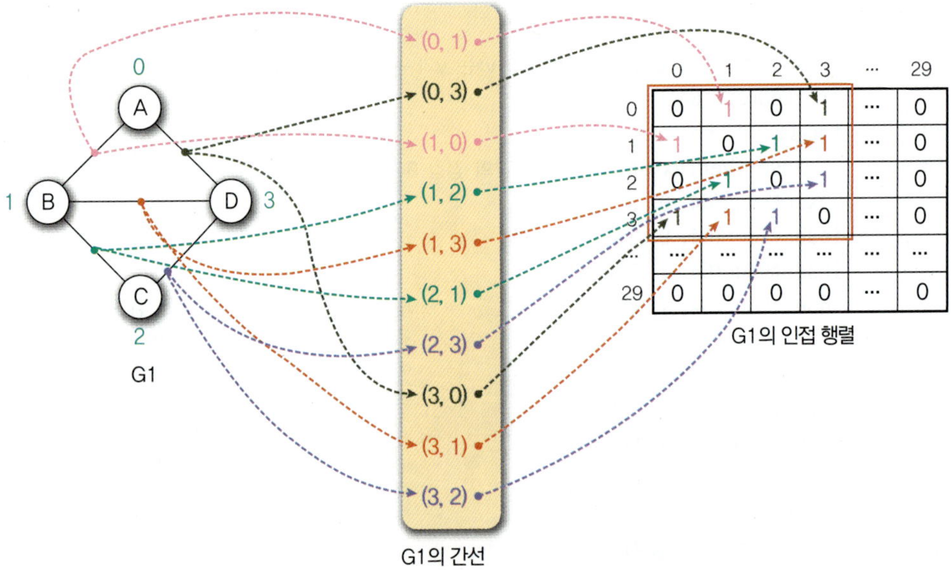

28~29행 : 그래프 G2에 정점 세 개를 삽입한다.

	0	1	2	…	29
0	0	0	0	…	0
1	0	0	0	…	0
2	0	0	0	…	0
…	…	…	…	…	0
29	0	0	0	0	…

G2

30~35행 : 그래프 G2에 간선 여섯 개((0, 1), (0, 2), (1, 0), (1, 2), (2, 0), (2, 1))를 삽입한다.

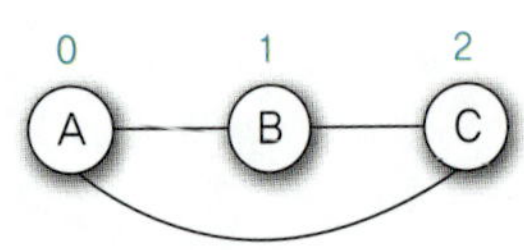

G2

	0	1	2	…	29
0	0	1	1	…	0
1	1	0	1	…	0
2	1	1	0	…	0
…	…	…	…	…	0
29	0	0	0	0	…

G2

39~40행 : 그래프 G3에 정점 네 개를 삽입한다.

	0	1	2	3	…	29
0	0	0	0	0	…	0
1	0	0	0	0	…	0
2	0	0	0	0	…	0
3	0	0	0	0	…	0
…	…	…	…	…	…	…
29	0	0	0	0	…	0

G3

41~45행 : 그래프 G3에 방향 간선 다섯 개(〈0, 1〉, 〈0, 3〉, 〈1, 2〉, 〈1, 3〉, 〈2, 3〉)를 삽입한다.

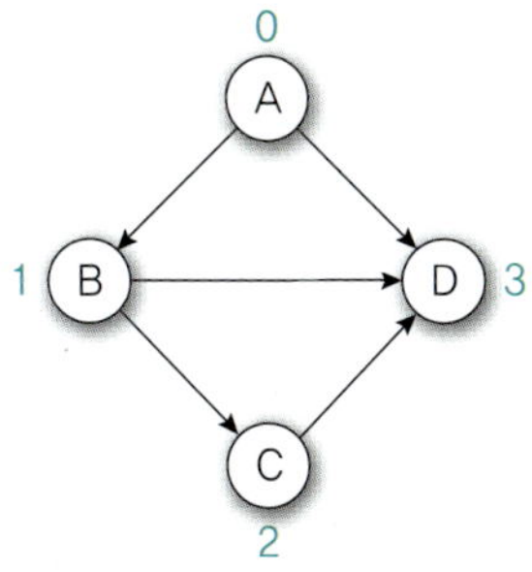

G3

	0	1	2	3	…	29
0	0	1	0	1	…	0
1	0	0	1	1	…	0
2	0	0	0	1	…	0
3	0	0	0	0	…	0
…	…	…	…	…	…	…
29	0	0	0	0	…	0

G3

49~50행 : 그래프 G4에 정점 세 개를 삽입한다.

	0	1	2	…	29
0	0	0	0	…	0
1	0	0	0	…	0
2	0	0	0	…	0
…	…	…	…	…	0
29	0	0	0	0	…

G4

51~54행 : 그래프 G4에 방향 간선 네 개(〈0, 1〉, 〈0, 2〉, 〈1, 0〉, 〈1, 2〉)를 삽입한다.

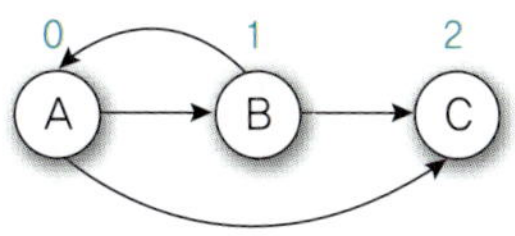

G4

	0	1	2	…	29
0	0	1	1	…	0
1	1	0	1	…	0
2	0	0	0	…	0
…	…	…	…	…	0
29	0	0	0	0	…

G4

2 연결 자료구조를 이용한 그래프의 구현 : 인접 리스트

인접 리스트로 그래프를 표현하는 방법은 각 정점에 인접한 정점들을 단순 연결 리스트로 만드는 것이다. 리스트의 각 노드는 정점을 저장하는 필드와 다음 인접 정점을 연결하는 링크 필드로 구성한다. 어떤 정점의 연결 리스트는 그 정점에 인접한 정점의 수만큼, 즉 그 정점의 차수만큼 노드가 연결되어 있다. 리스트 내의 노드는 저장하는 정점에 대해 오름차순으로 연결한다. 정점에 대한 인접 리스트의 헤드 포인터는 정점 개수만큼 필요하다. 그래프는 정점의 집합이므로 각 정점에 대한 헤드 포인터를 그룹으로 묶어서 포인터 배열로 구성한다.

그래프 G1, G2, G3, G4를 인접 리스트로 표현하면 [그림 8-11]과 같다.

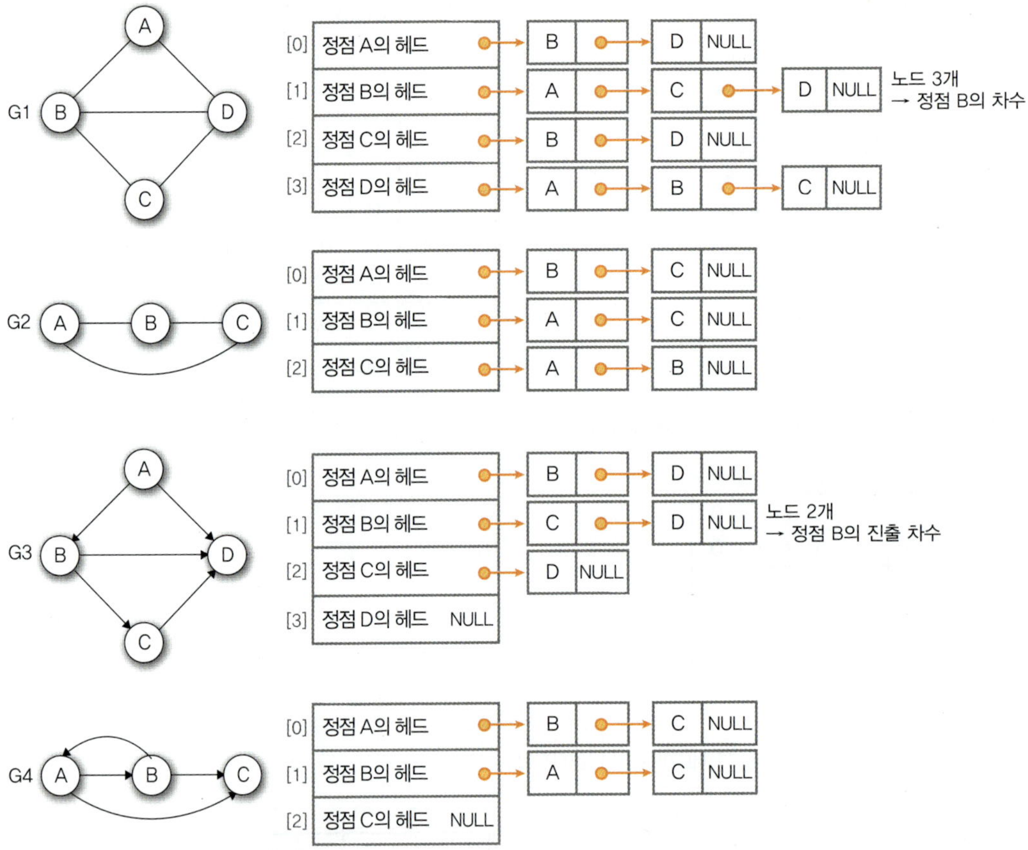

그림 8-11 그래프의 인접 리스트 표현 예

정점이 n개이고 간선이 e개인 무방향 그래프에 대한 인접 리스트는 크기가 n인 헤드 포인터 배열이 필요하고 노드는 2e개 필요하다. 정점이 n개인 방향 그래프에 대한 인접 리스트에서도 크기가 n인 헤드 포인터 배열이 필요하고, 각 헤드 노드에 연결되는 노드 수는 각 정점의 진출 차수가 된다.

SELF TEST_ 오른쪽 그래프를 인접 리스트로 표현하시오.

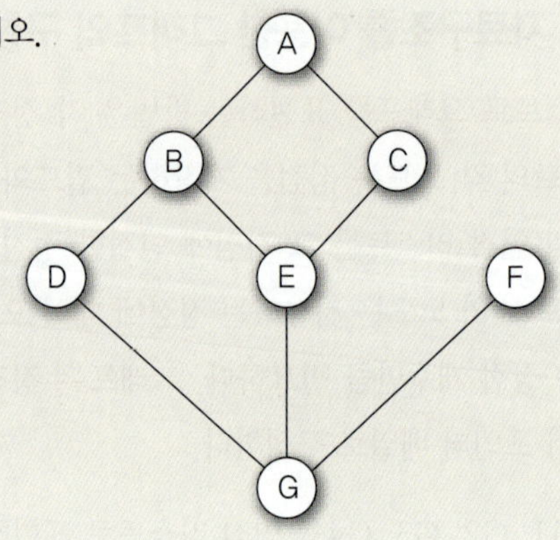

[예제 8-2]는 그래프 G1, G2, G3, G4를 인접 리스트로 표현한 프로그램이다. 리스트를 쉽게 구성하기 위해 정점을 A, B, C, D 대신 번호 0~3을 사용해 연산하고, 출력할 때만 A, B, C, D로 표시하였다. insertEdge() 연산으로 간선을 삽입할 때는 항상 인접 리스트의 첫 번째 노드로 삽입하도록 한다.

예제 8-2 인접 리스트로 그래프 구현하기

[adjList.h]

```c
#pragma once
#define MAX_VERTEX 30                        // 헤드 포인터 배열의 최대 크기

// 인접 리스트의 노드 구조를 구조체로 정의
typedef struct graphNode {
    int vertex;                              // 정점을 나타내는 데이터 필드
    struct graphNode* link;                  // 다음 인접 정점을 연결하는 링크 필드
} graphNode;

// 그래프를 인접 리스트로 표현하기 위한 구조체 정의
typedef struct graphType {
    int n;                                   // 그래프의 정점 개수
    graphNode* adjList_H[MAX_VERTEX];        // 그래프 정점에 대한 헤드 포인터 배열
} graphType;

void createGraph(graphType* g);
void insertVertex(graphType* g, int v);
void insertEdge(graphType* g, int u, int v);
void print_adjList(graphType* g);
```

[adjList.c]

```c
#include <stdio.h>
#include <stdlib.h>
#include "adjList.h"
// 공백 그래프를 생성하는 연산
void createGraph(graphType* g) {
    int v;
    g->n = 0;                        // 그래프의 정점 개수를 0으로 초기화
    for (v = 0; v < MAX_VERTEX; v++)
        g->adjList_H[v] = NULL;      // 그래프의 정점에 대한 헤드 포인터 배열을 NULL로 초기화
}

// 그래프 g에 정점 v를 삽입하는 연산
void insertVertex(graphType* g, int v) {
    if (((g->n) + 1) > MAX_VERTEX) {
        printf("\n 그래프 정점의 개수를 초과하였습니다!");
        return;
    }
```

```
    g->n++;                          // 그래프의 정점 개수 n을 하나 증가
}

// 그래프 g에 간선 (u, v)를 삽입하는 연산
void insertEdge(graphType* g, int u, int v) {
    graphNode* node;

    // 간선 (u, v)를 삽입하기 위해 정점 u와 정점 v가 현재 그래프에 있는지 확인
    if (u >= g->n || v >= g->n) {
        printf("\n 그래프에 없는 정점입니다!");
        return;
    }
    node = (graphNode*)malloc(sizeof(graphNode));
    node->vertex = v;
    node->link = g->adjList_H[u]; // 삽입 간선에 대한 노드를 리스트의 첫 번째 노드로 연결
    g->adjList_H[u] = node;
}

// 그래프 g의 각 정점에 대한 인접 리스트를 출력하는 연산
void print_adjList(graphType* g) {
    int i;
    graphNode* p;
    for (i = 0; i < g->n; i++) {
        printf("\n\t\t정점 %c의 인접 리스트", i + 65);
        p = g->adjList_H[i];
        while (p) {
            printf(" -> %c", p->vertex + 65); // 정점 0~3을 A~D로 출력
            p = p->link;
        }
    }
}
```

[ex8_2.c]

```
#include <stdio.h>
#include "adjList.h"

int main(void) {
   // [예제 8-1]의 [ex8_1.c]의 05 ~ 54행과 동일

    // 완성된 인접 리스트 출력
    printf("\n G1의 인접 리스트");
    print_adjList(G1);

    printf("\n\n G2의 인접 리스트");
    print_adjList(G2);
```

```
G1의 인접 리스트
        정점 A의 인접 리스트 -> B -> D
        정점 B의 인접 리스트 -> A -> C -> D
        정점 C의 인접 리스트 -> B -> D
        정점 D의 인접 리스트 -> A -> B -> C

G2의 인접 리스트
        정점 A의 인접 리스트 -> B -> C
        정점 B의 인접 리스트 -> A -> C
        정점 C의 인접 리스트 -> A -> B

G3의 인접 리스트
        정점 A의 인접 리스트 -> B -> D
        정점 B의 인접 리스트 -> C -> D
        정점 C의 인접 리스트 -> D
        정점 D의 인접 리스트

G4의 인접 리스트
        정점 A의 인접 리스트 -> B -> C
        정점 B의 인접 리스트 -> A -> C
        정점 C의 인접 리스트
```

```
62
63      printf("\n\n G3의 인접 리스트");
64      print_adjList(G3);
65
66      printf("\n\n G4의 인접 리스트");
67      print_adjList(G4);
68
69      getchar(); return 0;
70  }
```

[adjList.c]

22~34행의 insertEdge()는 그래프 g에 새로운 간선 (u, v)를 삽입하는 연산을 수행한다.

30행 : 정점 u에 부속된 간선 (u, v)를 삽입하기 위해 정점 u의 인접 리스트에 추가할 노드를 할당한다.

31행 : 다음과 같이 새 노드의 데이터 필드 vertex에 인접 정점 v를 저장한다.

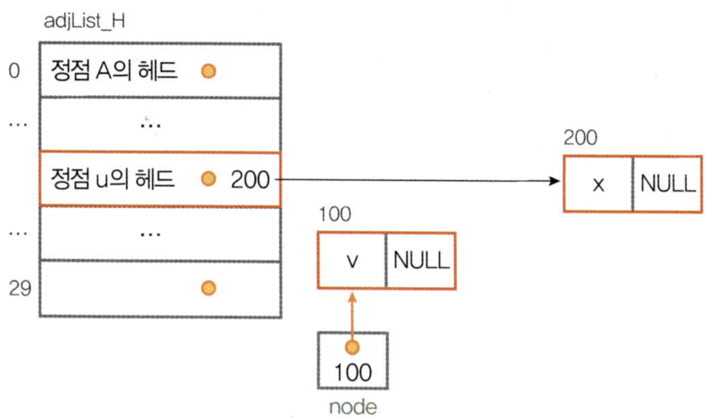

32~33행 : 새 노드를 정점 u의 인접 리스트에 첫 번째 노드로 연결한다.

① node -> link = g -> adjList_H[u];

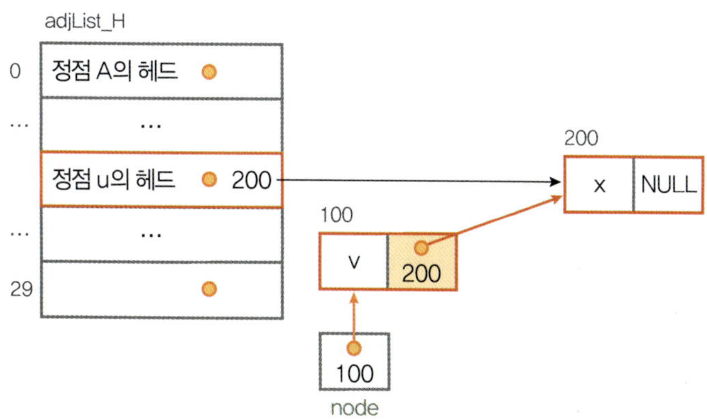

② `g -> adjList_H[u] = node;`

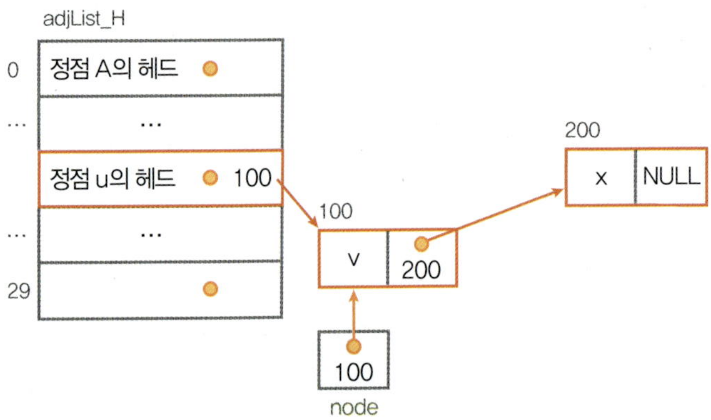

[ex8_2.c]

05~54행은 [예제 8-1]의 [ex8_1.c]의 05~54행을 그대로 사용하여 그래프 G1~G4를 구성한다. 다만, [ex8_2.c]에서 사용하는 graphType/createGraph()/insertVertex()/insertEdge() 함수는 [adjList.h]에 선언되어 있는 인접 리스트 함수를 사용하기 때문에 실제 구현되는 것은 인접 리스트 그래프이다.

12~24행은 그래프 G1을 생성하고 정점과 간선을 삽입하여 G1 인접 리스트를 구성한다.

13~14행 : 그래프 G1에 정점을 네 개 삽입한다.

15행 : 그래프 G1에 간선 (0, 3)을 삽입한다.

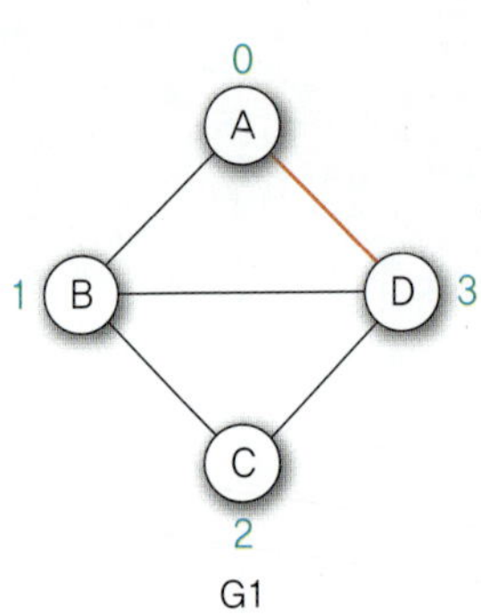

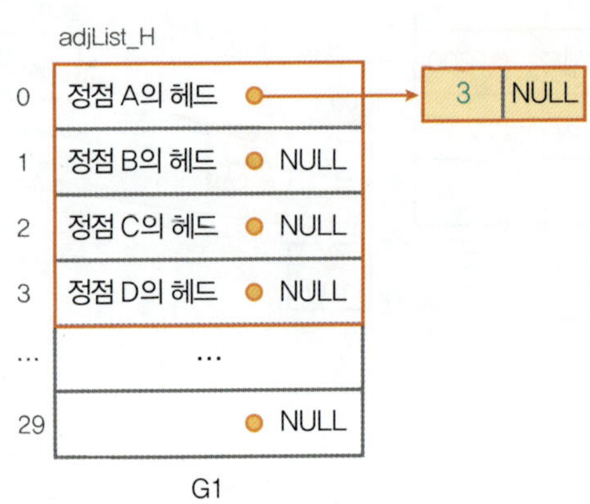

16행 : 그래프 G1에 간선 (0, 1)을 삽입한다.

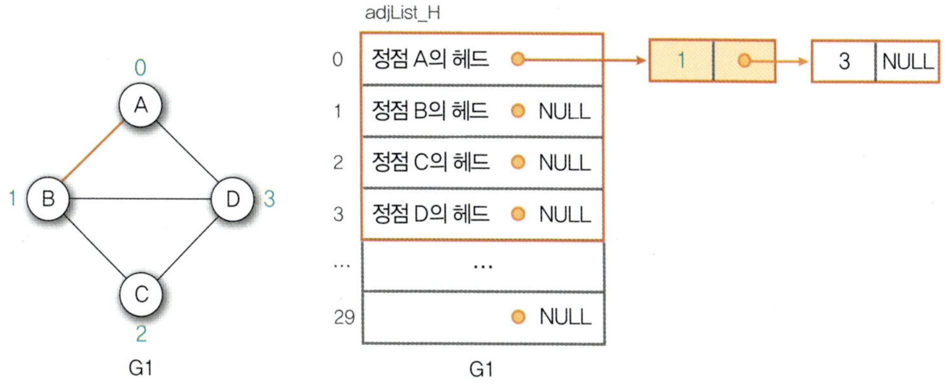

17행 : 그래프 G1에 간선 (1, 3)을 삽입한다.

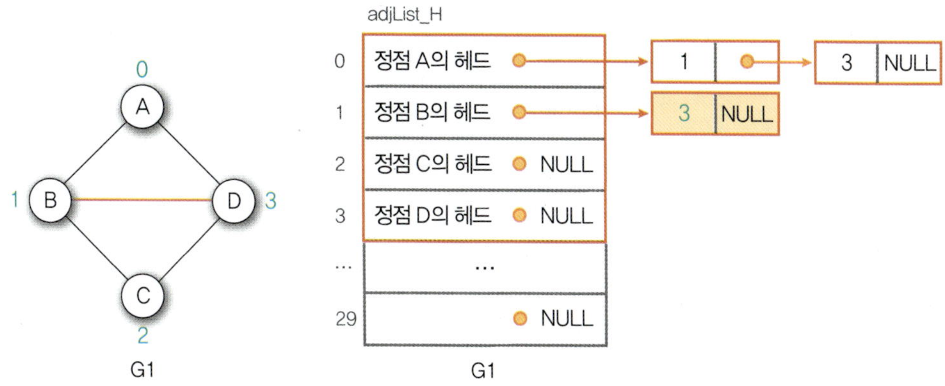

18행 : 그래프 G1에 간선 (1, 2)를 삽입한다.

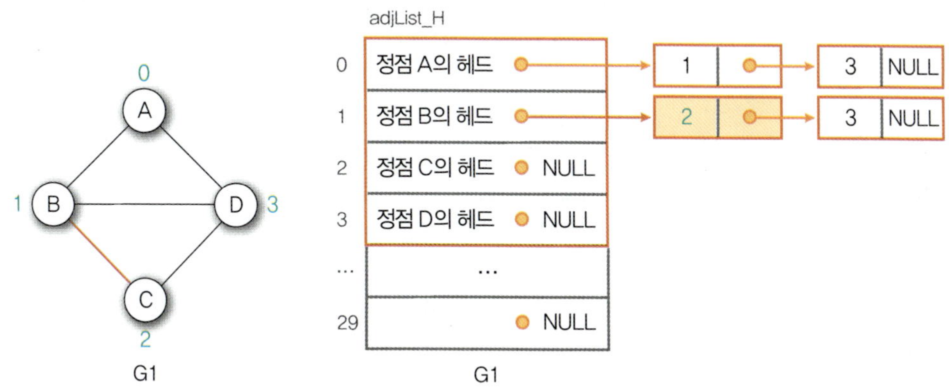

19행 : 그래프 G1에 간선 (1, 0)을 삽입한다.

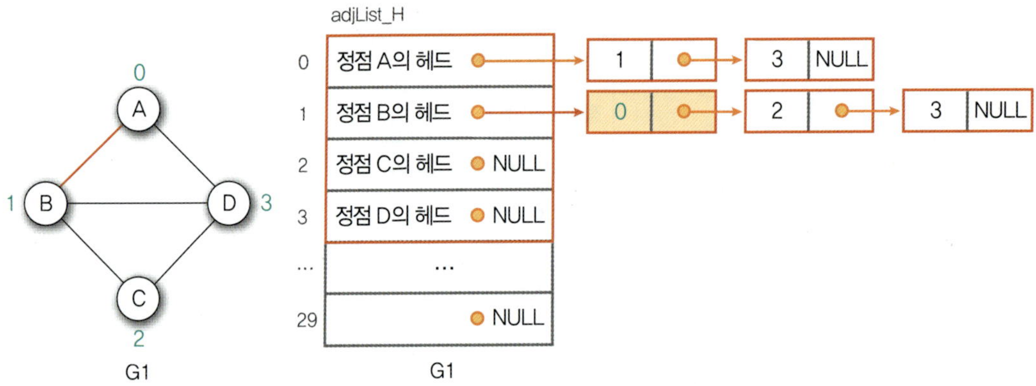

20행 : 그래프 G1에 간선 (2, 3)을 삽입한다.

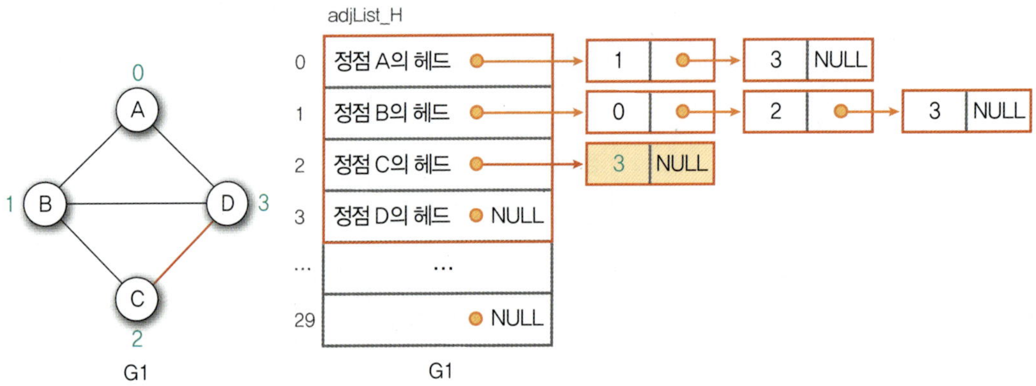

21행 : 그래프 G1에 간선 (2, 1)을 삽입한다.

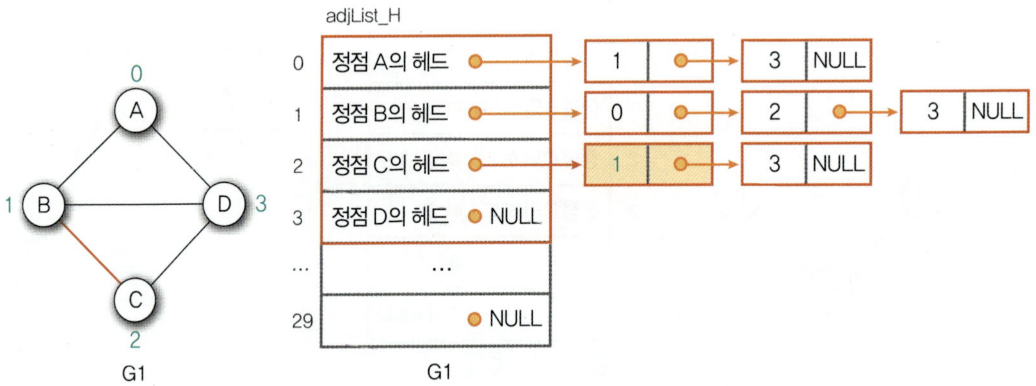

22행 : 그래프 G1에 간선 (3, 2)를 삽입한다.

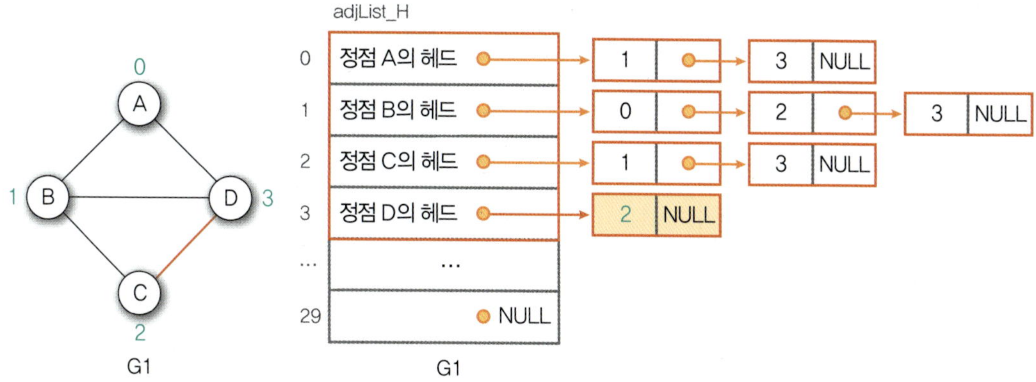

23행 : 그래프 G1에 간선 (3, 1)을 삽입한다.

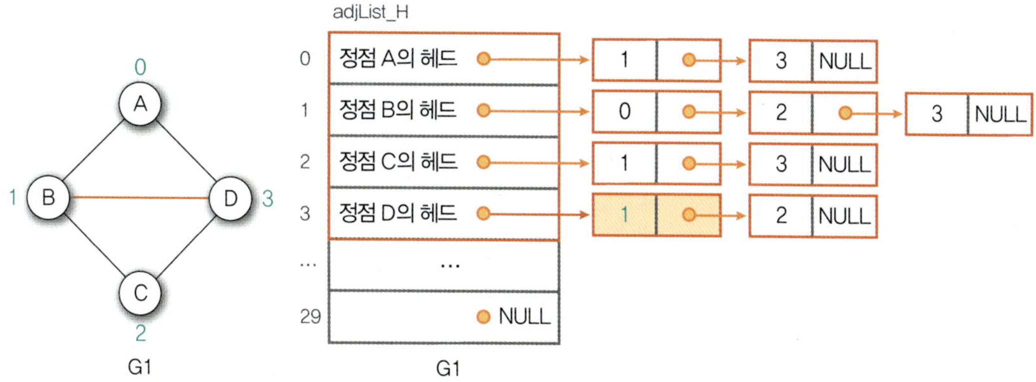

24행 : 그래프 G1에 간선 (3, 0)을 삽입한다.

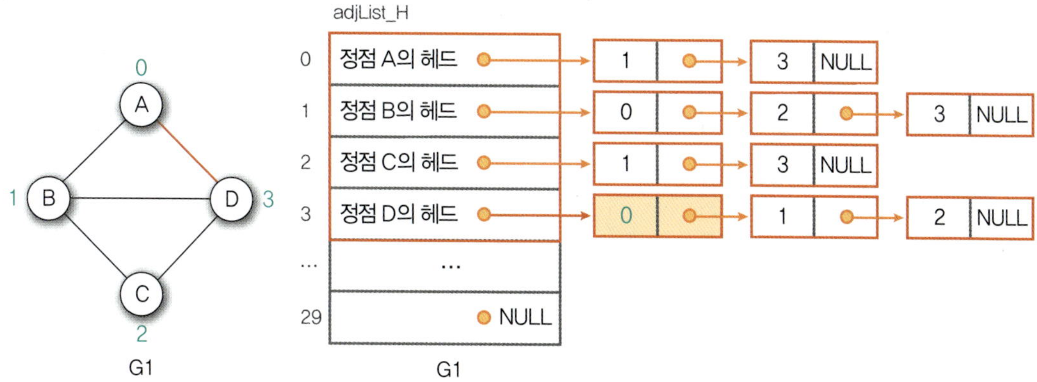

27~35행은 그래프 G2를 생성하고 정점과 간선을 삽입하여 G2 인접 리스트를 구성한다.

28~29행 : 그래프 G2에 정점 세 개를 삽입한다.

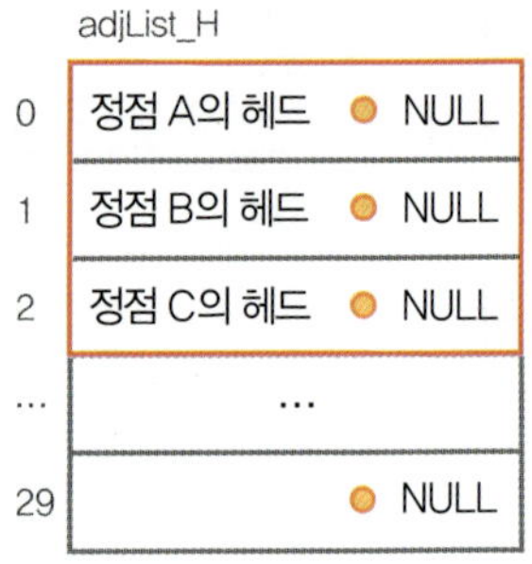

G2

30~35행 : 그래프 G2에 간선 여섯 개((0, 2), (0, 1), (1, 2), (1, 0), (2, 1), (2, 0))를 삽입한다.

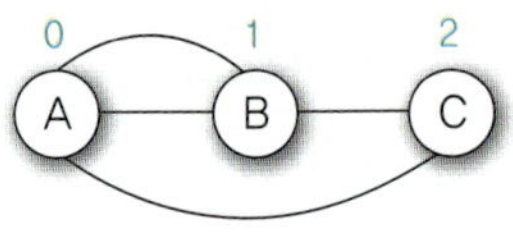

G2

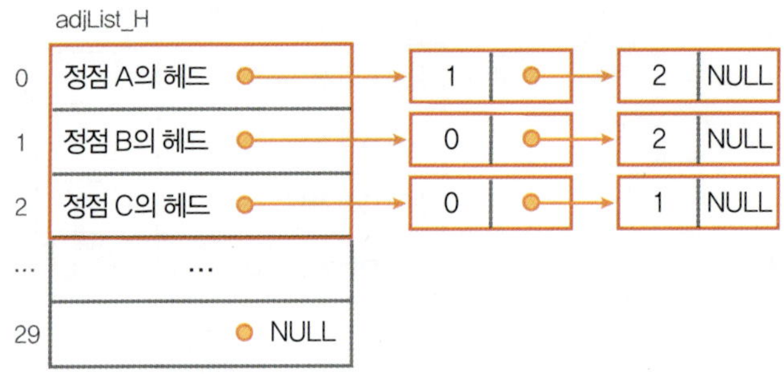

G2

38~45행은 그래프 G3를 생성하고 정점과 간선을 삽입하여 G3 인접 리스트를 구성한다.

39~40행 : 그래프 G3에 정점 네 개를 삽입한다.

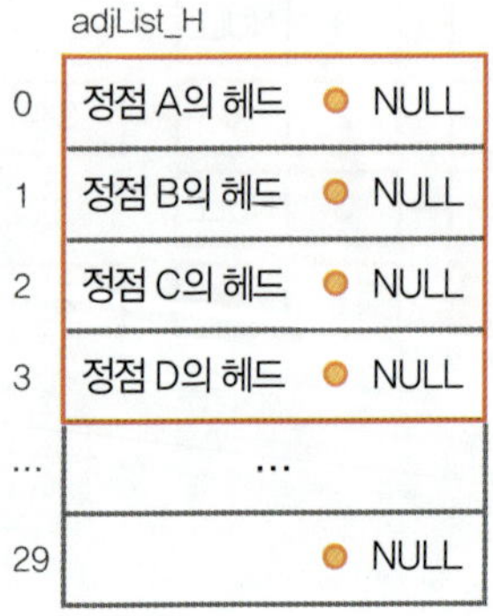

G3

41~45행 : 그래프 G3에 방향 간선 다섯 개(⟨0, 3⟩, ⟨0, 1⟩, ⟨1, 3⟩, ⟨1, 2⟩, ⟨2, 3⟩)를 삽입한다.

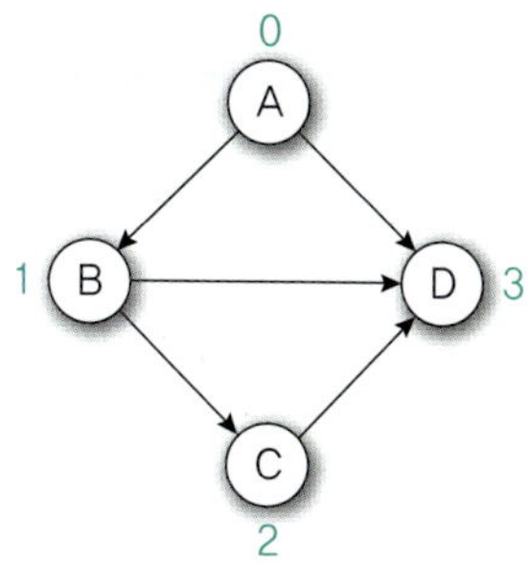

G3

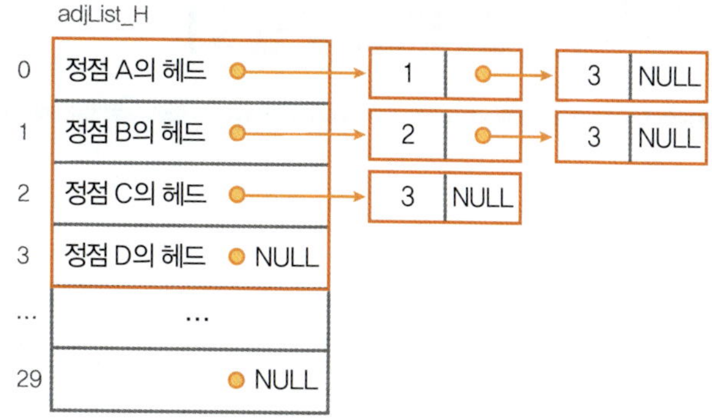

G3

48~54행은 그래프 G4를 생성하고 정점과 간선을 삽입하여 G4 인접 리스트를 구성한다.

49~50행 : 그래프 G4에 정점 세 개를 삽입한다.

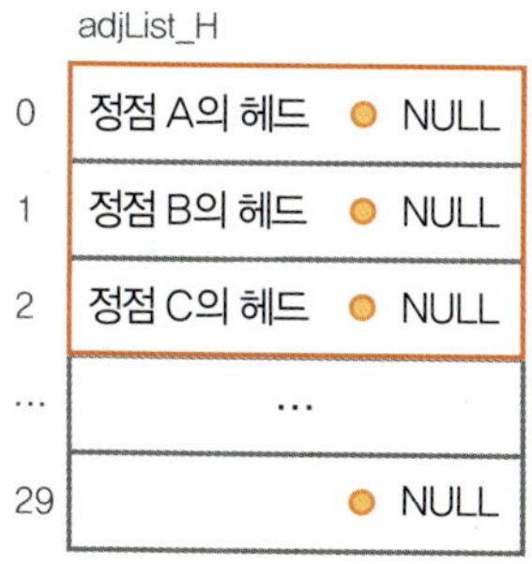

G4

51~54행 : 그래프 G4에 방향 간선 네 개(⟨0, 2⟩, ⟨0, 1⟩, ⟨1, 2⟩, ⟨1, 0⟩)를 삽입한다.

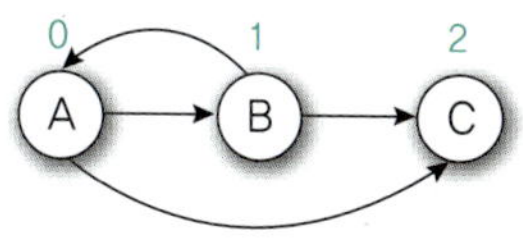

G4

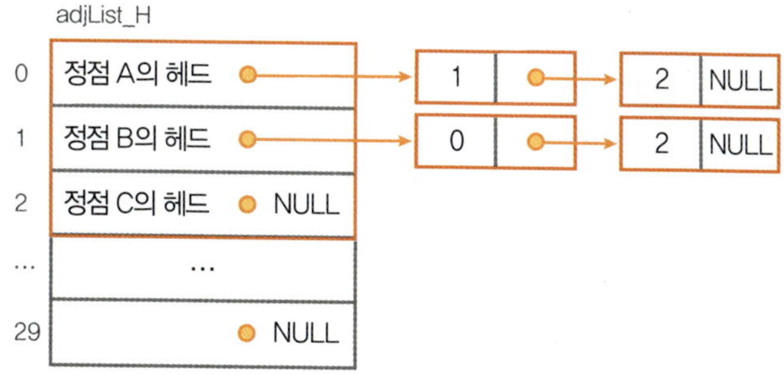

G4

Section 03

그래프의 순회

1 그래프 순회의 개념과 종류

한 정점에서 시작하여 그래프에 있는 모든 정점을 한 번씩 방문하는 것을 그래프 순회Graph Traversal 또는 그래프 탐색Graph Search이라 한다. 그래프를 탐색하는 방법에는 깊이 우선 탐색과 너비 우선 탐색이 있다.

예를 들어, 우물을 판다고 생각해 보자. 어떤 사람은 [그림 8-12]의 (a)처럼 한 지점을 고르고 팔 수 있을 때까지 깊게 파 나가다 아무리 파도 물이 나오지 않으면, 밖으로 나와 다른 지점을 고르고 다시 깊게 파 나갈 것이다. 어떤 사람은 (b)처럼 여러 지점을 고르게 파다 물이 나오지 않으면 파 놓은 구덩이를 다시 좀 더 깊게 팔 것이다. 한 지점을 골라서 깊게 파는 첫 번째 방식은 '깊이 우선 탐색'과 유사하고, 골고루 조금씩 여러 지점을 계속 파 나가는 두 번째 방식은 '너비 우선 탐색'과 유사하다.

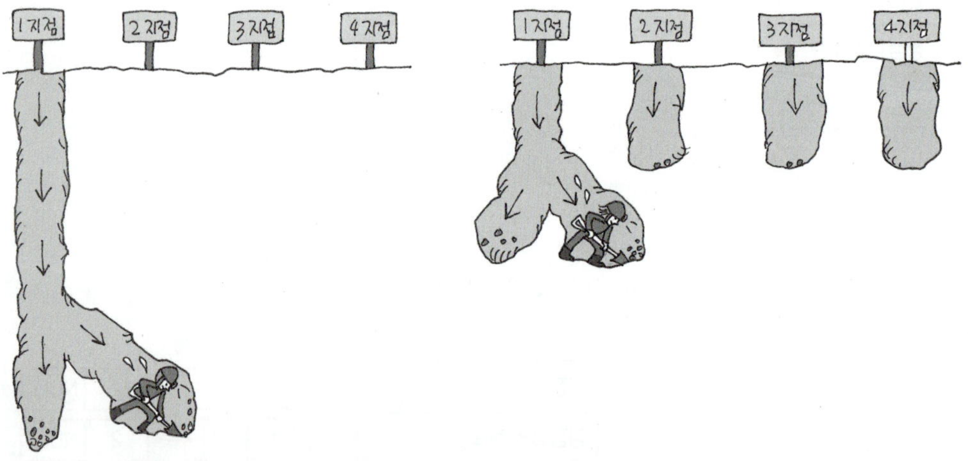

(a) 깊이 우선 탐색 예 (b) 너비 우선 탐색 예

그림 8-12 **그래프 탐색 예 : 우물 파기**

2 깊이 우선 탐색

깊이 우선 탐색DFS : Depth First Search은 시작 정점의 한 방향으로 갈 수 있는 경로가 있는 곳까지 깊이 탐색해 가다 더 이상 갈 곳이 없으면, 가장 마지막에 만났던 갈림길 간선이 있는 정점으로 되돌아와 다른 방향의 간선으로 탐색을 계속하여 결국 모든 정점을 방문하는 순회 방법이다. 가장 마지막에 만났던 갈림길 간선의 정점으로 되돌아가 다시 깊이 우선 탐색을 반복해야 하므로 탐색 과정에서 정점 순서를 관리하기 위해 후입선출 구조의 스택을 사용한다.

깊이 우선 탐색의 수행 순서를 정리하면 [그림 8-13]과 같다.

❶ 시작 정점 v를 결정하여 방문한다.

❷ 정점 v에 인접한 정점 중에서

❷-ⓐ 방문하지 않은 정점 w가 있으면 정점 v를 스택에 push하고 w를 방문한다. 그리고 w를 v로 하여 다시 ❷를 반복한다.

❷-ⓑ 방문하지 않은 정점이 없으면 스택을 pop하여 받은 가장 마지막에 방문한 정점을 v로 설정한 뒤 다시 ❷를 수행한다.

❸ 스택이 공백이 될 때까지 ❷를 반복한다.

그림 8-13 깊이 우선 탐색 순서

각 정점을 방문했는지 여부를 표시하기 위해서 배열 visited를 사용하기로 하자. 그래프의 정점 개수를 배열 visited 크기로 하고 모든 배열 요소를 false로 초기화한다. 정점을 방문할 때마다 정점의 배열 원소값을 true로 설정한다.

깊이 우선 탐색을 알고리즘으로 정의하면 [알고리즘 8-1]과 같다.

알고리즘 8-1 그래프의 깊이 우선 탐색

```
DFS(v)
    for (i ← 0; i<n; i ← i + 1) do {
        visited[i]←false;
    }
    stack ← createStack();
    visited[v] ← true;
    v 방문;
    while (not isEmpty(stack)) do {
        if (visited[v의 인접 정점 w] == false) then {
            push(stack, v);
            visited[w] ← true;
            w 방문;
            v ← w;
        }
        else v ← pop(stack);
    }
end DFS()
```

알고리즘에 따라 그래프 G9를 깊이 우선 순회하는 과정을 살펴보자.

0 그래프 G9의 깊이 우선 탐색을 위한 초기 상태 : 배열 visited를 false로 초기화하고 공백 스택 생성한다.

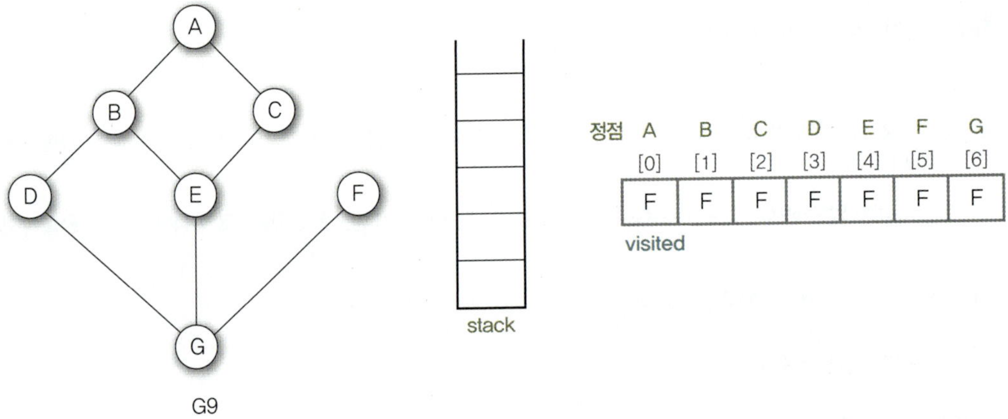

1 정점 A를 시작으로 깊이 우선 탐색을 시작한다.

```
visited[A] ← true;
A 방문;
```

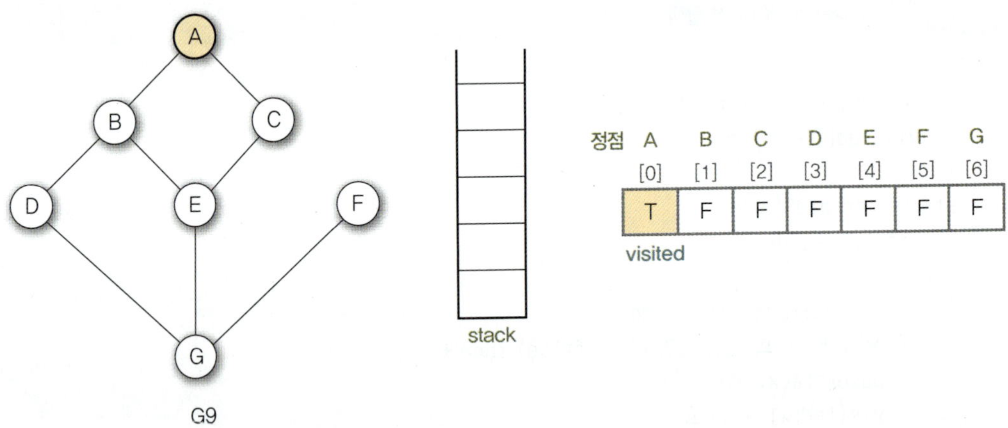

2 정점 A에 방문하지 않은 정점 B, C가 있으므로 A를 스택에 push하고, 인접 정점 B와 C 중에서 오름차순에 따라 B를 선택하여 탐색을 계속한다.

```
push(stack, A);
visited[B] ← true;
B 방문;'
```

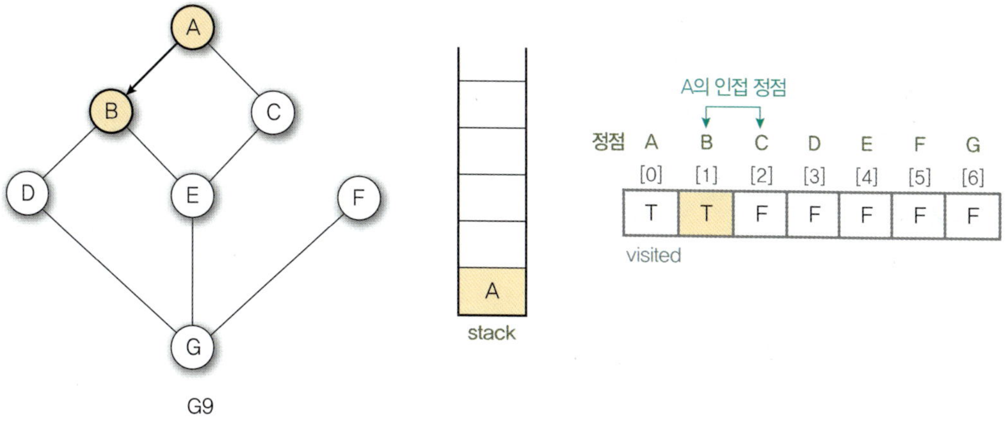

3 정점 B에 방문하지 않은 정점 D, E가 있으므로 B를 스택에 push하고, 방문하지 않은 인접 정점 D와 E 중에서 오름차순에 따라 D를 선택하여 탐색을 계속한다.

```
push(stack, B);
visited[D] ← true;
D 방문;
```

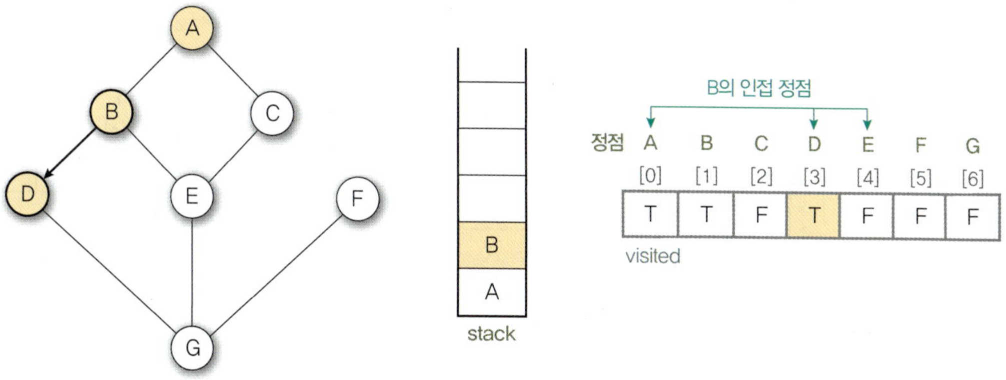

4 정점 D에 방문하지 않은 정점 G가 있으므로 D를 스택에 push하고, 인접 정점 G를 선택하여 탐색을 계속한다.

```
push(stack, D);
visited[G] ← true;
G 방문;
```

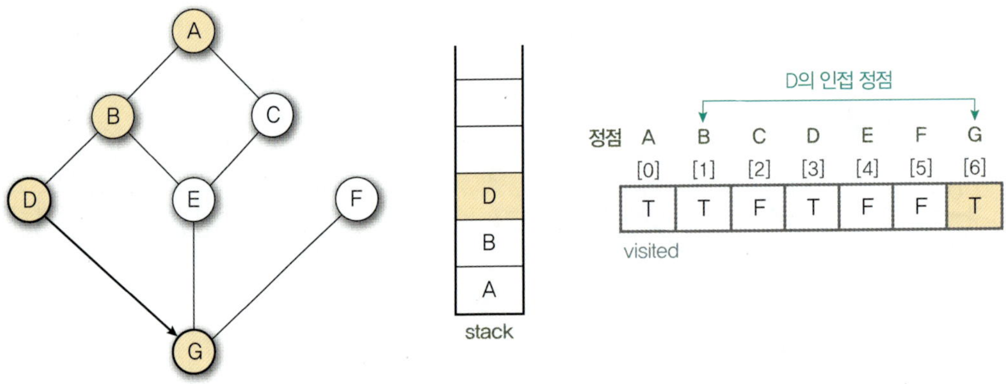

5 정점 G에 방문하지 않은 정점 E, F가 있으므로 G를 스택에 push하고, 방문하지 않은 인접 정점 E와 F 중에서 오름차순에 따라 E를 선택하여 탐색을 계속한다.

```
push(stack, G);
visited[E] ← true;
E 방문;
```

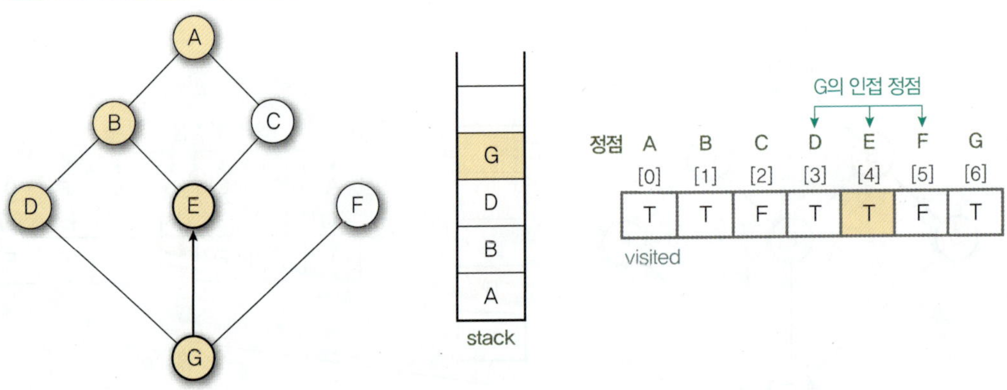

6 정점 E에 방문하지 않은 정점 C가 있으므로 E를 스택에 push하고, 방문하지 않은 인접 정점 C를 선택하여 탐색을 계속한다.

```
push(stack, E);
visited[C] ← true;
C 방문;
```

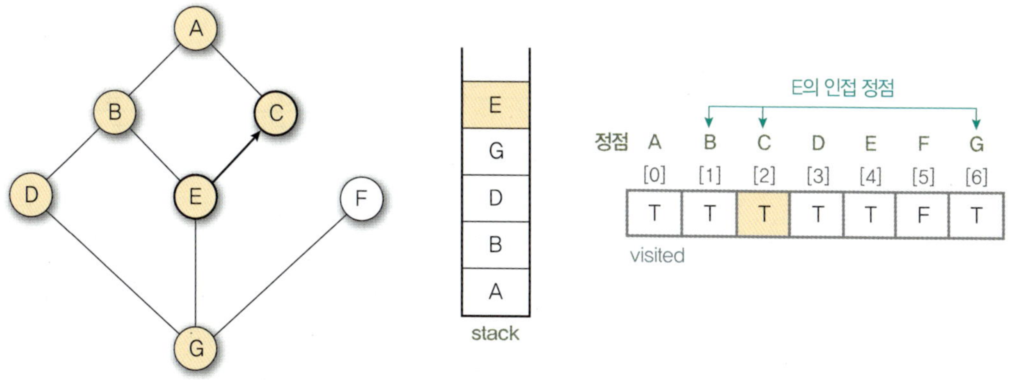

7 정점 C에서 방문하지 않은 인접 정점이 없으므로 마지막 정점으로 돌아가기 위해 스택을 pop하여 받은 정점 E에 대해서 방문하지 않은 인접 정점이 있는지 확인한다. 정점 E는 방문하지 않은 인접 정점이 없다.

```
pop(stack);
```

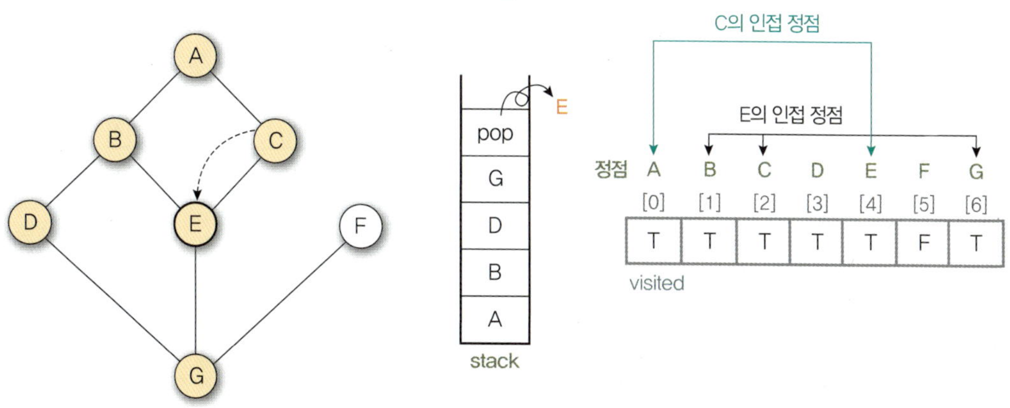

8 현재 정점 E에서 방문할 수 있는 인접 정점이 없으므로, 다시 스택을 pop하여 받은 정점 G에 대해서 방문하지 않은 인접 정점이 있는지 확인한다.

```
pop(stack);
```

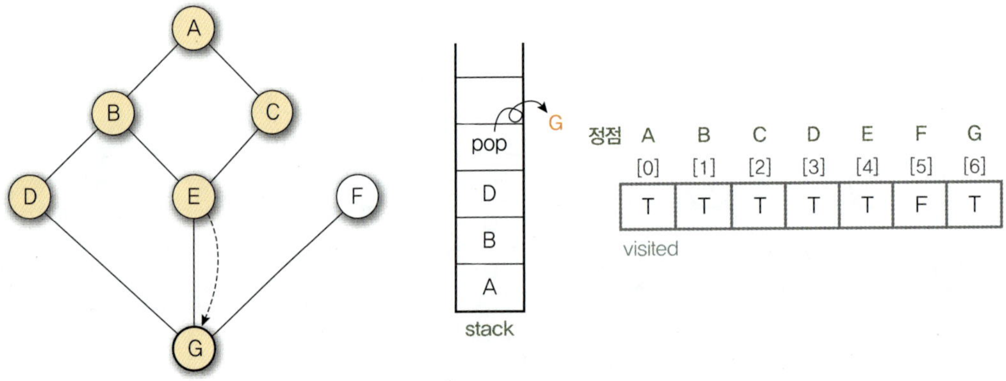

9 현재 정점 G에서 방문하지 않은 정점 F가 있으므로 G를 스택에 push하고, 인접 정점 F를 선택하여 탐색을 계속한다.

```
push(stack, G);
visited[F] ← true;
F 방문;
```

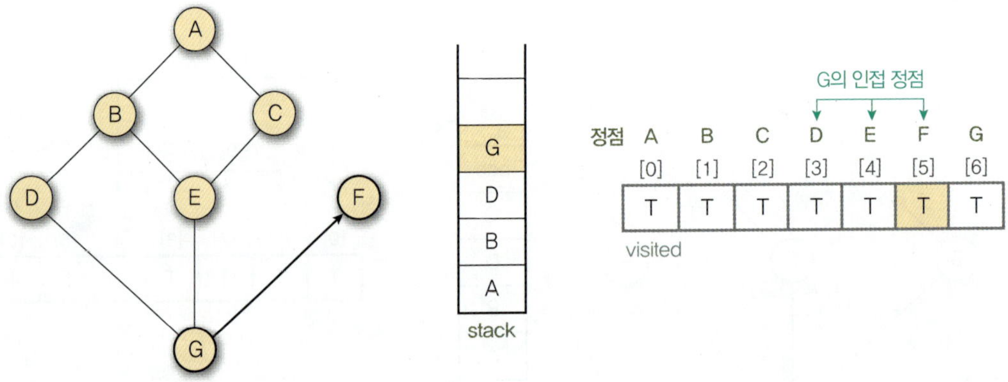

10 현재 정점 F에서 방문하지 않은 인접 정점이 없으므로 마지막 정점으로 돌아가기 위해 스택을 pop하여 받은 정점 G에 대해서 방문하지 않은 인접 정점이 있는지 확인한다. 정점 G는 방문하지 않은 인접 정점이 없다.

```
pop(stack);
```

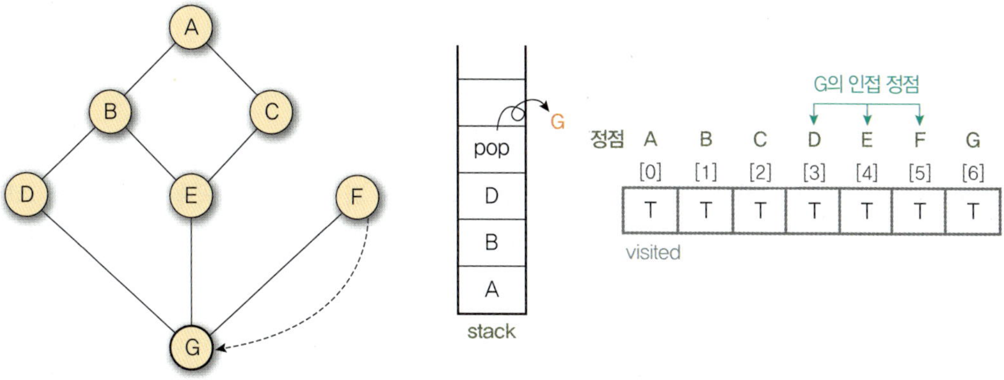

11 현재 정점 G에서 방문하지 않은 인접 정점이 없으므로 다시 마지막 정점으로 돌아가기 위해 스택을 pop하여 받은 정점 D에 대해서 방문하지 않은 인접 정점이 있는지 확인한다. 정점 D는 방문하지 않은 인접 정점이 없다.

```
pop(stack);
```

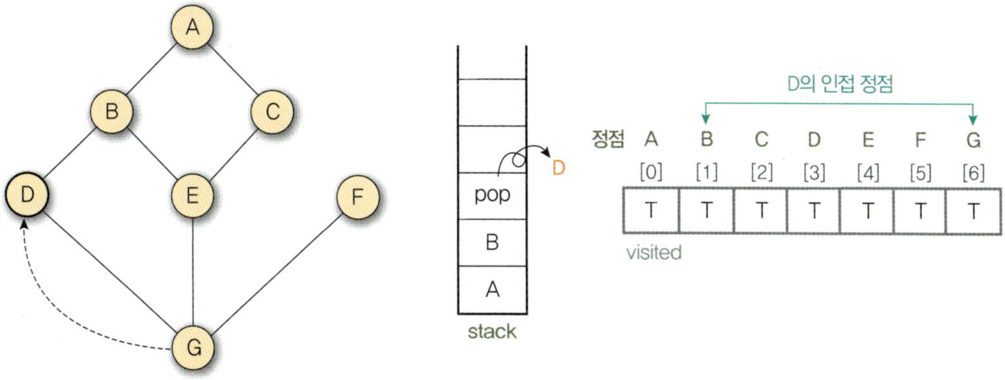

12 현재 정점 D에서 방문하지 않은 인접 정점이 없으므로 다시 마지막 정점으로 돌아가기 위해 스택을 pop하여 받은 정점 B에 대해서 방문하지 않은 인접 정점이 있는지 확인한다. 정점 B는 방문하지 않은 인접 정점이 없다.

```
pop(stack);
```

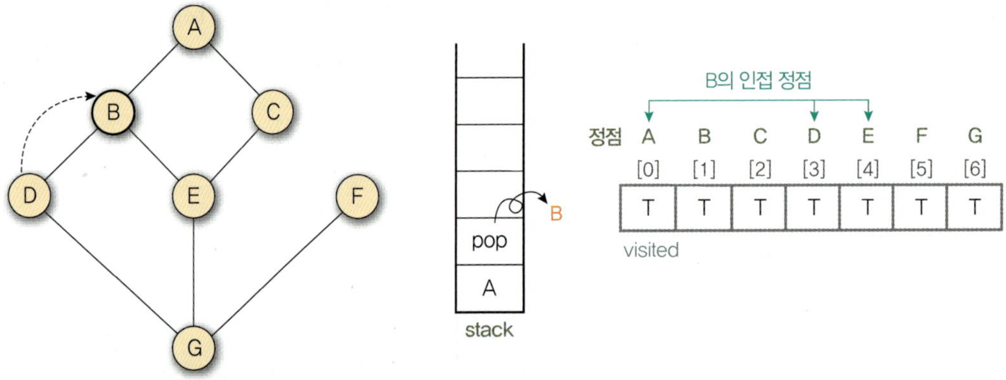

⑬ 현재 정점 B에서 방문하지 않은 인접 정점이 없으므로 다시 마지막 정점으로 돌아가기 위해 스택을 pop한다. 그리고 받은 정점 A에 대해서 방문하지 않은 인접 정점이 있는지 확인한다. 정점 A는 방문하지 않은 인접 정점이 없다.

```
pop(stack);
```

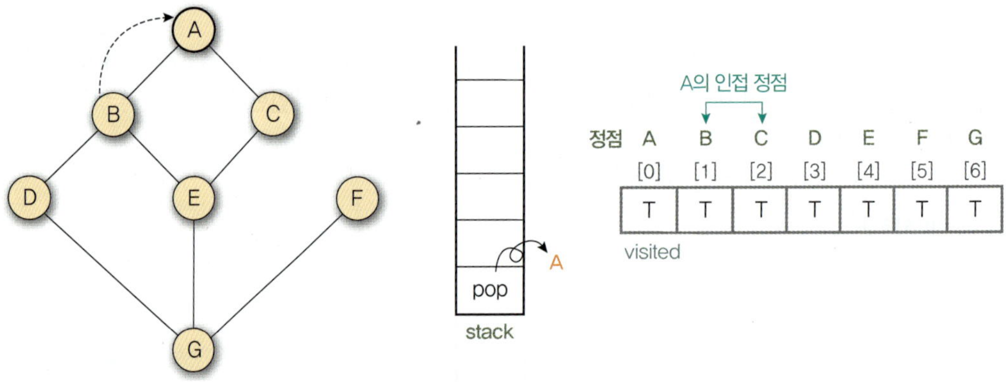

⑭ 현재 정점 A에서 방문하지 않은 인접 정점이 없으므로 마지막 정점으로 돌아가기 위해 스택을 pop한다. 이때 스택이 공백이므로 깊이 우선 탐색을 종료한다.

그래프 G9를 깊이 우선 탐색으로 순회한 경로는 [그림 8-14]와 같다.

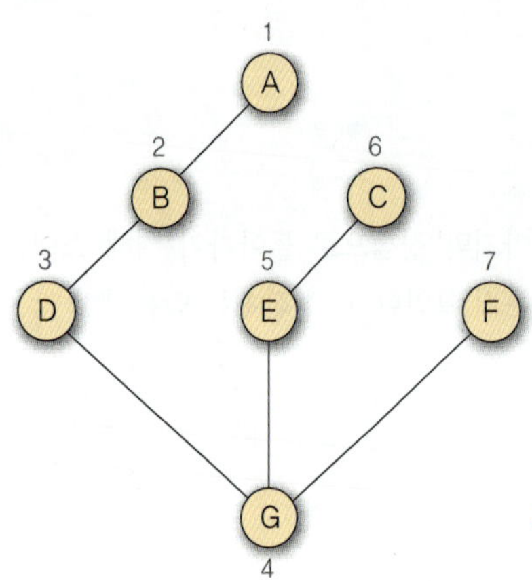

그림 8-14 그래프 G9의 깊이 우선 탐색 경로 : A-B-D-G-E-C-F

그래프 G9를 깊이 우선 탐색하는 프로그램을 작성해 보자. [예제 8-3]에서는 그래프 G9를 인접 리스트로 표현하고, 정점을 A~G 대신에 순서대로 번호 0~6을 사용하여 연산하고, 출력할 경우에만 A~G로 표시한다. 깊이 우선 탐색을 위해서 5장에서 설명한 스택 연산을 사용한다.

예제 8-3 그래프를 깊이 우선 탐색하기

[stackL.h]

```c
// [예제 5-2]의 [stackL.h] 사용
```

[stackL.c]

```c
// [예제 5-2]의 [stackL.c] 사용
```

[adjList.h]

```c
// [예제 8-2]의 [adjList.h]를 수정하여 사용
#pragma once
#define MAX_VERTEX 30          // 헤드 포인터 배열의 최대 크기
#define FALSE 0                //추가!
#define TRUE 1                 //추가!

// 인접 리스트의 노드 구조를 구조체로 정의
typedef struct graphNode {
    int vertex;                // 정점을 나타내는 데이터 필드
    struct graphNode* link;    // 다음 인접 정점을 연결하는 링크 필드
} graphNode;

// 그래프를 인접 리스트로 표현하기 위한 구조체 정의
typedef struct graphType {
    int n;                              // 그래프의 정점 개수
    graphNode* adjList_H[MAX_VERTEX];   // 그래프 정점에 대한 헤드 포인터 배열
    int visited[MAX_VERTEX];            // 정점에 대한 방문 표시를 위한 배열 추가!
} graphType;

void createGraph(graphType* g);
void insertVertex(graphType* g, int v);
void insertEdge(graphType* g, int u, int v);
void print_adjList(graphType* g);
```

[adjList.c]

```c
#include <stdio.h>
#include "adjList.h"

// 공백 그래프를 생성하는 연산
void createGraph(graphType* g) {
    int v;
```

```c
    g->n = 0;                      // 그래프의 정점 개수를 0으로 초기화
    for (v = 0; v < MAX_VERTEX; v++) {
        g->adjList_H[v] = NULL; // 그래프의 정점에 대한 헤드 포인터 배열을 NULL로 초기화
        g->visited[v] = FALSE;  // 그래프의 정점에 대한 배열 visited를 FALSE로 초기화 추가!
    }
}
// 나머지는 [예제 8-2]의 [adjList.c]의 12~48행과 동일
```

[DFS.h]

```c
#pragma once
#include "adjList.h"
void DFS_adjList(graphType* g, int v);
```

[DFS.c]

```c
#include <stdio.h>
#include "adjList.h"
#include "stackL.h"
#include "DFS.h"

// 그래프 g에서 정점 v에 대한 깊이 우선 탐색 연산                [알고리즘 8-1] 구현
void DFS_adjList(graphType* g, int v) {
    graphNode* w;
    top = NULL;            // 스택의 top 설정
    push(v);               // 깊이 우선 탐색을 시작하는 정점 v를 스택에 push
    g->visited[v] = TRUE;  // 정점 v를 방문했으므로 해당 배열값을 TRUE로 설정
    printf(" %c", v + 65);

    // 스택이 공백이 아닌 동안 깊이 우선 탐색 반복
    while (!isStackEmpty()) {
        w = g->adjList_H[v];
        // 인접 정점이 있는 동안 수행
        while (w) {
            // 현재 정점 w를 방문하지 않은 경우
            if (!g->visited[w->vertex]) {
                push(w->vertex);                 // 현재 정점 W를 스택에 push
                g->visited[w->vertex] = TRUE;    // 정점 w에 대한 배열값을 TRUE로 설정
                printf(" %c", w->vertex + 65);   // 정점 0~6을 A~G로 바꾸어서 출력
                v = w->vertex;
                w = g->adjList_H[v];
            }
            // 현재 정점 w가 이미 방문된 경우
            else w = w->link;
        }
        v = pop();   // 현재 정점에서 순회를 진행할 인접 정점이 더 없는 경우에 스택 pop!
    } // 스택이 공백이면 깊이 우선 탐색 종료
}
```

[ex8_3.c]

```c
#include <stdio.h>
#include "DFS.h"

 int main(void) {
   int i;
   graphType* G9;
   G9 = (graphType*)malloc(sizeof(graphType));
   createGraph(G9);
   // 그래프 G9 구성 : 정점 u에 대한 간선 (u,v)는 v가 큰 것부터 삽입
   for (i = 0; i < 7; i++)
      insertVertex(G9, i);
   insertEdge(G9, 0, 2);
   insertEdge(G9, 0, 1);
   insertEdge(G9, 1, 4);
   insertEdge(G9, 1, 3);
   insertEdge(G9, 1, 0);
   insertEdge(G9, 2, 4);
   insertEdge(G9, 2, 0);
   insertEdge(G9, 3, 6);
   insertEdge(G9, 3, 1);
   insertEdge(G9, 4, 6);
   insertEdge(G9, 4, 2);
   insertEdge(G9, 4, 1);
   insertEdge(G9, 5, 6);
   insertEdge(G9, 6, 5);
   insertEdge(G9, 6, 4);
   insertEdge(G9, 6, 3);
   printf("\n G9의 인접 리스트 ");
   print_adjList(G9);         // G9의 인접 리스트를 확인용 출력

   printf("\n\n///////////////\n\n깊이 우선 탐색 >> ");
   DFS_adjList(G9, 0);        // 0번 정점인 정점 A에서 깊이 우선 탐색 시작

   getchar();   return 0;
}
```

```
G9의 인접 리스트
        정점 A의 인접 리스트 -> B -> C
        정점 B의 인접 리스트 -> A -> D -> E
        정점 C의 인접 리스트 -> A -> E
        정점 D의 인접 리스트 -> B -> G
        정점 E의 인접 리스트 -> B -> C -> G
        정점 F의 인접 리스트 -> G
        정점 G의 인접 리스트 -> D -> E -> F

///////////////

깊이 우선 탐색 >> A B D G E C F
```

[DFS.c]

07~32행의 DFS_adjList()는 [알고리즘 8-1]을 구현한 함수다. [예제 8-2]에서 작성한 인접 리스트 그래프와 [예제 5-2]에서 작성한 연결 스택을 사용하여 깊이 우선 탐색을 수행한다.

16행은 현재 방문 중인 정점 v의 첫 번째 인접 정점, 즉 정점 v의 인접 리스트의 첫 번째 노드 adjList_H[v]를 w로 설정한다.

18~29행은 현재 정점에 대한 인접 리스트에 방문하지 않은 인접 정점 w가 있는 경우 수행한다.

21행 : 현재 정점 w를 스택에 push한다.

22행 : 정점 w에 대한 배열값을 TRUE로 설정한다.

23행 : 현재 방문한 정점 w를 출력한다. 단, 여기서는 정점 0~6을 A~G로 바꿔서 출력한다.

24행 : 다음 정점으로 이동해야 하므로 현재 정점 w를 v로 설정한다.

25행 : 새로 설정한 v에 대한 인접 리스트의 첫 번째 노드를 w로 설정하여 18행부터 다시 수행한다.

30행은 현재 정점에 대한 인접 리스트에 방문하지 않은 인접 정점 w가 없는 경우에는 스택을 pop하여 반환받은 정점을 v로 설정한다. 이때 스택이 공백이면 깊이 우선 탐색을 종료한다. 스택이 공백이 아니면 정점 v로 되돌아가 깊이 우선 탐색을 계속해야 하므로 16행부터 다시 수행한다.

3 너비 우선 탐색

너비 우선 탐색[BFS : Breadth First Search]은 시작 정점에 인접한 정점을 모두 차례로 방문하고 나서 방문했던 정점을 시작으로 다시 인접한 정점을 차례로 방문하는 방식이다. 가까운 정점을 먼저 방문하고 멀리 있는 정점을 나중에 방문하는 순회 방법이다. 인접한 정점에 대해 차례로 다시 너비 우선 탐색을 반복해야 하므로 탐색 과정에서 정점 순서를 관리하기 위해 선입선출의 구조를 갖는 큐를 사용한다.

너비 우선 탐색의 수행 순서를 정리하면 다음과 같다.

❶ 시작 정점 v를 결정하여 방문한다.

❷ 정점 v에 인접한 정점 중에서 방문하지 않은 정점을 차례로 방문하면서 큐에 enQueue한다.

❸ 방문하지 않은 인접한 정점이 없으면, 방문했던 정점에서 인접한 정점을 다시 차례로 방문하기 위해 큐에서 deQueue하여 받은 정점을 v로 설정하고 ❷를 반복한다.

❹ 큐가 공백이 될 때까지 ❷~❸을 반복한다.

그림 8-15 너비 우선 탐색 순서

너비 우선 탐색에서도 정점을 방문했는지 여부를 표시하기 위해 배열 visited를 사용한다. [알고리즘 8-2]는 너비 우선 탐색을 정의한 알고리즘이다.

알고리즘 8-2 그래프의 너비 우선 탐색

```
BFS(v)
    for (i ← 0; i<n; i ← i + 1) do {
        visited[i] ← false;
    }
    Q ← createQueue();
    visited[v] ← true;
    v 방문;
    while (not isEmpty(Q)) do {
        while (visited[v의 인접 정점 w] == false) do {
            visited[w] ← true;
            w 방문;
            enQueue(Q, w);
        }
        v ← deQueue(Q);
    }
end BFS()
```

알고리즘에 따라 그래프 G9를 너비 우선 탐색하는 과정을 살펴보자.

0 그래프 G9의 너비 우선 탐색을 위한 초기 상태 : 배열 visited를 false로 초기화하고 공백 큐를 생성한다.

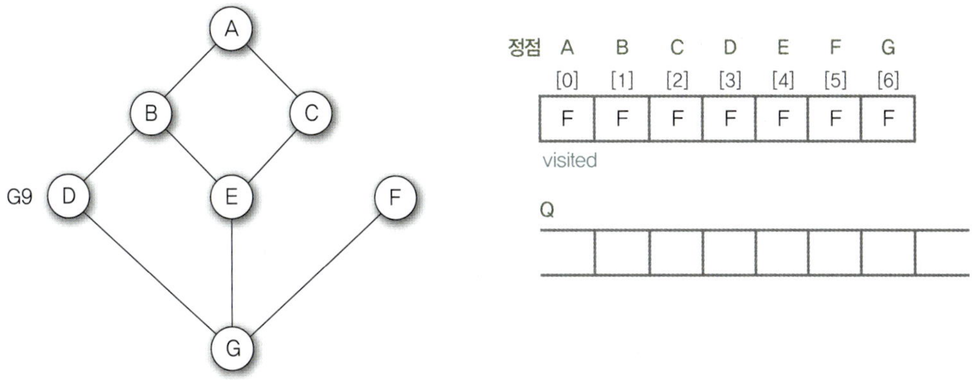

1 정점 A를 시작으로 너비 우선 탐색을 시작한다.

```
visited[A] ← true;
A 방문;
```

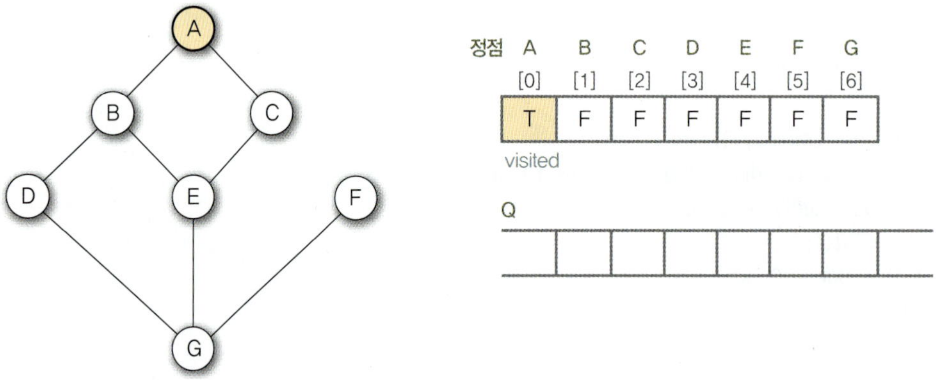

2 정점 A에서 방문하지 않은 모든 인접 정점 B, C를 방문하고 큐에 enQueue한다.

```
visited[(A가 방문하지 않은 인접 정점 B와 C)] ← true;
(A가 방문하지 않은 인접 정점 B와 C) 방문;
enQueue(Q, (A가 방문하지 않은 인접 정점 B와 C));
```

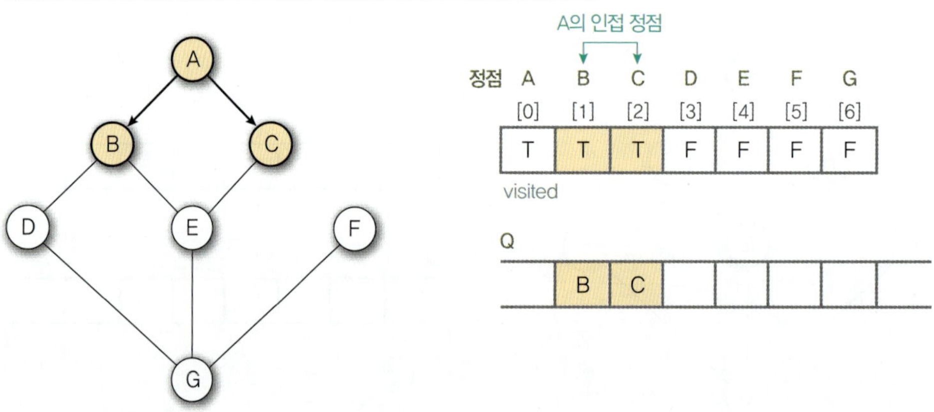

❸ 정점 A에 대한 인접 정점들을 처리했으므로, 너비 우선 탐색을 계속할 다음 정점을 찾기 위해 큐를 deQueue하여 B를 받는다.

```
v ← deQueue(Q);
```

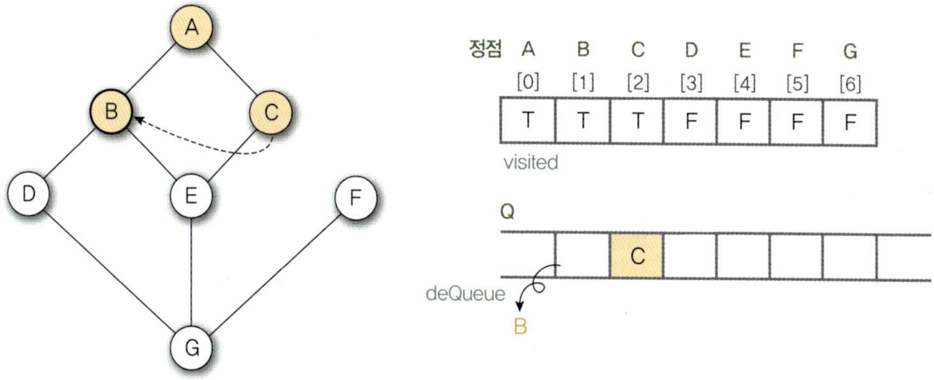

❹ 정점 B에서 방문하지 않은 모든 인접 정점 D, E를 방문하고 큐에 enQueue한다.

```
visited[(B가 방문하지 않은 인접 정점 D와 E)] ← true;
(B가 방문하지 않은 인접 정점 D와 E) 방문;
enQueue(Q, (B가 방문하지 않은 인접 정점 D와 E));
```

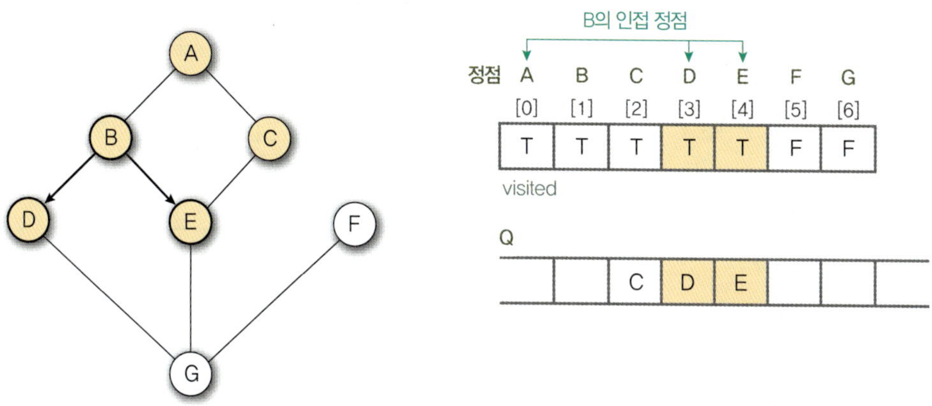

5 정점 B에 대한 인접 정점들을 처리했으므로, 너비 우선 탐색을 계속할 다음 정점을 찾기 위해 큐를 deQueue하여 C를 받는다.

```
v ← deQueue(Q);
```

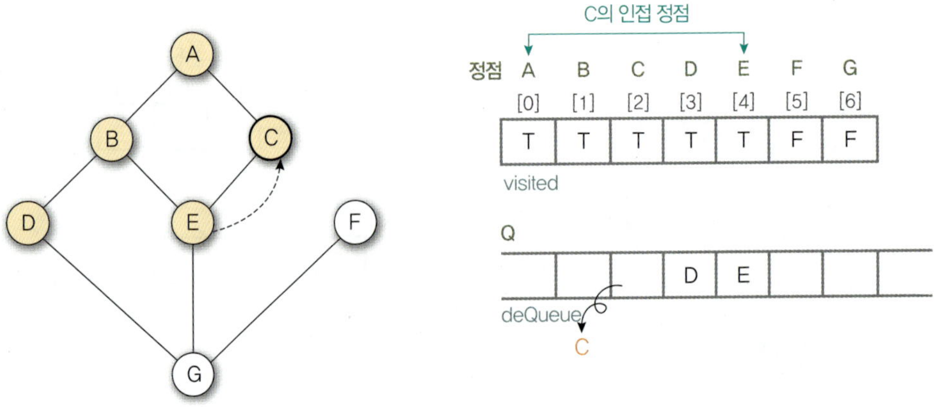

6 정점 C에는 방문하지 않은 인접 정점이 없으므로, 너비 우선 탐색을 계속할 다음 정점을 찾기 위해 큐를 deQueue하여 D를 받는다.

```
v ← deQueue(Q);
```

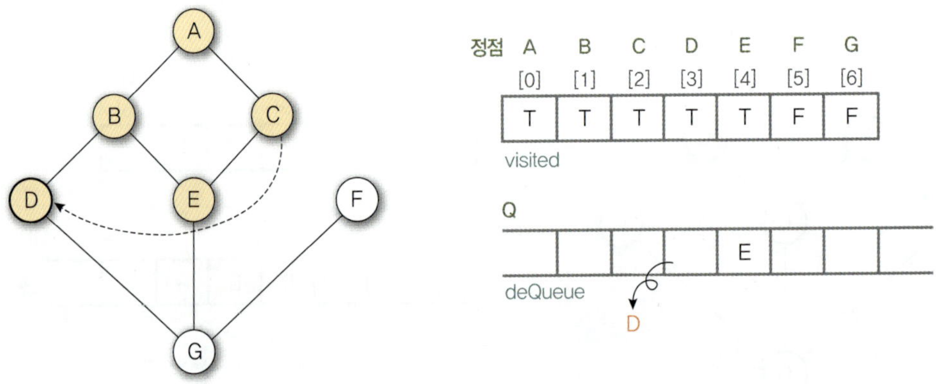

7 정점 D에서 방문하지 않은 인접 정점 G를 방문하고 큐에 enQueue한다.

```
visited[(D가 방문하지 않은 인접 정점 G)] ← true;
(D가 방문하지 않은 인접 정점 G) 방문;
enQueue(Q, (D가 방문하지 않은 인접 정점 G));
```

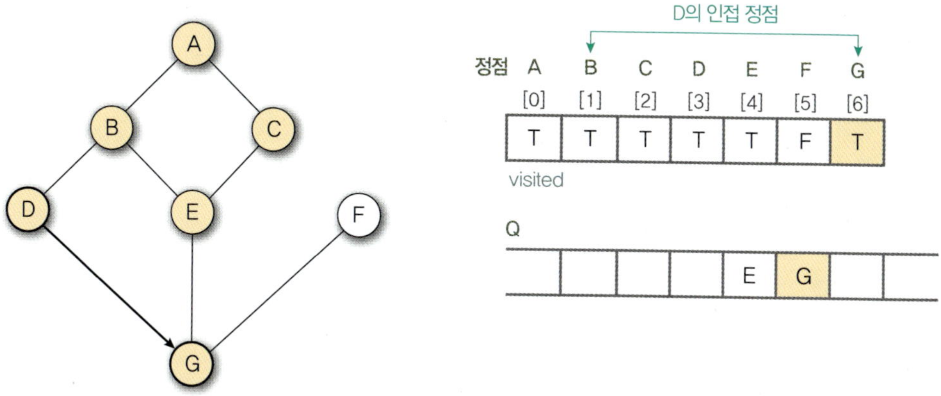

8 정점 D에 대한 인접 정점들을 처리했으므로, 너비 우선 탐색을 계속할 다음 정점을 찾기 위해 큐를 deQueue하여 E를 받는다.

```
v ← deQueue(Q);
```

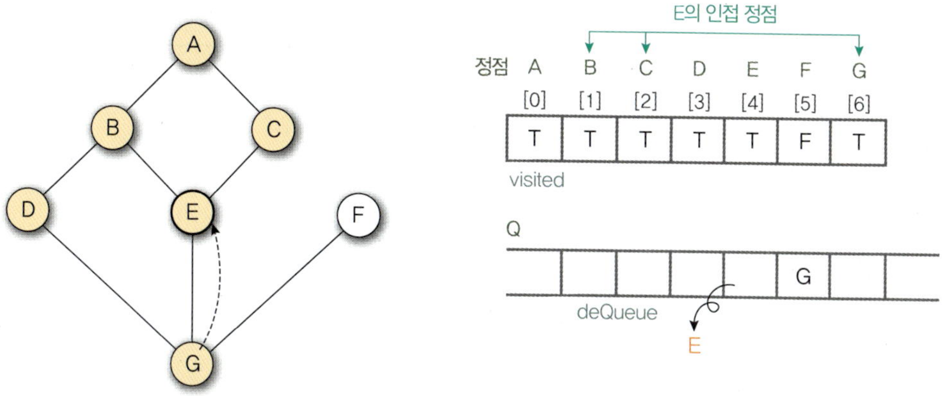

9 정점 E에는 방문하지 않은 인접 정점이 없으므로, 너비 우선 탐색을 계속할 다음 정점을 찾기 위해 큐를 deQueue하여 G를 받는다.

```
v ← deQueue(Q);
```

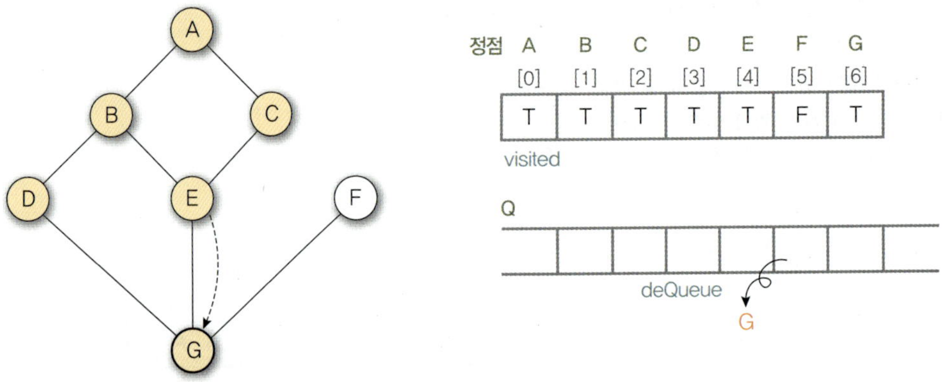

10 정점 G에서 방문하지 않은 인접 정점 F를 방문하고 큐에 enQueue한다.

```
visited[(G가 방문하지 않은 인접 정점 F)] ← true;
(G가 방문하지 않은 인접 정점 F) 방문;
enQueue(Q, (G가 방문하지 않은 인접 정점 F));
```

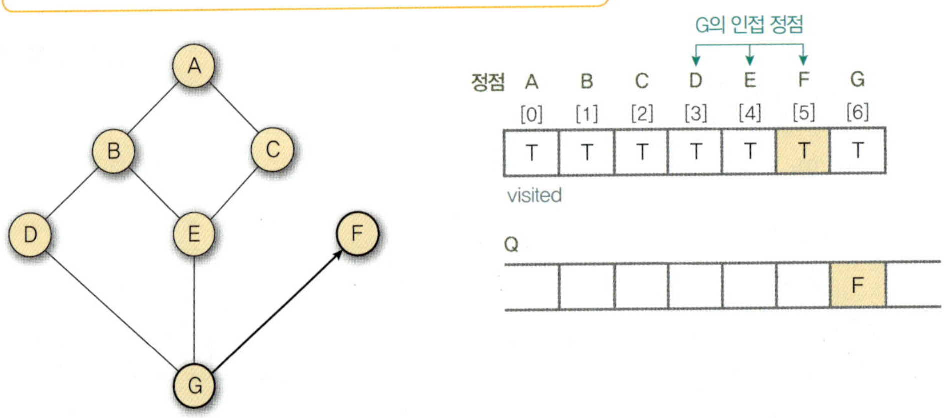

11 정점 G에 대한 인접 정점들을 처리했으므로, 너비 우선 탐색을 계속할 다음 정점을 찾기 위해 큐를 deQueue하여 F를 받는다.

```
v ← deQueue(Q);
```

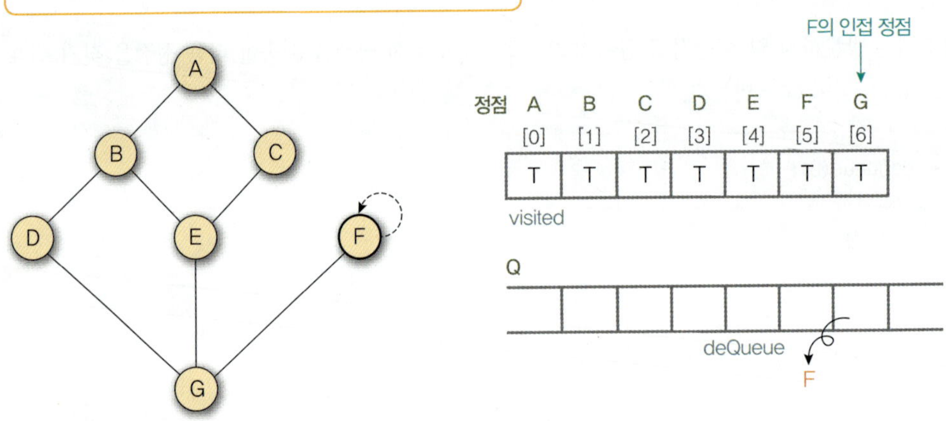

⑫ 정점 F는 모든 인접 정점을 방문했으므로, 너비 우선 탐색을 계속할 다음 정점을 찾기 위해 큐를 deQueue한다. 이때 큐가 공백이므로 너비 우선 탐색을 종료한다.

그래프 G9를 너비 우선 탐색으로 순회한 경로는 [그림 8-16]과 같다.

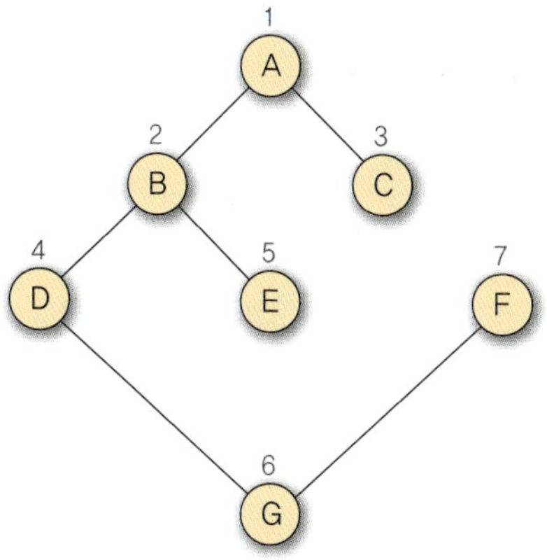

그림 8-16 **그래프 G9의 너비 우선 탐색 경로 : A-B-C-D-E-G-F**

그래프 G9를 너비 우선 탐색하는 프로그램을 작성해 보자. G9를 인접 리스트로 표현하고, 정점을 A~G 대신에 순서대로 번호 0~6을 사용하여 연산하고 출력할 경우에만 A~G로 표시한다. 너비 우선 탐색을 위해 6장의 큐 연산을 사용한다.

[예제 8-4]는 인접 리스트를 표현한 그래프 G9에 대한 너비 우선 탐색 프로그램이다.

예제 8-4 그래프를 너비 우선 탐색하기

[LinkedQueue.h]

```
01  #pragma once
02  typedef int element;      // 연결 큐 원소(element)의 자료형을 int로 수정!!
…   // 나머지는 [예제 6-3]의 [LinkedQueue.h]와 동일
```

[LinkedQueue.c]

```
01  // [예제 6-3]의 [LinkedQueue.c]와 동일. 17행과 68행만 다음과 같이 수정
…       ……
17  // printf(" Linked Queue is empty! "); // 출력문 주석 처리!
…       ……
68  printf("%3d", temp->data); // 출력 형식 수정
…       ……
```

[adjList.h]

```
01  // [예제 8-3]에서 수정한 [adjList.h] 사용
```

[adjList.c]

```
01  // [예제 8-3]에서 수정한 [adjList.c] 사용
```

[BFS.h]

```c
#pragma once
#include "adjList.h"
void BFS_adjList(graphType* g, int v);
```

[BFS.c]

```c
#include "LinkedQueue.h"
#include "adjList.h"
#include "BFS.h"

// 그래프 g에서 정점 v에 대한 너비 우선 탐색 연산                    [알고리즘 8-2] 구현
void BFS_adjList(graphType* g, int v) {
    graphNode* w;
    LQueueType* Q;                 // 큐
    Q = createLinkedQueue();       // 큐 생성
    g->visited[v] = TRUE;          // 시작 정점 v에 대한 배열값을 TRUE로 설정
    printf(" %c", v + 65);
    enLQueue(Q, v);                // 현재 정점 v를 큐에 enQueue

    // 큐가 공백인 아닌 동안 너비 우선 탐색 수행
    while (!isLQEmpty(Q)) {
        v = deLQueue(Q);
        // 현재 정점 w를 방문하지 않은 경우
        for (w = g->adjList_H[v]; w; w = w->link)     // 인접 정점이 있는 동안 수행
            if (!g->visited[w->vertex]) {              // 정점 w가 방문하지 않은 정점인 경우
                g->visited[w->vertex] = TRUE;
                printf(" %c", w->vertex + 65);         // 정점 0~6을 A~G로 바꾸어 출력
                enLQueue(Q, w->vertex);
            }
    } // 큐가 공백이면 너비 우선 탐색 종료
}
```

[ex8_4.c]

```c
01  // [예제 8-3]에서 작성한 [ex8_3.c]의 02행과 32행을 다음과 같이 수정
02  #include "BFS.h"
...
32  BFS_adjList(G9, 0); // 0번 정점인 정점 A에서 너비 우선 탐색 시작
...
```

```
G9의 인접 리스트
        정점 A의 인접 리스트 -> B -> C
        정점 B의 인접 리스트 -> A -> D -> E
        정점 C의 인접 리스트 -> A -> E
        정점 D의 인접 리스트 -> B -> G
        정점 E의 인접 리스트 -> B -> C -> G
        정점 F의 인접 리스트 -> G
        정점 G의 인접 리스트 -> D -> E -> F

///////////////

너비 우선 탐색 >> A B C D E G F
```

[BFS.c]

15~24행은 큐가 공백이 아닌 동안 너비 우선 탐색을 반복한다.

16행 : 큐를 deQueue하여 반환한 정점을 v로 설정한다.

18~23행 : 현재 정점에 대한 인접 리스트에 노드가 있는 동안, 방문하지 않은 모든 인접 정점 w에 대해서 visited 배열값을 TRUE로 설정하고 출력한다. 그리고 모든 정점 w를 큐에 enQueue한다. 큐가 공백이 아니면 16행을 수행하고, 큐가 공백이면 너비 우선 탐색을 종료한다.

Section 04

신장 트리와 최소 비용 신장 트리

1 신장 트리

그래프 관점에서 트리는 사이클이 없는 연결 그래프이다. 모든 정점이 n개인 무방향 그래프 G에서 정점이 n개이고 간선이 n−1개인 트리 형태의 부분 그래프를 신장 트리Spanning Tree라고 한다.

[그림 8−17]과 같이 그래프 G1에는 여러 형태의 신장 트리가 있다.

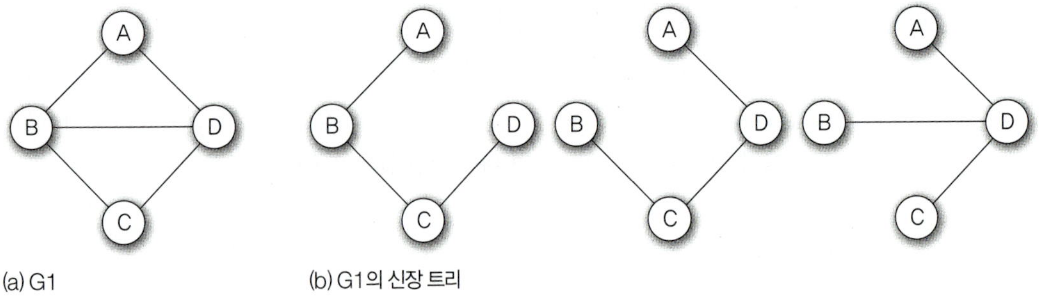

그림 8−17 그래프 G1과 신장 트리의 예

그래프에서 순회를 하면 n−1개의 간선을 이동하면서 n개의 모든 정점을 방문하게 되므로 순회 경로는 신장 트리가 된다. 깊이 우선 탐색을 이용하여 생성된 신장 트리를 깊이 우선 신장 트리Depth First Spanning Tree라 하고, 너비 우선 탐색을 이용하여 생성된 신장 트리를 너비 우선 신장 트리Breadth First Spanning Tree라 한다.

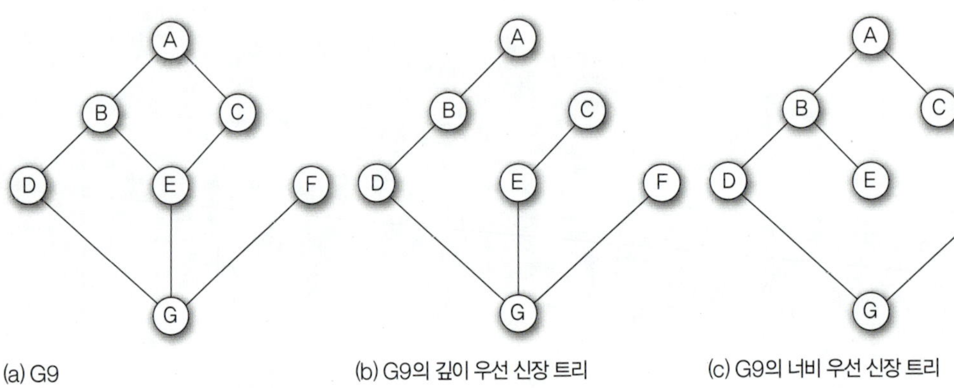

그림 8−18 그래프 G9와 신장 트리의 예

결국 신장 트리는 간선을 최소로 이용하여 모든 정점을 연결한 그래프이다. 이러한 신장 트리는 도로를 최소로 사용하여 모든 도시를 연결해야 하는 도로망 건설이나 네트워크 선을 최소로 사용하여 시스템을 연결해야 하는 통신망 설계 등과 같은 여러 분야에 응용된다.

2 최소 비용 신장 트리

가중치 그래프에서 간선에 주어진 가중치는 비용, 거리, 시간을 의미하는 값이 될 수 있다. 무방향 가중치 그래프에서 신장 트리 비용은 신장 트리를 구성하는 간선 n-1개의 가중치를 합한 값이 된다. 이때 가중치 합이 최소인 신장 트리를 최소 비용 신장 트리Minimum Cost Spanning Tree라고 한다.

최소 비용 신장 트리를 만드는 방법으로 크루스칼Kruskal이 만든 알고리즘과 프림Prime이 만든 알고리즘을 주로 사용한다.

크루스칼 알고리즘 I

크루스칼 알고리즘Kruskal Algorithm I은 가중치가 높은 간선을 제거하면서 최소 비용 신장 트리를 만든다.

❶ 그래프 G의 모든 간선을 가중치에 따라 내림차순으로 정렬한다.

❷ 그래프 G에서 가중치가 가장 높은 간선을 제거한다. 단, 이때 정점을 그래프에서 분리시키는 간선은 제거할 수 없으므로 이런 경우에는 그 다음으로 가중치가 높은 간선을 제거한다.

❸ 그래프 G에 간선이 n-1개만 남을 때까지 ❷를 반복한다.

❹ 그래프에 간선이 n-1개만 남으면 최소 비용 신장 트리가 완성된다.

그림 8-19 크루스칼 알고리즘 I 의 순서

크루스칼 알고리즘I을 이용하여 그래프 G10의 최소 비용 신장 트리를 만들어 보자. 그래프 G10은 정점이 일곱 개이므로 최소 비용 신장 트리는 간선을 여섯 개 갖는다.

0 크루스칼 알고리즘I을 이용해 그래프 G10의 최소 비용 신장 트리 구하기 전인 초기 상태 : 간선이 가중치에 따라 내림차순으로 정렬되어 있다.

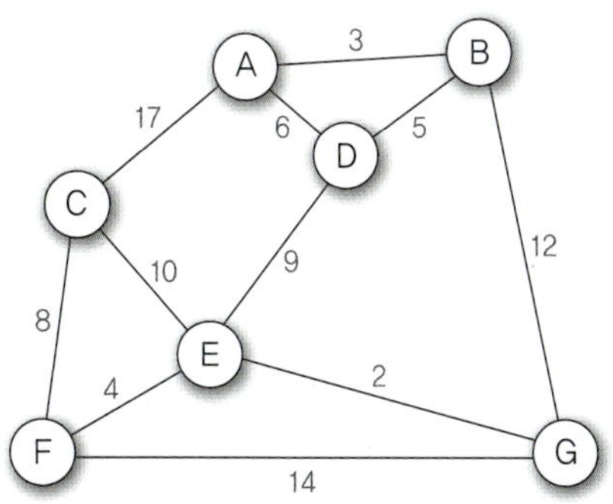

G10

가중치	간선
17	(A, C)
14	(F, G)
12	(B, G)
10	(C, E)
9	(D, E)
8	(C, F)
6	(A, D)
5	(B, D)
4	(E, F)
3	(A, B)
2	(E, G)

간선 수 : 11개

1 가중치가 가장 높은 간선 (A, C)를 제거한다. → 남은 간선 수는 열 개

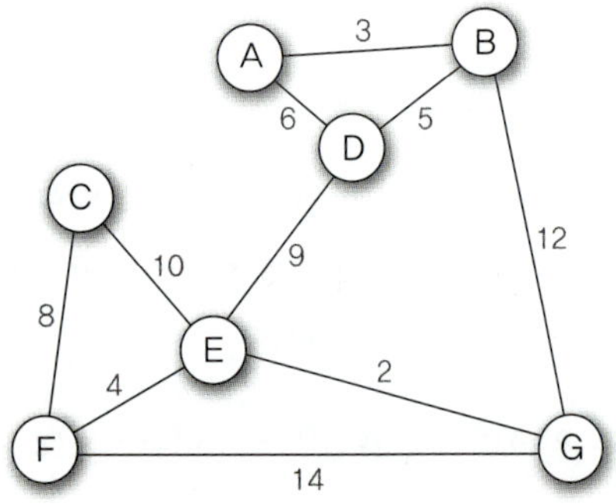

가중치	간선
~~17~~	~~(A, C)~~
14	(F, G)
12	(B, G)
10	(C, E)
9	(D, E)
8	(C, F)
6	(A, D)
5	(B, D)
4	(E, F)
3	(A, B)
2	(E, G)

2 남은 간선 중에서 가중치가 가장 높은 간선 (F, G)를 제거한다. → 남은 간선 수는 아홉 개

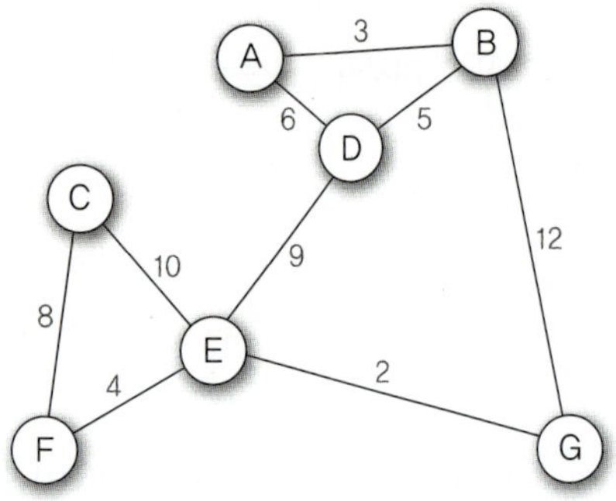

가중치	간선
~~17~~	~~(A, C)~~
~~14~~	~~(F, G)~~
12	(B, G)
10	(C, E)
9	(D, E)
8	(C, F)
6	(A, D)
5	(B, D)
4	(E, F)
3	(A, B)
2	(E, G)

3 남은 간선 중에서 가중치가 가장 높은 간선 (B, G)를 제거한다. → 남은 간선 수는 여덟 개

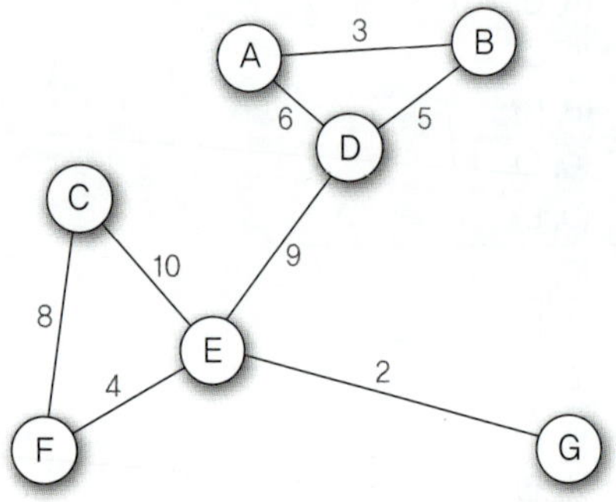

가중치	간선
~~17~~	~~(A, C)~~
~~14~~	~~(F, G)~~
~~12~~	~~(B, G)~~
10	(C, E)
9	(D, E)
8	(C, F)
6	(A, D)
5	(B, D)
4	(E, F)
3	(A, B)
2	(E, G)

4 남은 간선 중에서 가중치가 가장 높은 간선 (C, E)를 제거한다. → 남은 간선 수는 일곱 개

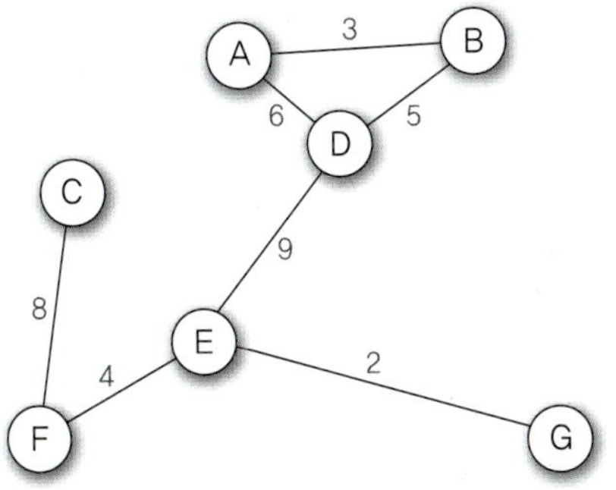

가중치	간선
~~17~~	~~(A, C)~~
~~14~~	~~(F, G)~~
~~12~~	~~(B, G)~~
~~10~~	~~(C, E)~~
9	(D, E)
8	(C, F)
6	(A, D)
5	(B, D)
4	(E, F)
3	(A, B)
2	(E, G)

5 남은 간선 중에서 가중치가 가장 높은 간선 (D, E)를 제거하면 그래프가 분리되어 단절 그래프가 되므로 그 다음으로 가중치가 높은 간선 (C, F)를 제거해야 한다. 그런데 간선 (C, F)를 제거하면 정점 C가 그래프에서 분리되므로 제거할 수 없다. 따라서 그 다음으로 가중치가 높은 간선 (A, D)를 제거한다. → 남은 간선 수는 여섯 개

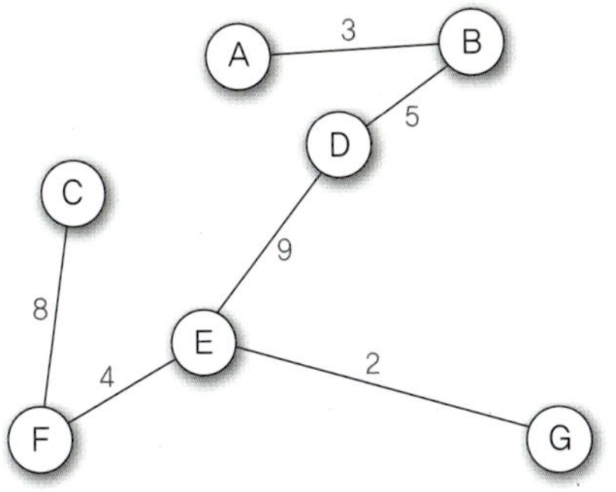

가중치	간선
~~17~~	~~(A, C)~~
~~14~~	~~(F, G)~~
~~12~~	~~(B, G)~~
~~10~~	~~(C, E)~~
9	(D, E)
8	(C, F)
~~6~~	~~(A, D)~~
5	(B, D)
4	(E, F)
3	(A, B)
2	(E, G)

6 현재 남은 간선 수가 여섯 개이므로 알고리즘 수행을 종료하고 신장 트리가 완성된다.

그래프 G10을 크루스칼 알고리즘 I으로 완성한 최소 비용 신장 트리는 [그림 8-20]과 같다.

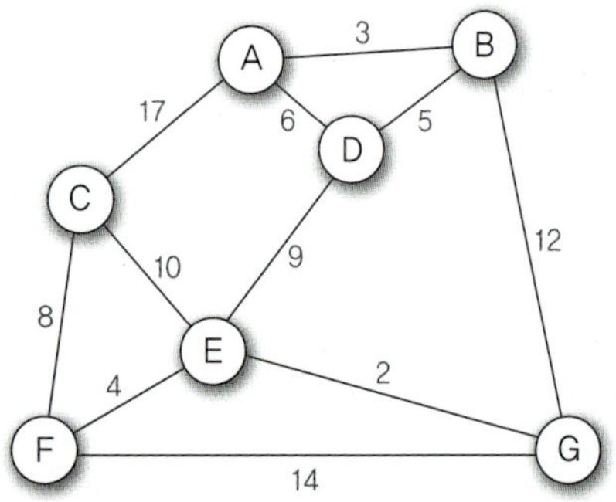

(a) G10

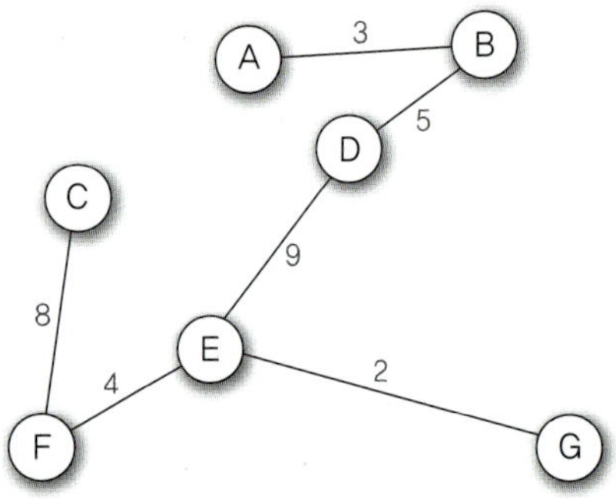

(b) 크루스칼 알고리즘 I을 적용한 G10의 최소 비용 신장 트리

그림 8-20 **그래프 G10을 크루스칼 알고리즘 I으로 완성한 최소 비용 신장 트리**

크루스칼 알고리즘 II

크루스칼 알고리즘 II는 가중치가 낮은 간선을 삽입하면서 최소 비용 신장 트리를 만든다.

❶ 그래프 G의 모든 간선을 가중치에 따라 오름차순으로 정리한다.

❷ 그래프 G에 가중치가 가장 낮은 간선을 삽입한다. 단, 이때 사이클을 형성하는 간선은 삽입할 수 없으므로 그 다음으로 가중치가 낮은 간선을 삽입한다.

❸ 그래프 G에 간선이 n-1개 삽입될 때까지 ❷를 반복한다.

❹ 그래프 G의 간선이 n-1개가 되면 최소 비용 신장 트리가 완성된다.

그림 8-21 **크루스칼 알고리즘 II의 순서**

크루스칼 알고리즘 II를 이용하여 그래프 G10의 최소 비용 신장 트리를 만들어 보자.

0 크루스칼 알고리즘 II를 이용하여 그래프 G10의 최소 비용 신장 트리 구하기 전인 초기 상태 : 그래프 G10의 간선 가중치에 따라 오름차순으로 정렬되어 있고, 그래프 G10은 정점만 있다.

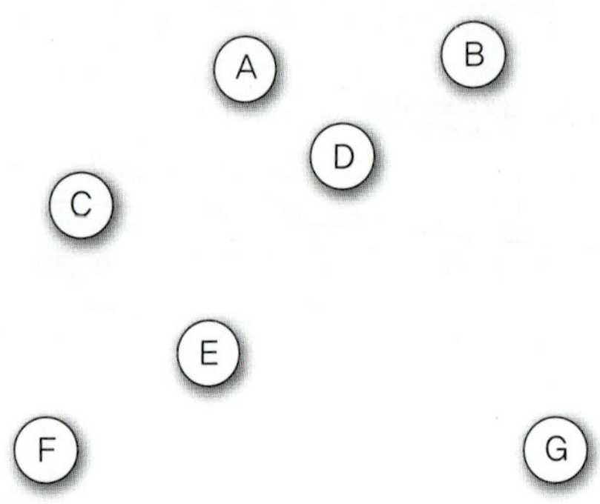

G10

가중치	간선
2	(E, G)
3	(A, B)
4	(E, F)
5	(B, D)
6	(A, D)
8	(C, F)
9	(D, E)
10	(C, E)
12	(B, G)
14	(F, G)
17	(A, C)

간선 수 : 11개

1 가중치가 가장 낮은 간선 (E, G)를 삽입한다. → 삽입한 간선 수는 한 개

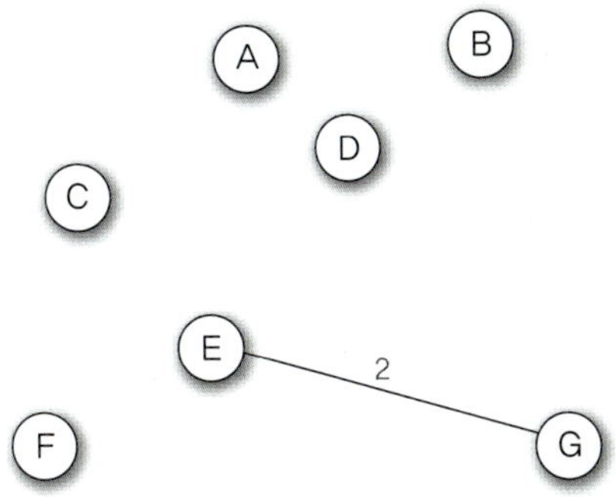

가중치	간선
2	(E, G)
3	(A, B)
4	(E, F)
5	(B, D)
6	(A, D)
8	(C, F)
9	(D, E)
10	(C, E)
12	(B, G)
14	(F, G)
17	(A, C)

2 나머지 간선 중에서 가중치가 가장 낮은 간선 (A, B)를 삽입한다. → 삽입한 간선 수는 두 개

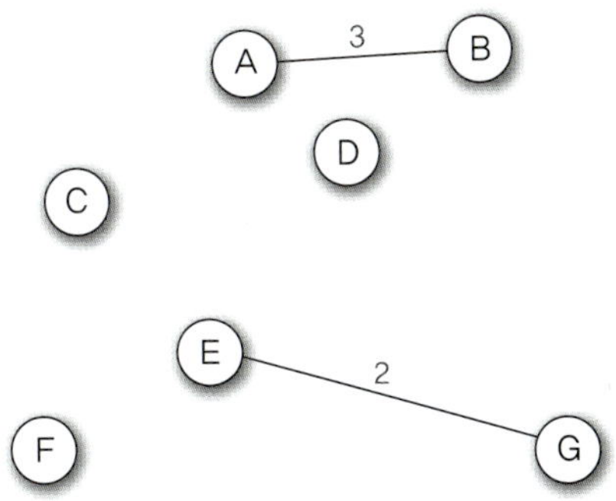

가중치	간선
2	(E, G)
3	(A, B)
4	(E, F)
5	(B, D)
6	(A, D)
8	(C, F)
9	(D, E)
10	(C, E)
12	(B, G)
14	(F, G)
17	(A, C)

3 나머지 간선 중에서 가중치가 가장 낮은 간선 (E, F)를 삽입한다. → 삽입한 간선 수는 세 개

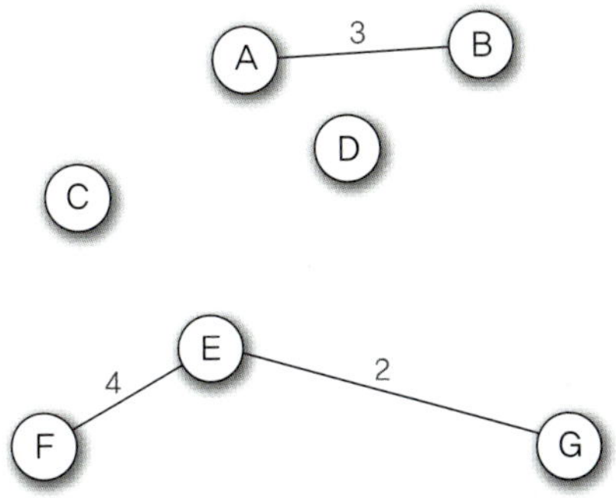

가중치	간선
2	(E, G)
3	(A, B)
4	(E, F)
5	(B, D)
6	(A, D)
8	(C, F)
9	(D, E)
10	(C, E)
12	(B, G)
14	(F, G)
17	(A, C)

4 나머지 간선 중에서 가중치가 가장 낮은 간선 (B, D)를 삽입한다. → 삽입한 간선 수는 네 개

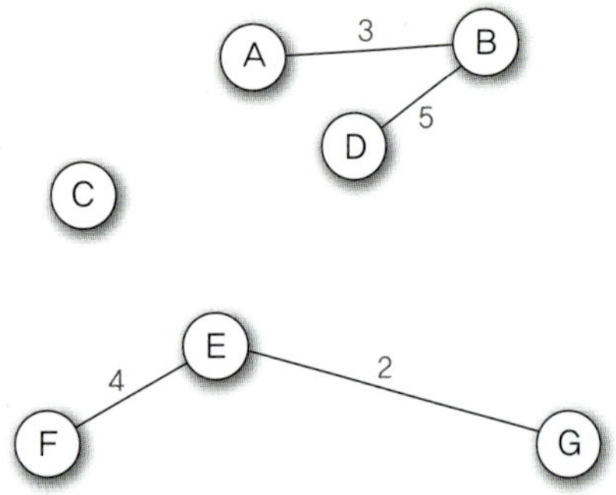

가중치	간선
2	(E, G)
3	(A, B)
4	(E, F)
5	(B, D)
6	(A, D)
8	(C, F)
9	(D, E)
10	(C, E)
12	(B, G)
14	(F, G)
17	(A, C)

5 나머지 간선 중에서 가중치가 가장 낮은 간선 (A, D)를 삽입하면 A-B-D-A의 사이클이 생성되므로 삽입할 수 없다. 이런 경우에는 그 다음으로 가중치가 낮은 간선 (C, F)를 삽입한다. → 삽입한 간선 수는 다섯 개

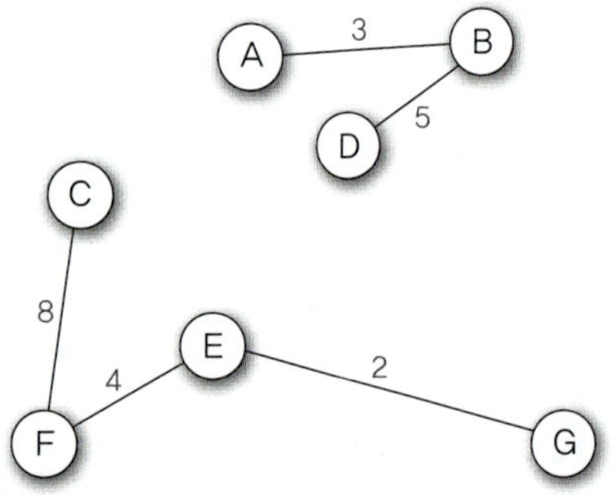

가중치	간선
2	(E, G)
3	(A, B)
4	(E, F)
5	(B, D)
6	(A, D)
8	(C, F)
9	(D, E)
10	(C, E)
12	(B, G)
14	(F, G)
17	(A, C)

6 나머지 간선 중에서 가중치가 가장 낮은 간선 (D, E)를 삽입한다. → 삽입한 간선 수는 여섯 개

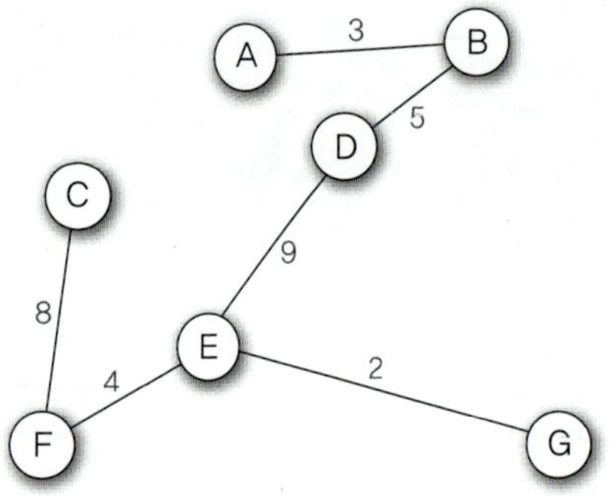

가중치	간선
2	(E, G)
3	(A, B)
4	(E, F)
5	(B, D)
6	(A, D)
8	(C, F)
9	(D, E)
10	(C, E)
12	(B, G)
14	(F, G)
17	(A, C)

❼ 현재 삽입한 간선이 여섯 개이므로 알고리즘 수행을 종료하고 신장 트리가 완성된다.

그래프 G10을 크루스칼 알고리즘 Ⅱ로 완성한 최소 비용 신장 트리는 [그림 8-22]와 같다.

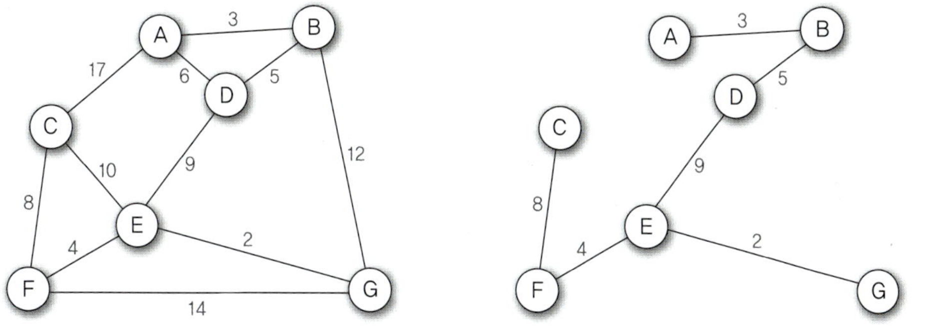

(a) G10 (b) 크루스칼 알고리즘 II를 적용한 G10의 최소 비용 신장 트리

그림 8-22 그래프 G10을 크루스칼 알고리즘 II로 완성한 최소 비용 신장 트리

SELF TEST_ 다음 가중 그래프에 대해서 정점 a를 시작으로 크루스칼 알고리즘 Ⅱ를 수행하여 최소 비용 신장 트리를 구하시오.

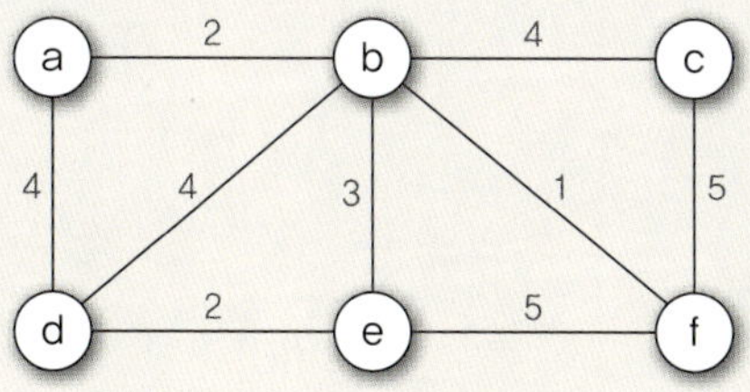

프림 알고리즘

프림 알고리즘은 크루스칼 알고리즘처럼 미리 간선을 정렬하지 않고, 하나의 정점에서 시작하여 트리를 확장해 나가는 방법이다.

❶ 그래프 G에서 시작 정점을 선택한다.

❷ 선택한 정점에 부속된 모든 간선 중에서 가중치가 가장 낮은 간선을 연결하여 트리를 확장한다.

❸ 이전에 선택한 정점과 새로 확장된 정점에 부속된 모든 간선 중에서 가중치가 가장 낮은 간선을 삽입한다. 단, 사이클을 형성하는 간선은 삽입할 수 없으므로 이런 경우에는 그 다음으로 가중치가 낮은 간선을 선택한다.

❹ 그래프 G에 간선이 n-1개 삽입될 때까지 ❸을 반복한다.

❺ 그래프 G의 간선이 n-1개가 되면 최소 비용 신장 트리가 완성된다.

그림 8-23 프림 알고리즘의 순서

프림 알고리즘을 이용하여 그래프 G10의 최소 비용 신장 트리를 만들어 보자.

0 프림 알고리즘을 이용하여 그래프 G10의 최소 비용 신장 트리 구하기 전인 초기 상태 : 그래프 G10의 정점 중에서 정점 A를 시작 정점으로 선택한다.

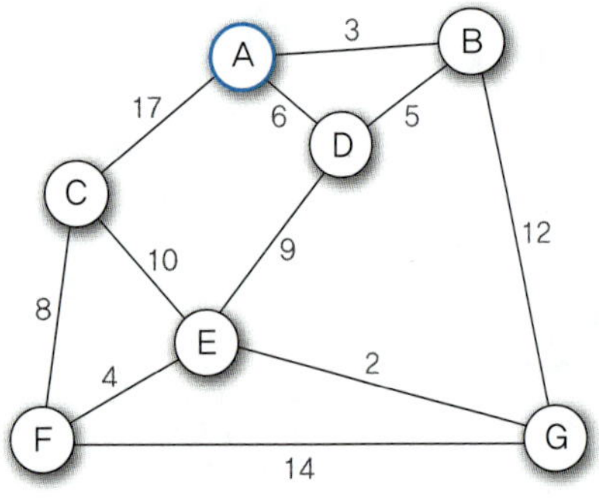

G10

1 정점 A에 부속된 간선 중에서 가중치가 가장 낮은 간선 (A, B)를 삽입하여 트리를 확장한다. → 삽입한 간선 수는 한 개

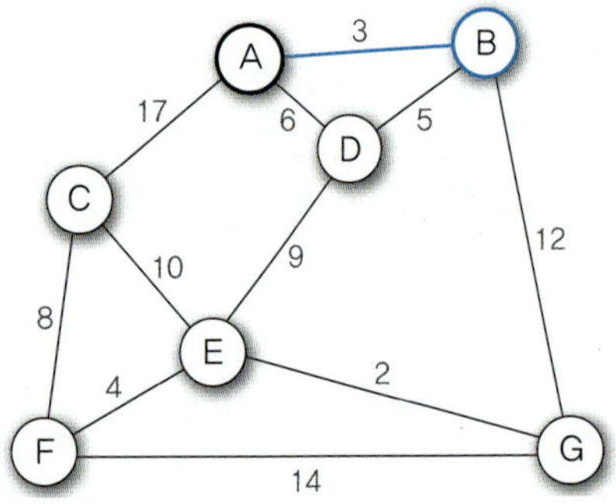

2 현재 확장된 트리의 정점 A, B에 부속된 간선 중에서 가중치가 가장 낮은 간선 (B, D)를 삽입하여 트리를 확장한다. → 삽입한 간선 수는 두 개

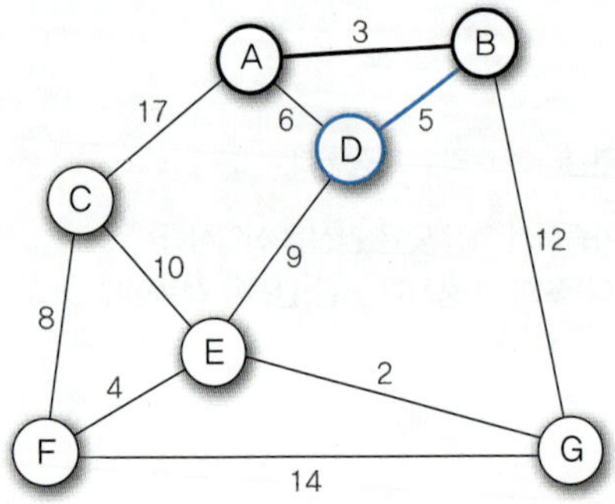

❸ 현재 확장된 트리의 정점 A, B, D에 부속된 간선 중에서 가중치가 가장 낮은 간선인 (A, D)를 삽입하면 A–B–D–A의 사이클이 생성되므로 삽입할 수 없다. 따라서 그 다음으로 가중치가 낮은 간선 (D, E)를 삽입한다. → 삽입한 간선 수는 세 개, 삽입 불가능한 간선은 (A, D)

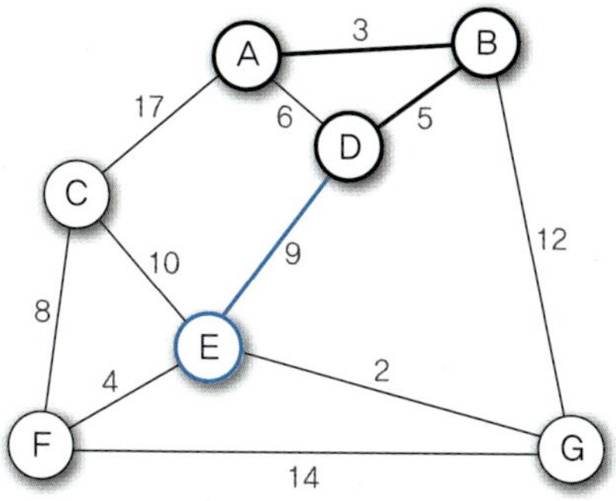

❹ 현재 확장된 트리의 정점 A, B, D, E에 부속된 간선 중에서 가중치가 가장 낮은 간선 (E, G)를 삽입하여 트리를 확장한다. → 삽입한 간선 수는 네 개, 삽입 불가능한 간선은 (A, D)

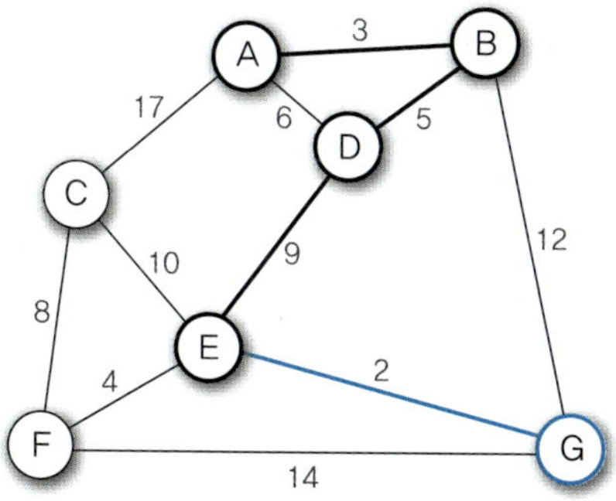

❺ 현재 확장된 트리의 정점 A, B, D, E, G에 부속된 간선 중에서 가중치가 가장 낮은 간선 (E, F)를 삽입하여 트리를 확장한다. → 삽입한 간선 수는 다섯 개, 삽입 불가능한 간선은 (A, D)

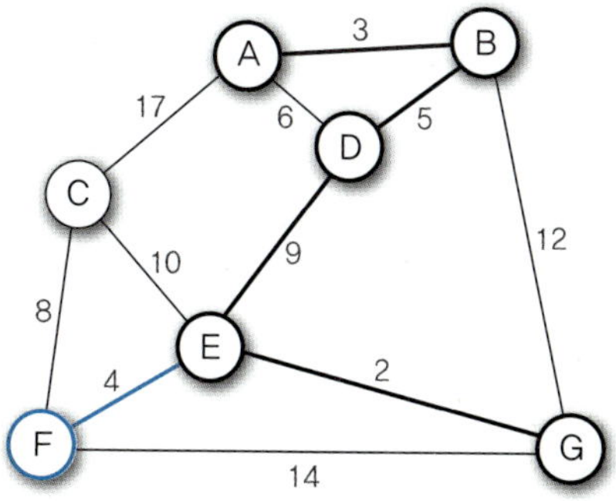

6 현재 확장된 트리의 정점 A, B, D, E, F, G에 부속된 간선 중에서 가중치가 가장 낮은 간선 (C, F)를 삽입하여 트리를 확장한다. → 삽입한 간선 수는 여섯 개, 삽입 불가능한 간선은 (A, D)

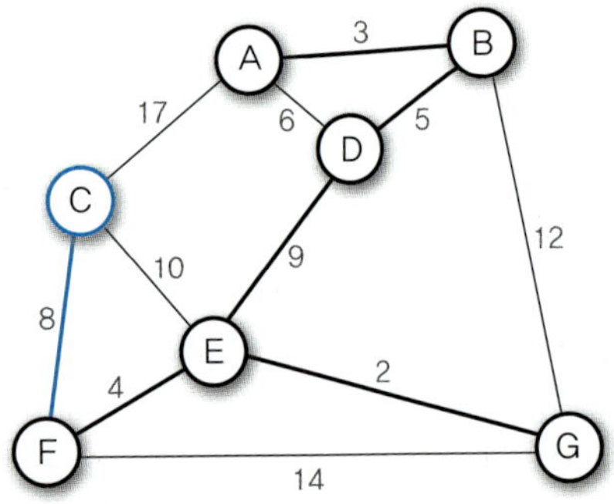

7 현재 삽입한 간선 수가 여섯 개이므로 알고리즘 수행을 종료하면 신장 트리가 완성된다.

그래프 G10을 프림 알고리즘으로 완성한 최소 비용 신장 트리는 [그림 8-24]와 같다.

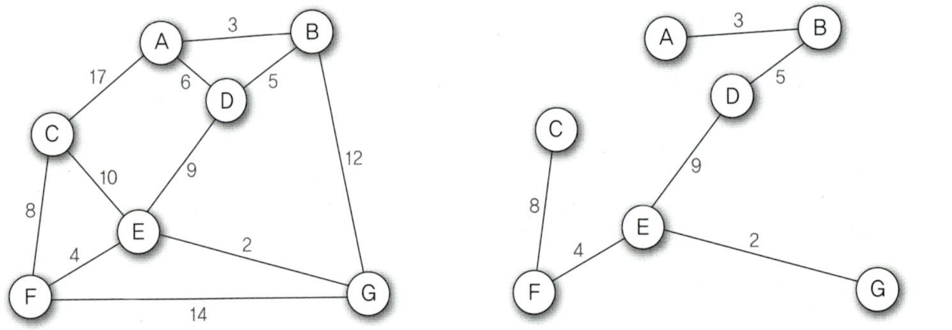

(a) G10 (b) 프림 알고리즘을 적용한 G10의 최소 비용 신장 트리

그림 8-24 그래프 G10과 프림 알고리즘에 의해 완성한 최소 비용 신장 트리

SELF TEST_ 다음 가중 그래프에 대해 정점 a를 시작으로 프림 알고리즘을 수행하여 최소 비용 신장 트리를 구하시오.

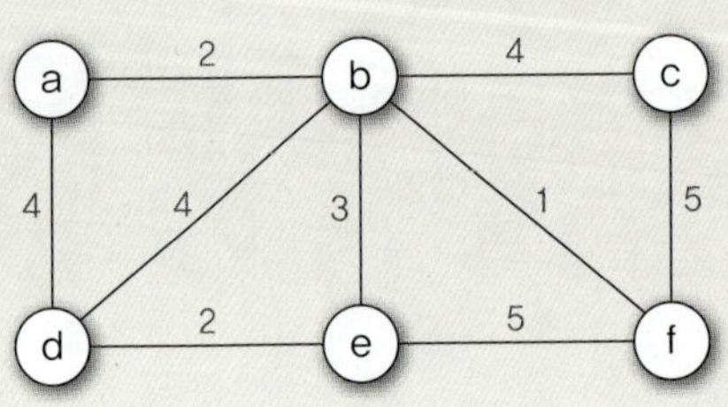

3 최단 경로

최단 경로Shortest Path는 신장 트리가 아닌 가중치 그래프, 즉 네트워크Network에서 정점 u와 정점 v를 연결하는 경로 중에서 가중치의 합이 최소인 경로이다. 지하철 노선에서 지정한 출발역에서 목적지까지의 최단 경로를 구하는 지하철 노선 앱이나 길 안내를 하는 내비게이터 등 다양한 서비스에 이용된다.

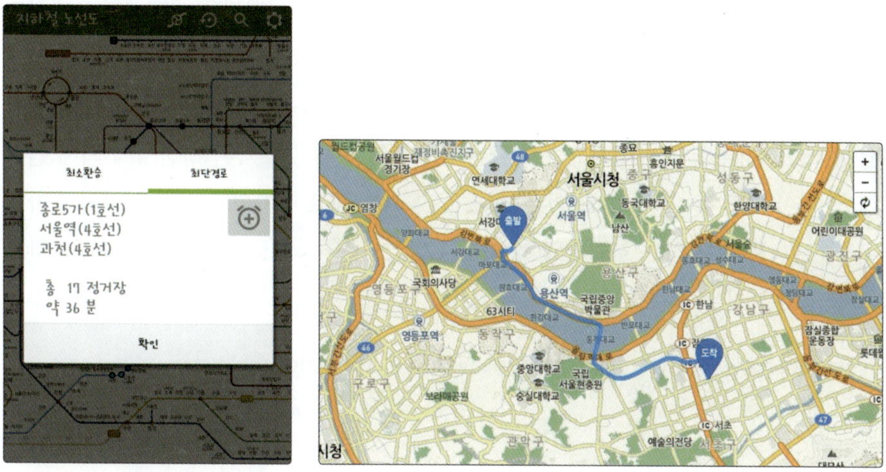

그림 8-25 **최단 경로를 응용한 예**

최단 경로를 구하려는 가중치 그래프의 가중치는 가중치 인접 행렬Weight Adjacent Matrix에 저장한다. 가중치 인접 행렬은 그래프에서 사용한 인접 행렬과 같은 형태의 2차원 배열이고, 두 정점 사이에 간선이 없으면 0이 아니라 ∞(무한대)값이 저장되어 있다고 가정한다. 그리고 각 정점은 자기 자신과 이어진 간선을 허용하지 않으므로 가중치 인접 행렬에서 대각선값은 0이다.

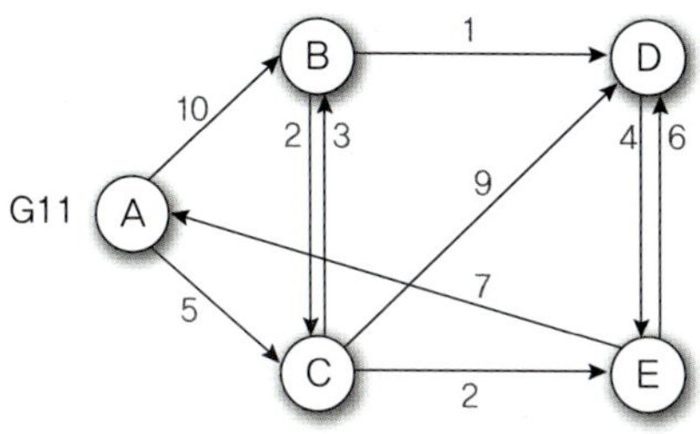

	A	B	C	D	E
A	0	10	5	∞	∞
B	∞	0	2	1	∞
C	∞	3	0	9	2
D	∞	∞	∞	0	4
E	7	∞	∞	6	0

그림 8-26 **가중치 방향 그래프와 가중치 인접 행렬의 예**

최단 경로를 찾는 방법에는 하나의 시작 정점에서 다른 정점까지의 최단 경로를 구하는 다익스트라Dijkstra 최단 경로 알고리즘과 모든 정점에서 다른 모든 정점까지의 최단 경로를 구하는 플로이드Floyd 최단 경로 알고리즘이 있다.

다익스트라 최단 경로 알고리즘

다익스트라Dijkstra 최단 경로 알고리즘은 정점 하나를 출발점으로 두고 다른 모든 정점을 도착점으로 하는 단일점에서의 최단 경로One to All Shortest Path 알고리즘 중 가장 많이 사용된다. 무방향 그래프나 방향 그래프에 모두 적용할 수 있다.

다익스트라 최단 경로 알고리즘의 기본 원리는 시작 정점 v에서 가장 가까운 정점을 선택하여 추가하면서 추가된 새로운 정점에 의해 단축되는 경로가 있으면, 경로 거리를 수정하는 과정을 반복하면서 시작 정점에서 모든 정점에 대한 최단 경로를 구하는 것이다. 예를 들어 [그림 8-27]의 시작 정점 v에서 정점 u까지의 최단 경로 distance[u]를 구해 정점 u가 집합 S에 추가되면 새로 추가된 정점 u에 의해 단축되는 경로가 있는지를 확인한다. 즉, 현재 알고 있는 distance[w]를 새로 추가된 정점 u를 거쳐서 가는 distance[u]+weight[u][w]를 계산한 경로와 비교해 경로가 단축되면 distance[w]를 단축된 경로값으로 수정함으로써 최단 경로를 찾는다.

$$\text{distance}[w] \leftarrow \textbf{min}\,(\text{distance}[w],\ \text{distance}[u]+\text{weight}[u][w])$$

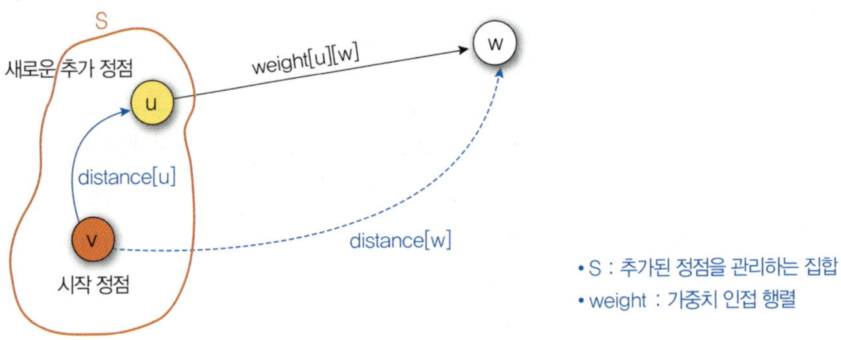

그림 8-27 **다익스트라 최단 경로 알고리즘에서 최단 경로 구하기의 기본 개념**

최단 경로를 찾는 과정을 순서대로 정리하면 다음과 같다.

❶ **경로 길이를 저장할 배열 distance 준비 :** 시작 정점으로부터 각 정점에 이르는 경로의 길이를 저장하기 위한 배열 distance를 ∞(무한대)로 초기화한다.

❷ **시작 정점 초기화 :** 시작 정점의 distance를 0으로 초기화하고 집합 S에 추가한다.

❸ **최단 거리 수정 :** 집합 S에 속하지 않은 정점 중에서 distance가 최소인 정점 u를 찾아 집합 S에 추가한다. 새로운 정점 u가 추가되면, u에 인접하고 집합 S에 포함되지 않은 정점 w의 distance값을 다음 식에 따라 수정한다. 집합 S에 모든 정점이 추가될 때까지 ❸을 반복한다.

$$\text{distance}[w] \leftarrow \text{min}\,(\text{distance}[w],\ \text{distance}[u]+\text{weight}[u][w])$$

그림 8-28 **다익스트라 최단 경로 알고리즘에서 최단 경로 찾기**

다익스트라 최단 경로 알고리즘은 최소 비용 신장 트리 알고리즘인 프림 알고리즘과 유사하지만, 프림 알고리즘이 단순히 간선 하나의 길이를 비교하여 선택하는 것과 달리 시작 정점에서부터의 경로 길이를 비교하여 선택한다.

[알고리즘 8-3]은 다익스트라 최단 경로 알고리즘 방법을 정리한 것이다.

알고리즘 8-3 다익스트라 최단 경로

```
Dijkstra_shortestPath(G,v)
   S ← {v};
   for (i ← 0; i∈V(G); i ← i+1) do
      distance[i] ← weight[v][i];
   for(i ← 0; S != V(G); i ← i+1 ) do {  // 집합 S와 정점의 집합 V(G)가 같지 않은 동안
      u ← S에 속하지 않은 정점 중에서 distance[]가 최소인 정점;
      S ← S ∪ {u};
      for (w ← 0; w∈V(G); w ← w+1) do
         if(w ∉ S) then
            distance[w] ← min(distance[w], distance[u]+weight[u][w]);
   }
end Dijkstra_shortestPath()
```

[그림 8-26]의 그래프 G11에 [알고리즘 8-3]을 적용해 최단 경로를 구하는 과정을 살펴보자. 시작 정점은 A이고, 각 정점 옆에 붙은 숫자는 시작 정점 A에서 각 정점까지 도달하는 거리를 의미한다. 집합 S에 포함되는 추가 경로 거리는 노란색, 집합 S의 정점은 빨간색, 현재 단계에서 새로 추가된 정점과 그로 인해 수정된 distance값은 파란색으로 표시하였다.

0 초기 상태 : 시작 정점 A를 집합 S의 초깃값으로 설정하고, 시작 정점 A에서의 인접 정점에 대한 가중치값을 인접 행렬 weight에서 구해 배열 distance의 초깃값으로 설정한다.

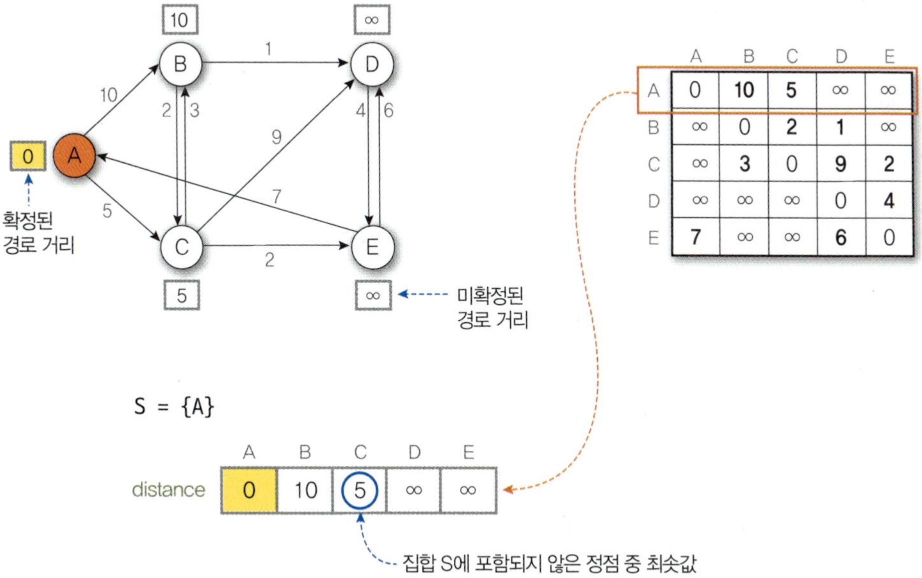

1 시작 정점 A의 진출 간선과 연결된 인접 정점 B와 C 중에서 배열 distance값이 최소인 정점 C를 집합 S에 추가한다. 그리고 새로 추가된 정점 C에 의해 단축되는 경로가 있는지 확인하여 배열 distance값을 수정한다. 정점 B, D, E가 수정되었다.

distance[B] ← min(distance[B], distance[C]+weight[C][B]) = min(10, 5+3) = 8

distance[D] ← min(distance[D], distance[C]+weight[C][D]) = min(∞, 5+9) = 14

distance[E] ← min(distance[E], distance[C]+weight[C][E]) = min(∞, 5+2) = 7

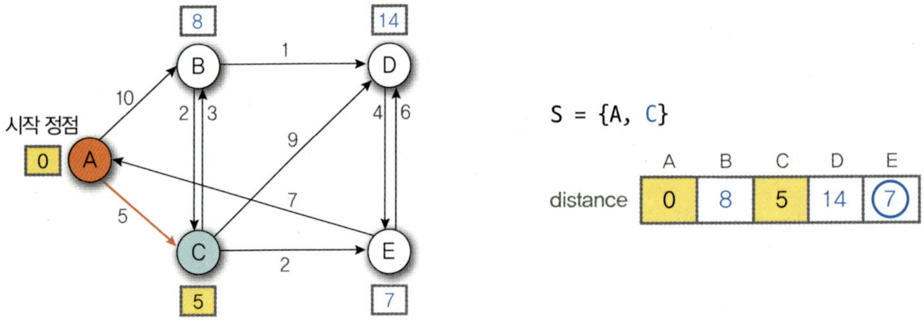

2 집합 S에 포함되지 않은 정점 중에서 배열 distance값이 최소인 정점 E를 집합 S에 추가한다. 그리고 새로 추가된 정점 E에 의해 단축되는 경로가 있는지 확인하여 배열 distance값을 수정한다. 정점 D가 다시 수정되었다.

distance[D] ← min(distance[D], distance[E]+weight[E][D]) = min(14, 7+6) = 13

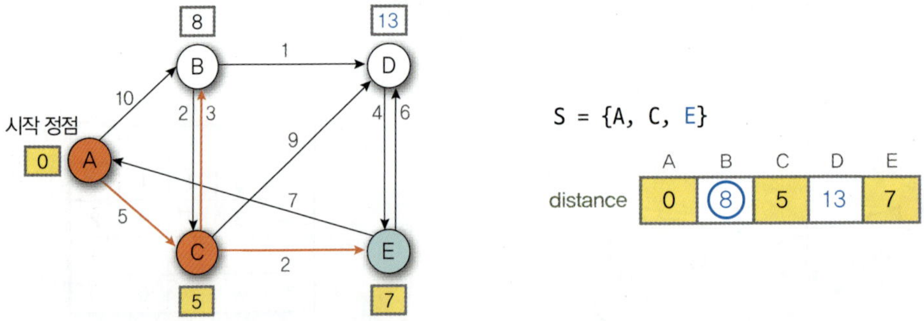

3 집합 S에 포함되지 않은 정점 중에서 배열 distance값이 최소인 정점 B를 집합 S에 추가한다. 새로 추가된 정점 B에 의해 단축되는 경로가 있는지 확인하여 배열 distance값을 수정한다. 정점 D가 다시 수정되었다.

distance[D] ← min(distance[D], distance[B]+weight[B][D]) = min(13, 8+1) = 9

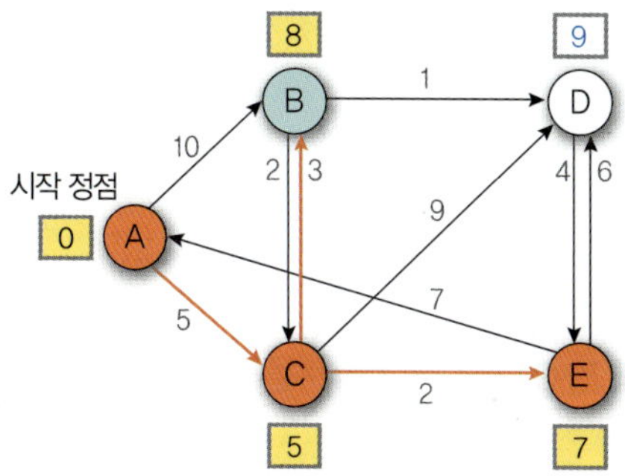

S = {A, B, C, E}

	A	B	C	D	E
distance	0	8	5	9	7

4 집합 S에 포함되지 않은 정점 중에서 배열 distance값이 최소인 정점 D를 집합 S에 추가한다. 이로써 모든 정점이 집합 S에 추가되었으므로 최단 경로가 완성되었다.

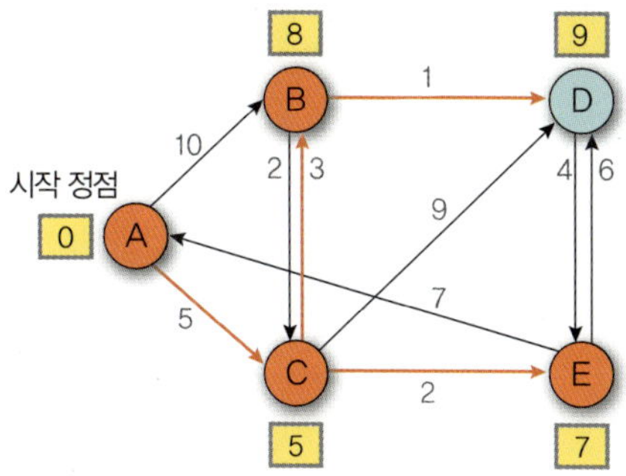

S = {A, B, C, D, E}

	A	B	C	D	E
distance	0	8	5	9	7

[그림 8-29]는 [그림 8-26]의 그래프 G11에 다익스트라 최단 경로 알고리즘을 적용해 구한 최단 경로 트리이다.

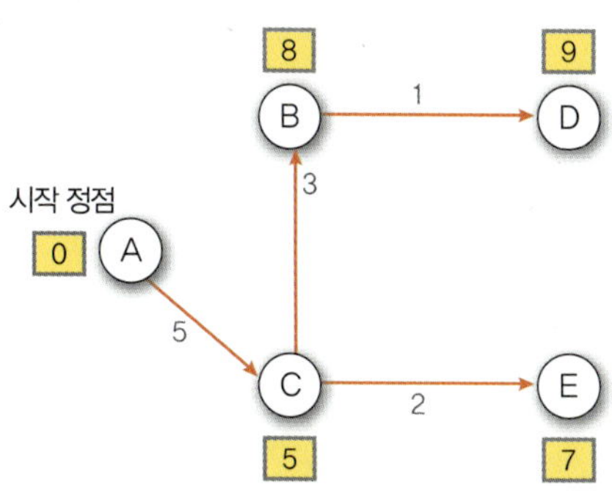

그림 8-29 **그래프 G11의 최단 경로 트리**

SELF TEST_ 다음 가중 그래프에 대해서 정점 a에서 모든 정점에 이르는 최단 경로를 다익스트라 알고리즘을 적용하여 구하시오.

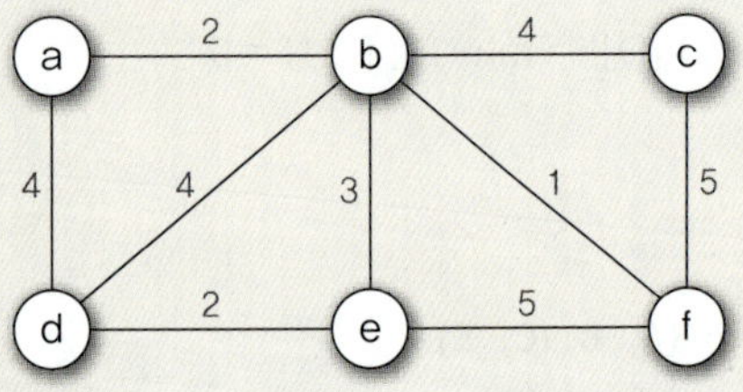

[예제 8-5]는 다익스트라 최단 경로 알고리즘을 적용해 그래프 G11의 최단 경로를 구하는 과정을 구현한 프로그램이다. 무한대 ∞는 *로 출력하였다.

예제 8-5 다익스트라 최단 경로 구하기

[dijkstra.h]

```
#pragma once
#define TRUE  1
#define FALSE 0
#define INF 10000               // 무한대 값
#define MAX_VERTICES 5          // 그래프의 정점 개수

int distance[MAX_VERTICES];  // 시작 정점으로부터의 최단 경로 길이 저장
int S[MAX_VERTICES];            // 정점의 집합 S

int nextVertex(int n);
int printStep(int step);
void Dijkstra_shortestPath(int start, int n);
```

[dijkstra.c]

```
#include <stdio.h>
#include "dijkstra.h"
#include "graphG.h"

// 최소 거리를 갖는 다음 정점을 찾는 연산
int nextVertex(int n) {
    int i, min, minPos;
    min = INF;
    minPos = -1;
    for (i = 0; i < n; i++)
        if ((distance[i] < min) && !S[i]) {
            min = distance[i];
            minPos = i;
```

```c
        }
    return minPos;
}

// 최단 경로 구하는 과정을 출력하는 연산
int printStep(int step) {
    int i;
    printf("\n %3d 단계 : S={", step);
    for (i = 0; i < MAX_VERTICES; i++)
        if (S[i] == TRUE)
            printf("%3c", i + 65);

    if (step < 1) printf(" } \t\t\t");
    else if (step < 4) printf(" } \t\t");
    else printf(" } \t");
    printf(" distance :[ ");
    for (i = 0; i < MAX_VERTICES; i++)
        if (distance[i] == INF)
            printf("%4c", '*');
        else printf("%4d", distance[i]);
    printf("%4c", ']');
    return ++step;
}

```

[알고리즘 8-3] 구현

```c
void Dijkstra_shortestPath(int start, int n) {
    int i, u, w, step = 0;

    for (i = 0; i < n; i++) {       // 초기화
        distance[i] = weight[start][i];
        S[i] = FALSE;
    }

    S[start] = TRUE;                // 시작 정점을 집합 S에 추가
    distance[start] = 0;            // 시작 정점의 최단 경로를 0으로 설정

    step = printStep(0);            // 0단계 상태를 출력

    for (i = 0; i < n - 1; i++) {
        u = nextVertex(n);          // 최단 경로를 만드는 다음 정점 u 찾기
        S[u] = TRUE;                // 정점 u를 집합 S에 추가
        for (w = 0; w < n; w++)
            if (!S[w])              // 집합 S에 포함되지 않은 정점 중에서
                if (distance[u] + weight[u][w] < distance[w])
                    distance[w] = distance[u] + weight[u][w];   // 경로 길이 수정

        step = printStep(step);     // 현재 단계 출력
```

```
    }
}
```

[graphG.h]

```
#pragma once
// 그래프 G11의 가중치 인접 행렬
int weight[MAX_VERTICES][MAX_VERTICES] = {
   { 0, 10, 5, INF, INF },
   { INF, 0, 2, 1, INF },
   { INF, 3, 0, 9, 2 },
   { INF, INF, INF, 0, 4 },
   { 7, INF, INF, 6, 0 },
};
```

[ex8_5.c]

```
#include <stdio.h>
#include "dijkstra.h"

int main(void) {
   int i, j;
   extern int weight[MAX_VERTICES][MAX_VERTICES];

   printf("\n ********** 가중치 인접 행렬 **********\n\n");
   for (i = 0; i < MAX_VERTICES; i++) {
      for (j = 0; j < MAX_VERTICES; j++) {
         if (weight[i][j] == INF)
            printf("%4c", '*');
         else printf("%4d", weight[i][j]);
      }
      printf("\n\n");
   }

   printf("\n ********** 다익스트라 최단 경로 구하기 **********\n");
   Dijkstra_shortestPath(0, MAX_VERTICES);

   getchar();  return 0;
}
```

```
********** 가중치 인접 행렬 **********

 0  10  5  *  *

 *  0  2  1  *

 *  3  0  9  2

 *  *  *  0  4

 7  *  *  6  0

********** 다익스트라 최단 경로 구하기 **********

 0 단계 : S={ A }            distance : [  0  10  5  *   *  ]
 1 단계 : S={ A C }          distance : [  0  8   5  14  7  ]
 2 단계 : S={ A C E }        distance : [  0  8   5  13  7  ]
 3 단계 : S={ A B C E }      distance : [  0  8   5  9   7  ]
 4 단계 : S={ A B C D E }    distance : [  0  8   5  9   7  ]
```

플로이드 최단 경로 알고리즘

플로이드Floyd 최단 경로 알고리즘은 모든 정점 사이의 최단 경로All to All Shortest Path를 구하고 이 알고리즘으로 만드는 최단 경로를 k-최단 경로라고도 한다.

- $A^k[v][w]$는 0부터 k까지의 정점만을 이용한 정점 v에서 정점 w까지의 최단 경로를 의미한다.
- 정점 0부터 정점 k-1까지의 정점을 고려한 최단 거리 A^{k-1}을 구한 상태에서 다음 정점 k를 고려할 때, $A^{k-1}[v][w]$와 $A^{k-1}[v][k]+A^{k-1}[k][w]$ 중에서 작은 값에 따라 최단 경로가 수정된다.

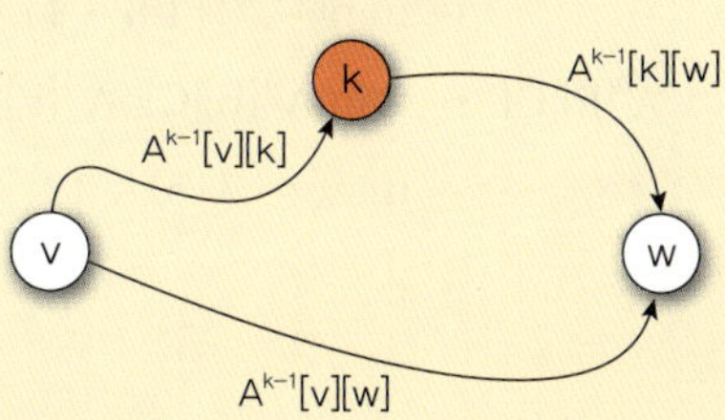

$$A^k[v][w] \leftarrow \min(A^{k-1}[v][w],\ A^{k-1}[v][k]+A^{k-1}[k][w])$$

- $A^{-1} \rightarrow A^0 \rightarrow A^1 \rightarrow A^2 \rightarrow \cdots$ 순서로 경로에 정점을 늘려 가면서 최단 경로를 구하다가 최종적으로 A^{n-1}을 구하면 n개의 모든 정점 사이의 최단 경로를 구하게 된다.
- A^{-1}은 초기 상태로서 가중치 인접 행렬인 배열 weight값이 되고, $A^{n-1}[v][w]$는 정점 0부터 정점 n-1까지의 모든 정점을 이용한 최단 경로가 된다.

그림 8-30 플로이드 최단 경로 알고리즘에서 최단 경로 찾기

[알고리즘 8-4]는 플로이드 최단 경로 알고리즘 방법을 정리한 것이다.

알고리즘 8-4 플로이드 최단 경로

```
Floyd_shortestPath(G,v)
    for (k ← 0; k ≤ n-1; k ← k+1) do
        for(v ← 0; v ≤ n-1; v ← v+1) do
            for( w ← 0; w ≤ n-1; w ← w+1) do
                A[v][w] ← min(A[v][w], A[v][k]+A[k][w]);
end Floyd_shortestPath()
```

[그림 8-26]의 그래프 G11에 [알고리즘 8-4]를 적용해 최단 경로를 구하는 과정을 살펴보자. 그래프 G11의 정점 A, B, C, D, E는 k의 0, 1, 2, 3, 4에 대응된다.

0 초기 상태 A^{-1} : 인접 행렬 weight를 배열 A에 복사하여 초기화한다.

A^{-1}	A	B	C	D	E
A	0	10	5	∞	∞
B	∞	0	2	1	∞
C	∞	3	0	9	2
D	∞	∞	∞	0	4
E	7	∞	∞	6	0

1 A^0 : 두 정점 사이의 최단 경로에서 정점 A를 거쳐서 가는 경로를 고려하여 최단 경로를 수정한다. 수정된 경로만 정리하면 다음과 같다.

A^0	A	B	C	D	E
A	0	10	5	∞	∞
B	∞	0	2	1	∞
C	∞	3	0	9	2
D	∞	∞	∞	0	4
E	7	17	12	6	0

$$A^0[E][B] \leftarrow \min(A^{-1}[E][B],\ A^{-1}[E][A]+A^{-1}[A][B]) = \min(\infty,\ 7+10) = 17$$

$$A^0[E][C] \leftarrow \min(A^{-1}[E][C],\ A^{-1}[E][A]+A^{-1}[A][C]) = \min(\infty,\ 7+5) = 12$$

2 A^1 : A^0에서 구한 경로와 정점 B를 추가로 거쳐서 가는 경로를 고려하여 최단 경로를 수정한다. 수정된 경로만 정리하면 다음과 같다.

A^1	A	B	C	D	E
A	0	10	5	11	∞
B	∞	0	2	1	∞
C	∞	3	0	4	2
D	∞	∞	∞	0	4
E	7	17	12	6	0

$$A^1[A][D] \leftarrow \min(A^0[A][D],\ A^0[A][B]+A^0[B][D]) = \min(\infty,\ 10+1) = 11$$

$$A^1[C][D] \leftarrow \min(A^0[C][D],\ A^0[C][B]+A^0[B][D]) = \min(9,\ 3+1) = 4$$

3 A^2 : A^1에서 구한 경로와 정점 C를 추가로 거쳐서 가는 경로를 고려하여 최단 경로를 수정한다. 수정된 경로만 정리하면 다음과 같다.

A^2	A	B	C	D	E
A	0	8	5	9	7
B	∞	0	2	1	4
C	∞	3	0	4	2
D	∞	∞	∞	0	4
E	7	15	12	6	0

$A^2[A][B] \leftarrow \min(A^1[A][B],\ A^1[A][C]+A^1[C][B])$
$= \min(10,\ 5+3) = 8$
$A^2[A][D] \leftarrow \min(A^1[A][D],\ A^1[A][C]+A^1[C][D])$
$= \min(11,\ 5+4) = 9$
$A^2[A][E] \leftarrow \min(A^1[A][E],\ A^1[A][C]+A^1[C][E])$
$= \min(\infty,\ 5+2) = 7$
$A^2[B][E] \leftarrow \min(A^1[B][E],\ A^1[B][C]+A^1[C][E])$
$= \min(\infty,\ 2+2) = 4$
$A^2[E][B] \leftarrow \min(A^1[E][B],\ A^1[E][C]+A^1[C][B])$
$= \min(17,\ 12+3) = 15$

4 A^3 : A^2에서 구한 경로와 정점 D를 추가로 거쳐서 가는 경로를 고려하여 최단 경로를 수정한다. 정점 D를 추가로 거쳐서 가는 경우에 단축되는 경로가 없어 $A^3 = A^2$가 된다.

A^3	A	B	C	D	E
A	0	8	5	9	7
B	∞	0	2	1	4
C	∞	3	0	4	2
D	∞	∞	∞	0	4
E	7	15	12	6	0

5 A^4 : A^3에서 구한 경로와 정점 E를 추가로 거쳐서 가는 경로를 고려하여 최단 경로를 수정한다. 수정된 경로만 정리하면 다음과 같다.

A^4	A	B	C	D	E
A	0	8	5	9	7
B	11	0	2	1	4
C	9	3	0	4	2
D	11	19	16	0	4
E	7	15	12	6	0

$A^4[B][A] \leftarrow \min(A^3[B][A],\ A^3[B][E]+A^3[E][A])$
$= \min(\infty,\ 4+7) = 11$
$A^4[C][A] \leftarrow \min(A^3[C][A],\ A^3[C][E]+A^3[E][A])$
$= \min(\infty,\ 2+7) = 9$
$A^4[D][A] \leftarrow \min(A^3[D][A],\ A^3[D][E]+A^3[E][A])$
$= \min(\infty,\ 4+7) = 11$
$A^4[D][B] \leftarrow \min(A^3[D][B],\ A^3[D][E]+A^3[E][B])$
$= \min(\infty,\ 4+15) = 19$
$A^4[D][C] \leftarrow \min(A^3[D][C],\ A^3[D][E]+A^3[E][C])$
$= \min(\infty,\ 4+12) = 16$

SELF TEST_ 다음 가중 그래프에 대해서 모든 정점 사이의 최단 경로를 플로이드 알고리즘을 적용하여 구하시오.

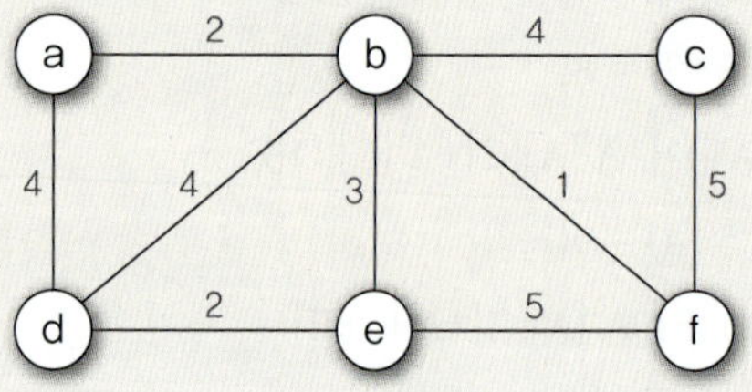

[예제 8-6]은 플로이드 최단 경로 알고리즘을 적용해 그래프 G11의 최단 경로를 구하는 과정을 구현한 프로그램이다. 무한대 ∞는 *로 출력하였다.

예제 8-6 플로이드 최단 경로 구하기

[floyd.h]

```
#pragma once
#define INF  10000                      // 무한대 값
#define MAX_VERTICES 5                  // 그래프의 정점 개수

int A[MAX_VERTICES][MAX_VERTICES];  // k-최단 경로 배열

void printStep(int step);
void Floyd_shortestPath(int n);
```

[floyd.c]

```
#include <stdio.h>
#include "floyd.h"
#include "graphG.h"

// 최단 경로를 구하는 과정을 출력하는 연산
void printStep(int step) {
    int i, j;
    printf("\n A%d : ", step);
    for (i = 0; i < MAX_VERTICES; i++) {
        printf("\t");
        for (j = 0; j < MAX_VERTICES; j++) {
            if (A[i][j] == INF)
                printf("%4c", '*');
            else printf("%4d", A[i][j]);
        }
        printf("\n\n");
    }
}
```

[알고리즘 8-4] 구현

```c

void Floyd_shortestPath(int n) {
    int v, w, k, step = -1;

    for (v = 0; v < n; v++)      // 초기화
        for (w = 0; w < n; w++)
            A[v][w] = weight[v][w];

    printStep(step);

    for (k = 0; k < n; k++) {
        for (v = 0; v < n; v++)
            for (w = 0; w < n; w++)
                if (A[v][k] + A[k][w] < A[v][w])
                    A[v][w] = A[v][k] + A[k][w];
        printStep(++step);
    }
}
```

[graphG.h]

```c
// [예제 8-5]의 [graphG.h] 사용
```

[ex8_6.c]

```c
#include <stdio.h>
#include "floyd.h"

int main(void) {
    int i, j;
    extern int weight[MAX_VERTICES][MAX_VERTICES];

    printf("\n ********** 가중치 인접 행렬 **********\n\n");
    for (i = 0; i < MAX_VERTICES; i++) {
        for (j = 0; j < MAX_VERTICES; j++) {
            if (weight[i][j] == INF)
                printf("%4c", '*');
            else printf("%4d", weight[i][j]);
        }
        printf("\n\n");
    }

    printf("\n ********* 플로이드 최단 경로 구하기 *********\n\n");
    Floyd_shortestPath(MAX_VERTICES);

    getchar(); return 0;
}
```

```
********** 가중치 인접 행렬 **********

 0  10  5  *  *
 *   0  2  1  *
 *   3  0  9  2
 *   *  *  0  4
 7   *  *  6  0

********* 플로이드 최단 경로 구하기 *********

A-1 :  0  10   5   *  *
       *   0   2   1  *
       *   3   0   9  2
       *   *   *   0  4
       7   *   *   6  0

A0 :   0  10   5   *  *
       *   0   2   1  *
       *   3   0   9  2
       *   *   *   0  4
       7  17  12   6  0

A1 :   0  10   5  11  *
       *   0   2   1  *
       *   3   0   4  2
       *   *   *   0  4
       7  17  12   6  0
```

```
A2 :   0   8   5   9  7
       *   0   2   1  4
       *   3   0   4  2
       *   *   *   0  4
       7  15  12   6  0

A3 :   0   8   5   9  7
       *   0   2   1  4
       *   3   0   4  2
       *   *   *   0  4
       7  15  12   6  0

A4 :   0   8   5   9  7
      11   0   2   1  4
       9   3   0   4  2
      11  19  16   0  4
       7  15  12   6  0
```

응용예제 11

미로를 탈출하라!

우리나라 최대 규모의 미로 공원에 간 한아. 잠깐 혼자 구경하던 사이에 앞서 가던 가이드를 놓치고 말았다. 이제 한아는 혼자서 미로를 빠져나가야 한다. 다행히 한아는 가이드에게 받은 미로 지도를 가지고 있다. 지도가 있으니 이제 안심이다. 그런데, 이럴 수가! 미로 지도가 0과 1로만 표시되어 있고 심지어 빠져나가는 길은 표시되어 있지 않다. 한아는 직접 길을 찾아내야 한다.

지도에서 0은 지나갈 수 있는 공간이고 1은 지나갈 수 없는 벽이다. 입구는 (1,1)이고 출구는 (N,N)이다. 한아는 미로를 빠져나가는 길을 찾을 수 있을까?

0	1	1	0	1
0	0	0	1	1
0	1	0	1	0
0	0	0	1	1
0	0	0	0	0

문제 미로 탈출 경로 구하기

(1,1)에서 (N,N)까지의 미로를 탈출하는 경로를 출력하는 프로그램을 작성하라.

① 입력 조건
- 첫째 줄에 미로의 크기 N이 주어진다. (N ≤ 20)
- 둘째 줄부터 N+1줄까지 미로 지도는 한 줄에 N개 숫자로 주어진다.

② 출력 조건
- 첫째 줄에 미로 탈출 경로 좌표를 출력한다.

③ 입출력 예시

```
5
0 1 1 0 1
0 0 0 1 1
0 1 0 1 0
0 0 0 1 1
0 0 0 0 0
```

→

```
(1,1) (2,1) (2,2) (2,3) (3,3) (4,3) (5,3) (5,4) (5,5)
```

문제 해결

① 설계

미로 지도를 그래프에 대한 인접 행렬로 하고 (1,1)에서 시작하여 (N,N)에 도달할 때까지 BFS(너비 우선 탐색)를 수행한다.

② 순서도

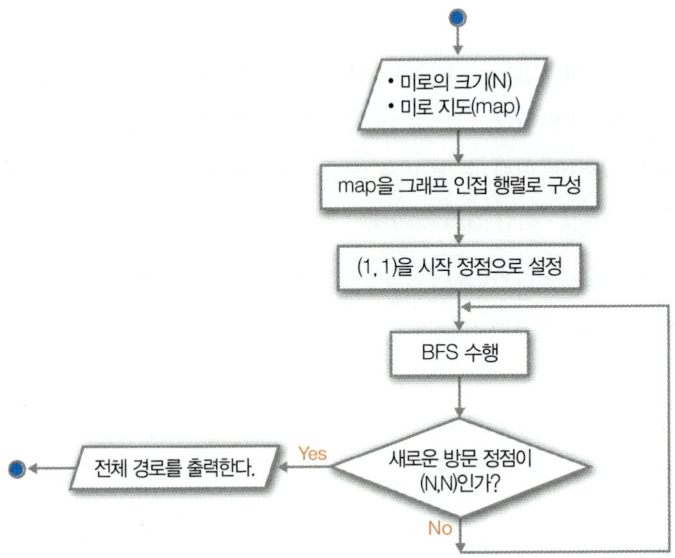

응용예제 12

화장실이 급해요, 급해!

화장한 날씨의 어느 날, 한아는 다섯 살 조카를 데리고 놀이공원에 놀러 왔다. 조카가 어찌나 신나 하는지, 좋은 고모가 된 것 같아서 뿌듯하기까지 하다. 그러나 뿌듯함도 잠시, 갑자기 조카의 얼굴이 변하더니 다급하게 외친다. "화장실이 급해요. 급해!" 놀이공원 안내 지도를 보고 화장실로 가는 가장 빠른 길을 찾아야 한다.

안내 지도에는 N개 건물의 위치가 1부터 N까지 숫자로 표시되어 있다. 현재 위치가 1이고 화장실 위치는 N이다. 지도에 표시된 위치마다 이동 시간은 같다.

문제 **가장 빠른 경로 구하기**

현재 위치에서 화장실로 가는 가장 빠른 경로를 출력하는 프로그램을 작성하라.

① 입력 조건
- 첫째 줄에 안내 지도에 표시된 위치의 개수 N과 길의 개수 M이 주어진다. $(1 \le N, M \le 50)$
- 둘째 줄부터 M+1번째 줄에는 길이 있는 두 위치를 나타내는 번호가 공백으로 구분되어 주어진다.

② 출력 조건
- 첫째 줄부터 1부터 N까지의 가장 빠른 경로를 (x,y) 형태로 차례로 출력한다.

③ 입출력 예시

```
6 7
1 2
1 3
1 4
2 4
3 4
4 5
5 6
```

➡

```
(1, 4)
(4, 5)
(5, 6)
```

문제 해결

① 설계

모든 길이 양방향이고 가중치가 1인 그래프에서 시작 정점을 1로 하는 최단 경로 알고리즘인 다익스트라 알고리즘을 적용한다. 다익스트라 알고리즘을 수행하면서 최단 경로를 저장한다.

② 순서도

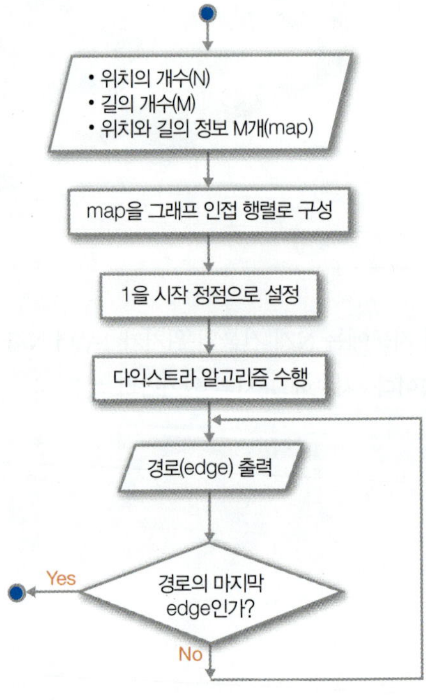

요약

01 그래프의 개념

연결할 객체를 나타내는 정점과 객체를 연결하는 간선의 집합으로 구성된 그래프 G를 G=(V, E)로 정의한다. 그래프는 간선의 방향성 유무에 따라서 방향 그래프와 무방향 그래프로 나누고, 연결 정도에 따라서 연결 그래프와 단절 그래프와 완전 그래프로 나눈다. 가중치를 가진 간선으로 이루어진 가중치 그래프도 있다.

02 그래프의 구현

그래프를 구현하기 위해 표현하는 방법은 순차 자료구조를 이용하는 2차원 배열의 인접 행렬 방법과 연결 자료구조인 연결 리스트를 사용하는 인접 리스트 방법이 있다. 그래프 특성과 필요한 연산에 따라 적당한 표현 방법을 선택한다.

03 인접 행렬Adjacent Matrix

그래프를 구성하는 정점에 대해 두 정점을 연결한 간선의 유무를 2차원 배열에 저장하는 방법으로 정점의 수에 대한 정방 행렬을 사용한다. 행과 열로 표현하는 두 정점이 인접되어 있으면 배열값을 1, 인접되어 있지 않으면 배열값을 0으로 표현한다.

04 인접 리스트Adjacent List

그래프의 각 정점에 대한 인접 정점을 연결 리스트로 만드는 방법이다. 리스트의 각 노드는 정점을 저장하는 필드와 다음 인접 정점을 연결하는 링크 필드로 구성한다. 어떤 정점의 연결 리스트는 그 정점에 인접한 정점의 수만큼 즉, 그 정점의 차수만큼 노드가 연결된다.

05 그래프의 순회

그래프를 순회하는 방법에는 깊이 우선 탐색DFS : Depth First Search과 너비 우선 탐색BFS : Breadth First Search이 있다.

06 깊이 우선 탐색

시작 정점의 한 방향으로 갈 수 있는 경로가 있는 곳까지 깊이 탐색해 가다가 더 이상 갈 곳이 없으면 가장 마지막에 만났던 갈림길 간선이 있는 정점으로 되돌아와 다른 방향의 간선으로 탐색을 계속하여 결국 모든 정점을 방문하는 순회 방법이다. 깊이 우선 탐색은 스택을 사용한다.

07 너비 우선 탐색

시작 정점에서 인접한 정점을 모두 차례로 방문하고 나서 방문했던 정점에서부터 다시 인접한 정점을 차례로 방문하는 방식으로, 가까운 정점들을 먼저 방문하고 멀리 있는 정점들은 나중에 방문하는 순회 방법이다. 너비 우선 탐색은 큐를 사용한다.

08 신장 트리

모든 정점이 n개인 무방향 그래프 G에서 정점이 n개이고 간선이 n-1개인 사이클이 없는 단순 연결 그래프를 신장 트리Spanning Tree라고 한다. 깊이 우선 탐색을 이용하여 생성된 깊이 우선 신장 트리Depth First Spanning Tree와 너비 우선 탐색을 이용하여 생성된 너비 우선 신장 트리Breadth First Spanning Tree가 있다.

09 최소 비용 신장 트리

무방향 가중치 그래프에서 가중치 합이 최소인 신장 트리를 최소 비용 신장 트리Minimum Cost Spanning Tree라고 한다. 최소 비용 신장 트리를 만들 때는 주로 크루스칼 알고리즘과 프림 알고리즘을 사용한다.

10 최단 경로

최단 경로Shortest Path는 가중치 그래프, 즉 네트워크Network에서 정점 u와 정점 v를 연결하는 경로 중에서 가중치의 합이 최소인 경로를 의미한다. 그래프 가중치는 가중치 인접 행렬Weight Adjacent Matrix에 저장하여 사용한다.

11 다익스트라 최단 경로 알고리즘

다익스트라Dijkstra 최단 경로 알고리즘은 하나의 정점을 출발점으로 두고 다른 모든 정점을 도착점으로 하는 단일점에서의 최단 경로One to All Shortest Path 알고리즘이다. 시작 정점 v에서 가장 가까운 정점을 선택하여 확장하면서 확장된 정점에 의해 단축되는 경로가 있는 경우에는 경로 거리를 수정하는 방식을 반복하면서 시작 정점에서 모든 정점에 대한 최단 경로를 구하는 방법이다.

```
distance[w] ← min(distance[w], distance[u]+weight[u][w])
```

12 플로이드 최단 경로

플로이드Floyd 최단 경로 알고리즘은 모든 정점 사이의 최단 경로를 구하는 방법으로 k-최단 경로라고도 하며, A^{n-1}[v][w]는 정점 0부터 정점 n-1까지의 모든 정점을 이용한 최단 경로이다. 정점 0부터 정점 k-1까지의 정점을 고려한 최단 거리 A^{k-1}을 구한 상태에서 다음 정점 k를 고려할 때, A^{k-1}[v][w]와 A^{k-1}[v][k]+A^{k-1}[k][w] 중에서 작은 값에 따라 최단 경로가 수정된다.

```
Aᵏ[v][w] ← min(Aᵏ⁻¹[v][w] , Aᵏ⁻¹[v][k]+Aᵏ⁻¹[k][w])
```

연습문제

01 그래프에 관한 다음 설명 중 옳은 문장은 몇 개인가?

> ㄱ. 무방향 그래프를 인접 행렬로 표현하면 항상 대칭인 행렬이 된다.
> ㄴ. 무방향 그래프에서 모든 정점의 차수Degree를 더하면 간선 수와 같다.
> ㄷ. 정점이 v개인 무방향 완전 그래프의 간선 수는 v^2개이다.
> ㄹ. 정점이 v개, 간선이 e개인 그래프를 인접 행렬로 표현하면 필요한 메모리는 $O(v + e)$이다.
> ㅁ. 인접 행렬로 표현된 정점이 v개, 간선이 e개인 무방향 그래프에서 너비 우선 탐색의 수행 시간은 $O(v^2)$이다.

① 1개　　② 2개　　③ 3개　　④ 4개

02 그래프는 정점Vertex 집합 V와 간선Edge 집합 E로 이루어진다. 정점이 a, b, c 세 개 존재하고 간선이 a와 b 사이에 하나, b와 c 사이에 하나 존재한다고 할 때, 정점 집합 V는 V={a, b, c}와 같은 형태로 표현하고, 간선 집합 E는 E={ (a, b), (b, c) }와 같이 나타낸다고 하자. 정점 집합과 간선 집합을 이용한 그래프 표현으로 옳은 것은?

① V={ a, b, c, d, e, f }, E={ (a, b), (b, c), (c, a) }
② V={ a, a, c }, E={ (a, c), (a, a), (b, b) }
③ V={ a, c }, E={ (a, b), (a, c), (b, c) }
④ V={ a, b, c, d }, E={ (b, a), (d, b), (e, a) }

03 n개의 노드로 구성된 무방향 그래프의 최대 간선 수는?

① $n-1$　　② $n/2$
③ $n(n-1)/2$　　④ $n(n+1)$

04 그래프의 깊이 우선 탐색에 대한 설명으로 옳지 않은 것은?

① 그래프의 연결 요소를 구하기 위해 깊이 우선 탐색을 사용할 수 있다.
② 연결 그래프의 신장 트리를 구하기 위해 깊이 우선 탐색을 사용할 수 있다.
③ 최소 비용 신장 트리를 구하는 크루스칼 알고리즘은 깊이 우선 탐색을 사용한다.
④ 그래프의 임의의 노드에서 깊이 우선 탐색을 시작할 수 있다.

05 다음 인접 행렬로 표시되는 그래프 G = (V, E)는? (단, False는 from에서 to까지의 간선이 없고, True는 from에서 to까지의 간선이 있음을 의미한다.)

from \ to	a	b	c	d
a	False	False	True	False
b	True	False	False	False
c	False	False	False	True
d	True	False	True	False

① V = {a, b, c, d}, E = {⟨b, a⟩, ⟨a, c⟩, ⟨d, b⟩, ⟨b, b⟩, ⟨c, d⟩}
② V = {a, b, c, d}, E = {⟨a, b⟩, ⟨b, a⟩, ⟨a, c⟩, ⟨d, c⟩, ⟨c, d⟩}
③ V = {a, b, c, d}, E = {⟨b, a⟩, ⟨a, c⟩, ⟨d, c⟩, ⟨d, a⟩, ⟨c, d⟩}
④ V = {a, b, c, d}, E = {⟨b, a⟩, ⟨a, c⟩, ⟨d, b⟩, ⟨d, a⟩, ⟨a, d⟩}

06 다음과 같은 그래프에서 노드 1부터 시작하여 깊이 우선 탐색을 수행할 경우 나타날 수 없는 순서는?

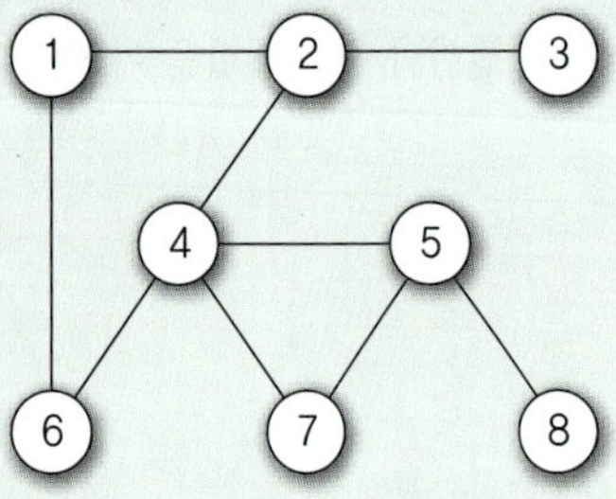

① 1 – 2 – 3 – 4 – 5 – 6 – 7 – 8
② 1 – 2 – 3 – 4 – 6 – 7 – 5 – 8
③ 1 – 2 – 3 – 4 – 6 – 5 – 7 – 8
④ 1 – 2 – 3 – 4 – 5 – 7 – 8 – 6

07 깊이 우선 탐색 알고리즘을 적용하여 아래의 트리를 탐색할 때 방문 순서를 옳게 나타낸 것은?

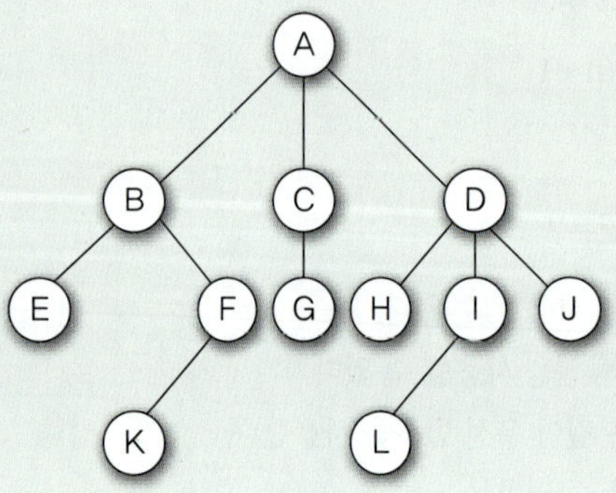

① A–B–C–D–E–F–G–H–I–J–K–L
② A–B–E–F–K–C–G–D–H–I–L–J
③ A–B–E–K–F–C–G–D–H–I–L–J
④ A–E–K–F–B–G–C–H–L–I–J–D
⑤ A–K–L–E–F–G–H–I–J–B–C–D

08 다음 인접 리스트로 표현된 그래프를 깊이 우선 탐색으로 순회하고자 한다. 정점 0부터 시작한 순회 순서는?

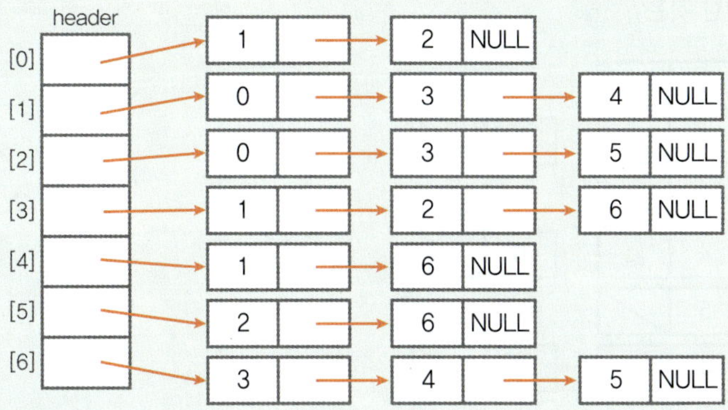

① 0, 1, 2, 3, 4, 5, 6
② 0, 1, 3, 2, 4, 6, 5
③ 0, 1, 3, 2, 5, 6, 4
④ 0, 1, 3, 2, 5, 4, 6

09 다음 그래프에서 정점 A를 선택하여 깊이 우선 탐색으로 운행한 결과는?

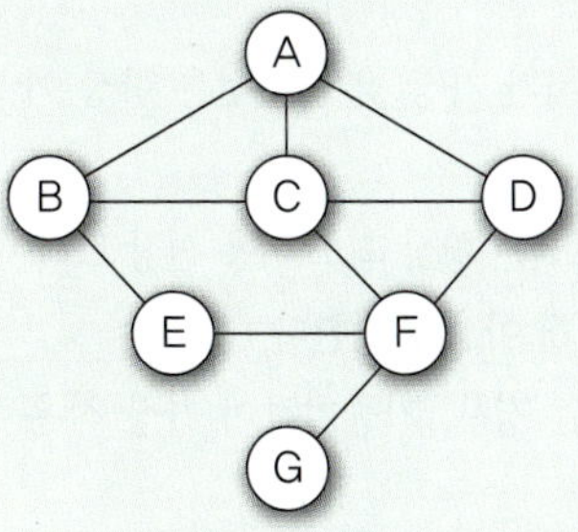

① ABECDFG
② ABECFDG
③ ABCDEFG
④ ABEFGCD

10 다음 방향성 그래프에서 정점 a부터 시작하는 너비 우선 탐색을 수행하는 경우, 여섯 번째로 방문될 수 있는 정점은? (단, 정점 a는 첫 번째 방문 노드라고 가정한다.)

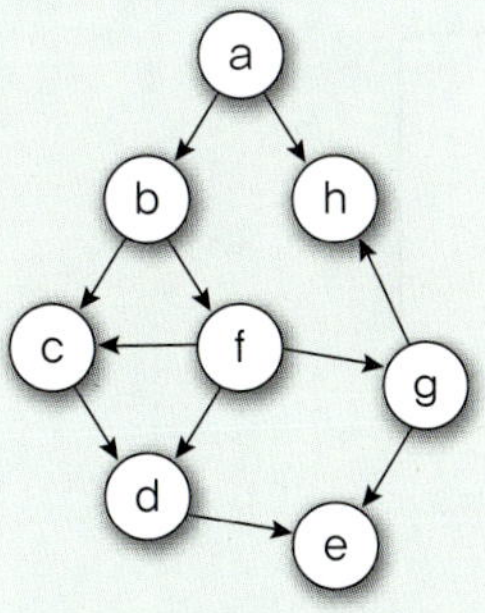

① e
② f
③ g
④ h

힌트 너비 우선 탐색에서 인접 정점을 내림차순으로 방문할 수도 있다.

11 다음과 같은 인접 리스트로 표현된 그래프에 대해 노드 2를 시작 정점으로 너비 우선 탐색을 수행했을 때 노드 방문 순서를 올바르게 나열한 것은?

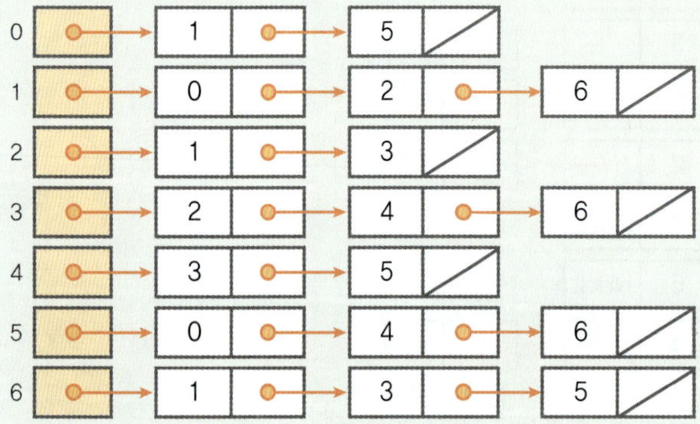

① 2 → 1 → 0 → 5 → 4 → 3 → 6　　② 2 → 1 → 3 → 0 → 4 → 5 → 6
③ 2 → 1 → 0 → 5 → 4 → 6 → 3　　④ 2 → 1 → 3 → 0 → 6 → 4 → 5

12 가중치 그래프의 최소 비용 신장 트리에 대한 설명으로 옳은 것은?

① 그래프에 존재하는 임의의 사이클을 구성하는 간선Edge 중 가중치가 가장 낮은 간선은 항상 이 그래프의 최소 비용 신장 트리에 포함된다.
② 다익스트라 최단 경로 알고리즘을 수행한 다음 만들어지는 신장 트리는 항상 최소 비용 신장 트리이다.
③ 임의의 그래프에 대해 서로 다른 최소 비용 신장 트리는 항상 두 개 이상 존재한다.
④ 간선의 가중치값이 서로 다르고 최소 비용 신장 트리가 존재하는 경우, 가중치값이 가장 작은 간선은 항상 최소 비용 신장 트리에 포함된다.

13 다음과 같은 재귀적Recursive 그래프 탐색 알고리즘을 반복적Iterative 알고리즘으로 구현하고자 한다. 그래프가 인접 리스트에 저장되어 있다고 가정할 때, 구현하기 위해 필요한 자료구조와 전체 그래프를 순회하는 알고리즘의 시간 복잡도를 옳게 나타낸 것은? (단, 정점 집합은 V, 간선 집합은 E라고 가정한다.)

```
void search(vertex v) {
   visited[v] = 1;
   for each vertex w adjacent to v
      if (!visited[w]) search(w);
}
```

① queue, $O(|E|)$　　② stack, $O(|V|^2)$
③ stack, $O(|V| + |E|)$　　④ queue, $O(|V|^2)$

14 다음 그래프의 정점 A에서 시작하여 프림 알고리즘을 적용하여 최소 신장 트리를 구축하고자 할 때, 설명으로 옳지 않은 것은?

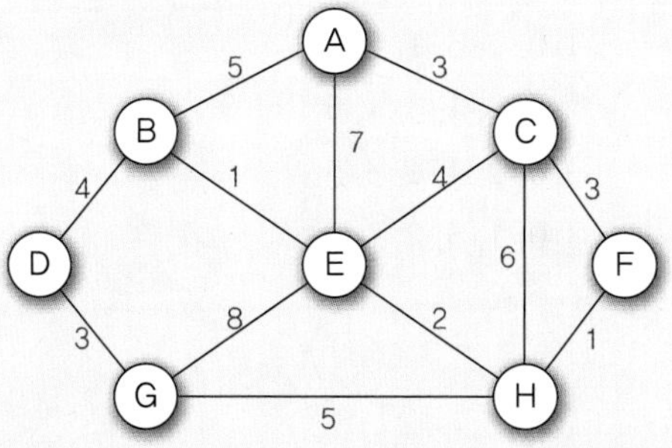

① 우선순위 큐(히프)를 활용하여 구현한다.
② 탐욕Greedy 기법을 이용한 알고리즘이다.
③ 마지막으로 선택되는 정점은 G이다.
④ 구축된 최소 신장 트리의 최소 비용은 16이다.

15 다음 그래프를 이용해 크루스칼 알고리즘을 적용하였을 때, 생성된 최소 비용 신장 트리의 비용은?

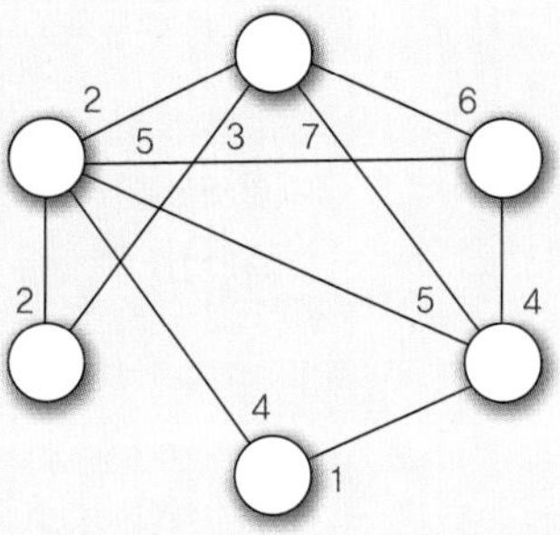

① 11 ② 12
③ 13 ④ 14

16 다음은 우리나라의 주요 도시를 연결하는 초고속철도를 건설하기 위한 지도를 그래프로 표현한 것이다. 최소 비용 신장 트리를 구하는 크루스칼 알고리즘을 이용해 초고속철도를 건설하려고 한다. 네 번째로 건설해야 할 구간은?

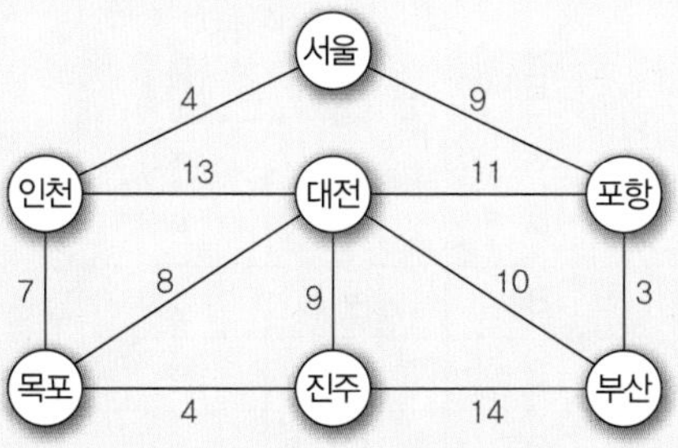

① 포항 ↔ 부산 ② 진주 ↔ 부산
③ 서울 ↔ 인천 ④ 인천 ↔ 목포

17 다음 그래프는 각 정점 사이의 거리를 간선에 나타낸 것이다. 정점 0에서 각 정점 1, 2, 3, 4, 5까지의 최단 경로를 다익스트라 최단 경로 알고리즘으로 구할 때, 최단 경로가 발견된 정점의 순서로 옳은 것은?

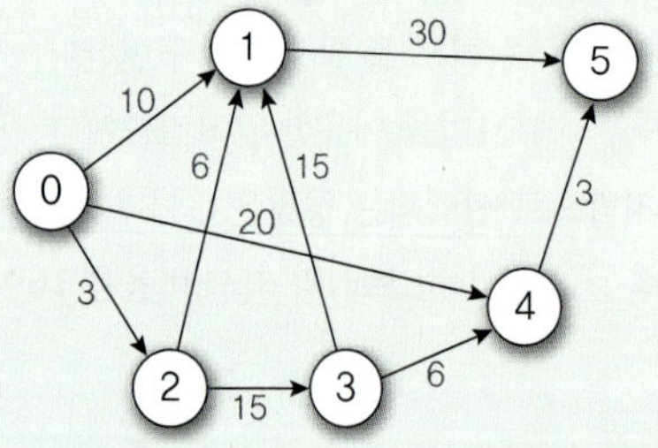

① 0, 2, 3, 1, 5, 4
② 0, 2, 1, 3, 4, 5
③ 0, 2, 4, 1, 3, 5
④ 0, 1, 5, 2, 3, 4

18 다음 인접 행렬은 도시 사이의 경로값을 나타낸 것이다. 서울에서 안양, 서울에서 인천, 서울에서 수원, 서울에서 대전까지 각 최단 경로값을 구하고자 한다. 각각 최단 경로값의 합으로 옳은 것은? (단, ∞는 두 도시 간의 연결이 없음을 의미한다.)

	서울	안양	인천	수원	대전
서울	0	10	20	25	∞
안양	10	0	15	13	∞
인천	20	15	0	20	40
수원	25	13	20	0	30
대전	∞	∞	40	30	0

① 66 ② 85
③ 106 ④ 110

19 다음 행렬은 정점이 일곱 개인 그래프의 간선 사이 거리를 나타낸다. 다익스트라 알고리즘을 적용하여 정점 A로부터 나머지 정점들까지 최단 경로를 찾을 때, 이에 해당 하는 정점의 순서는? (단, ∞는 두 정점 간에 해당 간선이 없음을 의미한다.)

	A	B	C	D	E	F	G
A	0	4	9	∞	∞	∞	∞
B	4	0	4	10	∞	∞	∞
C	9	4	0	∞	8	∞	1
D	∞	10	∞	0	2	5	∞
E	∞	∞	8	2	0	∞	6
F	∞	∞	∞	5	∞	0	3
G	∞	∞	1	∞	6	3	0

① A → B → C → G → D → E → F ② A → B → C → G → E → D → F
③ A → B → C → G → E → F → D ④ A → B → C → G → F → D → E

20 그래프에서 모든 정점 사이의 최단 경로 비용을 구하기 위한 플로이드 알고리즘은 다음 식으로 표현된다. 이 식에서 cost[i][j]는 정점 i에서 정점 j로 가는 간선의 가중치를 나타내며, $A^k[i][j]$는 k보다 더 큰 인덱스를 갖는 정점을 통과하지 않으면서 i에서 j까지 갈 수 있는 최단 경로 비용을 나타낸다. 다음 그래프에 대해 행렬 A^2의 값은?

$$A^k[i][j]=\min\{A^{k-1}[i][j],\ A^{k-1}[i][k]+A^{k-1}[k][j]\},\ k>0$$
$$A^0[i][j]=cost[i][j]$$

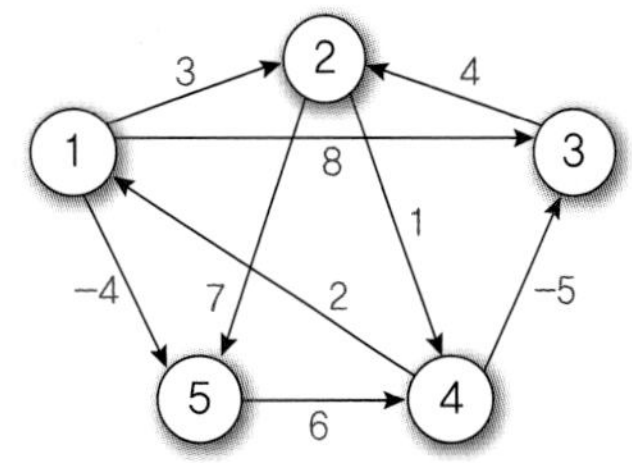

① $\begin{bmatrix} 0 & 3 & 8 & 4 & -4 \\ \infty & 0 & \infty & 1 & 7 \\ \infty & 4 & 0 & 5 & 11 \\ 2 & -1 & -5 & 0 & -2 \\ \infty & \infty & \infty & 6 & 0 \end{bmatrix}$

② $\begin{bmatrix} 0 & 3 & 8 & \infty & -4 \\ \infty & 0 & \infty & 1 & 7 \\ \infty & 4 & 0 & \infty & \infty \\ 2 & \infty & -5 & 0 & \infty \\ \infty & \infty & \infty & 6 & 0 \end{bmatrix}$

③ $\begin{bmatrix} 0 & 3 & 8 & 4 & -4 \\ \infty & 0 & \infty & 1 & 7 \\ \infty & 4 & 0 & 5 & 11 \\ 2 & 5 & -5 & 0 & -2 \\ \infty & \infty & \infty & 6 & 0 \end{bmatrix}$

④ $\begin{bmatrix} 0 & 1 & -3 & 2 & -4 \\ 3 & 0 & -4 & 1 & -1 \\ 7 & 4 & 0 & 5 & 3 \\ 2 & -1 & -5 & 0 & -2 \\ 8 & 5 & 1 & 6 & 0 \end{bmatrix}$

21 다음과 같이 신도시 일곱 곳의 도로 공사를 최소 비용으로 설계할 때, 다음 물음에 답하시오. (단, 노드는 도시 이름을 나타내고 간선은 공사 비용이다.)

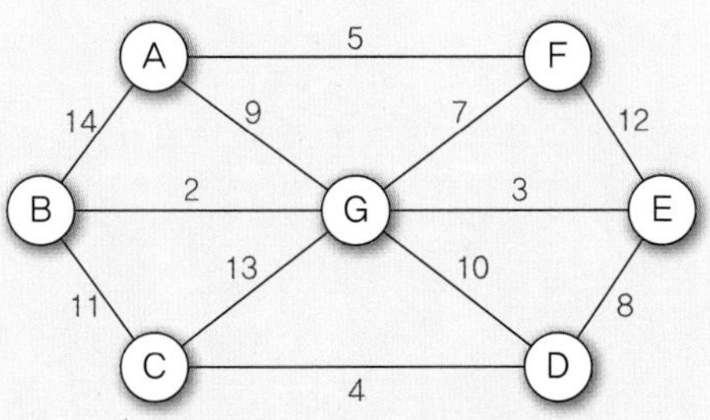

(가) MST Minimal Spanning Tree의 개념에 대해 설명하시오.

(나) 위 그래프의 비용 인접 리스트를 도식화하시오.

(다) 프림 알고리즘을 이용해 MST를 구하는 절차를 나타내시오. 단, 시작 노드는 A이다.

(라) 크루스칼 알고리즘을 이용해 MST를 구하는 절차를 나타내시오.

22 다음 그래프의 깊이 우선 신장 트리와 너비 우선 신장 트리를 구하시오. 시작 정점은 A이다.

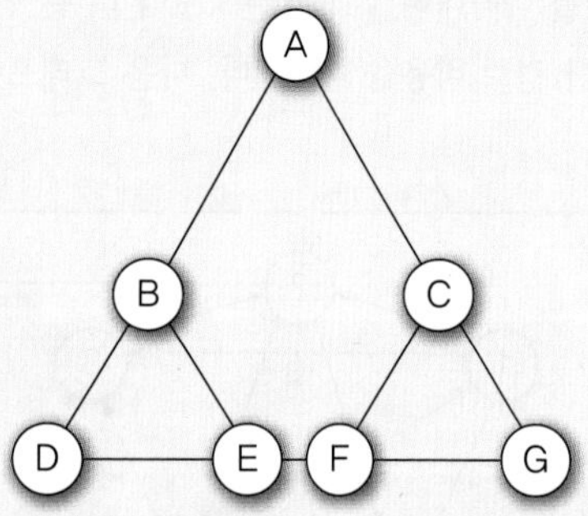

23 다음 가중치 그래프에 대한 최소 비용 신장 트리를 구하시오.

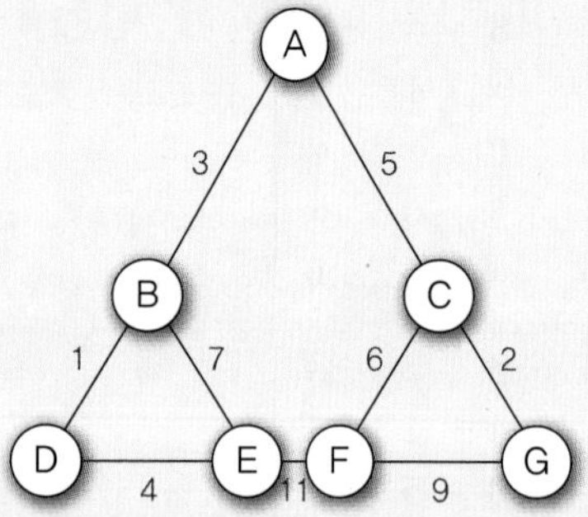

(가) 크루스칼 알고리즘 I을 이용해 최소 비용 신장 트리를 구하시오.

(나) 크루스칼 알고리즘 II를 이용해 최소 비용 신장 트리를 구하시오.

(다) 프림 알고리즘을 이용해 최소 비용 신장 트리를 구하시오. 시작 정점은 A이다.

24 최단 경로를 구하는 다익스트라 최단 경로 알고리즘과 플로이드 최단 경로 알고리즘을 비교하여 설명하시오.

정렬

01 정렬의 이해
02 선택 정렬
03 버블 정렬
04 퀵 정렬
05 삽입 정렬
06 셸 정렬
07 병합 정렬
08 기수 정렬
09 히프 정렬
10 트리 정렬
응용예제
요약
연습문제

Chapter

09

학습목표

- 자료의 정렬 방법을 알아본다.
- 정렬 방법에 대한 알고리즘을 이해한다.
- 정렬 알고리즘의 효율을 알아본다.

Chapter

09

Preview

가지고 있는 자료를 사용하기 편리하도록 정렬해 봅시다. 어떤 방법이 있을까요? 옆에 있는 것과 비교하면서 하나씩 자리를 바꾸면서 정렬할 수 있고, 관련 있는 것끼리 모아 분류한 다음 분류된 것들을 다시 정렬할 수도 있고 각자 자기만의 방법이 있을 것입니다. 쌓인 리포트를 날짜 순서대로 다시 정리하거나 책장에 꽂혀 있는 책을 다시 정리할 때 어떻게 했는지 떠올려 보면서 이 장에서 설명하는 여러 정렬 알고리즘과 비교해 보세요.

Section 01

정렬의 이해

1 정렬의 개념

정렬Sort이란 순서 없이 배열된 자료를 작은 것부터 큰 것 순서인 오름차순Ascending이나 큰 것부터 작은 것 순서인 내림차순Descending으로 재배열하는 것이다. 할 일을 중요도 순서로 정하는 것, 가게에서 음식을 유통기한순으로 냉장고에 진열하는 것, 도서관에서 책을 도서 번호순으로 정리하는 것, 이름순으로 기록된 전화번호부 등 정렬은 일상생활에서 자주 사용한다.

자료를 정렬하는 데 사용하는 기준이 되는 특정 값을 키Key라고 한다. 컴퓨터 아이콘을 정렬할 때 크기를 기준으로 정렬하면 크기가 키가 된다. 학생들의 성적을 입력한 데이터 시트에서 첫 번째 기준을 총점, 두 번째 기준을 학년, 세 번째 기준을 학번으로 하여 정렬하면 키를 세 개 사용한 정렬이 된다. 인터넷 쇼핑 사이트에서 같은 제품에 대해 제조사와 가격에 따라 정렬된 목록을 볼 수 있는데, 이런 것들이 모두 정렬이다.

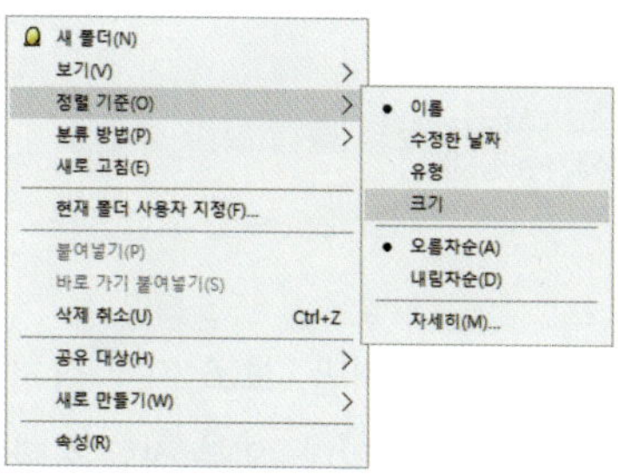

(a) 아이콘 정렬하기

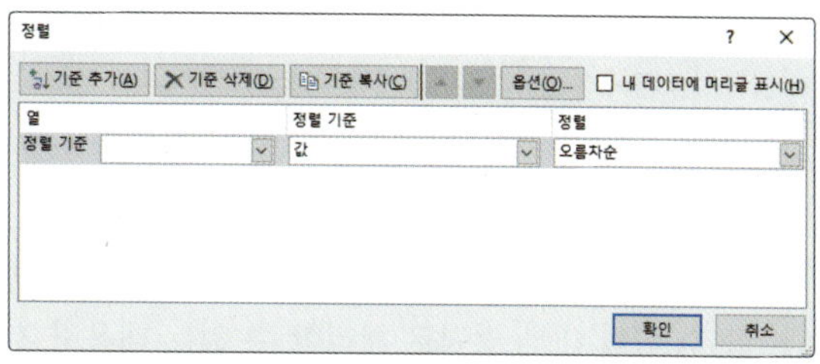

(b) 데이터 시트에서 정렬하는 기준 정하기

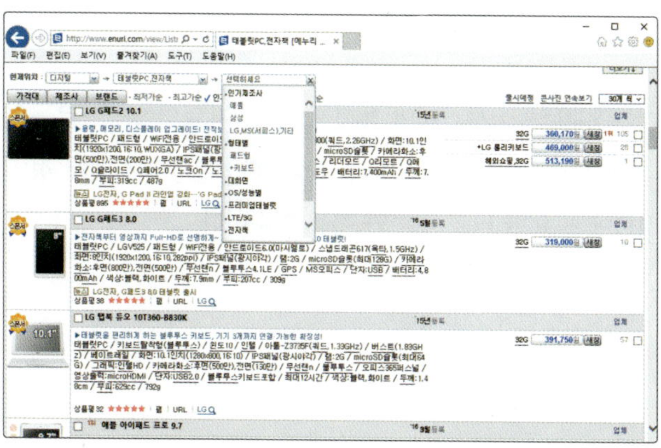

(c) 쇼핑몰에서 제품 정렬하기

그림 9-1 정렬의 예

2 정렬 방식의 분류

정렬 방법은 실행하는 방법과 정렬이 수행되는 장소에 따라 [표 9-1]과 같이 나눌 수 있다.

표 9-1 정렬 방식의 분류

기준	정렬 방식	설명
실행 방법	비교식 정렬Comparative Sort	비교할 각 키값을 한 번에 두 개씩 비교하여 교환함으로써 정렬을 실행하는 방식
	분배식 정렬Distribute Sort	키값을 기준으로 하여 자료를 여러 개의 부분집합으로 분해하고, 각 부분집합을 정렬함으로써 전체를 정렬하는 방식
정렬 장소	내부 정렬Internal Sort	컴퓨터 메모리 내부에서 정렬
	외부 정렬External Sort	메모리의 외부인 보조 기억 장치에서 정렬

■ **내부 정렬**

내부 정렬은 정렬할 자료를 메인 메모리에 올려서 정렬하는 방식으로, 정렬 속도는 빠르지만 정렬할 수 있는 자료의 양이 메인 메모리 용량에 따라 제한된다. 내부 정렬은 사용하는 정렬 방식에 따라 다음과 같이 나눌 수 있다.

표 9-2 내부 정렬의 분류

구분	종류	설명
비교식	교환 방식	키를 비교하고 교환하여 정렬하는 방식(선택 정렬, 버블 정렬, 퀵 정렬)
	삽입 방식	키를 비교하고 삽입하여 정렬하는 방식(삽입 정렬, 셸 정렬)
	병합 방식	키를 비교하고 병합하여 정렬하는 방식(2-way 병합, n-way 병합)
	선택 방식	이진 트리를 사용하여 정렬하는 방식(히프 정렬, 트리 정렬)
분배식	분배 방식	키를 구성하는 값을 여러 개의 부분집합에 분배하여 정렬하는 방식(기수 정렬)

■ **외부 정렬**

외부 정렬은 보조 기억 장치를 사용하기 때문에 내부 정렬보다 속도는 떨어지지만, 보조 기억 장치를 대용량으로 쓸 수 있어 내부 정렬로 처리할 수 없는 대용량 자료를 정렬할 수 있다. 외부 정렬은 파일을 부분 파일로 분리하여 각각을 내부 정렬 방법으로 정렬하여 병합하는 방식으로 2-way 병합, n-way 병합이 있다.

여러 정렬 방법 중 어떤 방법을 사용할 것인지는 사용하는 시스템의 특성, 정렬할 자료의 양, 자료들의 정렬 전 상태, 정렬에 사용하는 기억 공간과 실행 시간 등의 조건에 따라 결정한다. 같은 조건에서 정렬 방법의 효율성을 비교하는 일반적인 기준은 정렬에 필요한 비교 횟수와 이동 횟수이다.

Section 02

선택 정렬

1 선택 정렬의 이해

선택 정렬Selection Sort은 전체 원소 중에서 기준 위치에 맞는 원소를 선택해 자리를 교환하는 방식을 사용한다. 전체 원소 중에서 가장 작은 원소를 찾은 다음 첫째 원소와 자리를 교환한다. 그 다음 둘째로 작은 원소를 찾고 둘째 원소와 자리를 교환하고, 그 다음에는 셋째로 작은 원소를 찾고 셋째 원소와 자리를 교환한다. 이 과정을 반복하면서 정렬을 완성한다.

정렬하지 않은 {69, 10, 30, 2, 16, 8, 31, 22} 자료를 선택 정렬 방법으로 정렬하는 과정을 살펴보자.

❶ 1단계 : 첫째 자리를 기준 위치로 정하고, 전체 중 가장 작은 원소 2를 선택한 후 기준 위치에 있는 원소 69와 자리를 교환한다.

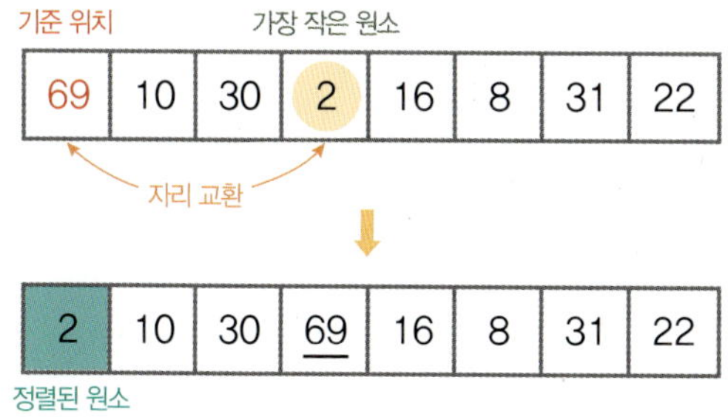

❷ 2단계 : 둘째 자리를 기준 위치로 정하고, 정렬된 원소를 제외한 나머지 원소 중에서 가장 작은 원소인 8을 선택한 후 기준 위치에 있는 원소 10과 자리를 교환한다.

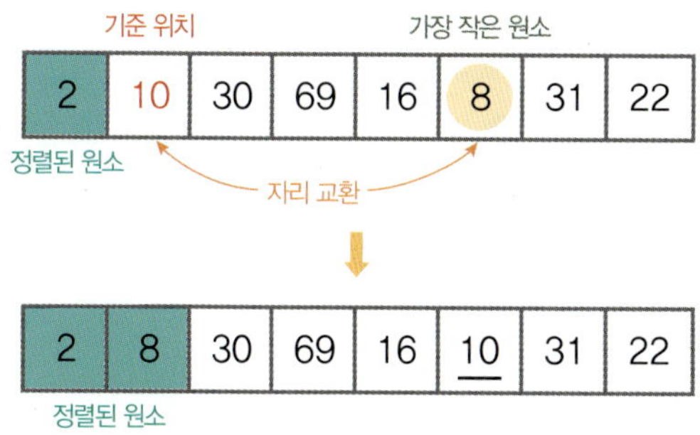

❸ 3단계 : 셋째 자리를 기준 위치로 정하고, 정렬된 원소를 제외한 나머지 원소 중 가장 작은 원소인 10을 선택한 후 기준 위치에 있는 원소 30과 자리를 교환한다.

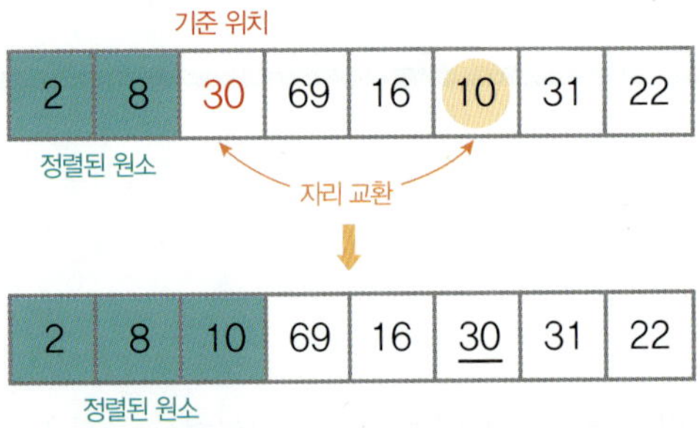

❹ 4단계 : 넷째 자리를 기준 위치로 정하고, 정렬된 원소를 제외한 나머지 원소 중 가장 작은 원소인 16을 선택한 후 기준 위치에 있는 원소 69와 자리를 교환한다.

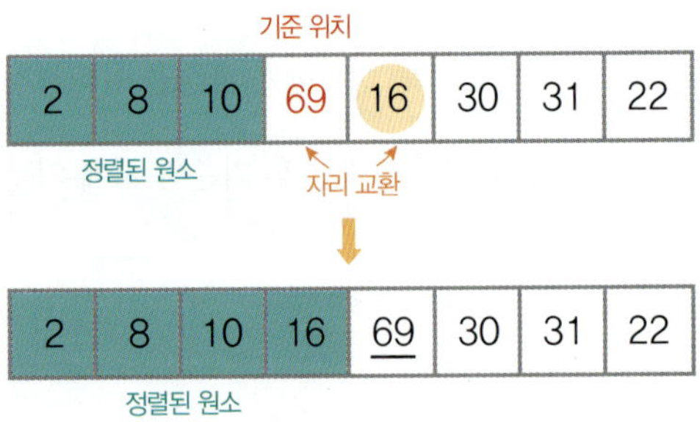

❺ 5단계 : 다섯째 자리를 기준 위치로 정하고, 정렬된 원소를 제외한 나머지 원소 중에서 가장 작은 원소 22를 선택한 후 기준 위치에 있는 원소 69와 자리를 교환한다.

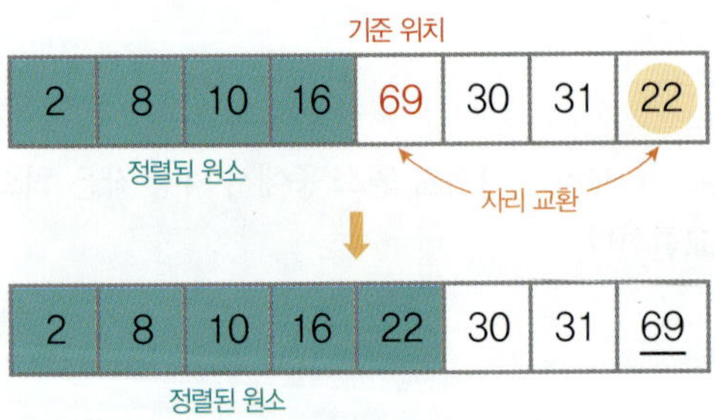

❻ 6단계 : 여섯째 자리를 기준 위치로 정하고, 정렬된 원소를 제외한 나머지 원소 중에서 가장 작은 원소 30을 선택한 후 기준 위치에 있는 원소 30과 자리를 교환한다(제자리).

7 7단계 : 일곱째 자리를 기준 위치로 정하고, 정렬된 원소를 제외한 나머지 원소 중에서 가장 작은 원소 31을 선택한 후 기준 위치에 있는 원소 31과 자리를 교환한다(제자리).

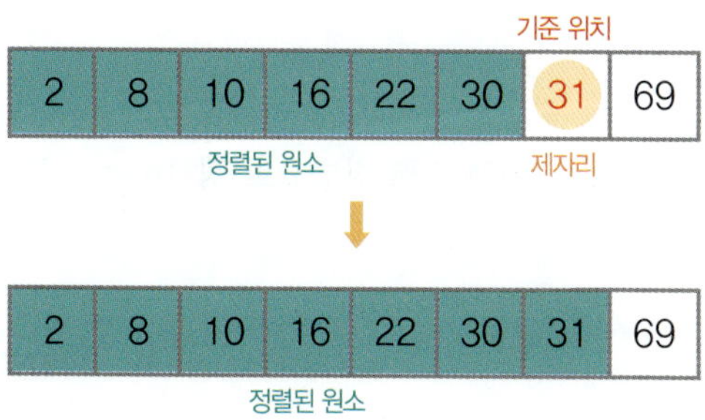

8 마지막에 남은 원소는 전체 원소 중에서 가장 큰 원소로, 마지막 자리에 남아 이미 정렬된 상태가 되므로 실행을 종료한다.

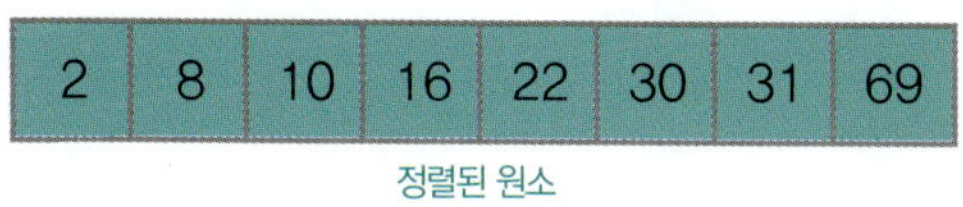

여덟 개의 원소에 대해 선택 정렬을 일곱 번 수행하면 전체 정렬이 완성된다.

2 선택 정렬 알고리즘

다음은 크기가 n인 배열 a[ ]의 원소를 선택 정렬하는 알고리즘이다.

알고리즘 9-1 **선택 정렬**

```
selectionSort(a[], n)
   for (i←1; i<n; i←i + 1) do {
      a[i], …, a[n - 1] 중에서 가장 작은 원소 a[k]를 선택해 a[i]와 교환한다.
   }
end selectionSort()
```

원소 n개에 대한 선택 정렬은 메모리 역시 n개를 사용하므로 공간 복잡도는 n이 된다.

선택 정렬에서 비교 횟수를 구해 보면 1단계에서는 첫째 원소를 기준으로 n개 원소를 비교하고, 2단계에서는 둘째 원소를 기준으로 마지막 원소까지 n−1개 원소를 비교하고, 3단계에서는 셋째 원소를 기준으로 마지막 원소까지 n−2개 원소를 비교한다. 이러한 방법으로 i단계에서는 i번째 원소를 기준으로 n−i개 원소를 비교한다. 원소 n개를 정렬하기 위해 선택 정렬을 (n−1)번 수행하는 동안 전체 비교 횟수는 다음과 같다.

전체 비교 횟수 : $(n-1)+(n-2)+\cdots+2+1 = \sum_{i=1}^{n-1} n-i = \frac{n(n-1)}{2}$

선택 정렬에서는 어떤 경우에서나 비교 횟수가 같으므로 시간 복잡도는 $O(n^2)$이 된다.

3 선택 정렬 프로그램

[예제 9−1]은 정렬하지 않은 {69, 10, 30, 2, 16, 8, 31, 22}를 선택 정렬 방법으로 정렬하는 프로그램이다.

예제 9-1 선택 정렬하기

[selectSort.c]

[알고리즘 9-1] 구현

```c
#include <stdio.h>
void SelectionSort(int a[], int size) {
   int i, j, t, min, temp;

   for (i = 0; i < size - 1; i++) {
      min = i;
      for (j = i + 1; j < size; j++) {
         if (a[j] < a[min]) min = j;
      }
      temp = a[i];
      a[i] = a[min];
      a[min] = temp;
      printf("\n%d단계 : ", i + 1);
      for (t = 0; t < size; t++)  printf("%3d ", a[t]);
   }
}
```

[ex9_1.c]

```c
#include <stdio.h>
 void SelectionSort(int a[], int size);

int main(void) {
   int i, list[8] = { 69, 10, 30, 2, 16, 8, 31, 22 };   // 정렬할 원소
   int size = sizeof(list)/ sizeof(list[0]);
   printf("\n정렬할 원소 : ");
```

```
08      for (i = 0; i < size; i++)  printf("%3d ", list[i]); // 정렬 전의 원소 출력
09      printf("\n<<<<<<<<<< 선택 정렬 수행 >>>>>>>>>>\n");
10      SelectionSort(list, size);                          // 선택 정렬 함수 호출
11
12      getchar(); return 0;
13  }
```

```
정렬할 원소 : 69 10 30 2 16 8 31 22

<<<<<<<<<< 선택 정렬 수행 >>>>>>>>>>

1단계 :  2  10  30  69  16   8  31  22
2단계 :  2   8  30  69  16  10  31  22
3단계 :  2   8  10  69  16  30  31  22
4단계 :  2   8  10  16  69  30  31  22
5단계 :  2   8  10  16  22  30  31  69
6단계 :  2   8  10  16  22  30  31  69
7단계 :  2   8  10  16  22  30  31  69
```

[selectSort.c]

05~15행은 첫째 원소부터 시작하여 선택 정렬을 (n-1)번 반복하여 수행한다.

06행 : 기준 위치 원소의 인덱스 i를 변수 min에 설정한다.

07~09행 : i번 원소부터 마지막 원소까지 비교하면서 가장 작은 원소의 인덱스를 변수 min에 저장한다.

10~12행 : 가장 작은 값 a[min]과 기준 원소 a[i]를 서로 교환한다.

14행 : 한 단계의 선택 정렬이 끝난 현재 상태를 출력하고, 05행으로 돌아가서 다음 단계 선택 정렬을 수행하기 위해 기준 위치 인덱스 i를 하나 증가시킨 후 06~14행을 반복한다.

Section 03 버블 정렬

1 버블 정렬의 이해

버블 정렬Bubble Sort은 인접한 원소를 두 개 비교하여 자리를 교환하는 방식을 반복하면서 정렬한다. 버블 정렬을 수행하면 인접한 처음 두 개 원소부터 인접한 마지막 원소까지 비교하는 작업과 자리를 교환하는 작업을 반복하면서 가장 큰 원소가 마지막 자리에 정렬된다. 첫째 원소부터 인접한 원소끼리 계속 자리를 교환하면서 맨 마지막 자리로 이동하는 모습이 물 위로 뽀글뽀글 올라오는 물방울 모양과 같다고 해서 버블 정렬이라고 한다.

정렬하지 않은 {69, 10, 30, 2, 16, 8, 31, 22} 자료를 버블 정렬 방법으로 정렬하는 과정을 살펴보자.

1 1단계 : 인접한 두 원소를 비교하여 자리를 교환하는 작업을 첫째 원소부터 마지막 원소까지 차례로 반복하면 가장 큰 원소 69가 마지막 자리로 정렬된다.

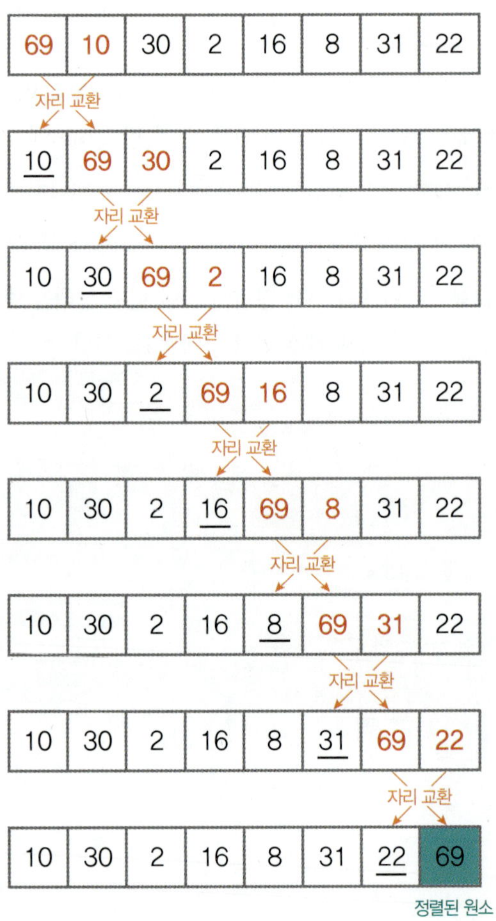

2 2단계 : 정렬하지 않은 원소에 대해 두 번째 버블 정렬을 수행하면, 정렬된 원소를 제외한 나머지 원소 중에서 가장 큰 원소 31이 끝에서 둘째 자리로 정렬된다.

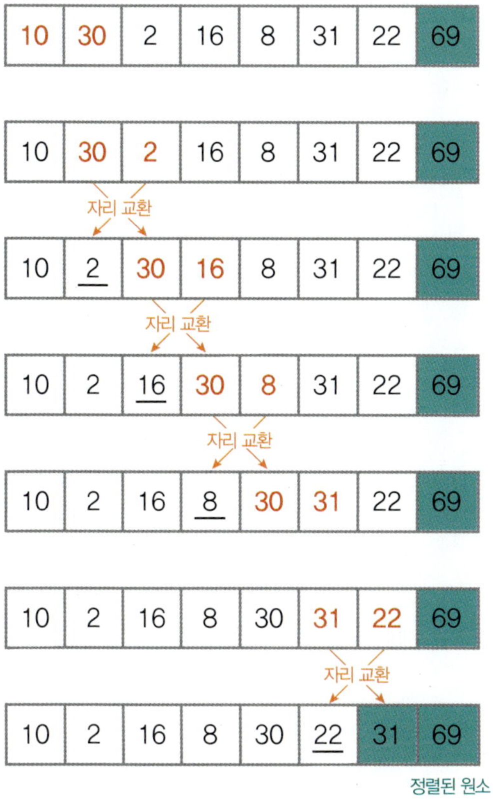

3 3단계 : 세 번째 버블 정렬을 수행하면, 정렬된 원소를 제외한 나머지 원소 중에서 가장 큰 원소 30이 끝에서 셋째 자리로 정렬된다.

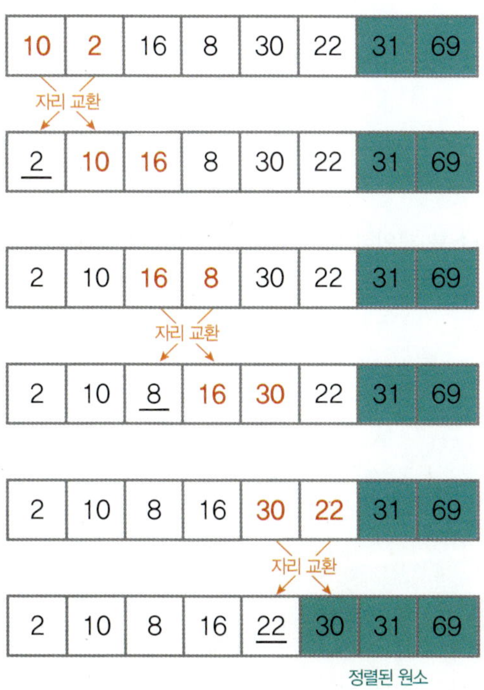

4 4단계 : 네 번째 버블 정렬을 정렬하지 않은 원소에 대해 수행하면, 정렬된 원소를 제외한 나머지 원소 중에서 가장 큰 원소 22가 끝에서 넷째 자리로 정렬된다.

2	10	8	16	22	30	31	69

2	10	8	16	22	30	31	69

자리 교환

2	8	10	16	22	30	31	69

2	8	10	16	22	30	31	69

2	8	10	16	22	30	31	69

정렬된 원소

5 5단계 : 다섯 번째 버블 정렬을 수행하면, 정렬된 원소를 제외한 나머지 원소 중에서 가장 큰 원소 16이 끝에서 다섯째 자리로 정렬된다.

2	8	10	16	22	30	31	69

2	8	10	16	22	30	31	69

2	8	10	16	22	30	31	69

2	8	10	16	22	30	31	69

정렬된 원소

6 6단계 : 여섯 번째 버블 정렬을 수행하면, 정렬된 원소를 제외한 나머지 원소 중에서 가장 큰 원소 10이 끝에서 여섯째 자리로 정렬된다.

2	8	10	16	22	30	31	69

2	8	10	16	22	30	31	69

2	8	10	16	22	30	31	69

정렬된 원소

7 7단계 : 정렬된 원소를 제외한 나머지 원소 중에서 가장 큰 원소 8이 끝에서 일곱째 자리로 정렬된다.

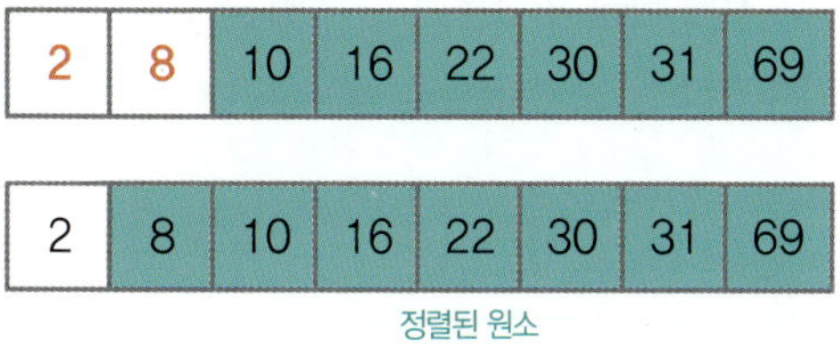

8 마지막에 남은 원소는 전체 원소 중에서 가장 작은 원소로, 가장 앞자리에 남아 이미 정렬된 상태가 되므로 실행을 종료한다.

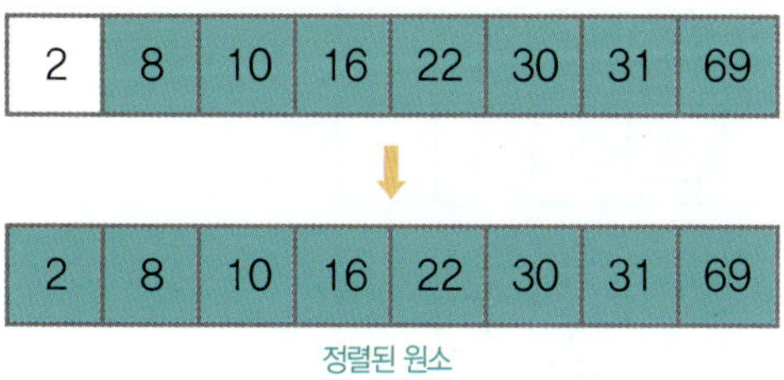

여덟 개의 자료에 대해 버블 정렬을 일곱 번 반복 수행하면 전체 정렬이 완성된다.

2 버블 정렬 알고리즘

다음은 크기가 n인 배열 a[ ]의 원소를 버블 정렬하는 알고리즘이다.

알고리즘 9-2 버블 정렬

```
bubbleSort(a[], n)
   for (i ← n - 1; i≥0; i ← i - 1) do {
      for (j ← 0; j<i; j ← j + 1) do {
         if (a[j] > a[j + 1]) then {
            temp ← a[j];
            a[j] ← a[j + 1];
            a[j + 1] ← temp;
         }
      }
   }
end bubbleSort()
```

버블 정렬에서 사용하는 메모리 크기는 정렬할 원소 개수(n)이다.

버블 정렬에서 연산 시간이 가장 짧은 최선의 경우는 [그림 9-2]의 (a)와 같이 자료들이 이미 정렬되어 있는 경우이다. 이런 경우에는 i번째 원소는 (n-i)번 비교하게 되므로 전체 비교 횟수는 $\frac{n(n-1)}{2}$이 되고 원소의 자리 교환은 발생하지 않는다.

버블 정렬에서 연산 시간이 가장 긴 경우는 [그림 9-2]의 (b)와 같이 역순으로 정렬되어 있는 경우이다. 이 경우에도 i번째 원소는 (n-i)번 비교하게 되므로 전체 비교 횟수는 $\frac{n(n-1)}{2}$로 최선의 경우와 같지만, 비교할 때마다 자리 교환 연산이 발생하므로 i번째 원소는 자리 교환을 (n-i)번 하게 되어 전체 자리 교환 횟수가 $\frac{n(n-1)}{2}$이 된다.

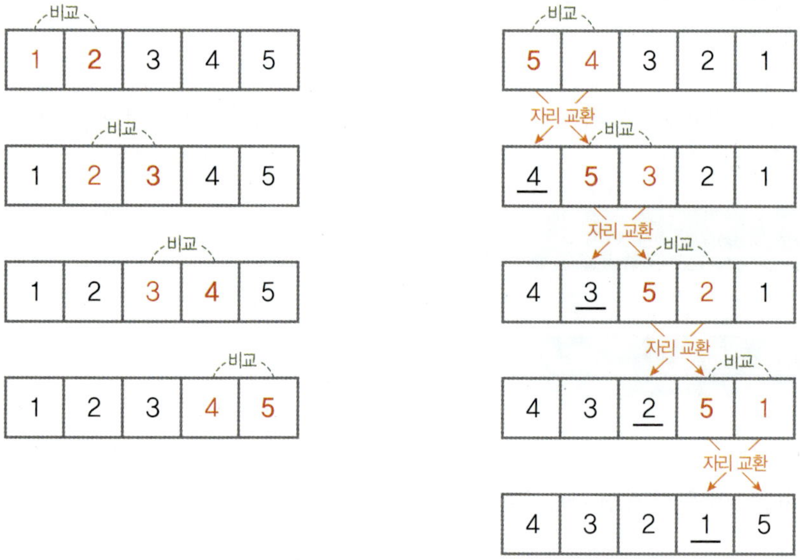

- 전체 비교 횟수 : $1+2+3+\cdots+(n-1) = \frac{n(n-1)}{2}$
- 전체 자리 교환 횟수 : 0

→ 시간 복잡도 : $O(n^2)$

(a) 순차 정렬된 경우 : 최선의 경우

- 전체 비교 횟수 : $1+2+3+\cdots+(n-1) = \frac{n(n-1)}{2}$
- 전체 자리 교환 횟수 : $1+2+3+\cdots+(n-1) = \frac{n(n-1)}{2}$

→ 시간 복잡도 : $O(n^2)$

(b) 역순 정렬된 경우 : 최악의 경우

그림 9-2 순차 정렬된 경우와 역순 정렬된 경우의 버블 정렬 비교

최선의 경우와 최악의 경우에 대한 평균 시간 복잡도를 빅-오 Big-Oh 표기법으로 나타내면 $O(n^2)$이 된다.

3 버블 정렬 프로그램

[예제 9-2]는 정렬하지 않은 {69, 10, 30, 2, 16, 8, 31, 22} 자료를 버블 정렬하는 프로그램이다.

예제 9-2 버블 정렬하기

[bubbleSort.c]

[알고리즘 9-2] 구현

```c
01 #include <stdio.h>
02 void bubbleSort(int a[], int size) {
03    int i, j, t, temp;
04 
05    for (i = size - 1; i > 0; i--) {
06       printf("\n %d단계>>", size - i);
07       for (j = 0; j < i; j++) {
08          if (a[j] > a[j + 1]) {
09             temp = a[j];
10             a[j] = a[j + 1];
11             a[j + 1] = temp;
12          }
13          printf("\n\t");
14          for (t = 0; t < size; t++) printf("%3d ", a[t]);
15       }
16    }
17 }
```

[ex9_2.c]

```c
#include <stdio.h>
void bubbleSort(int a[], int size);

int main(void) {
   int i, list[8] = { 69, 10, 30, 2, 16, 8, 31, 22 };      // 정렬할 원소
   int size = sizeof(list) / sizeof(list[0]);
   printf("\n정렬할 원소 : ");
   for (i = 0; i < size; i++)  printf("%3d ", list[i]);     // 정렬 전의 원소 출력
   printf("\n<<<<<<<<<< 버블 정렬 수행 >>>>>>>>>>");
   bubbleSort(list, size);                                   // 버블 정렬 함수 호출

   getchar();  return 0;
}
```

[bubbleSort.c]

05~16행은 첫째 원소부터 시작하여 버블 정렬을 (n-1)번 반복 수행한다.

07~15행 : 0번 원소부터 i번 원소까지 반복 수행한다.

09~11행 : 인접한 원소를 두 개 비교하여 자리를 교환한다.

14행 : 버블 정렬의 한 단계가 끝났으므로 현재 상태를 출력한다.

```
정렬할 원소 : 69 10 30 2 16 8 31 22

<<<<<<<<< 버블 정렬 수행 >>>>>>>>>

1단계>>
        10  69  30   2  16   8  31  22
        10  30  69   2  16   8  31  22
        10  30   2  69  16   8  31  22
        10  30   2  16  69   8  31  22
        10  30   2  16   8  69  31  22
        10  30   2  16   8  31  69  22
        10  30   2  16   8  31  22  69
2단계>>
        10  30   2  16   8  31  22  69
        10   2  30  16   8  31  22  69
        10   2  16  30   8  31  22  69
        10   2  16   8  30  31  22  69
        10   2  16   8  30  31  22  69
        10   2  16   8  30  22  31  69
3단계>>
         2  10  16   8  30  22  31  69
         2  10  16   8  30  22  31  69
         2  10   8  16  30  22  31  69
         2  10   8  16  30  22  31  69
         2  10   8  16  22  30  31  69
4단계>>
         2  10   8  16  22  30  31  69
         2   8  10  16  22  30  31  69
         2   8  10  16  22  30  31  69
         2   8  10  16  22  30  31  69
5단계>>
         2   8  10  16  22  30  31  69
         2   8  10  16  22  30  31  69
         2   8  10  16  22  30  31  69
6단계>>
         2   8  10  16  22  30  31  69
         2   8  10  16  22  30  31  69
7단계>>
         2   8  10  16  22  30  31  69
```

Section 04

퀵 정렬

1 퀵 정렬의 이해

퀵 정렬Quick Sort은 정렬할 전체 원소에 대해 정렬을 수행하지 않고 기준값을 중심으로 왼쪽 부분집합과 오른쪽 부분집합으로 분할Divide한다. 왼쪽 부분집합에는 기준값보다 작은 원소를 이동시키고, 오른쪽 부분집합에는 기준값보다 큰 원소들을 이동시킨다. 이때 사용하는 기준값을 피봇Pivot이라고 한다. 피봇은 전체 원소 중 가운데 위치한 원소 또는 첫째 원소 또는 마지막 원소로 정할 수도 있고, 별도의 수식을 사용하여 정하기도 한다.

퀵 정렬은 다음 두 가지 기본 작업을 반복 수행하여 완성한다.

- **분할**Divide : 정렬할 자료들을 기준값을 중심으로 두 개로 나눠 부분집합을 만든다.
- **정복**Conquer : 부분집합 안에서 기준값의 정렬 위치를 정한다.

분할 작업을 순환적으로 반복하여 피봇의 왼쪽 부분집합과 오른쪽 부분집합의 크기를 줄이면서, 부분집합 내에서의 정렬을 반복하는 방법으로 전체 원소를 정렬한다. 부분집합으로 분할하기 위해서 L과 R을 사용한다. 다음은 퀵 정렬을 위한 동작 규칙이다.

❶ 왼쪽 끝에서 오른쪽으로 움직이면서 크기를 비교하여 피봇보다 크거나 같은 원소를 찾아 L로 표시한다. 단, L은 R과 만나면 더 이상 오른쪽으로 이동하지 못하고 멈춘다.

❷ 오른쪽 끝에서 왼쪽으로 움직이면서 피봇보다 작은 원소를 찾아 R로 표시한다. 단, R은 L과 만나면 더 이상 왼쪽으로 이동하지 못하고 멈춘다.

❸-ⓐ ❶과 ❷에서 찾은 L 원소와 R 원소가 있는 경우, 서로 교환하고 L과 R의 현재 위치에서 ❶과 ❷ 작업을 다시 수행한다.

❸-ⓑ ❶~❷를 수행하면서 L과 R이 같은 원소에서 만나 멈춘 경우, 피봇과 R의 원소를 서로 교환한다. 교환된 자리를 피봇 위치로 확정하고 현재 단계의 퀵 정렬을 끝낸다.

❹ 피봇의 확정된 위치를 기준으로 만들어진 새로운 왼쪽 부분집합과 오른쪽 부분집합에 대해서 ❶~❸의 퀵 정렬을 순환적으로 반복 수행하는데, 모든 부분집합의 크기가 1 이하가 되면 전체 퀵 정렬을 종료한다.

그림 9-3 **퀵 정렬을 위한 동작 규칙**

정렬하지 않은 {69, 10, 30, 2, 16, 8, 31, 22} 자료를 퀵 정렬 방법으로 정렬하는 과정을 살펴보자. 여기에서는 가운데 원소를 피봇으로 정하였다.

1 1단계 : ① 원소 2를 피봇으로 선택하고 퀵 정렬을 시작한다. ② L은 정렬 범위의 왼쪽 끝에서 오른쪽으로 움직이면서 피봇보다 크거나 같은 원소를 찾고, R은 정렬 범위의 오른쪽 끝에서 왼쪽으로 움직이면서 피봇보다 작은 원소를 찾는다. L은 원소 69를 찾았지만, R은 피봇보다 작은 원소를 찾지 못한 상태로 원소 69에서 L과 만난다. L과 R이 만나 더 이상 진행할 수 없는 상태가 되었으므로, ③ 원소 69를 피봇과 자리를 교환하고 피봇 원소 2의 위치를 확정한다.

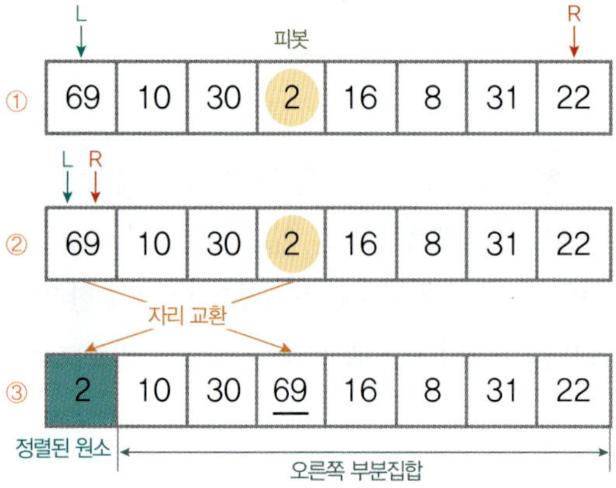

2 2단계 : 위치가 확정된 피봇 2를 기준으로 2의 왼쪽 부분집합은 공집합이므로 퀵 정렬을 수행하지 않고, 오른쪽 부분집합에 대해서 퀵 정렬을 수행한다. ① 오른쪽 부분집합의 원소가 일곱 개이므로 가운데 있는 원소 16을 피봇으로 선택하고 퀵 정렬을 시작한다. ② L은 오른쪽으로 움직이면서 피봇보다 크거나 같은 원소인 30을 찾고, R은 왼쪽으로 움직이면서 피봇보다 작은 원소인 8을 찾는다. ③ L이 찾은 30과 R이 찾은 8을 서로 자리를 교환한다. ④ 현재 위치에서 L은 다시 오른쪽으로 움직이면서 피봇보다 크거나 같은 원소 69를 찾고 R은 피봇보다 작은 원소를 찾다가 R이 원소 69에서 L과 만나 더 이상 진행할 수 없는 상태가 되었으므로, ⑤ 원소 69를 피봇과 교환하고 피봇 원소 16의 위치를 확정한다.

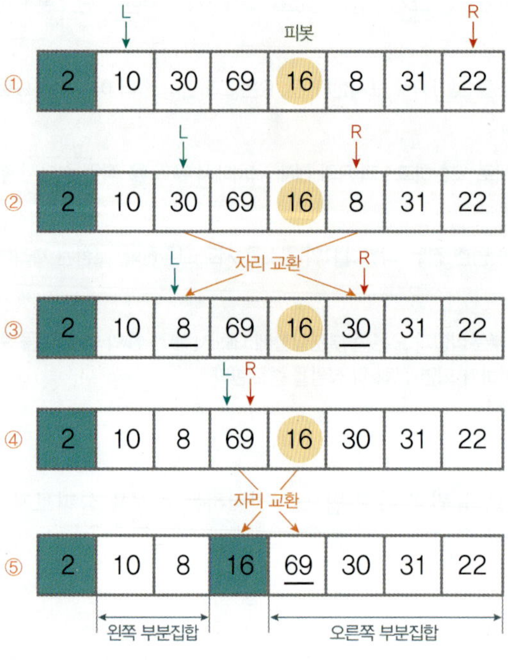

❸ 3단계 : 위치가 확정된 피봇 16을 기준으로 새로 생긴 왼쪽 부분집합에서 퀵 정렬을 수행한다.

① 원소 10을 피봇으로 선택하고 L은 오른쪽으로 움직이면서 피봇보다 크거나 같은 원소를, R은 왼쪽으로 움직이면서 피봇보다 작은 원소를 찾는다.

② L이 찾은 10과 R이 찾은 8을 서로 교환한다.

③ 현재 위치에서 L은 다시 오른쪽으로 움직이다가 원소 10에서 R과 만나서 멈추게 된다. 더 이상 진행할 수 없는 상태가 되었으므로,

④ R의 원소와 피봇을 교환하고 피봇 원소 10의 위치를 확정한다(이 경우에는 R과 피봇 위치가 같았으므로, 자리를 교환하기 전과 후의 상태가 같다).

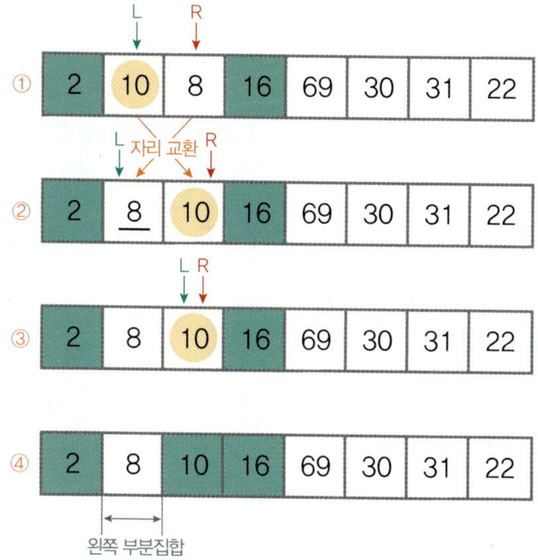

❹ 4단계 : 피봇 10의 왼쪽 부분집합은 원소가 한 개이므로 퀵 정렬을 수행하지 않는다. 오른쪽 부분집합은 공집합이므로 역시 퀵 정렬을 수행하지 않는다. 이제 [2단계]에서 피봇이었던 원소 16의 오른쪽 부분집합에 대해서 퀵 정렬을 수행한다.

① 오른쪽 부분집합의 원소가 네 개이므로 가운데 있는 원소 30을 피봇으로 선택한다. L은 오른쪽으로 이동하면서 피봇보다 크거나 같은 원소를 찾고, R은 왼쪽으로 움직이면서 피봇보다 작은 원소를 찾는다.

② L이 찾은 69와 R이 찾은 22를 서로 교환한다. 현재 위치에서 다시 L은 피봇보다 크거나 같은 원소를 찾아 오른쪽으로 움직이고 R은 피봇보다 작은 원소를 찾아 왼쪽으로 움직이다가

③ 원소 30에서 L과 R이 만나 멈춘다. 더 이상 진행할 수 없으므로

④ R의 원소와 피봇을 교환하고 피봇 원소 30의 위치가 확정된다(이 경우에 R과 피봇 위치가 같았으므로, 자리를 교환하기 전과 후의 상태가 같다).

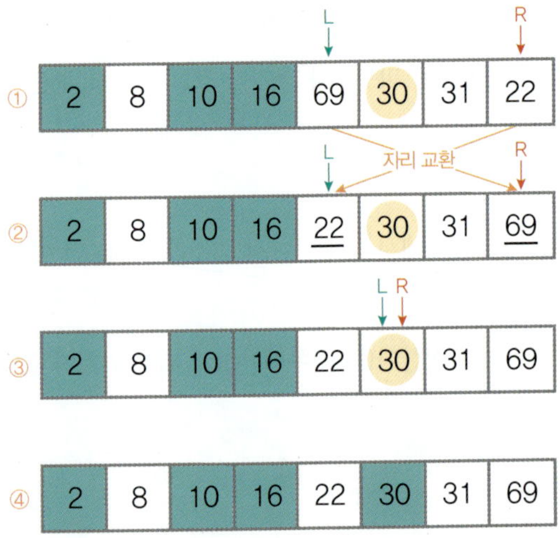

5 5단계 : 피봇 30을 기준으로 새로 생긴 왼쪽 부분집합의 원소가 한 개이므로 퀵 정렬을 수행하지 않고, 오른쪽 부분집합에 대해서 퀵 정렬을 수행한다.

① 이때 피봇은 31을 선택하고 L은 오른쪽으로 움직이면서 피봇보다 크거나 같은 원소(31)를 찾고 R은 왼쪽으로 움직이면서 피봇보다 작은 원소를 찾는다.

② L과 R이 원소 31에서 만나 더 이상 진행하지 못하는 상태가 되어

③ 원소 31을 피봇과 교환하여 피봇 원소의 위치를 확정한다(이 경우에는 R과 피봇 위치가 같았으므로, 자리를 교환하기 전과 후의 상태가 같다).

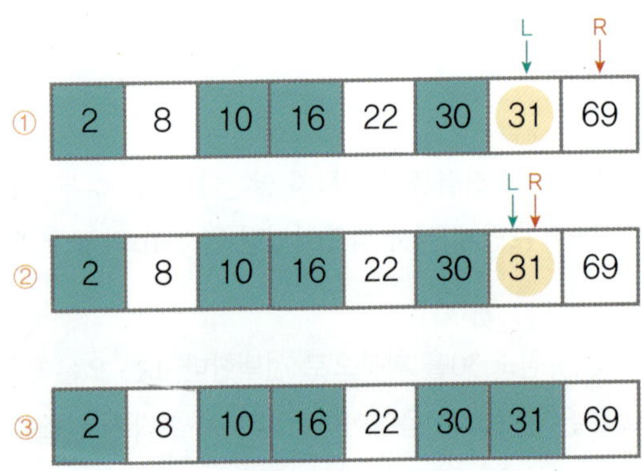

6 6단계 : 피봇 31을 기준으로 오른쪽 부분집합의 원소가 한 개이므로 퀵 정렬을 수행하지 않는다. 모든 부분집합의 크기가 1 이하이므로 전체 퀵 정렬을 종료한다.

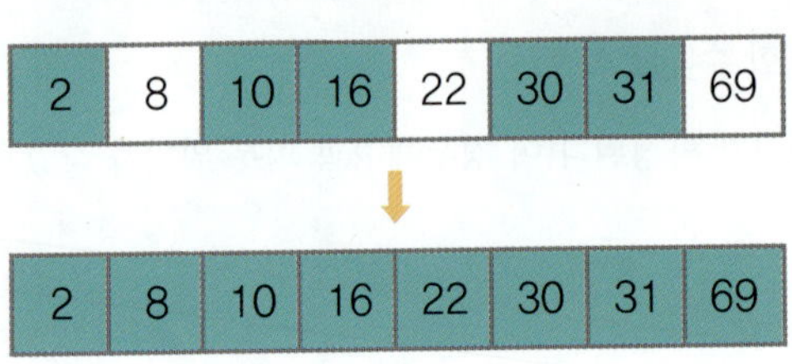

퀵 정렬은 버블 정렬과 마찬가지로 교환 방식의 정렬 방법이다. 버블 정렬은 인접한 두 개의 원소를 비교하여 자리를 교환하기 때문에 원소가 이동하는 거리가 1이 되어 자기 자리를 찾기까지 비교 횟수와 자리 교환 횟수가 많아진다. 퀵 정렬은 이런 점을 개선하여 작은 원소는 왼쪽으로, 큰 원소는 오른쪽으로 옮기면서 부분집합을 구성하고, 작은 부분집합 내에서 정렬을 수행함으로써 비교 횟수와 자리 교환 횟수를 줄인 방법이다.

2 퀵 정렬 알고리즘

다음은 크기가 n인 배열 a[ ]의 원소를 퀵 정렬하는 알고리즘이다.

알고리즘 9-3 퀵 정렬

```
quickSort(a[], begin, end)
   if (m < n) then {
      p ← partition(a, begin, end);
      quickSort(a[], begin, p-1);
      quickSort(a[], p+1, end);
   }
end quickSort()
```

퀵 정렬 알고리즘은 주어진 배열 a[ ]를 두 개로 분할하는 partition() 연산이 필요하다.

알고리즘 9-4 파티션 분할

```
partiton(a[], begin, end)
   pivot ←(begin + end) / 2;
   L ← begin;
   R ← end;
   while (L<R) do {
      while (a[L]<a[pivot] and L<R) do L++;
      while (a[R]≥a[pivot] and L<R) do R--;
      if (L<R) then {  // L의 원소와 R의 원소 교환
         temp ← a[L];
         a[L] ← a[R];
         a[R] ← temp;
      }
   }
   temp ← a[pivot];    // R의 원소와 피봇 원소 교환
   a[pivot] ← a[R];
   a[R] ← temp;
   return R;           // 교환된 R의 자리를 분할 기준 자리로 반환
end partition()
```

퀵 정렬 알고리즘에서 실행 성능은 선택한 피봇에 의해 결정된다. 퀵 정렬 알고리즘의 실행 성능이 가장 좋은 경우는 피봇에 의해서 원소들이 왼쪽 부분집합과 오른쪽 부분집합으로 정확히 n/2개씩 2등분되는 경우가 반복되어 수행 단계 수가 최소가 되는 경우이다. 반대로, 피봇에 의해 원소들을 분할하였을 때 한 개와 n−1개로 한쪽으로 치우쳐 분할되는 경우가 반복되어 수행 단계 수가 최대가 되는 경우에는 실행 성능이 최저로 떨어진다. 일반적으로 퀵 정렬의 평균 시간 복잡도는 $O(n\log_2 n)$으로 다른 정렬 방법에 비해 자리 교환 횟수를 줄임으로써 실행 시간 성능을 향상시킨 정렬 방법이다.

3 퀵 정렬 프로그램

[예제 9-3]은 정렬하지 않은 {69, 10, 30, 2, 16, 8, 31, 22} 자료를 퀵 정렬 방법으로 정렬하는 프로그램이다.

예제 9-3 퀵 정렬하기 1

[quickSort1.c]

```c
#include <stdio.h>

int i = 0;            // 퀵 정렬 단계 출력용 변수

// 주어진 부분집합 안에서 피봇의 위치를 확정하여 분할 위치를 정하는 연산   [알고리즘 9-4] 수정 구현
int partition(int a[], int begin, int end, int size) {
    int  pivot, L, R, t, temp;
    L = begin;
    R = end;
    pivot = (begin + end) / 2; // 중간에 위치한 원소를 피봇 원소로 선택
    printf("\n [%d단계 : pivot = %d ] \n", ++i, a[pivot]);
    while (L < R) {
        while ((a[L] < a[pivot]) && (L < R)) L++;
        while ((a[R] >= a[pivot]) && (L < R)) R--;
        if (L < R) {       // L과 R 원소의 자리 교환
            temp = a[L];
            a[L] = a[R];
            a[R] = temp;
            // L이 피봇인 경우, 변경된 피봇의 위치(R)를 다시 저장!
            if (L == pivot)  pivot = R;
        } // if(L<R)
    } // while(L<R)
      // (L=R)이 된 경우,
      // 더 이상 진행할 수 없으므로 R 원소와 피봇 원소의 자리를 교환하여 마무리
    temp = a[pivot];
    a[pivot] = a[R];
    a[R] = temp;
    for (t = 0; t < size; t++)  printf("%4d", a[t]); // 현재의 정렬 상태 출력
```

```c
    printf("\n");
    return R;        // 정렬되어 확정된 피봇의 위치 반환
}

void quickSort(int a[], int begin, int end, int size) {                [알고리즘 9-3] 구현
    int p;
    if (begin < end) {
        p = partition(a, begin, end, size); // 피봇의 위치에 의해 분할 위치 결정
        quickSort(a, begin, p - 1, size);   // 피봇의 왼쪽 부분집합에 대해 퀵 정렬을 재귀호출
        quickSort(a, p + 1, end, size);     // 피봇의 오른쪽 부분집합에 대해 퀵 정렬을 재귀호출
    }
}
```

[ex9_3.c]

```c
#include <stdio.h>
void quickSort(int a[], int begin, int end, int size);

int main(void) {
    int i, list[8] = { 69, 10, 30, 2, 16, 8, 31, 22 };
    int size = sizeof(list) / sizeof(list[0]);     // list 배열의 원소 개수
    printf("\n 정렬할 원소 : ");
    for (i = 0; i < size; i++) printf("%3d", list[i]);
    printf("\n\n<<<<<<<<<< 퀵 정렬 수행 >>>>>>>>>>\n");
    quickSort(list, 0, size - 1, size);           // 퀵 정렬 함수 호출

    getchar();  return 0;
}
```

```
정렬할 원소 :  69 10 30 2 16 8 31 22

<<<<<<<<<< 퀵 정렬 수행 >>>>>>>>>>

[ 1단계 : pivot=2 ]
 2 10 30 69 16 8 31 22

[ 2단계 : pivot=16 ]
 2 10 8 16 69 30 31 22

[ 3단계 : pivot=10 ]
 2 8 10 16 69 30 31 22

[ 4단계 : pivot=30 ]
 2 8 10 16 22 30 31 69

[ 5단계 : pivot=31 ]
 2 8 10 16 22 30 31 69
```

[quickSort1.c]

06~31행은 배열 a에서 begin과 end 사이에 있는 원소에 대해 피봇의 정렬 위치를 확정하여 부분집합을 만드는 분할 위치를 찾는 연산을 수행한다.

08행 : 작업 범위의 시작 위치 begin을 L로 설정한다.

09행 : 작업 범위의 마지막 위치 end를 R로 설정한다.

10행 : 작업 범위의 중간 위치를 pivot으로 설정한다.

12~22행은 L < R이면, L이 찾은 원소와 R이 찾은 원소를 교환한다.

13행 : a[L]이 a[pivot]보다 작고 L이 R보다 작은 동안 L을 증가시킨다. 즉, pivot 원소보다 크거나 같은 원소를 찾을 때까지 또는 L과 R이 만날 때까지 L을 오른쪽으로 이동한다.

14행 : a[R]이 a[pivot]보다 크거나 같고 L이 R보다 작은 동안 R을 감소시킨다. 즉, pivot 원소보다 작은 원소를 찾을 때까지 또는 L과 R이 만날 때까지 R을 왼쪽으로 이동한다.

16~18행 : L이 찾은 원소 a[L]과 R이 찾은 원소 a[R]을 서로 교환한다.

20행 : L과 pivot이 같으면 16~18행의 교환 작업에 의해 pivot 위치가 R로 변경되므로, 현재 pivot의 위치(R)를 재설정한다.

25~30행은 L = R이면 더 이상 진행할 수 없는 상태이므로 피봇 원소 a[pivot]과 R의 원소 a[R]을 서로 교환하고, 확정된 피봇 원소의 자리를 분할 기준 위치로 반환한다.

25~27행 : 피봇 원소 a[pivot]과 R의 원소 a[R]을 서로 교환한다.

30행 : pivot의 확정된 위치 즉, 자리를 교환한 후의 R을 반환한다.

33~40행은 두 개의 부분집합을 나누고, 각 부분집합에 대해 퀵 정렬을 재귀호출한다.

36행 : partition 함수를 호출하여 배열 a의 begin부터 end까지 범위에 대해 두 개의 부분집합으로 나누는 기준 위치, 즉 피봇의 확정된 위치 p를 찾는다.

37행 : 새로 확정된 피봇 위치(p)를 중심으로 생성된 왼쪽 부분집합에 대해서 quickSort() 함수를 재귀호출한다.

38행 : 새로 확정된 피봇 위치(p)를 중심으로 생성된 오른쪽 부분집합에 대해서 quickSort() 함수를 재귀호출한다.

이번에는 피봇 위치를 정렬할 원소 중에서 첫째 원소로 정하여 퀵 정렬을 하는 프로그램을 작성해 보자. [알고리즘 9-4]에 있는 피봇 위치를 pivot ← (begin + end) / 2; 대신 pivot ← begin;으로 변경하고, {69, 10, 30, 2, 16, 8, 31, 22} 자료에 대해 퀵 정렬을 수행한다. [예제 9-3]의 [quickSort1.c]의 10행에 있는 pivot 설정만 수정하여 [quickSort2.c]를 작성하고 [예제 9-4]를 실행해 보자.

예제 9-4 퀵 정렬하기 2

[quickSort2.c]

```
#include <stdio.h>

int i = 0;           // 퀵 정렬 단계 출력용 변수

// 주어진 부분집합 안에서 피봇의 위치를 확정하여 분할 위치를 정하는 연산
int partition(int a[], int begin, int end, int size) {
    int  pivot, L, R, t, temp;
    L = begin;
    R = end;
    pivot = begin;  // 정렬 범위에서 첫 번째 원소 begin을 피봇으로 선택
// 나머지는 [예제 9-3]의 [quickSort1.c]와 동일
```

[ex9_4.c]

```
// [예제 9-3]의 [ex9_3.c]와 동일
```

```
정렬할 원소 : 69 10 30 2 16 8 31 22

<<<<<<<<<< 퀵 정렬 수행 >>>>>>>>>>

[ 1단계 : pivot=69 ]
22 10 30 2 16 8 31 69

[ 2단계 : pivot=22 ]
8 10 16 2 22 30 31 69

[ 3단계 : pivot=8 ]
2 8 16 10 22 30 31 69

[ 4단계 : pivot=16 ]
2 8 10 16 22 30 31 69

[ 5단계 : pivot=30 ]
2 8 10 16 22 30 31 69
```

SELF TEST_ 피봇 위치를 정렬할 원소의 마지막 원소(오른쪽 끝에 있는 원소)로 정하여 퀵 정렬을 수행하는 프로그램을 [예제 9-3]을 수정하여 작성하시오.

Section 05 삽입 정렬

1 삽입 정렬의 이해

삽입 정렬Insert Sort은 정렬되어 있는 부분집합에 정렬할 새로운 원소의 위치를 찾아 삽입하는 방식으로 정렬을 수행한다. 삽입 정렬에서는 정렬할 자료가 두 개의 부분집합 S Sorted Subset와 U Unsorted Subset로 나뉘어 있다고 가정한다. 정렬된 앞부분의 원소는 부분집합 S가 되고, 아직 정렬하지 않은 나머지 원소는 부분집합 U가 된다. 정렬하지 않은 부분집합 U의 원소를 앞에서부터 하나씩 꺼내서 이미 정렬한 부분집합 S의 마지막 원소부터 비교하면서 위치를 찾아 삽입하는 방식이다. 삽입 정렬을 수행할 때마다 부분집합 S의 원소는 하나씩 늘어나는 반면, 부분집합 U의 원소는 하나씩 줄어들게 된다. 결국 U의 원소를 모두 삽입하여 U가 공집합이 되면 삽입 정렬이 완성된다.

정렬하지 않은 {69, 10, 30, 2, 16, 8, 31, 22} 자료를 삽입 정렬 방법으로 정렬하는 과정을 살펴보자.

0 초기 상태 : 첫째 원소는 정렬되어 있는 부분집합 S로, 나머지 원소는 정렬되지 않은 원소들의 부분집합 U로 가정한다.

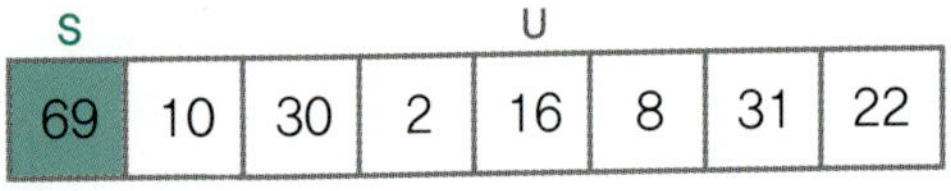

S = {69}
U = {10, 30, 2, 16, 8, 31, 22}

1 1단계 : U의 첫째 원소 10을 S의 마지막 원소 69와 비교하면 10 < 69이므로 원소 10은 원소 69의 앞자리가 된다. 더 이상 비교할 S의 원소가 없으므로 찾은 위치에 원소 10을 삽입한다.

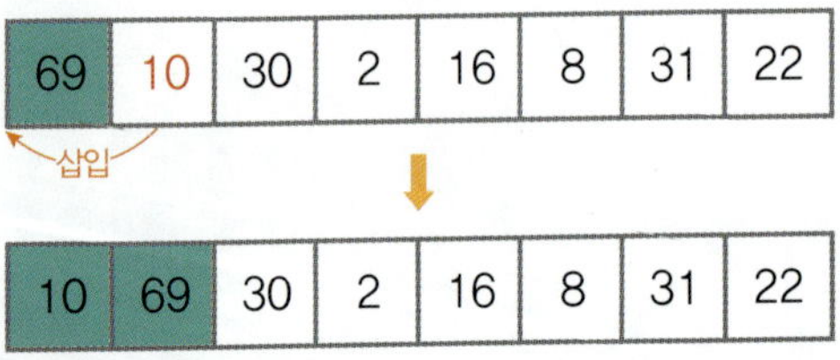

S = {10, 69}
U = {30, 2, 16, 8, 31, 22}

2 2단계 : 현재 U의 첫째 원소 30을 S의 마지막 원소 69와 비교하면 30 < 69이므로 원소 69의 앞자리 원소 10과 비교한다. 30 > 10이므로 원소 10과 69 사이에 삽입한다.

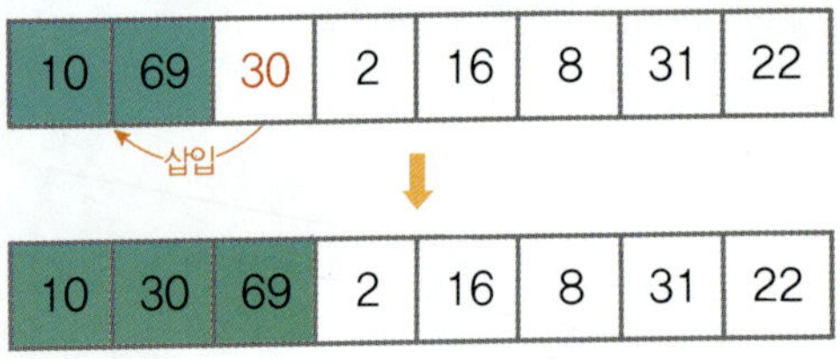

S = {10, 30, 69}
U = {2, 16, 8, 31, 22}

❸ 3단계 : 현재 U의 첫째 원소 2를 S의 마지막 원소 69와 비교하면 2<69이므로 원소 69의 앞자리 원소 30과 비교한다. 2<30이므로 다시 원소 30의 앞자리 원소 10과 비교하면 된다. 2<10이고 더 이상 비교할 S의 원소가 없으므로 원소 10 앞에 삽입한다.

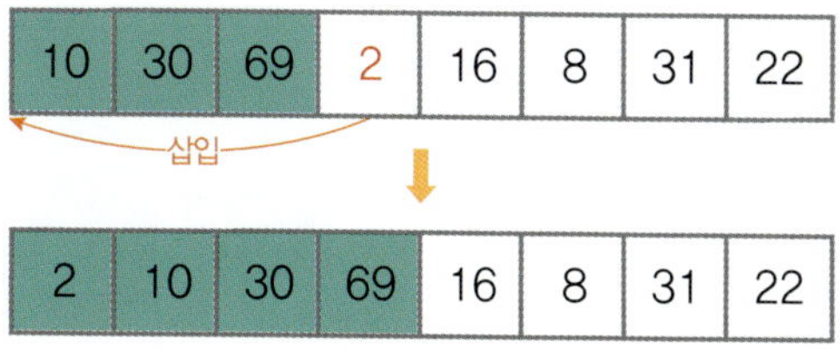

S = {2, 10, 30, 69}
U = {16, 8, 31, 22}

❹ 4단계 : 현재 U의 첫째 원소 16을 S의 마지막 원소 69와 비교하면 16<69이므로 그 앞자리 원소 30과 비교한다. 16<30이므로 다시 그 앞자리 원소 10과 비교한다. 16>10이므로 원소 10과 30 사이에 삽입한다.

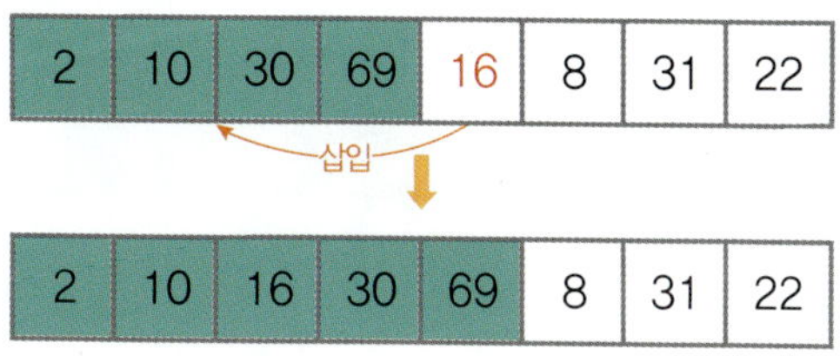

S = {2, 10, 16, 30, 69}
U = {8, 31, 22}

❺ 5단계 : 현재 U의 첫 번째 원소 8을 S의 마지막 원소 69와 비교하면 8<69이므로 그 앞자리 원소 30과 비교한다. 8<30이므로 그 앞자리 원소 16과 비교한다. 8<16이므로 그 앞자리 원소 10과 비교한다. 8<10이므로 다시 그 앞자리 원소 2와 비교한다. 8>2이므로 원소 2와 10 사이에 삽입한다.

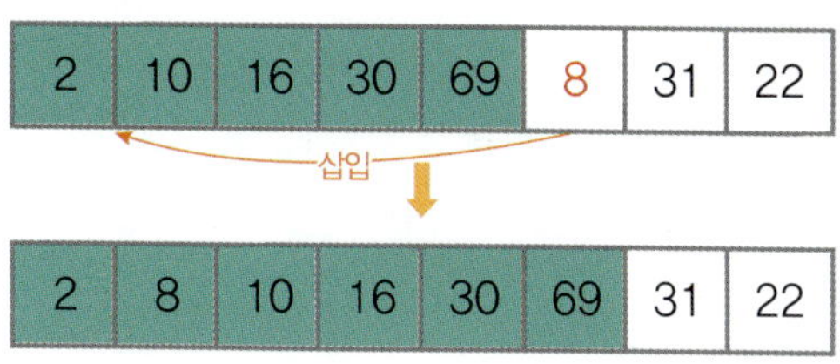

S = {2, 8, 10, 16, 30, 69}
U = {31, 22}

❻ 6단계 : 현재 U의 첫째 원소 31을 S의 마지막 원소 69와 비교하면 31<69이므로 그 앞자리 원소 30과 비교한다. 31>30이므로 원소 30과 69 사이에 삽입한다.

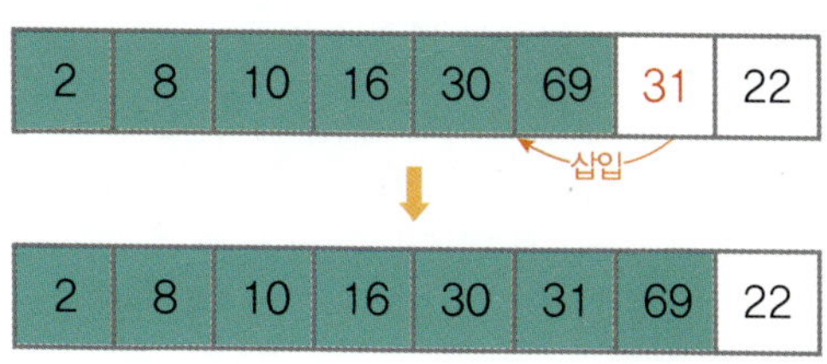

S = {2, 8, 10, 16, 30, 31, 69}
U = {22}

7 7단계 : 현재 U의 첫째 원소 22를 S의 마지막 원소 69와 비교하면 22<69이므로 그 앞자리 원소 31과 비교한다. 22<31이므로 그 앞자리 원소 30과 비교한다. 22<30이므로 다시 그 앞자리 원소 16과 비교한다. 22>16이므로 원소 16과 30 사이에 삽입한다. U가 공집합이 되었으므로 실행을 종료한다.

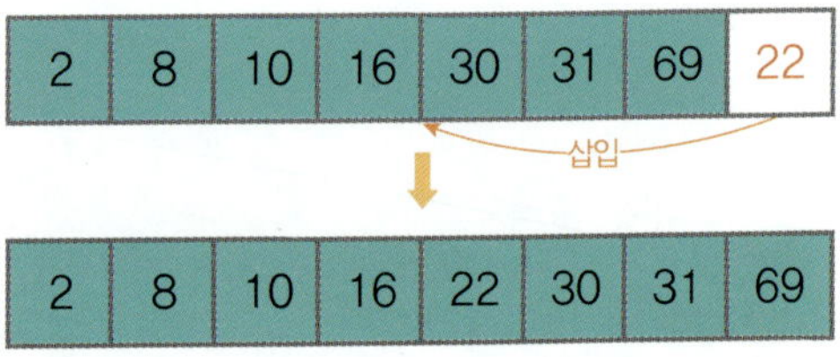

S={2, 8, 10, 16, 22, 30, 31, 69}
U={ }

여덟 개의 자료에 대해 삽입 정렬을 일곱 번 반복 수행하면 전체 정렬이 완성된다.

2 삽입 정렬 알고리즘

[알고리즘 9-5]는 크기가 n인 배열 a[ ]의 원소를 삽입 정렬하는 알고리즘이다.

알고리즘 9-5 삽입 정렬

```
insertionSort(a[], n)
   for (i ← 1; i<n; i ← i + 1) do {
      temp ← a[i];
      j ← i;
      if (a[j - 1]>temp) then move ← true;  // 삽입 자리를 만들기 위해 이동할 원소 표시
      else move ← false;
      while (move and j>0) do {            // 삽입 자리를 만들기 위해
         a[j] ← a[j - 1];                  // 삽입 자리 이후의 원소를 뒤로 이동
         j ← j - 1;
      }
      a[j] ← temp;                         // 삽입 자리에 원소 저장
   }
end insertionSort()
```

n개의 자료를 정렬하는 삽입 정렬에서 사용하는 메모리 공간은 n개가 된다. 삽입 정렬에서 쓰는 실행 연산은 비교하는 연산과 삽입하기 위해 원소를 이동하는 연산이 있다. 삽입 정렬에서 실행 연산이 최소인 최선의 경우는 [그림 9-4]의 (a)와 같이 이미 원소들이 정렬되어 있는 경우이다. 반면, (b)와 같이 모든 원소가 역순으로 정렬되어 있다면 실행 연산이 가장 많아지는 최악의 경우가 된다.

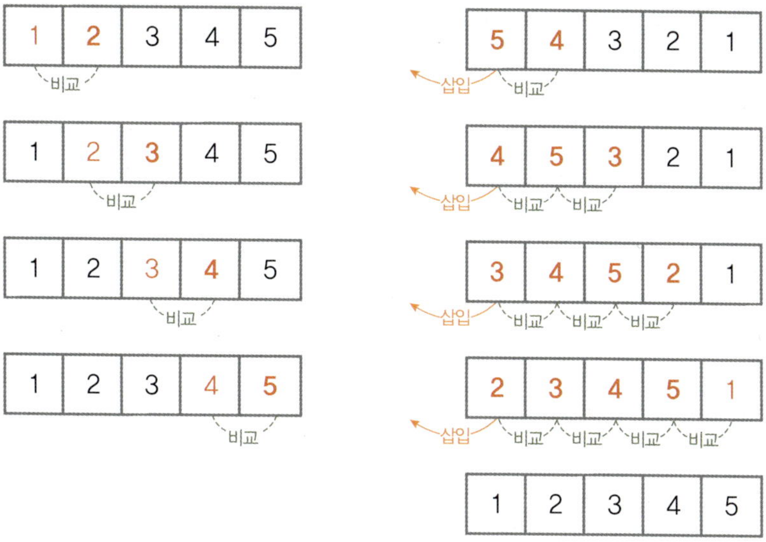

- 전체 비교 횟수 : n−1
- 전체 자리 이동 횟수 : 0

→ 시간 복잡도 : O(n)

(a) 순차 정렬된 경우

- 전체 비교 횟수 : $1+2+3+\cdots+(n-1) = \sum_{i=1}^{n-1} i$
- 전체 자리 이동 횟수 : $1+2+3+\cdots+(n-1) = \sum_{i=1}^{n-1} i$
- 실행 연산 횟수 : $\sum_{i=1}^{n-1}$(비교 횟수 + 자리 이동 횟수) = $\sum_{i=1}^{n-1}(i+i)$

→ 시간 복잡도 : $O(n^2)$

(b) 역순 정렬된 경우

그림 9-4 순차 정렬된 경우와 역순 정렬된 경우의 삽입 정렬 비교

[그림 9-4]의 (a)와 같이 원소가 이미 정렬되어 있다면 바로 앞자리 원소와 비교하는 연산만 필요하다. 따라서 전체 실행 연산 횟수는 n−1이 되어 시간 복잡도가 O(n)이 된다. 반면, (b)와 같이 모든 원소가 역순으로 정렬되어 있다면 1단계에서 S의 원소 한 개와 비교한 후에 삽입 자리를 만들기 위해 S의 원소 한 개를 이동해야 한다. 2단계에서는 S의 원소 두 개와 비교한 후에 삽입 자리를 만들기 위해 S의 원소 두 개를 이동해야 한다. i번째 단계에서는 S의 원소 i개와 비교한 후에 삽입 자리를 만들기 위해 S의 원소 i개를 이동해야 한다. 삽입 정렬에서 원소를 이동하여 삽입 자리를 만들고 원소를 삽입하는 과정은 3장에서 설명한 순차 리스트에서의 원소 삽입 과정과 같다.

1단계부터 (n−1)단계까지 비교 연산한 후에 삽입을 위한 자리 이동 연산이 수행되므로 전체 실행 연산 횟수에 대한 시간 복잡도는 $O(n^2)$이 된다. 삽입 정렬에서 최선의 경우와 최악의 경우에 대한 평균 시간 복잡도를 빅-오[Big-Oh] 표기법으로 나타내면 $O(n^2)$이 된다.

3 삽입 정렬 프로그램

[예제 9-5]는 정렬하지 않은 {69, 10, 30, 2, 16, 8, 31, 22} 자료를 삽입 정렬 방법으로 정렬하는 프로그램이다.

예제 9-5 삽입 정렬하기

[insertionSort.c]

[알고리즘 9-5] 구현

```c
#include <stdio.h>

void insertionSort(int a[], int size) {
    int i, j, t, temp;

    for (i = 1; i < size; i++) {
        temp = a[i];
        j = i;
        while ((j > 0) && (a[j - 1] > temp)) {
            a[j] = a[j - 1];
            j = j - 1;
        }
        a[j] = temp;
        printf("\n %d단계 : ", i);
        for (t = 0; t < size; t++) printf("%3d ", a[t]);
    }
}
```

[ex9_5.c]

```c
#include <stdio.h>
void insertionSort(int a[], int size);

int main(void) {
    int i, list[8] = { 69, 10, 30, 2, 16, 8, 31, 22 };  // 정렬할 원소
    int size = sizeof(list) / sizeof(list[0]);          // list 배열의 원소 개수
    printf("\n정렬할 원소 : ");
    for (i = 0; i < size; i++) printf("%3d ", list[i]); // 정렬 전의 원소 출력
    printf("\n\n<<<<<<<<<< 삽입 정렬 수행 >>>>>>>>>>\n");
    insertionSort(list, size);                          // 삽입 정렬 함수 호출

    getchar();  return 0;
}
```

```
정렬할 원소 : 69 10 30 2 16 8 31 22

<<<<<<<<<< 삽입 정렬 수행 >>>>>>>>>>

 1단계 :  10  69  30   2  16   8  31  22
 2단계 :  10  30  69   2  16   8  31  22
 3단계 :   2  10  30  69  16   8  31  22
 4단계 :   2  10  16  30  69   8  31  22
 5단계 :   2   8  10  16  30  69  31  22
 6단계 :   2   8  10  16  30  31  69  22
 7단계 :   2   8  10  16  22  30  31  69
```

[insertionSort.c]

06~16행은 삽입 정렬을 수행한다.

07행 : 아직 정렬하지 않은 집합 U의 첫째 원소 a[i], 즉 정렬 대상 원소를 temp에 저장한다.

08행 : 정렬 대상 원소의 인덱스 i를 j에 저장한다.

09~12행 : 정렬된 집합 S의 마지막 원소 a[j-1]부터 정렬 대상 원소 temp와 비교하여 a[j-1]<temp<a[j]인 j를 찾을 때까지 반복한다.

13행 : a[j] 위치에 정렬 대상 원소 temp를 저장한다.

Section 06

셸 정렬

1 셸 정렬의 이해

셸 정렬Shell Sort은 일정한 간격Interval으로 떨어져 있는 자료들끼리 부분집합을 구성하고, 각 부분집합에 있는 원소에 대해 삽입 정렬을 수행하는 작업을 반복하여 전체 원소를 정렬하는 방법이다. 전체 원소에 대해 삽입 정렬을 수행하는 것보다 부분집합으로 나누어 삽입 정렬하면 비교 연산과 자리 이동 연산의 횟수를 줄일 수 있다.

셸 정렬에서 부분집합을 만드는 기준이 되는 간격을 매개변수 h에 저장한 후에 한 단계가 수행될 때마다 h값을 감소시키고 셸 정렬을 순환 호출하는데, 결국 h가 1이 될 때까지 반복하면서 정렬을 완성한다. 셸 정렬의 성능은 매개변수 h값에 따라 달라진다. 일반적으로 사용하는 h값은 원소 개수의 1/2을 사용하고, 한 단계를 수행할 때마다 h값을 반으로 감소시키면서 반복 수행한다.

정렬하지 않은 {69, 10, 30, 2, 16, 8, 31, 22}의 자료를 셸 정렬 방법으로 정렬하는 과정을 살펴보자.

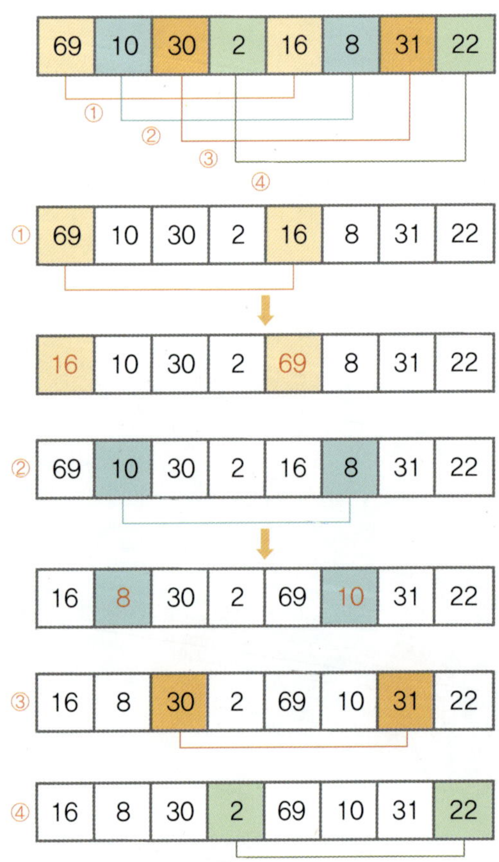

1 원소 개수가 여덟 개이므로 매개변수 h는 4에서 시작한다. h=4이므로 간격이 4만큼 떨어져 있는 원소들을 같은 부분집합으로 만들면 네 개의 부분집합이 만들어진다(같은 부분집합은 동일한 색으로 표시). ① 첫 번째 부분집합 {69, 16}에 대해서 삽입 정렬을 수행하여 정렬한다. ② 두 번째 부분집합 {10, 8}에 대해서 삽입 정렬을 수행한다. ③ 세 번째 부분집합 {30, 31}에 대해서 삽입 정렬을 수행한다. 30<31이므로 자리 이동은 이루어지지 않는다. ④ 네 번째 부분집합 {2, 22}에 대해서 삽입 정렬을 수행한다. 2<22이므로 자리 이동은 이루어지지 않는다.

2 이제 h를 2로 변경하고 다시 셸 정렬을 반복한다. h=2이므로 간격이 2만큼 떨어진 원소들을 같은 부분집합으로 만들면 두 개의 부분집합이 만들어진다. ① 첫 번째 부분집합 {16, 30, 69, 31}에 대해 삽입 정렬을 수행하여 정렬한다. ② 두 번째 부분집합 {8, 2, 10, 22}에 대해 삽입 정렬을 수행하여 정렬한다.

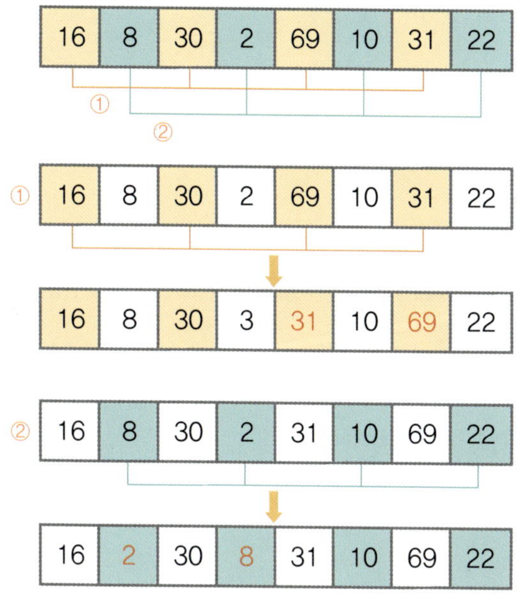

3 이제 h를 1로 변경하고 다시 셸 정렬을 반복한다. h=1이므로 간격이 1만큼 떨어져 있는 원소들을 같은 부분집합으로 만들면 한 개의 부분집합이 만들어진다. 즉 전체 원소에 대해서 삽입 정렬을 수행하게 된다.

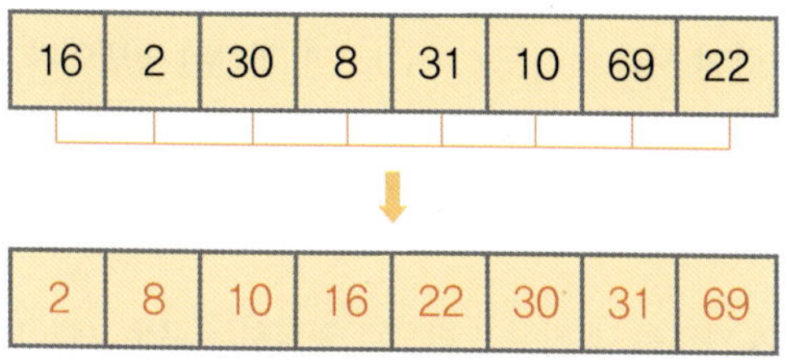

2 셸 정렬 알고리즘

다음은 크기가 n인 배열 a[ ]의 원소들을 셸 정렬하는 알고리즘이다. 셸 정렬에서는 interval만큼 분리된 원소들에 대한 부분집합 안에서 원소들을 삽입 정렬하는 intervalSort( ) 연산이 필요하다.

알고리즘 9-6 셸 정렬

```
shellSort(a[], n)
   interval ← n;
   while (interval ≥ 1) do {
      interval ← interval / 2;
      for (i ← 0; i<interval; i←i + 1) do {
         intervalSort(a[], i, n, interval);
      }
   }
end shellSort()
```

알고리즘 9-7 셸 부분집합에서의 삽입 정렬

```
intervalSort(a[], begin, end, interval)
for (i ← begin+interval; i≤end; i ← i+interval) do {
   item ← a[i];
   for (j ← i-interval; j≥begin and item<a[j]; j ← j-interval) do
      a[j + interval] ← a[j];
   a[j + interval] ← item;
}
end intervalSort()
```

셸 정렬은 n개 자료의 메모리 공간과 매개변수를 저장할 공간을 사용한다. 비교 횟수는 처음 원소 상태와 상관없이 매개변수 h에 영향을 받아서 알고리즘 성능을 분석하기가 쉽지 않지만, 일반적으로 셸 정렬의 시간 복잡도를 $O(n^{1.25})$으로 측정한다. 셸 정렬은 삽입 정렬의 시간 복잡도 $O(n^2)$보다 개선된 방법이다.

3 셸 정렬 프로그램

[예제 9–6]은 정렬하지 않은 {69, 10, 30, 2, 16, 8, 31, 22} 자료를 셸 정렬 방법으로 정렬하는 프로그램이다.

예제 9-6 셸 정렬하기

[shellSort.c]

```c
#include <stdio.h>
void intervalSort(int a[], int begin, int end, int interval) {     [알고리즘 9-7] 구현
   int i, j, item;
   for (i = begin + interval; i <= end; i = i + interval) {
      item = a[i];
      for (j = i - interval; j >= begin && item < a[j]; j = j - interval)
         a[j + interval] = a[j];
      a[j + interval] = item;
   }
}
```

```c
11
12  void shellSort(int a[], int size) {                          [알고리즘 9-6] 구현
13      int i, interval;
14      interval = size / 2;
15      while (interval >= 1) {
16          for (i = 0; i < interval; i++)  intervalSort(a, i, size - 1, interval);
17          printf("\n interval=%d >> ", interval);
18          for (i = 0; i < size; i++) printf("%d ", a[i]);
19          printf("\n");
20          interval = interval / 2;
21      }
22  }
```

[ex9_6.c]

```c
#include <stdio.h>
void shellSort(int a[], int size);

int main(void) {
    int i, list[8] = { 69, 10, 30, 2, 16, 8, 31, 22 };
    int size = sizeof(list) / sizeof(list[0]); // list 배열의 원소 개수
    printf("\n정렬할 원소 : ");
    for (i = 0; i < size; i++)  printf("%3d ", list[i]);
    printf("\n\n<<<<<<<<<< 셸 정렬 수행 >>>>>>>>>>\n");
    shellSort(list, size);     // 셸 정렬 함수 호출

    getchar();  return 0;
}
```

```
정렬할 원소 : 69 10 30 2 16 8 31 22

<<<<<<<<<< 셸 정렬 수행 >>>>>>>>>>

interval=4 >> 16 8 30 2 69 10 31 22

interval=2 >> 16 2 30 8 31 10 69 22

interval=1 >> 2 8 10 16 22 30 31 69
```

[shellSort.c]

04~09행은 간격 interval만큼 떨어져 있는 원소들로 구성한 부분집합에 대해 삽입 정렬을 수행한다.

12~22행은 간격 interval을 조정하면서 정렬이 완성될 때까지 셸 정렬을 수행한다.

14행 : interval을 전체 범위의 1/2로 설정한다.

16행 : 각 부분집합에 대해 intervalSort() 함수를 호출하여 부분집합마다 삽입 정렬을 수행한다.

20행 : interval을 현재 interval의 1/2로 새로 설정하고 셸 정렬을 반복한다.

Section 07

병합 정렬

1 병합 정렬의 이해

병합 정렬Merge Sort은 여러 개의 정렬된 자료 집합을 병합하여 하나의 정렬된 집합으로 만드는 정렬 방법이다. 병합 정렬은 전체 원소에 대해 수행하지 않고 부분집합으로 분할Divide하고 각 부분집합에 대해서 정렬 작업을 정복Conquer, 즉 완성한 후에 정렬된 부분집합들을 다시 결합Combine하는 분할 정복Divide and Conquer 기법을 사용한다.

정렬된 자료 집합 두 개를 결합하여 하나의 집합으로 만드는 병합 방법을 2-way 병합이라 하고, n개의 정렬된 자료 집합을 결합하여 하나의 집합으로 만드는 병합 방법을 n-way 병합이라고 한다. 2-way 병합 정렬은 다음과 같은 작업을 반복 수행하면서 완성한다.

- **분할**Divide : 자료들을 두 개의 부분집합으로 분할한다.
- **정복**Conquer : 부분집합에 있는 원소를 정렬한다.
- **결합**Combine : 정렬된 부분집합들을 하나의 집합으로 정렬하여 결합한다.

그림 9-5 2-way 병합 정렬 과정

정렬하지 않은 {69, 10, 30, 2, 16, 8, 31, 22} 자료를 병합 정렬 방법으로 정렬하는 과정을 살펴보자.

1 분할 단계 : 정렬할 전체 자료의 집합에 대해서 최소 원소의 부분집합이 될 때까지 분할 작업을 반복하여 한 개의 원소를 가진 부분집합 여덟 개를 만든다.

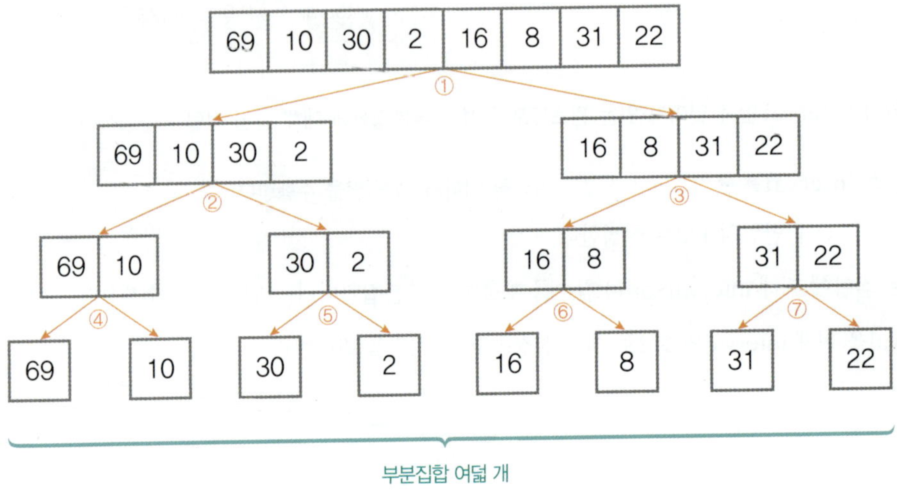

❷ 정복과 결합 단계 : 부분집합 두 개를 정렬하여 하나로 결합한다. 전체 원소가 집합 하나로 묶일 때까지 반복한다.

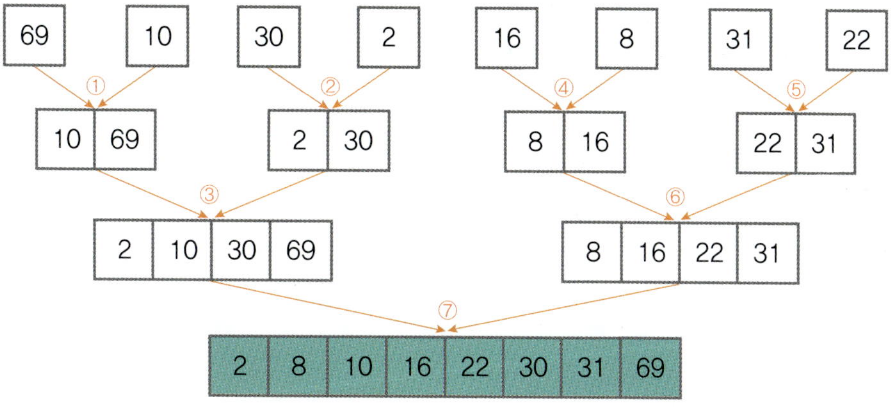

2 병합 정렬 알고리즘

다음은 크기가 n인 배열 a[ ]의 원소들을 병합 정렬하는 알고리즘이다.

알고리즘 9-8 병합 정렬

```
mergeSort(a[], m, n)
   if (a[m:n]의 원소 수 > 1) then {
      전체 집합을 부분집합 두 개로 분할;
  mergeSort(a[], m, middle);           // 왼쪽 부분집합을 다시 두 개로 분할
  mergeSort(a[], middle + 1, n);       // 오른쪽 부분집합을 다시 두 개로 분할
  merge(a[m:middle], a[middle + 1:n]); // 부분집합 두 개를 하나로 병합
}
end mergeSort()
```

알고리즘 9-9 부분집합의 병합

```
merge(a[m:middle], a[middle + 1:n])
  i ← m;          // 첫 번째 부분집합의 첫째 원소 설정
  j ← middle + 1; // 두 번째 부분집합의 첫째 원소 설정
  k ← m;          // 병합 집합의 첫째 원소 설정

   while (i <= middle and j <= n) do {
      if (a[i] <= a[j]) then {
         sorted[k] ← a[i];
         i ← i + 1;
      }
      else {
         sorted[k] ← a[j];
         j ← j + 1;
      }
      k ← k + 1;
   }
   if (i > middle) then 두 번째 부분집합에 남아 있는 원소를 병합 집합 sorted에 복사;
   else  첫 번째 부분집합에 남아 있는 원소를 병합 집합 sorted에 복사;
end merge()
```

mergeSort() 연산은 배열 a[ ]를 2등분으로 분할하여 부분 배열을 만들고, 각 부분 배열에 대해 다시 mergeSort()를 순환 호출하여 2등분으로 분할하는 작업을 반복한다. 분할 작업은 부분 배열의 원소가 한 개가 될 때까지 계속한다. 분할 작업이 끝나면 merge() 연산을 이용하여 두 개의 부분 배열을 정렬하면서 병합한다. 정렬하고 병합하는 작업은 하나의 전체 배열이 완성될 때까지 반복한다.

병합 정렬은 각 단계에서 새로 병합하여 만든 부분집합을 저장할 sorted[ ] 공간이 추가로 필요하기 때문에 정렬할 원소 n개에 대해서 2×n개의 메모리 공간을 사용한다. n개 원소를 두 개로 분할하기 위해 $\log_2 n$번 단계를 수행하고, 부분집합의 원소를 비교하면서 병합하는 단계에서 최대 n번의 비교 연산을 수행하므로 전체 병합 정렬의 시간 복잡도는 $O(n\log_2 n)$이 된다.

3 병합 정렬 프로그램

[예제 9-7]은 정렬하지 않은 {69, 10, 30, 2, 16, 8, 31, 22} 자료를 병합 정렬 방법으로 정렬하는 프로그램이다.

예제 9-7 병합 정렬하기

[mergeSort.c]

```
#include <stdio.h>
#define MAX 30
```

```
extern int size;
int sorted[MAX];    // 원소를 병합하면서 정렬한 상태로 저장할 배열 선언

void merge(int a[], int m, int middle, int n) {                    [알고리즘 9-9] 구현
   int i, j, k, t;
   i = m;             // 첫 번째 부분집합의 시작 위치 설정
   j = middle + 1;    // 두 번째 부분집합의 시작 위치 설정
   k = m;             // 배열 sorted에 정렬된 원소를 저장할 위치 설정

   while (i <= middle && j <= n) {
      if (a[i] <= a[j]) {
         sorted[k++] = a[i++];
      else
         sorted[k++] = a[j++];
   } // while

   if (i > middle)
      for (t = j; t <= n; t++, k++) sorted[k] = a[t];
   else
      for (t = i; t <= middle; t++, k++) sorted[k] = a[t];

   for (t = m; t <= n; t++) a[t] = sorted[t];

   printf("\n 병합 정렬 >> ");
   for (t = 0; t < size; t++) printf("%4d ", a[t]);
}

void mergeSort(int a[], int m, int n) {
   int middle;
   if (m < n) {
      middle = (m + n) / 2;
      mergeSort(a, m, middle);       // 앞 부분에 대한 분할 작업 수행
      mergeSort(a, middle + 1, n);   // 뒷 부분에 대한 분할 작업 수행
      merge(a, m, middle, n);        // 부분집합에 대하여 정렬과 병합 작업 수행
   }
}
```

[ex9_7.c]

```
#include <stdio.h>
void mergeSort(int a[], int m, int n);
int size;
int main(void) {
   int i, list[8] = { 69, 10, 30, 2, 16, 8, 31, 22 };   // 정렬할 원소
   size = sizeof(list) / sizeof(list[0]);               // list 배열의 원소 개수
   printf("\n 정렬할 원소 >> ");
   for (i = 0; i < size; i++) printf("%3d ", list[i]); // 정렬 전의 원소 출력
```

```c
09      printf("\n\n<<<<<<<<<< 병합 정렬 수행 >>>>>>>>>>\n");
10      mergeSort(list, 0, size - 1);   // 병합 정렬 함수 호출
11
12      getchar();  return 0;
13  }
```

```
정렬할 원소 >> 69  10  30   2  16   8  31  22

<<<<<<<<<< 병합 정렬 수행 >>>>>>>>>>

 병합 정렬 >>  10  69  30   2  16   8  31  22
 병합 정렬 >>  10  69   2  30  16   8  31  22
 병합 정렬 >>   2  10  30  69  16   8  31  22
 병합 정렬 >>   2  10  30  69   8  16  31  22
 병합 정렬 >>   2  10  30  69   8  16  22  31
 병합 정렬 >>   2  10  30  69   8  16  22  31
 병합 정렬 >>   2   8  10  16  22  30  31  69
```

[mergeSort.c]

06~28행은 배열 a에서 m부터 시작하는 부분집합과 middle+1부터 시작하는 부분집합을 정렬하면서 병합한 배열 sorted를 만든다.

12~17행 : 두 개의 부분집합에서 첫째 원소부터 하나씩 비교하여 순서대로 배열 sorted에 저장한다.

19~20행 : 첫 번째 부분집합의 모든 원소를 배열 sorted로 저장하고 두 번째 부분집합의 원소들만 남는 경우이므로, 남아 있는 두 번째 부분집합의 원소들을 차례로 배열 sorted에 저장한다.

21~22행 : 두 번째 부분집합의 모든 원소를 배열 sorted로 저장하고 첫 번째 부분집합의 원소들만 남는 경우이므로, 남아 있는 첫 번째 부분집합의 원소들을 차례로 배열 sorted에 저장한다.

24행 : 정렬이 완성된 배열 sorted를 배열 a로 복사한다.

30~38행은 각 부분집합의 원소 개수가 한 개가 될 때까지 부분집합을 1/2로 분할하는 작업을 재귀호출을 사용하여 반복하고, 정렬과 병합을 수행하도록 merge 함수를 호출한다.

Section 08

기수 정렬

1 기수 정렬의 이해

기수 정렬Radix Sort은 분배 방식의 정렬 방법으로 정렬할 원소의 키값에 해당하는 버킷Bucket에 원소를 분배하였다가 버킷의 순서대로 원소를 꺼내는 방법을 반복한다. 기수 정렬은 원소의 키를 표현하는 값의 기수Radix만큼 버킷이 필요하고, 키값의 자릿수만큼 기수 정렬을 반복한다. 10진수로 표현된 키값을 가진 원소들을 정렬할 때는 0부터 9까지 버킷을 총 열 개 사용한다. 먼저 키값의 1의 자리에 대해 기수 정렬을 수행하고, 다음 단계에서는 키값의 10의 자리에 대해, 그 다음 단계에서는 100의 자리에 대해 기수 정렬을 수행한다. 한 단계가 끝날 때마다 버킷에 분배된 원소들을 순서대로 꺼내서 다음 단계의 기수 정렬을 수행하는데, 버킷에 원소들이 들어간 순서대로 꺼내야 하므로 선입선출 구조의 큐를 사용하여 버킷을 만든다.

정렬하지 않은 {69, 10, 30, 2, 16, 8, 31, 22} 자료를 기수 정렬 방법으로 정렬하는 과정을 살펴보자. 키값이 10진수이므로 0부터 9까지 열 개의 버킷을 사용하고, 키값의 최대 자릿수가 두 자리이므로 기수 정렬을 두 번 반복 수행한다.

1 1단계 : 키값의 1의 자리에 대해서 기수 정렬을 수행한다. (a) 정렬할 원소의 키값의 1의 자리에 맞춰 버킷에 분배한다. (b) 버킷에 분배되어 있는 원소들을 버킷 0부터 버킷 9까지 순서대로 꺼내고, 꺼낸 순서대로 저장한다.

(a)

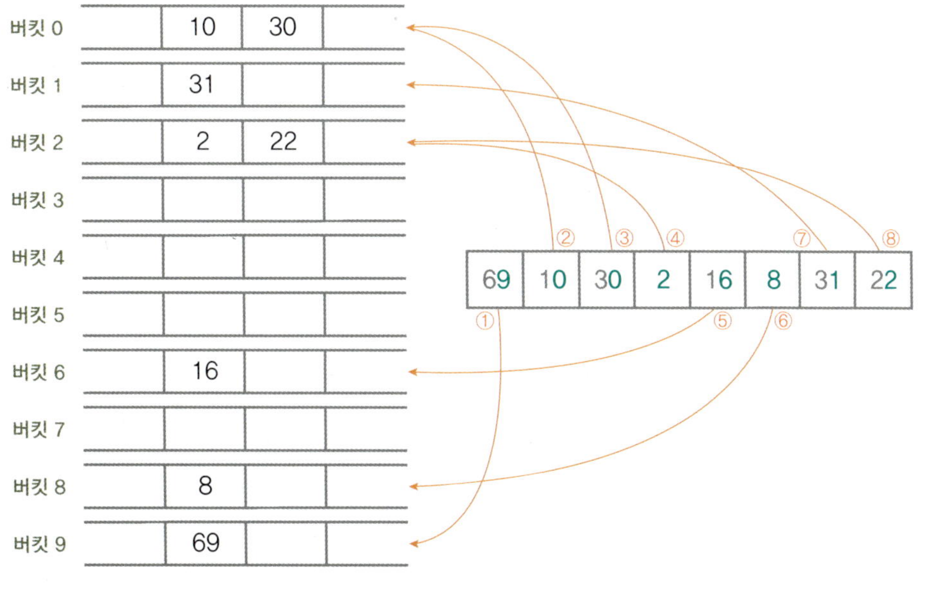

(b)

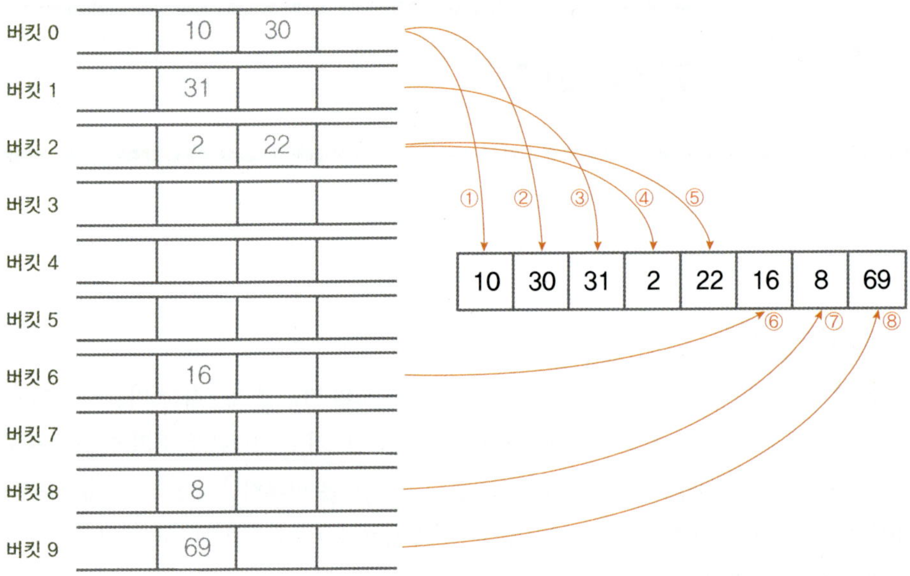

❷ 2단계 : 키값의 10의 자리에 대해서 기수 정렬을 수행한다. (a) 정렬할 원소의 10의 자리에 대해서 버킷에 분배한다. (b) 버킷에 분배되어 있는 원소들을 버킷 0부터 버킷 9까지 순서대로 꺼내고, 꺼낸 순서대로 저장하면 전체 원소에 대한 정렬이 완성된다.

(a)

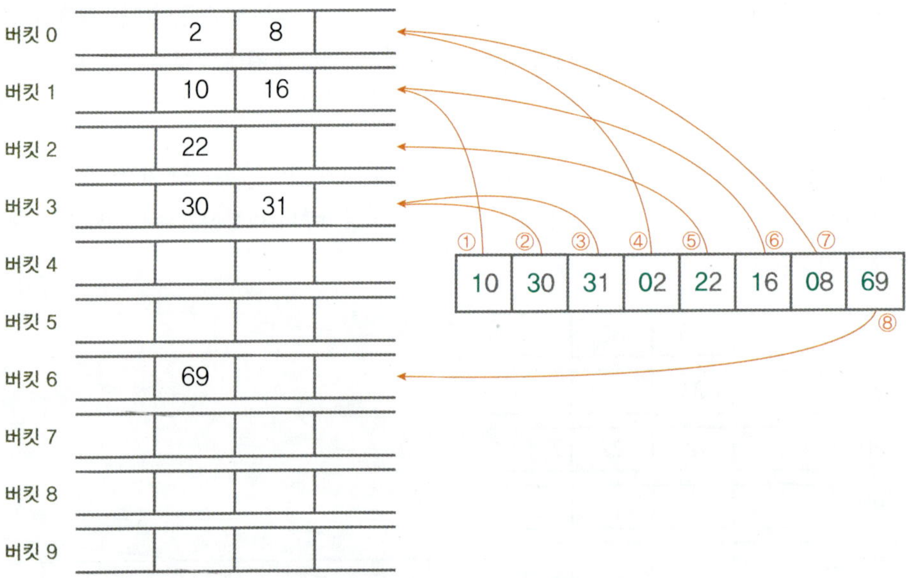

(b)

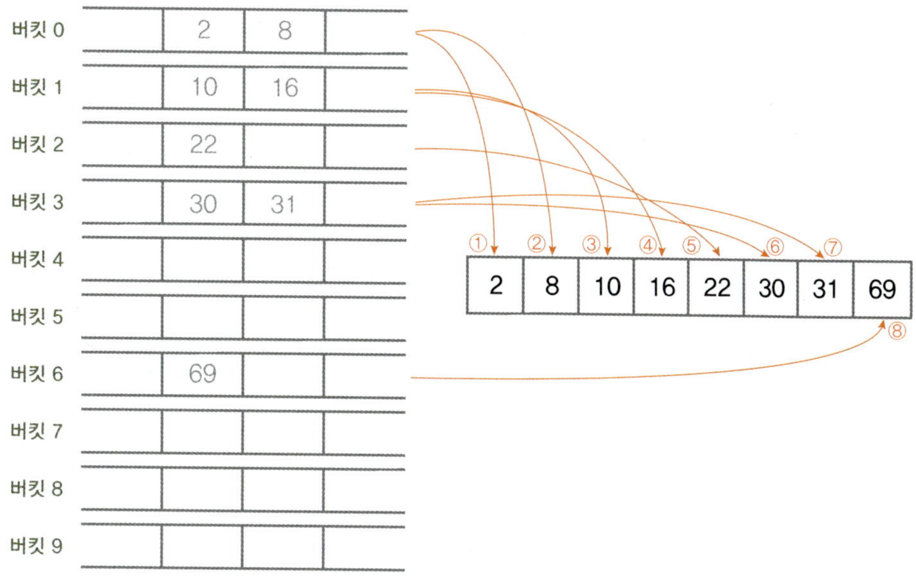

2 기수 정렬 알고리즘

다음은 크기가 n인 배열 a[ ]의 원소들을 기수 정렬하는 알고리즘이다.

알고리즘 9-10 기수 정렬

```
radixSort(a[], n)
  factor ← 1;
  for (k ← 0; k < d; k ← k + 1) do {         // 키값의 자릿수 d만큼 반복
    for (i ← 0; i < n; i ← i + 1) do {
       bucket← (a[i] / factor) mod r;         // 기수 r에 대한 나머지 연산으로 버킷 주소 계산
       enQueue(Q[bucket], a[i]);              // 버킷 큐에 원소 저장
    }
    p ← 0;
    for (i ← 0; i < r; i ← i + 1) do {
      while (Q[i] ≠ NULL) do {
        a[p] ← deQueue(Q[i]);                 // 버킷 큐 순서대로 원소를 꺼내어 저장
        p ← p + 1;
      }
    }
    factor ← factor * r;
  }
end radixSort()
```

기수 정렬은 n개의 원소에 대한 n개의 메모리 이외에 버킷 큐에 대한 메모리 공간이 추가로 필요하다. 기수 정렬의 수행 시간은 정렬할 원소의 수 n, 키값의 자릿수 d, 버킷 수를 결정하는 기수 r에 따라 달라

진다. 정렬할 원소 n개를 r개의 버킷에 분배하는 작업이 (n+r)이고, 이 작업을 자릿수 d만큼 반복해야 하므로 수행할 작업은 d(n+r)이 된다. 따라서 시간 복잡도는 O(d(n+r))이 된다.

3 기수 정렬 프로그램

[예제 9-8]은 정렬하지 않은 {69, 10, 30, 2, 16, 8, 31, 22} 자료를 기수 정렬 방법으로 정렬하는 프로그램이다. 버킷은 6장 [예제 6-3]에서 작성한 연결 큐를 이용해 구현한 프로그램이다.

예제 9-8 기수 정렬하기

[LinkedQueue.h]

```c
// [예제 8-4]의 [LinkedQueue.h] 사용
```

[LinkedQueue.c]

```c
// [예제 8-4]의 [LinkedQueue.c] 사용
```

[radixSort.c]

```c
#include <stdio.h>
#include "LinkedQueue.h"
#define RADIX 10    // 정렬할 자료의 키값이 10진수이므로 RADIX를 10으로 정의
#define DIGIT 2     // 정렬할 자료의 키값이 두 자리이므로 DIGIT를 2로 정의

// 배열 a에 있는 n개 원소에 대해 기수 정렬을 수행하는 연산
void radixSort(int a[], int n) {
    int i, bucket, d, factor = 1;

    // 정렬할 자료의 기수, 즉 RADIX에 따라 10개의 버킷을 큐로 생성
    LQueueType* Q[RADIX];  // 버킷 큐의 헤드 포인터를 포인터 배열로 선언
    for (bucket = 0; bucket < RADIX; bucket++)
        Q[bucket] = createLinkedQueue();

    // 키값의 자릿수만큼, 즉 두 번 기수 정렬을 반복 수행
    for (d = 0; d < DIGIT; d++) {
        for (i = 0; i < n; i++)
            enLQueue(Q[(a[i] / factor) % RADIX], a[i]);
        for (bucket = 0, i = 0; bucket < RADIX; bucket++)
            while (!isLQEmpty(Q[bucket]))  a[i++] = deLQueue(Q[bucket]);
        printf("\n\n %d 단계 : ", d + 1);
        for (i = 0; i < n; i++)  printf(" %3d", a[i]);

        factor = factor * RADIX;
    }
}
```

[ex9_8.c]

```c
#include <stdio.h>
void radixSort(int a[], int n);

int main(void) {
    int i, list[8] = { 69, 10, 30, 2, 16, 8, 31, 22 };
    int size = sizeof(list) / sizeof(list[0]);    // list 배열의 원소 개수
    printf("\n정렬할 원소 : ");
    for (i = 0; i < size; i++) printf("%3d", list[i]);
    printf("\n\n <<<<< 기수 정렬 수행 >>>>>>");
    radixSort(list, size);                        // 기수 정렬 함수 호출

    getchar();  return 0;
}
```

```
정렬할 원소 :  69 10 30 2 16 8 31 22

<<<<<<<<<< 기수 정렬 수행 >>>>>>>>>>

 1 단계 :  10 30 31 2 22 16 8 69

 2 단계 :  2 8 10 16 22 30 31 69
```

[radixSort.c]

07~26행은 키값의 자릿수만큼, 즉 기수 정렬을 두 번 반복하여 수행한다. 먼저 factor = 1일 때는 키값의 1의 자리를 기준으로 17~22행을 다음과 같이 수행한다.

17~18행 : 키값의 1의 자리에 대한 버킷을 찾아 원소를 저장(enQueue)한다.

19~20행 : 버킷 0부터 9까지 저장된 원소를 순서대로 꺼내어(deQueue) 배열 a에 저장한다.

21~22행 : 1의 자리에 대해 기수 정렬이 끝난 현재 상태를 출력한다.

24행 : 10의 자리에 대해 기수 정렬을 반복하기 위해 factor를 상위 단위로 수정(factor*RADIX), 즉 10으로 수정한다.

factor = 10일 때, 즉 키값의 10의 자리를 기준으로 17~22행을 다음과 같이 수행한다.

17~18행 : 키값의 10의 자리에 대한 버킷을 찾아 원소를 저장(enQueue)한다.

19~20행 : 버킷 0부터 버킷 9까지 저장된 원소를 순서대로 꺼내어(deQueue) 배열 a에 저장한다.

21~22행 : 10의 자리에 대하여 기수 정렬이 끝난 현재 상태를 출력한다.

Section **09**

히프 정렬

1 히프 정렬의 이해

히프 정렬Heap Sort은 7장에서 살펴본 히프 자료구조를 이용하여 정렬하는 방법이다. 히프에서는 항상 가장 큰 원소가 루트 노드가 되고, 삭제 연산을 수행하면 항상 루트 노드의 원소를 삭제하여 반환하는 특징이 있다. 그러므로 최대 히프에 대해서 원소 개수만큼 삭제 연산을 수행하면 내림차순으로 정렬된 원소를 얻을 수 있고, 최소 히프에 대해서 원소 개수만큼 삭제 연산을 수행하면 오름차순으로 정렬된 원소를 얻을 수 있다. 히프 정렬은 정렬할 원소들을 하나씩 히프에 삽입하여 정렬할 n개의 원소를 가진 최대 히프를 구성한다. 히프에 삭제 연산을 수행하여 얻은 루트 원소를 저장하고, 히프를 다시 최대 히프가 되도록 재구성하는 작업을 원소의 개수만큼 반복하면 정렬을 완성할 수 있다.

정렬하지 않은 {69, 10, 30, 2, 16, 8, 31, 22} 자료를 히프 정렬 방법으로 정렬하는 과정을 살펴보자.

1 초기 상태 : 정렬할 원소에 대해 7장에서 설명한 삽입 연산을 이용해 최대 히프를 구성한다.

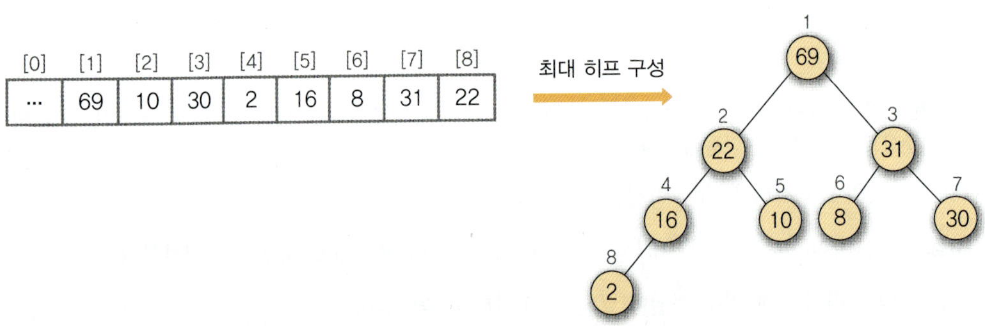

2 ① 히프에 삭제 연산을 수행하여 루트 노드의 원소 69를 구한 후 배열의 마지막 자리에 저장한다. ② 나머지 히프를 최대 히프로 재구성한다. 원소를 삭제하고 히프를 재구성하는 작업은 7장의 [알고리즘 7-12]에 따라 수행한다.

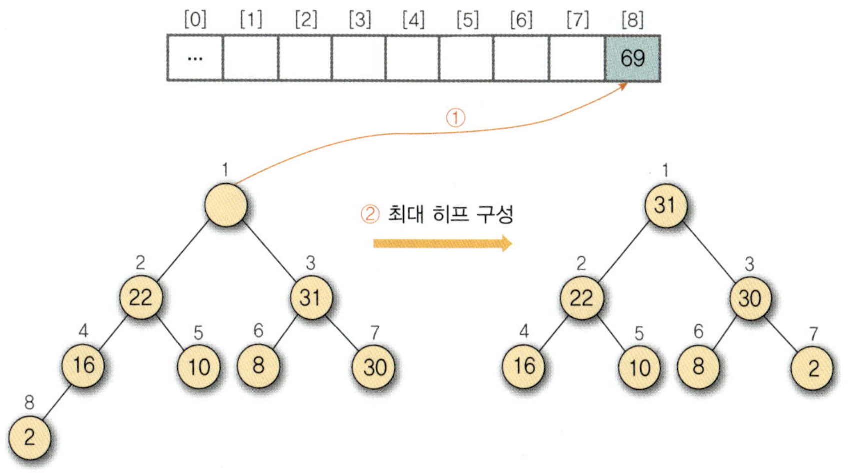

3 ① 히프에 삭제 연산을 수행하여 루트 노드의 원소 31을 구한 후 배열의 비어 있는 마지막 자리에 저장한다. ② 나머지 히프를 최대 히프로 재구성한다.

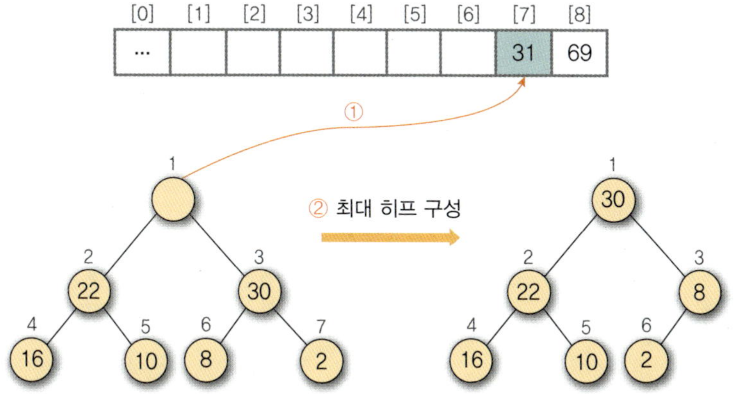

4 ① 히프에 삭제 연산을 수행하여 루트 노드의 원소 30을 구한 후 배열의 비어 있는 마지막 자리에 저장한다. ②나머지 히프를 최대 히프로 재구성한다.

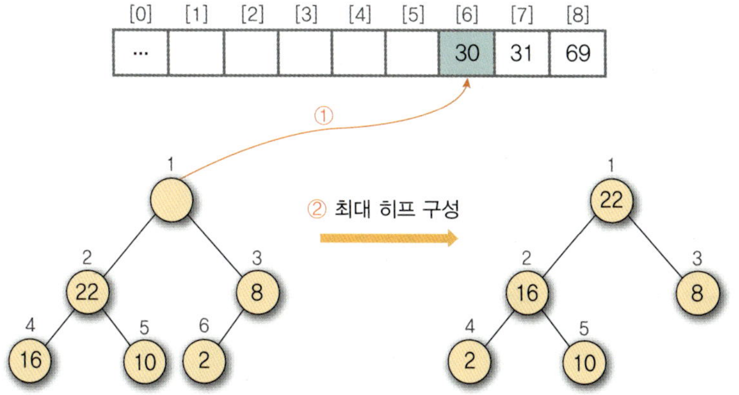

5 ① 히프에 삭제 연산을 수행하여 루트 노드의 원소 22를 구한 후 배열의 비어 있는 마지막 자리에 저장한다. ② 나머지 히프를 최대 히프로 재구성한다.

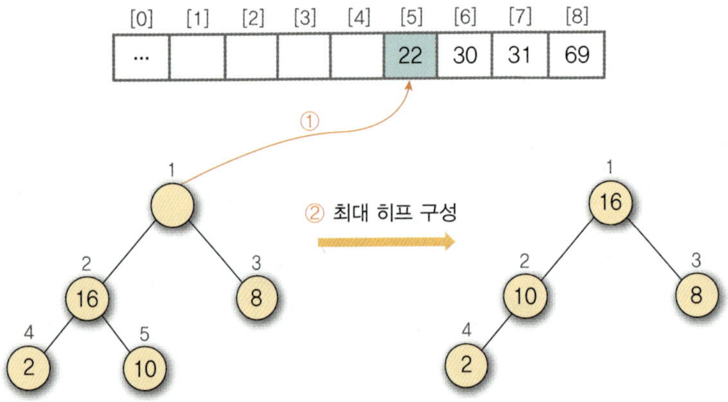

6 ① 히프에 삭제 연산을 수행하여 루트 노드의 원소 16을 구한 후 배열의 비어 있는 마지막 자리에 저장한다. ② 나머지 히프를 최대 히프로 재구성한다.

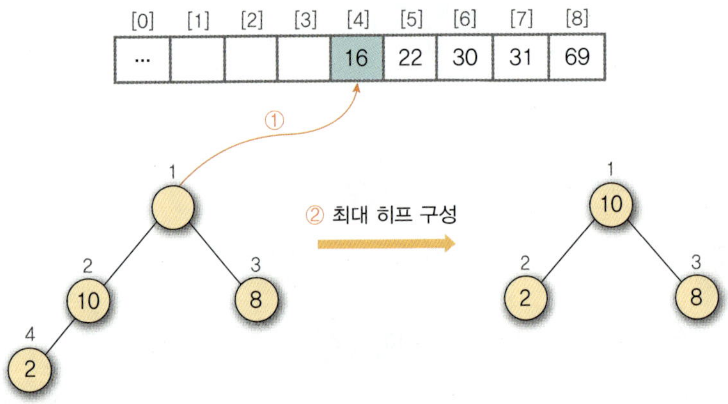

7 ① 히프에 삭제 연산을 수행하여 루트 노드의 원소 10을 구한 후 배열의 비어 있는 마지막 자리에 저장한다. ② 나머지 히프를 최대 히프로 재구성한다.

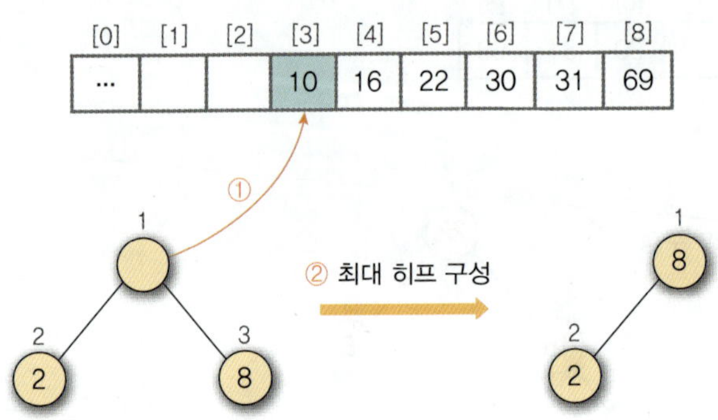

8 ① 히프에 삭제 연산을 수행하여 루트 노드의 원소 8을 구한 후 배열의 비어 있는 마지막 자리에 저장한다. ② 나머지 히프를 최대 히프로 재구성한다.

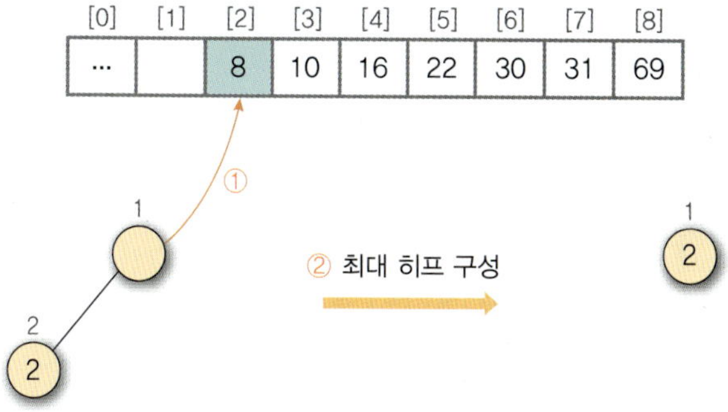

9 히프에 삭제 연산을 수행하여 루트 노드의 원소 2를 구한 후 배열의 비어 있는 마지막 자리에 저장한다. 나머지 히프를 최대 히프로 재구성해야 하는데 공백 히프가 되었으므로 히프 정렬을 종료한다.

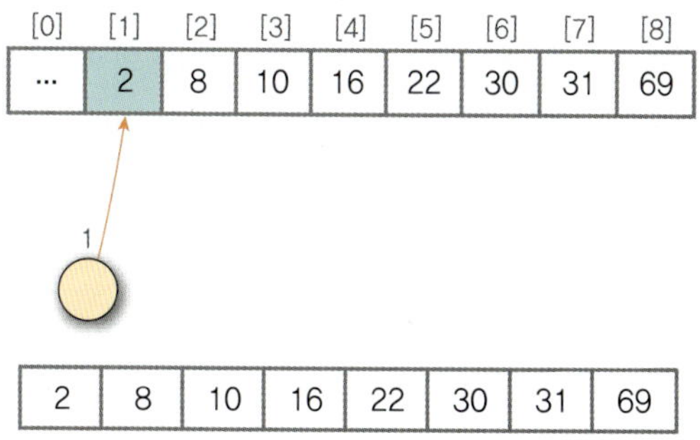

2 히프 정렬 알고리즘

다음은 크기가 n인 배열 a[ ]의 원소를 히프 정렬 방법으로 정렬하는 알고리즘이다.

알고리즘 9-11 **히프 정렬**

```
heapSort(a[])
   n ← a.length - 1;
   for (i ← n / 2; i ≥ 1; i ← i - 1) do  // 배열 a[]를 히프로 변환
      makeHeap(a, i, n);
   for (i ← n - 1; i ≥ 1; i ← i - 1) do {
      temp ← a[1];      // 히프의 루트 노드 원소를
      a[1] ← a[i + 1]; // 배열의 비어 있는
      a[i + 1] ← temp; // 마지막 자리에 저장
      makeHeap(a, 1, i);
   }
end heapSort()
```

히프 정렬에서 배열을 히프 구조로 재구성하는 makeHeap() 연산에 대한 알고리즘은 다음과 같다.

알고리즘 9-12 히프 재구성

```
makeHeap(a[], h, m)
   for (j ← 2 * h; j ≤ m; j ← 2 * j) do {
      if (j < m) then
         if (a[j] < a[j + 1]) then j ← j + 1;
      if (a[h] ≥ a[j]) then exit;
      else a[j / 2] ← a[j];
   }
   a[j / 2] ← a[h];
end makeHeap()
```

히프 정렬은 n개의 원소에 대한 n개의 메모리와 n개의 노드로 구성된 히프를 저장할 공간이 추가로 필요하다. 히프에 삭제 연산을 반복 수행하여 오름차순으로 정렬된 원소를 구하기 위해, 삭제 연산을 수행할 때마다 히프를 재구성하는 연산이 필요하다. 따라서 히프 정렬의 시간 복잡도는 히프의 재구성 시간으로 정해진다. n개의 노드에 대해 완전 이진 트리는 $\log_2(n+1)$ 레벨을 가지므로 완전 이진 트리를 히프로 구성하는 평균 시간은 $O(\log_2 n)$이 된다. 따라서 n번 삭제 연산한 히프의 평균 재구성 시간은 $O(n\log_2 n)$이 된다. 따라서 히프 정렬의 시간 복잡도는 $O(n\log_2 n)$이 된다.

Section 10

트리 정렬

1 트리 정렬의 이해

트리 정렬Tree Sort은 7장에서 살펴본 이진 탐색 트리를 이용하여 정렬하는 방법이다. 정렬할 원소들을 이진 탐색 트리로 구성하고, 중위 우선 순회 방법을 사용하여 이진 탐색 트리의 원소들을 순회하는 경로가 오름차순 정렬이 된다.

정렬하지 않은 {69, 10, 30, 2, 16, 8, 31, 22} 자료를 트리 정렬을 사용하여 정렬하는 과정을 살펴보자.

1. 정렬할 원소 여덟 개를 차례대로 삽입하여 이진 탐색 트리를 구성한다.
2. 이진 탐색 트리를 중위 순회 방법으로 순회하면서 원소를 저장한다.

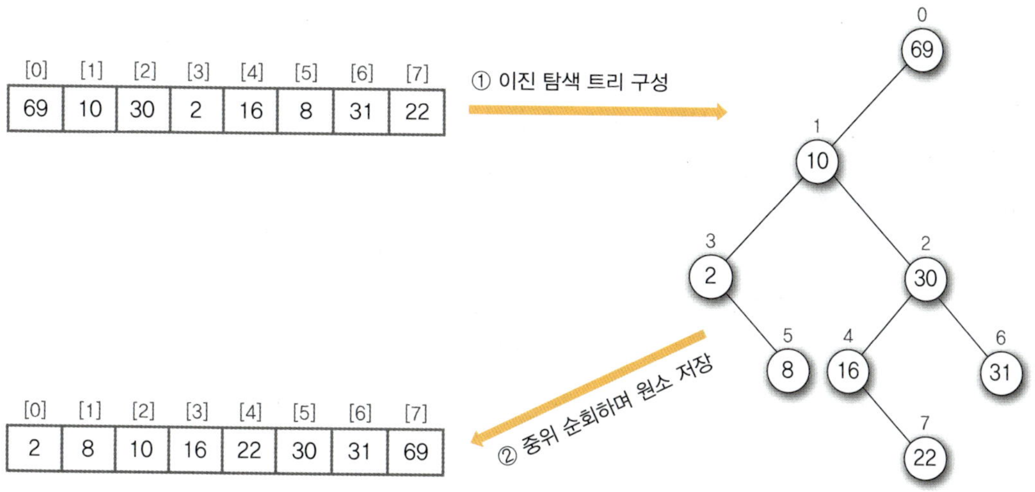

2 트리 정렬 알고리즘

다음은 크기가 n인 배열 a[ ]의 원소를 트리 정렬 방법으로 정렬하는 알고리즘이다. 이진 탐색 트리에서의 삽입 연산 insert()와 중위 순회 연산 inorder()는 7장 알고리즘을 응용하여 사용한다.

알고리즘 9-13 트리 정렬

```
treeSort(a[], n)
   for (i ← 0; i < n; i ← i + 1) do
      insert(BST, a[i]);       // 이진 탐색 트리의 삽입 연산
   inorder(BST);               // 중위 순회 연산
end treeSort()
```

트리 정렬은 n개의 원소에 대한 n개의 메모리와 n개의 노드로 구성된 이진 탐색 트리를 저장할 공간이 추가로 필요하다. 트리 정렬에서의 시간 복잡도는 이진 탐색 트리를 구성하는 시간으로 결정된다. 원소들을 비교하여 이진 탐색 트리를 구성하는 시간이 $O(\log_2 n)$이므로 n개의 노드에 대해 이진 탐색 트리를 구성하는 시간 복잡도 즉, 트리 정렬의 시간 복잡도는 $O(n\log_2 n)$이 된다.

SELF TEST_ 트리 정렬은 이진 탐색 트리를 이용한 정렬 방법이다. 7장에서 학습한 AVL 트리를 정렬로 이용할 수 있는지 설명하시오.

3 트리 정렬 프로그램

[예제 9-9]는 정렬하지 않은 {69, 10, 30, 2, 16, 8, 31, 22} 자료를 트리 정렬 방법으로 정렬하는 프로그램이다. 7장 [예제 7-4]에서 작성한 insertNode()와 dispalyInorder()를 이용해 구현한다.

예제 9-9 트리 정렬하기

[node.h]

```
// [예제 7-5]의 [node2.h] 사용
```

[node.c]

```
// [예제 7-5]의 [node2.c] 사용
```

[bst.h]

```
// [예제 7-4]의 [bst.h] 사용
```

[bst.c]

```
// [예제 7-4]의 [bst.c] 사용
```

[treeSort.c]

```
#include <stdio.h>
#include "bst.h"

```

[알고리즘 9-13] 구현

```c
// 트리 정렬 연산
void treeSort(int a[], int n) {
    treeNode* root = NULL;            // 공백 이진 탐색 트리 생성
    root = insertBSTNode(root, a[0]); // a[0]을 공백 이진 탐색 트리의 루트로 삽입

    for (int i = 1; i < n; i++)       // a[1]~a[n-1]의 원소들을
        insertBSTNode(root, a[i]);    // 삽입하면서 이진 탐색 트리 구성
    displayInorder(root);             // 이진 탐색 트리를 중위 순회한 경로 출력
}
```

[ex9_9.c]

```c
#include <stdio.h>
void treeSort(int a[], int n);

int main(void) {
    int i, list[8] = { 69, 10, 30, 2, 16, 8, 31, 22 };
    int size = sizeof(list) / sizeof(list[0]); // list 배열의 원소 개수
    printf("\n정렬할 원소 : ");
    for (i = 0; i < size; i++) printf("%3d", list[i]);
    printf("\n <<<<< 트리 정렬 수행 >>>>>> \n\n");
    treeSort(list, size);                      // 트리 정렬 함수 호출

    getchar(); return 0;
}
```

```
정렬할 원소 : 69 10 30 2 16 8 31 22

<<<<<<<<< 트리 정렬 수행 >>>>>>>>>

 2 8 10 16 22 30 31 69
```

응용예제 13

최고의 팀으로 만들라!

축구팀 스카우트 시즌이다. 최고의 팀을 만들기 위해 우리 팀에서 성적이 낮은 선수를 다른 팀의 선수와 트레이드 하려고 한다. N명의 선수 중에서 트레이드 기회는 K번! 트레이드를 잘하면 우리 팀을 최고의 팀으로 만들 수 있다.

문제 **트레이드를 수행하여 최고의 팀 만들기**

트레이드를 수행하여 최고의 팀을 만들어 출력하는 프로그램을 작성하라.

① 입력 조건

- 첫째 줄에 선수 인원을 나타내는 정수 N과 트레이드 기회 K가 주어진다. ($5 \le N \le 15$, $1 \le K < N$)
- 둘째 줄에 우리 팀 선수의 성적이 N개의 정수로 주어진다.
- 셋째 줄에 다른 팀 선수의 성적이 N개의 정수로 주어진다.

② 출력 조건

- 첫째 줄에 트레이드가 끝난 우리 팀 선수 N명의 성적이 출력된다.
- 둘째 줄에 트레이드 전의 선수 성적 평균과 트레이드 후의 성적 평균을 출력한다.

③ 입출력 예시

```
8 3
85 72 81 90 90 79 76 80
89 91 70 74 90 86 82 91
```

➡

```
85 91 81 90 90 90 91 80
81.6 -> 87.3
```

문제 해결

① 설계

우리 팀에서 성적이 제일 낮은 선수를 다른 팀에서 성적이 제일 높은 선수와 트레이드하면 우리 팀은 최고의 팀이 될 수 있다. 선택 정렬에서 가장 작은 값을 찾아 선택하여 기준 위치의 값과 맞교환했던 것을 생각해보자. 우리 팀에서 성적이 최소인 선수를 기준 위치로 정하고, 다른 팀에서 성적이 최고인 선수를 찾아 선택하여 우리 팀 기준 위치와 트레이드(맞교환)하는 과정을 K번 반복하면 된다.

② 순서도

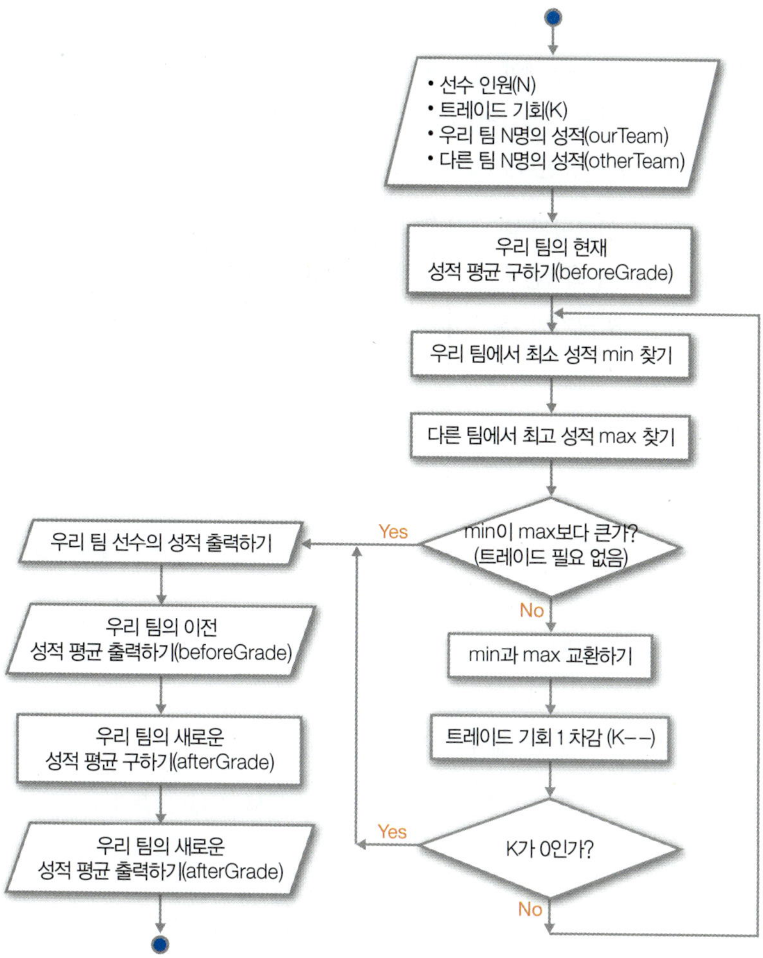

응용예제 14 특징 벡터 만들기

요즘 한아는 이미지 인식을 위한 딥러닝 알고리즘 공부에 푹 빠져있다. 전체 이미지를 일정한 크기의 영역으로 분할하고 각 영역에 대한 이미지 정보를 숫자로 인코딩한다. N×N개로 인코딩된 데이터에서 딥러닝에 사용할 특징feature을 추출하는 작업을 해야 하는데 특징 추출은 M×M 크기의 윈도우window (마스크mask, 필터filter, 커널kernel이라고도 함)를 적용하여 오른쪽으로 한 칸씩, 아래로 한 칸씩 이동하면서 각 윈도우에서 최댓값을 추출하는 방법을 사용한다.

예를 들어 다음과 같이 5×5 크기로 인코딩된 데이터에 3×3 크기의 윈도우를 사용하여 최댓값을 특징으로 추출하면, (b)와 같이 3×3 크기의 특징 벡터를 생성하게 된다.

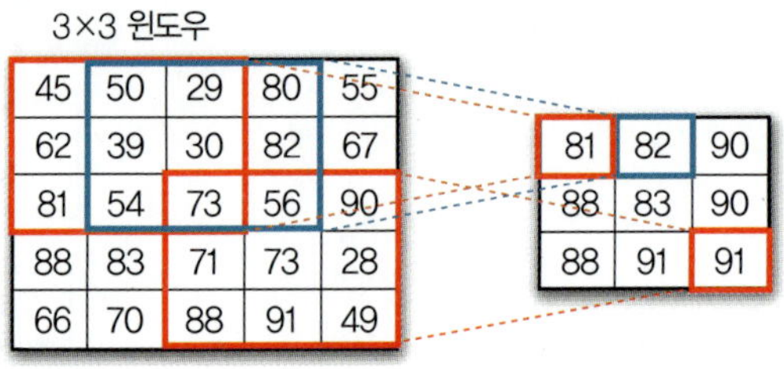

(a) 5×5 (b) 3×3 특징 벡터

문제 특징 벡터 출력하기

N×N개 데이터에 M×M 크기의 윈도우를 적용하여 (N−M+1)×(N−M+1) 크기의 특징 벡터를 출력하는 프로그램을 작성하라.

① 입력 조건
- 첫째 줄에 데이터 크기를 나타내는 N과 윈도우 크기 M이 주어진다. (3 ≤ N ≤ 50, 2 ≤ M 〈 N)
- 둘째 줄부터 N+1번 줄까지 N개씩 정수 데이터가 주어진다.

② 출력 조건
- 첫째 줄부터 (N−M+1)번 줄까지 특징 벡터를 한 줄((N−M+1)개)씩 출력한다.

③ 입출력 예시

```
5 3
45 50 29 80 55
62 39 30 82 67
81 54 73 56 90
88 83 71 73 28
66 70 88 91 49
```

→

```
81 82 90
88 83 90
88 91 91
```

문제 해결

① 설계

윈도우 범위 안에 있는 숫자 중에서 최댓값을 찾는 문제다. 최댓값을 찾는 방법은 여러 가지가 있는데 정렬한 후에 최댓값을 사용하는 방법도 있다. 이 문제에서는 윈도우 범위 안의 모든 숫자를 정렬할 필요는 없고 최댓값만 찾으면 된다. 최대 히프를 이용해 보자.

② 순서도

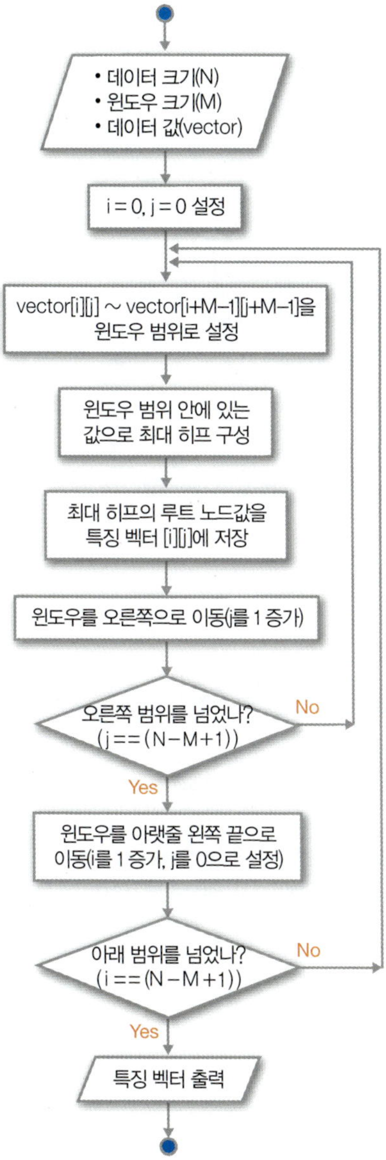

요약

01 정렬의 개념

정렬Sort이란 순서 없이 배열된 자료를 작은 것부터 큰 것 순서의 오름차순이나 큰 것부터 작은 것 순서의 내림차순으로 재배열하는 것이다. 정렬 방법은 수행되는 위치에 따라서 컴퓨터 메모리 내부에서 수행하는 내부 정렬과 메모리의 외부인 보조 기억 장치에서 수행하는 외부 정렬로 나눌 수 있고, 수행 방법에 따라 비교식 정렬Comparative Sort과 분배식 정렬Distribute Sort로 구분할 수 있다.

02 정렬 방식의 분류

내부 정렬Internal Sort의 정렬 방법을 다음과 같이 나눈다.

구분	종류	설명
비교식	교환 방식	키를 비교하고 교환하여 정렬하는 방식(선택 정렬, 버블 정렬, 퀵 정렬)
	삽입 방식	키를 비교하고 삽입하여 정렬하는 방식(삽입 정렬, 셸 정렬)
	병합 방식	키를 비교하고 병합하여 정렬하는 방식(2-way 병합, n-way 병합)
	선택 방식	이진 트리를 사용하여 정렬하는 방식(히프 정렬, 트리 정렬)
분배식	분배 방식	키를 구성하는 값을 여러 개의 부분집합에 분배하여 정렬하는 방식(기수 정렬)

03 교환 방식

선택 정렬Selection Sort과 버블 정렬Bubble Sort과 퀵 정렬Quick Sort이 있다.

종류	설명
선택 정렬	전체 원소 중에서 기준 위치에 맞는 원소를 선택하여 자리를 교환한다.
버블 정렬	인접한 두 개의 원소를 비교하여 자리를 교환하는 방식이다. 첫째 원소부터 마지막 원소까지 반복하여 한 단계가 끝나면 가장 큰 원소가 마지막 자리로 온다.
퀵 정렬	정렬할 전체 원소에 대해 정렬을 수행하지 않고 기준값을 중심으로 왼쪽 부분집합과 오른쪽 부분집합으로 분할한다. 왼쪽 부분집합에는 기준값보다 작은 원소를 이동시키고, 오른쪽 부분집합에는 기준값보다 큰 원소를 이동시킨다.

04 삽입 방식

삽입 정렬Insert Sort과 셸 정렬Shell Sort이 있다.

종류	설명
삽입 정렬	정렬된 부분집합에 정렬할 새로운 원소의 순서를 찾아 삽입하는 방법이다.
셸 정렬	일정한 간격으로 떨어져 있는 자료들로 구성한 부분집합 단위로 삽입 정렬을 수행하는 정렬 방법이다. 전체 원소에 대해 정렬을 수행하는 삽입 정렬 방법에서 비교 연산과 교환 연산을 수행하기보다 부분집합으로 나누어 정렬하면 비교 횟수와 교환 연산을 줄일 수 있다.

05 병합 정렬Merge Sort

여러 개의 정렬된 자료의 집합을 부분집합으로 분할하고, 각 부분집합에 대해서 정렬 작업을 완성한 후에 정렬된 부분집합들을 다시 결합하는 분할 정복 기법을 사용한다. n개의 정렬된 자료의 집합을 결합하여 하나로 만드는 병합 방법을 n-way 병합이라고 한다.

06 분배 방식

기수 정렬Radix Sort이 있다. 기수 정렬은 분배 방식의 정렬 방법으로 정렬할 원소의 키값에 해당하는 버킷에 원소를 분배하였다가 버킷 순서대로 원소를 꺼내는 방법을 반복한다. 기수 정렬은 원소의 키를 표현하는 값의 기수만큼 버킷이 필요하고, 키값의 자릿수만큼 기수 정렬을 반복한다.

07 선택 방식

히프 정렬Heap Sort과 트리 정렬Tree Sort이 있다.

종류	설명
히프 정렬	히프 자료구조를 이용하여 정렬하는 방법이다.
트리 정렬	이진 탐색 트리를 이용하여 정렬하는 방법이다. 정렬할 원소들을 이진 탐색 트리로 구성하고 중위 우선 순회 방법을 사용하여 이진 탐색 트리의 원소들을 순회하여 꺼내면 오름차순 정렬이 된다.

연습문제

01 정렬 알고리즘을 선택할 때 고려할 사항으로 거리가 먼 것은?

① 증가 데이터의 배열 상태　② 키값의 분포 상태

③ 소요 공간 및 작업 시간　④ 정렬에 필요한 기억 공간의 크기

02 다음 자료를 Selection Sorting으로 오름차순 정렬할 경우에 3Pass의 결과는?

초기 상태: 8, 3, 4, 9, 7

① 3, 4, 7, 9, 8　② 3, 4, 8, 9, 7

③ 3, 8, 4, 9, 7　④ 3, 4, 7, 8, 9

03 다음 자료를 버블 정렬을 이용하여 오름차순으로 정렬할 경우 1Pass의 실행 결과는?

4, 7, 3, 1, 5, 8, 2, 6

① 3, 1, 4, 5, 2, 6, 7, 8　② 1, 3, 4, 2, 5, 6, 7, 8

③ 4, 3, 1, 5, 7, 2, 6, 8　④ 1, 3, 2, 4, 5, 6, 7, 8

04 정렬에 대한 설명으로 옳지 않은 것은?

① 배열에 저장되어 있는 자료를 정렬할 경우, 병합 정렬은 히프 정렬보다 메모리 공간을 더 필요로 한다.

② 병합 정렬로 n개 자료를 정렬할 때, 정렬된 입력이나 그렇지 않은 입력이나 걸리는 시간은 항상 $\Theta(nlogn)$이다.

③ 배열에 저장된 자료 n개를 정렬히는 선택 정렬에서 최악의 경우 자료 비교 횟수는 $\Theta(n^2)$이고 최악의 경우 배열에서의 자료 이동 횟수도 $\Theta(n^2)$이다.

④ 정렬된 입력에 대하여 퀵 정렬(첫 번째 원소를 기준으로 분할)은 히프 정렬보다 시간이 많이 걸린다.

05 정렬에 대한 설명으로 옳지 않은 것은?

① 퀵 정렬은 스택을 이용해 수행한다.

② 셸 정렬은 최적의 경우에 선택 정렬보다 빠르다.

③ 히프 정렬은 배열을 이용한 포화 이진 트리를 사용한다.

④ 데이터 열 개를 버블 정렬로 정렬하면 최대 45번의 비교 연산을 수행한다.

06 최적, 최악의 경우에도 수행 시간이 O($nlog_2n$)가 되는 정렬 알고리즘은?

① 힙 정렬 ② 퀵 정렬 ③ 버블 정렬 ④ 삽입 정렬

07 다음 중 정렬 알고리즘에 대한 설명으로 옳은 것은?

① 선택 정렬과 힙 정렬 알고리즘의 시간 복잡도는 O(nlog)이다.
② 퀵 정렬과 합병 정렬은 분할 정복 방법을 사용하는 알고리즘이다.
③ 힙 정렬과 삽입 정렬은 안정적인 정렬 알고리즘이다.
④ 최악의 경우 퀵 정렬의 성능은 O(nlogn)이다.
⑤ 선택 정렬과 버블 정렬은 제자리 정렬을 할 수 없다.

08 주어진 파일에서 인접한 두 개의 레코드 키값을 비교하여 그 크기에 따라 레코드 위치를 서로 교환하는 정렬 방식은?

① 선택 정렬 ② 삽입 정렬 ③ 퀵 정렬 ④ 버블 정렬

09 다음 중 교환 방식의 정렬 방법이 아닌 것은?

① 선택 정렬 ② 삽입 정렬 ③ 퀵 정렬 ④ 버블 정렬

10 Internal sort에 해당하지 않는 것은?

① bubble sort ② balanced merge sort
③ quick sort ④ radix sort

11 다음 정렬 방식 중 공간 복잡도가 가장 큰 것은?

① 퀵 정렬 ② 병합 정렬 ③ 선택 정렬 ④ 버블 정렬

12 비교가 아닌 분배에 의한 정렬 방식으로 옳은 것은?

① 기수 정렬 ② 버블 정렬 ③ 퀵 정렬 ④ 히프 정렬

13 자료를 버블 정렬을 이용하여 오름차순으로 정렬할 경우 1회전 후의 결과는?

8, 5, 6, 2, 4

① 8, 5, 2, 4, 6 ② 2, 4, 5, 6, 8 ③ 5, 6, 2, 4, 8 ④ 8, 5, 6, 2, 4

14 다음 자료를 선택 정렬을 이용하여 오름차순으로 정렬하고자 한다. 3회전 후의 결과로 옳은 것은?

> 37, 14, 17, 40, 35

① 14, 17, 37, 40, 35
② 14, 37, 17, 40, 35
③ 17, 14, 37, 35, 40
④ 14, 17, 35, 40, 37

15 정렬 알고리즘의 수행 시간을 Big-O 표기법으로 나타낼 때 최악의 경우에 수행 시간이 같은 것으로만 나열된 것은?

> 선택 정렬, 합병 정렬, 삽입 정렬, 퀵 정렬, 힙 정렬

① 합병 정렬, 퀵 정렬, 힙 정렬
② 힙 정렬, 선택 정렬, 퀵 정렬
③ 합병 정렬, 선택 정렬, 삽입 정렬
④ 합병 정렬, 힙 정렬, 삽입 정렬
⑤ 선택 정렬, 삽입 정렬, 퀵 정렬

16 삽입 정렬을 사용해 다음 자료를 오름차순으로 정렬하고자 한다. 3회전 후 결과는?

> 5, 4, 3, 2, 1

① 3, 4, 5, 2, 1
② 4, 5, 3, 2, 1
③ 2, 3, 4, 5, 1
④ 1, 2, 3, 4, 5

17 이진 트리의 레코드 R=(88, 74, 63, 55, 37, 25, 33, 19, 26, 14, 9)에 대하여 히프 정렬을 만들 때, 37의 왼쪽과 오른쪽 자식 노드값은?

① 55, 25
② 63, 33
③ 33, 19
④ 14, 9

18 다음은 초기 원소에 대하여 정렬을 1Pass 수행한 후 상태이다. 사용한 정렬 방법은?

> 초기 원소 : 10 3 27 31 5 1
> 1Pass 수행 후 : 3 10 27 5 1 37

① 퀵 정렬
② 병합 정렬
③ 선택 정렬
④ 버블 정렬

19 This search examines elements in turn to see if it is the one sought, continuing until either the element is found or all the elements in the list have examined. What is this search?

① Binary search　② Linear search　③ Block search　④ Interpolation search

20 퀵 정렬에 대한 설명으로 가장 옳지 않은 것은?

① 퀵 정렬은 분할 정복 방식으로 동작한다.
② 퀵 정렬의 구현은 흔히 재귀 함수 호출을 포함한다.
③ n개의 데이터에 대한 퀵 정렬의 평균 수행 시간은 O(logn)이다.
④ C.A.R. Hoare가 고안한 정렬 방식이다.

21 다음 배열 데이터에서 첫째 원소 66을 피봇으로 퀵 정렬을 수행하는 경우, 순환 함수 quickSort( )의 첫 번째 라운드가 완료되었을 때 생성된 배열 상태로 옳은 것은? (단, 퀵 정렬 함수는 quickSort(int a[ ], int left, int right)이고, 매개변수 left와 right는 배열 a에서 정렬할 시작 위치와 끝 위치를 나타낸다.)

```
int a[] = { 66, 51, 11, 98, 55, 1, 70, 35, 79, 41 };
```

① 11, 51, 35, 41, 55, 1, 66, 70, 79, 98
② 35, 51, 11, 41, 55, 1, 66, 70, 79, 98
③ 55, 79, 70, 98, 66, 1, 11, 35, 51, 41
④ 66, 79, 70, 98, 55, 1, 11, 35, 51, 41

22 다음 데이터를 퀵 정렬하려고 한다. 퀵 정렬 1단계 과정이 끝난 후, 피봇을 중심으로 왼쪽에는 피봇보다 작은 수, 오른쪽에는 피봇보다 큰 수로 데이터가 분할된 상태를 올바르게 나타낸 것은? (단, 피봇은 가장 왼쪽에 있는 값으로 한다.)

초기 데이터

[0]	[1]	[2]	[3]	[4]	[5]	[6]	[7]	[8]	[9]
8	1	4	9	6	3	5	2	7	0

힌트 [예제 9-4]와 같이 10행만 수정해도 결과를 구할 수 있다. 하지만 이 경우의 실행 비효율성을 생각해보고, L=begin+1;로 수정하여 실행하는 방법을 생각해보자.

	[0]	[1]	[2]	[3]	[4]	[5]	[6]	[7]	[8]	[9]
①	7	1	4	6	3	5	2	0	8	9
②	7	1	4	0	6	3	5	2	8	9
③	2	1	4	0	6	3	5	7	8	9
④	0	1	4	2	6	3	5	7	8	9

23 정렬된 N개의 데이터를 처리하는 데 $O(N\log_2 N)$의 시간이 소요되는 정렬 알고리즘은?

① 선택 정렬　② 삽입 정렬　③ 버블 정렬　④ 합병 정렬

24 다음은 배열 A에 저장된 정수 n개를 오름차순으로 정렬하는 삽입 정렬 알고리즘이다. ㉠과 ㉡에 순서대로 들어갈 내용으로 옳은 것은?

```
void sort(int A[], int n) {
   int i, j, key;
   for (i = 1; i < n; i++) {
      key = A[i];
      for (j = i - 1; ㉠; j--)
         ㉡
         A[j + 1] = key;
   }
}
```

	㉠	㉡
①	j >= 0 && key > A[j]	A[j+1] = A[j];
②	j > 0 && key >= A[j]	A[j-1] = A[j];
③	j > 0 && key < A[j]	A[j] = A[j+1];
④	j >= 0 && key < A[j]	A[j+1] = A[j];

25 병합 정렬에 대한 설명 중 옳지 않은 것은?

① 점근 분석Asymptotic Analysis할 때, 퀵 정렬의 최악 수행 시간보다 빠르다.
② 메모리를 추가로 쓰지 않고 간단히 구현할 수 있다.
③ 크기가 n인 입력에 대한 최악 수행 시간을 T(n)이라 할 때, $T(n) = 2 \times T(n/2) + cn$으로 나타낼 수 있다. (단, $c \geq 1$ 상수)
④ 분할 정복 기법을 사용한다.

26 다음과 같은 10진수 일곱 개를 입력 받아 3단계Three Passes의 기수 정렬Radix Sort을 수행하여 오름차순으로 정렬하려고 한다. 2단계를 수행한 후 부분 정렬된 결과는?

379 - 508 - 706 - 193 - 984 - 155 - 133

① 508 - 706 - 155 - 133 - 379 - 984 - 193
② 706 - 508 - 155 - 133 - 379 - 193 - 984
③ 508 - 706 - 133 - 155 - 379 - 193 - 984
④ 706 - 508 - 133 - 155 - 379 - 984 - 193

27 힙 정렬에서 힙의 구성을 위해 사용되는 트리는?

① 스레드 이진 트리　② 완전 이진 트리　③ 단방향 트리　④ 이진 탐색 트리

28 다음 배열에 저장된 데이터에 대해 내림차순으로 히프 정렬을 수행한다. 첫 번째 데이터를 출력하고 히프를 재구성한 후에 배열의 여섯 번째 자리에 있는 데이터로 옳은 것은? (단, 배열의 첫째 인덱스는 1이다.)

[1]	[2]	[3]	[4]	[5]	[6]	[7]	[8]	[9]
21	37	22	17	11	30	5	10	9

① 5　　② 9　　③ 10　　④ 22

29 다음 자료를 정렬하시오.

34, 27, 19, 51, 8, 24, 11

(가) 선택 정렬을 사용해 정렬하는 과정을 설명하시오.
(나) 버블 정렬을 사용해 정렬하는 과정을 설명하시오.
(다) 삽입 정렬을 사용해 정렬하는 과정을 설명하시오.
(라) 병합 정렬을 사용해 정렬하는 과정을 설명하시오.
(마) 퀵 정렬을 사용해 정렬하는 과정을 설명하시오.
(바) 히프 정렬을 사용해 정렬하는 과정을 설명하시오.
(사) 트리 정렬을 사용해 정렬하는 과정을 설명하시오.
(아) 셸 정렬을 사용해 정렬하는 과정을 설명하시오.
(자) 기수 정렬을 사용해 정렬하는 과정을 설명하시오.

30 정렬 방법 중에서 별도의 메모리가 추가로 필요한 정렬 방법은 무엇인지 설명하시오.

31 큐를 사용하는 정렬 방법은 무엇인가, 큐를 사용하는 이유는 무엇인가?

32 삽입 정렬 알고리즘을 기술하고 이 알고리즘이 어떤 경우에 효과적인지 설명하시오. 또한 평균 연산 시간(Big-O)과 최악의 연산 시간을 근거와 함께 설명하시오.

33 버블 정렬 알고리즘에 대하여 다음 내용을 설명하시오. (단, 오름차순 기준이다.)

(가) 플래그를 두지 않는 경우와 플래그를 두는 경우로 나누어 설명하고, 플래그를 두는 이유를 설명하시오.
(나) 다음 키값을 갖는 파일을 버블 정렬 알고리즘을 적용하여 정렬하는 과정을 나타내시오.

n = 8 : 30, 50, 10, 80, 40, 60, 70, 90

힌트 버블 정렬이 중간에 완성되었다면, 마지막 원소까지 계속할 필요가 있을까?

34 다음은 C 언어로 작성된 버블 정렬 알고리즘 프로그램의 일부이다. 프로그램을 완성하시오.

```
#include <stdion.h>

int main() {
   int data[5] = { 2, 5, 1, 4, 3 };
   bubble(data, 5);
   for (int i = 0; i<5; i++) {
      print("%d ", data[i]);
   }
   return 0;
}
```

35 선택 정렬과 셸 정렬을 비교하여 설명하시오.

36 퀵 정렬 알고리즘에 대해 설명하고 다음 C 언어 소스 코드를 (필요한 경우) 함수 등을 추가하여 완성하시오. (단, 정렬 순서는 오름차순이다.)

```
#include <stdio.h>
#include<string.h>

void QuickSort(int *data, int n) {


}
void main() {
   char data[8] = { 'B','I','D','O','Z','L','H' };
   puts(data);
   QuickSort(data, 7);
   puts(data);
}
```

37 퀵 정렬 알고리즘을 설명하고, 다음 데이터를 퀵 정렬 알고리즘을 사용해서 정렬하는 과정을 설명하시오.

```
30, 15, 16, 24, 38, 33, 17, 29, 32
```

검색

01 검색의 이해
02 순차 검색
03 이진 검색
04 이진 트리 검색
05 해싱
응용예제
요약
연습문제

Chapter

10

학습목표

- 자료 검색의 개념을 알아본다.
- 순차 검색의 개념과 알고리즘을 알아본다.
- 이진 검색의 개념과 알고리즘을 알아본다.
- 해싱의 원리를 알아보고 다른 검색 알고리즘과의 차이를 살펴본다.

Chapter

10

Preview

자료를 사용하기 위해 정렬하는 것도 중요하지만 원하는 자료를 빠르게 찾는 것도 중요합니다. 자료를 효율적으로 검색하려면 어떤 방법을 써야 할까요? 이 장에서는 여러 가지 검색 알고리즘을 살펴봅니다.

Section 01

검색의 이해

검색Search이란 말 그대로 무언가를 찾는다는 말이다. 필통에서 원하는 필기구를 찾는 것, 영어 사전에서 단어를 찾는 것, 사람들이 많이 모인 청계천에서 친구를 찾는 것, 인터넷에서 상영 중인 영화를 찾는 것도 모두 검색이다. 검색도 정렬처럼 자료구조를 활용하는 방법이다. 자료를 만들고 저장하고 정렬하는 이유는 자료를 사용하기 위해서이고, 사용하려면 자료 중에서도 원하는 항목을 찾아야 하는데 이것이 바로 검색이다. 저장한 자료는 그 자료를 구별하여 인식할 수 있는 키를 가지고 있는데, 이것을 탐색키Search Key라고 한다. 자료를 검색하는 것은 원하는 탐색키를 가진 항목을 찾는 것이다. 자료 속에서 원하는 항목을 찾으면 검색 성공Hit이라고 하고, 찾지 못하면 검색 실패Miss라고 한다.

검색 연산은 삽입 연산과 삭제 연산을 할 때도 필요하다. 원소를 삽입하거나 삭제하려면 먼저 그 위치를 찾아야 하기 때문이다. 검색 방법의 효율성은 사용하는 자료구조와 자료의 배열 상태에 따라 달라지므로 해결해야 하는 문제와 상황에 따라 최적의 검색 방법을 사용해야 한다.

검색은 수행되는 위치에 따라 메모리 내에서 수행하는 내부 검색Internal Search과 메모리의 외부에 있는 보조 기억 장치에서 수행하는 외부 검색External Search으로 나눌 수 있다. 또한 검색 방법에 따라 [표 10-1]과 같이 비교 검색Comparison Search과 계산 검색Non-comparison Search으로 나눌 수 있다.

표 10-1 검색 방법에 따른 분류

검색 방법	설명	종류
비교 검색	검색 대상의 키를 비교하여 검색한다.	순차 검색, 이진 검색, 트리 검색
계산 검색	계수적인 성질을 이용한 계산으로 검색한다.	해싱

순차 검색, 이진 검색, 트리 검색, 해싱을 이용한 검색에 대해 알아본다.

Section 02

순차 검색

순차 검색은 가장 쉽고 단순한 검색 방법으로, 항목을 순서대로 비교하면서 검색하는 기본 순차 검색과 검색의 효율을 높이기 위해 인덱스 테이블을 사용하는 색인 순차 검색이 있다.

1 순차 검색

순차 검색Sequential Search은 일렬로 나열된 자료를 처음부터 마지막까지 순서대로 검색하는 방법으로 기본 순차 검색Basic Sequential Search 또는 선형 검색Linear Search이라고도 한다. 순차 검색은 가장 간단하고 직접적인 방법으로, 배열이나 연결 리스트로 구현된 선형 자료 구조에서 순서대로 비교하며 원하는 항목을 찾는다. 순차 검색은 검색해야 하는 자료의 양에 따라 효율이 달라진다. 자료가 아주 많을 때는 효율이 떨어지지만 알고리즘이 단순하여 구현이 쉽다.

순차 검색에서는 검색해야 할 자료가 정렬된 상태인지 아닌지에 따라 검색 실패를 판단하는 시점이 달라진다. 정렬되어 있지 않은 자료를 순차 검색할 때와 정렬된 자료를 순차 검색할 때를 비교해 보자.

정렬되어 있지 않은 자료를 순차 검색

정렬되어 있지 않은 자료를 순차 검색할 때는 [그림 10-1]의 예와 같이 첫째 원소부터 마지막 원소까지 순서대로 키값이 일치하는 원소가 있는지 비교하여 찾는다. 키값이 일치하는 원소를 찾으면 그 원소가 몇 번째 원소인지 반환한다. 마지막 원소까지 비교해도 키값이 일치하는 원소가 없으면 검색 실패가 된다.

[알고리즘 10-1]은 정렬되어 있지 않은 자료를 순차 검색하는 알고리즘이다.

n개의 자료에 대한 순차 검색을 위해 필요한 메모리 공간은 n이 된다. 순차 검색의 시간 복잡도는 비교 연산 횟수로 결정된다. 순차 검색에서 비교 횟수는 찾을 원소의 위치에 따라 달라진다. 찾을 원소가 첫째 원소라면 비교 횟수는 한 번이고, 둘째 원소라면 두 번, 셋째 원소라면 세 번이 된다. 즉 찾는 원소가 i번째 원소이면 i번을 비교한 후에 찾을 수 있다. 그러므로 평균 비교 횟수는 $\frac{1}{n}\Sigma_{i=1}^{n} i = \frac{1}{n} \times \frac{n(n+1)}{2} = \frac{n+1}{2}$ 가 되어 순차 검색의 평균 시간 복잡도는 O(n)이 된다.

8	30	1	9	11	19	2

(a) 정렬되어 있지 않은 자료의 예

① 8≠9	**8**	30	1	9	11	19	2
② 30≠9	8	**30**	1	9	11	19	2
③ 1≠9	8	30	**1**	9	11	19	2
④ 9=9	8	30	1	**(9)**	11	19	2

(b) 검색 성공의 예 : 9 검색

① 8≠6	**8**	30	1	9	11	19	2
② 30≠6	8	**30**	1	9	11	19	2
③ 1≠6	8	30	**1**	9	11	19	2
④ 9≠6	8	30	1	**9**	11	19	2
⑤ 11≠6	8	30	1	9	**11**	19	2
⑥ 19≠6	8	30	1	9	11	**19**	2
⑦ 2≠6	8	30	1	9	11	19	**2**

(c) 검색 실패의 예 : 6 검색

그림 10-1 정렬되어 있지 않은 자료에서의 순차 검색 예

알고리즘 10-1 정렬되지 않은 자료의 순차 검색

```
sequentialSearch1(a[], n, key)
   i ← 0;
   while (i<n and a[i]≠key) do {
      i ← i + 1;
   }
   if (i<n) then return i;
   else return -1;
end sequentialSearch1()
```

[예제 10-1]은 정렬되어 있지 않은 자료를 순차 검색하는 프로그램이다.

예제 10-1 정렬되지 않은 자료를 순차 검색하기

[sequentialSearch.c]

```c
01  #include <stdio.h>
02  typedef int element;
03
04  void sequentialSearch1(element a[], int n, element key) {      [알고리즘 10-1] 구현
05      int i = 0;
06      printf("\n%3d를 검색하라! ->> ", key);
07      while (i < n && a[i] != key) i++;
08      if (i < n) printf("%3d번째에 검색 성공! \n", i + 1);
09      else   printf("%3d번째에 검색 실패! \n", i + 1);
10  }
```

[ex10_1.c]

```c
#include <stdio.h>
typedef int element;

void sequentialSearch1(element a[], int n, int key);

int main(void) {
    int i;
    element a[] = { 8, 30, 1, 9, 11, 19, 2 };
    int size = sizeof(a)/sizeof(a[0]);   // 배열 원소의 개수

    printf("\n\t<< 검색 대상 자료 >>\n");
    for (i = 0; i < size; i++) printf("%5d", a[i]); puts("");
    sequentialSearch1(a, size, 9);      // 배열 a의 n개 원소 중에서 탐색키가 9인 원소 검색
    sequentialSearch1(a, size, 6);      // 배열 a의 n개 원소 중에서 탐색키가 6인 원소 검색

    getchar();  return 0;
}
```

```
    << 검색 대상 자료 >>
  8   30   1   9   11   19   2
9를 검색하라! ->>  4번째에 검색 성공!
6를 검색하라! ->>  8번째에 검색 실패!
```

[sequentialSearch.c]

04~10행은 정렬되어 있지 않은 배열 a의 n개 자료 중에서 탐색키가 key인 자료를 순차 검색하는 연산을 수행한다.

07행 : 배열 a의 첫째 원소부터 마지막 원소까지 탐색키와 같은 원소를 찾는 작업을 반복한다.

08행 : 검색 범위 안에서 탐색키와 같은 원소를 찾았으면 검색 성공을 출력한다.

09행 : 마지막 원소까지 검색해도 탐색키와 일치하는 원소를 찾지 못한 경우이므로 검색 실패를 출력한다.

정렬된 자료를 순차 검색

정렬되어 있지 않은 자료를 순차 검색할 때는 마지막 원소까지 모두 비교한 후에야 검색 실패를 알 수 있다. 반면 정렬된 자료를 순차 검색할 때는 첫 번째 원소부터 비교하다가 비교하는 원소의 키값이 찾는 키값보다 크면 찾는 원소가 없는 것이므로 더 이상 검색을 수행하지 않아도 검색 실패를 알 수 있다.

그림 10-2 정렬된 자료에서의 순차 검색 예

[알고리즘 10-2]는 정렬된 자료에서의 순차 검색 알고리즘이다.

알고리즘 10-2 정렬된 자료의 순차 검색

```
sequentialSearch2(a[], n, key)
   i ← 0;
   while (a[i] < key) do {
      i ← i + 1;
   }
   if (a[i] = key) then return i;
   else return -1;
end sequentialSearch2()
```

위 알고리즘은 찾는 항목이 없어서 검색을 실패하는 경우에 정렬되어 있지 않은 자료를 순차 검색하는 [알고리즘 10-1]보다 평균 비교 횟수가 반으로 줄어든다. 하지만 평균 시간 복잡도는 마찬가지로 O(n)이다.

[예제 10-2]는 정렬된 자료를 순차 검색하는 프로그램이다.

예제 10-2 정렬된 자료를 순차 검색하기

[sequentialSearch.c]

```
...   // [예제 10-1]의 [equentialSearch.c]에 sequentialSearch2() 함수를 추가한다.
12    void sequentialSearch2(element a[], int n, element key) {          [알고리즘 10-2] 구현
13        int i = 0;
14        printf("\n%3d를 검색하라! ->> ", key);
15        while (i < n && a[i] < key) i++;
16        if (a[i] == key) printf("%3d번째에 검색 성공!\n", i + 1);
17        else  printf("%3d번째에 검색 실패! \n", i + 1);
18    }
```

[ex10_2.c]

```
#include <stdio.h>
typedef int element;

void sequentialSearch2(element a[], int n, int key);

int main(void) {
    int i;
    element a[] = { 1, 2, 8, 9, 11, 19, 29 };
    int size = sizeof(a) / sizeof(a[0]); // 배열 원소의 개수

    printf("\n\t<< 검색 대상 자료 >>\n");
    for (i = 0; i < size; i++) printf("%5d", a[i]); puts("");
    sequentialSearch2(a, size, 9);       // 배열 a의 n개 원소 중에서 탐색키가 9인 원소 검색
    sequentialSearch2(a, size, 6);       // 배열 a의 n개 원소 중에서 탐색키가 6인 원소 검색

    getchar();  return 0;
}
```

```
    << 검색 대상 자료 >>
  1   2   8   9   11   19   29
9를 검색하라! ->>  4번째에 검색 성공!
6를 검색하라! ->>  3번째에 검색 실패!
```

[sequentialSearch.c]

12~18행은 정렬되어 있는 배열 a의 n개 자료 중에서 탐색키가 key인 자료를 순차 검색하는 연산을 수행한다.

15행 : 배열 a의 첫째 원소부터 탐색키와 같은 원소를 찾는 작업을 탐색키보다 작은 원소까지만 반복한다.

16행 : 검색 작업이 끝난 현재 i의 원소가 탐색키와 같다면 검색 성공을 출력한다.

17행 : 검색 작업이 끝난 현재 i의 원소가 탐색키보다 크면, 탐색키와 일치하는 원소를 찾지 못한 경우이므로 검색 실패를 출력한다.

2 색인 순차 검색

색인 순차 검색Index Sequential Search 또는 인덱스 순차 검색은 인덱스 테이블Index Table을 사용하여 탐색의 범위를 줄임으로써 검색 효율을 높인 방법이다. 인덱스 테이블은 배열에 정렬되어 있는 자료 중에서 일정한 간격으로 떨어져 있는 원소들을 가지고 있다. 색인 순차 검색은 정렬된 자료일 때만 사용한다.

자료가 저장되어 있는 배열의 크기가 n이고, 인덱스 테이블의 크기가 m일 때 배열에서 n/m 간격으로 떨어져 있는 원소와 원소의 인덱스를 인덱스 테이블에 저장한다. 찾고자 하는 키값을 인덱스 테이블에서 검색하여 indexTable[i].key ≤ key < indexTable[i+1].key를 만족하는 i를 찾아서 검색 범위를 정하고 해당 범위에 대해서만 순차 검색을 수행한다.

[그림 10-3]은 정렬되어 있는 {1, 2, 8, 9, 11, 19, 29} 자료를 검색하기 위해 만든 인덱스 테이블이다. 키값이 6인 원소를 검색하려면 먼저 인덱스 테이블의 키값을 검색한다. 키값 6은 indexTable[0].key ≤ 6 〈 indexTable[1].key로 인덱스 테이블의 키값 1과 9 사이에 있다. 따라서 검색 범위는 indexTable[0].index ≤ 검색 범위 < indexTable[1].index가 되므로 자료가 저장되어 있는 배열의 인덱스 0번부터 2번까지를 검색 범위로 정하고 순차 검색을 수행한다.

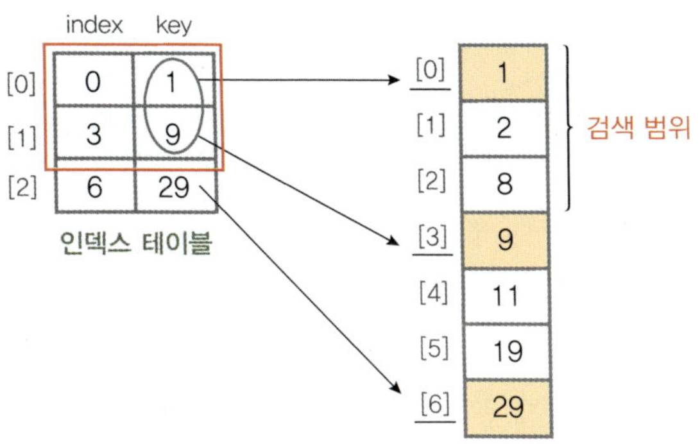

그림 10-3 색인 순차 검색의 예

[알고리즘 10-3]은 정렬된 자료를 색인 순차 검색하는 알고리즘이다.

알고리즘 10-3 정렬된 자료의 색인 순차 검색

```
indexSearch(a[], n, key)
   for (i ←0; i <m; i ←i+1) do
      if ((indexTable[i].key <= key) and (indexTable[i + 1].key > key)) then {
         begin ←indexTable[i].index;
         end ←indexTable[i + 1].index;
         break;
   }
   sequentialSearch3(a[], begin, end, key);
end indexSearch()
```

검색 키값을 인덱스 테이블에서 검색하여 검색 범위의 begin과 end를 정하고, 정한 범위에 대해서만 [알고리즘 10-2]의 순차 검색 sequentialSearch2()를 수행한다.

색인 순차 검색을 위해 인덱스 테이블을 만드는 방법은 [알고리즘 10-4]와 같다.

알고리즘 10-4 인덱스 테이블

```
makeIndexTable(a[], size)
   n ← size / m;                        // 인덱스 테이블에 들어가는 배열 원소의 간격 계산
   if (size mod  m > 0) then n ← n + 1;
   for (i ← 0; i< m; i ← i+1) do {       // 인덱스 테이블 채우기
      indexTable[i].index ← i*n;
      indexTable[i].key ← a[i*n];
   }
end makeIndexTable()
```

인덱스 테이블의 크기가 m일 때, 검색할 자료를 얼마 간격으로 인덱스 테이블을 만들지 결정하여 간격마다 자료가 있는 위치의 인덱스(i*n)와 자료 a[i*n]을 인덱스 테이블에 저장한다.

[예제 10-3]은 자료를 색인 순차 검색하는 프로그램이다.

예제 10-3 자료 색인 순차 검색하기

[sequentialSearch.h]

```
#pragma once
typedef int element;

void sequentialSearch1(element a[], int n, element key); // 비정렬 데이터에서 순차 검색
void sequentialSearch2(element a[], int n, element key); // 정렬 데이터에서 순차 검색
void sequentialSearch3(element a[], int begin, int end, element key); // 정렬 데이터
의 지정 범위 안에서 순차 검색
```

[sequentialSearch.c]

```
#include <stdio.h>
#include "sequentialSearch.h"
// [예제 10-2]의 [sequentialSearch.c]에 sequentialSearch3() 함수를 추가한다.
void sequentialSearch1(element a[], int n, element key) {
   int i = 0;
   printf("\n%d를 검색하라! ->> ", key);
   while (i < n && a[i] != key) i++;
   if (i < n) printf("%3d번째에 검색 성공! \n\n", i + 1);
   else  printf("%3d번째에 검색 실패! \n\n", i + 1);
}

void sequentialSearch2(element a[], int n, element key) {
```

```
    int i = 0;
    printf("\n%3d를 검색하라! ->> ", key);
    while (i < n && a[i] < key)  i++;
    if (a[i] == key)  printf("%3d번째에 검색 성공!\n", i + 1);
    else  printf("%3d번째에 검색 실패! \n", i + 1);
}

void sequentialSearch3(element a[], int begin, int end, element key) {
    int i = begin;
    printf("\n%3d를 검색하라! ->> ", key);
    while (i < end && a[i] < key)  i++;
    if (a[i] == key)  printf("%3d번째에 검색 성공!\n", (i-begin) + 1);
    else  printf("%3d번째에 검색 실패! \n", (i-begin) + 1);
}
```

[indexSearch.h]

```
#pragma once
#define INDEX_SIZE 3              // 인덱스 테이블의 크기를 3으로 정의
typedef int element;

// 인덱스 테이블의 구조(index, key)를 정의
typedef struct {
    int index;
    element key;
} iTable;

iTable indexTable[INDEX_SIZE];  // 인덱스 테이블 indexTable 생성

iTable* makeIndexTable(element a[], int size);
void indexSearch(iTable indexTable[], element a[], int n, element key);
```

[indexSearch.c]

```
#include <stdio.h>
#include "indexSearch.h"

// 배열 a에 대한 인덱스 테이블 만들기
iTable* makeIndexTable(element a[], int size) {
    int i, n;
    n = size / INDEX_SIZE;              // 인덱스 테이블에 들어가는 배열 원소의 간격 계산
    if (size % INDEX_SIZE > 0)  n++;
    for (i = 0; i < INDEX_SIZE; i++) { // 인덱스 테이블 채우기
        indexTable[i].index = i * n;
        indexTable[i].key = a[i * n];
    }
    return indexTable;
```

```
}

// 색인 순차 검색
void indexSearch(iTable indexTable[], element a[], int n, element key) {
    int i, begin, end;
    if (key < a[0] || key > a[n - 1])
        printf("\n찾는 키가 없습니다. 검색 실패! \n");

    // 인덱스 테이블을 검색하여 검색 범위 결정
    for (i = 0; i < INDEX_SIZE; i++){
        if ((indexTable[i].key <= key) && (indexTable[i + 1].key > key)) {
            begin = indexTable[i].index;
            end = indexTable[i + 1].index;
            break;
        }
        if (i == INDEX_SIZE) {
            begin = indexTable[i - 1].index;
            end = n;
        }
    }
    sequentialSearch3(a, begin, end, key); // 검색 범위에 대한 순차 검색 수행
}
```

[ex10_3.c]

```
#include <stdio.h>
#include "sequentialSearch.h"
#include "indexSearch.h"

int main(void) {
    element a[] = { 1, 2, 8, 9, 11, 19, 29 };
    int i, size = sizeof(a) / sizeof(a[0]);  // 배열 원소의 개수
    iTable* indexTable;

    printf("\n\t<< 검색 대상 자료 >>\n");
    for (i = 0; i < size; i++) printf("%5d", a[i]); puts("");

    printf("\n\n\t<< 순차 검색 >>\n");
    sequentialSearch2(a, size, 9);       // 배열 a의 n개 원소 중에서 탐색키가 9인 원소 검색
    sequentialSearch2(a, size, 6);       // 배열 a의 n개 원소 중에서 탐색키가 6인 원소 검색

    printf("\n\n\t<< 색인 순차 검색 >>\n");
    indexTable= makeIndexTable(a, size);
    indexSearch(indexTable, a, size, 9); // 배열 a의 n개 원소 중에서 탐색키가 9인 원소 검색
    indexSearch(indexTable, a, size, 6); // 배열 a의 n개 원소 중에서 탐색키가 6인 원소 검색

    getchar();  return 0;
}
```

```
      《 검색 대상 자료 》
   1   2   8   9   11   19   29

      《 순차 검색 》
9를 검색하라! -》 4번째에 검색 성공!
6를 검색하라! -》 3번째에 검색 실패!

      《 색인 순차 검색 》
9를 검색하라! -》 1번째에 검색 성공!
6를 검색하라! -》 3번째에 검색 실패!
```

[indexSearch.c]

17~35행은 배열 a에서 검색 범위 begin과 end를 설정하고, sequentialSearch3() 함수를 호출하여 순차 검색을 한다.

19~20행 : 탐색키가 a[0]보다 작거나 a[n-1]보다 크면 배열 a 안에 탐색키가 없는 것이므로 검색 실패를 출력한다.

24~28행 : (indexTable[i].key ≤ key < indexTable[i+1].key)인 범위를 찾은 경우에는 indexTable[i].index를 검색 범위의 시작 begin으로 하고 indexTable[i+1].index를 검색 범위의 끝 end로 하여 검색 범위를 설정한다.

29~32행 : (indexTable[i].key ≤ key < indexTable[i+1].key)인 범위를 찾지 못한 경우에는 indexTable[INDEX_SIZE-1].index를 begin으로 하고 n을 end로 하여 배열의 마지막 범위를 검색 범위로 설정한다.

34행 : 설정한 검색 범위에 대하여 sequentialSearch3() 함수를 호출하여 순차 검색을 실행한다.

[ex10_3.c]

18행은 배열 a에 대하여 makeIndexTable() 함수를 호출하여 인덱스 테이블을 구성한다.

19~20행은 indexSearch() 함수를 호출하여 색인 순차 검색을 수행한다.

n개의 자료에 대한 색인 순차 검색에서 메모리 사용량은 m행 2열의 인덱스 테이블의 공간 2m이 추가되어 (n+2m)이 된다. 색인 순차 검색의 실행 시간 성능은 인덱스 테이블의 크기 m에 따라 달라진다. 인덱스 테이블의 크기 m이 작아지면 인덱스 테이블을 구성하는 배열 원소의 간격 n/m이 커지므로 배열에서 검색해야 하는 범위가 커진 만큼 순차 검색의 비교 연산도 많아진다. 반대로 인덱스 테이블의 크기 m이 커지면 인덱스 테이블을 구성하는 배열 원소의 간격 n/m이 작아지므로 배열에서의 순차 검색에 대한 비교 연산이 줄어들지만, 그만큼 검색 범위를 찾기 위해 인덱스 테이블에서의 검색 시간이 늘어난다. 인덱스 테이블의 크기와 검색 시간과의 관계를 고려하여 인덱스 테이블의 크기를 정해야 한다. 색인 순차 검색에서 시간 복잡도는 인덱스 테이블에서의 검색 연산과 배열의 범위 안에서의 검색 연산의 합이 되므로 평균 시간 복잡도를 $O(m + n/m)$으로 나타낸다.

Section 03 이진 검색

이진 검색Binary Search은 자료 가운데 있는 항목을 키값과 비교하여 키값이 더 크면 오른쪽 부분을 검색하고, 키값이 더 작으면 왼쪽 부분을 검색하는 방법이다. 가운데 있는 값을 기준으로 왼쪽과 오른쪽 두 부분으로 나누어서 검색하므로 이분 검색 또는 보간 검색Interpolation Search이라고도 한다. 키를 찾을 때까지 이진 검색을 순환적으로 반복하여 수행함으로써 검색 범위를 반으로 줄여 가면서 빠르게 검색한다. 따라서 정렬되어 있는 자료를 검색할 때만 사용할 수 있다. 이진 검색은 검색 범위를 반으로 분할하고 검색하는 작업을 반복하므로 분할 정복 기법을 이용한 방법이다.

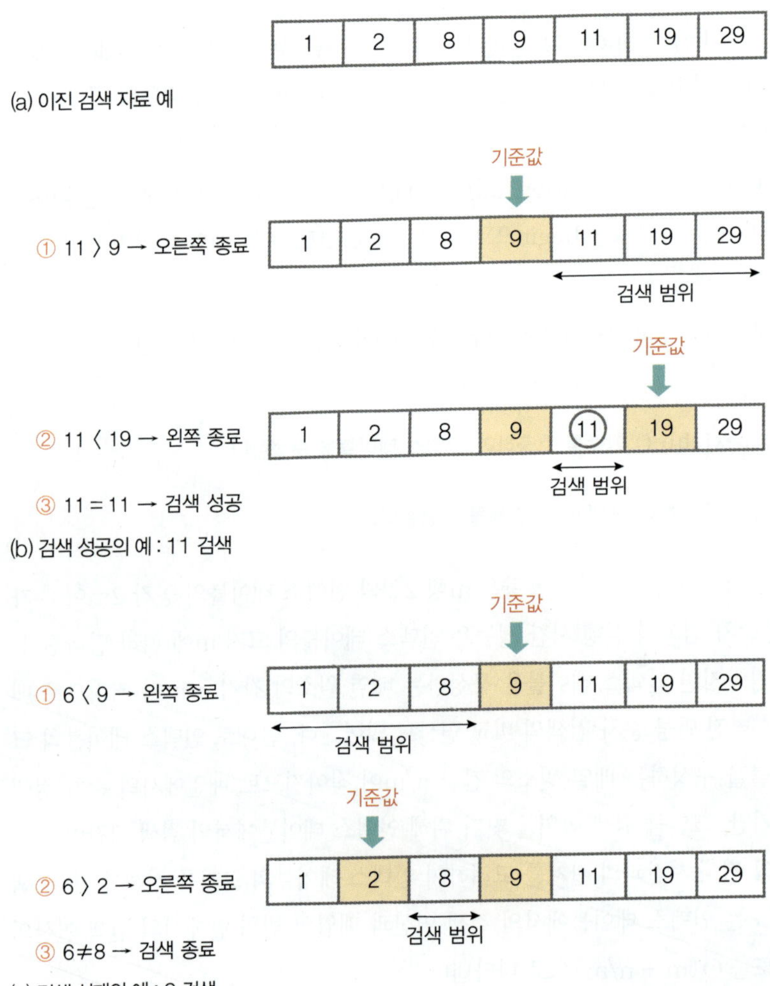

그림 10-4 이진 검색의 예

[알고리즘 10-5]는 자료를 이진 검색하는 알고리즘이다.

알고리즘 10-5 이진 검색

```
binarySearch(a[], begin, end, key)
    middle ←(begin + end) / 2;
    if (key = a[middle]) then return  1;
    else if (key < a[middle]) then binarySearch(a[], begin, middle - 1, key);
    else if (key > a[middle]) then binarySearch(a[], middle + 1, end, key);
    else return  -1;
end binarySearch()
```

n개의 자료에 대한 이진 검색의 메모리 사용량은 n이 된다. 이진 검색에서 검색 범위를 1/2로 분할하면서 비교하는 연산에 대한 시간 복잡도는 $O(\log_2 n)$이 된다.

[예제 10-4]는 자료를 이진 검색하는 프로그램이다.

예제 10-4 정렬된 자료를 이진 검색하기

[binarySearch.c]

```c
#include <stdio.h>
typedef int element;
int cnt=0;                          // 이진 검색의 연산 횟수

void binarySearch(element a[], int begin, int end, element key) {
    int middle;
    cnt++;                          // 이진 검색 연산 횟수 1 증가
    if (begin == end) {             // 검색 범위가 한 개인 경우
        if (key == a[begin]) printf("%3d번째에 검색 성공!\n", cnt);
        else printf("%3d번째에 검색 실패! \n", cnt);
        return;
    }

    middle = (begin + end) / 2;     // 검색 범위가 이진 분할되는 기준 위치 설정
    if (key == a[middle])  printf("%3d번째에 검색 성공!\n", cnt);
    else if (key < a[middle] && (middle - 1 >= begin))
        binarySearch(a, begin, middle - 1, key);
    else if (key > a[middle] && (middle + 1 <= end))
        binarySearch(a, middle + 1, end, key);
    else printf("%3d번째에 검색 실패! \n", cnt);
}
```

[알고리즘 10-5] 구현

[ex10_4.c]

```c
#define _CRT_SECURE_NO_WARNINGS
#include <stdio.h>
typedef int element;
```

```c
04
05 int main(void) {
06     element a[] = { 1, 2, 8, 9, 11, 19, 29 }, key;
07     int i, size = sizeof(a) / sizeof(a[0]);  // 배열 원소의 개수
08     char more;
09     extern int cnt;
10
11     printf("\n\t<< 검색 대상 자료 >>\n");
12     for (i = 0; i < size; i++) printf("%5d", a[i]); puts("");
13     do {
14         cnt = 0;
15         printf("\n\n검색할 키를 입력하세요 : ");  scanf("%d", &key);
16         printf("\n%3d를 검색하라! ->> ", key);
17         binarySearch(a, 0, size - 1, key);
18
19         printf("\n\n검색을 계속하려면 y를 누르세요>> "); scanf("  %c", &more);
20     } while ( more == 'y');
21
22     getchar();  return 0;
23 }
```

```
        << 검색 대상 자료 >>
1    2    8    9    11    19    29

검색할 키를 검색하세요 : 9
   9를 검색하라! ->>  1번째에 검색 성공!

검색을 계속하려면 y를 누르세요>> y

검색할 키를 입력하세요 : 29
   29를 검색하라! ->>  3번째에 검색 성공!

검색을 계속하려면 y를 누르세요>> y

검색할 키를 입력하세요 : 7
   7를 검색하라! ->>  3번째에 검색 실패!

검색을 계속하려면 y를 누르세요>> n
계속하려면 아무 키나 누르십시오 . . .
```

[binarySearch.c]

05~21행은 배열 a의 검색 범위 begin과 end에서 이진 분할을 기준으로 middle을 정하여 탐색키와 비교한다. 탐색키가 작으면 왼쪽 범위에 대해 이진 검색을 수행하고, 탐색키가 크면 오른쪽 범위에 대해 이진 검색을 수행한다.

08~12행 : 주어진 탐색 범위에 원소가 한 개인 경우에는 탐색키와 한 개뿐인 원소를 비교한다.

14~20행 : 검색 범위에서 이진 분할 기준 middle을 계산하여 탐색키와 비교한다. 탐색키와 같으면 검색 성공이므로 연산이 종료된다. 탐색키가 작으면 왼쪽 분할 범위에 대해서 이진 검색을 반복하고, 탐색키가 크면 오른쪽 분할 범위에 대해서 이진 검색을 반복한다.

Section 04

이진 트리 검색

이진 트리 검색Binary Tree Search은 7장에서 설명한 이진 탐색 트리를 사용하여 검색하는 방법이다. 이진 탐색 트리는 루트 노드를 기준으로 왼쪽 서브 트리는 루트 노드보다 키값이 작은 원소로 구성하고 오른쪽 서브 트리는 루트 노드보다 키값이 큰 원소로 구성한 이진 트리이다.

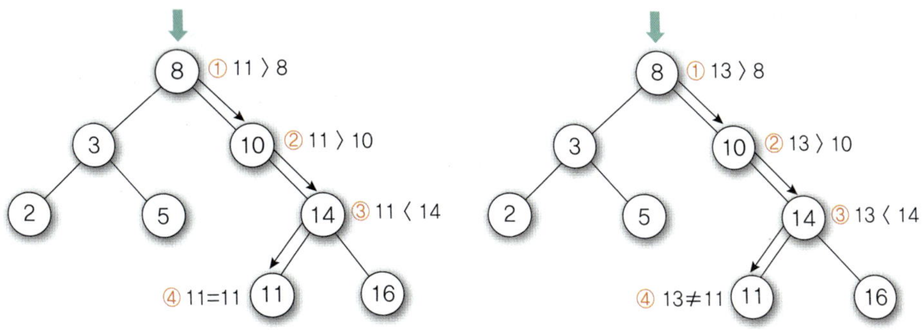

(a) 검색 성공의 경우

(b) 검색 실패의 경우

그림 10-5 이진 트리 검색의 예 : 11 검색과 13 검색

이진 트리 검색은 이진 탐색 트리의 특성을 이용하여 쉽게 검색할 수 있지만, 원소 삽입이나 삭제 연산에 대해 항상 이진 탐색 트리를 재구성하여 유지해야 하므로 오버헤드가 발생한다.

[예제 10-5]는 이진 트리 검색을 이용한 영어 사전 검색 프로그램이다. 영어 단어와 뜻을 입력하면 알파벳순으로 이진 탐색 트리에 삽입하여 저장한다. 검색할 단어를 입력하면 이진 트리 검색으로 검색하여 단어의 뜻을 출력하고, 사전 출력을 선택하면 트리를 중위 순회하면서 트리에 있는 모든 단어를 정렬된 상태로 출력한다.

예제 10-5 이진 검색을 이용해 영어 사전 구현하기

[dictionaryBTS.h]

```
#pragma once
#define MAX_WORD_LENGTH 20    // 영어 사전에 들어갈 단어 길이를 20으로 정의
#define MAX_MEAN_LENGTH 200   // 영어 사전에 들어갈 단어 뜻의 길이를 200으로 정의

// 영어 사전 항목의 구조 정의
typedef struct {
    char word[MAX_WORD_LENGTH];
```

```
    char mean[MAX_MEAN_LENGTH];
}element;

// 영어 사전 이진 트리의 노드 구조 정의
typedef struct treeNode {
    element key;
    struct treeNode* left;
    struct treeNode* right;
}treeNode;

treeNode* insertKey(treeNode* p, element key);
void insertWord(treeNode** root, element key);
void deleteWord(treeNode* root, element key);
treeNode* searchDic(treeNode* root, element key);
// 이진 탐색 트리를 중위 순회하면서 출력하는 연산
void displayDic(treeNode* root);
void menu(void);
```

[dictionaryBTS.c]

```
#include <stdio.h>
#include <stdlib.h>
#include <string.h>
#include "dictionaryBTS.h"
// 이진 탐색 트리 연산 수행 : [예제 7-4] 참고
// 포인터 p가 가리키는 노드와 비교하여 항목 key를 삽입하는 연산
treeNode* insertKey(treeNode* p, element key) {
    treeNode* newNode;
    int compare;

    // 삽입할 자리에 새 노드를 구성하여 연결
    if (p == NULL) {
        newNode = (treeNode*)malloc(sizeof(treeNode));
        newNode->key = key;
        newNode->left = NULL;
        newNode->right = NULL;
        return newNode;
    }

    // 이진 트리에서 삽입할 자리 탐색
    else {
        compare = strcmp(key.word, p->key.word);
        if (compare < 0)      p->left = insertKey(p->left, key);
        else if (compare > 0)  p->right = insertKey(p->right, key);
        else  printf("\n 이미 같은 단어가 있습니다! \n");
```

```
        return p;     // 삽입한 자리 반환
    }
}

void insertWord(treeNode** root, element key) {
    *root = insertKey(*root, key);
}

// root 노드부터 탐색하여 key와 같은 노드를 찾아 삭제하는 연산
void deleteWord(treeNode* root, element key) {
    treeNode* parent, * p, * succ, * succ_parent;
    treeNode* child;

    parent = NULL;
    p = root;
    while ((p != NULL) && (strcmp(p->key.word, key.word) != 0)) {
        parent = p;
        if (strcmp(key.word, p->key.word) < 0)  p = p->left;
        else  p = p->right;
    }
    // 삭제할 노드가 없는 경우
    if (p == NULL) {
        printf("\n 삭제할 단어가 사전에 없습니다!!");
        return;
    }
    // 삭제할 노드가 단말 노드인 경우
    if ((p->left == NULL) && (p->right == NULL)) {
        if (parent != NULL) {
            if (parent->left == p) parent->left = NULL;
            else parent->right = NULL;
        }
        else root = NULL;
    }
    // 삭제할 노드가 자식 노드를 한 개 가진 경우
    else if ((p->left == NULL) || (p->right == NULL)) {
        if (p->left != NULL) child = p->left;
        else  child = p->right;

        if (parent != NULL) {
            if (parent->left == p) parent->left = child;
            else  parent->right = child;
        }
        else root = child;
    }
    // 삭제할 노드가 자식 노드를 두 개 가진 경우
    else {
```

```
        succ_parent = p;
        succ = p->right;
        while (succ->left != NULL) {
            succ_parent = succ;
            succ = succ->left;
        }
        if (succ_parent->left == succ)
            succ_parent->left = succ->right;
        else   succ_parent->right = succ->right;

        p->key = succ->key;
        p = succ;
    }
    free(p);
}

// 이진 탐색 트리에서 키값이 key인 노드 위치를 탐색하는 연산
treeNode* searchDic(treeNode* root, element key) {
    treeNode* p;
    int compare;
    p = root;

    while (p != NULL) {
        compare = strcmp(key.word, p->key.word);
        if (compare < 0)      p = p->left;
        else if (compare > 0)  p = p->right;
        else {
            printf("\n찾은 단어 : %s", p->key.word);
            return p;
        }
    }
    return p;
}

// 이진 탐색 트리를 중위 순회하면서 출력하는 연산
void displayDic(treeNode* root) {
    if (root) {
        displayDic(root->left);
        printf("\n%s : %s", root->key.word, root->key.mean);
        displayDic(root->right);
    }
}

// 영어 사전 메뉴
void menu(void) {
    printf("\n*---------------------------*");
    printf("\n\t1 : 출력");
    printf("\n\t2 : 입력");
    printf("\n\t3 : 삭제");
```

```
    printf("\n\t4 : 검색");
    printf("\n\t5 : 종료");
    printf("\n*---------------------------*\n  ");
}
```

[ex10_5.c]

```
#define _CRT_SECURE_NO_WARNINGS
#include <stdio.h>
#include "dictionaryBTS.h"

int main(void) {
    int choice;
    element e;
    treeNode* dic = NULL, * temp = NULL;

    // [5 :종료] 메뉴를 선택할 때까지 메뉴에 대한 영어 사전 동작 반복
    do {
        menu(); printf("메뉴를 선택하세요 : ");
        scanf("%d", &choice); rewind(stdin); // 입력 버퍼 비우기
        switch (choice) {
        case 1:
            printf("\t[사전 출력]");
            displayDic(dic); printf("\n\t[사전 끝]\n");
            break;
        case 2:
            printf("\n[단어 입력] 단어를 입력하시오 : "); gets(e.word);
            printf("\n[단어 입력] 단어의 뜻을 입력하시오 : "); gets(e.mean);
            insertWord(&dic, e);
            break;
        case 3:
            printf("\n[단어 삭제] 삭제할 단어 : "); gets(e.word);
            deleteWord(dic, e);
            break;
        case 4:
            printf("\n[단어 검색] 검색할 단어 : ");
            gets(e.word);
            temp = searchDic(dic, e);
            if (temp != NULL)
                printf("\n단어 뜻 : %s", temp->key.mean);
            else printf("\n사전에 없는 단어입니다.");
            break;
        case 5: break;
        default: printf("\n없는 메뉴입니다. 다시 선택해주세요!\n");
        }
    } while (choice != 5);

    getchar(); return 0;
}
```

```
*_____________________________________*
        1 : 출력
        2 : 입력
        3 : 삭제
        4 : 검색
        5 : 종료
*_____________________________________*
 메뉴를 선택하세요 : 2
[단어 입력] 단어를 입력하시오 : come
[단어 입력] 단어의 뜻을 입력하시오 : 오다, 나오다, 도착하다
*_____________________________________*
        1 : 출력
        2 : 입력
        3 : 삭제
        4 : 검색
        5 : 종료
*_____________________________________*
 메뉴를 선택하세요 : 2
[단어 입력] 단어를 입력하시오 : active
[단어 입력] 단어의 뜻을 입력하시오 : 활동적인, 의욕적인
*_____________________________________*
        1 : 출력
        2 : 입력
        3 : 삭제
        4 : 검색
        5 : 종료
*_____________________________________*
 메뉴를 선택하세요 : 2
[단어 입력] 단어를 입력하시오 : boy
[단어 입력] 단어의 뜻을 입력하시오 : 소년
*_____________________________________*
        1 : 출력
        2 : 입력
        3 : 삭제
        4 : 검색
        5 : 종료
*_____________________________________*
 메뉴를 선택하세요 : 2
[단어 입력] 단어를 입력하시오 : boy
[단어 입력] 단어의 뜻을 입력하시오 : 소년
 이미 같은 단어가 있습니다!
*_____________________________________*
        1 : 출력
        2 : 입력
        3 : 삭제
        4 : 검색
        5 : 종료
*_____________________________________*
 메뉴를 선택하세요 : 2
[단어 입력] 단어를 입력하시오 : passion
[단어 입력] 단어의 뜻을 입력하시오 : 열정
*_____________________________________*
```

```
        1 : 출력
        2 : 입력
        3 : 삭제
        4 : 검색
        5 : 종료
*_____________________________________*
 메뉴를 선택하세요 : 1
   [사전 출력]
active : 활동적인, 의욕적인
boy : 소년
come : 오다, 나오다, 도착하다
passion : 열정
   [사전 끝]
*_____________________________________*
        1 : 출력
        2 : 입력
        3 : 삭제
        4 : 검색
        5 : 종료
*_____________________________________*
 메뉴를 선택하세요 : 4
[단어 검색] 검색할 단어 : boy
찾은 단어 : boy
단어 뜻 : 소년
*_____________________________________*
        1 : 출력
        2 : 입력
        3 : 삭제
        4 : 검색
        5 : 종료
*_____________________________________*
 메뉴를 선택하세요 : 3
[단어 삭제] 삭제할 단어 : boy
*_____________________________________*
        1 : 출력
        2 : 입력
        3 : 삭제
        4 : 검색
        5 : 종료
*_____________________________________*
 메뉴를 선택하세요 : 1
   [사전 출력]
active : 활동적인, 의욕적인
come : 오다, 나오다, 도착하다
passion : 열정
   [사전 끝]
*_____________________________________*
        1 : 출력
        2 : 입력
        3 : 삭제
        4 : 검색
        5 : 종료
*_____________________________________*
 메뉴를 선택하세요 : 5
계속하려면 아무 키나 누르십시오 . . .
```

Section 05

해싱

1 해싱의 개념

해싱Hashing은 키값을 비교하여 찾는 검색 방법이 아니라 산술적인 연산으로 키가 있는 위치를 계산하여 바로 찾아가는 계산 검색 방식이다. 키값을 원소 위치로 변환하는 함수를 해시 함수Hash Function, 해시 함수로 계산된 주소 위치에 항목을 저장한 표를 해시 테이블Hash Table이라고 한다. 이 절에서는 해싱을 이용한 검색 방법, 해시 함수의 종류, 오버플로가 발생했을 때 처리하는 방법을 알아본다.

해싱 검색은 키값에 대해서 해시 함수를 계산하여 주소를 구하고, 구한 주소에 해당하는 해시 테이블로 바로 이동하여 찾는 항목이 있으면 검색 성공이 되고 없으면 검색 실패가 된다.

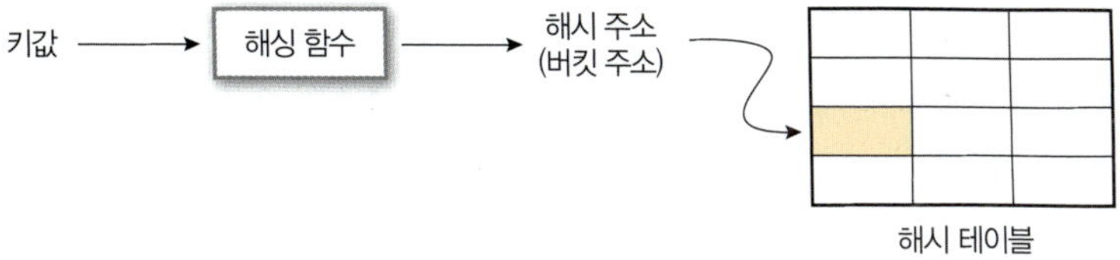

그림 10-6 해싱 검색의 수행 방법

도서관에서 책을 찾을 때 책장에 꽂힌 수많은 책을 일일이 비교하면서 찾는 건 지나치게 무모하다. 도서관에서는 도서 목록 카드를 이용하도록 권하는데, 원하는 책의 도서 목록 카드를 보면 책이 있는 위치가 적혀 있고, 그 위치로 바로 가서 책을 찾는다. 도서 검색 시스템에서 책 제목을 입력하여 책의 위치를 확인하고 해당 책장 번호를 찾아가는 것 역시 해싱의 예가 된다.

(a) 위치 번호를 보고 책 찾기

(b) 도서 검색 시스템으로 책 찾기

그림 10-7 해싱의 예

수업을 듣는 학생 열다섯 명에게 자리를 지정해 주기 위해 학번을 입력하면 0~14자리 번호를 생성하는 번호 생성기를 사용한다고 생각해 보자. 각자 자기 학번에 따라 생성된 번호의 자리에 앉으면 되고, 빈자리가 있으면 그 자리에 해당하는 학번의 학생은 결석이 된다. 여기에서 학번은 키값이 되고, 자리 번호를 생성하는 번호 생성기는 해시 함수가 된다. 학생들이 앉는 지정자리가 있는 강의실은 해시 테이블이 된다. 강의실 자리에 있는 학생은 검색 성공이 되고, 결석하여 자리에 없는 학생은 검색 실패가 된다.

그림 10-8 해싱의 예 : 학번에 따라 강의실 좌석 배정

해시 테이블은 버킷 n개와 슬롯 m개로 구성하는데, 해시 함수에 의해 계산된 주소가 버킷 주소가 된다. 이때 사용하는 해시 함수는 0과 n−1 사이의 버킷 주소만 만들어야 한다. 해시 함수로 알아낸 버킷에 키값이 저장된 슬롯이 여러 개 있는 경우에는 순차 검색을 하여 해당 슬롯을 검색한다.

2 해싱 관련 용어

동거자

모든 키값이 고르게 사용되는 건 아니다. 많이 사용되는 키값이 있을 수 있고 거의 사용되지 않는 키값이 있을 수 있다. 따라서 키값의 수만큼 버킷을 많이 만들면 메모리 공간이 낭비된다. 그래서 해시 테이블에서는 버킷 수를 줄이고 같은 버킷 안에 슬롯을 여러 개 두어 해시 함수로 만든 주소가 같은 키값들을 같은 버킷에 저장한다. 이때 서로 다른 키값을 가지지만 해시 함수에 의해 같은 버킷에 저장된 키값을 동거자Synonym라고 한다.

버킷 하나에 슬롯을 여러 개 두는 것은 [그림 10-8]의 좌석 배정 예에서 좌석을 1인용 좌석이 아닌 다인용으로 두는 것과 같다. 번호 생성기에서 같은 번호를 받은 학생은 같은 좌석에 함께 앉는 짝꿍이 되는데, 이들이 같은 버킷에 저장된 동거자이다.

그림 10-9 동거자의 예 : 같은 좌석에 앉은 짝꿍

충돌

키값이 서로 다름에도 불구하고 해시 함수에 의해 주어진 버킷 주소가 같은 경우를 충돌Collision이라고 한다. 충돌이 발생하면 비어 있는 슬롯에 동거자 관계로 키값을 저장하면 되지만, 비어 있는 슬롯이 없으면 문제가 생긴다. 버킷에 비어 있는 슬롯이 없는 상태를 포화 버킷 상태라고 하는데, 포화 버킷 상태에서 또 그 버킷을 지정받은 키값이 있어서 다시 충돌이 발생하면 오버플로가 된다. 3인용 좌석을 네 번째로 배정받은 학생은 앉을 자리가 없으므로 오버플로가 된다.

그림 10-10 오버플로의 예

키값 밀도와 적재 밀도

키값 밀도는 사용 가능한 전체 키값 중에서 현재 해시 테이블에 저장되어 실제 사용되고 있는 키값의 개수 정도를 나타낸다. 적재 밀도는 해시 테이블에 저장 가능한 키값의 개수 중에서 현재 해시 테이블에 저장되어 실제 사용되고 있는 키값의 개수 정도를 나타낸다.

- 키값 밀도 = 실제 사용 중인 키값의 개수 / 사용 가능한 키값의 개수
- 적재 밀도 = 실제 사용 중인 키값의 개수 / 해시 테이블에 저장 가능한 전체 키값의 개수
  = 실제 사용 중인 키값의 개수 / (버킷 개수 × 슬롯 개수)

3 해시 함수

해싱 검색에서 가장 중요한 것은 키값의 위치를 계산하는 해시 함수이다. 어떤 해시 함수를 사용하느냐에 따라 해싱 검색의 효율이 달라진다. 좋은 해시 함수는 다음 조건을 만족해야 한다.

- 해시 함수는 계산이 쉬워야 한다 : 비교 검색 방법을 사용하여 키값의 비교 연산을 수행하는 시간보다 해시 함수를 사용하여 계산하는 시간이 빨라야 해싱 검색을 사용하는 의미가 있다.
- 해시 함수는 충돌이 적어야 한다 : 충돌이 많이 발생한다는 것은 같은 버킷을 할당받는 키값이 많다는 뜻이다. 비록 비어 있는 버킷이 많다 하더라도 어떤 버킷은 오버플로가 발생할 수 있는 상태가 되므로 좋은 해시 함수가 될 수 없다.
- 해시 테이블에 고르게 분포할 수 있도록 주소를 만들어야 한다.

해시 함수에는 중간 제곱 함수, 제산 함수, 승산 함수, 접지 함수, 숫자 분석 함수, 진법 변환 함수, 비트 추출 함수 등이 있다.

중간 제곱 함수

중간 제곱 함수는 키값을 제곱한 결괏값에서 중간에 있는 적당한 비트를 주소로 사용한다. 제곱한 값의 중간 비트들은 대개 키의 모든 값과 관련이 있기 때문에 서로 다른 키값은 서로 다른 중간 제곱 함수값을 갖는다. 키값이 2진수로 00110101 10100111일 때 중간 제곱 함수를 사용하여 주소를 구해 보자. 키값에 대한 2진수를 제곱한 결괏값에서 가운데 있는 8비트는 11101001이 된다. 그러면 11101001의 10진수 값 233이 해시 테이블의 버킷 주소가 된다.

00110101 10100111 × 00110101 10100111 = 00001011001111101001001011110001

제곱 결괏값에서 주소로 사용하는 비트 수는 해시 테이블의 버킷 개수에 따라 결정된다. 버킷이 256개 있다면 버킷 주소는 0~255인 256개 값을 사용한다. 256(2^8)개 값을 만들기 위해 필요한 최소 비트 수는 8비트이므로 제곱 결괏값에서 8비트를 주소로 사용한다.

제산 함수

제산Division 함수는 나머지 연산자 mod(C에서는 % 연산자)를 사용하는 방법으로 키값 k를 해시 테이블 크기인 M으로 나눈 나머지를 해시 주소로 사용한다. M으로 나눈 나머지 값의 범위는 0~(M−1)이므로 해시 테이블의 인덱스로 사용할 수 있다. 해시 주소는 충돌이 발생하지 않고 고르게 분포하도록 생성되어야 하므로 키값을 나누는 해시 테이블 크기 M은 적당한 크기의 소수Prime Number를 사용한다.

$$h(k) = k \bmod M$$

승산 함수

승산 함수는 곱하기 연산을 사용하는 방법이다. 키값 k와 정해진 실수 α를 곱한 결과에서 소수점 이하 부분만을 테이블 크기 M과 곱하여 그 정수값을 주소로 사용한다.

접지 함수

접지 함수는 주로 키의 비트 수가 해시 테이블 인덱스의 비트 수보다 클 때 사용한다. 키값 k가 있을 때 해시 테이블 인덱스의 비트 수와 같은 크기로 분할한 후 분할된 부분을 모두 더하여 해시 주소를 만든다. 이때 더하는 방법에 따라 이동 접지 함수와 경계 접지 함수로 나눌 수 있다.

■ 이동 접지 함수

이동 접지 함수는 각 분할 부분을 이동시켜서 오른쪽 끝자리가 일치하도록 맞춘 뒤 더한다. 해시 테이블 인덱스가 세 자리이고, 키값 k가 12312312312인 경우에 이동 접지 함수를 이용하여 해시 주소를 구해 보자. 키값 k를 세 자리 크기로 분할하면 k_1=123, k_2=123, k_3=123, k_4=12가 된다. 분할하여 구한 키값들을 오른쪽 끝자리가 일치하도록 옮겨서 더한 값인 381이 인덱스 테이블의 주소가 된다.

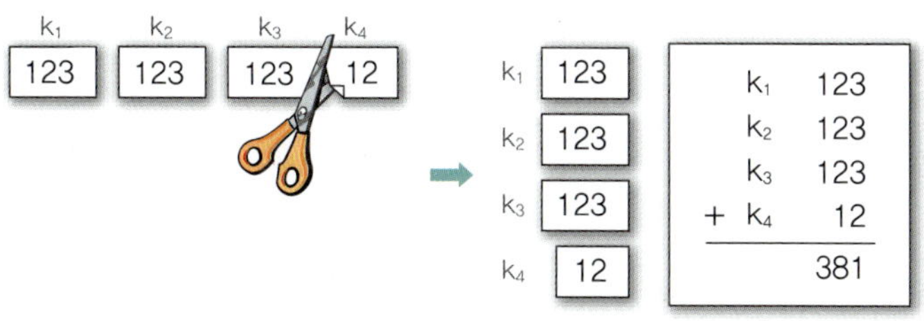

그림 10-11 이동 접지 함수의 사용 예

■ 경계 접지 함수

경계 접지 함수는 분할된 각 경계를 기준으로 접으면서 서로 마주 보도록 배치하고 더한다. 해시 테이블 인덱스가 세 자리이고, 키값 k가 12312312312인 경우에 경계 접지 함수를 이용하여 해시 주소를 구해 보자. 키값 k를 세 자리 크기로 접으면 k_1=123, k_2=321, k_3=123, k_4=21이 된다. 이렇게 구한 키값들을 오른쪽 끝자리가 일치하도록 자리를 맞추고 더한 값인 588이 인덱스 테이블의 주소가 된다.

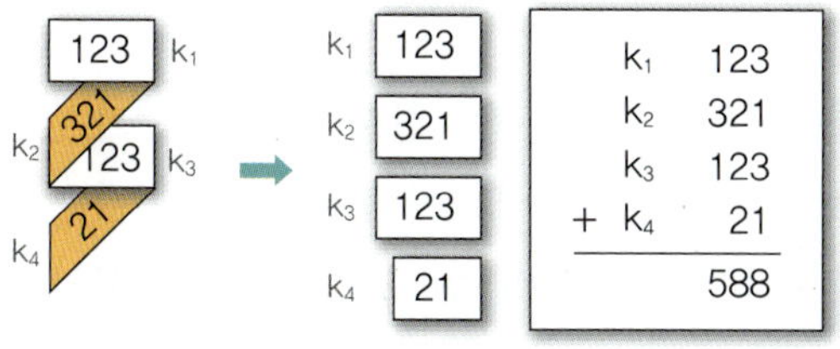

그림 10-12 경계 접지 함수의 사용 예

숫자 분석 함수

숫자 분석 함수는 키값을 이루고 있는 각 자릿수의 분포를 분석하여 해시 주소로 사용한다. 각 키값을 적절히 선택한 진수로 변환한 후에 각 자릿수의 분포를 분석하여, 가장 편중된 분산을 가진 자릿수는 생략하고 가장 고르게 분포된 자릿수부터 해시 테이블 주소의 자릿수만큼 차례로 뽑아서 만든 수를 역순으로 바꾸어 주소로 사용한다.

키값이 학번이고 해시 테이블 주소의 자릿수가 세 자리인 경우에 숫자 분석 함수를 이용하여 해시 주소를 구해 보자. [그림 10-13]에 있는 학번에서 2016은 입학 연도를 나타내고, 04는 학과를 나타낸다. 1과 2는 주간과 야간을 나타내고, 마지막 두 자리는 학생 번호를 나타낸다. 가장 고르게 분포된 번호는 학생 번호를 나타내는 마지막 두 자리 숫자이고, 다음으로 고르게 분포된 번호는 주간과 야간을 구분하는 한 자리 숫자이므로 합쳐서 세 자리의 해시 테이블 주소를 만든다.

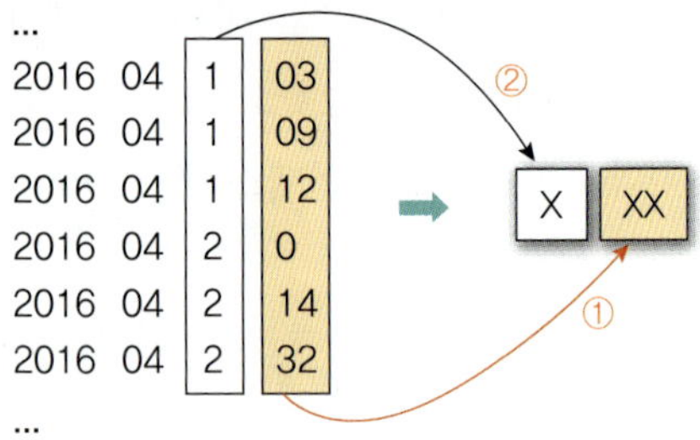

그림 10-13 숫자 분석 함수의 사용 방법

진법 변환 함수

진법 변환 함수는 키값이 10진수가 아닌 다른 진수일 때 10진수로 변환하고, 해시 테이블 주소로 필요한 자릿수만큼만 하위 자리의 수를 사용한다.

비트 추출 함수

비트 추출 함수는 해시 테이블의 크기가 2^k일 때, 키값을 이진 비트로 놓고 임의의 위치에 있는 비트들을 추출하여 주소로 사용한다. 이 방법에서는 충돌이 발생할 가능성이 많으므로 테이블 일부에 주소가 편중되지 않도록 키값의 비트를 미리 분석하여 사용해야 한다.

4 해싱에서 오버플로를 처리하는 방법

해시 테이블과 해시 함수를 잘 선택하여 오버플로가 발생하지 않도록 해야 하지만, 오버플로가 발생하더라도 문제를 효율적으로 해결해야 한다. 오버플로를 해결하는 방법에는 충돌이 일어난 키값을 비어 있는 다른 버킷을 찾아 저장하는 선형 개방 주소법과 여러 항목을 저장할 수 있도록 해시 테이블의 구조를 변경하는 체이닝 방법이 있다.

선형 개방 주소법

선형 개방 주소법은 선형 조사법Linear Probing이라고도 한다. 선형 개방 주소법에서 해시 함수로 구한 버킷에 빈 슬롯이 없어서 오버플로가 발생하면 그 다음 버킷에 빈 슬롯이 있는지 조사한다. 빈 슬롯이 있으면 키값을 저장하고 빈 슬롯이 없으면 다시 그 다음 버킷을 조사한다. 이런 과정을 되풀이하면서 오버플로 문제를 처리한다.

해시 테이블 크기가 5이고 제산 함수를 해시 함수로 사용하는 경우에 선형 개방 주소법을 사용하여 오버플로를 처리하는 과정을 살펴보자. 해시 함수는 h(k) = k mod 5이고, 저장할 키값은 {45, 9, 10, 96, 25}이다.

1 `h(45) = 45 mod 5 = 0` → 해시 테이블 0번에 키값 45 저장

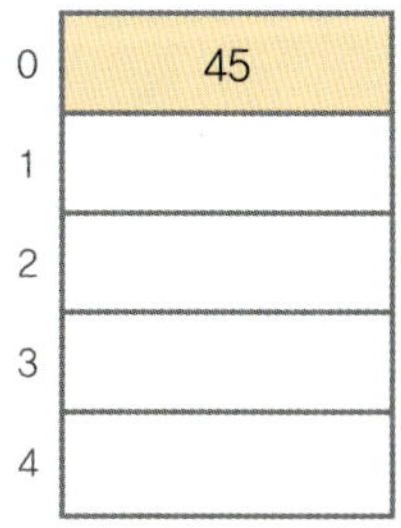

2 `h(9) = 9 mod 5 = 4` → 해시 테이블 4번에 키값 9 저장

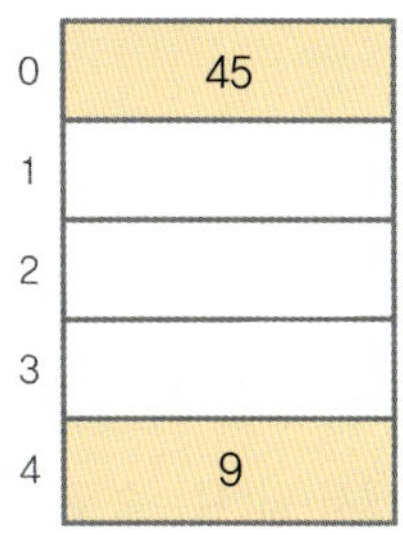

3 `h(10) = 10 mod 5 = 0` → 충돌 발생! → 다음 버킷 중에서 비어 있는 버킷 1에 키값 10을 저장

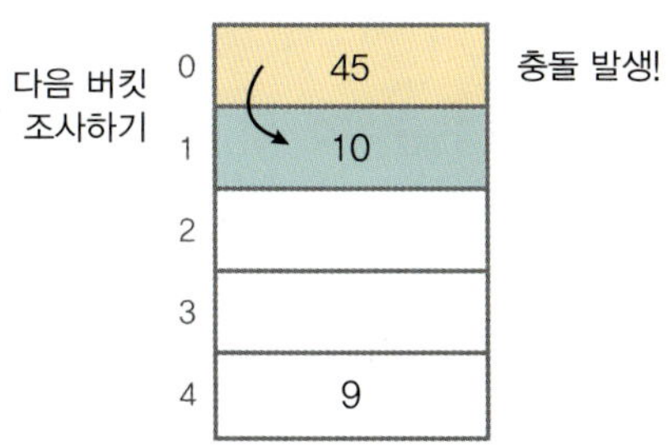

4 h(96) = 96 mod 5 = 1 → 충돌 발생! → 다음 버킷 중에서 비어 있는 버킷 2에 키값 96을 저장

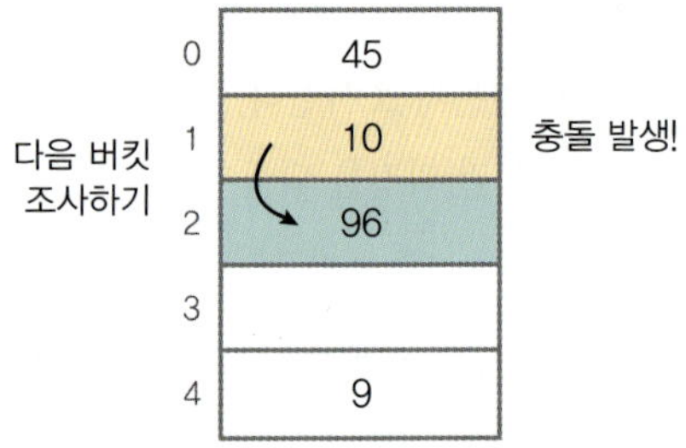

5 h(25) = 25 mod 5 = 0 → 충돌 발생! → 다음 버킷 중에서 비어 있는 버킷 3에 키값 25를 저장

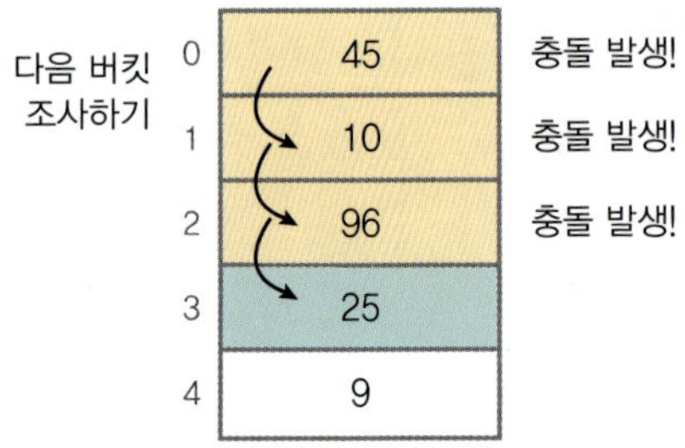

> **SELF TEST_** 위에서 설명한 선형 개방 주소법을 사용하여 오버플로를 처리하는 과정을 해시 테이블의 버킷이 슬롯을 두 개 가지고 있는 경우에 대해서 설명하시오.

체이닝

체이닝은 해시 테이블의 구조를 변경하여 각 버킷에 하나 이상의 키값을 저장할 수 있도록 하는 방법이다. 버킷에 슬롯을 동적으로 삽입하고 삭제하기 위해 연결 리스트를 사용한다. 각 버킷에 대한 헤드 노드는 1차원 배열이고, 슬롯은 헤드 노드에 연결 리스트 형태로 이어진다. 버킷 내에서 원하는 슬롯을 검색하려면 버킷의 연결 리스트를 선형 검색한다.

체이닝을 사용하여 오버플로를 처리하는 과정을 살펴보자. 해시 함수는 h(k) = k mod 5이고, 저장할 키값은 {45, 9, 10, 96, 25}이다.

1 h(45) = 45 mod 5 = 0 → 해시 테이블 0번에 노드를 삽입하고 키값 45를 저장

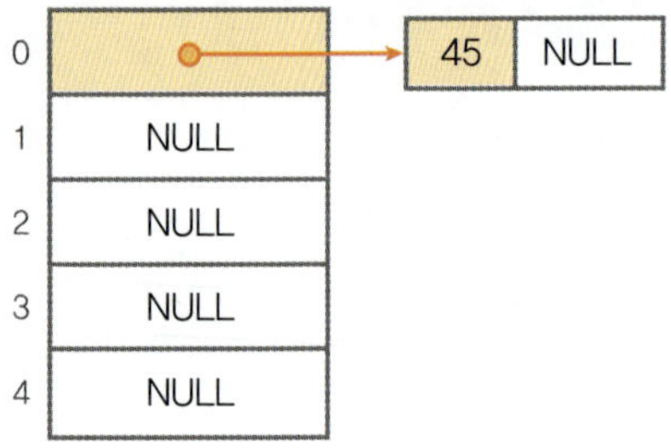

2 h(9) = 9 mod 5 = 4 → 해시 테이블 4번에 노드를 삽입하고 키값 9를 저장

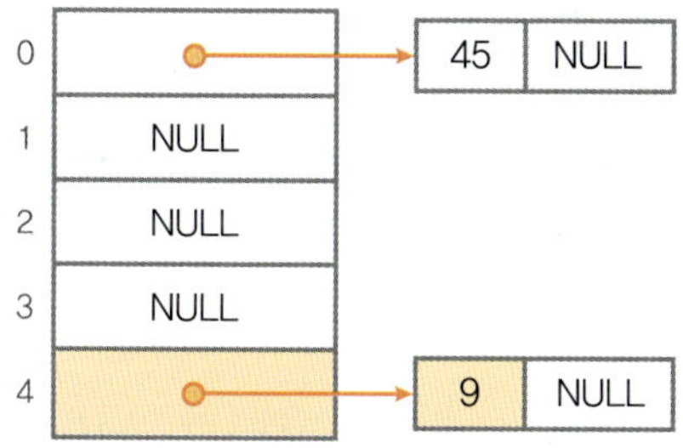

3 h(10) = 10 mod 5 = 0 → 해시 테이블 0번에 노드를 삽입하고 키값 10을 저장

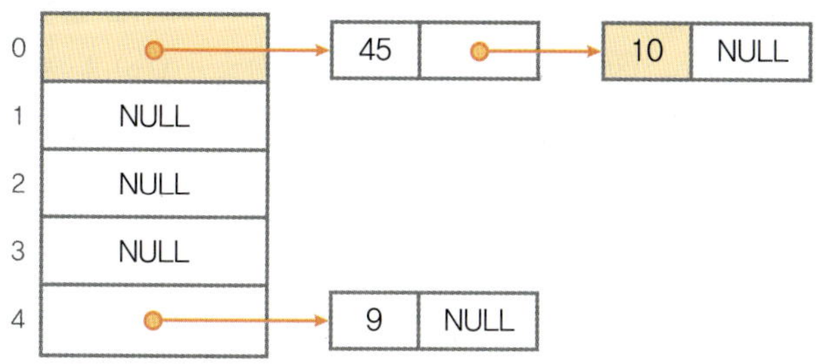

4 h(96) = 96 mod 5 = 1 → 해시 테이블 1번에 노드를 삽입하고 키값 96을 저장

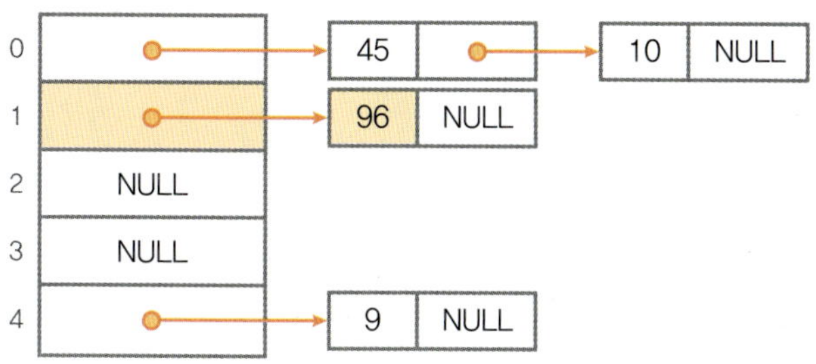

5 h(25) = 25 mod 5 = 0 → 해시 테이블 0번에 노드를 삽입하고 키값 25를 저장

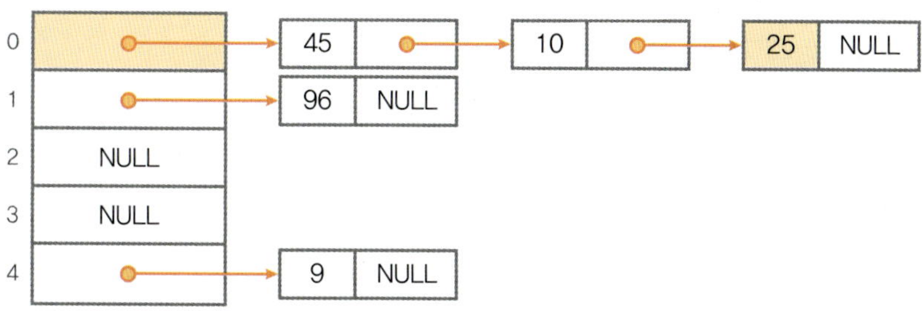

응용예제 15

러닝 머신의 최고 속도 구하기

한아는 오늘도 변함없이 소파에 앉아 과자를 먹으며 TV를 보고 있다. 과자를 다 먹었으니 바닥에 떨어진 과자 부스러기를 치우자. 그런데 바닥에 떨어진 부스러기가 하나도 없다. 과자 부스러기는 모두 한아의 배에 떨어져 있다. 어느새 뱃살이 이렇게 된 건지 알 수가 없다. 코로나 부작용이라고 핑계를 대는 것도 이젠 한계를 넘은 것 같다. 한아는 먼지 쌓인 러닝 머신을 켜고 달리기를 시작한다. 최선을 다했다고 스스로를 칭찬하며 러닝 머신에서 내려온다. 러닝 머신에 기록된 달리기 속도 그래프가 보인다. 한아의 달리기 최고 속도는 얼마일까?

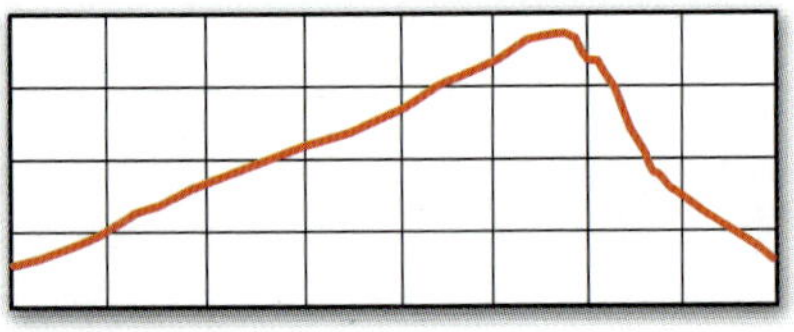

달리기 속도는 증가하다가 감소한다. N분 동안 달리기를 하였고 1분 단위로 속도가 기록되어 있다.

문제 달리기 최고 속도 출력하기

최고 속도로 달린 때를 찾아서 그때의 속도를 출력하는 프로그램을 작성하라.

① 입력 조건
- 첫째 줄에 달리기를 한 시간(분)을 나타내는 정수 N이 주어진다. ($3 \le N \le 60$)
- 둘째 줄에 1분마다 기록된 속도가 N개 정수로 주어진다.

② 출력 조건
- 첫째 줄에 최고 속도를 출력한다.

③ 입출력 예시

```
10
5 10 15 19 23 24 25 20 12 4
```

→

```
25
```

문제 해결

① **설계**

입력값으로 주어진 속도를 보면 증가하다가 최고점peak 후에 감소하는 패턴으로 되어 있다. 이러한 패턴을 바이토닉bitonic 수열이라 한다.

TIP_ 반대로 감소하다가 증가하는 패턴의 수열도 바이토닉 수열이다.

바이토닉 수열의 특성과 이진 탐색을 이용하여 문제를 해결한다.

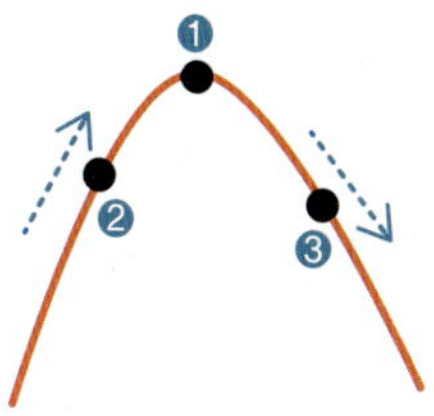

- 탐색 범위에서 찾은 중간값이 ❶인 경우에는 오른쪽 즉, [중간+1] 위치의 값보다 크고 왼쪽 즉, [중간−1] 위치의 값보다도 큰 경우이고 이때의 중간값이 최댓값이 된다.
- 중간값이 ❷인 경우에는 상승 구간이므로 오른쪽 범위에서 최댓값을 찾아야 한다.
- 중간값이 ❸인 경우에는 하강 구간이므로 왼쪽 범위에서 최댓값을 찾아야 한다.

② **순서도**

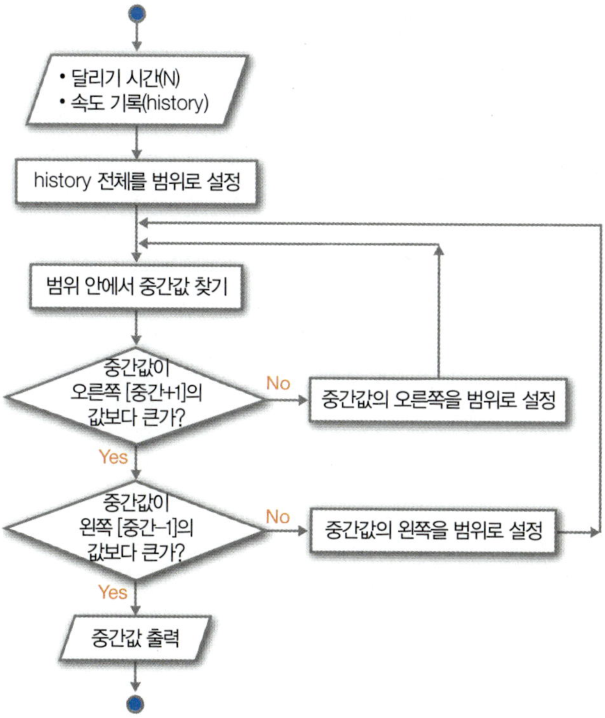

응용예제 16

우편물 정리

대학생 한아는 회사 우편실에서 아르바이트 중이다. 오전 9시에 우편물 가방이 배달되어 오면 사무실 번호에 따라 분리하는 작업이다. 회사는 건물의 6층과 7층을 모두 사용하고 각 층마다 N개의 사무실이 있다. 6층 07호의 A씨 우편물 주소는 607A라고 되어 있고 7층 77호의 B씨 우편물은 777B라고 되어 있다. 사무실에서 우편물 요청을 하면 해당 사무실의 우편물을 갖다주어야 한다.

문제 **배달할 우편물 출력하기**

사무실에 배달할 우편물을 출력하는 프로그램을 작성하라.

① 입력 조건

- 첫째 줄에 사무실 개수 N과 우편물 전체 개수 M이 주어진다.
  (1 ≤ N ≤ 99, 2 ≤ M 〈 100)
- 둘째 줄부터 M개의 우편물 주소가 주어진다.
- 마지막 줄에 우편물을 요청한 사무실 번호 K가 주어진다.
  (601 ≤ K 〈 601+N 또는 701 ≤ K 〈 701+N)

② 출력 조건

- 첫째 줄에 사무실 K에 배달할 우편물을 출력한다.

③ 입출력 예시

```
12 15
603A 701C 611B 612J 707W 701A 612U
601X 703Y 612Z 601L 702M 611N 710O
612A
612
```

→

```
612J 612U 612Z 612A
```

문제 해결

① 설계

우편물은 층별로 1차 분류하고 사무실 번호로 2차 분류하여 관리한다. 우편물을 요청한 사무실 번호를 빨리 찾으려면 해싱을 사용해서 문제를 해결할 수 있다. 6층에 대한 해시 테이블과 7층에 대한 해시 테이블을 생성하기 위한 해시 함수는 사무실 개수 N을 적용한 제산 함수를 사용할 수 있다. 오버플로를 해결하기 위해 해시 테이블은 체이닝 방법으로 구성한다.

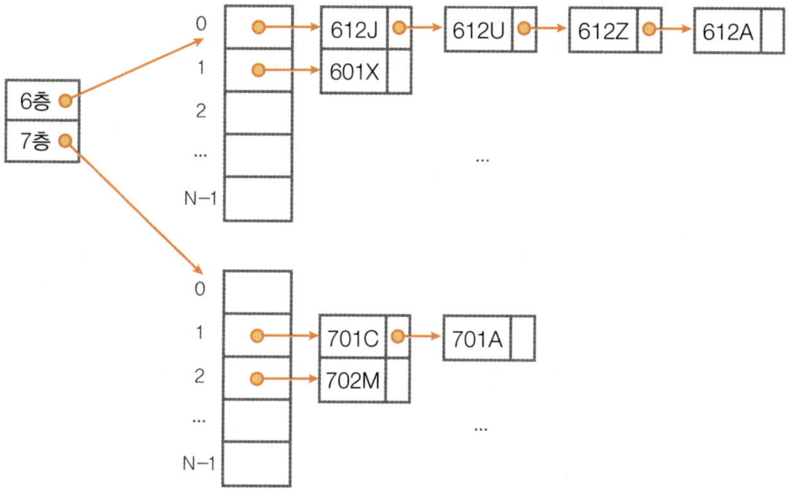

▲ 해시 테이블과 체이닝 구성 예시(일부)

② 순서도

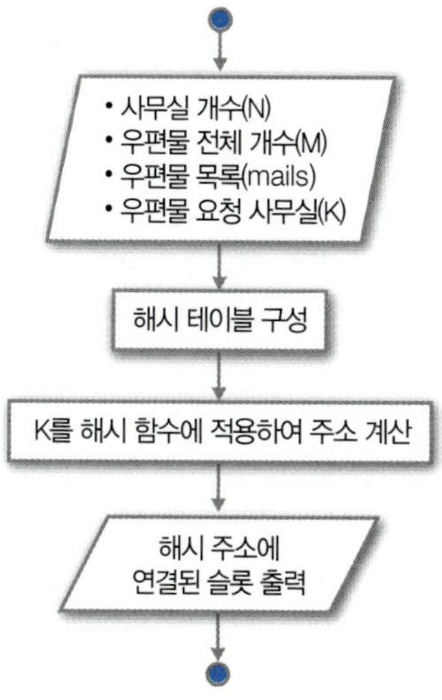

요약

01 검색

자료 검색은 원하는 탐색키를 가진 항목을 찾는 것이다. 원하는 항목을 찾은 경우를 검색 성공이라고 하고, 찾지 못한 경우를 검색 실패라고 한다.

02 검색 방법의 분류

- **비교 검색 방식**Comparison Search Method : 검색 대상의 키를 비교하여 검색하는 방법(순차 · 이진 · 트리 검색)
- **계산 검색 방식**Non-comparison Search Method : 계수적인 성질을 이용한 계산으로 검색하는 방법(해싱)

03 기본 순차 검색

순차 검색Sequential Search은 일렬로 나열된 자료를 처음부터 마지막까지 순서대로 비교하여 검색하는 방법이다. 가장 간단하고 직접적인 방법으로 배열이나 연결 리스트로 구현한 선형 자료구조에서 원하는 항목을 찾는 방법이다.

04 색인 순차 검색

색인 순차 검색Index Sequential Search은 인덱스 테이블을 추가로 사용하여 탐색의 효율을 높이는 검색 방법이다. 찾을 키값을 인덱스 테이블에서 검색하여 indexTable[i].key ≤ key < indexTable[i+1].key를 만족하는 i를 찾아 알아낸 범위에 대해서만 순차 검색을 수행한다.

05 이진 검색

이진 검색Binary Search은 가운데 있는 항목을 키값과 비교하여 키값이 더 크면 오른쪽 부분을 검색하고, 키값이 더 작으면 왼쪽 부분을 검색하는 방법을 반복 수행하는 분할 정복 기법을 이용한 검색 방법이다. 이진 검색은 반드시 정렬되어 있는 자료에서 사용할 수 있다.

06 이진 트리 검색

이진 트리 검색Binary Tree Search은 왼쪽 서브 트리는 루트 노드보다 키값이 작은 원소로 구성하고, 오른쪽 서브 트리는 루트 노드보다 키값이 큰 원소로 구성한 이진 탐색 트리를 이용한 검색 방법이다.

07 해싱

해싱Hashing은 계수적인 성질을 이용하여 키가 있는 위치를 계산하여 바로 찾아가는 계산 검색 방식이다. 해싱 검색은 키값에 대해 해시 함수를 계산하여 주소를 구하고, 구한 주소에 해당하는 해시 테이블로 바로 가서 항목이 있으면 검색 성공이 되고 없으면 검색 실패가 된다.

08 해시 테이블에서 충돌 해결 방법

해시 테이블Hash Table에서 오버플로로 인해 충돌이 발생했을 때 해결하는 방법은 두 가지가 있다. 하나는 충돌이 일어난 키값을 다른 비어 있는 버킷을 찾아 저장하는 선형 개방 주소법이고, 다른 하나는 항목을 여러 개 저장할 수 있도록 해시 테이블의 구조를 변경하는 체이닝 방법이다.

연습문제

01 데이터가 정렬되어 있지 않아도 탐색이 가능한 방법은?

① 트리 탐색　　② 선형 탐색　　③ 이진 탐색　　④ 보간 탐색

02 이진 탐색 알고리즘의 특징이 아닌 것은?

① 탐색 효율이 좋고 탐색 시간이 짧게 소요된다.
② 탐색할 데이터가 정렬되어 있어야 한다.
③ 피보나치 수열에 따라 다음에 비교할 대상을 선정하여 탐색한다.
④ 비교 횟수를 거듭할 때마다 탐색 대상이 되는 데이터 수가 절반으로 줄어든다.

03 다음과 같이 정렬된 데이터에서 이진 탐색을 수행하는 경우 비교 횟수가 가장 많은 데이터는?

4, 6, 11, 12, 15, 17, 18, 20, 21

① 4　　② 6
③ 11　　④ 15

04 다음과 같이 레코드가 구성되어 있을 때, 이진 탐색 방법으로 14를 찾을 경우 비교 횟수는?

1, 2, 3, 4, 5, 6, 7, 8, 9, 10, 11, 12, 13, 14, 15

① 2번　　② 3번
③ 4번　　④ 5번

05 개수가 정해진 자연수를 크기순으로 저장하고 탐색하기에 가장 적절한 자료구조와 탐색 방법으로 옳게 짝지어진 것은?

① 배열-순차 탐색　　② 배열-이진 탐색
③ 단순 연결 리스트-순차 탐색　　④ 단순 연결 리스트-이진 탐색

06 전화번호의 마지막 네 자리를 3으로 나눈 나머지를 해싱하여 데이터베이스에 저장하고자 한다. 나머지 셋과 다른 장소에 저장되는 것은?

① 010-4021-6718　　② 010-9615-4815
③ 010-7290-6027　　④ 010-2851-5232

07 다음 이진 검색 트리에서 28을 삭제한 후 28의 오른쪽 서브 트리에 있는 가장 작은 원소로 28을 대치하여 만들어지는 이진 검색 트리에서 41의 왼쪽 자식 노드는?

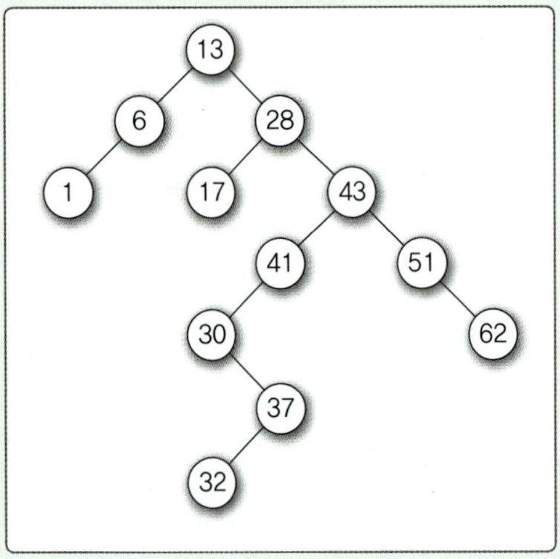

① 13
② 17
③ 32
④ 37

08 다음의 정렬된 데이터에서 2진 탐색을 수행하여 C를 찾으려고 한다. 몇 번의 비교를 거쳐야 C를 찾을 수 있는가? (단, 비교는 '크다', '작다', '같다' 중의 하나로 수행되고, '같다'가 도출될 때까지 반복된다.)

ABCDE FGH I J KLMNO

① 1번 ② 2번 ③ 3번 ④ 4번

09 1과 1000 사이의 정수로 구성된 이진 탐색 트리에서 숫자 573을 탐색하는 경우의 비교 경로로 옳지 않은 것은?

① 2, 173, 241, 856, 301, 489, 710, 516, 573
② 7, 816, 68, 714, 121, 561, 278, 395, 573
③ 981, 825, 693, 38, 137, 608, 224, 461, 573
④ 926, 139, 884, 278, 734, 319, 662, 481, 573
⑤ 14, 970, 831, 765, 111, 249, 318, 473, 573

10 해시 함수 중 주어진 키를 여러 부분으로 나누고, 각 부분의 값을 더하거나 배타적 논리합 연산을 통하여 나온 결과로 주소를 취하는 방법은?

① 중간 제곱 방법 Mid-square Method
② 제산 방법 Division Method
③ 중첩 방법 Folding Method
④ 기수 변환법 Radix Conversion Method

11 크기가 16인 다음 배열 E에 정수가 저장되어 있다. C 언어로 표현된 함수 func를 이용해 정수 K가 저장된 위치를 탐색하려고 한다. func(E, 0, 15, 27)를 호출했을 때, 탐색이 완료되기까지 ㉠ 문장이 수행되는 횟수는?

i	[0]	[1]	[2]	[3]	[4]	[5]	[6]	[7]	[8]	[9]	[10]	[11]	[12]	[13]	[14]	[15]
E[i]	3	5	6	8	10	13	15	16	17	21	23	26	27	29	31	33

```
int func(int E[], int first, int last, int K) {
   int mid;
   if (last < first) return -1;
   else {
      ㉠ mid = (first + last) / 2;
      if (K == E[mid]) return mid;
      else if (K < E[mid]) return func(E, first, mid - 1, K);
      else return func(E, mid + 1, last, K);
   }
}
```

① 1회 ② 2회 ③ 3회 ④ 4회

12 What's the explain next sentence? Choose the collect answer.

> A quick method for finding an ordered dense list for particular record by successively looking at that half of the remaining portion of the list in which the record is known to.

① Tree Search ② Hashing ③ Block Search ④ Binary Search

13 탐색 방법 중 키값으로부터 레코드가 저장되어 있는 주소를 직접 계산하여 산출된 주소로 바로 접근하는 방법은?

① 이진 탐색 ② 피보나치 탐색 ③ 해싱 탐색 ④ 블록 탐색

14 해싱에 관한 다음 설명 중 옳은 것으로 묶인 것은?

> ㄱ. 데이터가 n개 있을 때 자료를 탐색하는 데 걸리는 시간은 O(logn)이다.
> ㄴ. 해시 함수는 서로 다른 자료는 항상 서로 다른 버킷에 매핑시킨다.
> ㄷ. 탐색 성능은 적재 밀도Loading Density가 높을수록 좋아진다.
> ㄹ. 최댓값을 갖는 데이터를 찾는 데 걸리는 시간은 O(n)이다.
> ㅁ. 해시 함수값은 충돌이 적어야 하고, 해시 테이블 주소에 고르게 분포하는 것이 좋다.

① ㄴ, ㄷ ② ㄴ, ㅁ ③ ㄱ, ㄹ ④ ㄹ, ㅁ

15 해싱 탐색에서 고려 대상이 아닌 것은?

① 키 변환 방식　② 동거자 개수　③ 해싱 테이블 크기　④ 키값 크기

16 해시 함수 기법 중 어떤 진법으로 표현된 주어진 레코드 키값을 다른 진법으로 간주하고, 키값을 변화하여 홈 주소로 취하는 방법은?

① 숫자 분석 방법　② 대수적 코딩 방법　③ 기수 변환 방법　④ 제곱법

17 버킷Bucket과 가장 관련이 깊은 것은?

① SAM　② ISAM　③ B-TREE　④ Hashing

18 해싱에서 동일한 홈 주소로 인하여 충돌이 일어난 레코드들의 집합을 의미하는 것은?

① Overflow　② Bucket　③ Synonym　④ Collision

19 해싱을 이용한 파일 구조에 해당하는 것은?

① 순차 파일　② 직접 파일　③ 색인 순차 파일　④ 다중 키 파일

20 크기가 10인 해시 테이블을 배열을 이용해 만든다고 가정하자. 해시 함수로 h(k) = k mod 10을 사용한다. 여기서 mod는 모듈러Modulo 함수를 의미한다. 데이터가 다음과 같은 순서로 입력된다고 할 때 발생하는 충돌 횟수의 총 합으로 옳은 것은? (단, 배열의 인덱스는 [0]~[9]이고, 처음에는 배열이 비어 있으며, 충돌을 해결하기 위해서는 배열의 다음 빈 공간에 데이터를 입력하는 선형 조사법을 사용한다고 가정한다.)

70, 17, 26, 69, 72, 53, 31, 27, 23, 13

① 3　② 4　③ 5　④ 6

21 크기가 11인 해시 테이블이 있고, 해시 함수로 h(k)=k mod 11을 사용한다. 여기서 mod는 모듈러Modulo 함수를 의미한다. 해시값 하나에 슬롯이 두 개씩 할당되어 있고, 오버플로가 발생하면 다음에 있는 빈 슬롯에 저장하는 선형 조사법을 사용한다고 하자. 데이터가 다음과 같은 순서로 입력된다고 할 때, 원래 계산된 슬롯에 저장되지 않는 데이터의 개수는?

54, 27, 70, 55, 13, 2, 37, 23, 33, 44, 45, 77, 56, 6, 9

① 3　② 4　③ 5　④ 6

22 크기가 7(M=7)인 해시 테이블에 이중 해싱 기법을 사용해 데이터를 삽입한다고 하자. 첫 번째 해시 함수는 h1(k)=k mod M이고, 충돌이 발생할 경우 사용하는 두 번째 해시 함수는 h2(k)=5−(k mod 5)이다. 이러한 해시 함수를 사용해 다음과 같은 탐색키들을 차례대로 삽입한다고 할 때, 삽입이 완료된 후 해시 테이블의 상태는?

> **힌트** 이중 해싱 기법은 h1로 구한 주소에서 충돌이 발생한 경우에, h2로 구한 값만큼 떨어진 위치를 검색한다.

1, 15, 3, 6, 10

①

[0]	[1]	[2]	[3]	[4]	[5]	[6]
	1	15	3	10		6

②

[0]	[1]	[2]	[3]	[4]	[5]	[6]
6	1		3		10	15

③

[0]	[1]	[2]	[3]	[4]	[5]	[6]
	1	15	3		10	6

④

[0]	[1]	[2]	[3]	[4]	[5]	[6]
6	1		3	10		15

23 해시 함수로 h(k)=k mod 7을 사용하고, 선형 탐색법을 이용해 충돌을 해결하고자 한다. 키가 3, 10, 5, 9, 12 순서대로 입력되었을 때, 생성된 해시 테이블은?

①

[0]	[1]	[2]	[3]	[4]	[5]	[6]
12	9		3	10	5	

②

[0]	[1]	[2]	[3]	[4]	[5]	[6]
12			3	10	5	9

③

[0]	[1]	[2]	[3]	[4]	[5]	[6]
	9	10	3	12	5	

④

[0]	[1]	[2]	[3]	[4]	[5]	[6]
		9	3	10	5	12

24 다음 해시 구조는 개방 주소법 중 선형 탐색법을 사용해 오버플로를 처리하는 예제이다. 해시 함수가 '입력되는 색인키의 첫 번째 문자에 대한 알파벳 순위'라고 가정할 때, 버킷 테이블의 ㉠, ㉡에 대한 접근 횟수로 옳게 짝지어진 것은? (예로, 해시 함수 h(alpha)=0, h(beta)=1, h(computer)=2, h(data)=3, h(email)=4, h(father)=5 등을 의미한다.)

버킷	색인키	탐색에 필요한 버킷 접근 횟수
0	ascii	1
1	atoi	2
2	char	1
3	define	1
4	equal	1
5	ceil	㉠
6	for	㉡

	㉠	㉡
①	3	1
②	4	2
③	1	1
④	4	1

25 다음 원소에 대해 답하시오.

```
12   5   7   19   43   29   21
```

(가) 순차 탐색을 하여 19를 탐색하는 과정을 설명하시오.

(나) 위의 원소를 퀵 정렬을 사용해 정렬한 후, 이진 탐색을 하여 19를 탐색하는 과정을 설명하시오.

(다) 위의 원소를 이진 탐색 트리로 구성한 후, 이진 트리 탐색을 하여 19를 탐색하는 과정을 설명하시오.

(라) 위의 원소에 대한 해싱 탐색을 하려고 한다. 다음에 답하시오.

(라)-1. 해시 함수는 제산 함수 k mod 7을 사용해 선형 개방 주소법을 사용하는 해시 테이블을 구성하고, 19를 탐색하는 과정을 설명하시오. 단, 각 버킷당 슬롯 개수는 두 개이다.

(라)-2. 해시 함수는 k mod 7을 사용해 체이닝을 사용하는 해시 테이블을 구성하고, 19를 탐색하는 과정을 설명하시오.

26 다음 키값에 대한 버킷 주소를 결정하시오. 해시 테이블의 버킷 수는 256개며, 알파벳 a~z의 아스키 코드값 97~122를 사용하시오.

```
[ tree, heap, deap, list ]
```

힌트 키값이 문자인 경우에는 각 문자에 대한 아스키 코드값을 더해 만든 정수를 키값으로 사용한다.

(가) 중간 제곱 함수를 이용해 주소를 구하시오.

(나) 제산 함수를 이용해 주소를 구하시오.

(다) 승산 함수를 이용해 주소를 구하시오.

(단, α=0.001일 경우와 α=0.618일 경우에 대해 주소를 구한다.)

27 해시 테이블의 개념, 장단점, 활용 분야, 충돌 해결의 여러 방법을 설명하시오.

28 알고리즘 설계 기법에서 분할 정복법을 설명하시오.

29 순서대로 배열된 파일을 액세스할 때 파일 중앙부터 탐색 범위를 줄여가면서 해당 레코드를 찾아가는 탐색 방법은?

기호

-〉 100
. 99
* 83
& 83
1's Complement 31
1의 보수 형식 31
1차원 배열 69
2's Complement 32
2-way 병합 546
2의 보수 형식 32

영어

Abstract Data Type 42
Abstraction 41
Adelson-Velskii, Landis Tree 382
Adjacent 430
Adjacent List 433
Adjacent Matrix 433
ADL 46
ADT 42
AI 43
Algorithm 44
Algorithm Description Language 46
All to All Shortesrt Path 491
All to All Shortest Path 491
American Standard Code for Information Interchange 37
Ancestor 노드 336
Array 69
Ascending 513
ASCII 코드 37
Asymptotic Analysis 54
AVL 트리 382
AVL 트리 회전 연산 388
Balanced Binary Search Tree 382
Balanced Tree 382
base case 105
Basic Sequential Search 580
BCD 코드 35
BF, Balance Factor 383
BFS 462
BFS : Breadth First Search 462
Big-Oh Notatio 54
Big-Omega Notation 55
Big-Theta Notation 55
Binary-Coded Decimal 35
Binary Search 590
Binary Search Tree 365
Binary Tree 337
Binary Tree Search 593
Bit 27
bitonic 609
Breadth First Search 462
Breadth First Spanning Tree 472
Bubble Sort 520
Bucket 551
Byte 27
case 문 49
Child 노드 335
Circular Linked List 188
Circular Queue 297
Collision 601
Column Major Order 125
Comparative Sort 514
Comparison Search 579
Complete Binary Tree 341
Complete Graph 429
Computational Thinking, CT 43
Connected 431
Connected Graph 431
Conquer 527
Cycle 431
DAG 431
Data Abstraction 41
Data Field 160
Degree 336
Depth First Search 450
Depth First Spanning Tree 472
Deque 313
Deque : Double-ended queue 313
deQueue 288
Descending 513
DFS 450
DFS : Depth First Search 450
Digraph 428
Dijkstra 484
Directed Acyclic Graph 431
Directed Graph 428
Disconnected Graph 431
Distribute Sort 514
Divide 527
Divide and Conquer 546

Divide and Conquer 기법 546
Double-ended queue 313
Double Rotation 385
Doubly Linked List 200
do-while 문 51
EBCDIC 코드 36
Edge 335, 427
embedding 150
end 문 51
enQueue 288
Extended Binary-Coded Decimal Interchange Code 36
External Search 579
External Sort 514
Factorial 105
Field 96
FIFO 287, 288
FIFO : First-In-First-Out 287
File 96
Finite Ordered List 287
First-In-First-Out 287
Flow Chart 45
Floyd 491
Forest 336
for 문 50
front 288
Full Binary Tree 340
Function 51
getchar( ) 70
Graph 427
Graph Search 450
Graph Traversal 450
Hash Function 599
Hashing 599
Hash Table 599
Heap 396
Heap Sort 556
Hierarchical Data Structure 335
if 문 47
Incident 430
In-degree 430
Index Sequential Search 585
Index Table 585
Infix Notation 263
Inorder Traversal 347
Insert Sort 536
Internal Search 579
Internal Sort 514
Internal 노드 336
Interpolation Search 590
Interval 542
Key 365, 513
Kruskal Algorithm 473
Kruskal Algorithm I 473
k-최단 경로 491
Leaf 노드 336
Left-Left 회전 385
Left-Right 회전 387
LIFO : Last-In-First-Out 241
LIFO 구조 242
Linear Linked List 122, 164
Linear List 122
Linear Probing 605
Linear Search 580
Linear Sequential List 122
Linked Data Structure 159
Linked Queue 304
Link Field 160
List 121
LL 유형 384
LL 회전 385
LL 회전 연산 385
Loop 50
LR 유형 384
LR 회전 385, 387
LR 회전 연산 387
malloc( ) 86
Matrix 137
Max Heap 396
Merge Sort 546
Min Heap 396
Minimum Cost Spanning Tree 473
Most Significant Bit 31
MSB 31
Natural language processing 150
Network 430, 483
Nibble 27
Node 335
Non-comparison Search 579
Nonsequential Data Structure 159
n-way 병합 546
One to All Shortest Path 484
One To All Shortest Path 484
Ordered List 122
Order Notation 54

Out-degree 430
Pack 30
Parent 노드 335
Path 430
Path Length 431
Pivot 527
pop 243, 245
Postfix Notation 263
Postorder Traversal 350
Predecessor 360
Prefix Notation 263
Preorder Traversal 345
Printer Buffer Queue 321
Pseudo-code 45
push 243, 245
Queue 287
Queueing Theory 322
Quick Sort 527
Radix 551
Radix Sort 551
rear 288
Record 96
recursion 104
Reference 160
return 문 51
Right-Left 회전 387
Right-Right 회전 386
RL 유형 384
RL 회전 385, 387
RL 회전 연산 387
Root 노드 336
Rotation 연산 385
Row Major Order 125
RR 유형 384
RR 회전 385, 386
RR 회전 연산 386
scanf( ) 오류 74
Scheduling Queue 321
Search 579
Search Key 579
Selection Sort 515
Sequential Queue 291
Sequential Search 580
Shell Sort 542
Shortest Path 483
Sibling 노드 336
Simple Path 431
Single Rotation 385
Singly Linked Linear List 164
Singly Linked List 164
Skewed Binary Tree 341
Sort 513
Space Complexity 52
Spanning Tree 472
Sparse Matrix 138
Square Matrix 137
Stack 241
Stack Frame 256
Stack Number 325
Subgraph 429
Subtree 336
Successor 360
Synonym 600
System Stack 256
TDM 150
Term-Document Matrix 150
Terminal 노드 336
Thread 360
Thread Binary Tree 360
Time Complexity 53
top 241
Tower of Hanoi 108
Transposed Matrix 137
Traversal 345
Tree 335
Tree Sort 561
Underflow 177
Undirected Graph 428
vector 150
Vertex 427
Weight 430
Weight Adjacent Matrix 483
Weight Graph 430
while-do 문 50
Zone 29

한글

가변 공간 52
가상코드 46
가중 그래프 430
가중치 430
가중치 그래프 430, 473, 483
가중치 인접 행렬 483

간선 335, 427
검색 579
결정 트리 411
경계 접지 함수 603
경로 430
경로 길이 431
계산 검색 579
계층 관계 335
계층형 자료구조 335
고정 공간 52
고정소수점 표현 방식 34
공간 복잡도 52
공백 노드 337
구조적 해저드 263
구조체 96
균형 이진 탐색 트리 382
균형 인수 383
균형 트리 382
그래프 427
그래프 순회 450
그래프 탐색 450
기본 순차 검색 580
기수 551
기수 정렬 551
깊이 우선 신장 트리 472
깊이 우선 탐색 450
깊이 우선 탐색 경로 458
내림차순 513
내부 검색 579
내부 노드 336
내부 정렬 514
너비 우선 신장 트리 472
너비 우선 탐색 462
너비 우선 탐색 경로 469
네트워크 430, 483
노드 335
노드 번호 340
노드의 높이 336
노드의 차수 336
논리값 39
높이 336
니블 27
다이그래프 428
다익스트라Dijkstra 최단 경로 알고리즘 484
다익스트라 최단 경로 알고리즘 484
다차원 배열의 선언 76
단말 노드 336
단순 경로 431
단순 구조 26
단순 연결 리스트 164
단순 연결 선형 리스트 164
단순 회전 385
단어-문서 행렬 150
단일점에서의 최단 경로 484
단절 그래프 431
대기 행렬 큐 322
데이터 필드 160
데크 313
동거자 600
레벨 336
레코드 96
루트 노드 336
루프 50
리스트 121
리프 노드 336
링크 필드 160
모든 정점 사이의 최단 경로 491
무방향 그래프 428
문자 다차원 배열 79
문자 배열 74
바이어스 35
바이토닉 609
바이트 27
반복문 50
방향 그래프 428
배열 69
버블 정렬 520
버킷 551
버퍼 큐 321
베이스케이스 105
벡터 150
변수 이름 규칙 69
병합 정렬 546
보간 검색 590
부동소수점 표현 방식 34
부모 노드 335
부분 그래프 429
부속 430
부호와 절댓값 형식 31
분배식 정렬 514
분할 527
분할 정복 546
분할 정복 기법 546
비교 검색 579

비교식 정렬 514
비선형 구조 26
비순차 자료구조 159
비트 27
비트 추출 함수 604
빅-세타 표기법 55
빅-오메가 표기법 55
빅-오 표기법 54
사용자 정의 자료형 42
사이클 431
삽입 정렬 536
색인 순차 검색 585
서브 트리 336
선입선출 287
선택 정렬 515
선행자 360
선형 개방 주소법 605
선형 검색 580
선형 구조 26
선형 리스트 121
선형 순차 리스트 122
선형 연결 리스트 122, 164
선형 조사법 605
셸 정렬 542
순서도 46
순서 리스트 122
순차 검색 580
순차 스택 246
순차 자료구조 121
순차 큐 291
순환 호출 104
순회 345
순회 연산 345
숫자 분석 함수 604
스레드 360
스레드 이진 트리 360
스케줄링 큐 321
스택 241, 451
스택 수 325
스택 프레임 256
승산 함수 603
시간 복잡도 53
시스템 스택 255, 256
시스템 정의 자료형 42
신장 트리 472
신장 트리 비용 473
실수 33
실행 빈도수 53
실행 시간 53
알고리즘 44
알고리즘 기술 언어 46
알고리즘 성능 분석 기준 52
알고리즘 성능 분석 표기법 54
연결 431
연결 그래프 431
연결 리스트 160, 164
연결 스택 250
연결 자료구조 159
연결 큐 304
열 우선 순서 방법 125
오른쪽 자식 노드 337
오름차순 513
완전 그래프 429
완전 이진 트리 341
외부 검색 579
외부 정렬 514
왼쪽 자식 노드 337
원형 연결 리스트 188
원형 큐 297
유니코드 38
유한 순서 리스트 287
의사 결정 트리 411
의사코드 46
이동 접지 함수 603
이분 검색 590
이중 연결 리스트 200
이중 포인터 91
이중 회전 385
이진 검색 590
이진 탐색 트리 365
이진 트리 337
이진 트리 검색 593
인공지능 43
인덱스 순차 검색 585
인덱스 테이블 585
인접 430
인접 리스트 433, 439
인접 행렬 433
임베딩 150
자료구조 23
자료 추상화 41
자식 노드 335
자연어 처리 150
재귀호출 104

적재 밀도 601
전위 순회 345
전위 표기법 263
전위 표기식 347
전치행렬 137
점근적 분석 54
점 연산자 99
접지 함수 603
정렬 513
정방행렬 137
정복 527
정점 427
제산 함수 602
조건문 47
조상 노드 336
존 형식 29
주소 연산자 83
중간 제곱 함수 602
중위 순회 347
중위 표기법 263
중위 표기식 349
지정문 46
지정 연산자 46
진법 변환 함수 604
진입 차수 430
진출 차수 430
차수 336, 430
차수 표기법 54
참조 160
참조 연산자 83
체이닝 606
초기화 71
최단 경로 483
최단 경로 트리 487
최대 히프 396
최상위 비트 31
최소 비용 신장 트리 473
최소 히프 396
추상 자료형 42
추상화 41
충돌 601
컴파일 시간 53
컴퓨팅 사고 43
퀵 정렬 527
큐 287, 462
큐잉 이론 322
크루스칼 알고리즘 473
크루스칼 알고리즘 I 473
크루스칼 알고리즘 II 476
키 365, 513
키값 밀도 601
탐색 365
탐색키 365, 579
트리 335
트리의 높이 336
트리의 차수 336
트리 정렬 561
파일 96
파일 구조 26
팩토리얼 105
팩 형식 30
편향 이진 트리 341
포리스트 336
포인터 81
포인터 배열 89
포인터 변수 81
포인터의 포인터 91
포화 이진 트리 340
프린터 버퍼 큐 321
프림 알고리즘 479
플로이드Floyd 최단 경로 알고리즘 491
플로이드 최단 경로 알고리즘 491
피봇 527
필드 96
하노이 탑 108
할당 연산자 47
함수 51
함수문 51
해시 테이블 599
해시 함수 599, 602
해싱 599
행렬 137
행 우선 순서 방법 125
형제 노드 336, 338
화살표 연산자 100
회전 연산 385
후위 순회 350
후위 표기법 263
후위 표기식 352
후입선출 241
후행자 360
희소 그래프 434
희소행렬 138
히프 396
히프 정렬 556